Meisterwerke der christlichen Kunst

Lesejahr B

Wolfgang Vogl

Meisterwerke der christlichen Kunst

zu den Schriftlesungen der Sonntage und Hochfeste

LESEJAHR B

Verlag Friedrich Pustet
Regensburg

Bibliografische Information der Deutschen Nationalbibliothek
Die Deutsche Nationalbibliothek verzeichnet diese Publikation
in der Deutschen Nationalbibliografie; detaillierte bibliografische
Daten sind im Internet über http://dnb.dnb.de abrufbar.

ISBN 978-3-7917-2912-1
© 2017 by Verlag Friedrich Pustet, Regensburg
Gestaltung und Satz: Martin Vollnhals, Neustadt a. d. Donau
Umschlaggestaltung: Heike Jörss, Regensburg
Druck und Bindung: Friedrich Pustet, Regensburg
Printed in Germany 2017

Weitere Publikationen aus unserem Programm finden Sie unter
www.verlag-pustet.de

Inhalt

Einleitung 15

Erster Adventssonntag
Die Sammlung der Auserwählten 17
Luca Signorelli, Engel berufen die Auserwählten in den Himmel, um 1502,
Orvieto, Dom, Briziuskapelle

Zweiter Adventssonntag
Die Umkehrpredigt des Täufers 23
Adriaen van Stalbemt, Predigt Johannes' des Täufers, um 1608, München,
Alte Pinakothek

Dritter Adventssonntag
Johannes der Täufer und der unerkannte Jesus 30
Paolo Veronese, Johannes beantwortet die Fragen der Jerusalemer Abgesandten,
um 1570, Rom, Galleria Borghese

Vierter Adventssonntag
Die Verheißung der Geburt des Erlösers 36
Hans Memling, Mariä Verkündigung, um 1489, New York, Metropolitan
Museum of Art

25. Dezember – Hochfest der Geburt des Herrn – Weihnachten
Die Geburt Jesu 48
Fra Filippo Lippi, Anbetung des Kindes durch Maria, um 1459, Berlin,
Gemäldegalerie

Fest der Heiligen Familie
Die Darbringung Jesu im Tempel 58
Meister Bertram von Minden, Darstellung Christi, um 1379/83, Hamburg,
Kunsthalle

1. Januar – Hochfest der Gottesmutter Maria – Neujahr
Maria und die Hirten 65
Matthäus Zehender, Anbetung der Hirten, um 1690, Bregenz, Kloster Thalbach

Zweiter Sonntag nach Weihnachten
Jesus leuchtet in der Finsternis 71
Correggio, Die Heilige Nacht, um 1522/30, Dresden, Gemäldegalerie Alte Meister

6. Januar – Hochfest der Erscheinung des Herrn
Die Anbetung der Weisen 80
Rogier van der Weyden, Anbetung der Könige, um 1450/55, München, Alte Pinakothek

Fest der Taufe des Herrn
Jesus als Licht im Jordan 91
Hitda-Codex, Taufe Jesu, nach 1000, Darmstadt, Universitäts- und Landesbibliothek

Erster Fastensonntag
Die Stärkung Jesu in der Versuchung 99
Christian Wink, Jesus wird von Engeln gestärkt, 1769, Augsburg, Deutsche Barockgalerie

Zweiter Fastensonntag
Abraham und Isaak 106
Jan Lievens, Umarmung Abrahams und Isaaks, um 1637, Braunschweig, Herzog Anton Ulrich-Museum

Dritter Fastensonntag
Die Tempelreinigung 113
Evangeliar Ottos III., Tempelreinigung, um 1000, München, Bayerische Staatsbibliothek

Vierter Fastensonntag
Die eherne Schlange 119
Michelangelo Buonarroti, Eherne Schlange, um 1512, Vatikan, Sixtinische Kapelle

Fünfter Fastensonntag
Die Erhöhung Jesu am Kreuz 125
Schmerzensmannkreuz, um 1350, Würzburg, Neumünster

Palmsonntag
Jesu Einzug in Jerusalem 131
Pietro Lorenzetti, Einzug Jesu in Jerusalem, vor 1319, Assisi, Unterkirche

Gründonnerstag – Abendmahlsmesse
Die Verratsansage und die Fußwaschung 138
Codex purpureus Rossanensis, Verratsansage und Fußwaschung beim Abendmahl,
um 550, Rossano, Museo Diocesano

Karfreitag – Die Feier vom Leiden und Sterben Christi
Die Kreuzigung Jesu 144
Rabbula-Codex, Kreuzigung Jesu, 586, Florenz, Biblioteca Medicea Laurenziana

Ostern – Hochfest der Auferstehung des Herrn
Maria Magdalena begegnet dem Auferstandenen 150
Tizian, Noli me tangere, um 1511/14, London, National Gallery

Ostermontag
Die Emmausjünger 159
Rembrandt, Das Mahl in Emmaus, 1648, Paris, Louvre

Zweiter Sonntag der Osterzeit
Christus erscheint Thomas 165
Ernst Barlach, Wiedersehen (Thomas und Christus), 1926, Hamburg, Ernst-Barlach-Haus

Dritter Sonntag der Osterzeit
Der Auferstandene isst von den Fischen 172
Martin Johann Schmidt, Der auferstandene Christus isst von den dargereichten
Fischen, um 1774/77, Benediktinerstift St. Paul im Lavanttal

Vierter Sonntag der Osterzeit
Der schlechte und der gute Hirte 179
Pieter Bruegel der Jüngere, Der fliehende und der gute Hirte, 1575–1600 und 1616,
Museum of Art in Philadelphia und Königliche Museen der Schönen Künste in Brüssel

Fünfter Sonntag der Osterzeit
Der wahre Weinstock 185
Weinstockfenster aus dem Trierer Dom, nach 1520, Trier, Rheinisches Landesmuseum

Sechster Sonntag der Osterzeit
Die Taufe des Kornelius … 192
Federico Zuccari, Taufe des Kornelius durch Petrus, 1580, Vatikan, Cappella Paolina

Christi Himmelfahrt
Die Aufnahme Jesu in den Himmel … 201
Christi Himmelfahrt, um 431/33, Rom, Relief der Holztür von Santa Sabina

Siebter Sonntag der Osterzeit
Die Wahl des Apostels Matthias … 207
Bernaert van Orley, Wahl des Matthias, um 1512/15, Wien, Kunsthistorisches Museum

Pfingsten
Das Kommen des Heiligen Geistes … 213
El Greco, Pfingsten, um 1596/1600, Madrid, Museo Nacional del Prado

Dreifaltigkeitssonntag
Der Geist bezeugt die Gotteskindschaft … 223
Andrej Rubljov, Dreifaltigkeitsikone, um 1425, Moskau, Tretjakow-Galerie

Fronleichnam – Hochfest des Leibes und Blutes Christi
Die Eucharistie als Lebensbrunnen … 235
Jan van Eyck, Der Lebensbrunnen, um 1428, Madrid, Museo Nacional del Prado

Heiligstes Herz Jesu
Die Blutspende aus dem Herzen Jesu … 243
Unbekannter Maler, Christus als Keltertreter, um 1660/90, Regensburg, Dominikanerinnenkloster Heilig Kreuz

2. Sonntag im Jahreskreis
Johannes der Täufer zeigt den Jüngern das Lamm Gottes … 249
Dieric Bouts, Johannes weist auf Jesus als Lamm Gottes hin, um 1462/68, München, Alte Pinakothek

3. Sonntag im Jahreskreis
Die Berufung der Söhne des Zebedäus … 258
Marco Basaiti, Berufung der Söhne des Zebedäus, 1510, Venedig, Gallerie dell'Accademia

4. Sonntag im Jahreskreis
Die Heilung des Besessenen 266
Hitda-Codex, Heilung des Besessenen, nach 1000, Darmstadt,
Universitäts- und Landesbibliothek

5. Sonntag im Jahreskreis
Die Heilung der Schwiegermutter des Petrus 273
Hitda-Codex, Heilung der Schwiegermutter des Petrus, nach 1000,
Darmstadt, Universitäts- und Landesbibliothek

6. Sonntag im Jahreskreis
Die Heilung des Aussätzigen 281
Evangeliar Ottos III., Heilung und Dankopfer des Aussätzigen, um 1000,
München, Bayerische Staatsbibliothek

7. Sonntag im Jahreskreis
Die Heilung des Gelähmten 286
Heilung des Gelähmten, um 520, Ravenna, San Apollinare Nuovo

8. Sonntag im Jahreskreis
Christus, der Seelenbräutigam 290
Die Seele an der Brust Christi ruhend, nach 1461, Eichstätt,
Benediktinerinnenabtei St. Walburg

9. Sonntag im Jahreskreis
Die Heilung des Mannes mit der verdorrten Hand am Sabbat 296
Hitda-Codex, Heilung des Mannes mit der verdorrten Hand, nach 1000,
Darmstadt, Universitäts- und Landesbibliothek

10. Sonntag im Jahreskreis
Das Urevangelium 303
Bernwardstür, Anklage Gottes nach dem Sündenfall, 1015, Hildesheim, Dom

11. Sonntag im Jahreskreis
Die Gleichnisse von der selbstwachsenden Saat und vom Senfkorn 309
Manuscrit grec 74, Gleichnis von der selbstwachsenden Saat und vom Senfkorn,
um 1050/60, Paris, Bibliothèque nationale

12. Sonntag im Jahreskreis
Das Schiff der Kirche im Seesturm ... 314
Hitda-Codex, Seesturm, nach 1000, Darmstadt, Universitäts- und Landesbibliothek

13. Sonntag im Jahreskreis
Die Heilung der blutflüssigen Frau und die Auferweckung der Tochter des Jaïrus ... 322
Egbert-Codex, Heilung der blutflüssigen Frau und Auferweckung der Tochter des Jaïrus, um 985/93, Trier, Stadtbibliothek

14. Sonntag im Jahreskreis
Die Gotteserfahrung des Apostels Paulus ... 328
Johann Liss, Verzückung des Apostels Paulus, um 1627, Berlin, Gemäldegalerie

15. Sonntag im Jahreskreis
Die Aussendung der Apostel ... 334
Aussendung der Apostel, um 799, Rom, Triclinium Leos III. im Lateran

16. Sonntag im Jahreskreis
Jesus im Kreis seiner Apostel ... 338
Rembrandt, Jesus im Kreis seiner Jünger, 1634, Haarlem, Teylers Museum

17. Sonntag im Jahreskreis
Die wunderbare Speisung ... 342
Ambrosius Francken der Ältere, Brotvermehrung, 1598, Antwerpen, Königliches Museum der Schönen Künste

18. Sonntag im Jahreskreis
Das wahre Brot vom Himmel ... 348
Dieric Bouts, Mannalese, 1464/67, Löwen, St. Peter

19. Sonntag im Jahreskreis
Die Stärkung des Elija in der Wüste ... 354
Dieric Bouts, Elija in der Wüste mit dem Engel, 1464/67, Löwen, St. Peter

20. Sonntag im Jahreskreis
Christus, die göttliche Weisheit, bereitet den Tisch der Eucharistie ... 360
Die göttliche Weisheit bereitet den Tisch, 1295, Ochrid, Klimentkirche

21. Sonntag im Jahreskreis
Die Spaltung unter den Jüngern Jesu 366
Stuttgarter Psalter, Jesus und ein sich abwendender Jünger, um 820/30,
Stuttgart, Württembergische Landesbibliothek

22. Sonntag im Jahreskreis
Die wahre Reinheit 371
Stuttgarter Psalter, Der Gerechte bringt Christus Geld ohne Wucherzins dar,
um 820/30, Stuttgart, Württembergische Landesbibliothek

23. Sonntag im Jahreskreis
Die Heilung des Taubstummen 375
Devotionale pulcherrimum von Abt Ulrich Rösch von St. Gallen,
Heilung des Taubstummen, 1472, Einsiedeln, Stiftsbibliothek

24. Sonntag im Jahreskreis
Die Kreuzesnachfolge des Petrus 381
Annibale Carracci, Domine, quo vadis, um 1601/02, London, National Gallery

25. Sonntag im Jahreskreis
Der Rangstreit der Jünger 390
Franz Christoph Janneck, Jesus stellt ein Kind in die Mitte der Apostel,
um 1740/50, Karlsruhe, Staatliche Kunsthalle

26. Sonntag im Jahreskreis
Mose und die siebzig Ältesten 395
Jacob de Wit, Mose erwählt die siebzig Ältesten, 1736/37, Amsterdam,
Königlicher Palast

27. Sonntag im Jahreskreis
Die Segnung der Kinder 400
Evangeliar Ottos III., Jesus segnet die Kinder, um 1000, München,
Bayerische Staatsbibliothek

28. Sonntag im Jahreskreis
Der reiche Jüngling 404
Bartholomeus Breenbergh, Jesus und der reiche Jüngling, 1640,
Ithaca (New York), Herbert F. Johnson Museum of Art

29. Sonntag im Jahreskreis
Jesus und die Söhne des Zebedäus ... 412
Liuthar-Evangeliar Ottos III., Jesus und die Zebedäussöhne, um 990/1000, Aachen, Domschatzkammer

30. Sonntag im Jahreskreis
Die Heilung des Blinden bei Jericho ... 417
Hitda-Codex, Blindenheilung vor Jericho, nach 1000, Darmstadt, Universitäts- und Landesbibliothek

31. Sonntag im Jahreskreis
Der Hohepriester Christus ... 423
Christus als Hoherpriester, um 1000, Paris, Musée national du Moyen Âge

32. Sonntag im Jahreskreis
Das Opfer der armen Witwe ... 429
Das Scherflein der Witwe, um 520, Ravenna, San Apollinare Nuovo

33. Sonntag im Jahreskreis
Die Wiederkunft Christi ... 433
Johann Baptist Zimmermann, Wiederkunft Christi, um 1753/54, Wallfahrtskirche Wies bei Steingaden

Christkönigssonntag
Christus als König ... 448
Georges Rouault, Ecce homo, 1938/39, Stuttgart, Staatsgalerie

2. Februar – Darstellung des Herrn
Der Lobpreis des Simeon ... 455
Rembrandt, Simeon und das Jesuskind, 1669, Stockholm, Nationalmuseum

19. März – Hochfest des hl. Josef
Der Traum des Josef ... 461
Georges de La Tour, Der Engel erscheint Josef, um 1635/40, Nantes, Musée des Beaux-Arts

25. März – Verkündigung des Herrn
Die Menschwerdung des Sohnes Gottes 467
Jacopo Tintoretto, Verkündigung Mariä, um 1583, Venedig, Scuola di San Rocco

24. Juni – Geburt des hl. Johannes des Täufers
Geburt und Namensgebung des Täufers 477
Rogier van der Weyden, Geburt des Täufers Johannes, um 1453/55,
Berlin, Gemäldegalerie

29. Juni – Hl. Petrus und hl. Paulus
Das Martyrium der Apostelfürsten 485
Kreuzigung des Petrus und Enthauptung des Paulus, um 1200, Müstair, Klosterkirche

15. August – Mariä Aufnahme in den Himmel
Mariä Himmelfahrt 490
Jacopo Tintoretto, Himmelfahrt Marias, um 1555, Bamberg, Obere Pfarrkirche

1. November – Allerheiligen
Das Lamm und die Heiligenchöre 500
Fuldaer Sakramentar, Chöre der Heiligen, um 975, Göttingen,
Niedersächsische Staats- und Universitätsbibliothek

8. Dezember – Hochfest der ohne Erbsünde empfangenen Jungfrau und Gottesmutter Maria
Maria, die zur Heiligkeit Erwählte 507
Bartolomé Esteban Murillo, Immaculata des Hospitals der Ehrwürdigen Priester
in Sevilla, um 1678, Madrid, Museo Nacional del Prado

Anmerkungen 515

Abkürzungsverzeichnis 579

Literaturverzeichnis 580

Bildnachweis 606

Einleitung

Nach dem im September 2016 zum Lesejahr A erschienenen ersten Band der „Meisterwerke der christlichen Kunst" liegt nun der zweite Band vor, der die Schriftlesungen der Sonntage und Hochfeste des Lesejahres B in den Blick nimmt, um ihre Botschaft im Spiegelbild der Kunst dem christlichen Betrachter vor Augen zu führen.

Wie im ersten Band liegt erneut der Schwerpunkt auf der Kunst der Alten Meister der abendländischen Tradition, wobei auch zwei ostkirchliche Bildwerke aufgenommen wurden. Mit Ernst Barlach (1870–1938) und Georges Rouault (1871–1958) kommen auch zwei Vertreter der klassischen Moderne zur Vorstellung. Bei der Auswahl der Kunstwerke wurde zudem darauf geachtet, bevorzugt Bilder zu verwenden, bei denen die Details für den Betrachter nicht zu klein sind, damit er die Bildinhalte mühelos erkennen kann. Wie im ersten Band, so bilden auch im Lesejahr B vor allem die Evangelien der Sonntage und Hochfeste die Anknüpfungspunkte für die Vorstellung und Interpretation der Kunstwerke. Es wurden aber auch Bilder ausgewählt, die sich auf Lesungstexte und einmal auf den Antwortpsalm beziehen.

Die Idee, die Schriftlesungen der liturgischen Feiern des Kirchenjahres mit Bildern zu illustrieren, hatte bereits den Augsburger Kupferstecher und Verleger Johann Ulrich Krauß (1655–1719) inspiriert. Im Jahr 1706 veröffentlichte Krauß in Augsburg die mit Kupferstichen versehene „Heilige Augen- und Gemüths-Lust vorstellend alle Sonn- Fest- und Feyertägliche nicht nur Evangelien sondern auch Episteln und Lectionen jene historisch diese auch emblematisch und mit curiösen Einfassungen".

In unserer Zeit hat der islamische Orientalist Navid Kermani Aufsehen erregt, als er sich in seinem 2015 veröffentlichten Werk „Ungläubiges Staunen. Über das Christentum" dem christlichen Glauben über den Weg der abendländischen Kunsttradition anzunähern versuchte. Viele Christen empfanden diesen Außenblick auf die christliche Kunst als Weckruf, sich selbst noch mehr mit den Wurzeln der eigenen Kirche und ihren Bildwerken zu befassen.

Zur gleichen Zeit machte die 2003 zur katholischen Kirche konvertierte pakistanisch-österreichische Publizistin Sabatina James nachdenklich, als sie im Dezember 2015 in einem Interview äußerte, wie wichtig die „Predigt" der christlichen Kunst für die Menschen unserer Zeit sei. So sei es heute gerade die Kunst, „die Menschen zum Glauben führt. Das noch Übriggebliebene von der christlichen Zivilisation zieht die Menschen immer noch an, nicht mehr das säkularisierte Christentum."[1]

In diesem Sinn möchte auch die vorliegende Publikation dazu verhelfen, katholischen Christen unserer Zeit die Schätze ihrer Tradition bewusst zu machen und diese ihnen gerade im Zusammenhang mit dem liturgischen Kirchenjahr zu erschließen. Damit verbindet sich der Wunsch, durch die christliche Kunst auch einen neuen Zugang zur Kultur unserer kirchlichen Sonn- und Feiertage und schließlich zur Begegnung mit dem in der Liturgie in Wort und Sakrament gegenwärtigen Herrn zu eröffnen.

Auch dem zweiten Band der „Meisterwerke der christlichen Kunst" sei ein herzliches Wort des Dankes vorangestellt. Dieser Dank gilt allen, die mir so tatkräftig bei der Durchsicht und Korrektur des Manuskripts sowie bei der Beschaffung und Bearbeitung der Bildvorlagen geholfen haben. Ein besonderer Dank gilt erneut dem Regensburger Bischof Dr. Rudolf Voderholzer für die großzügige Förderung der Publikation sowie dem Verlag Friedrich Pustet für das hervorragende Lektorat und die Bereitschaft, auch die Drucklegung des zweiten Bandes zu übernehmen.

Augsburg, zum ersten Adventssonntag 2017
Wolfgang Vogl

Die Sammlung der Auserwählten

Erster Adventssonntag. Evangelium: Mk 13,24–37

„Und er wird die Engel aussenden und die Auserwählten aus
allen vier Windrichtungen zusammenführen."
Mk 13,27

Am Beginn des Advents richtet sich der Blick auf die zweite Ankunft Christi, die seine Wiederkunft zum Weltgericht sein wird. So verbindet sich mit der Vorbereitung auf das Weihnachtsfest die geistliche Haltung der Wachsamkeit gegenüber dem als Richter wiederkommenden Menschensohn.

Im Dienst der wachenden Erwartung des Weltenrichters steht auch das Evangelium des ersten Adventssonntags, das der Rede Jesu über die Endzeit entnommen ist. Jesus hatte in dieser Rede seinen Jüngern die Zerstörung des Tempels (vgl. Mk 13,1–2) und die endzeitliche Not angekündigt (vgl. Mk 13,3–23), die seiner Wiederkunft vorausgehen werden. Kosmische Erscheinungen am Himmel werden die Ankunft des Menschensohnes anzeigen (vgl. Mk 13,24–25), der „mit großer Macht und Herrlichkeit" kommen wird (Mk 13,26). Er wird „auf den Wolken" des Himmels für alle sichtbar erscheinen (Mk 13,26), so dass ihn auch die Gegner Gottes sehen werden, während die Auserwählten durch Engel zusammengerufen werden. Christus lässt „die von ihm Auserwählten aus allen vier Windrichtungen", in die sie sich unter dem Druck der Verfolgungen verteilt haben, durch die von ihm ausgesandten Engel „zusammenführen" (Mk 13,27). Damit versichert Jesus seinen Jüngern, dass er seine Engel, die gewöhnlich Gerichtsaufgaben wahrnehmen (vgl. Offb 8), dafür einsetzen wird, um seine Auserwählten zu sich zu holen und für immer mit ihnen vereint zu sein (vgl. Lk 21,28; 1 Thess 4,17). Dabei werden die Engel „vom Ende der Erde bis zum Ende des Himmels" ausgesandt werden (Mk 13,27), damit keiner seiner zerstreuten Jünger vergessen werde.[1]

EINE EINDRUCKSVOLLE UND DRAMATISCH BEWEGTE DARSTELLUNG der Sammlung der Auserwählten durch die Engel geht auf den Renaissancemaler Luca Signorelli (um 1450–1523) zurück. Signorelli wurde um 1450 in Cortona geboren und erhielt in Arezzo bei Piero della Francesca (um 1420–1492) seine Ausbildung, der ihn besonders mit der Aktmalerei und der Anwendung der Perspektive vertraut machte. Nachdem er sich in Florenz bei Pietro Perugino (1445/48–1523) weitergebildet hatte, wurde er 1481 nach Rom berufen, wo er für die Sixtinische Kapelle zwei Fresken schuf.[2] Nach der Ausmalung der Sakristei in Loreto und der Bilderfolge zum Leben des hl. Benedikt (um 480–547) in Monte Oliveto Maggiore stattete Signorelli von 1499 bis 1503 die Cappella della Madonna di San Brizio im Dom von Orvieto mit einem Freskenzyklus zu den Letzten Dingen aus, der auch die Szene mit der Berufung der Auserwählten durch die Engel enthält. Signorelli, der am 16. Oktober 1523 in seiner toskanischen Heimatstadt Cortona starb, zeichnete sich durch die hervorragende malerische Behandlung nackter Körper aus und wurde mit seinen heftig bewegten Figurenmotiven zu einem Vorläufer der Freskenkunst Michelangelos (1475–1564).[3]

Mit der Ausmalung der um 1408 erbauten gotischen Briziuskapelle im rechten Querhaus des Domes von Orvieto war zunächst Fra Angelico (1387/1400–1455) beauftragt worden, der im Juni 1447 zusammen mit seinem Mitarbeiter Benozzo Gozzoli (1421–1497) aber nur zwei Gewölbekappen ausführte. In der Kappe direkt über dem Altar ist Christus als Pantokrator dargestellt, der mit seinen Engeln auf den Wolken zum Gericht kommt. Die sich rechts anschließende Kappe zeigt den von Johannes dem Täufer angeführten Chor der Propheten.[4] Nachdem die seit 1489 mit Perugino geführten Verhandlungen zur Fertigstellung der Bilder nicht zum Ziel geführt hatten, konnte am 5. April 1499 Signorelli für diese Aufgabe gewonnen werden, der die Ausmalung der Kapelle bis Ende 1503 vollendete. Durch den von Fra Angelico dargestellten Christus, der mit den Chören seines himmlischen Hofstaates zum Gericht kommt, waren die Letzten Dinge als Thema für die übrigen Malereien vorgegeben. So ergänzte Signorelli, der bei der Deckengestaltung zur Verwendung der von Fra Angelico für die vier Gewölbefelder entworfenen Kartons verpflichtet war, die beiden übrigen Kappen über dem Altar mit Maria und dem Chor der Apostel sowie mit den Engelscharen, die das Kreuz Christi und die Leidenswerkzeuge tragen. Auf den sich anschließenden vier Kappen des zweiten Gewölbejoches setzte er mit den Patriarchen, Märtyrern, Jungfrauen und Kirchenlehrern die Reihe der himmlischen Chöre fort. Während Signorelli auf den Wänden des Eingangsbereiches die Taten des Antichristen, den Weltuntergang und die Auferstehung zeigte, stellte er im Altarbereich unterhalb des von Fra Angelico gemalten Weltenrichters das eigentliche Weltgericht dar. In dem schmalen Wandstreifen rechts vom Altar und damit zur Linken des Richters werden die Verdammten in die Hölle getrieben und durch Charon mit seinem Nachen über den Fluss Acheron gesetzt. An der rechten Wand schließt

Luca Signorelli, Engel berufen die Auserwählten in den Himmel, Orvieto, Dom, Cappella della Madonna di San Brizio, Wandfresko auf der linken Seite, um 1502, 715 × 660 cm.

sich das große Wandbild mit der Szene an, wie die Verdammten von Teufeln überfallen und in die Hölle geschleppt werden. In der linken Ecke neben dem Altar weisen teilweise musizierende Engel einer Gruppe von Auserwählten den Weg in den Himmel, in dem vom Gewölbe her Fra Angelicos Christus erscheint. An der linken Wand und damit zur Rechten des Richters setzt sich die Szenerie in dem großen Wandbild fort, in dem die Engel zu sehen sind, wie sie die Auserwählten in den Himmel rufen.[5]

Signorellis Fresko mit der Berufung der Auserwählten, das wohl im Frühjahr 1502 entstand,[6] steht ganz im Zeichen der zahlreichen Engel, die durch Christus ausgesandt werden, der im Gewölbe als Richter thront: „Und er wird die Engel aussenden und die Auserwählten aus allen vier Windrichtungen zusammenführen" (Mk 13,27).

Das halbrund nach oben hin abgeschlossene Wandgemälde ist perspektivisch angelegt und steigt über einen Landschaftsausschnitt am unteren Bildrand, auf dem die Schar der Auserwählten zu sehen ist, zu den auf Wolkenbändern sitzenden Engeln auf. Die obere Bildhälfte wird von einem Goldgrund mit stilisierten Sternen und von Goldpunkten eingenommen, die sich auch über das ganze Bild hin zerstäuben. Diese mittelalterliche Himmelssymbolik knüpft an Fra Angelico an, dessen Gewölbekappen ebenfalls den goldenen Himmelsgrund zeigen, während der Status der Verdammten auf der gegenüberliegenden Seite durch einen wirklichkeitsnahen, atmosphärischen Bildhintergrund versinnbildlicht wird.[7]

Die am unteren Bildrand versammelten Seligen sind nackt und nur mit einem Lendenschurz bekleidet. Damit knüpfte Signorelli an die altniederländischen Weltgerichtsdarstellungen Rogier van der Weydens (1399/1400–1464), Dieric Bouts' (1410/20–1475) oder Hans Memlings (1435/40–1494) an, bei denen die ins Gericht kommenden Auferstandenen ebenfalls nackt dargestellt wurden.[8] Dagegen legte man in Italien Wert darauf, durch Kleidung, Insignien und Attribute die Herkunft der Auserwählten aus den verschiedenen Ständen der Kirche deutlich zu machen. Manchmal wurden die Seligen auch mit den in der Offenbarung des Johannes erwähnten weißen Kleidern gezeigt (vgl. Offb 7,9). Bei der Ausführung der in Italien unerwarteten, aber von Signorelli mit Nachdruck inszenierten Nacktheit der Auserwählten orientierte sich der Maler an den schönen Körpern antiker Skulpturen und verschaffte damit auch Michelangelo die Möglichkeit zu einer noch weitergehenden Darstellung nackter Menschen in seinen 1508 begonnenen Fresken für die Sixtinische Kapelle. Die unbekleideten Auserwählten machen deutlich, wie sehr es Signorelli um die vollkommene Beherrschung der Anatomie und der Proportionen des menschlichen Körpers ging, den er durch zahlreiche Zeichnungen intensiv studiert hatte. Nie zuvor waren in der italienischen Kunst so viele männliche und weibliche Akte dargestellt worden wie in Signorellis Wandfresken in der Briziuskapelle des Domes von Orvieto, die den Höhe- und Endpunkt des italienischen Quattrocento markieren, auf den schon bald die Hochrenaissance folgen wird.[9]

Von oben her wenden sich Engel der dicht gedrängten Schar der Auserwählten zu, die mit ihren schönen Auferstehungsleibern die himmlische Verherrlichung erwarten, die den paradiesischen Urzustand, in dem die ersten Menschen in unschuldiger Nacktheit lebten (vgl. Gen 2,25), noch weit übertreffen wird. Rechts ist ein in Rückenansicht dargestellter Mann zu sehen, der durch seine Tonsur als Kleriker oder

Mönch erkennbar ist. Der kniende Mann wird durch einen gelb gekleideten Engel an der Hand genommen, der in seinem Haar einen Blumenkranz aus weißen und roten Rosen trägt, der die Tugenden der Keuschheit und der opferbereiten Liebe symbolisiert. Rechts weist ein Engel im weißen Gewand mit beiden Händen den Weg nach oben in den Himmel. Zusammen mit einem Engel im grünen Gewand wendet sich der gelb gekleidete Engel von hinten einem weiteren, diesmal in Vorderansicht gezeigten Mann zu, der mit einem Knie den Boden berührt und seinen Blick weit zum Himmel erhoben hat. Die beiden wohlgebauten und ideal proportionierten männlichen Figuren, die in heiliger Scheu auf die Knie gesunken sind und durch einen Engel emporgehoben werden, erinnern an die Szene der Apokalypse, als der Seher einem Engel zu Füßen fiel und dieser ihm gebot, nicht ihn, sondern Gott anzubeten (vgl. Offb 19,10). Der Anbetung Gottes, in der die Freude des Himmels bestehen wird, entspricht die nach oben weisende Geste des rechten Engels.[10]

Links neben dieser Gruppe ist ein tonsurierter Mann zu sehen, der seine Hände auf der Brust gekreuzt hat, um von einem himmelblau gekleideten Engel als Lohn eine Krone zu empfangen, den apokalyptischen Kranz des Lebens (vgl. Offb 2,10; 3,11). In der sich nach links anschließenden dicht gedrängten Gruppe sind mehrere männliche und weibliche Auserwählte versammelt, die teilweise mit betenden Gesten nach oben blicken. Unter ihnen sind wiederum zwei Tonsurträger zu sehen, von denen einer erneut von einem Engel gekrönt wird. Dicht über diesem Engel wartet schon ein weiterer Engel mit dem Siegeskranz in seinen Händen, während er mit seinem Haupt noch zum Himmel zurückblickt, von dem er soeben herabgekommen ist. Links neben diesen beiden Engeln ist die große Gebärde eines hellblau gekleideten Engels zu sehen, der sich mit seiner Rechten den Auserwählten zuwendet und mit seiner Linken nach oben zeigt. Links schließt sich ein hellrot gewandeter Engel an, der mit einer Krone in den Händen herabschwebt. Neben ihm wird ein tonsurierter Auserwählter durch einen himmelblau gekleideten Engel gekrönt, der in seinem Haar den Blätterzweig eines Efeus trägt, der als immergrüne Pflanze das ewige Leben symbolisiert. Der Efeu dürfte aber auch als Sinnbild der Treue für den Lohn des Auserwählten stehen, da diese Pflanze nicht bestehen kann, ohne sich anzuschmiegen. Links wendet sich ein Engel von hinten her einer Frau zu, die von einem weiteren Engel die Himmelskrone empfängt.

In der Mitte streuen zwei in idealer Schönheit gezeigte Engel weiße und rote Rosenblüten über die Erwählten aus. Die beiden weiß gekleideten Engel bilden eine Dreieckskomposition und leiten zum oberen Bereich mit dem eigentlichen Himmel über, in dem das Engelskonzert zu sehen ist. Links zupft ein Engel die Laute, während rechts ein Engel mit dem Bogen über die Saiten einer Viola streicht. Ganz außen schütteln zwei Engel Schellenringe. Während diese sechs Engel noch vor einem etwas dichteren, horizontalen Wolkenband dargestellt sind, erhebt sich über ihnen ein goldener Himmelsgrund mit vereinzelten Wolkenstreifen, auf denen fünf weitere musizierende Engel sitzen, die eine sanft geschwungene Brücke bilden, die dem Bogen des Bildfeldes folgt. Während vier andere auf der Laute spielen, ist rechts oben ein harfenspielender Engel zu sehen. Die Harfe, die sich durch ihre sanften Klänge auszeichnet, galt als Inbegriff der himmlischen Musik, weil sie in der Apokalypse als einziges Musikinstrument im Himmel gesehen wurde (vgl. Offb 5,8; 14,2; 15,2). Die musizierenden Engel machen deutlich, dass Gott diese mächtigen Geister zu seinem Lob erschaffen hat und dass nun auch die auserwählten Menschen berufen sind, für immer in der Gemeinschaft Gottes zu leben.

Das Thema der endzeitlichen Berufung der Auserwählten verlangte im Gegensatz zu den dramatischen Visionen dämonischer Raserei in Signorellis übrigen Fresken mit den Verdammten und dem Weltuntergang eine ruhige Darstellungsform, die deshalb aber nicht eintönig und leblos wirken durfte.[11] Diese „Handlungsarmut" vermochte Signorelli „kraft seines grandiosen Kompositionsvermögens und seiner zeichnerischen Vollendung" in unvergleichlicher Weise zu überbrücken.[12] Mit der Sammlung der Auserwählten durch die Engel hatte Signorelli ein thematisch ungewöhnliches Sujet der christlichen Kunst gewählt, da die Engel meistens mit den dramatischen Aufgaben dargestellt wurden, die direkt mit dem Weltgericht zu tun haben, wie das Blasen der Posaunen oder das Scheiden zwischen den Gerechten und den Verdammten. Die von Signorelli als eigenständiges Bildmotiv in klassischer Schönheit ausgeführte Sammlung der Auserwählten erscheint als Sinnbild für die barmherzige und liebevolle Fürsorge Christi, der die Auserwählten durch seine Engel eigens abholen lässt, wie Gäste, die zur Hochzeit geladen sind.

Die Umkehrpredigt des Täufers

Zweiter Adventssonntag. Evangelium: Mk 1,1–8

„So trat Johannes der Täufer in der Wüste
auf und verkündigte Umkehr."
Mk 1,4

Im Mittelpunkt des Evangeliums des zweiten Adventssonntags steht die Gestalt Johannes' des Täufers, der als Prophet auftrat, um Israel auf die Ankunft des Messias vorzubereiten. Für das Markusevangelium beginnt die Frohe Botschaft damit, dass sich in Johannes die Verheißung des Jesaja erfüllt hat, wonach in der Wüste ein Bote dem Herrn den Weg bereiten wird (vgl. Mk 1,1–3). Der asketisch in der Wüste lebende Johannes trug ein raues Gewand aus Kamelhaaren mit einem Ledergürtel (vgl. Mk 1,6) „und verkündigte Umkehr und Taufe zur Vergebung der Sünden" (Mk 1,4). Die Einwohner Jerusalems und Judäas zogen zu Johannes an den Jordan hinaus, bekannten ihre Sünden und ließen sich taufen (vgl. Mk 1,5). So bereitete Johannes mit seiner Umkehrpredigt das Volk auf den Messias vor und betonte, dass dieser stärker und erhabener als er selbst ist und mit dem Heiligen Geist taufen wird (vgl. Mk 1,7–8).

Die Predigt Johannes' des Täufers gehört zu den häufig dargestellten Themen der christlichen Kunst. Wegen der unterschiedlichen Wirkung auf die Zuhörer und der Möglichkeit zur Veranschaulichung moralisierender Inhalte war das Bildmotiv mit der Täuferpredigt besonders in der frühneuzeitlichen Kunst beliebt. Um 1608 stellte der aus dem flämischen Antwerpen stammende Maler Adriaen van Stalbemt (1580–1662) die Predigt des Täufers inmitten einer Waldlandschaft dar.

Adriaen van Stalbemt war noch ein kleines Kind, als seine protestantische Familie während der Einnahme Antwerpens durch die Truppen des katholischen Spanien um 1585 die Stadt verließ. Die Familie übersiedelte nach Zeeland in das protestantische Middelburg, wo Adriaen in der Malerei ausgebildet wurde.[1] Neben

Kontakten zu Pieter Lastman (1583–1633), Jan Bruegel den Älteren (1568–1625) und den Brüdern Jan (1582–1650) und Jacob Pynas (1592–1650) können auch künstlerische Verbindungen zu dem ab 1600 in Rom wirkenden Adam Elsheimer (1578–1610) angenommen werden, auch wenn für Stalbemt keine Italienreise bekannt ist.[2] Stalbemt ließ sich später wieder in seiner Heimatstadt Antwerpen nieder, wo er um 1608 auch sein frühes Landschaftsbild mit der Täuferpredigt gemalt haben dürfte und 1609 in die Lukasgilde der Maler aufgenommen wurde. Unterbrochen durch einen zehnmonatigen Aufenthalt am Hof in London, zu dem ihn 1633 wohl König Karl I. (reg. 1625–1649) eingeladen hatte, wirkte Stalbemt bis zu seinem Lebensende 1662 in Antwerpen, wo er seit 1613 mit Barbara Verdelft (gest. 1663) verheiratet war. Stalbemt zeichnete sich vor allem durch seine Landschaftsgemälde aus, bei denen er sich besonders an Jan Bruegel den Älteren und Gillis van Coninxloo (1544–1607) orientierte.[3]

Das unsignierte, auf Kupfer gemalte Bild mit der Predigt Johannes' des Täufers, von dem sich eine weitere, etwas ältere Fassung in der Hamburger Kunsthalle befindet, entstand um 1608 und wird heute in der Alten Pinakothek in München aufbewahrt. Sowohl das Hamburger als auch das Münchner Gemälde galten lange Zeit als Werke Adam Elsheimers, bis es 1973 Keith Andrews (1920–1989) gelang, sie Adriaen van Stalbemt zuzuschreiben.[4] Das Münchner Bild wurde bereits 1621 von Johann Jenet (gest. nach 1627) in Kupfer gestochen und seinem Besitzer gewidmet, dem kaiserlichen Rat und Kunstmäzen Freiherr Sebastian Füll von Windach und Eresing (gest. 1624). Das Bild befand sich dann 1628 im Besitz des bayerischen Herzogs Maximilian I. (reg. 1573–1651), der ab 1611 eine „Cammer-Galeria" in der Münchner Residenz eingerichtet hatte.[5]

Stalbemts Gemälde mit der Täuferpredigt gehört zu den flämischen Waldlandschaften, bei denen der Betrachter das Innere des Bildes als einen weitgehend himmellosen Wald mit Baum- und Blattmassen erlebt, die das Ausweichen des Raumes zu den Bildrändern hin verhindern und den Wald als über alle Grenzen hinweg unendlich erscheinen lassen. Nachdem Albrecht Altdorfer (um 1480–1538) mit seinem 1510 entstandenen und heute in der Alten Pinakothek in München aufbewahrten Georgsbild die erste reine Waldlandschaft geschaffen hatte, bereiteten Pieter Bruegel der Ältere (um 1525/27–1569) und Hans Bol (1534–1593) die Entstehung der manieristischen flämischen Waldlandschaft vor, die dann um 1600 durch Gillis van Coninxloo, die Frankenthaler Malerschule und Jan Bruegel den Älteren begründet wurde. Im Unterschied zu den idealistischen Darstellungen des antikisierenden Lustgartens (locus amoenus) arkadisch-italienischer Prägung zeigten die flämischen Waldlandschaften natürlich wiedergegebene nordische Misch- und Eichenwälder, die

Adriaen van Stalbemt, Predigt Johannes' des Täufers, um 1608, Öl auf Kupfer, 40 × 55 cm, München, Alte Pinakothek.

als höhlenartige Stimmungsräume erschienen, in denen sich Heimliches und Unheimliches bedeutungs- und geheimnisvoll miteinander verbanden. So lebte die flämische Waldlandschaft ganz aus der Spannung zwischen Realität und Phantasie, zumal der Wald nicht zum unmittelbaren alltäglichen Erlebnisbereich gehörte, sondern immer auch als Ort des Geheimnisvollen erfahren wurde.[6]

    Das auf die Zeit um 1608 datierte Münchner Bild mit der Täuferpredigt hat das Wirken des Johannes von der Wüste (vgl. Mk 1,4) in den Wald verlegt. Das etwas mehr als einen halben Meter breite Gemälde zeigt ein dichtes, nach allen Seiten hin geschlossenes Waldinneres, bei dem nur hinter dem abgestorbenen Baum in der linken oberen Ecke etwas vom bewölkten Himmel zu sehen ist. Als Innenraum wird der Wald durch das Dämmerlicht erfahrbar, in dem zwischen den Bäumen kleinere Figuren und im Hintergrund eine etwas hellere Horizontlinie zu sehen ist, die am linken

Bildrand beginnt und sich rechts im Dickicht verliert. Das durchbrechende Licht gestaltet die einzelnen Teile des Eichenwaldes im Wechselspiel von Licht und Schatten und lässt die weitverzweigten Äste der Laubbäume plastisch hervortreten. Die mächtigen, teilweise von Aufsitzerpflanzen überwucherten und auch schon abgestorbenen Eichen sind für die Waldlandschaften Stalbemts charakteristisch. Die naturgetreu und mit kräftigen Grüntönen wiedergegebenen Bäume des Waldes lassen im Vordergrund eine breite Bühne für die Gestalten des Täufers und seine Zuhörer offen, die ebenfalls durch Hell und Dunkel betont werden. Während einige Figuren in anonymes Dunkel gehüllt sind, werden andere sorgfältig geschildert und mit teilweise leuchtenden Farben ausgeführt, wie sie Stalbemt bevorzugte. Besonders die ganz rechts stehende, mit ihrem orangeroten Gewand auffallend gekleidete Person zieht den Blick von dem kleinen, diagonal gegenüberliegenden Himmelsausschnitt weg und lenkt ihn in das Waldinnere hinein, in dem Johannes, obwohl er perspektivisch etwas kleiner dargestellt ist, als zentrale Figur die Mitte des Bildes einnimmt. Die durch das frei einschwebende Licht mit großer Tiefenwirkung geschilderten Bäume lassen den Wald als dunkle schützende Höhle und heimlichen Zufluchtsort erscheinen. Die malerischen, altertümlichen Gewänder der Personen und die bizarren Wucherungen der Bäume rufen aber auch jene mehr oder weniger unwirkliche Stimmung hervor, die diese Szene aus der Erlebniswelt des Alltäglichen in den Erfahrungsbereich des Religiösen zu heben vermag.[7]

Die Blicke aller Figuren – einschließlich der Tiere – sind auf den predigenden Täufer gerichtet, der mit leichtem Kontrapost als barfüßiger Asket dargestellt ist. Während er sein Haupt mit dem langen, ungeordneten Haar nach links gewendet hat, weist sein Kreuzstab, der wie ein Attribut in der Beuge seines linken Armes lehnt, auf die rechte Seite. Seine beiden Hände zeigen eine rhetorische Geste und unterstreichen zusammen mit dem leicht geöffneten Mund die mahnenden Worte, die er an die Leute richtet. Der Täufer trägt auf dem Leib eine braune, die rechte Brust freilassende Tunika aus Kamelhaaren (vgl. Mt 3,4; Mk 1,6), die an die härene Prophetenkleidung (vgl. Sach 13,4) und an den Ziegenhaarmantel des Elija erinnert (vgl. 2 Kön 1,8). Der rote Mantel, den er über seine linke Schulter geworfen hat, erinnert ebenfalls an Elija, den Propheten „wie Feuer" (Sir 48,1), der in einem feurigen Wagen in den Himmel entrückt wurde (vgl. 2 Kön 2,11; Sir 48,9). Da man sein Wiederkommen als Vorläufer des Messias erwartete (vgl. Mal 3,23), glaubten die einen, Elija sei nun in Johannes wiedergekommen (vgl. Mt 11,14; 17,12–13; Mk 9,13), während andere im Täufer selbst den Messias sahen (vgl. Lk 3,15). So zeigt das Rot des Mantels den Täufer als Vorläufer, der dem Messias wie eine brennende und leuchtende Lampe (vgl. Joh 5,35), gleich den feurigen Seraphim (vgl. Jes 6,2.6), im Geist und in der Kraft des Propheten Elija vorangegangen ist (vgl. Lk 1,17).[8]

Unter den dargestellten Personen sind einige durch Beleuchtung, Farbigkeit und Bekleidung besonders hervorgehoben und teilweise auch zu Gruppen zusammengefasst.[9] Die um Johannes versammelten Leute sind als aufmerksam lauschende Zuhörer dargestellt. Nur ganz rechts kommen zwei Männer zur Predigt des Täufers gerade hinzu, wie ihre Schrittstellung deutlich zeigt. Von der hinteren Person sind noch der rechte Fuß und die an eine Sendelbinde erinnernde Kopfbedeckung zu sehen. Der vordere Mann, der in ein leuchtend orangerotes, am Saum gemustertes Gewand gehüllt ist, weist mit dem Zeigefinger seiner rechten Hand auf den Täufer und fungiert somit als Figur, die den Betrachter in das Bildgeschehen einführt. Bei den beiden Männern dürfte es sich um Pharisäer oder Schriftgelehrte handeln.

Im linken und mittleren Vordergrund des Bildes sind Personen dargestellt, die durch ihre kostbaren und teilweise im Helldunkel leuchtenden Gewänder auffallen. Sie stehen wohl für die Reichen, denen der Aufruf des Täufers zum Teilen der Güter (vgl. Lk 3,11) in besonderer Weise galt. Ganz links stehen zwei prächtig gekleidete Orientalen mit mächtigen Turbanen, die gemeinsam ein Buch in der Hand halten, um wohl die prophetischen Worte des Täufers am Schrifttext der Bibel zu überprüfen, wodurch sie vielleicht auch als Vertreter der jüdischen Führungsschicht oder der Tempelpriester gedeutet werden können. Rechts neben ihnen sitzt eine vornehme Frau, die mit einem weiten roten Gewand bekleidet ist. Sie hat ihr Pendant in einem kahlen, bärtigen Mann, der ihr in einem auffallenden gelben Gewand gegenübersitzt. Links von ihm fällt der Blick auf den Rücken eines Mannes mit einem federgeschmückten Barett. Rechts schließt sich eine Frau mit einer aufwendigen Frisur an, die ergriffen zum Prediger aufschaut. Hinter ihr ist ein reich gekleideter Mann mit Turban dargestellt, der sein Kinn nachdenklich in die rechte Hand gestützt hat.

Auf der rechten Seite sind zwei Soldaten (vgl. Lk 3,14) mit prächtiger Helmzier zu sehen, die von ihren Pferden aus der Umkehrpredigt des Johannes zuhören. Sie blicken sich gegenseitig an und bringen damit zum Ausdruck, dass sie das Wort des Täufers getroffen hat. Während der rechte Soldat mit einem zeitgenössischen Harnisch gerüstet ist, trägt der linke Reiter mit dem langen Schwert an der Seite eine antikisierende Soldatenkleidung.

Vor dem weißen Pferd sitzt ein leicht bekleideter Mann mit einem Stab und einer umgehängten Tasche, der sich mit der linken Hand nachdenklich an den Haaransatz gefasst hat. Über ihm steht ein kahlköpfiger Mann mit rotem Umhang und einer langen Feder als Kopfschmuck, dem sich ein im Schatten stehender Mann mit Turban zugewendet hat. Rechts ist ein weiterer Mann mit langer Stirnfeder zu sehen. Vielleicht sind in dem sitzenden Mann mit der auffallend großen Tasche oder auch in den stehenden Gestalten über ihm die Zöllner gemeint, die ebenfalls zu Johannes hinausgezogen sind (vgl. Lk 3,12–13).

Adriaen van Stalbemt, Predigt Johannes' des Täufers

Die übrigen Personen befinden sich mehr im Dunkel des Waldes und haben sich sitzend oder stehend um die lichtvolle Gestalt des Johannes geschart. Durch ihre Haltungen und Gesten, besonders durch ihre in die Hände gestützten Köpfe, zeigen sie auf verschiedene Weisen, dass auch sie der Umkehrpredigt des Täufers nachdenklich lauschen.

Sogar das weiße Pferd auf der rechten Seite steht ruhig da und hat den Kopf so gesenkt, dass seine gespitzten Ohren direkt auf den Täufer gerichtet sind. Auf der linken Seite ist ein aufmerksam dasitzender Hund zu sehen, der seinen Kopf eigens zu Johannes hin herumgewendet hat. Darüber sitzen in den abgestorbenen Ästen der mächtigen Eiche lauschend zwei Vögel, die wegen ihres roten Brustgefieders vielleicht zwei männliche Gimpel darstellen. Die neue Botschaft, mit der für den kommenden Messias der Weg bereitet werden soll, hat offenbar alle Lebewesen erfasst.

Das Bild ist so komponiert, dass Johannes nicht nur die Mitte des Bildes einnimmt, sondern auch am Scheitelpunkt eines Weges steht, der sich nach links und rechts geheimnisvoll in den Tiefen des Waldes verliert.[10] Das Bildmotiv der Wegescheidung zeigt zunächst im typologischen Sinn, dass Johannes an der Schwelle zwischen dem Alten Testament und dem Neuen Bund steht. Auf der moralischen Ebene bekommt die Metapher von den beiden Wegen eine etwas dramatischere Aussage, die noch durch die unterschiedliche Darstellung des Waldes in den beiden Bildhälften unterstützt wird. Die Bäume auf der linken Seite zeigen eine weitgehend abgestorbene Vegetation, stehen in düsterem Schatten und zeichnen sich kontrastreich vor dem dahinterliegenden Himmelsausschnitt ab. Die große zersplitterte Eiche im Vordergrund wurde vielleicht von einem Blitz getroffen oder durch ein Unwetter zerzaust, so dass man das innere Holz wie eine Wunde sehen kann. Die schwer beschädigte Eiche, bei der einige abgebrochene Äste quer zum Baum hängen, ist dann vom Rankwerk ganz überwuchert und erstickt worden. Dagegen stehen auf der rechten Bildhälfte unversehrte und üppig grünende Eichbäume in einem warmen und heimeligen Licht.[11] Überträgt man diese unterschiedliche Charakterisierung der Bäume in den beiden Bildhälften auf die hinter dem Täufer sich scheidenden Wege, so zeigt sich, dass die linke Wegrichtung ins Verderben, die rechte aber in das Heil führt. Dass auf diesem Weg vier dunkle, nur schemenhaft angedeutete Gestalten paarweise von rechts nach links gehen und sich damit offensichtlich auf dem Weg in das Unheil befinden, macht deutlich, wie sehr Johannes als Bußprediger gesandt ist, um die Menschen zur Umkehr aufzurufen. So wird die Waldlandschaft mit ihrer sowohl abgestorbenen als auch grünenden Vegetation zum entscheidenden Bedeutungsträger, der zusammen mit der Metapher von den beiden Wegen in den Aufruf mündet, sich zwischen dem Reich der unheilvollen Vergänglichkeit (civitas terrena) und dem von Johannes angekündigten und in Christus gekommenen Reich des Heiles (civitas Dei) zu entscheiden.[12]

Stalbemts eindrucksvolle Waldlandschaft zielt auf die von Johannes verkündete Umkehrbotschaft ab, für die sich sowohl die im Bild dargestellten Zuhörer als auch die Betrachter des Gemäldes entscheiden sollen. Im Dienst dieser Entscheidung stehen die geschilderten ikonographischen Figurenattribute und vor allem die Metapher der Wegescheidung, die durch die Lichtführung und die unterschiedliche Vegetation unterstützt wird. Damit folgte Stalbemt einer Tradition, die sich Ende des 16. Jahrhunderts entwickelt hatte, als besonders in der Haarlemer und Utrechter Kunst das Bildthema der Täuferpredigt zu einer sittenbildlichen Schilderung geworden war. Als Landschaftsmaler betonte Stalbemt aber weniger die Darstellung der moralisch unterschiedlichen Reaktionen der verschiedenen Zuhörer, sondern vielmehr die geheimnisvoll wirkmächtige Sprache der Waldlandschaft mit ihren metaphorischen Andeutungen.[13]

Johannes der Täufer und der unerkannte Jesus

Dritter Adventssonntag. Evangelium: Joh 1,6–8.19–28

„Mitten unter euch steht der, den ihr nicht kennt
und der nach mir kommt."
Joh 1,26

Auf die Predigt des Johannes im Evangelium des zweiten Adventssonntags (vgl. Mk 1,1–8) folgt am dritten Adventssonntag das im Johannesevangelium überlieferte Zeugnis des Täufers gegenüber den Priestern, Leviten und Pharisäern, die von Jerusalem aus zu ihm gesandt wurden.

Die Perikope nimmt zunächst noch einen Abschnitt aus dem Johannesprolog auf, in dem Johannes als von Gott gesandter Zeuge bezeichnet wird (vgl. Joh 1,6), der nicht selbst das Licht war, sondern nur Zeuge des Lichtes (vgl. Joh 1,8), „damit alle durch ihn zum Glauben kommen" (Joh 1,7), dass Christus dieses Licht ist.

Johannes wurde von den Priestern, Leviten und Pharisäern, die dem Täufer in Betanien „auf der anderen Seite des Jordan" (Joh 1,28) begegneten, nach seiner Identität befragt (vgl. Joh 1,19.22.24–25). Angesichts der Messiaserwartungen, die sich mit seiner Person verbanden, erhob Johannes nur den Anspruch, der von Jesaja verheißene Wegbereiter (vgl. Jes 40,3) des endgültigen Heilsbringers zu sein, nicht aber der Messias, Elija oder der erwartete Prophet (vgl. Joh 1,20–21). Als deutlich wurde, dass der Täufer nicht der war, für den man ihn hielt, und man ihn nach der Heilsbedeutung der von ihm gespendeten Taufe fragte (vgl. Joh 1,25), verwies Johannes auf den bereits unerkannt Anwesenden, der als Messias nach ihm kommen wird: „Ich taufe nur mit Wasser. Mitten unter euch steht der, den ihr nicht kennt und der nach mir kommt; und ich bin es nicht wert, ihm die Schuhe aufzuschnüren" (Joh 1,26–27).[1]

Paolo Veronese, Johannes beantwortet die Fragen der Jerusalemer Abgesandten, ▷
um 1570, Öl auf Leinwand, 208 × 140 cm, Rom, Galleria Borghese.

Paolo Veronese, Johannes beantwortet die Fragen der Jerusalemer Abgesandten

Das spannungsvolle Motiv des von Johannes verkündeten und bereits anwesenden Messias, der aber noch nicht vom Volk erkannt wird, wurde für nicht wenige Künstler zu einer Herausforderung, diese Szenerie ins Bildhafte umzusetzen. Auch Paolo Veronese (1528–1588), der eigentlich Paolo Caliari hieß, ließ sich von diesem Bildmotiv inspirieren.[2] Der 1528 in Verona geborene und deshalb „Veronese" genannte Maler trat um 1539 in seiner Heimatstadt in die Werkstatt des Antonio Badile (um 1518–1560) ein und wurde durch den Veroneser Baumeister Michele Sanmicheli (1484–1559) gefördert. Nachdem er 1551 mit einem für die Kirche San Francesco della Vigna geschaffenen Altarbild erstmals in Venedig Fuß fassen konnte, ließ er sich ab 1555 in der Lagunenstadt nieder, wo er auch als Freskomaler seine Fähigkeiten unter Beweis stellte und sich noch im gleichen Jahr mit den Deckengemälden in der Sakristei von San Sebastiano Anerkennung zu verschaffen vermochte. Der Ruhm des Malers, der sich bis zu seinem Tod am 19. April 1588 die meiste Zeit in Venedig aufhielt, war so sehr verbreitet, dass er 1585 sogar vom spanischen Königshof ein Angebot erhielt, das er aber ablehnte.[3]

Veronese nahm die Impulse der norditalienischen und venezianischen Manieristen auf und vermochte schon früh seinen Stil auszuprägen, der von einer heiteren und festlichen Grundstimmung geprägt war und den irdischen Glanz der reichen venezianischen Gesellschaft der späten Renaissance widerspiegelte, womit er bereits die Malerei des Barock und Rokoko vorwegnahm und die Malkunst Venedigs bis Giovanni Battista Tiepolo (1696–1770) prägte. Im Unterschied zu der schwereren und dunkleren Farbpalette seiner älteren venezianischen Malerkollegen Tizian (1488/90–1576) und Tintoretto (1518–1594) bevorzugte Veronese ein helles Kolorit mit klaren, teilweise komplementären und kühlen, aber immer freundlichen Farben.[4]

Das in der Galleria Borghese in Rom ausgestellte Bild mit Johannes dem Täufer dürfte um 1570 entstanden sein[5] und war bereits 1607 in den Besitz der römischen Adelsfamilie Borghese gelangt.[6]

Das über zwei Meter hohe Ölgemälde mit der großen Gestalt des Täufers in der Mitte versetzt den Betrachter in eine Morgenstimmung. Die meisterliche Farbbehandlung Veroneses zeigt sich in dem seidenfarbigen, silberhellen Himmel, vor dem die hellen, gelblichen Farbtöne teilweise wie durchsichtig, dann aber auch wieder fein abschattiert erscheinen, bis hin zu dem kräftigen Rot des Mantels, den Johannes trägt.[7]

Von rechts her haben sich drei Männer dem Täufer genähert, die sich durch ihre lebendig geschilderten Charakterköpfe und ihre malerische orientalische Tracht auszeichnen, wie sie damals in Venedig häufig zu sehen war.[8] Die Dreizahl der Männer entspricht dem Johannesevangelium, wonach Priester, Leviten (vgl. Joh 1,19) und

Pharisäer (vgl. Joh 1,24–25) zu Johannes geschickt worden waren. Die dunkle, bärtige Gestalt mit dem Turban in der Mitte ist wohl als einer der Priester zu deuten, der sich mit seiner im Redegestus erhobenen linken Hand zu einem jungen Mann gewandt hat, um mit ihm über das von Johannes Gehörte zu sprechen. Der junge, bartlose Orientale mit Turban und vornehmer Kleidung, der mit zurückgelegtem Kopf und in die Hüfte gestützter Hand eine skeptische Haltung einnimmt, dürfte einer der Leviten sein, die mit den Priestern gekommen waren, um den Täufer zu fragen, ob er der Messias, Elija oder „der Prophet" sei (vgl. Joh 1,20–21). Der bärtige Mann mit der Pelzmütze, der nachdenklich seinen Blick gesenkt hat, gehört schließlich zur Gruppe der Pharisäer, die im Anschluss an die Auskünfte für die Priester und Leviten Johannes nach der Bedeutung seiner Taufe gefragt hatten (vgl. Joh 1,24–25).

Die Antwort, die Johannes auf diese letzte Frage gegeben hatte, ist nun der Augenblick, den Veronese in seinem biblischen Historienbild festzuhalten versuchte. Der Maler stellte den Täufer mit ungeordnetem Bart- und Haupthaar als barfüßigen Asketen dar, der nach der biblischen Überlieferung in der Wüste lebte und sich von wildem Honig und Heuschrecken ernährte (vgl. Mk 1,6), die man nach Art armer Nomaden in Salzwasser kochen und rösten konnte.[9] Auf seine Berufung, dem Messias voranzugehen, verweist der helle Lichtschein, der sein Haupt umspielt und sich wirkungsvoll von dem dunklen Stamm einer Eiche abhebt, vor der Johannes steht.

Auf dem Leib trägt er ein raues Untergewand aus Kamelhaaren (vgl. Mk 1,6), über das er ein rotes Pallium geschlungen hat, das der kräftigste Farbakzent des Bildes ist und mit seinem glühenden Kolorit an Elija erinnert, den Propheten „wie Feuer" (Sir 48,1), von dem man glaubte, er sei im Täufer wiedergekommen (vgl. Mt 11,14; 17,12–13; Mk 9,13), da der Prophet in einem feurigen Wagen in den Himmel entrückt worden war (vgl. 2 Kön 2,11; Sir 48,9), so dass sein Wiederkommen als Vorläufer des Messias erwartet wurde (vgl. Mal 3,23). Als ihn die von Jerusalem abgesandten Leviten und Priester fragten, ob er Elija sei, wies Johannes diese im Volk verbreitete Meinung natürlich zurück (vgl. Joh 1,21), da von einer direkten Identität zwischen ihm und dem großen Propheten nicht die Rede sein konnte. Dafür zeigt der glühend rote Mantel des Johannes deutlich, dass der Täufer sehr wohl im „Geist und in der Kraft des Elija" (Lk 1,17) und damit wie eine brennende und leuchtende Lampe (vgl. Joh 5,35)[10] dem Messias vorangehen wird.

Die beiden Hände des Täufers stehen ganz im Dienst seiner Sendung als Wegbereiter des Messias. Im linken Arm hält er als Attribut einen Stab mit einer weißen Fahne, auf der das lateinische Wort „ECCE" zu lesen ist, das für den Ruf „Ecce agnus Dei qui tollit peccatum mundi" (Io 1,29 Vulgata) steht, mit dem der Täufer einen Tag nach seinem Treffen mit den Jerusalemer Abgesandten Jesus als das Lamm Gottes bezeichnet hatte, das die Sünde der Welt hinwegnimmt (vgl. Joh 1,29). Damit bezeugte er Jesus als den verheißenen Gottesknecht, der für die Sünden anderer den Sühnetod sterben wird (vgl. Jes 53,1–11), um mit seinem Blut die Welt von aller Sünde zu reinigen (vgl. Joh 6,51; 1 Kor 6,20; 7,23; 1 Joh 1,7; 2,2; 3,5; Offb 5,6.9.12; 7,14; 12,11; 14,3–4).

Mit seiner rechten Hand, die Gehilfen Veroneses unnatürlich gespreizt wiedergaben,[11] zeigt Johannes hinter sich und versucht, das Interesse der Abgesandten von seiner nur mit bloßem Wasser gespendeten Taufe auf den wahren Bringer des Heils zu lenken, der unerkannt schon mitten unter ihnen steht (vgl. Joh 1,26–27). Direkt unterhalb der Rechten des Täufers erscheint Jesus als sanfter und still wandelnder Mann, einsam in sich gekehrt und gewissermaßen geistesabwesend, da er ganz vom Heiligen Geist erfüllt ist (vgl. Lk 4,18). Die unbestimmt aus der Ferne herankommende Gestalt Jesu ist in hellstes Licht getaucht,[12] um mit dieser gleichsam unstofflichen Erscheinung zu unterstreichen, dass ihn die Menschen noch nicht kennen. Die schräg zurückweichenden Eichen, die mit ihrem spärlichen Laub in den hellen Himmel schneiden, führen den noch allein, ohne Jünger und unbemerkt voranschreitenden Messias wie unter einem Bogen hindurch in das Bild herein.[13] Diese Bäume weisen schon auf das Erlösungswerk des Gotteslammes voraus, da man das Eichenholz als unverweslich ansah und deshalb symbolisch auf die durch das Kreuz und die Auferstehung Christi bewirkte Hoffnung auf das ewige Heil deuten konnte.[14] Die Gestalt Jesu ist nach Kurt Badt (1890–1973) nicht nur eine außerordentliche Leistung, sondern auch eine beispiellose Kühnheit, weil die Hauptperson, die bereits alles erfüllt, was das Bild erst ankündigt, in der Ferne am Rand wie eine visionäre Erscheinung aus der Tiefe auftaucht und unter den Bäumen wandelt, die sich vor ihm verneigen[15] und ihm als dem kommenden Messias gleichsam ihren Beifall bekunden (vgl. Ps 96,12; Jes 44,23; 55,12). Auf Jesus deuten nicht nur die rechte Hand des Täufers, sondern auch sein gebeugter Oberkörper und eine Bilddiagonale, die sich durch den rechten Unterarm des Johannes über die horizontale Falte des roten Mantels zum Tuch des Dunkelbärtigen bis hin zur Kontur der Schulter des jungen Orientalen fortsetzt. Diesen linearen Elementen entspricht auch die Farbigkeit des Bildes, die im roten Pallium des Täufers ihre höchste Intensität und im gelben Licht Jesu ihre höchste Helligkeit erreicht.[16]

Bis auf Johannes wird Jesus noch von keiner der im Bild dargestellten Personen erkannt, weder von den drei Jerusalemer Abgesandten noch von der in Rückenansicht gezeigten, in schöne Gewänder gehüllten kauernden Frau, die zu Johannes aufblickt und sich dabei über ihr Kind beugt, von dem noch das Händchen an ihrer Schulter zu sehen ist. Auch die drei Frauen, die zwischen den Bäumen im hellen Licht einhergehen, scheinen noch nicht zu ahnen, dass sich der Erlöser schon mitten unter ihnen befindet, auch wenn sie ihn mit ihren leiblichen Augen rein äußerlich wohl schon in den Blick genommen haben dürften. Ob man mit Kurt Badt das Kind in den Armen der jungen Frau zusammen mit den drei Orientalen von rechts nach links auch als Vertreter der vier Lebensalter von Kindheit, Jugend, Erwachsenenalter und Greisenalter interpretieren kann, muss sicherlich dahingestellt bleiben, zumal eine Frau mit Kind gewöhnlich die Caritas symbolisiert und damit auf die Liebe des künftigen Erlösers und Gotteslammes verweisen dürfte.[17] Nicht so leicht von der Hand zu weisen ist dagegen Badts Versuch, in den drei Frauen im Hintergrund ein Sinnbild für die Welt zu sehen, die im Gegensatz zu den drei Männern den Messias erwartet, was auch durch den auffallenden Mitvollzug der Neigung der Bäume durch die schrägen Körperhaltungen der Frauen zum Ausdruck komme. In diesem Sinn würden die unter den Bäumen stehenden und im hellen Morgenlicht herankommenden drei Frauen schon auf die drei Marien vorausweisen, die am Karfreitag unter dem „Baum des Kreuzes" ausharrten (vgl. Mk 15,40–41) und sich dann im frühen Licht des Ostermorgens zum Grab aufmachten (vgl. Mt 27,55–56), um Jesus in unvergleichlicher Weise ihre Treue zu beweisen.

Trotz dieser Andeutungen bleibt das Bild vom Nichterkennen Jesu geprägt. Dadurch wird die Spannung im Bild erhalten, so dass sich der Betrachter dazu aufgerufen sieht, die geschilderte Historie zu Ende zu denken und sich in das Bildgeschehen hineinzuversetzen: in Johannes, der schon am nächsten Tag Jesus auf sich zukommen sah und in ihm das Lamm Gottes erkannte (vgl. Joh 1,29), in die beiden Jünger, denen der Täufer am übernächsten Tag das Lamm Gottes zeigte, so dass sie ihm nachfolgten (vgl. Joh 1,35–37), oder in die drei Frauen, die schon unter dem Kreuzesbaum stehen und sich im kommenden Osterlicht dem Herrn nahen werden.

Die Verheißung der Geburt des Erlösers

Vierter Adventssonntag. Evangelium: Lk 1,26–38

*„Der Heilige Geist wird über dich kommen,
und die Kraft des Höchsten wird dich überschatten."
Lk 1,35*

Das Evangelium des vierten Adventssonntags von der Verkündigung des Erlösers nimmt Maria als die größte Gestalt des Advents in den Blick, nachdem an den beiden vorausgehenden Adventssonntagen Johannes der Täufer als Vorläufer des Messias im Mittelpunkt stand. Kurz vor dem Hochfest der Geburt des Herrn verweist der vierte Adventssonntag auf das Ereignis der Menschwerdung des Sohnes Gottes, der durch das Wirken des Heiligen Geistes in Maria, der erwählten Jungfrau, einen menschlichen Leib angenommen hat, um ihn als Sühneopfer für die Sünden der Welt hingeben zu können.

Dieses Geheimnis der Inkarnation des Sohnes Gottes schildert das Lukasevangelium mit dem Besuch des Engels Gabriel, als er in Nazaret bei Maria eintrat (vgl. Lk 1,26–28) und ihr verhieß, die Mutter des verheißenen Messias zu werden. Nach dem Gruß des Engels: „Sei gegrüßt, du Begnadete, der Herr ist mit dir" (Lk 1,28), war Maria zunächst erschrocken (vgl. Lk 1,29), worauf der Engel ihr den großen Heilsplan Gottes offenbarte: „Fürchte dich nicht, Maria; denn du hast bei Gott Gnade gefunden. Du wirst ein Kind empfangen, einen Sohn wirst du gebären; dem sollst du den Namen Jesus geben. Er wird groß sein und Sohn des Höchsten genannt werden. Gott, der Herr, wird ihm den Thron seines Vaters David geben. Er wird über das Haus Jakob herrschen, und seine Herrschaft wird kein Ende haben. […] Der Heilige Geist wird über dich kommen, und die Kraft des Höchsten wird dich überschatten. Deshalb

Hans Memling, Mariä Verkündigung, um 1489, Öl auf Holz, aufgezogen auf Leinwand, 76,5 × 54,6 cm, New York, Metropolitan Museum of Art, The Robert Lehman Collection.

wird auch das Kind heilig und Sohn Gottes genannt werden" (Lk 1,30–33.35). Für diese Verheißung brauchte Gott die Zustimmung der von ihm begnadeten Jungfrau. Als Maria das Wort des Engels hörte und als demütige „Magd des Herrn" (Lk 1,38) ihr Ja sprach, wurde der Logos, das ewige Wort des Vaters, in ihr Mensch.

Die Verkündigung des Engels an Maria gehört zu den häufig dargestellten Themen der christlichen Kunst; die Szene war besonders im Spätmittelalter und in der Renaissance beliebt. Auch von Hans Memling (1435/40–1494) hat sich ein Ölgemälde mit der Verkündigung erhalten, das Max Friedländer (1867–1958) einmal als „die schönste Erfindung" des Malers bezeichnete[1] und das nach Dirk de Vos in der inhaltlichen „Bearbeitung und Interpretation des Themas einzigartig" ist.[2]

Der aus Seligenstadt am Main stammende Memling war über Köln in die Niederlande gekommen, wo er wahrscheinlich ab 1459/60 bei Rogier van der Weyden (1399/1400–1464) in dessen Brüsseler Werkstatt mitarbeitete und sich auch mit der Kunst des Löwener Malers Dieric Bouts (1410/20–1475) auseinandersetzte. Von 1465 bis zu seinem Tod im Jahr 1494 lebte Memling in Brügge, wo er zum führenden Maler der Stadt aufstieg. Während sich Rogiers Bilder durch ihren klaren kompositorischen Aufbau und ihre durchgeistigten Figuren auszeichneten, pflegte Memling einen lyrischen Stil mit lebensnaher Erzählfreudigkeit und verlieh den von ihm dargestellten Personen Anmut und menschliche Wärme.[3]

Das nicht signierte, aber Memling sicher zuzuschreibende Bild mit der Verkündigung dürfte zu den späteren Werken des Meisters gehören und entstand vielleicht um das Jahr 1489, worauf nach Dirk de Vos die stark gelängten Figuren mit den harten Gewandfalten hinweisen.[4] Nachdem das verhältnismäßig gut erhaltene Gemälde[5] zu Beginn des 19. Jahrhunderts im Besitz des preußischen Fürsten Michael von Radziwill (1744–1831) war, kam es im Oktober 1920 in die Sammlung des amerikanischen Bankiers Robert Lehman (1891–1969) und wurde dann durch das New Yorker Metropolitan Museum of Art erworben.[6]

Memlings Gemälde stützt sich auf zwei Verkündigungsbilder Rogier van der Weydens, nämlich auf die um 1435 entstandene Tafel im Pariser Louvre und auf den 1450/55 geschaffenen linken Seitenflügel des Kölner Columba-Altars.[7] Auch wenn nicht ausgeschlossen werden kann, dass es sich um ein einzelnes Andachtsbild gehandelt haben könnte, so deutet doch die auf ein rechts liegendes Zentrum ausgerichtete Perspektive darauf hin, dass das Verkündigungsbild der linke Flügel eines – vielleicht sogar dreiteiligen – Altarretabels gewesen sein könnte.[8]

Das Ereignis der Verkündigung findet in einem Schlafgemach statt, dem Zimmer der Jungfrau von Nazaret. Der Erzengel Gabriel ist von links durch eine Tür in den Raum eingetreten und hat vor Maria das Knie gebeugt. In seinem goldgelockten Haar trägt der Engel ein einfaches Diadem und spricht den Engelsgruß mit seiner erhobenen Rechten: „Sei gegrüßt, du Begnadete, der Herr ist mit dir" (Lk 1,28). Mit der linken Hand rafft er ein wenig den Mantel und trägt zum Zeichen seines himmlischen Botendienstes ein filigranes Zepter.[9] Wie seit etwa 1420 auf niederländischen Altarbildern üblich, ist der Engel in liturgische Kleider gehüllt. Über der weißen Albe und dem Schultertuch trägt Gabriel als Mantel das priesterliche Pluviale,[10] das seit dem 10. Jahrhundert für liturgische Funktionen in Gebrauch war, bei denen nicht das Messgewand, die Kasel, getragen wurde.[11] Die Engel wurden auch deshalb nicht mit der Kasel dargestellt, da man sie als unsichtbar anwesende Diener bei der Liturgie betrachtete und Christus als alleinigen und sich selbst zum Opfer darbringenden Priester sah.[12] Der goldene Brokatmantel des Engels ist mit floralen Motiven bestickt und zeigt vorne an der Borte abwechselnd das Bild eines grau gestickten Seraph und ein Cherubsrad.[13] Die Gott als flammende Wesen umgebenden Seraphim (vgl. Jes 6,2.6) und die auf die Gegenwart Gottes verweisenden Cherubim (vgl. 2 Kön 19,15; 1 Sam 4,4; Ps 99,1), die mit ihren Rädern den Thronwagen Gottes bilden (vgl. Ez 1,15–21; 10,8), gehören zur höchsten Engelhierarchie, die Gott unmittelbar umgeben. Die Darstellung der Seraphim und die Symbole der Cherubim auf Gabriels Pluviale zeigen, dass Gott all seine Engel zu seiner Anbetung geschaffen hat, wobei er den Engeln der unteren Hierarchien, zu denen auch die Erzengel gehören, Aufgaben zugewiesen hat, die dem Heil der Menschen dienen. So kommt der Erzengel Gabriel zur begnadeten Jungfrau Maria, um ihr die Botschaft von der Menschwerdung des Logos zu bringen.

Während der Erzengel Gabriel in Profilansicht gezeigt wird, steht Maria die würdevolle Vorderansicht zu. Als die ganz von Gott Begnadete (vgl. Lk 1,28) nimmt die Jungfrau gegenüber dem Himmelsboten den höheren Rang ein, zumal das Bild gerade jenen Augenblick darstellt, in dem Maria in ihrem jungfräulichen Schoß das ewige Wort des Vaters empfangen hat und zur Gottesmutter geworden ist. So liegt die Kernbotschaft des Gemäldes in der anbetungswürdigen Gegenwart des im Schoß der Jungfrau Maria menschgewordenen Gottessohnes, der zugleich ihr Bräutigam und immer auch der in seiner Kirche eucharistisch fortlebende Christus ist. Dieser Bildaussage dienen sowohl die von anderen altniederländischen Verkündigungsbildern her vertrauten Jungfräulichkeits- und Brautsymbole als auch die in der Kunst einzigartige Gebärde der zwei begleitenden Engel, die Maria mit ihrem etwas gewölbten und damit schon von Christus bewohnten Mutterleib dem Betrachter präsentieren.

Die Reihe der traditionellen Symbole beginnt rechts mit dem hölzernen, durch einfache gotische Schnitzereien verzierten Lesepult, auf dem ein geöffnetes Buch liegt, auf das Marias linke Hand zeigt. Das aufgeschlagene Buch erinnert an die betende Betrachtung der Heiligen Schrift, die Maria nach dem apokryphen Pseudo-Matthäusevangelium als gottgeweihte Jungfrau im Jerusalemer Tempel pflegte.[14] Die aufgeschlagene Seite dürfte die Prophetie des Jesaja enthalten, in der die jungfräuliche Geburt des Messias verheißen wurde: „Seht, die Jungfrau wird ein Kind empfangen, sie wird einen Sohn gebären, und sie wird ihm den Namen Immanuel (Gott mit uns) geben" (Jes 7,14).[15] Auch Bernhard von Clairvaux (um 1090–1153) ging davon aus, dass Maria still betete, als der Engel bei ihr eintrat.[16]

Vor dem Lesepult steht eine braun glasierte Tonvase, die auf Maria verweist, die in der Hymnenliteratur als „vas" bezeichnet wird, weil sie als auserwähltes Gefäß den menschgewordenen Gottessohn wie eine lebendige Monstranz umfängt.[17] In dieser Vase sind zwei Blumen zu sehen, die sich symbolisch auf Maria beziehen und zudem daran erinnern, dass das Fest Mariä Verkündigung auf den 25. März und damit in die beginnende Blütezeit des Frühjahrs fällt, wie schon Bernhard von Clairvaux bemerkte.[18] Die beiden Blumen in der Vase sind Lilien, die nach der im alttestamentlichen Hohenlied erwähnten „Lilie unter Disteln" (lilium inter spinas) typologisch auf Maria verweisen (vgl. Hld 2,2). Während die weiße Lilie Marias erbsündelose Begnadung und Jungfräulichkeit versinnbildlicht, erinnert die violette Schwertlilie (gladiolus) an das von Simeon prophezeite Mitleiden (compassio) Marias bei der Passion ihres Sohnes: „Dir selbst aber wird ein Schwert durch die Seele dringen" (Lk 2,35).[19]

Auf dem mit gotischen Schnitzereien verzierten Schrank neben dem Bett sind nebeneinander drei Gegenstände zu sehen, die ebenfalls Sinnbilder für Maria als begnadete Jungfrau und Gottesmutter sind. Der Kerzenständer rechts verweist auf Maria, die in der Geburt Christi das wahre Licht der Welt hervorgebracht hat (vgl. Joh 1,4–5.9; 8,12; 9,5; Lk 2,32) und damit das Vorausbild der Menora (vgl. Ex 25,31–40; 37,17–24) mit ihren sieben, den Himmel symbolisierenden Lichtern im Jerusalemer Tempel übertrifft. Dass die Kerze noch nicht aufgesteckt ist, dürfte darauf hinweisen, dass Maria bei der Verkündigung das Licht Christi zwar schon empfangen hat, aber noch bis zur Geburt in sich tragen wird. Diese Symbolik gilt wohl auch für die aufgerollte Wachskerze, die links daneben steht und noch nicht brennt.[20] Die ganz links auf dem Schrank stehende Karaffe ist ein bekanntes Symbol für die Jungfräulichkeit Marias, die seit dem 9. Jahrhundert mit einem Glas verglichen wurde. Denn wie beim Einfallen des Lichtes ein Glas nicht beschädigt wird, so sei auch im Augenblick der Inkarnation bei der Überschattung durch den Heiligen Geist die Jungfräulichkeit Marias unberührt geblieben.[21] Zudem ist die Kristallflasche mit ihrer klaren Flüssigkeit und dem Licht, das sich in ihr spiegelt, ein Sinnbild für den jungfräulichen Schoß Marias. Während die reine Flüssigkeit die Jungfräulichkeit Marias symbolisiert, verweisen die Lichtreflexe auf den in Marias Schoß als „Licht der Welt" (Joh 8,12; 9,5) innewohnenden Christus.[22]

Im Glas spiegelt sich das Fenster, durch das von der linken Seite her Licht in das Zimmer hereinfällt. Das Bildmotiv des Fensters ist in der altniederländischen Malerei ein häufig anzutreffendes Symbol für das Inkarnationsmysterium, das auf Maria verweist, die mit ihrem jungfräulichen Schoß das Fenster (fenestra incarnationis) ist, durch das Gottvater seinen Sohn in der Kraft des Heiligen Geistes vom Himmel zur Erde sendet. Während einige Altniederländer diesen Aspekt durch die Darstellung feiner Lichtstrahlen unterstützten, verzichteten andere Maler auf diesen direkten Symbolismus und betonten dafür die Größe des Fensters und die Helligkeit des Innenraumes. Memling unterstrich die inkarnatorische Bedeutung der Fenstersymbolik durch den deutlichen Lichteinfall in das Zimmer und durch die Spiegelung des Fensters,[23] bei dem das Fensterkreuz besonders in den Blick fällt, das deutlich macht, wie sehr sich das in der Menschwerdung begonnene Erlösungsmysterium im Kreuzesgeschehen fortsetzt.[24]

Schließlich verweist die wohlgeordnete Kammer Mariens mit dem sauberen Fliesenboden in subtiler Weise auf die häuslichen Tugenden Marias, die sie nach apokrypher Überlieferung als Tempeljungfrau pflegte.[25] Darüber hinaus wird das Ambiente des reinlichen Zimmers selbst zu einer Metapher für Marias sündeloses und jungfräuliches Leben.[26]

Von tiefgründiger symbolischer Bedeutung ist das Schlafgemach Marias, in dem sich die Verkündigung ereignet. Darauf weist deutlich das Baldachinbett hin, das um 1400 im europäischen Norden populär wurde.[27] Rogier van der Weyden war der erste altniederländische Maler, der das Geschehen der Verkündigung in seinem um 1435 entstandenen Verkündigungsbild im Pariser Louvre im Brautgemach Marias (thalamus Virginis) mit einem Baldachinbett stattfinden ließ, das mit seiner leuchtend roten Farbe auf die Liebe und den Heiligen Geist verweist.[28] Das Motiv der Hochzeitskammer leitet sich von der typologischen Deutung des Ps 19 ab, wonach die Sonne, also Christus, wie ein Bräutigam aus ihrem Gemach, also aus der Jungfrau Maria, hervortritt (vgl. Ps 19,6). Hinzu kommt die allegorische Exegese des Hohenliedes, wonach Christus als königlicher Bräutigam Maria und damit die Kirche sowie jede Einzelseele in seine Gemächer führt (vgl. Hld 1,4), wobei Bernhard von Clairvaux eines dieser Königsgemächer als Schlafgemach (cubiculum) des Bräutigams bezeichnet.[29] So findet im Augenblick der Verkündigung eine Hochzeit statt, in der sich Himmel und Erde, Gott und Mensch verbinden, indem Maria, wie Thomas von Aquin (1225–1274) darlegte, für die ganze menschliche Natur ihre Zustimmung gegeben hat, so dass es durch die Empfängnis des Gottessohnes zu einer geistlichen Vermählung (spirituale matrimonium) zwischen Gott und der menschlichen Natur kommen konnte.[30] Wie das Hochzeitsbett zeigt, verbinden sich in diesem Brautgemach auch Jesus und Maria im Sinne der mystischen Vereinigung zwischen dem

Bräutigam Christus und seiner Braut, der Kirche. Da auf Memlings Bild die Inkarnation bereits stattgefunden hat und Maria den menschgewordenen Gottessohn schon empfangen hat, ist sie im Brautgemach ihres Schlafzimmers zur Kirche, zur Braut Christi geworden, die als neue Eva und „Mutter aller Lebendigen" (Gen 3,20) durch die Taufe zahlreiche Nachkommen hervorbringt und gleichzeitig durch ihren reinen Glauben und ihre Treue jungfräulich ist, wie in der Exegese des Hohenliedes vor allem im 12. Jahrhundert betont wurde.[31]

Der zum Baldachinbett gehörende Sack mit dem gerafften roten Vorhang, den man tagsüber hochband, um den Zugang zum Bett zu erleichtern, ist in den Verkündigungsbildern der Altniederländer immer wieder zu finden und muss deshalb eine verborgene symbolische Bedeutung haben.[32] Im Anschluss an Augustinus (354–430) dürfte der hochgebundene Vorhangsack auf das Inkarnations- und Passionsmysterium verweisen. Nach Augustins Auslegung zu Ps 29,12 (Vulgata) habe Christus bei seiner Menschwerdung den Sack (saccus) der Sterblichkeit, mit dem die gefallene Menschheit bekleidet gewesen sei, selbst angezogen,[33] um das Menschengeschlecht durch Kreuz und Auferstehung vom Tod zu erlösen und anstelle des Trauergewandes wieder mit Freude zu umgürten (vgl. Ps 30,12).

Der Vorhangsack gehört zusammen mit dem Schlafgemach, dem roten Baldachinbett, dem offenen Fenster oder auch dem reinlichen Ambiete des Zimmers zu dem von Erwin Panofsky (1892–1968) bei den Altniederländern entdeckten verborgenen Symbolismus (disguised symbolism), der im Unterschied zu den offenen, religiösen Sinnbildern wie der Lilie oder der Geisttaube seinen Symbolgehalt durch naturalistische Vokabeln aus der profanen Alltagswelt vermittelt. Dieser kann hinter der realistischen Darstellungsform durch Interpretation erschlossen werden.[34]

Nach der Beschreibung der offenen und verborgenen Symbole, die über das Bild verteilt auf das Inkarnationsmysterium verweisen, gilt es nun, das Augenmerk noch genauer auf die Gestalt Marias und die beiden Engel neben ihr zu richten. Maria hat sich in ihrem Schlafgemach vor dem bräutlichen Bett zum Gebet niedergelassen und erwartet den unsichtbar kommenden Sohn Gottes, der als Bräutigam der Kirche seine Mutter auch zu seiner Braut erheben wird. Sie hat sich beim Hören des Engelsgrußes von ihrem hölzernen Lesepult halb erhoben und wird nun von zwei kleineren Engeln gestützt, während ihre linke Hand zum prophetischen Schrifttext der Jungfrauengeburt (vgl. Jes 7,14) herabfällt. Über Maria schwebt die Taube, die zum häufigsten Symbol für den Heiligen Geist geworden ist, da dieser bei der Taufe Jesu wie eine Taube auf den Sohn Gottes herabgekommen war (vgl. Mk 1,10).[35] Die in einer Aureole über Maria schwebende Taube befindet sich nicht mehr im Anflug, sondern hat sich bereits bewegungslos über der Jungfrau niedergelassen und zeigt damit, dass Maria als demütige Magd (vgl. Lk 1,38) ihre Zustimmung zur Menschwerdung des

Logos schon gegeben hat und die von Gabriel verkündete Überschattung der Jungfrau durch den Heiligen Geist (vgl. Lk 1,35) bereits erfolgt ist.[36] Die Aureole, die in der Mitte vor dem hinteren Vorhang des Baldachinbettes einem Tondo gleicht,[37] verweist mit ihren Regenbogenfarben[38] auf den ersten mit Noah im Zeichen des Regenbogens geschlossenen Bund (vgl. Gen 9,12–17), der sich bei der Menschwerdung des Logos vollendet und Gott und Mensch im Neuen Bund verbindet. Obwohl die Darstellung der Geisttaube über Maria auf Verkündigungsbildern nur selten vorkam und erst Ende des 15. Jahrhunderts gebräuchlicher wurde,[39] war sie für Memling ein Schlüsselsymbol, um die bereits erfolgte Inkarnation anzuzeigen.

Noch innovativer als der Einsatz des unmittelbar einsichtigen Symbols der Geisttaube über Maria erscheint aber die natürliche Darstellungsweise der erfolgten Empfängnis. Maria trägt unter ihrem geöffneten blauen Mantel ein schlichtes weißes Kleid, das nur an den Ärmeln und am Halsausschnitt mit Goldborten verziert ist. Dieses weiße Kleid wird besonders ins Licht gesetzt, so dass sich darunter Marias gewölbter Bauch abzuzeichnen vermag und deutlich wird, dass sie Jesus bereits empfangen hat und dass nun die Phase des Heranwachsens des menschgewordenen Sohnes Gottes in ihr beginnt, der ihr Sohn und zugleich ihr Bräutigam ist.[40] Die natürliche Darstellung der Empfängnis setzt sich fort in der bisher unüblichen Andeutung der mütterlichen Brust Marias, die bereits im Lukasevangelium gemeinsam mit ihrem Schoß von einer Frau, die Jesus zuhörte, gepriesen wurde, um den Sohn Marias und damit das Geheimnis der Gottesmutterschaft zu ehren: „Selig die Frau, deren Leib dich getragen und deren Brust dich genährt hat" (Lk 11,27).[41] Wie die Marienpredigten des Zisterziensers Amadeus von Lausanne (um 1100–1159) zeigen, herrschte im Mittelalter die Überzeugung, dass im Augenblick der Zustimmung Marias (vgl. Lk 1,38) der vom Engel verheißene Heilige Geist (vgl. Lk 1,35) über sie gekommen sei und sich ihr Mutterschoß sogleich zu wölben begonnen habe.[42]

Während einige Maler das Ereignis der Menschwerdung mit Lichtstrahlen andeuteten, die von Gottvater ausgehen, oder die Geisttaube auf der Lichtbahn zeigten, wies Memling diese unrealistische Symbolik zurück und wählte mit der Geisttaube, den beiden Assistenzengeln und dem durch irdisches Licht hervorgehobenen Schwangerschaftsbauch Sinnbilder, die sich auf Marias Jungfräulichkeit und ihren von Christus bewohnten Mutterschoß beziehen. Damit wollte Memling auf natürliche Weise zeigen, wie durch das göttliche Wirken und die Zustimmung Marias aus der begnadeten Jungfrau die Mutter Gottes geworden ist.[43] Während ihre niedergeschlagenen Augen und die Hand über ihrer Brust ihre Demut symbolisieren, wird ihr Leib, der weder steht noch kniet, sondern sich in einem Zustand zwischen aktivem Aufstehen und passivem Loslassen befindet, zu einem Sinnbild sowohl für ihr gehorsames Stehen zu Gott als auch für ihr loslassendes Erfülltwerden, das auch durch ihre linke Hand betont wird, die sie zum Schrifttext mit der Jungfrauengeburt (vgl. Jes 7,14) herabfallen lässt, um mit der dort prophezeiten Verheißung erfüllt zu werden.[44]

Die durch die Überschattung des Heiligen Geistes bewirkte Menschwerdung des Gottessohnes, die äußerlich an ihrem gewölbten Schoß zu sehen ist, und ihr blauer Mantel zeigen Maria als die von Christus bewohnte Lade des Neuen Bundes. Zum einen ist es die Himmelsfarbe des Mantels Marias, die sie als neue Bundeslade ausweist, da auch ihr typologisches Vorbild im Alten Testament ein Ort der Gegenwart Gottes war und von den Israeliten auf ihrer Wanderung mit einem blauen Tuch abgedeckt wurde (vgl. Num 4,5–6). Zum anderen gibt es eine Verbindung durch die gleiche Verwendung des griechischen Wortes „überschatten" (ἐπισκιάζω) in der Septuaginta und im Lukasevangelium, denn so wie die Bundeslade durch eine über ihr schwebende Wolke überschattet und damit von der Herrlichkeit Gottes erfüllt wurde (vgl. Ex 40,35 LXX), so überschattete der Heilige Geist auch Maria (vgl. Lk 1,35.38), die im Augenblick ihres Jawortes Gottesmutter und Braut Christi wurde. Weil der Schatten immer von einem Licht geworfen wird, deutete man in der mittelalterlichen Exegese die Wolke auf den Logos, der in ihr als Sonne erscheint, um als unkörperliches Licht der Gottheit Maria zu überschatten und in ihr einen menschlichen Leib anzunehmen.[45] Durch ihre gehorsame Zustimmung bei der Verkündigung habe Maria den Ungehorsam Evas überwunden und das Fest des ganzen Menschengeschlechtes eröffnet,[46] indem sie zur Bundeslade und zum Tabernakel für den fleischgewordenen Sohn geworden ist, der durch sein Opfer die Sünden der Welt sühnen wird. So habe Gott beschlossen, durch Maria das Heil des ganzen Menschengeschlechtes zu wirken,[47] und was bei der Verkündigung begann, als Maria durch die Überschattung des Heiligen Geistes Gottesmutter wurde, habe sich an Pfingsten vollendet, als sie den Geist Gottes erneut als Braut Christi und Mutter der Kirche erhielt.[48] So wurde Marias Schoß mit zahlreichen alttestamentlichen Typologien verglichen und, beginnend mit ihrer Verwandten Elisabet (vgl. Lk 1,42), als Wohnung (tabernaculum) Christi verehrt, besonders in der Liturgie des Advents und des Festes der Verkündigung.[49]

Von besonderer Bedeutung sind die beiden liturgisch mit weißer Albe und Schultertuch bekleideten Engel, die hier Maria bei der Verkündigung assistieren, was sie sonst bei ihrer Himmelfahrt und Krönung tun. Auch wenn Assistenzengel in Verkündigungsbildern nicht ungewöhnlich sind, so haben sie dort zumeist die Aufgabe, Gottvater zu umgeben oder den Erzengel Gabriel zu begleiten. Während Memling diese beiden Assistenzengel in anderen Verkündigungsbildern nicht mehr wiederholte und diese auch von anderen Kopisten weggelassen wurden, haben sie hier die Aufgabe, Maria als Braut und Königin zu proklamieren und die eucharistische Dimension der Darstellung zu betonen.[50]

Zunächst fällt die Familiarität auf, die zwischen Maria und den Engeln besteht, die zwar feierlich und ernst wie der Erzengel sind, sich aber doch natürlich geben, so dass der linke Engel sogar ein verhaltenes Lächeln zeigt. Wie die Apokryphen betonen, war Maria mit den Engeln, die ihr schon als Tempeljungfrau dienten, vertraut,[51] und auch als der Erzengel bei ihr eingetreten war, sei sie nicht wegen der Erscheinung, sondern nur wegen der bisher noch nie gehörten Worte erschrocken gewesen,[52] die in ihr keinerlei Zweifel hervorgerufen hätten, sondern nur die Frage, wie dies geschehen solle (vgl. Lk 1,34).[53] So findet auch ihre Proklamation als Braut und Königin in einer schlichten und natürlichen Weise statt. Maria ist ohne Schmuck oder Diadem mit ihrem frei herabfallenden goldblonden Haar wie eine gewöhnliche Frau dargestellt, und nur ihr blauer Mantel, den der linke Engel nicht direkt, sondern durch das weiße, schlichte und nur dezent mit Goldborten verzierte Untergewand anhebt, zeigt sie als königliche Braut. Maria hat den Ruf des Bräutigams „Steh auf, meine Freundin" (Hld 2,10) vernommen und wird nun von den beiden Engeln gestützt, um sich zu erheben.[54] Maria hat durch ihren demütigen Gehorsam den göttlichen Heilsplan zur Erlösung der Welt eröffnet, ist Christi Braut geworden und wird einst mit ihrem Bräutigam und Sohn im Himmel als Königin herrschen, so dass sie mit ihrer bräutlichen und königlichen Würde höher als die Engel steht. Mit einer ehrfurchtsvollen Geste hat der linke Assistenzengel Marias blauen Mantel wie eine Schleppe vom Boden angehoben, der hinter ihr wie ein Königsmantel spontan aufzuwallen scheint, während der rechte Engel zum Betrachter blickt, um diesem mit einer liturgisch anmutenden Gebärde den von Christus bewohnten Leib Marias zu zeigen.[55] An dieser Stelle geht das Bild vom Erzählerischen in die liturgische Stilisierung über und nimmt eine unirdische Qualität an, die Maria und die Engel vom natürlichen Realismus der Schlafkammer abhebt, was durch das irreal und fluoreszierend erscheinende Kolorit der in schillernden Farben leuchtenden Gewänder der Assistenzengel und Marias unterstützt wird. So verbindet sich die historische Wirklichkeit der Verkündigung mit dem überzeitlichen Mysterium der Gegenwart Gottes, das im Sakrament der Eucharistie besteht.[56]

Durch die stützende Geste präsentieren die beiden Assistenten der königlichen Braut den von Christus bewohnten Leib Marias in einer ähnlichen Weise, wie in spätmittelalterlichen Altarbildern auch der anbetungswürdige Leib Jesu bei der Beweinung vor dem offenen Grab durch Josef von Arimathäa und Nikodemus gezeigt und durch Maria, Johannes und Maria Magdalena verehrt wurde.[57] Mit dieser Darstellung anbetender Vorbilder sollte der gläubige Betrachter aufgefordert werden, Jesus ebenfalls zu verehren und den unter dem Altarretabel im Tabernakel anwesenden oder in der Monstranz feierlich ausgesetzten Christus in seiner eucharistischen Brotsgestalt anzubeten.[58] Die Verbindung der Mysterien der Verkündigung und der Eucharistie gründete in der Vorstellung, dass Maria bei der Menschwerdung des Logos als Gottesmutter zum ersten Gefäß geworden ist, das den Leib Christi so wie der Tabernakel umschließt, was die Verkündigungsszene zum bevorzugten Bildrepertoire vieler Sakramentshäuser werden ließ.[59] Die Verkündigung verwies aber auch auf die Konsekration in der Eucharistiefeier, bei der sich in Analogie zur Inkarnation des Logos durch die Verwandlung der Brot- und Weinsubstanz in das Fleisch und Blut Christi ebenfalls eine „Fleischwerdung" ereignet.[60] Bereits die Kirchenväter hatten den Augenblick der in der Eucharistiefeier durch den Heiligen Geist gewirkten Wandlung der Gaben von Brot und Wein in Leib und Blut Christi mit der Inkarnation verglichen, in der durch den Heiligen Geist in Maria der menschliche Leib Christi geschaffen wurde.[61] So repräsentiert die über Maria schwebende Geisttaube auf Memlings Bild sowohl die Menschwerdung als auch die Eucharistie, denn wie der Heilige Geist dem Sohn Gottes in Maria durch seinen Atem menschliches Leben gegeben habe, so verwandle er auch in der Messfeier die Gaben in Christus.[62] In der altniederländischen Malerei wurde das eucharistische Mysterium auch durch liturgisch gekleidete Engel angedeutet, um dem Betrachter die irdische Messfeier als Abbild der himmlischen Liturgie vor Augen zu führen.[63] In diesem Sinne spielen auf Memlings Verkündigungsbild auch die liturgischen Gewänder des Erzengels und der beiden Assistenzengel auf die heilige Messe an, auch wenn gegenüber der Feier der Eucharistie durch die Präsentationsgeste die Anbetung der Eucharistie hervorgehoben wird, wie sie der spätmittelalterlichen Anbetungsfrömmigkeit entspricht.[64] Die Grundlage dieser Anbetungsfrömmigkeit bildete die 1215 auf dem Vierten Laterankonzil vorgelegte Transsubstantiationslehre, wonach sich in der Wandlung bei der Eucharistiefeier das unsichtbare, innere Wesen (substantia) von Brot und Wein in Christus verwandelt, während die äußere Erscheinungsform (accidens) unverändert bleibt,[65] so dass das nach der Messfeier übrig gebliebene eucharistische Brot im Tabernakel aufzubewahren ist, um es zu den Kranken zu bringen und anzubeten. Das anbetende Betrachten der wesensverwandelten Hostie bei der Wandlung in der Messfeier galt als geistige Kommunion (manducatio per visionem), und die Anbetung des in der Monstranz ausgesetzten eucharistischen Leibes Christi wurde zu einem faszinierenden Erlebnis göttlicher Gegenwart.[66]

Der Bezug zur eucharistischen Anbetung ist auf Memlings Verkündigungsbild zunächst durch die Taube gegeben, die als Sinnbild für den Heiligen Geist auf die Inkarnation verweist und zugleich den Aufbewahrungsort der Eucharistie repräsentiert, da sie an die mittelalterliche Hostientaube (peristerium) erinnert, die über dem Altar schwebte und erst im 14. und 15. Jahrhundert durch das Sakramentshaus abgelöst wurde.[67] Vor allem aber geht es um den Leib Marias, der den menschgewordenen Sohn Gottes umschließt, der in seiner anbetungswürdigen eucharistischen Gestalt in der Kirche gegenwärtig ist. So stehen die beiden Engel nicht nur einfach neben Maria, sondern unterstützen und berühren sie, so dass sie den Leib Marias wie eine Monstranz halten, die die Hostie enthält. Während der linke Engel auf Marias Bauch mit dem in ihr wohnenden Christus schaut, so wie man eine Hostie betrachtet, so sieht der rechte Engel den Betrachter mit einem auffordernden Blick an, damit auch dieser den Leib Christi anbete.[68] Sollte Memlings Verkündigungbild ursprünglich Teil eines Altarretabels gewesen sein, dann hätte es sich neben einem Tabernakel und über der auf der Altarmensa ausgesetzten Monstranz dem Blick des Betrachters darbieten können. Aber auch als privates Andachtsgemälde hätte es dem Gläubigen das Mysterium der eucharistischen Gegenwart Gottes vor Augen geführt und ihn dazu aufgefordert, auf die im Bild durch die Assistenzengel sinnbildlich dargestellte Präsentation des Leibes Christi mit der Verehrung des menschgewordenen und in der Eucharistie anbetungswürdigen Christus zu antworten.

Memlings einzigartiges Verkündigungsbild ist ganz auf die vorderansichtig gemalte Szene mit Maria, den beiden Assistenzengeln, der Geisttaube und dem Brautbett ausgerichtet, während Gabriel sogar etwas abseits steht. Maria ist im Augenblick der Überschattung durch den Heiligen Geist dargestellt, als sie demütig ihr Jawort gesprochen hat (vgl. Lk 1,35.38) und das ewige Wort des Vaters in ihr Fleisch geworden ist. Durch ihren Gehorsam bei der Verkündigung ist Maria zur Gottesmutter und zur mystischen Braut ihres Sohnes, des königlichen Bräutigams seiner Kirche, geworden und wird einst als sündelose Immaculata bei ihrer Himmelfahrt in die Königsgemächer ihres Sohnes und Bräutigams einziehen. So ist Maria würdig, von den beiden Assistenzengeln erhoben zu werden, weil sie ein auserwähltes Gefäß Gottes und eine lebendige Monstranz für ihren anbetungswürdigen Sohn ist. Mit der von den Engeln verehrten Himmelskönigin nimmt Memlings Bild bereits die Aufnahme Marias in den Himmel voraus, in der sich die in der Verkündigung begonnene Hochzeit vollendet.[69] Im Mittelpunkt der frommen Andacht des Betrachters steht aber ganz der ins Licht gerückte Leib Marias, in dem Christus wohnt, so wie er eucharistisch auch in seiner Kirche gegenwärtig ist, deren Urbild wiederum Maria ist, die mystische Braut ihres königlichen Bräutigams, zu der sie bei der Verkündigung geworden ist.[70]

Hans Memling, Mariä Verkündigung

Die Geburt Jesu

25. Dezember – Hochfest der Geburt des Herrn – Weihnachten
Evangelium der Heiligen Nacht: Lk 2,1–14

„Und sie gebar ihren Sohn, den Erstgeborenen."
Lk 2,7

Die Liturgie der Heiligen Nacht ist ganz durch das Evangelium des Lukas geprägt, in dem der Evangelist die Geburt Christi schildert. Als „die Zeit ihrer Niederkunft" gekommen war, gebar Maria „ihren Sohn, den Erstgeborenen" (Lk 2,6.7). Das in Betlehem, der Stadt Davids, geborene Kind Marias ist der durch die Propheten verheißene Messias, der Retter und Herr (vgl. Lk 2,11). Das Zeichen, das die Hirten auf den Feldern Betlehems durch den Engel des Herrn bekamen, war die Armut des Kindes, das, „in Windeln gewickelt, in einer Krippe liegt" (Lk 2,12), weil es in der Herberge keinen Platz mehr für sie gab (vgl. Lk 2,7). Die Entäußerung des neugeborenen Erlösers zeigt, dass der Retter in die arme, in Sünde und Tod verstrickte Welt gekommen ist. Dies bedeutet, wie der Lobpreis der Engel zeigt, Friede für die Menschen auf der Erde und Verherrlichung für Gott in der Höhe (vgl. Lk 2,13–14). So sind in dieser Heiligen Nacht die Engel, die Hirten und vor allem Maria zu den ersten Anbetern des als Mensch geborenen Gottessohnes geworden – ein Gedanke, der ab dem späten Mittelalter das Motiv der Anbetung des Jesuskindes zum Mittelpunkt des christlichen Weihnachtsbildes gemacht hatte.

Im späten 14. Jahrhundert hatte die vor dem nackten Jesuskind kniende Gottesmutter die vorher übliche Szenerie mit dem in der Krippe in Windeln gewickelten Kind und der im Wochenbett liegenden Maria abgelöst. Nachdem bereits in der ersten Hälfte des 14. Jahrhunderts Johannes de Caulibus (gest. um 1376) in seinen „Meditationes vitae Christi" Maria in der Anbetung des Jesuskindes beschrieben hatte,[1] gelang diesem Motiv durch die Visionen Birgittas von Schweden (1303–1373), die sie 1372 auf ihrer Pilgerfahrt ins Heilige Land erhalten hatte, der Durchbruch in der Ikonographie des Weihnachtsbildes, besonders nachdem man die Mystikerin

Fra Filippo Lippi, Anbetung des Kindes durch Maria, um 1459, Öl auf Pappelholz, 129,5 × 118,5 cm, Berlin, Gemäldegalerie.

1415 heiliggesprochen hatte.² So war es auch um 1459 für den Florentiner Renaissancemaler Fra Filippo Lippi (um 1406–1469) eine Selbstverständlichkeit, in der Anbetung des Gottessohnes den Kern des Weihnachtsgeschehens zu sehen und Maria als vor dem Kind kniende Beterin darzustellen.

FRA FILIPPO LIPPI WURDE UM 1406 IN FLORENZ GEBOREN, wo er seit 1421 als Karmelit im Kloster Santa Maria del Carmine lebte, in dessen Ordenskirche Masaccio (1401–1428) ab 1424 die für die Kunst der italienischen Renaissance bahnbrechende Ausmalung der Cappella Brancacci durchgeführt hatte.³ Inspiriert durch Masaccios Wandbilder begann Lippi ab 1430 seine Tätigkeit als Maler. Er arbeitete zunächst 1434 in Padua, erhielt ab 1437 in Florenz vor allem durch die Herrscherfamilie der Medici zahlreiche Aufträge und bekam ab 1452 für den Dom in Prato und ab 1466 für die Kathedrale von Spoleto große Freskenaufträge. Lippi, der immer wieder das Kloster verlassen und 1456 in Prato ein Haus erworben hatte, starb im Oktober 1469 während seiner Arbeiten in Spoleto.⁴

Während sich Lippi in seinen Frühwerken noch von Masaccios monumentalem Stil mit seinen großflächig durch Licht und Schatten herausgearbeiteten plastischen Formen leiten ließ, fand er wohl auch unter dem Einfluss Fra Angelicos (1387/1400–1455) zu einer Bildsprache, die mehr von Linearität, Detailreichtum und idyllischer Ausdruckskraft geprägt war.⁵ Auch Lippis Weihnachtsbild, das die Anbetung des Jesuskindes durch Maria zusammen mit zwei Heiligen unter der Präsenz Gottvaters und der Geisttaube in einer Waldlandschaft darstellt, zeigt lyrische Stimmungswerte. Es nimmt visionäre Tendenzen auf, atmet fromme Verinnerlichung und greift wieder auf mittelalterliche Symbolvorstellungen wie Heiligenscheine, goldene Strahlen und Sternenbänder zurück.⁶

Der ursprüngliche Ort des Weihnachtsbildes Lippis war der Altar der Hauskapelle im Florentiner Palazzo der Herrscher- und Bankiersfamilie der Medici, der von 1445 bis 1457 nach den Plänen Michelozzos (1396–1472) an der Via Larga erbaut wurde. Nachdem Cosimo de' Medici (1389–1464) bereits 1422 durch Papst Martin V. (reg. 1417–1431) das Privileg zur Einrichtung einer privaten Hauskapelle mit Tragaltar erhalten hatte, wurde von 1446 bis 1449 im Palazzo Medici eine der göttlichen Trinität geweihte Kapelle errichtet, die ursprünglich fensterlos und für halbdunklen Kerzenschein gedacht war. Für diese Hauskapelle, in der die Medici auch Passionsreliquien aufbewahrten, wurden Fra Filippo Lippi mit der Anfertigung eines Retabels für den Altarraum und Benozzo Gozzoli (1421–1497) mit der Freskierung des Hauptraums beauftragt. Während Lippi das Altarbild mit der Anbetung des Jesuskindes um 1459 ausführte, bemalte Gozzoli die Wände des Hauptraums mit dem Zug der Heiligen Drei Könige in der Zeit von 1459 bis 1462.[7]

Der Zug der Könige war kompositorisch so angelegt, dass sich die Reisenden mit ihrem Gefolge durch eine felsige Hügellandschaft auf das Altarbild mit der Anbetung des Kindes zubewegten, womit die innerbildlich nicht dargestellte Verehrung des Jesuskindes durch die Könige dem Beter vorbehalten war, der in Lippis Altarretabel Maria als Vorbild der Anbetung vor Augen hatte. Während sich der Zug der Könige im Hauptraum durch seine aufwendige und märchenhafte Pracht auszeichnete, nahm der Altarraum die andachtsvolle Stimmung des auf innere Sammlung und beschauliche Stille angelegten Altarbildes auf, was sich auch mit den Darstellungen von Ochs und Esel, der Hirten mit ihren Schafen und der anbetenden Engel vertrug, die Gozzoli dort ausführte.[8] Schließlich machte das Bildmotiv des auf dem Altar liegenden geschlachteten Lammes der Apokalypse (vgl. Offb 5,6), das Gozzoli über der ursprünglichen Eingangstür gemalt hatte, dem Eintretenden bewusst, dass das Jesuskind, das auch in Lippis Bild am Boden liegt, immer auch der auf dem Altar eucharistisch gegenwärtige Christus ist.

Nachdem Lippis Altarbild im April 1459 installiert worden war, verwahrte man es während der Vertreibung der Medici von 1494 bis 1512 im Palazzo Vecchio. Nach seiner Rückkehr in die Kapelle wurde das Bild in der Zeit, als die Familie Riccardi von 1569 bis 1814 den Palazzo Medici besaß, verkauft, so dass es in die Kunstsammlung des englischen Kaufmanns Edward Solly (1776–1848) gelangte. Als 1821 die Sammlung Solly durch das damalige Kaiser-Friedrich-Museum erworben wurde, kam Lippis Bild nach Berlin, wo es heute in der Gemäldegalerie ausgestellt ist.[9] In der Hauskapelle des Palazzo Medici wurde eine zeitgenössische Kopie angebracht, die Pseudo-Pier Francesco Fiorentino (geb. 1444/45, gest. nach 1497) zugeschrieben wird.[10]

Das Altarbild besitzt die annähernd quadratische Bildgröße einer Pala, wie sie sich in Florenz um 1420/40 herausgebildet hatte, und zeigt die Anbetung des Jesuskindes in einer Waldlichtung auf einem grünen Blumenteppich inmitten eines dämmrig-düsteren Bergwaldes mit Baumstümpfen, abgeschlagenen Bäumen und ansteigenden Felsformationen. Während die Figuren des Jesuskindes und Marias sowie Gottvaters und der Geisttaube im Vordergrund leuchten, nimmt die räumlich gestaffelte und in Bergeshöhen hinaufführende Waldlandschaft mit wachsender Entfernung an farbiger Intensität ab. Die kommunikativ nicht miteinander verbundenen und sich auch nicht überschneidenden Figuren erwecken den Eindruck tiefster Sammlung und verleihen dem Bild seine faszinierende idyllische und intime Stimmung. Während Maria, Gottvater und der Mönchsheilige links oben die Augen betrachtend niedergeschlagen haben, vermitteln auch das Jesuskind und der am linken Rand dargestellte Johannesknabe trotz ihrer Zuwendung zum Betrachter den Eindruck einer versonnen und leise in sich gekehrten Beschaulichkeit.[11]

Ausgehend vom Weihetitel „Sanctissima Trinitas" erscheint das ehemalige Altarbild der Hauskapelle des Palazzo Medici nicht nur als Weihnachtsbild, sondern auch als Dreifaltigkeitsdarstellung.[12] So schwebt über dem Jesuskind am oberen Bildrand über der in perspektivischer Verkürzung dargestellten Taube des Heiligen Geistes die Gestalt Gottvaters mit geöffneten Armen. Kompositorisch kommt die trinitarische Dimension durch die Betonung der Waagrechten bei der weiten Geste der Hände des Vaters, den ausgebreiteten Schwingen der Geisttaube und dem horizontal am Boden liegenden Jesuskind zum Ausdruck, während die übrige Bildfläche von den vertikalen Linien der Bäume, der übereinander angeordneten beiden Heiligen am linken Bildrand und der großen Gestalt Marias geprägt ist.[13]

Die über dunklen Wolken erscheinende Halbfigur des Vaters trägt die seit dem 14. Jahrhundert in der abendländischen Kunst üblichen Gesichtszüge des von Daniel geschauten „Hochbetagten" (vgl. Dan 7,9) mit ungeteiltem Bart.[14] Hinter dem Kopf und den Schultern Gottvaters erscheinen goldene Sternenbänder, die halbkreisförmig in Sphären angelegt sind. Der Vater sendet Lichtstrahlen aus und ist mit einem goldumfassten violetten Mantel und einem leuchtend roten Gewand bekleidet, das auf die Liebe als den Ursprung des göttlichen Geheimnisses verweist (vgl. 1 Joh 4,16). Zusammen mit dem roten Kreuznimbus, den nicht nur der Sohn, sondern auch der Vater trägt,[15] erinnert das rote Gewand Gottvaters daran, dass der Vater seinen Sohn den Menschen aus Liebe zur Welt gesandt hat (vgl. Joh 3,16). Mit gesenkten Augen blickt er betrachtend auf seinen als Menschenkind geborenen ewigen Sohn herab und hat über ihn seine Arme wie zum Segen ausgebreitet.[16] Zusammen mit der unter ihm schwebenden Geisttaube sendet der Vater zahllose Strahlen in alle Richtungen aus, „um vor dem düsteren Hintergrund in feinstem Goldpuder zu zerstäuben"[17]. Während die längsten Strahlen, umspielt von „flimmernden goldenen Lichtwellen", fast bis zum menschgewordenen Gottessohn herabreichen, züngeln ihnen schon vom Jesuskind her kleine „Flammen aus Goldstaub" entgegen, die „um das Christuskind herum wie Dunst aus dem dunklen Grün der Lichtung emporsteigen", wie Anja Brug es treffend formuliert hat.[18] Das Reagieren der vom Jesuskind aus nach oben züngelnden Flämmchen auf den von Vater und Geist herabfallenden Lichtstrahl versinnbildlicht das Mysterium der vom Vater ausgehenden und durch den Heiligen Geist gewirkten Menschwerdung des Sohnes aus der Jungfrau Maria[19] sowie die Einheit der drei göttlichen Personen im Wesen. Dabei nehmen die ausgebreiteten Arme Gottvaters schon das Wohlgefallen vorweg, das der Vater bei der Taufe Jesu gegenüber seinem Sohn bekunden wird (vgl. Mt 3,17), als dieser in der Knechtsgestalt seiner

Menschennatur bereit sein wird, den göttlichen Heilsplan zur Erlösung der Menschen auszuführen.

Mit seiner Nacktheit zeigt das am Boden liegende Kind, dass der Sohn Gottes in seiner Inkarnation eine volle Menschennatur angenommen hat, so dass er sowohl mit dem Vater und dem Geist als auch mit den Menschen wesensgleich ist. Zudem weist die Nacktheit Jesus als neuen Adam (vgl. 1 Kor 15,20–22) aus, der durch seine Menschwerdung und sein Kreuzesopfer die Ursünde des ersten, nackt im Paradies lebenden Adam gesühnt hat.[20] Auch der deutlich erkennbare und in der roten Blut- und Liebesfarbe gehaltene Kreuznimbus zeigt auf das Erlösungsopfer voraus, in dem sich das Mysterium der Inkarnation vollenden wird. Die wahre Menschheit Jesu kommt auch durch die naturgetreue Darstellung des Kindes zum Ausdruck, das mit seinen Proportionen altersgerecht einem Neugeborenen entspricht und mit seinem rosigen Inkarnat die Beschaffenheit der Haut erfühlbar macht. Mit seinem wirklichkeitsnah gemalten blonden Lockenkopf, der auf einem Grasbündel ruht, blickt das Jesuskind nachdenklich zum Betrachter und hat den Zeigefinger seiner linken Hand an den Mund gelegt.[21]

Das Jesuskind wird von einer von links oben kommenden außerbildlichen Lichtquelle beleuchtet, die seinen Körper mit klaren Konturen und heller Haut deutlich hervortreten lässt und ihn vom grünen Wiesengrund mit seinen weißen und roten Blumen leuchtend abhebt. Die roten Nelken, die mit ihrem nagelförmigen Blütenkelch an das Blut und die Wundmale Christi erinnern, sind Symbole für das Erlösungsmysterium Christi. Als christologische und marianische Symbole versinnbildlichen auch die weißen und roten Rosen das christliche Heilsmysterium. Während die weißen Rosen die Freuden Marias und ihre Jungfräulichkeit symbolisieren, stehen die dornigen (vgl. Hld 2,2) und blutfarbenen roten Rosen für das Kreuzesopfer Jesu und die Schmerzen Marias.[22] Der Stieglitz, der unterhalb der Füße des Kindes auf einem Baumstumpf sitzt, verweist ebenfalls auf die Passion Christi, da dieser Vogel trotz seiner Lebensweise zwischen dornigen Disteln – also zwischen den Sündern – so schön zu singen vermag und weil der rote Fleck an der Wurzel seines Schnabels an das Blut erinnert, das Jesus am Kreuz vergossen hat.[23] Die Reihe der christologischen Sinnbilder wird am rechten Bildrand durch einen Storch fortgesetzt, der am Ufer eines Baches steht, der zwischen Felsen und Bäumen herabfließt. Die Schlange in seinem Schnabel ist ein Symbol für den Erlöser, der gekommen ist, um die Mächte des Bösen (vgl. Gen 3,1.14; Offb 12,9) zu besiegen.[24]

Am linken Bildrand steht auf einem zerklüfteten Felsstück Johannes der Täufer als Vorläufer des soeben neugeborenen Messias, der sich durch seine anrührende Kindlichkeit auszeichnet und in stiller Sammlung zum Betrachter blickt. Der nimbierte Johannesknabe, der nicht mehr ganz so hell wie das Jesuskind beleuchtet ist und bereits gedecktere Farbtöne zeigt, trägt unter einem hellroten Umhang ein Fellgewand, das an sein raues Gewand aus Kamelhaaren (vgl. Mk 1,6) und damit an sein asketisches Leben als Bußprediger erinnert, um Israel durch „Umkehr und Taufe zur Vergebung der Sünden" (Mk 1,4) auf die Begegnung mit dem verheißenen Messias vorzubereiten. Der Johannesknabe hat seine rechte Hand auf die Brust gelegt und hält in der Linken einen Kreuzstab, auf dessen Schriftband die lateinischen Worte „ECCE ANGNVS[25] DEI ECCE QV[I]" zu lesen sind, die für den Ruf „Ecce agnus Dei qui tollit peccatum mundi" (Io 1,29 Vulgata) stehen, mit dem der Täufer Jesus als das Lamm Gottes bezeichnet hatte, das die Sünde der Welt hinwegnimmt (vgl. Joh 1,29).[26] Wie die zweimalige Verwendung des „Ecce" zeigt, wählte Lippi nicht das wörtliche Bibelzitat aus der Vulgata, sondern den aus der Messfeier bekannten Wortlaut: „Ecce Agnus Dei, ecce qui tollit peccata mundi." Mit dieser eucharistischen Akzentuierung erscheint Jesus deutlich als der von Johannes bezeugte Gottesknecht (vgl. Jes 53,1–11), der sich für die Sünden der Welt am Kreuz als Sühneopfer dargebracht hat (vgl. Joh 6,51; 1 Kor 6,20; 7,23; 1 Joh 1,7; 2,2; 3,5; Offb 5,6.9.12; 7,14; 12,11; 14,3–4) und diese Erlösungstat im Messopfer gegenwärtig setzt. Die Hereinnahme des Johannes in das Weihnachtsbild erklärt sich durch sein Schutzpatronat über die Stadt Florenz, vor allem aber durch seine heilsgeschichtliche Rolle als Vorläufer des Messias. Die kindliche Darstellung des Täufers verweist dabei auf die apokryphe „Vita Iohannis Baptistae". Demnach sei Johannes bereits als Kind vor König Herodes (reg. 37–4 v. Chr.) in die Wüste in Sicherheit gebracht worden, wo ihn der Engel Gabriel mit dem Fellgewand des Elija und dem Ledergürtel des Elischa (vgl. 2 Kön 1,8; 2,13–14) als Asket investiert habe, so dass der Knabe schon damals zum Vorläufer der Wüstenmönche geworden sei.[27] Der in Lippis Bild neben dem Jesuskind stehende Johannesknabe ruft auch die apokryph überlieferte Tradition in Erinnerung, dass sich die beiden Kinder Johannes und Jesus bereits in der Wüste noch vor der Taufe des erwachsenen Messias im Jordan (vgl. Mt 3,13–17; Mk 1,9–11; Lk 3,21–22; Joh 1,32–34) getroffen hätten.[28]

Die innerliche Hinkehr zu Gott in Buße und Betrachtung, zu der Johannes aufrief, verband sich gedanklich mit Natur und Wildnis und führte Lippi dazu, das Weihnachtsgeschehen in der Einsamkeit eines Gebirgswaldes anzusiedeln, wobei besonders die linke Bildhälfte mit dem über Johannes gezeigten Mönchsheiligen und dem links unten dargestellten Baumstumpf zu einer Metapher für Buße und kontemplativen Rückzug ausgestaltet wurde. In den Baumstumpf in der linken Ecke ist eine Axt geschlagen, in deren Stiel die Signatur des Malers „FRATER PHILIPPVS P[INXIT]" zu lesen ist. Das Motiv der Axt erinnert an die Bußpredigt, mit der Johannes angesichts der bevorstehenden Ankunft des Messias die Pharisäer und Saduzäer aufgefordert hatte, Früchte der Umkehr zu bringen (vgl. Mt 3,8): „Schon ist die Axt an die

Wurzel der Bäume gelegt; jeder Baum, der keine gute Frucht hervorbringt, wird umgehauen und ins Feuer geworfen" (Mt 3,10). Verstärkt wird diese Mahnung durch den auf den Betrachter gerichteten Blick des Täufers und durch weitere Baumstümpfe und abgeschlagene Bäume, die über den Waldboden verteilt und im Dämmerlicht erkennbar sind, wobei der Zielpunkt der geistlichen Umkehr auch durch den verhaltenen Zeigegestus der rechten Hand des Johannes und den auf Gottvater ausgerichteten Stiel der Axt unterstrichen wird.[29]

Der Gedanke der inneren Einkehr wird über dem Johannesknaben durch den tonsurierten Mönchsheiligen mit zurückgeschlagener Kapuze fortgeführt, der zwischen den Felsen des Waldgebirges mit gefalteten Händen wie hinter einer Gebetbank in tiefe Andacht versunken ist. Der weiße Habit und der volle Bart des Heiligen sowie das eremitische Ambiente des Bildhintergrundes[30] deuten auf Romuald von Camaldoli (um 952–1027) hin, der zunächst 972 in Ravenna Mönch geworden war. Er lebte dann in verschiedenen Klausen als Einsiedler und gründete ab 987/88 in Mittelitalien mehrere Klöster, in denen er die Benediktregel mit eremitischen Elementen verband, unter anderem auch 1023/26 in Camaldoli, woraus sich schließlich der Orden der Kamaldulenser entwickelt hatte.[31] In Lippis Bild hebt sich der heilige Eremit in dem bereits trüb gewordenen Licht nur wenig vom düsteren Kolorit der Umgebung ab und scheint mit den Felsen, dem Waldboden und den Bäumen gleichsam zu verschmelzen.[32] Der dürre Zweig, vor dem der Heilige zu meditieren scheint, schlägt die Brücke zum Baumstumpf mit der Axt, zu dem teilweise kleingehackten und aufgestapelten Holz sowie zu den Baumstümpfen und den gefällten Hölzern, die überall den Waldboden bedecken. Durch diese Symbolik wird erneut der Gedanke der Umkehr veranschaulicht, denn während die Axt und die Baumstümpfe für den geistlichen Akt der Abtrennung von den Lastern stehen, die durch die umherliegenden Holzstücke versinnbildlicht werden, spiegeln sich in den grünen Bäumen bereits die Früchte der Umkehr (vgl. Mt 3,8) wider. Auch die weiße Lilie, die links neben dem Baumstumpf mit der Axt blüht, ist in diesem Sinne zu deuten und spielt auf das „weiße Martyrium" mit seiner Hinkehr zu einem reinen und keuschen Leben an. Das Abholzen einiger Bäume hat schon dazu geführt, dass in dem dichten Wald eine grüne Lichtung für das Jesuskind und Maria entstanden ist, die das von links oben her einfallende Licht aufzunehmen vermag, das auch dem Betrachter die andächtige Schau des Mysteriums der Geburt Jesu ermöglicht, um mit Maria das göttliche Kind anzubeten.[33]

Die Anbetung des Jesuskindes durch die Gottesmutter Maria bildet den Kern des Altarbildes. Um die rechte Bildhälfte ganz mit der Gestalt Marias zu besetzen, ordnete Lippi den von Gottvater und der Geisttaube ausgehenden Lichtstrahl etwas nach links versetzt neben der eigentlichen Bildachse an. Während die übrigen

Figuren mit einer gedeckteren und etwas diffuser erscheinenden Farbigkeit gegeben sind, ist Maria – zusammen mit dem Jesuskind – ganz in das helle von links oben einfallende Licht getaucht, so dass sich ihre Konturen vor dem düsteren Waldhintergrund klar abzeichnen und die Farben ihres Inkarnates und ihrer Kleidung leuchten. Maria kniet als liebliche, demutsvolle und sicherlich von Fra Angelico inspirierte Gestalt[34] auf der grünen Lichtung vor dem Jesuskind. Eine weiße Lilie, die zu ihren Knien auf der Wiese wächst, verweist auf Marias Jungfräulichkeit und erbsündelose Begnadung. Unter dem stoffreichen Mantel, der mit großen Falten auf dem Wiesengrund aufliegt, lässt sich Marias zarter Leib nur erahnen. Ihr behutsam modelliertes Gesicht ist lebendig und anmutig zugleich. Marias nimbiertes Haupt ist mit einer weißen Haube geschmückt, unter der einige goldblonde Locken ihres Haares zu sehen sind. Über der weißen Haube trägt Maria einen hauchdünnen Schleier, der an ihrem Hals herab unter dem blauen Mantel hindurch über ihrem roten Untergewand weiterläuft und bei ihren Knien zusammen mit dem roten Kleid wieder sichtbar wird. Das mit Gold durchwirkte und an den Ärmelenden mit einer Borte verzierte rote Gewand veranschaulicht Marias liebende Hingabe an ihre heilsgeschichtliche Sendung und schlägt die Brücke zu ihrem göttlichen Sohn, der seinen linken Fuß auf das Stück des roten Kleides vor ihren Knien gebettet hat und an seinen Beinen von Marias Schleier berührt wird. So wie die von Gottvater und vom Heiligen Geist herabkommenden und vom unten liegenden Jesuskind mit züngelnden Goldflämmchen beantworteten Lichtstrahlen die Wesensgleichheit des Sohnes mit dem Vater und dem Geist veranschaulichen, so drückt sich in dem kleinen Fuß des neugeborenen Jesuskindes, der vom roten Kleid und dem Schleier Marias umfangen wird, die Verbindung mit der Mutter und damit die Wesensgleichheit Christi mit den Menschen aus. Über dem roten Gewand trägt Maria einen hellblauen und schwarz gefütterten Mantel, der von einem Goldsaum eingefasst ist und mit seiner Himmelsfarbe die göttliche Begnadung Marias zum Ausdruck bringt. Maria hat ihre vom hellen Licht umspielten Hände zur Anbetung erhoben und blickt voll Andacht und Demut auf das vor ihr liegende Jesuskind.[35]

Auf die Anbetung durch die demütig und lieblich dargestellte Gottesmutter ist das Bildgeschehen so sehr ausgerichtet, dass sich der erzählerische Gehalt des Weihnachtsereignisses durch die Hereinnahme der Himmelsgruppe um Gottvater und der beiden Heiligen mit ihrer komplexen Natursymbolik in ein lyrisches Andachtsbild gewandelt hat, das zu Umkehr und innerlicher Betrachtung aufrufen will. Mit der hell leuchtenden Farbigkeit der knienden Maria und des Jesuskindes erscheint die Anbetung des göttlichen Kindes als wunderbares und gleichsam visionäres Geschehen, das durch die mittelalterlich anmutende Verwendung von goldenen Sternen, Strahlen, Wölkchen und Nimben noch verstärkt wird.[36] Dieser visionäre Charakter der Anbetungsszene geht letztlich auf die Weihnachtsvision Birgittas von Schweden zurück, von der auch Lippi geprägt war.[37] Nach den mit Lippis Bild übereinstimmenden Motiven aus den „Revelationes" Birgittas war das Kind nackt und leuchtend am Boden gelegen, nachdem es Maria in einem einzigen Augenblick geboren hatte.[38] Nach dem Gewahrwerden der Geburt habe Maria sogleich ihr Haupt gebeugt, die Hände gefaltet und voll Ehrfurcht das Kind angebetet.[39]

So wird der Betrachter aufgerufen, es dem Vorbild der beiden Heiligen gleichzutun, um umzukehren und zusammen mit der demütigen und ganz in das heilige Geschehen versunkenen Gottesmutter das unausschöpfliche Geheimnis der Geburt des menschgewordenen Erlösers zu betrachten, das sich hineinverlängert bis in die anbetungswürdige Gegenwart des eucharistischen Christus, so wie er auch auf dem Altar der Hauskapelle im Palazzo Medici gegenwärtig gewesen ist.

Die Darbringung Jesu im Tempel

Fest der Heiligen Familie. Evangelium: Lk 2,22–40

„Dieser ist dazu bestimmt, dass in Israel viele durch ihn
zu Fall kommen und viele aufgerichtet werden."
Lk 2,34

Das Fest der Heiligen Familie, das am ersten Sonntag nach dem Weihnachtsfest begangen wird, richtet den Blick auf das Familienleben, das Josef, Maria und Jesus führten. Das Evangelium vom Fest der Heiligen Familie berichtet, dass die Eltern Jesu das Gesetz des Mose befolgten und in den Jerusalemer Tempel gingen, um das neugeborene Jesuskind Gott zu weihen (vgl. Lk 2,22–23). In Erinnerung an den Auszug aus Ägypten, als Gott die Erstgeburt Israels verschonte, betrachtete man jede männliche Erstgeburt als Eigentum Gottes (vgl. Ex 13,1–2.14–15). Diese Weihe des Erstgeborenen an Gott verbanden Josef und Maria mit der Reinigung der Mutter (vgl. Lk 2,22), die vierzig Tage nach der Geburt eines Sohnes als kultisch unrein galt und nach dieser Zeit durch den Priester ein einjähriges Lamm als Brandopfer oder armutshalber ein paar Turteltauben oder zwei junge Tauben zu opfern hatte (vgl. Lev 12,1–8; Lk 2,22.24).[1]

Im Tempel traf die Heilige Familie auf den greisen Simeon, der gerecht und fromm auf die Rettung Israels wartete (vgl. Lk 2,25). Als Josef und Maria das Kind hereinbrachten, erkannte er in ihm den verheißenen Retter, denn Simeon war durch den Heiligen Geist prophezeit worden, er werde vor seinem Tod noch den Messias mit eigenen Augen sehen (vgl. Lk 2,26–27). So nahm er das Kind in die Arme und pries Jesus als Licht für die Heidenvölker und als Ruhm Israels (vgl. Lk 2,28–32), erkannte aber auch, dass der kommende Messias Scheidung und Gericht bringen

Meister Bertram von Minden, Darstellung Christi, Hochaltar für St. Petri, um 1379/83, Öltempera auf Eichenholz, 86 × 85 cm, Hamburg, Kunsthalle.

Meister Bertram von Minden, Darstellung Christi

wird: „Dieser ist dazu bestimmt, dass in Israel viele durch ihn zu Fall kommen und viele aufgerichtet werden, und er wird ein Zeichen sein, dem widersprochen wird" (Lk 2,34). Nach Simeons Weissagung sollte auch die mit Jesus aufs engste verbundene Gottesmutter den Leidensweg des Messias mitgehen, so dass ihr „ein Schwert durch die Seele dringen" wird (Lk 2,35).

Die seit dem 5. Jahrhundert vielfach dargestellte Szene der Darbringung Jesu im Tempel[2] findet sich auch auf dem ehemaligen Hochaltar der Hamburger Petrikirche, dem Hauptwerk des aus Westfalen stammenden Meisters Bertram von Minden (um 1340–1414/15). Meister Bertram wurde durch den Weichen Stil der internationalen Gotik Europas geprägt und erhielt seine malerische Ausbildung wohl in Prag, Köln und Straßburg. In Hamburg, wo er ab 1367 als Maler auftauchte und um 1414/15 starb, leitete er eine große Werkstatt, in der auch Bildhauerarbeiten ausgeführt wurden.[3]

Von 1379 bis 1383 schuf Meister Bertram den Hochaltar für die Hamburger Petrikirche,[4] der 1595 durch den protestantischen Pastor Johannes Schellhammer (1540–1620) erhebliche Veränderungen über sich ergehen lassen musste[5] und 1731 in die Stadtkirche von Grabow überführt wurde,[6] wo man ihn im Jahr 1900 als Werk Meister Bertrams erkannte und 1903 für die Hamburger Kunsthalle erwarb.[7] Während als Stifter des Hochaltars der Hamburger Bürgermeister Bertram Horborch (reg. 1366–1396) vermutet wird, könnte dessen Bruder, der Hamburger Domherr Wilhelm Horborch (um 1330/32–1384), für das theologische Programm in Frage kommen, das dem Betrachter anhand der allegorischen Exegese der Kirchenväter eine Gesamtschau der Heilsgeschichte vor Augen führt. Dieses Programm beginnt auf den goldgrundierten Flügelgemälden mit der Schöpfung, thematisiert in der Urgeschichte die Entstehung des Bösen und mündet in das neutestamentliche Inkarnations- und Erlösungsmysterium, während im geöffneten Schrein mit den geschnitzten Heiligenfiguren die endzeitliche Vollendung der Seele bei Gott zum Ausdruck kommt.[8]

Die Darstellung Jesu im Tempel schließt sich an die Szenen der Verkündigung, der Geburt und der Anbetung der Könige an und geht dem Bild des Kindermordes von Betlehem voraus. Der Innenraum des Tempels von Jerusalem, in dem die Darbringung Jesu stattfindet, wird durch eine baldachinartige gotische Architekturabbreviatur am oberen Bildrand angedeutet. Darunter steht vor dem Goldhintergrund des Bildes zwischen Maria und Simeon der massive und stattliche Block eines Altars mit dem darauf stehenden Jesuskind, der ein wenig nach rechts aus der Mittelachse verschoben ist, um den beiden Frauengestalten auf der linken Seite

Platz zu verschaffen, die wohl als die beiden Stiefschwestern Marias, Maria Kleophas und Maria Salome,[9] zu deuten sind.

Während von der einen Stiefschwester hinter Marias Rücken nur der weiß verschleierte Kopf sichtbar ist, erscheint die andere links von ihr als nimbierte, rot gekleidete Frau mit weißem Kopftuch. In ihrer rechten Hand trägt sie das Körbchen mit den zwei weißen Tauben für Marias Reinigungsopfer (vgl. Lk 2,24). Die Kerze in ihrer linken Hand verweist auf Christus, das von Simeon verheißene wahre Licht zur Erleuchtung der Heidenvölker (vgl. Lk 2,32), und erinnert an die seit dem 13. Jahrhundert auch für den deutschen Raum bezeugte Kerzenweihe mit Lichterprozession, die am 2. Februar, dem Fest Mariä Lichtmess, abgehalten wird.[10] Auch auf einer wohl noch vor dem Petrialtar im engsten Umkreis der Werkstatt Meister Bertrams entstandenen Pergamentseite aus einem Missale hat sich eine Illustration der Darbringung Jesu erhalten, in der die beiden Stiefschwestern hinter Maria dargestellt sind.[11] Zusammen mit den Bildszenen der Verkündigung und der Heimsuchung zeigt auch die Darbringung im Tempel Formulierungen, die in der Werkstatt Meister Bertrams immer wieder vorkommen.[12]

An der linken Seite des Altars steht Maria, deren nimbiertes Haupt von langen blonden Haaren umgeben wird. Die Himmelsfarbe ihres blauen Mantels weist sie als Meeresstern, als vom Himmel begnadete Gottesmutter und als neue Bundeslade (vgl. Num 4,5–6) aus. Ihr rotes Untergewand erinnert als Blutfarbe an das Geheimnis der Inkarnation und an das Erlösungsmysterium ihres Sohnes, an dem Maria nach der Weissagung Simeons teilhaben wird: „Dir selbst aber wird ein Schwert durch die Seele dringen" (Lk 2,35). Maria, die im Vergleich zu den drei vorangegangenen Tafeln eine etwas mehr frauliche Gestalt angenommen hat, blickt nun nicht mehr nur nach innen, sondern bringt Teilnahme zum Ausdruck und zeigt ein verständnisvolles, aber auch ernstes Erfassen der Worte Simeons, die bereits das Leiden Jesu und ihr eigenes Mitleiden angekündigt haben.[13] Auf die Passion dürfte auch der rechts neben Simeon stehende Kriegsknecht mit seinem roten Helm vorausweisen, der mit stechendem Blick die Szene beobachtet und hinter dem sich eine blutrote Lanze scharf vor dem Goldhintergrund abzeichnet.[14] Das Passionsmysterium wird auch vom roten Mantel der links mit der Kerze und dem Taubenkörbchen stehenden Frau aufgenommen, die als Stiefschwester zusammen mit der Gottesmutter, Maria Magdalena und der anderen Stiefschwester unter dem Kreuz Jesu gestanden ist (vgl. Mt 27,56; Mk 15,40; Lk 24,10; Joh 19,25). So erscheint Maria als Opfernde, die ihren Sohn auf den Altar gehoben hat, um ihn als ihren Erstgeborenen gemäß dem Gesetz (vgl. Ex 13,1–2.14–15) seinem himmlischen Vater aufzuopfern, wie auch die in der ersten Hälfte des 14. Jahrhunderts entstandenen „Meditationes vitae Christi" hervorheben,[15] deren Einfluss sich auf die Ikonographie der Darbringung Jesu zur Zeit Meister Bertrams bereits geltend gemacht hatte.[16]

Maria und der ergraute, bärtige Simeon stehen sich in Würde und menschlicher Reife in einem stillen Gleichklang gegenüber, was durch die gleiche Größe der beiden Figuren und auch die in ähnlicher Weise ausgeführten Armgebärden zum Ausdruck kommt.[17] Maria hält ihr Kind dem greisen Simeon entgegen. Während sich aus Simeons würdevollem Gesicht die freudige Ergriffenheit abzeichnet, in dem Kind den verheißenen Messias erkannt zu haben, öffnen sich leicht seine Lippen, um die ihm durch den Heiligen Geist eingegebenen prophetischen Worte (vgl. Lk 2,29–32.34–35) auszusprechen,[18] die ihn in Frieden sterben lassen: „Nun lässt du, Herr, deinen Knecht, wie du gesagt hast, in Frieden scheiden. Denn meine Augen haben das Heil gesehen, das du vor allen Völkern bereitet hast, ein Licht, das die Heiden erleuchtet, und Herrlichkeit für dein Volk Israel" (Lk 2,29–31). Die Worte des Simeon, mit denen Jesus als das wahre Licht bezeichnet wird, verweisen auf den alttestamentlichen Beginn der Bilderfolge des Petrialtares, der auf der ersten Tafel den Sturz der bösen Engel auf die Erde und damit die Aussonderung der Finsternis aus dem Licht zeigt, während das Bild mit der Darbringung im Tempel deutlich macht, dass mit dem Erlöser das rettende Licht in die durch den Teufel verführte Welt gekommen ist.[19]

Da Simeon nach legendarischer Überlieferung auch Priester oder Hoherpriester gewesen sein soll, wurde er in der mittelalterlichen Kunst immer deutlicher als Priester dargestellt, um das Opfer der Eltern Jesu entgegenzunehmen.[20] Auch Meister Bertram hatte Simeon als Priester dargestellt,[21] der eine rote Sendelbinde und ein golddurchwirktes braunes Gewand trägt. Während das Bildmotiv der verhüllten Hände, mit denen Simeon das Jesuskind umfasst, bereits eine lange Tradition aufwies, stattete Meister Bertram den Greis mit einem weißen Schultervelum aus, das den Segensvelen gleicht, die beim sakramentalen Segen verwendet wurden, um das Ziborium oder die Monstranz nicht mit bloßen Händen zu berühren. So berührt der priesterliche Simeon mit seinen verhüllten Armen das Jesuskind mit seiner Rechten und schiebt zögerlich die linke Hand nach vorne.[22] Simeon streckt seine ehrfürchtig verhüllten Arme so aus, als würde er etwas Heiliges umfassen. Mit dieser liturgisch stilisierten Gebärde erinnert Simeon an den Priester, der mit dem Segensvelum die Monstranz mit dem eucharistischen Brot zum sakramentalen Segen in seine Hände nimmt. Der Segen mit der Hostie war zu Beginn des 13. Jahrhunderts aufgekommen und hatte im 14. Jahrhundert zur Anfertigung aufwendig gestalteter, turmartiger Schaugeräte geführt, um das eucharistische Brot hinter einem Fenster für die Gläubigen sichtbar zu machen. So deutet der mit dem Schultervelum das Jesuskind berührende Simeon dem Betrachter an, dass der einst im Tempel Dargebotene der gleiche Christus ist, der nunmehr in der Eucharistie gegenwärtig ist.

Die Übergabe des Jesuskindes an Simeon war bereits in dem Einzelblatt des Missale vorgebildet, das in ähnlicher Weise zeigt, wie Maria ihr auf dem Altar stehendes Kind in die mit dem Schultervelum verhüllten Hände Simeons entlässt, der es vorsichtig berührt.[23] Das priesterlich-liturgische Motiv der mit dem Schultervelum verhüllten Hände Simeons, der das Jesuskind ehrfurchtsvoll berührt, aber noch nicht auf seinen Armen trägt, findet sich bei allen Bildern mit der Darbringung Jesu, die in der Werkstatt Meister Bertrams angefertigt wurden. Eine weitere Konstante, die das Gemälde des Petrialtares mit den anderen Darbringungsbildern verbindet, ist die auffallende Gestik des Jesuskindes, das sich bei der Übergabe durch Maria Simeon zuwendet, seine Hände aber zur Mutter zurückstreckt.[24] Diese Doppelgebärde lässt sich durch die „Meditationes vitae Christi" erklären. Demnach habe Maria das Kind getragen, und nachdem es durch Simeon als Messias erkannt worden sei, habe es den Greis gesegnet und durch sein Hinneigen zu ihm seiner Mutter den Wunsch kundgetan, zu ihm zu wollen. Da habe Maria dem Simeon das Kind übergeben, der es in seine Arme geschlossen und dann die prophetischen Worte gesprochen habe. Daraufhin habe das Jesuskind seine Hände wieder zur Mutter ausgestreckt, der es dann durch Simeon wieder zurückgegeben worden sei.[25] Vor dem Hintergrund der „Meditationes vitae Christi" unterstreicht die Doppelgebärde der Kopfwendung zu Simeon und des Ausstreckens der Arme zu Maria die Souveränität Jesu, der durch seine zweifache Initiative zuerst seine Übergabe an Simeon und dann sein Zurückgenommenwerden durch die Mutter veranlasst habe.

Beim Stehen Jesu auf dem Altar, das auch schon im Missale dargestellt ist,[26] folgte Meister Bertram allerdings nicht den „Meditationes vitae Christi", die vom Tragen des Jesuskindes sprechen, sondern dem im 12. Jahrhundert aufgekommenen Bildtyp, der Jesus aufrecht über dem Altar als betonten Mittelpunkt des Geschehens zeigt.[27] Die bereits in der Doppelgebärde des Kindes zum Ausdruck kommende Souveränität zeigt sich noch deutlicher im Stehen Jesu, der die Mitte des Altares so sehr beherrscht, dass Maria und Simeon zu assistierenden Figuren werden. Jesus steht so sicher auf dem Altar, dass er die Halt gebenden Hände Marias im Grunde nicht benötigt.[28] Der fest auf dem Altar stehende Jesus verbindet sich gedanklich mit der Weissagung des Simeon, wonach der Messias dazu „gesetzt" sein wird, dass viele in Israel durch ihn aufgerichtet oder zu Fall kommen werden, was durch die Wendung „positus est" (Lc 2,34 Vulgata) in der für Meister Bertram maßgeblichen lateinischen Bibelübersetzung deutlich wird.[29]

Auch wenn die „Meditationes vitae Christi" nicht vom Stehen des Jesuskindes sprechen, so spielt in ihnen dennoch der Altar eine wichtige Rolle, auf den ihn seine Mutter gelegt habe, um ihn Gott aufzuopfern.[30] Der Altar, auf dem das Jesuskind steht und von dem es gleichsam Besitz ergreift, symbolisiert den Erlöser, der gekommen ist, um sich als wahrer Hoherpriester am Kreuzaltar selbst zu opfern, als jenes Opferlamm, das seine nur wenig vermögenden Eltern bei der Reinigung der Mutter nicht darzubringen vermochten. Die rote Blutfarbe seines mit Gold gehöhten Mäntelchens unterstreicht die Dimension des Kreuzesopfers und verbindet Jesus mit Isaak, seinem typologischen Vorbild, dessen im letzten Moment durch den Engel Gottes verhinderte Opferung (vgl. Gen 22,1–19) schon seit frühchristlicher Zeit auf das Sühneopfer Christi bezogen[31] und ebenfalls auf dem Petrialtar dargestellt wurde, wo Isaak im gleichen roten Gewand auf einem erneut durch seine Größe und Plastizität hervorgehobenen Altar zu sehen ist. Letztlich verweist der auf dem Altar stehende Jesus auf die Eucharistiefeier, in der sein Kreuzesopfer in den Gaben von Brot und Wein sakramentale Gegenwart wird, denn das Kind steht genau dort auf dem Altar, wo sich in der Messfeier der Leib und das Blut Christi befinden.[32]

Wie es in der spätmittelalterlichen Kunst üblich war, versuchte auch Meister Bertram, das auf den Bildern dargestellte biblische Geschehen in die Realität des kirchlichen Tuns seiner Zeit zu übertragen. So wurde die Darbringung Jesu im Tempel zu einem Sinnbild für die Darbringung des eucharistischen Christus durch die Kirche. Mit dem Stehen Jesu auf dem Altar wurde das weihnachtliche Motiv des Kindes auf die Eucharistie hin geöffnet. Mit seinem blutroten Kleid verweist der Jesusknabe auf sein Erlösungsopfer, das er beim Abendmahl in Brot und Wein vorweggenommen und am Karfreitag auf dem Altar des Kreuzes zum Heil der Welt dargebracht hat, um es im Messopfer der Kirche sakramentale Wirklichkeit werden zu lassen. Wie die Geste der hinopfernden Übergabe des Kindes durch die Mutter Jesu zeigt, ist es die durch Maria verkörperte Kirche, die Christus in der Eucharistiefeier auf dem Altar darbringt. Der priesterliche Simeon, der sich Jesus ehrfurchtsvoll mit dem Schultervelum naht, steht für die Präsentation des eucharistisch gegenwärtigen Christus, den die Gläubigen auf den Altären der Kirchen anbeten und dessen Segen sie empfangen sollen.

Maria und die Hirten

1. Januar – Hochfest der Gottesmutter Maria – Neujahr
Evangelium: Lk 2,16–21

„Maria aber bewahrte alles,
was geschehen war, in ihrem Herzen."
Lk 2,19

Am Ende der Weihnachtsoktav, die am 25. Dezember begonnen hat, steht am 1. Januar das Hochfest der Gottesmutter Maria, um unter ihrem Schutz in das neue Jahr zu gehen. Nachdem bereits in der Christnacht das Evangelium von der Geburt Jesu und der Verkündigung an die Hirten im Mittelpunkt gestanden ist (vgl. Lk 2,1–14), kommen am Neujahrstag erneut die Hirten in den Blick. So berichtet das Evangelium des Oktavtages von Weihnachten, wie sich die Hirten nach der Botschaft des Engels (vgl. Lk 2,8–14) zur Krippe nach Betlehem aufgemacht hatten: „In jener Zeit eilten Hirten nach Betlehem und fanden Maria und Josef und das Kind, das in der Krippe lag" (Lk 2,16). Als die Hirten erzählten, was ihnen durch den Engel „über dieses Kind gesagt worden war" (Lk 2,17), staunten „alle, die es hörten" (Lk 2,18). Über jedes Staunen hinaus vermochte aber Maria den Besuch der Hirten und die Worte, die sie gesagt hatten, aufzunehmen, denn sie „bewahrte alles, was geschehen war, in ihrem Herzen und dachte darüber nach" (Lk 2,19).

Die Ankunft der Hirten an der Krippe des neugeborenen Jesuskindes wurde in der christlichen Kunst unzählige Male dargestellt, sah man doch in den Hirten die ersten Menschen, die zusammen mit Maria und Josef zum Glauben an Jesus als den verheißenen Messias gekommen waren. In einem Ölgemälde des Barockmalers Matthäus Zehender (1641–1697), das sich im Kloster Thalbach in Bregenz befindet, wird das Bildgeschehen ganz von einem anbetenden Hirten und Maria eingenommen, die mit einem nachsinnenden und innigen Blick auf das göttliche Kind herabschaut.

Matthäus Zehender, Anbetung der Hirten

Matthäus Zehender stammte aus dem fränkischen Mergentheim und dürfte ab 1654 Schüler des aus Konstanz stammenden Malers Johann Christoph Storer (1620–1671) gewesen sein, der bis 1657 sein Atelier in Mailand unterhielt. Storer hatte sich intensiv mit dem Figurenstil und dem Kolorismus des großen flämischen Barockmalers Peter Paul Rubens (1577–1640) auseinandergesetzt und wirkte von 1657 bis zu seinem Tod 1671 wieder in seiner Heimatstadt Konstanz. Auch Zehender, der seine ersten Gemälde noch in Oberitalien geschaffen hatte, versuchte nun, in der Bodenseeregion als Maler Fuß zu fassen. Trotz der starken Konkurrenz durch die Augsburger Maler, zu denen Meister wie Johann Heinrich Schönfeld (1609–1684) und dessen Schüler Johann Heiß (1640–1704) gehörten, gelang es Zehender, Aufträge für Ölbilder zu erhalten. Zehender, der sich von der Deckenmalerei fernhielt, schuf sein erstes nördlich der Alpen erhaltenes Ölgemälde 1671 für die zur Benediktinerabtei St. Blasien gehörende Kirche in Höchenschwand. Ein Jahr später fertigte Zehender für das Kloster Einsiedeln eine großformatige Bilderfolge zum Marienleben an. In der Zeit um 1674 ließ sich Zehender im vorarlbergischen Bregenz nieder, wo die meisten Werke des wahrscheinlich unverheirateten und um 1697 verstorbenen Malers entstanden. Zehender schuf ausschließlich religiöse Gemälde, die vor allem in Frauenklöstern geschätzt wurden, wie seine Altarbilder für die Kirchen der Dominikanerinnen in Habsthal und Sießen zeigen.[1] Er stellte in seinen Altar- und Andachtsbildern vor allem seelische Vorgänge dar, die er verhalten und ruhig ohne das barocke Pathos seiner Zeit mit innerlicher Tiefe, maßvoller Harmonie und klarer Schönheit vortrug.[2]

Im ehemaligen Franziskanerinnenkloster Thalbach in Bregenz, das 1436 gegründet und 1782 in der Zeit des Josephinismus aufgehoben wurde, hat sich ein unsigniertes Ölgemälde mit Maria und der Hirtenanbetung erhalten, das 1991 restauriert wurde.[3] Das Bild kann Zehender zugeschrieben werden,[4] da es eindeutige Vergleichspunkte mit zwei weiteren von diesem Maler signierten und datierten Gemälden aufweist, die sich ebenfalls in Thalbach befinden. Das erste der beiden Bilder stellt den hl. Dominikus (um 1170–1221) dar und wurde von Zehender 1689 geschaffen. Das zweite Gemälde, das die hl. Odilia (geb. um 660, gest. um 720) zeigt, wurde von Zehender mit 1694 datiert. Da bei der Säkularisation des Klosters 1782 alle beweglichen Gegenstände verkauft wurden oder verloren gegangen sind, lässt sich vermuten, dass die Dominikanerinnen des Klosters Hirschtal in Kennelbach, die 1797 die verwaisten Konventsgebäude von Thalbach erwarben, im Besitz von Gemälden Zehenders waren

Matthäus Zehender, Anbetung der Hirten, um 1690,
Öl auf Leinwand, ca. 140 × 110 cm, Bregenz, Kloster Thalbach. ▷

und diese bei ihrem Umzug mitbrachten.[5] Jedenfalls kann aufgrund der stilistischen Verwandtschaft mit den beiden anderen von Zehender signierten Thalbacher Gemälden auch für die Hirtenanbetung eine Entstehung im Zeitraum um 1690 angenommen werden.

Zehenders Bild mit der Hirtenanbetung, das durch seine originelle Bildinvention zu beeindrucken vermag, zeigt die für den Maler charakteristische Zurückhaltung in der koloristischen Durchführung. Da sich Zehender nicht zu aufdringlicher Buntheit hingezogen fühlte und es bei eher kühlen Farben beließ, versuchte er, die einfarbigen Flächen seiner Bilder durch Schattierungen, Gewölk und Lichtbahnen zu beleben, und modellierte seine Figuren durch ein stimmungsvolles Helldunkel, ohne aber harte Schatten und grelle Lichter wie im Caravaggismo zu setzen.[6]

Vor der im Hintergrund angedeuteten Architektur des Stalles fällt der Blick auf die lichtvoll inszenierte Dreieckskomposition der Gruppe mit Maria, dem Jesuskind und einem Hirten. Im Hintergrund erscheint links Josef, der sich mit seinen Unterarmen auf eine Art Balustrade aufgestützt hat und auf Maria und das Kind herabschaut. In einer gemeinsamen Linie, die von dem rechts knienden Hirten aufgenommen wird, blicken Josef und Maria auf das Jesuskind in der Krippe, unter der ein weißes Lamm zu sehen ist. Der leicht abgespreizte kleine Finger ihrer rechten Hand zeigt auf eine Lichtbahn, die von rechts oben durch dräuende Wolken hindurch auf das Jesuskind herabfällt. Eine weitere Linie führt von Marias rechter Fußspitze zu ihrem leicht nach unten geneigten Kopf, der die Aufmerksamkeit wieder zum Kind führt.[7]

Die Krippe besteht aus einem Weidenkorb, der mit Heu gefüllt ist. Bei genauerem Hinsehen entdeckt man zwischen dem Heu auch einige Weizenähren, die auf die Passion Jesu vorausweisen, der seinen Tod mit der fruchtbringenden Aussaat eines Weizenkorns verglichen hat: „Wenn das Weizenkorn nicht in die Erde fällt und stirbt, bleibt es allein. Wenn es aber stirbt, bringt es reiche Frucht" (Joh 12,24). Das Sterben Jesu hat die reiche Frucht der Erlösung des Menschengeschlechtes gebracht, und diese Erlösungstat dauert fort in der Eucharistie, in der das Kreuzesopfer Christi sakramentale Gegenwart wird. So zeigen die Weizenähren, dass der Kreuzestod der Grund für die Geburt des menschgewordenen Gottessohnes gewesen ist und dass es das Zeichen des aus Weizenkörnern gewonnenen eucharistischen Brotes ist, in dem sich der gekreuzigte Erlöser den Gläubigen schenkt, um ihnen immer wieder im Altarsakrament seinen Heilstod vor Augen zu führen.

Der als Krippe dienende Weidenkorb ist mit einem weißen Leinentuch abgedeckt. Auf dieses Laken ist das anmutig ruhige Jesuskind gebettet. Mit seiner Nacktheit zeigt das Kind, dass Jesus als wahrer Mensch und als neuer Adam (vgl. 1 Kor 15,20–22) gekommen ist. Das kleine Schamtuch verweist als Lendentuch schon voraus auf den Gekreuzigten, der durch seine Opfertat die Sünde Adams sühnen wird.[8] Der ernst und erwachsen anmutende Gesichtsausdruck des Kindes scheint ebenso die bevorstehende Passion anzudeuten wie die eng angelegten, fast wie gebunden wirkenden Arme.[9]

Auch das Schaf, das parallel zum Kind vor der Krippe liegt, ist mit gebundenen Läufen dargestellt. Zehender, der Tiere nur in attributiver und symbolhafter Weise in seine Bilder hereinnahm,[10] zeigte hier das Opferlamm, das sich für „die Sünde der Welt" (Joh 1,29) hat binden lassen und nun, zur Seite gedreht, „wie geschlachtet" (Offb 5,6) auf dem Boden liegt. Der dunkelbärtige Hirte, der mit gefalteten Händen vor der Krippe kniet, dürfte das Schaf, geschultert an seinem nunmehr am Boden liegenden Stock, mitgebracht haben.[11] Das Lamm zu Füßen des neugeborenen Erlösers zeigt, dass der Sohn Gottes dazu in die Welt gekommen ist, um seinen Leib als Sühneopfer hinzugeben, wie der Hebräerbrief sagt: „Darum spricht Christus bei seinem Eintritt in die Welt: […] einen Leib hast du mir geschaffen […]. Ja, ich komme […], um deinen Willen, Gott, zu tun" (Hebr 10,5–7). In dieser Bereitschaft des inkarnierten Gottessohnes, sich für die Sünden der Welt hinzugeben (vgl. Hebr 10,12–14), erkannten die Engel über den Hirtenfeldern von Betlehem die höchste Verherrlichung Gottes und den wahren Frieden für die Menschen (vgl. Lk 2,14). So öffnen sich rechts oben als Zeichen für die Gegenwart Gottes (vgl. Ex 13,21; 16,10) die Wolken, um einen Lichtstrahl vom Himmel auf den menschgewordenen Erlöser herabzusenden.[12] In der Lichtbahn ist in goldenen Lettern der von den Engeln verkündete Lobpreis zu lesen: „GLORIA IN EXCELSIS DEO", „Ehre sei Gott in der Höhe" (Lk 2,14).

Der anbetende Hirte und der links stehende Josef sind mit erdigen, unscheinbaren Farben dargestellt und treten vor dem hell leuchtenden Jesuskind ganz zurück, „damit umso heller das Geheimnis Gottes aus dem Bild herausleuchtet",[13] wie es der Beuroner Benediktiner Augustinus Gröger einmal formuliert hat.

Im Unterschied zu den dunklen Gestalten des Hirten und des Josef ist Maria von einem Glorienschein umgeben und in das gleiche helle Licht wie ihr göttliches Kind getaucht, auf das sie herabblickt. Ohne jede leidenschaftliche Gefühlsbewegung stellte Zehender Maria mit niedergeschlagenen Augen und der Andeutung eines verhaltenen Lächelns dar. Wie in seinen zahlreichen anderen Madonnen verlieh er auch hier Maria eine anmutige Haltung mit einem leise nachsinnenden, vergeistigten und nach innen schauenden Blick.[14] Maria trägt die für Zehenders Madonnendarstellungen charakteristische Kleidung, nämlich ein feines, langes Kopftuch und einen großen Mantel sowie ein weißes, tunikaartiges Kleid mit rundem Halsausschnitt und einem vorne zu einem Knoten geknüpften Tüchlein.[15] Mit ihrem weißen Gewand, in das sie gekleidet ist, erscheint Maria als erbsündelose Jungfrau und reine Magd und damit als Braut Christi und Urbild der Kirche. Auf die Jungfräulichkeit Marias deutet auch die aus Weidenzweigen geflochtene Krippe hin, da die samenlose und unfruchtbare, aber doch wasserliebende und unverwüstlich sprossende Weide das Mysterium der sich selbst absterbenden und gerade dadurch zu himmlischer Fruchtbarkeit führenden Keuschheit symbolisierte, was auch auf Maria übertragen wurde, deren jungfräulich keusche Unfruchtbarkeit zum Keim göttlicher Frucht geworden ist.[16] Marias blauer Mantel verweist mit seiner Himmelsfarbe auf ihre göttliche Begnadung und zeigt sie als Gottesmutter, die als neue Bundeslade (vgl. Num 4,5–6) Christus trägt und zu den Menschen zu bringen vermag. Dies kommt auch durch das Anheben des weißen Tuches zum Ausdruck, in das Jesus gehüllt ist. Wie ein Velum hebt Maria mit einer anmutigen und seelisch ausdrucksvollen Gebärde[17] das Tuch an, damit der Hirte das Kind betrachten und anbeten kann. Indem das Velum, das gewöhnlich der ehrfürchtigen Verhüllung der eucharistischen Aufbewahrungsgefäße und Monstranzen dient, durch Maria beiseitegezogen wird, enthüllt sie ihr göttliches und anbetungswürdiges Kind auch als den im Altarsakrament gegenwärtigen Christus. Als liturgisch stilisiertes Motiv der Enthüllung verweist das von Maria, der Lade des Neuen Bundes, angehobene Velum auf die Absicht des Malers, dem Betrachter das Mysterium der Gottesmutterschaft und der neuen Gegenwart Gottes bewusst zu machen, die durch die Geburt des inkarnierten Sohnes Gottes neu eröffnet wurde und für den Gläubigen in der Eucharistie erfahrbar wird. Somit wird dem Betrachter angedeutet, dass es ein und derselbe Christus ist, der in Betlehem angebetet wurde und dem nun die Christen im Altarsakrament begegnen.[18]

In ihrem schönen, lieblich-keuschen Antlitz, auf dem ein verhaltenes Lächeln angedeutet ist, spiegelt sich die göttliche Gnade wider, von der Maria ganz erfüllt ist (vgl. Lk 1,28) und die sie schön und makellos gemacht hat, wie bei Ephräm dem Syrer (um 306–373) deutlich wird, der die Verse des Hohenliedes „Alles an dir ist schön, meine Freundin; kein Makel haftet dir an" (Hld 4,7) erstmals auf die Sündelosigkeit Marias gedeutet hatte.[19]

Schließlich nimmt der Betrachter bei der Gestalt Marias wahr, dass sich das Licht ganz besonders auf ihrer hellen Stirn sammelt. Die lichtvolle Stirn lässt den Betrachter an all das denken, was Maria in ihrem Denken bewegt und „in ihrem Herzen" bewahrt hatte (Lk 2,19), als die Hirten weitergegeben hatten, was ihnen durch den Engel über das göttliche Kind gesagt wurde (vgl. Lk 2,17). Maria hat das Tuch emporgehoben, um dem Hirten die Sendung des neugeborenen Erlösers zu enthüllen, der im Fleisch gekommen ist, um sich als Lamm Gottes für die Sünden der Welt hinzugeben. Diese Enthüllung vermochte auch der Hirte zu erfassen, der mit einem Seitenblick auf das Opferlamm zu Füßen der Krippe herabschaut, um auch die inneren Augen des Betrachters für das Geheimnis der Erlösung zu öffnen. In dieser Enthüllung liegt der eigentliche Bildsinn der Weihnachtsdarstellung, bei der Maria nicht selbst vor ihrem göttlichen Kind kniet, sondern es dem Hirten und dem Betrachter des Bildes zeigt, damit diese ihren göttlichen und eucharistisch gegenwärtigen Sohn anbeten.

Jesus leuchtet in der Finsternis

Zweiter Sonntag nach Weihnachten
Evangelium: Joh 1,1–18

*„Und das Licht leuchtet in der Finsternis,
und die Finsternis hat es nicht erfasst."*
Joh 1,5

Das Weihnachtsgeheimnis ist durch die lukanische Überlieferung mit der Erzählung vom neugeborenen Jesuskind in der Krippe (vgl. Lk 2,1–21) und vom Prolog des Johannesevangeliums (vgl. Joh 1,1–18) geprägt, der am Weihnachtstag und am zweiten Sonntag nach Weihnachten verkündet wird. Nach dem Johannesprolog hat der Logos, das ewige Wort des Vaters, Fleisch angenommen (vgl. Joh 1,14), um als Licht in die Welt zu kommen: „In ihm war das Leben, und das Leben war das Licht der Menschen. Und das Licht leuchtet in der Finsternis, und die Finsternis hat es nicht erfasst. […] Das wahre Licht, das jeden Menschen erleuchtet, kam in die Welt" (Joh 1,4–5.9). Das Licht, das in die Dunkelheit der Sünde hineingekommen ist, nimmt die Verheißung des Jesaja von der Geburt des königlichen Retters auf, der dem „Volk, das im Dunkel lebt", als „helles Licht" aufstrahlen wird (Jes 9,1).

Als sich im 15. Jahrhundert in der altniederländischen Kunst der Naturstil immer mehr entwickelt hatte und die Maler immer weniger bereit waren, Nimben und symbolhafte Lichtzeichen zu dulden, versuchten sie, das lichtvolle Mysterium des Weihnachtsfestes als realistisches Nachtbild mit dem Jesuskind als einziger Lichtquelle wiederzugeben. Dabei standen ihnen die Visionsberichte Birgittas von Schweden (1303–1373) vor Augen, die das neugeborene Jesuskind von einem göttlichen Lichtglanz umgeben sah, der die irdische Flamme der Kerze Josefs vollkommen überstrahlte.[1] Als Erfinder der Idee, die Geburt Jesu als nächtliches Ereignis mit dem aus sich heraus auf übernatürliche Weise leuchtenden Jesuskind darzustellen, dürfte der Genter Maler Hugo van der Goes (1435/40–1482) gelten, dessen Bildfindung alsbald von Gerard David (um 1460–1523) und Geertgen tot Sint Jans (1462/67–1490/95) aufgegriffen wurde.[2] Das von Jesus ausströmende Licht konnte nach dem Johannesevangelium als Offenbarung der göttlichen Allmacht begriffen werden, die nicht vom Dunkel erfasst werden kann (vgl. Joh 1,5) und alles erleuchtet, was von Jesus, dem „Licht der Welt" (Joh 8,12; 9,5), erfasst wird (vgl. Joh 1,9).[3]

Wie ein von Correggio (1489–1534) zu Beginn des 16. Jahrhunderts geschaffenes Gemälde mit der Heiligen Nacht zeigt, hatte sich die Idee des sakralen Leuchtlichtes, bei dem das göttliche Kind aus sich heraus die Nacht erleuchtet, auch in der Malerei der italienischen Renaissance verbreitet.[4] Correggios Gemälde kann als das erste monumentale Nachtstück mit der Darstellung des Weihnachtsgeschehens in der italienischen Malerei gelten, das großen Einfluss auf die Entwicklung der barocken Malerei haben sollte.[5] Der Ruhm, den dieses Weihnachtsbild Correggios erlangt hatte, zeigt sich in den Worten des oberitalienischen Radierers und Malers Angelo Maria Eschini (1620/30–1678), der es 1660 als „La famosissima Notte" bezeichnete.[6]

Correggio, der eigentlich Antonio Allegri hieß, erhielt seinen Kurznamen nach seiner gleichnamigen Heimatstadt in der Emilia-Romagna, wo er 1489 als Sohn eines Kaufmanns geboren wurde. Auch wenn über seine Ausbildung zum Maler keine Quellen vorliegen, so zeigen doch seine Werke, dass sich der junge Correggio an den oberitalienischen Renaissancemalern Andrea Mantegna (1431–1506) und Leonardo da Vinci (1452–1519) geschult hatte, wobei ihn seine Studien auch nach Rom zu den Werken Raffaels (1483–1520) und Michelangelos (1475–1564) geführt haben dürften. Seit 1516 hielt sich Correggio hauptsächlich in Parma auf, wo er ab 1520 in der Benediktinerabteikirche San Giovanni Evangelista und ab 1522 im Dom Freskomalereien schuf, die sich durch die kühne Anwendung der Untersichtigkeit und ihre lichtvollen Farben auszeichneten. Correggio erhielt auch zahlreiche Aufträge für Ölgemälde, besonders von den Bruderschaften in Modena oder ab 1530 von Isabella d'Este (1474–1539) und ihrem Sohn Federico Gonzaga (1500–1540), für die er allegorische und mythologische Themen ausführte. Früh vollendet starb Correggio am 5. März 1534 in seiner Geburtsstadt. Seine Werke zeichnen sich durch sein malerisches und koloristisch wertvolles Helldunkel sowie durch die Anmut und Bewegtheit seiner Figuren aus.[7]

Correggios berühmtes Weihnachtsbild wurde am 14. Oktober 1522 durch Alberto Pratoneri für seine Familienkapelle in San Prospero in Reggio nell'Emilia

Correggio, Die Heilige Nacht, um 1522/30, Öl auf Pappelholz, 256 × 188 cm, Dresden, Gemäldegalerie Alte Meister.

auf der Grundlage einer Entwurfszeichnung in Auftrag gegeben.[8] Die Kapelle mit Correggios Altarbild wurde 1530 fertiggestellt, wie aus einer Inschrifttafel hervorgeht, die von den beiden Söhnen des Stifters dort angebracht wurde. Wegen der Bauarbeiten, die damals in San Prospero und auch in der Familienkapelle der Pratoneri durchgeführt wurden, dürfte Correggio nicht unter Zeitdruck gestanden haben, zumal er nur zwei Wochen nach dem Kontrakt mit Alberto Pratoneri am 3. November 1522 den Großauftrag für die umfassenden und sich bis 1530 hinziehenden Freskoarbeiten im Dom von Parma angenommen hatte. Für das Weihnachtsbild, das stilistisch eher in die Zeit um 1530 weist, dürfte Correggio auch den vergoldeten Rahmen geschaffen haben, der die Feierlichkeit der Heiligen Nacht unterstreicht.[9]

Da der Vertrag vom Oktober 1522 nur die Geburt Jesu mit den dazugehörenden Figuren als Bildthema erwähnte, ohne anzugeben, um welche Begleitfiguren es sich jeweils handeln sollte, war Correggio offenbar zum Entschluss gelangt, die Geburt Jesu als Ankunft der Hirten an der Krippe darzustellen. Auch die vermutliche Entwurfszeichnung, die in Cambridge im Fitzwilliam Museum aufbewahrt wird,[10] entspricht im Wesentlichen dem ausgeführten Gemälde, das nur gespiegelt wurde und anstelle eines Engelpaares zwei Hirten zeigt. So schilderte Correggio die Ankunft der Hirten, die sich zu dritt vor der Krippe eingefunden haben, in die Maria das Kind gebettet hat, während aus einer Wolke Engel ungestüm in das Geschehen hereinbrechen und sich im Hintergrund Josef und zwei Engel jeweils um den Esel und den Ochsen kümmern.[11]

Nachdem sich um den Erwerb des außergewöhnlichen Gemäldes bereits 1587 Herzog Alfonso II. d'Este (reg. 1559–1598) und 1638 der spanische König Philipp IV. (reg. 1621–1665) bemüht hatten, gelang es Francesco I. d'Este (reg. 1629–1658) am 1. Mai 1640, das Altarbild während der Nacht und zum großen Schmerz der ganzen Bevölkerung aus der Kirche zu entwenden. Während das Bild in die Galleria Estense nach Modena gelangte, wo es hinter einem Vorhang geschützt war und für Besucher theatralisch enthüllt werden musste, wurde der Hofmaler Jean Boulanger (1606–1660) beauftragt, für San Prospero eine Kopie anzufertigen, die sich bis heute in der Kirche befindet.[12] Schließlich gelang es dem polnischen König und sächsischen Kurfürsten August III. (1696–1763), Correggios Weihnachtsbild am 17. Juli 1745 für seine Kunstsammlung in Dresden zu erwerben, wo es im September 1746 eintraf.[13] Als der Dresdener Galerieinspektor Pietro Guarienti (um 1700–1765) das Gemälde kurz nach der Erwerbung in das Inventar von 1747 bis 1750 eintrug, vermerkte er, dass das Bild in ganz Europa „die berühmte Heilige Nacht von Correggio" genannt wird.[14] Auch aus dem 1754 durch Matthias Oesterreich (1716–1778) angefertigten Inventar geht hervor, dass man Correggios Weihnachtsbild allgemein „La Notte" nannte.[15] Das Gemälde wurde zunächst in der Galerie am Jüdenhof aufbewahrt, bis es 1855 in die von Gottfried Semper (1803–1879) errichtete Dresdener Gemäldegalerie am Zwinger verbracht wurde, wo es sich bis heute befindet.[16]

Correggio zeigte in seinem Weihnachtsbild die Geburt Jesu als nächtliches Geschehen mit spannungsvoll in Helldunkelmanier platzierten Figuren und mit dem Jesuskind als ausschließlicher Lichtquelle,[17] wie es bereits 1568 der Florentiner Kunsthistoriker Giorgio Vasari (1511–1574) beschrieben hatte, indem er das Gemälde als „besonders schönes Bild" bezeichnete, bei dem vom Kind „ein heller Schein" ausgeht, „der die Hirten und die übrigen, in Betrachtung versunkenen Gestalten beleuchtet".[18] Neben dem lukanischen Bericht von der Geburt Jesu im Stall mit der Ankunft der Hirten (vgl. Lk 2,6–17) und den beiden apokryph überlieferten Tieren Ochs und Esel[19] wurde Correggios Bild besonders durch die johanneische Rede von Christus als dem wahren Licht (vgl. Joh 1,9; 8,12; 9,5) inspiriert. Dabei ging es Correggio weniger darum, ikonographische Neuerungen einzuführen, sondern das Weihnachtsereignis durch Überdenken der alten Überlieferung neu zu erzählen.[20]

Im Hintergrund des Bildes ist eine Landschaft mit einer nächtlich verschatteten Bergkette zu sehen, die sich aber bereits vor dem Himmel des anbrechenden Morgens abzuzeichnen vermag.[21] Das Motiv des Morgengrauens könnte auf die zweite Weihnachtsmesse (Secunda Missa Nativitatis) anspielen, die an die Hirten als erste Zeugen der Geburt des menschgewordenen Gottessohnes erinnert und beim ersten Tageslicht des 25. Dezember nach der Mitternachtsmesse als Hirtenamt gefeiert wurde. So stand den Gläubigen bei der Zelebration des Hirtenamtes am frühen Morgen die Ankunft Christi als Aufgang des wahren Lichtes sinnfällig vor Augen.[22] Rechts neben dem Baum, der in der Mitte der Landschaft in den Morgenhimmel hineinragt, ist eine Gruppe von Häusern dargestellt, die wegen der Nachdunkelung des Firnisses kaum mehr zu sehen ist, aber auf graphischen Wiedergaben und Kopien deutlich erkennbar ist.[23]

Hinter einer Mauer, die den Bereich des Stalles abgrenzt, ist der Ochse zu sehen, der von zwei Engeln gefüttert wird. Vor diesem Mauerstück ist Josef dargestellt, der sich mit aufgekrempelten Hemdsärmeln um den offenbar störrischen Esel müht und wohl versucht, ihn vom Geschehen wegzuziehen.[24] Durch die ungewöhnliche Darstellungsweise der beiden Tiere nahm Correggio die Welt des Alltäglichen in das Bildgeschehen hinein, so wie man es auch von altniederländischen Meistern wie Hugo van der Goes kannte, der auf seinem 1483 nach Florenz transferierten Portinari-Altar die Ereignisse bei der Geburt Jesu besonders naturalistisch formuliert hatte.[25]

In dem ruinösen, teilweise auf Stein und Holz gebauten Stall fällt eine steinerne Säule in den Blick, die sicherlich auf die „Meditationes vitae Christi" des Franziska ners Johannes de Caulibus (gest. um 1376) zurückgeht, wonach sich Maria bei der Geburt Jesu an eine Säule des Stalles gelehnt habe.[26] Während zwei Steinstufen zum Stall hinaufführen, ist in der rechten unteren Ecke ein Wiesenstück zu sehen. Unter den Gräsern, die über die Steine wachsen, befinden sich mit Löwenzahn und Rosen Symbolpflanzen, die auf das Inkarnations- und Erlösungsmysterium verweisen.[27] Der Löwenzahn gilt wegen seiner bitteren Blätter als Sinnbild für die Passion, in der Jesus als „Löwe aus dem Stamm Juda" (Offb 5,5) gesiegt hatte.[28] Die Rosenpflanze ist ein marianisches und christologisches Symbol und steht als dornenlose Rose für die Sündelosigkeit Marias, während die Dornen auf die Schmerzen Marias und auf das Erlöserleiden Jesu hinweisen.[29]

Über dem Stall schweben, von Wolken umgeben, fünf bewegte und perspektivisch verkürzte Engel, bei denen Correggio sein malerisches Können unter Beweis stellen konnte.[30] So führt der vorderste Engel, bei dem zunächst die Beine in den Blick fallen, gerade eine Flugbewegung nach links aus, so dass sein Gesicht unter seinem linken Oberarm seitlich sichtbar wird. Die übrigen vier Engel scheinen nach rechts um die Säule herum zu fliegen. Die wie zufällig wirkenden und sich willkürlich überschneidenden Bewegungen der Engel mit ihren fliegenden Haaren und flatternden Gewändern vermitteln den Eindruck eines heftigen Wirbels.[31] Vasari schrieb über die Engel, sie seien „so herrlich ausgeführt, dass sie eher vom Himmel herabgeströmt scheinen als von der Hand eines Malers geschaffen"[32].

Von links her sind drei Hirten zum Stall gekommen. Sie haben das vom Engel verheißene (vgl. Lk 2,9–12) neugeborene Kind gefunden (vgl. Lk 2,15–16) und erkennen gerade an seinem übernatürlichen Leuchten seine Göttlichkeit.[33] Damit erweist sich das Gemälde als Historienbild, das den Handlungsscheitelpunkt – die aristotelische μεταβολή – in der Ankunft der Hirten sieht, als sie den Sohn Gottes erkennen.[34] Damit der Betrachter diesen Akt der Erkenntnis mitvollziehen kann, brachte Correggio das innere, an sich nicht darstellbare seelische Erleben der Hirten durch äußerlich ablesbare Bewegungen und erregte Gebärden zum Ausdruck. Damit folgte Correggio der Kunsttheorie der italienischen Frührenaissance, wie sie von Leon Battista Alberti (1404–1472) dargelegt wurde. Demnach müssten die Maler seelische Affekte durch entsprechende Körperbewegungen ins Bild umsetzen, damit sich der Betrachter in die Gemütslage der Figuren hineinzuversetzen vermag, um dann durch die in ihm ausgelöste Betroffenheit zur Überzeugung zu kommen, dass das Dargestellte wahr ist.[35]

Ganz links steht der älteste der Hirten, dessen große, athletische Figur sich in den Bildraum hinein verkürzt, wodurch sie besonders ausdrucksstark wirkt. Dass der Hirte soeben an der Krippe angekommen ist, wird durch die Überschneidung seines rechten Armes durch den linken Bildrand unterstrichen. Die Rauheit des

Hirten kommt durch sein ungeordnetes Haupt- und Barthaar, den zotteligen Überwurf, seine markanten, unbedeckten Beine und durch den kräftigen, mit Astansätzen übersäten Stab zum Ausdruck. Neben ihm hat sich auch ein Hirtenhund zur Krippe herangedrängt. Der ältere Hirte hat das Leuchten des Neugeborenen wahrgenommen und ist gerade zur Erkenntnis der Göttlichkeit des Kindes gelangt. So zieht er ehrfurchtsvoll den Hut und schickt sich an, seine Knie zu beugen. Der jüngere Hirte rechts neben ihm hat sich bereits an der Krippe niedergekniet, auf die er seinen linken Arm aufruhen lässt. Er schaut mit einem Blick voller Seligkeit zu dem älteren Hirten auf und tippt auf dessen linkes Knie, wohl um ihn aufzufordern, sich ebenfalls vor dem göttlichen Kind niederzuknien. Die innere Gemütshaltung der beiden Hirten, die der Betrachter durch die sichtbaren Bewegungen und Gebärden des Ankommens und Niederkniens sowie durch den Gesichtsausdruck der Dargestellten wahrzunehmen vermag, gleicht den seelischen Zuständen der drei Hirten auf dem Mittelbild des vor 1475 durch Hugo van der Goes geschaffenen Portinari-Altars, wo der erste Hirte mit bereits abgenommenem Hut ankommt, der zweite sich gerade niederkniet und der dritte mit seligem Gesichtsausdruck schon die Hände zur Anbetung gefaltet hat.[36]

Vor der Säule steht eine Hirtin, die einen Korb mit Tauben mitgebracht hat. Sie ist vom Leuchten des Kindes geblendet, so dass sie mit ihren Augen blinzelt und schützend die linke Hand vor ihr Gesicht hält.[37] Vasari ging auf diese Figur näher ein und charakterisierte sie als eine „Frau, die das Kindlein genau besehen möchte, doch gezwungen ist, sich die Hand vors Gesicht zu halten, da ihre sterblichen Augen das Licht, das seine Göttlichkeit ausstrahlt, nicht zu ertragen vermögen"[38]. Während das Motiv des Geblendetseins von Bildern der Verklärung Christi (vgl. Mt 17,1–9; Mk 9,2–10; Lk 9,28–36) her bereits bekannt war, hatte Correggio die Geste des Schützens der Augen bei der Geburt Jesu zum ersten Mal dargestellt. Zudem handelt es sich bei dieser Frauengestalt auch um eine der frühesten Darstellungen einer weiblichen Hirtenfigur.[39]

Der Ellenbogen des linken Armes der Hirtin zeigt auf das Jesuskind, das den Bedeutungsmittelpunkt des Gemäldes einnimmt. Auch von den nackten Unterschenkeln des älteren Hirten als vorderster Gestalt führt über den Kopf des Esels im Mittelgrund bis zum Arm des Josef als fernster Figur eine Diagonale, deren Mitte das leuchtende Kind einnimmt. Obwohl die linke Bildhälfte mit den drei Hirten und den fünf Engeln gegenüber den drei Figuren der Heiligen Familie dicht bevölkert ist, tut dies dem harmonischen Eindruck des Gemäldes keinen Abbruch, da der Figurenreichtum auf der linken Seite durch die helle Lichtquelle auf der rechten Seite wieder ausgeglichen wird.[40] So werden die „derben, aber nicht minder herzlichen Charaktere der Hirten" der „Anmut der Mutter-Kind-Szene" gegenübergestellt.[41]

Die Gottesmutter, deren Antlitz von lieblicher Anmut strahlt, hat sich vor der hölzernen Krippe niedergekniet. Mit ihren Armen umfasst Maria das schlafende, auf Stroh gebettete und in Windeln gewickelte Kind, das sie mit mütterlicher Liebe anlächelt. Da sie der Lichtquelle am nächsten ist, wird Maria am meisten vom Kind beleuchtet, so dass ihre goldblonden Haare fast zu glühen scheinen und sich die Farben ihres roten Gewandes und ihres blauen Mantels geradezu im Lichtglanz aufzulösen beginnen. Trotz dieser Lichtfülle vermag sie als Gottesmutter durch ihre unvergleichliche Verbundenheit mit Jesus das helle Strahlen völlig mühelos aufzunehmen, während die sogar noch etwas weiter vom Licht entfernte Hirtin geblendet wird.[42] Maria erscheint als der erste Mensch, der durch das „wahre Licht", das „in die Welt" gekommen ist und „jeden Menschen erleuchtet" (Joh 1,9), ganz erfüllt werden konnte. Da sie voll der Gnade war (vgl. Lk 1,28) und keine Sünde kannte, vermochte sie das Licht der Gnade Christi vollkommen in sich aufzunehmen.

Unter Marias bergenden Händen liegt in der Krippe das Jesuskind, das stark verkürzt dargestellt ist und seinen Kopf zum Bildvordergrund hin ausgerichtet hat. Mit seinem sakralen Leuchtlicht erhellt das Kind alle Bildgegenstände, die je nach ihrer Entfernung das von ihm ausgehende Licht reflektieren. Als einzige Lichtquelle für das dargestellte Geschehen, die wie ein natürlicher Lichtpunkt wirkt, ist der ganz aus sich heraus leuchtende Leib des Kindes ein unvergleichliches Sinnbild für die weihnachtliche Ankunft des wahren Lichtes.[43]

Das Jesuskind ist sowohl Lichtquelle als auch Ruhepol des Bildes, denn während die Engel und die Hirten voller Bewegung sind, liegt das Kind ganz ruhig in der Krippe. Das Kind erscheint gleichsam als der erste unbewegte Beweger, der nach dem aristotelischen Gottesbeweis alle anderen Bewegungen bewirkt und damit die erste Ursache von allem ist. Der Grund für das Herbeieilen und die seelische Bewegtheit der Hirten liegt also im Erscheinen des göttlichen Kindes, auf das neben den Hirten auch die vom Himmel herabgekommenen Engel antworten.[44]

Schließlich mündet Correggios Weihnachtsbild in das eucharistische Mysterium, wie es 1744 auch der italienische Gelehrte Pietro Ercole Gherardi (1687–1752) erkannt hatte. In den Kornähren, die wie eine Borte um die Krippe herum angeordnet sind, sah Gherardi einen Hinweis auf die Eucharistie.[45] Wie auf zahlreichen anderen seit dem Spätmittelalter entstandenen Weihnachtsbildern sind auch in Correggios „Heiliger Nacht" die Kornähren ein Sinnbild für Christus als „Brot des Lebens" (Joh 6,35). Die Kornähren beziehen sich auf die Wortbedeutung von Betlehem als „Haus des Brotes" (domus panis) und machen deutlich, dass sich Jesus im Hinblick auf die Eucharistie selbst als Brot vom Himmel bezeichnet hat, das in seinem Fleisch besteht, das er für das Leben der Welt geben wird (vgl. Joh 6,51).[46] Wie im Mittelbild des Portinari-Altars wird der gläubige Betrachter auch in Correggios Weihnachtsbild durch die Hirten auf das eucharistische Mysterium verwiesen. Die Hirten, die durch das Licht zur Erkenntnis der Göttlichkeit des Kindes gelangt sind und nun dabei sind, sich vor dem neugeborenen Erlöser niederzuknien, zeigen dem Betrachter, dass es ein und derselbe Christus ist, dem die Hirten in Betlehem begegnet sind und den nun die Gläubigen eucharistisch in der Kirche finden, denn der Erlöser hat sein Kreuzesopfer in Brot und Wein hineingestiftet, um in der Eucharistie auf den Altären gegenwärtig zu sein und in der Gestalt der Hostie empfangen und angebetet zu werden. Wie Hugo van der Goes stellte auch Correggio die Hirten als Menschen des Alltags dar, damit die Betrachter des Bildes den eucharistischen Christus finden und das wahre „Haus des Brotes" in den Altären der Kirche erkennen.[47]

Correggio hat die Ankunft des in Betlehem geborenen und eucharistisch gegenwärtigen Christus mit dem Anbruch des Morgens verbunden. Die aus der Finsternis der Verstrickung in Sünde und Tod kommenden Hirten können durch das leuchtende Jesuskind neue Hoffnung schöpfen, denn mit der Ankunft des Erlösers hat der neue Tag des Heils begonnen.[48] Der Aufgang des wahren Lichtes der Welt (vgl. Joh 8,12; 9,5), der Geburtstag der „Sonne der Gerechtigkeit" (Mal 3,20) wird sich im österlichen Geheimnis als „Sieg der Sonne" vollenden[49] und im eucharistischen „Brot des Lebens" (Joh 6,35) bis ans Ende der Zeit in der Kirche unter den Gläubigen gegenwärtig sein.

Die Anbetung der Weisen

6. Januar – Hochfest der Erscheinung des Herrn
Evangelium: Mt 2,1–12

*„Sie gingen in das Haus und sahen das Kind und Maria,
seine Mutter; da fielen sie nieder und huldigten ihm."*
Mt 2,11

Nach dem Bericht des Lukas knieten vor dem Kind Marias zuerst die Hirten von Betlehem (vgl. Lk 2,15–20). In dem von Matthäus überlieferten Evangelium vom Hochfest der Erscheinung des Herrn huldigten dem neugeborenen Erlöser die Weisen. Sie waren als Sterndeuter aus den Heidenvölkern des Ostens gekommen, um das Kind als König zu ehren und damit die prophetische Verheißung von der Wallfahrt der Völker zum Zion zu erfüllen (vgl. Jes 2,2–3; Mi 4,1–2). Der Stern des neugeborenen Königs der Juden, der ihnen aufgegangen war, hatte sie nach Jerusalem geführt, wo sie sich bei Herodes (reg. 37–4 v. Chr.) erkundigten. Zusammen mit ganz Jerusalem erschrak der König bei dieser Nachricht (vgl. Mt 2,3). Herodes fragte bei den Hohenpriestern und Schriftgelehrten nach und sandte die Sterndeuter in die Davidsstadt Betlehem (vgl. Mt 2,1–8). Unter Führung des Sterns kamen die Weisen nach Betlehem, wo sie das Kind und seine Mutter sahen, niederfielen und ihm mit Gold, Weihrauch und Myrrhe als dem neugeborenen König der Juden huldigten (vgl. Mt 2,8–11). Die Sterndeuter, in denen man schon früh Könige sah (vgl. Ps 72,10; Jes 60,3), sind zum Sinnbild für die Kirche geworden, die das neue Gottesvolk aus Juden und Heiden bildet. In den Gaben von Gold, Weihrauch und Myrrhe erkannten die Kirchenväter, dass Jesus König, Gott und Erlöser ist.

Das Bildmotiv der Anbetung der Weisen, das bereits in der frühchristlichen Kunst entstanden war, erfreute sich im Mittelalter vor allem in Köln großer Beliebtheit, wohin die Reliquien der Heiligen Drei Könige 1164 überführt wurden, nachdem man sie 1158 in Mailand aufgefunden hatte.[1] Für die Kölner Columbakirche schuf

Rogier van der Weyden, Anbetung der Könige, Mitteltafel des Columba-Altars, um 1450/55, Öl auf Eichenholz, 139,5 × 152,9 cm, München, Alte Pinakothek.

um 1450/55 Rogier van der Weyden (1399/1400–1464) ein Altartriptychon, das auf der Mitteltafel die Anbetung der Könige zeigt, während auf dem linken Seitenflügel die Verkündigung und rechts die Darbringung Jesu im Tempel dargestellt sind.

Rogier van der Weyden gehörte nach Jan van Eyck (um 1390–1441) und Robert Campin (um 1375–1444) zur zweiten Generation der altniederländischen Malschule, die unter der Regierung des Burgunderherzogs Philipp des Guten (reg. 1419–1467) in den reichen niederländischen Städten Brügge, Brüssel, Gent und Löwen aufgeblüht war. Die Malerei der Altniederländer zeichnete sich durch eine neu entdeckte Wirklichkeitsnähe aus, die durch die Technik der Ölmalerei möglich geworden war. Rogier wurde um 1400 im französischen Tournai als Sohn des Messerschmieds Henry de la Pasture geboren und trat nach seiner Malerlehre 1427 in die Werkstatt des Robert Campin ein. Nachdem er 1432 in die Malergilde von Tournai aufgenommen worden war, ging er kurz darauf nach Brüssel, wo er seinen französischen Namen „de la Pasture" ins Flämische „van der Weyden" änderte. Rogier wirkte ab 1435/36 als Stadtmaler von Brüssel und starb 1464 in höchstem Ansehen, wie Nikolaus Cusanus (1401–1464) zeigt, der ihn bereits 1453 als „maximus pictor" bezeichnet hatte.[2] Mit seinem ausdrucksstarken und auf das Wesentliche konzentrierten Figurenstil war Rogier ganz darum bemüht, die durch den Naturalismus Jan van Eycks begründeten künstlerischen Mittel in den Dienst der religiösen Bildaussage zu stellen.[3]

Rogiers Altarretabel mit dem Mittelbild der Anbetung der Könige war in einer heute nicht mehr erhaltenen Marienkapelle an der Nordseite der Chorapsis der Kölner Columbakirche aufgestellt. Das von Rogier um 1450/55 geschaffene Triptychon, das wegen seiner Herkunft auch „Columba-Altar" genannt wird, dürfte eine Stiftung des Kölner Ratsherrn Johann Dasse (gest. 1448) gewesen sein, dessen Sohn in die Kölner Familie Rinck eingeheiratet hatte. Nachdem Johann Dasses Witwe für ihren 1448 verstorbenen Ehemann in der Columbakirche einen Marienaltar aufstellen ließ, wurde durch die Familie Rinck bis 1463 die Marienkapelle errichtet. Da die neue Kapelle auch der Familie Dasse als Begräbnisstätte diente, wurde neben Rogiers Retabel wohl auch der von der Witwe gestiftete Marienaltar in die neue Kapelle übertragen. Nach der Vollendung des Triptychons durch Rogier ließ die Witwe am linken Rand der Mitteltafel das Porträt ihres verstorbenen Mannes Johann Dasse einfügen, der damit als ursprünglicher Auftraggeber des Retabels erscheinen dürfte.[4] Im Rituale der Columbakirche wurde der Marienaltar auch als „altare eucharisticum" bezeichnet,[5] was auf den Anbetungskult zu beziehen ist, bei dem das Altarsakrament aus dem um 1460 angefertigten und links vom Retabel angebrachten Tabernakel herausgenommen und am Altar ausgesetzt wurde, um Christus in seiner Brotgestalt anzubeten und den eucharistischen Segen zu empfangen.[6] Nach der Säkularisation wurde der Columba-Altar 1808 durch die Kölner Brüder und Kunstsammler Sulpiz (1783–1854) und Melchior Boisserée (1786–1851) erworben[7] und dann 1827 durch König Ludwig I. von Bayern (reg. 1825–1848) für das Schloss Schleißheim angekauft, von wo er 1836 in die Alte Pinakothek nach München kam. Nachdem es im 19. Jahrhundert zu einer farbintensivierenden Renovierung gekommen war und diese 1879 wieder entfernt wurde, unterzog man Rogiers Retabel 1950 einer erneuten Restaurierung.[8]

In einer vordergründigen Sinnschicht geht es in Rogiers Columba-Altar um die Darstellung der Kindheit Jesu, die links mit der Inkarnation des Sohnes Gottes im Verkündigungsbild beginnt und sich mit der Anerkennung Christi fortsetzt, die ihm auf der Mitteltafel durch die heidnischen Könige und rechts durch den greisen Simeon bei der Darbringung im Jerusalemer Tempel zuteilwird. In einer tieferen Sinnschicht verweist das Triptychon aber auf das christliche Erlösungsgeheimnis und vor allem auf das Mysterium der Eucharistie, die auf dem Altar gefeiert und angebetet wurde.[9]

Die Mitteltafel wird von dem in Köln besonders präsenten Thema der Anbetung der Könige eingenommen, wie auch Stefan Lochners (1400/10–1451) Dreikönigsaltar zeigt, der kurz vor Rogiers Columba-Retabel um 1445 für die Kapelle der Kölner Ratsherren geschaffen wurde und sich seit 1810 im Kölner Dom befindet. Rogiers Mittelbild stellt eine besonders prachtvolle und detailreiche Schilderung der Anbetung der Könige dar, die auch ein Licht auf den Reichtum des Auftraggebers wirft. Die vor dem Stall wie in einem Skulpturenfries aufgereihten Hauptfiguren erinnern an eine Bühnenszene und damit an jene Schauspiele, die damals im Sinne eines „Tableau vivant" mit bewegungslosen Darstellern bei festlichen Anlässen aufgeführt wurden, wobei sich Rogier angesichts der im Mittelpunkt stehenden drei Könige auch der Form des höfischen Zeremoniells annähert. Wie das ganze Triptychon, so besticht auch das Mittelbild durch seine leuchtenden Ölfarben, die wesentlich zur großartigen Wirkung des Retabels beitragen und durch den Farbakkord von Rot, Gelb und Blau geprägt sind.[10] Obwohl es – wie bei allen Werken Rogiers – keinen zentralen Fluchtpunkt gibt, scheinen die Fluchtlinien des Mittelbildes und auch der beiden Seitentafeln über dem Kopf Marias zusammenzulaufen, die ein wenig aus der Mittelachse gerückt ist, um den von rechts kommenden Königen etwas mehr Platz zu bieten.[11] Bei der Komposition der Mitteltafel fällt besonders das Dreieck in den Blick, das durch Maria und den König gebildet wird, der dem Jesuskind die Füße küsst. Zu beiden Seiten wird diese pyramidale Form durch die rot gekleideten Figuren des Josef und des jüngeren Königs flankiert, die mit dem blauen Mantel Marias kontrastieren.[12]

Die Szenerie wird durch einen dunkelblauen Nachthimmel überwölbt. Links oben ist der Stern zu sehen, dessen Aufgang über dem neugeborenen König der Juden die Weisen gesehen hatten (vgl. Mt 2,2) und der sie schließlich nach Betlehem führte, wo er über dem Stall stehen geblieben war (vgl. Mt 2,9).[13]

Den Bildhintergrund durchzieht eine Landschaft, die trotz des dunklen Himmels mit dem Stern von Betlehem im Tageslicht erscheint. Die von rechts nach links leicht ansteigende Landschaft zeigt eine zeitgenössische Stadtansicht mit vielen Details, wie etwa einen Reiter oberhalb des Ochsen oder einen trinkenden Mann über der links knienden Stifterfigur.[14]

Die Anbetung der Könige spielt sich vor einer zum Betrachter hin geöffneten Ruine im romanischen Stil ab, die mit ihren mächtigen Rundbögen an einen Sakralbau erinnert. Der Bau wird von einem Gebäudeteil bekrönt, der ebenfalls zerfallen ist und vielleicht schon der gotischen Stilepoche angehört. Wie das strohgedeckte und bereits schadhaft gewordene Dach zeigt, ist die Ruine provisorisch in einen Stall umgebaut worden. Während auf dem Gemäuer Pflanzen wuchern, scheint der Fußboden einsturzgefährdet zu sein, wie das Kellerloch am unteren Bildrand zeigt. In den Ecken hängen Spinnweben, die als Zeichen für das unmerkliche Voranschreiten der Zeit auf die heilsgeschichtliche Einmaligkeit des Inkarnationsgeschehens verweisen dürften.[15] Der romanische Bau stellt einen seit Jan van Eyck bekannten verborgenen Symbolismus (disguised symbolism) dar. Demnach verweist die naturalistische Vokabel der altertümlichen und ruinösen Architektur auf die vergangene Zeit des Alten Bundes und damit auf die „zerfallene Hütte Davids", die Gott in der messianischen Heilszeit wieder aufrichten wird (vgl. Am 9,11; Apg 15,16). Im Gegensatz zur vergangenen Zeit des Alten Bundes wird die Zeit der Kirche im Neuen Bund durch die zeitgenössische gotische Architektur versinnbildlicht, die in der Stadtansicht des Hintergrundes und in dem tempelartigen Zentralbau am rechten Bildrand sichtbar wird.[16] Die moderne Gotik des Stadtprospektes könnte zusammen mit der Symbolik des hellen Tageslichts bereits auf die Vollendung der Kirche im himmlischen Jerusalem vorausweisen, das kein Licht mehr benötigt, weil es ganz von Christus erfüllt sein wird (vgl. Offb 21,23).[17]

Vor dem Stallgebäude sitzt die Gottesmutter, die für Erwin Panofsky (1892– 1968) eine der sanftesten und zugleich königlichsten Mariendarstellungen ist, die je gemalt wurden.[18] Sie trägt ein weißes Kopftuch, unter dem ihr Haar fast ganz verborgen ist. Maria ist in einen schweren lapislazuliblauen Mantel gehüllt, den sie mit den feingliedrigen Fingern ihrer linken Hand über der Brust zusammenrafft, während sie mit dem rechten Arm das nackte Jesuskind stützt, das sie mit einem weißen Tuch auf ihrem Schoß trägt und mit gesenkten Augen anblickt. Die Gottesmutter ist mit dem Jesuskind direkt dem Betrachter zugewandt und stellt als „sedes sapientiae" den Thron für ihren göttlichen Sohn dar.[19] Maria und Jesus bilden den Mittelpunkt des Gemäldes und sind als einzige Figuren von einem Nimbus mit goldenen Strahlen umgeben.[20] Da Jesus keinen irdischen Thron beansprucht hatte, konnte ihm seine Mutter zum „Sitz der Weisheit" werden, die den Thron des weisen Königs Salomo (reg. 961–931 v. Chr.) übertrifft (vgl. 2 Chr 1,10; Mt 12,42), da ihr Sohn die Weisheit Gottes in Person ist (vgl. Lk 2,40.47.52; Mt 13,54) und alle Schätze der Weisheit in sich birgt (vgl. Kol 2,3).[21] Die blaue Himmelsfarbe ihres Mantels, die an die blaue Decke erinnert, mit der die Israeliten auf ihrer Wüstenwanderung die Bundeslade als Ort der Erscheinung Gottes abgedeckt hatten (vgl. Num 4,5–6), ist auch die Farbe der göttlichen Weisheit. Damit wird deutlich, dass Maria als „sedes sapientiae" die wahre Bundeslade ist, die für den menschgewordenen und in der Eucharistie gegenwärtigen Gottessohn gleichsam einen Altar bildet und ihn mit einem weißen Tuch, das an das bei der Messfeier verwendete Korporale erinnert, zur Anbetung präsentiert. Auch die Nacktheit des Jesuskindes unterstreicht „die verborgene Weisheit Gottes" (1 Kor 2,7), die im Kreuz seines Sohnes besteht, der als wahrer Mensch und neuer Adam (vgl. 1 Kor 15,20–22) gekommen ist, um durch seine Opfertat die Sünde des ersten Adam zu sühnen und die gefallene Menschheit durch seine Entäußerung reich zu machen (vgl. 2 Kor 8,9).[22]

Der Zusammenhang zwischen dem Erlöser, der auf dem Sitz der Weisheit thront, und dem Ratschluss der Weisheit Gottes, den der Logos durch seine Menschwerdung und seine Erlösungstat erfüllt hat, wird auch durch das kleine Kruzifix angedeutet, das am Mittelpfeiler über Maria hängt.[23] So verweist nicht nur die Nacktheit des Jesuskindes, sondern auch das Kreuz auf den ersten Adam, da sich nach der Adamslegende unter dem Golgotafelsen das Grab des ersten Menschen befunden haben soll, so dass das Blut des Erlösers vom Kreuzesstamm auf ihn herabfließen konnte, um die von Adam abstammende Menschheit zu erlösen.[24] Das kleine Kreuz ist hier kein verborgenes Symbol, wie so oft in der altniederländischen Malerei, sondern ein direktes Sinnbild, durch das deutlich werden soll, dass der Zweck der Inkarnation des Logos und der Gottesmutterschaft Marias im Sühnetod Christi besteht. Seit den Kirchenvätern wurde die Zusammengehörigkeit von Mutterschoß und Kreuz, von Betlehem und Golgota immer wieder betont. Das ewige Wort des Vaters sei Fleisch geworden (vgl. Joh 1,14), damit der inkarnierte Logos sein Fleisch für das Heil der Welt hinzugeben vermag und aus dem Dunkel des Kreuzestodes die Auferstehung hervorbrechen kann.[25] In seiner um 212/14 entstandenen Schrift über den Leib Christi legte bereits Tertullian (geb. um 160, gest. nach 220) dar, dass Christus in die Welt gesandt wurde, um zu sterben, und dass er geboren werden musste, um sterben zu können.[26] Nach dem Kartäuser Ludolf von Sachsen (um 1300–1378), dessen „Vita Christi" zur Zeit Rogiers viel gelesen wurde, ruhte der menschgewordene Sohn Gottes zuerst im Schoß der Jungfrau, dann in einer armseligen Krippe, schließlich auf dem Kreuzesholz und zuletzt in einem fremden Grab.[27] Da aber Jesu Kreuzestod im Messopfer auf sakramentale Weise Gegenwart wird, weitet sich der Zusammenhang zwischen Betlehem und Golgota auf das Mysterium der Eucharistie aus. Wie die Kirchenväter sah auch Ludolf in Betlehem das „Haus des Brotes" (domus panis), wo Christus als das wahre Brot vom Himmel geboren wurde (vgl. Joh 6,51)[28] und wo die Rebe aufblühte, deren Wein das Blut seines Kreuzestodes wurde, um ihn täglich im eucharistischen Sakrament zur Vergebung der Sünden zu spenden.[29] Dieser eucharistische Zusammenhang zwischen Mutterschoß und Kreuz bildet auch den

Hintergrund für Rogiers Darstellung, denn es ist derselbe Christus, der auf dem Schoß Marias ruhte und nun unterhalb des Retabels auf dem Altar in der Eucharistie sein Kreuzesopfer sakramental vergegenwärtigt. So wird Maria als Sitz der Weisheit und als neue Bundeslade zum Altar für Christus, der von ihr in ein weißes Tuch gehüllt wird, das an das Korporale erinnert, das auf der Altarmensa den eucharistischen Corpus Christi aufnimmt. Der Stall bildet gleichsam das Gebäude für den Altar und erscheint somit als Chorraum einer Kirche.[30]

Das Jesuskind auf Marias Schoß wird von dem alten König an den Füßen gehalten, dem das Kind seine Beine und Arme entgegenstreckt. Der alte König ist gerade dabei, dem Kind das linke Händchen zu küssen,[31] nachdem er wohl unmittelbar zuvor die Füße mit seinen Lippen berührt hatte, wie es die „Meditationes vitae Christi" aus dem frühen 14. Jahrhundert nahelegen.[32] Der anbetende König bildet mit Maria und dem Jesuskind ein Dreieck, das vielleicht an den Felsen von Golgota mit dem Kreuz erinnert, das über dem Kopf Marias am Ende der pyramidalen Komposition als kleines Kruzifix erscheint. Während das Dreieck den Buchstaben „A" für „Ave" nachbildet, formen die beiden mittleren Bögen ein „M" für „Maria", so dass sich der Engelsgruß „Ave Maria" (Lc 1,28 Vulgata) ergibt, durch den das Heil eröffnet wurde, da Maria durch die Annahme des „Ave" gleichsam das „Eva" zu wenden vermochte, indem sie der Menschwerdung des Gottessohnes zustimmte, damit dieser durch sein Kreuzesopfer das Menschengeschlecht von der Erbsünde der Stammmutter Eva erlöse.[33]

Neben Maria steht Josef wie ein Eckpfeiler an der linken Seite des Stallgebäudes und bildet ein kompositionelles Gegengewicht zu den von rechts kommenden Königen. Der demütig und bescheiden wirkende Josef ist als alter Mann dargestellt, der mit Gewand und Mantel ganz in Rot gekleidet ist. Er trägt Lederschuhe mit Holzsohlen und eine Börse am Gürtel, während er in seinen Händen einen Filzhut und einen Gehstock hält. Den Blick auf das Geschehen der Anbetung gerichtet, verharrt Josef so auf der vorletzten Stufe einer Wendeltreppe, als wäre er gerade aus einem sich dunkel abzeichnenden Keller heraufgestiegen, von dem rechts neben den Stufen noch ein Gewölbe zu sehen ist. Der Keller verweist auf die Höhle, in der die Geburt des Erlösers nach ältester Überlieferung stattgefunden haben soll.[34]

Hinter der Wendeltreppe kniet bereits außerhalb des Stalls ganz links der Stifter Johann Dasse, dessen Porträt später wohl durch seine Witwe eingefügt wurde, da auf der Innenseite des Retabels ursprünglich keine Stifterporträts vorgesehen waren. Der Stifter ist durch eine kleine Mauer vom eigentlichen Geschehen getrennt, reicht aber mit seinem Rosenkranz in den Bereich der Anbetung hinein.[35]

Rechts neben der etwas aus der Mitte gerückten Gottesmutter sind die Könige dargestellt, die sich mit ihrem Gefolge in einem schwungvollen Gefälle auf das göttliche Kind zubewegen und den Stall wie einen Audienzsaal zu betreten scheinen.[36]

Während im Hintergrund der Zug der Begleiter herandrängt, bilden die Köpfe der drei kostbar gekleideten Könige eine Fallbewegung und stehen für die geistlichen Vorgänge des Ankommens, Niederkniens und Anbetens. In kostbaren Pokalen, die an liturgische Gefäße erinnern, überbringen sie dem göttlichen Kind die Geschenke Gold, Weihrauch und Myrrhe (vgl. Mt 2,11). Die drei Könige sind jeweils als junger Mann, als Mann im mittleren Alter und als Greis dargestellt, wodurch die Sendung des neugeborenen Erlösers zum Ausdruck kommt, der gekommen ist, um die ganze Menschheit und damit auch die Heidenvölker zu retten, deren vornehmste Vertreter die Weisen aus dem Morgenland (vgl. Mt 2,1) sind.[37]

Am rechten Bildrand steht vor der Mauer des Stallgebäudes der junge König,[38] der wohl die Porträtzüge des damals etwa zwanzigjährigen Prinzen Karl des Kühnen (1433–1477) trägt, der ab 1454 in Brüssel residierte und 1467 seinem Vater Philipp als Herzog von Burgund nachfolgte.[39] Der junge König bildet das Pendant zu Josef auf der anderen Seite und ist in leichter Rückenansicht dargestellt. Er hat gerade das Jesuskind erblickt und nimmt mit einer schwungvollen und eleganten Gebärde seinen turbanähnlichen Kronenhut mit flatterndem Band zum Gruß ab, wodurch das Momenthafte der Darstellung betont wird. Der etwas extravagant wirkende, bartlose König hat volles braunes Haar und ist in ein üppiges Brokatgewand gekleidet. Während seine Schuhe mit Phantasiezeichen verziert sind, die an hebräische Buchstaben erinnern, pendelt an seinem Gürtel ein goldverziertes Schwert. Durch seine Drehbewegung scheint der junge König das neben ihm durch die rechte Arkade der Ruine herandrängende Gefolge zu dirigieren und aufzufordern, sich ebenfalls zur Mitte des Bildes zu begeben.[40] Die erste Person aus dem Zug ist ein weiß gekleideter Page, der im Laufschritt und mit niedergeschlagenen Augen dem jungen König einen verschlossenen Stengelpokal aus Gold übergibt, der vielleicht die Myrrhe enthält.[41]

Der weiße Windhund am rechten Bildrand passt als hochgezüchtetes Tier gut zum aristokratischen Milieu und zum mondänen Wesen des jungen Königs,[42] besitzt aber eine tiefere symbolische Bedeutung, weil er nicht genretypisch auftritt, sondern als Einzelfigur dargestellt ist und weil seine weiße Fellfarbe auf einen positiven Sinngehalt schließen lässt. Da der junge König mit seiner turbanähnlichen Kopfbedeckung an einen orientalischen Heiden erinnert und die Hunde in der jüdischen Tradition die Heidenvölker symbolisierten,[43] wie die Perikope von der Begegnung Jesu mit der kanaanäischen Frau (vgl. Mt 15,26) zeigt, dürfte der Windhund ein Sinnbild für das bekehrungswillige Heidentum sein, das gerade durch die drei morgenländischen Weisen repräsentiert wird.[44]

Der zweite König ist ein Adeliger im Mannesalter mit kleinem Schnurrbart und braunem Haar. Er trägt über einem dunklen Goldbrokatgewand einen roten Mantel, der mit dem roten Obergewand des Josef korrespondiert und am Saum mit einer

Goldborte verziert ist, auf der zumeist lateinische Buchstaben zu erkennen sind.[45] Er blickt mit geneigtem Kopf auf das Jesuskind und ist gerade im Niederknien begriffen, wobei sein linkes Knie besonders herausgestellt wird. Zum Zeichen seiner Verehrung hat er den grünen Kronenhut abgenommen, der mit den gleichen Stickereien wie das Brokatgewand verziert ist. Er hat den Hut zwischen seinen Armen an die Brust geklemmt, um mit seinen gefalteten Händen dem Kind einen kostbar dekorierten goldenen Deckelpokal zu übergeben, der vielleicht den Weihrauch enthält, mit dem die Gottheit Jesu geehrt wird.[46]

Während sich der mittlere König gerade niederkniet, ist der alte, bartlose König mit seinem schütteren grauen Haar bereits vollständig niedergefallen. Der mit einem roten, zobelbesetzten Mantel prunkvoll bekleidete greise König hat seinen roten Kronenhut schon ganz abgelegt, so dass er nun auf dem Boden liegt. Den Goldpokal, mit dem das Königtum des neugeborenen Königs der Juden geehrt wird (vgl. Mt 2,2.11), hat der alte König bereits Josef übergeben, der die kostbare Gabe auf einem dreieckigen Holztisch abgestellt hat. Der greise König richtet seinen Blick fest auf das Jesuskind und hält mit einer zärtlichen und zugleich ehrfürchtigen Geste die kleinen Beine des Jesuskindes in seinen Händen, während er mit den Fingerspitzen seiner Rechten das linke Händchen des Kindes zu seinem Mund führt, um es mit seinen Lippen zu berühren. So hat die Verehrung des Jesuskindes, die sich bereits vom jungen zum mittleren König hin gesteigert hat, in der Anbetung des alten Königs seinen Höhepunkt erreicht.[47]

Hinter dem dreibeinigen Tisch mit der Gabe des greisen Königs ist die Krippe mit Ochs und Esel zu sehen. Während der Ochse mit lebhaftem Interesse und wie gleichberechtigt zur Mitte blickt, hält der etwas verblüfft, aber auch gelassen dreinschauende Esel seinen Kopf gesenkt.[48] Mit diesem unterschiedlichen Verhalten erweisen sich Ochs und Esel als Sinnbilder für die Kirche und den Alten Bund, indem sie die Aufnahme Jesu im Neuen Bund und die Ablehnung des Messias durch das Judentum zum Ausdruck bringen.[49] Während der um seinen Herrn wissende Ochse (vgl. Jes 1,3a) seine Augen auf das Anbetungsgeschehen richtet, wendet sich der Esel, der nur die Krippe seines Herrn kennt (vgl. Jes 1,3b), zum Steintrog hin.

Die steinerne Krippe, die an einen Sarkophag und damit an das Grab Christi erinnert, ist mit zwei braunen Lederplatten zugedeckt.[50] Da durch die bewusste Abdeckung das auf die eucharistische Kommunion hinweisende Fressen der beiden Tiere aus der Krippe nicht mehr möglich ist, müssen die Lederplatten eine andere Bedeutung haben. Wie Heike Schlie dargelegt hat, beziehen sich die Abdeckungen über der steinernen Sarkophagkrippe auf das mit einer Platte verschlossene Grab Christi und versinnbildlichen als verborgener Symbolismus das links neben dem Triptychon angebrachte Sakramentshaus, in dem die Hostien eingeschlossen sind, so wie der vom Kreuz abgenommene Leib Christi im Grab eingeschlossen war.[51] Bereits im frühen Mittelalter wurde der Tabernakel als das Grab bezeichnet, das den lebendigen Leib des Auferstandenen enthält.[52] Die abgedeckte Sarkophagkrippe symbolisiert also nicht die Kommunion, sondern die Anbetung des eucharistischen Christus, der in den links vom Altarretabel im Tabernakel aufbewahrten Hostien gegenwärtig ist. Auch die als neue Bundeslade blau gekleidete Maria, die das Jesuskind auf einem weißen Tuch hält, das an ein Korporale erinnert, verweist auf die eucharistische Anbetung, denn Maria steht für den ihr geweihten Altar, auf dessen Mensa die Eucharistie im Ziborium oder auch in der Monstranz auf einem Korporale zur Anbetung ausgesetzt wurde.[53]

Die Sarkophagkrippe und der Dreieckstisch mit dem darauf platzierten Goldpokal sowie die darunter angedeutete Geburtshöhle, die nach den Kirchenvätern ebenfalls auf das Grab Christi verweist, sind in der linken Bildhälfte übereinander in einer Linie dargestellt. Auf diese Weise wird die Thematik der Aufbewahrung der Eucharistie und damit die spätmittelalterliche Tabernakelfrömmigkeit zusätzlich akzentuiert, die den eucharistischen Christus in der Anbetung weit mehr zu schauen als in der Kommunion zu empfangen suchte. Wie in der Marienkapelle der Kölner Columbakirche, so befanden sich auch im Mittelbild des Retabels die Sinnbilder für das Sakramentshaus im linken Bereich, während Maria im Zentrum des Bildes den Altar repräsentierte, auf dessen Mensa die Eucharistie immer wieder zur Anbetung ausgesetzt wurde. Die zur Verehrung des Jesuskindes von rechts her kommenden Könige bildeten die wichtigste geistliche Handlung in der Marienkapelle ab, nämlich die Anbetung des eucharistischen Christus auf dem Maria geweihten und auch innerbildlich durch Maria symbolisierten Altar. Das auf Rogiers Mittelbild dargestellte Ankommen, Niederknien und Anbeten der Könige wurde den Gläubigen in der Marienkapelle als Beispiel vor Augen geführt, damit sie den eucharistisch gegenwärtigen Christus ebenfalls anbeten. Die erste Person, die das Beispiel der Könige nachvollzieht, ist der kniende Stifter Johann Dasse, der dadurch selbst zum Vorbild der eucharistischen Anbetung wird.[54]

Auf das heilige Geschehen bewegt sich eine lange Prozession zu, die in den Durchblicken der beiden Rundbögen auf der rechten Seite des Stallgebäudes sichtbar wird. Die sich aus dem Hintergrund heranbewegende Prozession ist eine bunte Völkerschar orientalischer Gestalten mit unterschiedlichen Kopfbedeckungen und verschiedenen Hautfarben, die an die prophetische Verheißung der Völkerwallfahrt zum Zion erinnert, die mit der Ankunft des Messias anheben wird (vgl. Jes 2,2–3).[55]

Der Zug wird von einem gelb gekleideten, dunkelbärtigen Juden mit Ohrringen und weißem Turban angeführt, der in der rechten Hand einen blauen Hut hält.[56] Während die hinter ihm herandrängenden Personen noch neugierig sind, ist der Jude bereits stehengeblieben, um das soeben Geschaute zu erwägen und über die Worte nachzudenken, die ihm sein älterer, graubärtiger Begleiter links neben ihm gesagt hat, der ihn mit seiner Rechten am Ärmel berührt und mit seiner linken Hand auf das Jesuskind zeigt. Der alte Mann fordert den noch etwas skeptisch blickenden und noch nicht ganz überzeugten Juden auf, in der Gestalt des Kindes den verheißenen Messias zu erkennen[57] und damit auch an die anbetungswürdige Gegenwart Christi in der Eucharistie zu glauben.[58]

Das größte Vorbild für die Verehrung des im Altarsakrament anwesenden Christus sind aber die Kölner Stadtpatrone der Heiligen Drei Könige, die auf Rogiers Mitteltafel die ganze rechte Bildhälfte einnehmen. Der prachtvolle Zug der anbetenden Könige erinnerte den gläubigen Betrachter wohl auch an die feierliche Sakramentsprozession, bei der in Köln zu bestimmten Gelegenheiten durch drei bekrönte Priester, die die Könige darstellen sollten, die Eucharistie durch die Stadt getragen wurde.[59]

Jesus als Licht im Jordan

Fest der Taufe des Herrn. Evangelium: Mk 1,7–11

„Ich habe euch nur mit Wasser getauft,
er aber wird euch mit dem Heiligen Geist taufen."
Mk 1,8

Am Ende der Weihnachtszeit steht das Fest der Taufe des Herrn. Das Festtagsevangelium verweist auf das Wirken Johannes' des Täufers, der als Vorläufer des Messias am Beginn des Markusevangeliums steht (vgl. Mk 1,1–11). Die Taufe, die Johannes im Jordan spendete, war eine Zeichenhandlung, die über die Reinigungsbäder hinausging, die aus der damaligen Zeit bekannt sind. Mit seiner „Taufe zur Vergebung der Sünden" (Mk 1,4) ging es dem Wegbereiter des Messias darum, das Volk Israel auf das endgültige Heil vorzubereiten, das der nach ihm kommende „Stärkere" bringen wird (vgl. Mk 1,7), der nicht nur mit Wasser, sondern mit dem Heiligen Geist taufen wird (vgl. Mk 1,8). So kündete Johannes an, dass der Messias selbst vom Heiligen Geist erfüllt sein wird (vgl. Jes 11,2), um in diesem Geist die Menschheit zu erneuern (vgl. Apg 2,33). Als sich dann Jesus von Johannes taufen ließ und sich der Himmel öffnete, so dass die Stimme des Vaters hörbar wurde, die Jesus als seinen geliebten Sohn offenbarte, da konnte auch der Geist heraustreten und in der sichtbaren Gestalt einer Taube auf den Messias herabkommen (vgl. Mk 1,10–11), um ihn zu seinem Erlösungswerk zu senden.

Durch ein helles Himmelsband, aus dem eine weiße, lichtvolle Geisttaube auf Jesus herabkommt, zeichnet sich auch eine Miniatur mit der Taufe Christi aus, die als erstes Bild im Evangeliar der Äbtissin Hitda vor dem Markusevangelium steht und zu den berühmtesten Miniaturen dieser ottonischen Handschrift gehört.

Der Hitda-Codex wurde kurz nach dem Jahr 1000 als Evangeliar für das adelige Damenstift St. Maria und Walburga im sauerländischen Meschede durch die Äbtissin Hitda für sich und ihren Konvent in Köln, vielleicht im Benediktinerkloster St. Pantaleon, in Auftrag gegeben.¹ Da in den Jahren zwischen 948 und 1042 kein Name einer Äbtissin für das Stift überliefert ist, muss Hitdas Regierungszeit in diesen Zeitraum fallen.² Als Meschede 1310 in ein Kanonikerstift umgewandelt wurde, blieb der Hitda-Codex weiterhin in Gebrauch, bis er während der 1792 ausgebrochenen Revolutionskriege in der Prämonstratenserabtei Wedinghausen in Arnsberg in Sicherheit gebracht wurde. Als das Herzogtum Westfalen nach Hessen-Darmstadt eingegliedert wurde, gelangte der Hitda-Codex im August 1803 in den Besitz des hessisch-darmstädtischen Großherzogs und kam auf diese Weise in die Darmstädter Bibliothek.³

Das von Hitda gestiftete lateinische Evangeliar enthält zunächst drei allgemeine Vorreden, eine Bildvorrede mit dem Widmungsbild der Hitda, einer Majestas-Domini-Miniatur und einer Darstellung des Bibelübersetzers Hieronymus (347–420), sodann die Kanontafeln mit den Konkordanzen der parallelen Evangelienstellen, ferner die besonderen Vorreden, die Kapitelverzeichnisse, schließlich den Hauptteil mit den vier Evangelien und am Schluss das Verzeichnis der liturgischen Leseordnung der Perikopen. Neben den vier Evangelistenbildern enthält der Hitda-Codex fünfzehn annähernd chronologisch angeordnete Illustrationen zum Leben Jesu, wobei sich jeweils vier Bilder vor Matthäus und Lukas sowie drei Miniaturen vor Markus und Johannes befinden, während das vierte Evangelium mit einem Kreuzigungsbild abgeschlossen wird.⁴ Nachdem im Osten bereits ab dem 6. Jahrhundert Evangeliare mit Bilderzyklen zum Leben Jesu ausgestattet wurden, begann man im Westen erst in der ottonischen Kunst, liturgische Evangelienhandschriften mit chronologischen Szenen zum Leben Jesu zu illustrieren. Die Zentren der Buchmalerei hatten sich in Köln, Hildesheim, auf der Klosterinsel Reichenau und in der Abtei Echternach herausgebildet.⁵ Bei der Ausführung der Buchmalereien des Hitda-Codex griffen die Mönche der Kölner Malschule auf spätantike und karolingische Vorbilder zurück und ließen sich auch durch ostkirchliche Kunsttraditionen inspirieren, die in Köln durch die in der Abteikirche St. Pantaleon begrabene byzantinische Kaisertochter Theophanu (um 960–991) besonders präsent waren.⁶

Die Miniaturen des Hitda-Codex zeichnen sich durch ihre unvergleichliche Ausdruckskraft aus, die hervorgerufen wird durch überlange Figuren mit wachen Augen und oftmals durchfurchten Gesichtern, durch atmosphärische Phänomene, phantastisch verbogene Architekturstücke und durch die ungewöhnliche Kolorierung, die auf Grün verzichtet und neben lichtvollen Weiß- und Goldhöhungen vor allem die Farben Blau, Purpur und Orangerot verwendet. Die expressive Wirkung der

Taufe Jesu, Hitda-Codex, Handschrift 1640, fol. 75r, nach 1000, Deckfarbenmalerei mit Gold auf Pergament, ca. 17,5 × 10,5 cm, Darmstadt, Universitäts- und Landesbibliothek. ▷

Hitda-Codex, Taufe Jesu

Bilder steht im Dienst einer Bilddidaktik, die von der theologischen Symbolik des Lichtes geprägt ist. Hinter diesem Bildprogramm dürfte das neuplatonisch geprägte Gedankengut der pseudo-dionysianischen Theologie des 6. Jahrhunderts stehen, wonach der absolut unzugängliche und in seinem Wesen nicht erkennbare Gott durch sein göttliches Licht stufenweise zu den Menschen hinabsteigt, um ihnen einen Erkenntnisaufstieg zu ermöglichen. Wie in den Beischriften (tituli), die auf eigenen Seiten den Bildern gegenübergestellt werden, ständig das Licht erwähnt wird, so verweisen auch die Miniaturen mit ihren hellen Gold- und Weißhöhungen auf das Licht. In annähernd allen Illustrationen wird Christus auf den Kreuzarmen seines goldleuchtenden Nimbus durch die Aufschrift „LVX" ausdrücklich als „Licht" bezeichnet und damit mit dem menschgewordenen ewigen Wort des Vaters gleichgesetzt (vgl. Joh 1,1–2.14), das als Licht in der Finsternis leuchtet (vgl. Joh 1,5; Kol 1,12–13), um als wahres Licht der Welt jeden Menschen zu erleuchten (vgl. Joh 1,9; 8,12; 9,5). Da Christus als das Licht immer auch das inkarnierte Wort ist, kommt dem geschichtlichen Offenbarungswort der vier im Hitda-Codex aufgeschriebenen Evangelien Jesu Christi die entscheidende Aufgabe bei der Erleuchtung der Gläubigen zu.[7] So zeigen die Szenen zum Leben Jesu vor den Evangelien nach Markus, Lukas und Johannes, wie sich das göttliche Licht gerade durch das öffentliche Wirken Jesu und damit durch seine Macht über die geschaffene Natur auszubreiten vermag.[8]

Das erste Bild vor dem Markusevangelium zeigt die Szene mit der Taufe Jesu (vgl. Mk 1,9–11),[9] die nach Christoph Winterer ein „beeindruckendes und ungewöhnliches Kleingemälde" darstellt.[10] Bei der Komposition der Miniatur ging es nicht so sehr um die Befolgung einer bestimmten ikonographischen Tradition, sondern vor allem um die bildnerische Ausführung des lichttheologischen Programms, wie es in der Beischrift auf dem gegenüberliegenden Blatt formuliert wurde. Die auf purpurfarbenem Feld mit Goldbuchstaben in karolingischen Minuskeln geschriebene Bilderklärung „Hic a iohanne baptizat[ur] aquis. de quo ipse illuminatur sp[irit]u lucis" lautet übersetzt: „Hier wird der von Johannes mit Wasser getauft, von dem jener selbst erleuchtet wird mit dem Geist des Lichtes."[11] Diese vielleicht von Beda Venerabilis (673–735) inspirierte Inschrift[12] bezieht sich auf Johannes den Täufer, der nach dem Johannesprolog als Zeuge kam, um für das Licht, das menschgewordene Wort, Zeugnis abzulegen, wobei betont wird, dass der Täufer nicht selbst das Licht war, sondern nur Zeugnis für das Licht ablegen sollte (vgl. Joh 1,7–8). Vor dem Hintergrund der neuplatonisch geprägten pseudo-dionysianischen Theologie besagt die Bilderläuterung, dass Johannes zusammen mit der ganzen Schöpfung das Licht des Lebens (vgl. Joh 1,4) bekommt und damit im Sinne des platonischen Teilhabegedankens (μέθεξις) Anteil am Göttlichen erhält. Es geht also bei der Miniatur mit der

Taufe Jesu darum, dass in Christus, über dem sich der Himmel mit der Stimme des Vaters und der Geisttaube öffnet, das göttliche Licht sichtbar wird und dass sich durch sein Wirken dieses Licht in Schöpfung und Welt verbreitet. So erscheint auf dem Bild nichts zufällig, und alles wird sparsam, mit bewusst ausgewählten Farben und Konturen im Blick auf das Wesentliche geschildert.[13]

Die Miniatur ist mit einer leuchtend orangeroten Leiste eingefasst, mit der die Bedeutung der Taufszene unterstrichen wird, da sich diese farbliche Rahmengestaltung nur noch bei den Bildern mit den Evangelisten Matthäus, Markus und Lukas findet, während die Leisten der übrigen Bilder mit zurückhaltenden Farben ausgeführt sind.[14]

Die Taufe Jesu ereignet sich in einer sturmgepeitschten Flusslandschaft mit ein paar angedeuteten pflanzenbewachsenen, goldgehöhten Bodenwellen und drei braunen, schlanken und vom Wind nach rechts bewegten Bäumen, die weiß und schwarz gehöht sind und mit ihren fiedrigen Blättern an Palmen erinnern. Über einem graublauen, offensichtlich nächtlichen Hintergrund erscheint der Himmel, der mit elf großen goldenen und zwei kleineren weißen Sternen übersät ist und sich als rot und weiß senkrecht gestreiftes Segmentband mit zarten weißen Strahlen nach unten herabsenkt. Die nächtliche Atmosphäre bildet die Folie für Jesus, der von Johannes getauft wird und als das wahre Licht in die Fluten des Jordan gestiegen ist, die mit einem strähnig verfließenden Weiß aufgehöht sind.[15]

Links ist der inschriftlich als „S[ANCTVS] IOH[ANNES] BAPT[ISTA]" bezeichnete Johannes der Täufer mit einem doppelt umrandeten Goldnimbus zu sehen. Er trägt einen Bart und lange Haare, die in Zöpfen herabfallen. Johannes ist in ein bräunlich-zottiges Kamelhaargewand gekleidet,[16] über das er einen weißen, verknoteten Mantel geschlungen hat. Mit seinem Fellgewand aus Kamelhaaren (vgl. Mk 1,6) trägt der Täufer die härene Prophetenkleidung (vgl. Sach 13,4), die an den Ziegenhaarmantel (vgl. 2 Kön 1,8) des in den Himmel entrückten (vgl. 2 Kön 2,11; Sir 48,9) Elija erinnert (vgl. 2 Kön 1,8), von dem man glaubte, er sei als verheißener Vorläufer des Messias (vgl. Mal 3,23) in Johannes wiedergekommen (vgl. Mt 11,14; 17,12–13; Mk 9,13; Lk 1,17). An der leicht abfallenden Grenzlinie zwischen dem oberen Flussufer und dem blauen Himmelsgrund steht der schreitend dargestellte Täufer mit seinen Füßen im Wasser des Jordan. In einer demütig-staunenden Körperneigung hat er beide Arme ausgestreckt und berührt in einer scheuen, zarten Geste mit seiner Rechten das Haupt Jesu. Johannes legt aber Jesus nicht nur die rechte Hand zur Taufe auf, sondern zeigt mit den langen Fingern seiner linken Hand auch nach oben. Sein inniger Blick richtet sich ebenfalls auf das helle Himmelsgewölbe und auf die Taube des Heiligen Geistes, die damit als Urheber des Geschehens ausgewiesen wird, aber auch an das Zeugnis des Täufers erinnert, der den Geist wie eine Taube auf

Jesus herabsteigen sah, so dass er ihn als den verheißenen Messias erkannte, der mit dem Heiligen Geist taufen wird (vgl. Joh 1,32–33).[17]

Die Taube und der in den Jordan hinabgestiegene Jesus bilden rechts von der Bildachse eine Linie, die den eigentlichen Zielpunkt des Bildgeschehens bildet. Die Gestalt Jesu, der mit bartlosem Gesicht und weit geöffneten Augen leicht nach links blickt, ist von den weiß geschriebenen griechischen Kürzeln „IHC" und „XPC" umgeben, die für „IH[COY]C XP[ICTO]C" stehen und den Dargestellten als „Jesus Christus" kennzeichnen. In den Wassern des Flusses zeichnen sich die Konturen Jesu ab, der nackt bis über die Hüften in den Jordan hinabgestiegen ist, um aus der Hand des Johannes die Taufe zu empfangen. Sein Oberkörper ragt aus einer weiß eingefassten Welle heraus, die den zarten, jugendlichen Leib des Erlösers zusammen mit einer goldenen Ranke umspielt. Mit seiner schmächtigen Figur verweist Jesus, der sich bei seiner Taufe in die Reihe der Sünder gestellt hat, auf seine Selbsterniedrigung. So erinnert der fast zerbrechlich wirkende Oberkörper Jesu mit den in Orantenhaltung erhobenen und empfangsbereit betenden Händen bereits an den Gekreuzigten, der in gleicher Blöße am Kreuzesholz seine Arme ausbreiten wird. Auch der geneigte Kopf weist voraus auf die Stunde seines Todesleidens, wenn Jesus im Sterben sein Haupt neigen wird, um den Geist auszuhauchen (vgl. Joh 19,30), den er bei seiner Taufe empfangen hat, um in seiner Sendung den Heilswillen des Vaters auszuführen. Der mächtige Goldnimbus, in dessen Kreuzarme das Wort „LVX" eingeschrieben ist, nimmt aber schon den Sieg der Erlösungstat Jesu in den Blick und macht deutlich, dass bei der Taufe Jesu im Jordan das göttliche Licht die Schöpfung berührt hat. Als das erlösende Licht der Welt, das die Finsternis überwindet (vgl. Joh 1,5.9; 8,12; 9,5), steht Jesus im Wasser, das sich durch die Berührung mit dem menschgewordenen Gottessohn bereits erhellt hat, wie die weißgehöhten Wellenlinien zeigen.[18]

Als Johannes dem demütig Hinabgestiegenen zur Taufe die rechte Hand auflegt, wird der menschgewordene Gottessohn vom Himmel her beglaubigt, der sich mit seinen Sternen als heller weiß-roter Halbkreis auf Jesus herabneigt und die Taube des Heiligen Geistes entlässt (vgl. Mk 1,10), während man die Stimme des Vaters: „Du bist mein geliebter Sohn, an dir habe ich Gefallen gefunden" (Mk 1,11), förmlich aus den Augen Jesu herauslesen kann. Die in gräzisierender Schreibweise als „SP[IRITV]C S[AN]C[TV]S" bezeichnete übergroße und scharf gefiederte weiße Taube stößt im Sturzflug fast wie ein Adler mit gestreckten Krallen und mit dem Schnabel eines Raubvogels auf Jesus herab. Die Geisttaube verbindet den inkarnierten Sohn mit seinem himmlischen Vater, indem sie mit ihrem Stoß noch das Himmelssegment berührt und gleichzeitig schon mit ihrem Schnabel in den Kreuznimbus Jesu eindringt, so dass die Taube die kleine Gestalt Christi gegenüber der mächtigen Figur des Täufers nun plötzlich größer erscheinen lässt. Während Jesus in das Wasser hinabsteigt, bricht der

Geist Gottes aus dem Segment des Himmels hervor, dessen Sterne den menschgewordenen und zu seiner Heilssendung bereiten Sohn Gottes anbeten.[19]

Die deutlich hervorgehobene Taube zeigt, dass Jesus vom Heiligen Geist erfüllt ist und als Träger dieses Geistes im lebendigen Wasser steht, dem Sinnbild für den Geist Gottes (vgl. Jes 44,3; Ez 36,25–27; Joh 7,38–39).[20] Dieses Wasser hat seinen Ursprung im Jordan, der durch eine in der rechten unteren Ecke auf den Bodenwellen lagernde Personifikation verkörpert wird, die einem bärtigen Flussgott gleicht und die innere Rahmenleiste etwas überschneidet. Er trägt gelocktes braunes Haar und ist mit einem weißen Schurz bekleidet, auf dem die schwarze Inschrift „IORDAN[VS] FLVVIVS", „Jordanfluss", zu lesen ist. Der auf dem Rücken liegende Mann hält in den Händen einen mennigroten Krug, der sich aus seinem Schoß wie ein biegsamer Schlauch erhebt, um aus dem Gefäß über seinen Kopf hinweg die bläulich-weißen Fluten des Jordan nach rechts oben hervorströmen zu lassen, die den Fluss mit seinen Fischen und seinem Ufer in einen üppigen Naturraum verwandeln. Der auf dem blaugrauen Wellengrund ruhende Flussgott, der versonnen auf die Öffnung seines Kruges blickt und vom Geschehen der Taufe Jesu nichts zu bemerken scheint, gibt als „dienender Jordan" nur das Wasser, gehört aber selbst nicht zur fruchtbaren Uferzone, sondern zum Bereich der Tiefe und verweist damit auch auf die Gegenkräfte der Urwasser der Unterwelt (vgl. Gen 1,2.6.9–10). Über ihm wuchern am unteren und oberen Uferstreifen goldene Ranken und wachsen seitlich Bäume empor, während sich im Wasser fünf große delphinartige Fische mit geöffneten Mäulern tummeln, die bis auf einen golden konturiert sind. Mit staunenden und sogar erfreuten Mienen umschwimmen sie den schattenhaften Umriss des in den Wassern stehenden Jesus. Mit ihrem ausgeprägten Mienenspiel scheinen die Fische zu ahnen, wer da als das wahre Licht in den Jordan hinabgestiegen ist, um ihn mit seiner Gegenwart zu heiligen und zur neuen Flut des Taufwassers zu machen. So symbolisieren die Fische bereits die Christen, die sich durch ihre Taufe im Wasser der Gnade befinden. Durch die Kraft des geheiligten Wassers sind auch die Ufer des Jordan fruchtbar geworden, und wo der durch Christus geheiligte Strom hinfließt, beginnt die Wüste mit Bäumen und goldenen Ranken zu blühen. Sogar der rote Krug, der sich auf dem weißen Schurz des Flussgottes leuchtend abhebt und damit die ebenfalls weißen und roten Strahlen des Himmelssegmentes aufnimmt, deutet an, dass die göttliche Gnade sogar bis in die Tiefen der Wasser der Unterwelt vorgedrungen ist.[21]

So besteht das Lichtgeschehen darin, dass der menschgewordene Gottessohn bei seiner Taufe mit seinem fast an eine Flamme erinnernden Leib, den er als Erlösungsopfer hingeben wird, die dunklen Wasser der Erde berührt, reinigt und hell macht. So schrieb bereits Bischof Ignatius von Antiochien, der um 110/17 in Rom das Martyrium erlitten hatte, an die Epheser, dass Jesus getauft wurde, um durch sein

Leiden das Wasser zu reinigen,[22] und Ephräm der Syrer (um 306–373) sagte über das Mysterium der Taufe Jesu: „Da er getauft wurde, leuchtete das Licht aus dem Wasser."[23] So wurde die Taufe Jesu vor allem in der Ostkirche als Sieg des Lichtes über die Finsternis gesehen und die Taufe der Gläubigen als Erleuchtung (φωτισμός) bezeichnet, was auch im Titulus deutlich wird, der davon spricht, dass Johannes der Täufer durch den Geist des Lichtes erleuchtet wird.[24] Da nach biblischer Rede das Wasser immer auch das Menschengeschlecht meint, steht Jesus im Hitda-Codex bei seiner Taufe als Menschensohn mit der Gebärde der am Kreuzesholz ausgebreiteten Arme als Opferlamm in den Fluten. Während er seine Bereitschaft zeigt, den Heilswillen des Vaters zu erfüllen (vgl. Hebr 10,5–7), öffnet sich der Himmel, aus dem die Stimme des Vaters die ewige Sohnschaft Jesu bezeugt und der Heilige Geist auf den Erlöser in der Gestalt einer mächtigen, blendend weißen Taube wie mit göttlicher Urkraft herabkommt. Der Himmel des Vaters mit der Geisttaube erweist Jesus als den Erlöser, in dem das göttliche Licht sichtbar wird. In den Wassern des Jordan und am Holz des Kreuzes bewirkt Christus den Sieg des Lichtes über die Finsternis, an dem die Gläubigen Anteil erhalten, weil Jesus durch sein Hinabsteigen in die Fluten die Taufe geheiligt[25] und den Gliedern seiner Kirche die Quelle des Taufwassers eröffnet hat, um sie mit dem Geist zu taufen (vgl. Mk 1,8) und damit mit dem wahren Heil zu erleuchten.[26]

Die Stärkung Jesu in der Versuchung

Erster Fastensonntag. Evangelium: Mk 1,12–15

„Die Engel dienten ihm."
Mk 1,13

Am Beginn der vierzigtägigen Bußzeit vor dem Osterfest verkündet die Kirche am ersten Fastensonntag das Evangelium von der Versuchung Jesu und erinnert die Gläubigen daran, dass die vierzig Tage der Fastenzeit durch das Vorbild Jesu geheiligt sind. Nachdem Jesus bei seiner Taufe vom Heiligen Geist erfüllt worden war (vgl. Mk 1,10), hatte ihn dieser Geist in die Wüste getrieben, wo Jesus vierzig Tage lang blieb und vom Satan in Versuchung geführt wurde (vgl. Mk 1,12–13). Jesus lebte dort „bei den wilden Tieren, und die Engel dienten ihm" (Mk 1,13). Als er nach dieser Zeit hörte, Johannes der Täufer sei ins Gefängnis geworfen worden, begann Jesus mit der Predigt des Evangeliums vom Reich Gottes (vgl. Mk 1,14–15).

In der christlichen Kunst tauchte die szenische Darstellung der Versuchung Jesu im frühen Mittelalter in der Buchmalerei auf. Dabei orientierten sich die Künstler vor allem an den drei verschiedenen Versuchungen des Teufels, wie sie bei Matthäus (Mt 4,1–11) und Lukas (Lk 4,1–13) überliefert sind. Das Motiv mit den Engeln, die Jesus in der Wüste bedienen (vgl. Mt 4,11; Mk 1,13), bildete sich seit der karolingischen Zeit als eigene Szene heraus, um vor allem die Göttlichkeit Christi zu betonen. Während in der mittelalterlichen Kunst die Veranschaulichung der Verehrung und Dienstbereitschaft der Engel ganz im Vordergrund stand, richtete man ab dem 15. Jahrhundert unter dem Einfluss der spätmittelalterlichen Betrachtungsliteratur zum Leben Christi das Dienen der Engel auch auf die Bedürfnisse des irdischen Lebens Jesu. So wurde die Szene, in der Engel dem fastenden Jesus Speise bringen, zu einem beliebten Bildmotiv, das auch in der barocken Malerei aufgegriffen wurde,[1] wie der bayerische Rokokomaler Christian

Wink (1738–1797) zeigt, der 1769 eine kleine Ölskizze schuf, die den fastenden Jesus zeigt, wie er nach Überwindung der Versuchungen des Teufels durch Engel gestärkt wird (vgl. Mk 1,13; Mt 4,11).

Christian Wink wurde 1738 in Eichstätt als Sohn eines fürstbischöflichen Korporals geboren, lernte ab 1753 bei Anton Scheitler (1718–1790) in Eggenfelden die Malkunst und kehrte dann 1758 nach Eichstätt zurück, wo er Schüler des Fassmalers Jakob Feichtmayr (1704–1767) wurde. Der begabte Wink gab diese Stelle aber schon nach einem Jahr wieder auf, um sich ganz der Tafelbild- und der Großmalerei zu widmen. So kam er 1759 in die Kunstmetropole Augsburg, dann kurz nach Freising und schließlich nach München. Dort trat er 1760 in die Werkstatt Johann Michael Kaufmanns (geb. 1713, gest. nach 1786) ein, praktizierte vielleicht schon ab 1762 als eigenständiger Maler und arbeitete ab 1765 auch für das kurfürstliche Hofoperntheater. Nachdem ihm 1764 der Durchbruch als Freskomaler gelungen war, wurde er 1769 zum kurfürstlich-bayerischen Hofmaler ernannt und heiratete noch im gleichen Jahr die Tochter eines Münchner Hofmedailleurs. Wink bildete sich ab 1766 mit dem Bildhauer Roman Anton Boos (1733–1810) und dem Stuckateur Franz Xaver Feichtmayr (1735–1803) in privaten Treffen fort, aus denen dann 1770 eine Zeichnungsschule hervorging, die zur Keimzelle der späteren Münchner Akademie wurde. Als Förderer stand ihnen der Geheime Hofrat Johann Caspar von Lippert (1724–1800) zur Seite, der seit 1764 mit Wink befreundet war und beim Kurfürsten großen Einfluss hatte.[2] Wink war einer der tüchtigsten Maler des bayerischen Spätrokoko, so dass der Münchner Hofmaler Georges Desmarées (1697–1776) über ihn sagen konnte: „Wink ist das größte Mahler-Genie, das ich kenne."[3] Dennoch wurde Wink, als ab 1780 die kirchlichen Aufträge nachließen, von Existenzsorgen geplagt, so dass er ab 1784 bei Hof um Aufträge bitten musste und bei seinem Tod am 6. Februar 1797 seiner Familie außer seinem künstlerischen Nachlass kein Erbe hinterlassen konnte.[4]

Neben den Fresken, die ihn zu großer Anerkennung geführt hatten, zeichnete sich Wink auch als Maler zahlreicher Ölgemälde aus.[5] Eines dieser Bilder, das die Szene mit den Engeln zeigt, die Christus dienen, war 1769 entstanden, dem glücklichen Jahr seiner Ernennung zum Hofmaler und seiner Heirat. Das Bild gehört zu einer Folge von acht um 1769/70 angefertigten Ölskizzen zum Leben Jesu, für die Winks befreundeter Mäzen Lippert als Auftraggeber überliefert ist. Wie die Auswahl der Motive und das kleine Format der Bilderfolge vermuten lassen, hatte Lippert die Ölskizzen mit der zentralen Gestalt Christi als private Andachtsbilder in Auftrag

Christian Wink, Jesus wird von Engeln gestärkt, 1769, Öl auf verzinntem Eisenblech, 46 × 34,5 cm, Augsburg, Deutsche Barockgalerie. ▷

gegeben.[6] Die acht für Lippert angefertigten Christusbilder waren später im Besitz des Hofrates Sigmund Röhrer (1861–1929), der sie zusammen mit seiner übrigen in Unterschondorf am Ammersee aufbewahrten Kunstsammlung 1924 der Stadt Augsburg vermachte, wo sie sich bis heute in der Deutschen Barockgalerie im Schaezlerpalais befinden.[7]

Als sich Wink an die Ausführung der Bilderfolge zum Leben Jesu machte, dienten die flüchtig nass in nass (alla prima) gemalten Ölskizzen nicht mehr nur als Entwurfsbilder für Fresken oder Tafelbilder, sondern galten auch als eigenständige Kunstwerke, die von Kunstsammlern wegen ihres intim-subjektiven und spontan-originellen Charakters geschätzt und als Kabinettstücke in ihre Galerien aufgenommen wurden.[8] In der Zeit bis um 1770, als sich Wink als junger Maler in München etablieren musste, fertigte er die meisten seiner erhaltenen Ölskizzen an, in denen er großenteils religiöse Themen verarbeitete und sein Talent zum spontanen Festhalten einer Bildidee zu beweisen vermochte. Zu den dreizehn Ölskizzen, die Wink zwischen 1762 und 1771 als eigenständige Kunstwerke schuf, gehört auch der Zyklus der acht Bilder zum Leben Jesu.[9] Wink muss diesen Ölskizzen eine Bedeutung wie Kabinettbildern zugemessen haben, da er als Bildträger verzinntes Eisenblech wählte, das gegenüber der Leinwand ein wertvolleres Material war und wegen seiner geringeren Luftdurchlässigkeit die Farben wesentlich langsamer trocknen ließ.[10] So ist der kleine Jesuszyklus ein herausragendes Beispiel für Winks künstlerische Entfaltung in der Zeit um 1769/70. Die Bilderfolge zeigt Winks experimentierfreudigen Umgang mit seinen Figurenrepertoires und belegt eindrucksvoll die stilistischen Möglichkeiten, die sich der junge Maler bereits erworben hatte.[11]

In seinem Christuszyklus stellte Wink nicht wie sonst üblich Kindheit und Passion Jesu in den Mittelpunkt, sondern wählte acht Stationen aus dem öffentlichen Wirken Jesu aus, die er thematisch und auch stilistisch paarweise zuordnete.[12] Das erste Paar zeigt auf der ersten von Wink mit 1769 datierten Ölskizze den Teufel, der Jesus nach seinem vierzigtägigen Fasten mit der Aufforderung versucht, Steine in Brot zu verwandeln (vgl. Mt 4,2–4),[13] während das zweite zeitgleiche, wenn auch unsignierte Bild den von den Engeln gestärkten Christus darstellt (vgl. Mt 4,11).[14] Das zweite Bildpaar zeigt zuerst die von Wink signierte und mit 1770 datierte Szene der Berufung des Matthäus (vgl. Mt 9,9)[15] und als Pendant die Schlüsselübergabe Jesu an Petrus (vgl. Mt 16,18–19).[16] Im dritten Bildpaar, das stilistisch vielleicht schon in die Zeit um 1771 weist, geht es um die Begegnungen Jesu mit der Samariterin am Jakobsbrunnen (vgl. Joh 4,5–6)[17] und mit der kanaanäischen Frau (vgl. Mt 15,25).[18] Das vierte Bildpaar zeigt wieder die frühere Malweise Winks um 1769 und stellt die Begegnungen des auferstandenen Christus mit Maria Magdalena (vgl. Joh 20,14–17)[19] und Thomas (vgl. Joh 20,27) dar.[20] Der inhaltlich geschlossene Zyklus[21] steht unter dem großen Thema des Glaubens, der sich auch in der Anfechtung zu bewähren hat, so dass im ersten Bildpaar Christus selbst als Vorbild vor Augen gestellt wird, der in der Versuchung über den Satan gesiegt hat. Im zweiten Paar geht es um den Zöllner Matthäus, der dem Ruf Christi gläubig folgte und auch viele andere Sünder zu Jesus führte (vgl. Mt 9,10), sowie um die Übertragung der Binde- und Lösegewalt an Petrus, der zuvor seinen Glauben an Jesus als Messias und Sohn Gottes bekannt hat (vgl. Mt 16,16). Beim dritten Bildpaar öffnet Jesus der Samariterin die Augen des Glaubens (vgl. Joh 4,25–26) und bezeugt den großen Glauben der Kanaaniterin (vgl. Mt 15,28). Schließlich offenbart sich der Auferstandene im vierten Bildpaar Maria Magdalena, die ihn als ihren Meister bekennt (vgl. Joh 20,16), und dem ungläubigen Thomas, der dann ebenfalls zum Glauben an Jesus als Herrn und Gott gelangt (vgl. Joh 20,28).[22]

Seinem ersten Bildpaar legte Wink den ausführlichen Bericht des Matthäus zugrunde, der das Dienen der Engel (vgl. Mt 4,11) auf die dreimalige Zurückweisung des Teufels durch Jesus (vgl. Mt 4,2–10) folgen ließ, während im Markusevangelium offenbleibt, wann die Engel den in der Wüste fastenden Jesus stärkten (vgl. Mk 1,13). So zeigt Wink im ersten Bild den Teufel, der Jesus am Ende der vierzig Fastentage mit der Verwandlung von Steinen in Brot versucht (vgl. Mt 4,2–4), um dann im zweiten Bild durch die dienenden Engel (vgl. Mt 4,11) die bedrängende Situation aufzulösen. Auch kompositorisch fügte Wink beide Bilder zusammen, indem er den bewachsenen Bildvordergrund der ersten Ölskizze im zweiten Bild auf der rechten Seite wiederholte.[23]

Die Ölskizze mit der Stärkung Jesu durch die Engel zeigt einen lockeren, weichen Pinselstrich ohne scharfe Konturen. Das Bild ist durch helle, duftige und teilweise zarte Pastellfarben geprägt, die durch kontrastierendes Helldunkel und einzelne, intensive Farbtöne durchbrochen werden. Der landschaftliche Freiraum, in dem sich die Szene abspielt, ist nur angedeutet, so dass der Betrachter nur erahnen kann, dass sich im Hintergrund wohl Felsen befinden. Der Erdboden ist teilweise bewachsen und zeigt links hinter dem Felsen, auf dem Jesus sitzt, einen Strauch, während am rechten Bildrand kleine Pflanzen zu sehen sind. Ohne dem Bild einen perspektivischen Zug nach hinten zu geben oder die Landschaft als Wüste zu charakterisieren, legte Wink den kompositionellen Schwerpunkt auf die mit feinen Pinselstrichen ausgeführten Figuren. Die kreisförmig angeordnete und im Verhältnis zum Bildraum groß dargestellte Figurengruppe wird durch den hellen Hintergrund hervorgehoben und verleiht dem Bild Halt und Struktur. Die locker gemalten, nicht fest konturierten Figuren gehören stilistisch noch ganz der Epoche des Rokoko an, in der die Farbe über die Linie dominierte und die Stofflichkeit mehr durch prächtige Gewänder als durch plastische Durchformung zum Ausdruck gebracht wurde.[24]

Auf der linken Seite sitzt Jesus auf einem Felsen in freier Umgebung. Mit seinem ungeordneten Haar verweist Jesus auf den geistigen Kampf, den er während seines Fastens mit dem Versucher siegreich bestanden hat. Jesus trägt ein verschattetes rötliches Untergewand, das durch seine Farbe auf die Liebe und das Blut und damit auf die Menschheit Jesu verweist, in der er durch den Satan versucht wurde, die ihm aber auch zum Instrument der Erlösung wurde, um den Satan sowohl in der Wüste als auch am Kreuz zu überwinden. Das Obergewand, das auf den Schoß des sitzenden Erlösers herabgefallen ist, zeigt mit seiner blauen Himmelsfarbe, dass Jesus wahrer Gott ist. Während sich das rötliche Untergewand auf die Versuchung Jesu als Mensch bezieht, schlägt der blaue Mantel die Brücke zu den Engeln, die Christus als Gott dienten, denn hätte der Teufel in Jesus nicht den Menschen gesehen, dann hätte er ihn auch nicht versucht, und wäre Christus nicht Gott gewesen, so hätten ihm die Engel nicht gedient.[25]

So blickt Jesus mit mildem Gesichtsausdruck[26] zu den beiden geflügelten Engeln hinüber, die durch Winks skizzenhaft gesetzte Pinselstriche anmutig, leicht und kaum körperhaft erscheinen. Sie kommen in graziler, fast tänzerischer Weise von rechts heran und vermitteln dem Betrachter trotz ihrer rauschenden Gewänder einen eher überirdischen Eindruck. Der rechte Engel ist durch ein intensives rotes Gewand hervorgehoben, das in auffälligem Farbkontrast zum blauen Mantel Jesu steht. Während links der lichte Engel ein weißes Tuch hält, das zusammen mit dem hellen Hintergrund wie ein Glorienschein hinter Jesus erscheint, trägt rechts der rotgewandete Engel ein Tablett mit Früchten, das er Jesus darbietet. Jesus holt mit seinem rechten Arm zu einer freundlichen Gebärde aus und greift mit seiner linken Hand zu den ihm dargereichten Speisen.[27]

Die Szene mit dem Dienst der Engel, der bei Markus (vgl. Mk 1,13) und Matthäus (vgl. Mt 4,11) nur allgemein angedeutet ist, wurde in der frommen Betrachtung der im frühen 14. Jahrhundert entstandenen „Meditationes vitae Christi" ausgeschmückt,[28] die auch noch für Winks malerische Formulierung des Themas maßgebend waren. Demnach kamen nach der Vertreibung des Teufels Engel, die Jesus anbeteten und ihn fragten, was sie ihm als Speise bereiten sollten. Als sie daraufhin von Jesus zu seiner Mutter geschickt wurden, um von ihr zu holen, was sie zur Hand habe, seien zwei Engel aufgebrochen und mit den Speisen Marias zu Jesus zurückgekehrt. Der Leser der „Meditationes vitae Christi" sollte sich nun vorstellen, wie Jesus auf bloßer Erde sitzt und maßvoll isst, nur umgeben von den ihn bedienenden Engeln,[29] um in frommer Gegenliebe auszurufen: „O Herr, was hast du getan? Alle deine Werke sind gar staunenswert. Hilf mir etwas leiden für dich, der du soviel gelitten für mich!"[30] Diesen betrachtenswerten Augenblick hatte Wink auch für seinen befreundeten Mäzen Johann Caspar von Lippert darstellen wollen, um sich mit dem Erlöser geistlich tiefer verbinden zu können.

Schließlich erfährt die Bildaussage des Gemäldes durch die Weintraube, die Jesus ergriffen hat, noch eine besondere Vertiefung. Diese Weintraube weist bereits auf die Eucharistie voraus, wenn Jesus beim Abendmahl seinen Erlösertod vorwegnehmen wird, um ihn in das Brot und in die Frucht des Weinstocks hineinzustiften und als wahrer Weinstock (vgl. Joh 15,1) die Glieder seiner Kirche zu nähren.[31] So erscheint Jesus als derjenige, der in seinem irdischen Leben der Speise bedurfte und der sich nun in der Eucharistie selbst zur Speise geben wird.

Abraham und Isaak

Zweiter Fastensonntag. Erste Lesung: Gen 22,1–2.9a.10–13.15–18

*„Weil du das getan hast und deinen einzigen Sohn
mir nicht vorenthalten hast, will ich dir Segen schenken in Fülle
und deine Nachkommen zahlreich machen."*
Gen 22,16–17

Am zweiten Fastensonntag werden in der ersten Lesung und im Evangelium (Mk 9,2–10) Isaak und Jesus einander gegenübergestellt. Isaak, der geliebte Sohn des Abraham (vgl. Gen 22,2), erscheint als Vorausbild für Jesus, der auf dem Verklärungsberg durch seinen Vater als geliebter Sohn geoffenbart wird (vgl. Mk 9,7). Auch das Herabschauen des Vaters, der seinen Sohn mit reinem Wohlgefallen auf dem Berg der Verklärung sieht (vgl. Mk 9,7), findet seine alttestamentliche Entsprechung im Blick Gottes auf Abraham, der auf dem Berg der Prüfung sogar bereit gewesen ist, Gott seinen einzigen Sohn Isaak zu opfern, und deshalb durch den Engel die Worte Gottes hören darf: „Denn jetzt weiß ich, dass du Gott fürchtest; du hast mir deinen einzigen Sohn nicht vorenthalten" (Gen 22,12).

Nachdem Gott dem Abraham versprochen hatte, seine Nachkommen im Land Kanaan zu einem großen Volk zu machen (vgl. Gen 17,3–4), kündigten drei Männer dem Abraham bei den Eichen von Mamre an, er werde trotz seines Alters mit seiner kinderlosen Frau Sara einen Sohn haben (vgl. Gen 18,10.14). Als der ersehnte Sohn Isaak geboren wurde (vgl. Gen 21,2–3) und herangewachsen war, wurde Abraham durch Gott auf die Probe gestellt. Gott forderte von Abraham, ihm seinen einzigen Sohn Isaak auf einem Berg im Land Morija als Brandopfer darzubringen (vgl. Gen 22,2). Ohne ein Opfertier mitzunehmen, zog Abraham mit Isaak, der nichtsahnend

*Jan Lievens, Umarmung Abrahams und Isaaks, um 1637, Öl auf Leinwand,
180 × 136 cm, Braunschweig, Herzog Anton Ulrich-Museum.* ▷

das Brennholz trug, zu dem Berg (vgl. Gen 22,3–6). Auf dem Weg gab er seinem Sohn, der nach dem Opfertier fragte, zur Antwort, dass Gott schon dafür sorgen werde (vgl. Gen 22,7–8). Als sich Abraham schon anschickte, Isaak zu schlachten, fuhr ein Engel Gottes dazwischen und verhinderte das Menschenopfer in letzter Sekunde (vgl. Gen 22,10–12). Durch seine Bereitschaft, den Gehorsam gegenüber Gott sogar über das Leben seines einzigen Sohnes zu stellen, hatte der gottesfürchtige Abraham die Prüfung bestanden. Jetzt konnte Abraham auch erkennen, dass Gott Menschenopfer ablehnt, wie sie damals bei den Nachbarvölkern praktiziert wurden, auch bei den Kanaanitern, in deren Land Abraham ziehen sollte.[1] Anstelle Isaaks brachte er einen Widder als Brandopfer dar, der sich mit seinen Hörnern im Gestrüpp verfangen hatte (vgl. Gen 22,13). Damit war der Schafbock zu jenem „Opferlamm" geworden, das sich Gott nach Abrahams Worten „aussuchen" würde (Gen 22,8) und das auf das Lamm Gottes vorausweist, das am Kreuz die Sünden der Welt hinwegnehmen wird (vgl. Joh 1,29).

So weist seit frühester christlicher Tradition der von Abraham geliebte Sohn Isaak (vgl. Gen 22,2) auf Christus voraus,[2] der als geliebter Sohn des Vaters (vgl. Mk 9,7) bereit ist, den göttlichen Heilswillen durch sein Kreuzesopfer auszuführen. Damit aus Abraham der Erlöser der Welt hervorgehen kann, erneuerte Gott nach der Darbringung des Widders seinen Bund mit Abraham und versprach ihm durch seinen Engel erneut Segen in Fülle und eine Nachkommenschaft, die auf alle Völker übergehen wird (vgl. Gen 22,16–18). Die Verheißung, dass seine Nachkommen auch „das Tor ihrer Feinde einnehmen" werden (Gen 22,17), lässt schon den aus Abrahams Schoß menschgewordenen Gottessohn erkennen, der am Holz des Kreuzes den Feind besiegen wird, der am Holz des Paradiesbaumes über die Menschen gesiegt hatte (vgl. Gen 3,1–6), und der durch seine Auferstehung den Tod als letzten Feind überwinden wird (vgl. 1 Kor 15,26).

EINE EINZIGARTIGE BILDLICHE FORMULIERUNG DER GESCHICHTE des Abrahamsopfers gelang dem niederländischen Barockmaler Jan Lievens (1607–1674), der aber nicht den dramatischen Augenblick darstellte, wie der Engel dem Abraham in letzter Sekunde Einhalt gebietet, sondern wie sich Vater und Sohn nach der glücklichen Wende umarmen.

Der 1607 in Leiden geborene Jan Lievens trat bereits 1615 als achtjähriger Schüler in die Werkstatt des Malers Joris van Schooten (1587–1651) ein. Um 1619 verließ er seine Heimatstadt und wurde in Amsterdam zusammen mit Rembrandt (1606–1669) Schüler des Historienmalers Pieter Lastman (1583–1633). Nachdem der vierzehnjährige Lievens 1621 nach Leiden zurückgekehrt war und sich 1625 auch Rembrandt in dieser Stadt niedergelassen hatte, arbeiteten die beiden jungen Maler eng zusammen und beeinflussten sich wechselseitig. Die Wege der beiden trennten sich, als Rembrandt 1631 nach Amsterdam zog und Lievens 1632 nach London ging, wo er für das englische Königshaus arbeitete und sich von der Malerei des flämischen Malers Anthonis van Dyck (1599–1641) inspirieren ließ. Im Jahr 1635 kehrte Lievens auf das Festland zurück und wirkte zunächst in Antwerpen, wo er der Malergilde beitrat und heiratete. Ab 1644 hatte Lievens seinen Hauptwohnsitz in Amsterdam, wo er öffentliche Aufträge erhielt und sich besonders als Porträtmaler auszeichnen konnte. Nachdem ihn seine Malertätigkeit auch nach Den Haag und Oranienburg bei Berlin geführt hatte, trat 1672 eine ungünstige Wende ein, als England, Frankreich, Köln und Münster den Niederlanden den Krieg erklärten und auch der Kunstmarkt zusammenbrach, so dass Lievens hoch verschuldet war, als er 1674 starb.[3]

In seiner Antwerpener Zeit schuf Lievens um 1637 ein Ölgemälde mit Abraham und Isaak, wie sie sich nach der Opferung des Widders umarmen. Dieses Motiv ging auf den jüdischen Historiker Flavius Josephus (geb. 37/38, gest. nach 100) zurück, der in seinen „Antiquitates Iudaicae", den „Jüdischen Altertümern", auch die Gefühle Abrahams und Isaaks zu beschreiben versuchte.[4] Als unter dem Einfluss der Reformation die wörtlich-moralische Bibelinterpretation gegenüber der zuvor maßgeblichen typologischen Schrifterklärung an Bedeutung gewann und damit auch ein neues Interesse für die historische Dimension der biblischen Geschichte aufkam, wurden für die Maler des 16. und 17. Jahrhunderts auch die „Antiquitates Iudaicae" des Flavius Josephus bedeutsam, der viele Realien aus der Welt der Bibel überlieferte und die Geschichte der alttestamentlichen Gestalten in psychologisierender Weise nacherzählte. Nachdem bereits die italienischen Kunsttheoretiker des 16. Jahrhunderts dafür plädiert hatten, sich an Dichtern und Historikern zu orientieren, um zu guten Bildfindungen (inventiones) zu gelangen, griffen auch die gebildeten und an der psychologischen Durchdringung der Geschichte interessierten niederländischen Maler immer wieder auf Themen des Flavius Josephus zurück, die den Wortlaut des Alten Testaments ergänzten. Besonders Pieter Lastman hatte sich als Erneuerer der niederländischen Historienmalerei auf Motive des Flavius Josephus bezogen, die er erstmals auch in Gemälden behandelte, nachdem sie zuvor nur in der Graphik berücksichtigt worden waren.[5] Von Lastman oder auch von Rembrandt, der sich bereits 1630 in einem biblischen Historiengemälde an Flavius Josephus orientiert hatte,[6] lernte auch Lievens die „Antiquitates Iudaicae" kennen.[7] Da es Lievens und seinen Malerkollegen um den exemplarischen Sinn der Historie ging, die in poetischer Weise bewegen, erfreuen und ermahnen sollte, fanden sie in Flavius Josephus ein kongeniales Vorbild, der die biblische Geschichte ebenfalls moralisch erbauend gedeutet und die bewegende Geschichte der alttestamentlichen Helden psychologisierend nacherzählt hatte. Wie Flavius Josephus fühlten sich auch die Maler als Erzähler, die den legitimen

Rahmen künstlerischer Freiheit nutzen wollten, um der Vermittlung der biblischen Wahrheit auch durch eine lebensechte und emotional bewegende Schilderung der Gefühle der Protagonisten der Heiligen Schrift zu dienen.[8]

Während die dramatische Formulierung des im letzten Moment durch den Engel an der Tötung des Isaak gehinderten Abraham ein beliebtes Thema war, das auch von Lastman und Rembrandt dargestellt wurde,[9] wählte Lievens um 1637 die von Flavius Josephus beschriebene Szene, wie sich Vater und Sohn in dankbarer Freude umarmen, weil das Menschenopfer nicht dargebracht zu werden brauchte.[10] Mit der Darstellung der Umarmungsszene gelang Lievens eine ergreifende Formulierung dieses seltenen und nur graphisch dargestellten Bildmotivs, das Abraham und Isaak zeigt, wie sie Gott für die Errettung danken.[11] Ausschlaggebend für Lievens' Wahl der in den „Antiquitates Iudaicae" beschriebenen Szene und damit für die Zurückweisung des im Buch Genesis überlieferten tragischen Höhepunktes der Opferung dürfte der positive und emotional anrührende Ausgang der von Flavius Josephus geschilderten Geschichte gewesen sein, in dem die Dramatik der vorangehenden Situation noch nachklingt.[12]

Das im Braunschweiger Herzog Anton Ulrich-Museum aufbewahrte Leinwandgemälde, das sich vielleicht in Rembrandts Nachlass befand und seit 1710 in der Herzoglichen Galerie in Salzdahlum nachweisbar ist, hatte Lievens in Antwerpen nach seiner Rückkehr aus England geschaffen. Das pastos gemalte Bild zeigt deutlich den flämischen Einfluss van Dycks, während es mit seiner Farbpalette an den Kolorismus Tizians (1488/90–1576) erinnert.[13] Das Braunschweiger Gemälde war bereits das zweite Bild, in dem Lievens die Umarmung Abrahams und Isaaks dargestellt hatte. Vorausgegangen war eine heute nicht mehr erhaltene Grisaille, die 1642 die Beachtung des niederländischen Kunstschriftstellers Philips Angel (1618–1664) gefunden hatte.[14]

Das fast zwei Meter hohe Braunschweiger Gemälde wird rechts von einer flüchtig angedeuteten Landschaft und einem bewölkten Himmel begrenzt, vor dem sich einige Pflanzen des Mittelgrundes in malerischer Helldunkelmanier abheben. Am linken Bildrand ist die aus Natursteinen aufgeschichtete Opferstätte mit brennendem Holzstoß zu sehen. Vor einem dunklen, bewachsenen Felsabhang kniet auf dem blanken Erdboden die großformatigen und hellen Figuren Abrahams und Isaaks. Der alte, ergraute Vater und der kindliche, schwarzgelockte Sohn umarmen sich gegenseitig, während ihre Blicke noch vom Schrecken des im letzten Augenblick verhinderten Menschenopfers gezeichnet sind. Besonders im Gesicht Isaaks spiegelt sich die voraufgegangene Angst wider, die gleichzeitig schon vom Staunen über die Errettung überstrahlt wird. Die Dramatik des vorausgegangenen Ereignisses zeigt sich in Isaak, der noch entblößt ist und nur einen weißen Schurz trägt. Vor der Opferstätte knien Abraham und Isaak, die dankbar ihre Augen zu Gott emporrichten, wobei der Sohn die Blickrichtung des Vaters mitvollzieht. Der kniende Abraham überschneidet mit seinen Fußsohlen den rechten Bildrand und ist in ein einfaches, hellrotes Gewand gekleidet, von dem sich der schwarze und teilweise goldverzierte Gürtel mit dem Messeretui deutlich abhebt.[15]

Wie bereits deutlich wurde, griff Lievens für das Motiv der Umarmung auf die psychologisierenden Schilderungen der „Antiquitates Iudaicae" zurück, in denen Flavius Josephus von den Gefühlen berichtet, die Abraham und Isaak nach der Rettung empfanden, als Gott das Menschenopfer unterbunden hatte: „Jene aber, die sich wider Erwarten einander wiedergegeben sahen und der Verheißung so großen Glückes teilhaftig geworden waren, umarmten sich gegenseitig, schlachteten das Opfertier und kehrten zu Sara zurück. Und sie lebten glücklich, da Gott ihnen in allen ihren Unternehmungen gnädig half."[16] Über die Bibel hinausgehend, die von den Emotionen Abrahams und Isaaks nichts berichtet, sei nach den „Antiquitates Iudaicae" die Freude über die unerwartete Rettung spontan in einer Umarmung zum Ausdruck gekommen. Zudem schildert Flavius Josephus das Opfern des Widders als gemeinsames Tun von Vater und Sohn, während das Buch Genesis das Tieropfer dem Abraham allein zuschreibt (vgl. Gen 22,13).[17]

Lievens hielt sich aber nicht sklavisch an Flavius Josephus, bei dem die freudige Begegnung zwischen Vater und Sohn dem Opfer des Widders vorausgeht, sondern machte die Umarmung zur Kernbotschaft seiner Historie und ließ sie auf das Tieropfer folgen. Das blutige Messer Abrahams, das neben seinem linken Knie am Boden zu sehen ist, und das links in der Ecke im Blut des Opfertieres liegende abgezogene Schaffell zeigen nämlich, dass der Widder, der sich mit seinen Hörnern im Gestrüpp verfangen hatte, schon geschlachtet wurde, um nunmehr von den Flammen auf dem Opferstein als Brandopfer verzehrt zu werden (vgl. Gen 22,13). Damit erscheint das Tieropfer, das an die Stelle des Menschenopfers getreten ist, als Sinnbild für die Dankbarkeit Abrahams und Isaaks. Aber auch dieses Gott wohlgefällige Tieropfer wird bereits überboten durch das geistliche Opfer des gottesfürchtigen Glaubens des Stammvaters (vgl. Gen 22,12) und durch Lobopfer des Dankes, das in den nach oben gerichteten Blicken Abrahams und Isaaks zum Ausdruck kommt, die noch über die Höhe des Opfersteins hinausgehen, um die Bedeutung der geistlichen Verbindung mit Gott hervorzuheben.[18]

Dass der Opferstein mit den brennenden Holzscheiten, das blutverschmierte Messer und das abgezogene Schaffell mit der Blutlache des getöteten Widders zur vergangenen Welt der alttestamentlichen Opfer gehören,[19] wird auch durch das Ekelerregende dieser Gegenstände angedeutet, so dass sich der Betrachter geneigt sieht, den Blick von der materiellen Sphäre dieser Dinge abzuwenden und zusammen mit den nach oben gerichteten Blicken Abrahams und Isaaks ebenfalls die geistliche Gottesbegegnung zu suchen.

Entscheidend für die religiöse Aussagekraft des Bildes ist die Darstellung Abrahams, der als Rückenfigur im sogenannten verlorenen Profil gezeigt wird. Dadurch wird diese Gestalt zur Identifikationsfigur für den Betrachter, der das Geschehen primär aus dem Blickwinkel und der seelischen Gefühlslage Abrahams begreift, um mit dem Stammvater den wiedergewonnenen Sohn zu umarmen und Gott zu danken.[20]

Philips Angel, der noch die Erstfassung des verlorenen Grisaillegemäldes vor Augen hatte, lobte 1642 die ungewöhnliche Bildinvention, die Lievens in der Auseinandersetzung mit Flavius Josephus gefunden hatte. Für Angel gehörte es zur Freiheit eines Künstlers, ein breiter beschreibendes oder auslegendes literarisches Werk wie die „Antiquitates Iudaicae" zu konsultieren, um dann ein gutes Urteil über den eigentlichen und sicheren Kern der darzustellenden Historie zu treffen.[21] In Abrahams Gefühlswechsel nach der Errettung, den Lievens in der Umarmung so treffend darzustellen vermochte, erkannte Angel den besonderen Wert der erläuternden Schilderung des Flavius Josephus. Obwohl diese Szene in der Bibel keine Erwähnung finde, sei es dennoch glaubhaft, dass Abraham seinen Sohn umarmt habe, nachdem er ihm zunächst durch das Gebot Gottes entrissen gewesen sei. Als ihm später Isaak wiedergegeben worden sei, habe dies ohne Zweifel das Herz des alten Vaters mit so großer Freude erfüllt, dass ihn Abraham wie einen vom Tod Zurückgekehrten in seine Arme genommen und an seine Brust gedrückt habe. Letztlich hielt Angel die von Lievens dargestellte Umarmung wegen der im neutestamentlichen Gleichnis vom verlorenen Sohn (vgl. Lk 15,11–32) geschilderten emotionalen Reaktion des barmherzigen Vaters für angemessen, der ebenfalls seinem völlig verarmt zurückkehrenden Sohn voller Freude um den Hals fiel (vgl. Lk 15,20). So bezog Angel die Umarmung des verlorenen Sohnes, der gleichsam schon tot war (vgl. Lk 15,24.32), auf die Umarmung des todgeweihten Isaak durch Abraham, so dass die Freude von Vater und Sohn im Gleichnis der Freude des Stammvaters über seinen Sohn entspricht, in dem die Völker der Erde gesegnet sein sollen (vgl. Gen 22,18).[22]

Mit der Übernahme des von Flavius Josephus mit dem Motiv der Umarmung geschilderten Augenblickes nach der Errettung Isaaks gelang es Lievens, die im Buch Genesis überlieferte Geschichte neu zu sehen und gerade im Dienst dieser biblischen Botschaft durch eine emotional bewegende Bildinvention an den gläubigen Betrachter heranzuführen. In der Gebärde der Umarmung fand Lievens jenes zentrale Bildthema, in dem der glückliche Ausgang der alttestamentlichen Geschichte auf glaubwürdige Weise nachzuklingen vermochte,[23] nämlich der Segen Gottes über Abrahams Nachkommen, der dem Stammvater nach bestandener Prüfung durch den Engel von neuem verheißen wird: „Weil du das getan hast und deinen einzigen Sohn mir nicht vorenthalten hast, will ich dir Segen schenken in Fülle und deine Nachkommen zahlreich machen" (Gen 22,16–17).

Die Tempelreinigung

Dritter Fastensonntag. Evangelium: Joh 2,13–25

„Jesus aber meinte den Tempel seines Leibes."
Joh 2,21

Im Mittelpunkt des Evangeliums des dritten Fastensonntags steht die johanneische Perikope von der Vertreibung der Händler aus dem Tempel von Jerusalem (vgl. Joh 2,13–22). Während die Tempelreinigung im Johannesevangelium zusammen mit dem Weinwunder auf der Hochzeit zu Kana (vgl. Joh 2,1–12) am Beginn des öffentlichen Wirkens Christi steht, bildet sie in den drei synoptischen Evangelien ein Ereignis, das den Leidensberichten Jesu vorausgeht (vgl. Mt 21,12–13; Mk 11,15–17; Lk 19,45–46). Aber auch die johanneische Version der Tempelreinigung steht im Zeichen der erlösenden Selbsthingabe Jesu, so dass bereits am Anfang des Evangeliums das Ziel der Heilssendung Christi aufscheint.

Als Jesus, wie das Johannesevangelium berichtet, zum Paschafest nach Jerusalem gezogen war und den Tempel durch Geschäftemacher entwürdigt sah, konnte er es nicht ertragen, dass aus dem Haus seines Vaters unter dem Vorwand des gesetzlich vorgeschriebenen Kultbetriebes eine Markthalle geworden war (vgl. Joh 2,16). So machte er sich eine „Geißel aus Stricken" (Joh 2,15) und trieb „die Verkäufer von Rindern, Schafen und Tauben und die Geldwechsler" sowie „die Schafe und Rinder" aus dem Tempel hinaus (Joh 2,14–15). Er schüttete das Geld der Wechsler aus, stieß ihre Tische um und gebot auch den Taubenhändlern, die von ihnen angebotenen Opfertiere wegzuschaffen (vgl. Joh 2,15–16).

Der Schlüssel für Jesu Tun ist in dem kommentierend eingefügten Psalmwort „Der Eifer für dein Haus verzehrt mich" (Ps 69,10) zu sehen (vgl. Joh 2,17). In diesem Schriftwort wird Jesu Sendung deutlich, das Haus Israel für den Gottesdienst der messianischen Heilszeit zu bereiten und dabei sein Leben hinzugeben. Als ihn die Juden zur Rede stellten, bezog Jesus das Jerusalemer Tempelgebäude auf den „Tempel seines Leibes" (Joh 2,21) und damit auf die Hingabe seiner selbst: „Reißt diesen

Tempel nieder, in drei Tagen werde ich ihn wieder aufrichten" (Joh 2,19). Die Juden antworteten: „Sechsundvierzig Jahre wurde an diesem Tempel gebaut, und du willst ihn in drei Tagen wieder aufrichten?" (Joh 2,20). Diese Antwort zeigt, dass die Führer des Volkes das von Jesus geistlich gemeinte Wort äußerlich und damit als unsinnig verstanden, während sich den Jüngern die volle Bedeutung dieses Wortes nach der Auferstehung Jesu erschließen sollte (vgl. Joh 2,22). Das Wort besagt, dass Jesus, auch wenn er im Tod „abgerissen" wird, kraft seiner Auferstehung nach drei Tagen zum neuen Tempel und damit zum endgültigen Ort der Gottesbegegnung „aufgerichtet" werden wird (vgl. Joh 2,21).[1]

Jesu Wort nimmt auch die im Jahr 70 eingetroffene Zerstörung des alten Tempels vorweg, von dem kein Stein auf dem anderen bleiben wird (vgl. Mt 24,2), da Israel in Christus nicht den Herrn des Tempels, den Offenbarer Gottes, erkannt hat. So wird am dritten Tag bei der Auferstehung Jesu offenbar werden, dass der neue und wahre Tempel der Gegenwart Gottes Christus selbst als der im mystischen Leib seiner Kirche fortlebende Auferstandene sein wird. Mit dem Hinaustreiben der Geldwechsler und Händler machte Jesus schon zeichenhaft deutlich, dass der alte Tempelkult zu einer Erneuerung nicht mehr fähig und auch nicht mehr bereit war, so dass nunmehr die Zeit für den neuen Tempel in seiner Person als des in seiner Kirche fortwirkenden gekreuzigten Auferstandenen angebrochen war.[2]

DIE ZUR BILDBETRACHTUNG AUSGEWÄHLTE DARSTELLUNG der Tempelreinigung Jesu ist einer Miniatur des Evangeliars Kaiser Ottos III. (reg. 983–1002) entnommen, in der sich Anklänge an die im Johannesevangelium überlieferte Version der Perikope (vgl. Joh 2,13–22) finden. Das in der Malschule des Reichenauer Inselklosters angefertigte Evangeliar dürfte wohl noch unter der Regierungszeit Ottos III. um das Jahr 1000 entstanden sein. Als Kaiser Heinrich II. (reg. 1002–1024) im Jahr 1007 das Bistum Bamberg gründete, kam die Pergamenthandschrift in den Besitz des Bamberger Domschatzes. Nach der Säkularisation von 1803 gelangte das Evangeliar nach München in die Bayerische Staatsbibliothek.[3]

Das Evangeliar enthält neben zwölf Kanontafeln zur liturgischen Leseordnung, dem kaiserlichen Widmungsbild, vier Zierseiten zu Beginn der Evangelien und vier Evangelistenbildern einen Zyklus von 29 goldgrundierten Miniaturen zu einzelnen

Tempelreinigung, Evangeliar Ottos III., Codex Latinus Monacensis 4453, fol. 120v, um 1000, Deckfarbenmalerei mit Gold auf Pergament, 33,4 × 24,2 cm (Blattgröße), München, Bayerische Staatsbibliothek. ▷

Evangeliar Ottos III., Tempelreinigung

Evangelienperikopen, die sich durch ihre für die ottonische Buchmalerei charakteristische sakrale Monumentalität auszeichnen.[4]

Während den Evangelien des Matthäus, Markus und Johannes jeweils sieben Bilder zugeordnet sind, enthält das Lukasevangelium acht Miniaturen.[5] Obwohl die Szene mit der Tempelreinigung (vgl. Mk 11,15–17) zur Bilderfolge des Markusevangeliums gehört,[6] orientiert sie sich ikonographisch auch an der johanneischen Version (vgl. Joh 2,13–22), wie die in der Miniatur erkennbaren Motive der aus Stricken gemachten Geißel Jesu (vgl. Joh 2,15) und des rechts unten dargestellten Ochsen (vgl. Joh 2,14) zeigen, die nur im Johannesevangelium erwähnt werden.[7] Die Anleihen an der johanneischen Perikope dürften sich dadurch erklären, dass die Geschichte der Tempelreinigung im Johannesevangelium besonders detailreich geschildert und zudem im Blick auf das Erlösungsmysterium kommentiert wird.[8] Die Bildanlage der Miniatur geht auf eine wohl in byzantinischen Purpurcodices des 6. Jahrhunderts zu suchende Quelle zurück,[9] die auch den Darstellungen der Tempelreinigung im etwas früher entstandenen Aachener Liuthar-Evangeliar Ottos III. und im 985/93 angefertigten Egbert-Codex als Vorbild gedient hatte.[10]

Das Bild mit der Tempelreinigung ist ganz mit Gold hinterlegt und wird von einer einfachen roten Zierleiste eingefasst. Die Szene spielt sich vor der Kulisse einer offenen, doppelbogigen Halle mit perspektivisch dargestellten Giebeln und einem roten Ziegeldach ab, die wohl den Vorhof des Tempels versinnbildlichen soll, in dem die Händler und Geldwechsler ihren Geschäften nachgingen. Links steht Jesus, der mit erhobener Geißel vier Männer neben einem umgestürzten Stuhl hinaustreibt, während zwei weitere Männer mit einem Rind bereits ganz aus dem Tempel geflüchtet sind. Die vier hinausgetriebenen Männer, die teilweise ihre Waren in Sicherheit zu bringen versuchen, starren Jesus erschrocken an und wenden sich mit Spottgesten zu ihm zurück.[11]

Bei den insgesamt sechs Männern, die zum Tempel hinausgetrieben werden, lassen sich drei Gruppen ausmachen. Die beiden bartlosen Männer, die Jesus direkt gegenüberstehen, sind antikisierend gekleidet und tragen – wie zumindest die in ihrer ganzen Gestalt sichtbare linke Person zeigt – eine lange Tunika, über der die linke Figur zudem ein blaues Pallium geschlungen hat. Die beiden Männer dürften wegen ihrer vornehmeren, antikisierenden Kleidung und des vor ihnen umgestürzten Faltstuhls als die „Geldwechsler" zu deuten sein, „die dort saßen" (Joh 2,14). Die beiden Händler rechts daneben sind zeitgenössisch gekleidet und tragen auf der rechten Schulter gefibelte Mäntel. Beim vorderen, kahlköpfigen und bärtigen Mann, der gerade von einer Marmorbank vertrieben wird, sind zudem Schlupfschuhe und eine längere Tunika erkennbar, die er über seiner Hose trägt. Da der hintere von ihnen einen Taubenkäfig trägt, wird man in diesen beiden Männern wohl Verkäufer und Taubenhändler (vgl. Joh 2,14.16) erkennen dürfen. Die beiden bartlosen Männer, die rechts den Ochsen wegführen, stehen sicherlich für die Rinderverkäufer (vgl. Joh 2,14). Während bei der hinteren Person ein Mantelumhang erkennbar ist, ist der vordere Händler, der den Ochsen am Strick führt, mit seinen Halbstiefeln und der kürzeren Tunika, die er über seiner Hose trägt, in einfachere, zeitgenössische Gewänder gekleidet.

Durch die Linie des erhobenen Geißelstiels, der nach rechts unten zielt, wird die Richtung des Hinaustreibens aus dem Tempel angezeigt. Diese Linie wird nach oben hin durch den Käfig durchbrochen, in dem zwei Tauben sitzen, während eine dritte Taube schon ihre Flügel ausbreitet, um ihre durch Jesu Tempelreinigung bewirkte unverhoffte Freiheit zu nützen und davonzufliegen.[12] Die Hervorhebung des Taubenkäfigs dürfte auf Jesus anspielen, der sich an die Taubenhändler mit den Worten gewandt hatte: „Schafft das hier weg, macht das Haus meines Vaters nicht zu einer Markthalle!" (Joh 2,16).

Unter den Geißelhieben Jesu ist auch ein kostbarer, mit Tierfüßen verzierter und mit Leder bespannter Stuhl umgestürzt, bei dem es sich um einen Faltstuhl (faldistorium) handelt, der in der Antike Sitz der Kaiser und Magistraten war und auch im Mittelalter von weltlichen und geistlichen Autoritäten verwendet wurde.[13] Als Stuhl, der Autorität zum Ausdruck bringt, dürfte er in der Miniatur an die Schriftgelehrten erinnern, die auf dem „Stuhl des Mose" (Mt 23,2) im gleichen Tempelvorhof lehrten, in dem auch die Geschäfte abgewickelt wurden. Der umgestürzte Stuhl würde dann zum Ausdruck bringen, Jesus habe zusammen mit den Geldwechslern und Händlern auch die Autorität der Ausleger des alttestamentlichen Gesetzes aus dem Tempel hinausgeworfen.[14]

Auf einem felsgrau gestaffelten Schollengrund steht Jesus, der mit seiner linken Hand das Pallium rafft, während er mit seiner Rechten die aus Stricken gemachte Geißel schwingt. Jesus steht frei vor dem Goldhintergrund und hebt sich von den kläglich gestikulierenden Geldwechslern und Händlern durch seine Größe und seine sakrale Barfüßigkeit ab. Über einer hellblauen Tunika trägt Jesus ein rotes, an Purpur erinnerndes Pallium, dessen herrscherliche Farbe die Autorität unterstreicht, die Jesus legitimierte, den Tempel als Haus seines Vaters (vgl. Joh 2,16) zu reinigen. Der Goldhintergrund, von dem sich die Gestalt Jesu mit seinem doppelt umrandeten Kreuznimbus abhebt, verweist ebenfalls auf die göttliche Autorität Christi.

Schließlich wird die auffallend vor dem Tempelgebäude stehende Gestalt Christi zur Illustration des Wortes Jesu gegenüber den Juden (vgl. Joh 2,18), in der er sich mit den Bildworten des Abreißens und Wiederaufrichtens im Hinblick auf seinen Erlösertod und seine Auferstehung als neuer und wahrer Tempel offenbarte (vgl. Joh

2,19.21–22). Diese Dimension dürfte auch in der baldachinartigen Stilisierung des Gebäudes anklingen,[15] das sich nobilitierend über Christus, den neuen Tempel, erhebt. Geht man davon aus, dass die drei rötlichen Säulen der Tempelhalle bewusst als Porphyrsäulen gestaltet wurden, dann dürfte hier eine Anspielung auf die in Jerusalem verehrte Geißelsäule Jesu vorliegen, die ebenfalls aus Porphyr bestand. Zusammen mit der Geißel in der Hand Jesu würde dann das rötliche Porphyrgestein an die Passion Christi erinnern, die im Kreuzestod – im Abreißen des Tempels (vgl. Joh 2,19a) – und in der Auferstehung – im Wiederaufrichten des Tempels (vgl. Joh 2,19b) – gipfelte, aber schon in der Geißelung (vgl. Mt 27,26; Mk 15,15; Joh 19,1) ihren Anfang genommen und in der Reinigung des Tempels mit der Geißel ihr zeichenhaftes Vorausbild gefunden hatte.[16]

Bei der linken Porphyrsäule erscheint die erhobene rechte Hand Jesu mit der Geißel in einer Position, als würde er den darüber ansetzenden Bogen stützen und als sei Christus selbst der wirkliche Pfeiler, auf dem der Tempel ruht und ohne den das ganze Gebäude in sich zusammenbrechen würde. So steht Jesus mitten im Bogen unter dem Giebel an der Stelle des Eingangs, um auf das neue Haus zu verweisen, das er selbst als Ort der endgültigen Gottesbegegnung sein wird.[17]

Die eherne Schlange

Vierter Fastensonntag. Evangelium: Joh 3,14–21

„Wie Mose die Schlange in der Wüste erhöht hat,
so muss der Menschensohn erhöht werden,
damit jeder, der an ihn glaubt, in ihm das ewige Leben hat."
Joh 3,14–15

Im Evangelium des vierten Fastensonntags wird ein Abschnitt aus der nächtlichen Unterredung zwischen Nikodemus und Jesus vorgetragen. Nikodemus war Schriftgelehrter (vgl. Joh 3,10) und Mitglied des Hohen Rates (vgl. Joh 3,1), sah aber in Jesus einen von Gott gesandten Lehrer (vgl. Joh 3,2). Im Mittelpunkt des Gespräches steht der Glaube an den einzigen Heilsmittler Jesus, der im Auftrag des Vaters gekommen ist, um die Welt zu retten (vgl. Joh 3,17), denn „Gott hat die Welt so sehr geliebt, dass er seinen einzigen Sohn hingab, damit jeder, der an ihn glaubt, nicht zugrunde geht, sondern das ewige Leben hat" (Joh 3,16). Wer sich aber Jesus nicht vertrauensvoll anschließt, schließt sich selbst vom Heil aus und wird dies im Endgericht bestätigt finden. In den Entscheidungen, die der Mensch gegenüber Jesus, dem Licht, trifft, wird das Gericht bereits Gegenwart (vgl. Joh 3,18–21).

Das Ziel seiner Heilssendung erklärt Jesus dem Schriftgelehrten Nikodemus durch einen Vergleich mit der ehernen Schlange, die Mose in der Wüste aufgerichtet hatte (vgl. Joh 3,14–15). Als die Israeliten auf ihrer Wüstenwanderung gegen Gott aufbegehrten (vgl. Num 21,4–5), „schickte der Herr Giftschlangen unter das Volk. Sie bissen die Menschen, und viele Israeliten starben" (Num 21,6). Als sich die Leute ihrer Schuld bewusst wurden und Mose baten, bei Gott Fürsprache einzulegen (vgl. Num 21,7), erging die Weisung Gottes an Mose: „Mach dir eine Schlange und häng sie an einer Fahnenstange auf! Jeder, der gebissen wird, wird am Leben bleiben, wenn er sie ansieht" (Num 21,8). So machte Mose eine Schlange aus Kupfer, hängte sie auf, und wenn „nun jemand von einer Schlange gebissen wurde und zu der Kupferschlange aufblickte, blieb er am Leben" (Num 21,9). Das Eingreifen Gottes bestand also nicht in der Beseitigung der Schlangenplage, sondern in der Bannung des Bedrohlichen durch das Ähnliche, um durch das Anblicken der Kupferschlange die Folgen der giftigen Bisse auszusetzen.[1] Dieses Geschehen wird im Johannesevangelium als prophetischer Hinweis auf die Heilstat der Kreuzigung verstanden, indem die Aufrichtung der ehernen Schlange als Vorausbild der „Erhöhung" Jesu am Kreuz erscheint: „Und wie Mose die Schlange in der Wüste erhöht hat, so muss der Menschensohn erhöht werden, damit jeder, der (an ihn) glaubt, in ihm das ewige Leben hat" (Joh 3,14–15). Mit diesem Wort von der „Erhöhung" zeigt sich die Einheit der Erlösungstat Jesu, die in seinem Sühnetod am Kreuz beginnt und sich in seiner Auferstehung und Himmelfahrt vollendet.[2]

ALS VORAUSBILD DER KREUZIGUNG JESU wurde die eherne Schlange in der christlichen Kunst häufig dargestellt, so auch von Michelangelo Buonarroti (1475–1564) in seinen Deckenfresken der Sixtinischen Kapelle.

Obwohl er bereits als Jugendlicher bei Domenico Ghirlandaio (1449–1494) die Freskomalerei erlernt hatte, wandte sich Michelangelo ab 1489 der Bildhauerei zu und erhielt als gefeierter Skulpteur im März 1505 den ehrenvollen Auftrag, für den amtierenden Papst Julius II. (reg. 1503–1513) ein monumentales Grabdenkmal zu schaffen. Als Julius II. dieses Projekt zugunsten des im April 1506 begonnenen Neubaus der Peterskirche zurückstellte, kam es zwischen Michelangelo und dem Papst zu Verstimmungen. Schließlich wurde Michelangelo im März 1508 durch Julius II. beauftragt, das schadhaft gewordene Gewölbe der Sixtinischen Kapelle anstelle des von Pier Matteo d'Amelia (1445/48–1503/08) geschaffenen Sternenhimmels auszumalen. Michelangelo begann mit den Arbeiten noch im Spätsommer 1508 und konnte das gewaltige Werk bis zum Allerheiligenfest 1512 vollenden.[3]

Michelangelo bemalte das Gewölbe und die Lünetten mit Szenen aus der biblischen Frühgeschichte, um auch die Heilsgeschichte vor dem mosaischen Gesetz (ante legem) zu berücksichtigen, nachdem die Epoche unter dem Gesetz (sub lege) und die messianische Heilszeit (sub gratia) bereits 1481/82 in den Wandbildern zu Mose und Christus zur Darstellung gekommen waren.[4] Obwohl ihm Julius II. bei der inhaltlichen Gestaltung der Deckenbilder offenbar Freiheit gelassen hatte, dürfte das detaillierte und auf der typologischen Schriftauslegung beruhende theologische Programm sicherlich nicht von Michelangelo allein, sondern mit Unterstützung päpstlicher Theologen ausgearbeitet worden sein. Die Auseinandersetzung mit der allegorischen Exegese, die sich Michelangelo dabei aneignete, bedeutete sicherlich eine Bereicherung seiner Malkunst. Im Blick auf das Bildprogramm der Gewölbemalereien kommt der zwischen 1980 und 1992 durchgeführten Restaurierung der Lünetten- und Deckenfresken eine große Bedeutung zu, da es nach der Wiedergewinnung

Michelangelo Buonarroti, Eherne Schlange, Vatikan, Sixtinische Kapelle, um 1512, Deckenfresko.

des ursprünglichen Kolorits nun möglich ist, zusammen mit den inspirierenden theologischen Quellen – vor allem der „Concordia Novi ac Veteris Testamenti" des Joachim von Fiore (1130/35–1202) – den wahren Gehalt der Farbsymbolik zu eruieren. Michelangelos Farbenkanon orientierte sich an den 1481/82 ausgeführten Wandfresken der Cappella Sistina, deren Farbikonographie vor allem auf den Traktat „De bestiis et aliis rebus" zurückgeht, der fälschlicherweise Hugo von St. Viktor (um 1097–1141) zugeschrieben wurde.[5]

In eine Scheinarchitektur mit Kranzgesims und Pilastern fügte Michelangelo neun rechteckige Felder mit Szenen aus dem Buch Genesis von der Schöpfung bis zum Bund mit Noah (vgl. Gen 1–9) ein. Während zwischen den Gewölbekappen sieben Propheten und fünf Sibyllen die Erlösungserwartung der Menschheit bezeugen,[6] halten an den Seiten der fünf kleineren Rechteckfelder zehn Jünglingspaare (Ignudi) Bronzeschilde mit weiteren alttestamentlichen Episoden und mit Eichengirlanden, die auf das Rovere-Wappen des Papstes Julius II. verweisen.[7] In den Lünetten und auf den Kappen sind die Vorfahren Jesu dargestellt (vgl. Mt 1,1–17), die in der typologischen Allegorese der „Concordia Novi ac Veteris Testamenti" einen breiten Raum einnehmen.[8]

Die vier großen Eckzwickel zeigen Szenen, die von der Befreiung des Volkes Israel erzählen und typologisch auf das Erlösungsmysterium Christi vorausweisen, darunter auch die Erhöhung der ehernen Schlange (vgl. Num 21,7–9; Joh 3,14–15).[9] Die Malereien der Eckzwickel sind von besonderer Bedeutung für die Einheitlichkeit des theologischen Programms, da sie den Anfangs- und Endpunkt der Gewölbemalereien markieren. Die beiden Eckzwickel über der Eingangswand, die die Tötung Goliats durch David (vgl. 1 Sam 17,51) und Judit mit dem Haupt des Holofernes (vgl. Jud 13,10) zeigen, waren ganz zu Beginn der Tätigkeit Michelangelos in der Sixtinischen Kapelle entstanden. Die Estergeschichte (vgl. Est 5–7) und das Aufblicken der Israeliten zur Kupferschlange (vgl. Num 21,9) gehören dagegen zu den letzten, wohl erst 1512 von Michelangelo ausgeführten Deckenfresken in der Cappella Sistina.[10] In den vier Zwickelbildern erzählte Michelangelo nicht nur die biblische Historie dieser alttestamentlichen Ereignisse nach, sondern versuchte sie auf der Grundlage der typologischen Exegese der Kirchenväter und mittelalterlicher Theologen vor allem allegorisch auszudeuten und dies durch die kompositorische Anordnung der Personen, durch die Gebärdensprache der Figuren und nicht zuletzt durch die Farbsymbolik bildnerisch umzusetzen.[11]

Während die drei ersten Zwickelbilder noch von einer mehr realistischen und erzählerischen Form geprägt waren, setzte sich Michelangelo in seinem letzten Zwickelfresko mit der ehernen Schlange von dieser Darstellungsweise ab.[12] Diese Tendenz zeigt sich vor allem in dem eigenartigen und unrealistischen Bildmotiv der giftgrünen Schlangen, die sich in der oberen Bildmitte durch die Luft ringeln, ohne dass sie Flügel hätten.[13] Zur Deutung dieser Schlangen, die sich gegen die murrenden Israeliten nicht auf der Erde heranschlängeln, sondern von der Luft her die Köpfe von Erwachsenen und Kindern attackieren, beruft sich Heinrich Pfeiffer auf die allegorische Schrift „Vitis mystica", ein im 12. Jahrhundert verfasstes, fälschlicherweise Bernhard von Clairvaux (um 1090–1153) zugeschriebenes Werk, das Michelangelo sicherlich erst durch seine theologischen Berater bekannt geworden sein dürfte. In dieser anonymen Schrift über den mystischen Weinstock wurde auch die alttestamentliche Erzählung von der ehernen Schlange allegorisiert. Dabei ging die „Vitis mystica" von der Schlange als Sinnbild für den Satan aus (vgl. Gen 3,1.14; Offb 12,9) und deutete die Schlangen, die in der Wüste die aufbegehrenden Israeliten angegriffen hatten (vgl. Num 21,6), als teuflische Einflüsterungen (diabolicas suggestiones)[14] der bösen Geister, die nach biblischer Vorstellung zusammen mit dem Satan dem Bereich der Luft angehören, um die ihnen verfallenen Menschen von der himmlischen Welt zu trennen (vgl. Eph 2,2).[15] Da also die unter die Israeliten geschickten Schlangen die teuflischen Einflüsterungen symbolisieren, die die Menschen in Laster verwickeln und vom Glauben abbringen,[16] erscheinen die dämonischen Schlangen bei Michelangelo nicht als auf der Erde kriechende Reptilien, sondern als Wesen, die dem Bereich der Luft angehören und von dort her angreifen. Nach der „Vitis mystica" dringen die teuflischen Einflüsterungen in den Sinn (mentes) der Menschen ein und versetzen ihnen wie den Israeliten in der Wüste sofort einen tödlichen Biss, wenn sie nicht als solche erkannt werden.[17]

Auf der rechten Seite sind die Israeliten dargestellt, die von den Schlangen in einer Art und Weise angefallen, gebissen und umgebracht werden, die an die Gruppe des Todeskampfes des trojanischen Priesters Laokoon und seiner beiden Söhne erinnert.[18] Als Michelangelo um 1512 das Fresko mit der ehernen Schlange schuf, lag seine Begegnung mit der Marmorskulptur des Laokoon bereits sechs Jahre zurück. Nachdem sich Michelangelo wegen des Papstgrabmales seit März 1505 in Rom aufgehalten hatte, war am 14. Januar 1506 in den Weinbergen am Abhang des Esquilinhügels die Figurengruppe gefunden worden, worauf Julius II. den Architekten Giuliano da Sangallo (um 1445–1516) und Michelangelo zur Begutachtung des Fundes abgesandt hatte.[19] In Anlehnung an die Laokoongruppe zeigte auch Michelangelo die verschiedenen Stadien des Kampfes mit den Schlangen, die vom aktiven Abwehren über das schon passive Liegen in den letzten Zügen bis hin zum Gestorbensein reichen. Ganz unten ist ein stark untersichtig gemalter Mann, dessen hochgerafftes hellgelbes Hemd an die Farbe der Sünde erinnert, bereits am Schlangenbiss gestorben. Ganz rechts ist das schmerzverzerrte dunkle Gesicht eines älteren Mannes zu sehen, der von hinten her von einer Schlange erfasst wird, die gierig ihr Maul aufgesperrt hat, um sich ihr Opfer einzuverleiben. Links daneben fährt eine Schlange einem jungen Mann mitten ins Gesicht. Dieser Mann ist ebenso noch im Kampf mit den Schlangen begriffen wie der Israelit am linken Rand der Gruppe, um dessen Hals sich bereits gefährlich eine Schlange gewunden hat, während er mit seiner rechten Hand das Reptil abzuwehren versucht, das ihn gerade in den Arm gebissen hat. Während im oberen Bereich entsetzte Gesichter zu sehen sind, die alle mit ihren Augen die Blickrichtung zur ehernen Schlange nicht finden, sticht in der Mitte eine dritte kämpfende Gestalt heraus. Bei diesem Mann, der mit seiner Rechten eine Schlange abzuwehren versucht, fällt seine graue Hose auf, die auf die Sünde als Ursache allen Verderbens hinweist, da nach dem Traktat „De bestiis et aliis rebus" die graue Farbe des aufgewühlten Meeres für die Menschen steht, die sich von ihrer Sinnlichkeit mitreißen lassen.[20] Das wie in Feuerglut orangerot leuchtende Wams des Mannes lässt sich nach der „Vitis mystica" auf die dämonischen Geister beziehen, die den ungläubigen Menschen mit dem Brand ihrer Einflüsterungen verderben.[21]

Auf der linken Seite des Freskos ist das Aufschauen zur Kupferschlange und damit zu Christus dargestellt, das einst die Israeliten in der Wüste gerettet hat und das nun einem jeden Menschen das ewige Leben schenkt, der an Christus glaubt, der zum Heil der Welt am Kreuz erhöht wurde (vgl. Joh 3,14–15). Die Israeliten blicken zu der an einer Stange aufgehängten goldfarbenen Kupferschlange, die mit dem Kopf auch ihrerseits der Gruppe der Aufschauenden zugewendet ist. Von der ehernen Schlange aus gesehen stehen die Israeliten auf der rechten Seite, die den rettenden Glauben und das Bestehen im Gericht symbolisiert. Ein Mann trägt ein nacktes Kind auf seiner Schulter, das seine kleine linke Hand dem Kopf der ehernen Schlange wie zum Streicheln entgegenstreckt.[22] Das goldgelbe Gewand, in das der Mann gekleidet ist, symbolisiert nach dem Farbenkanon der Wandfresken von 1481/82 den in der Tugend wirksam werdenden Glauben.[23] Vorne wird eine ganz in Weiß gekleidete Frau, die bereits viermal in den Arm gebissen wurde, von einem jungen Mann aufgerichtet, um zur rettenden Kupferschlange und damit zu Christus aufschauen zu können. Gemäß der Farbensymbolik der Cappella Sistina verweist die weiß gekleidete Frau als Braut auf die Kirche, für die sich der am Kreuz erhöhte Bräutigam Christus hingegeben hat, um sie rein und heilig zu machen (vgl. Eph 5,25–27). Während das rote Gewand des Mannes, der die Braut stützt, für die göttliche Liebe steht, versinnbildlicht das grüne Band über seiner Brust die Hoffnung. Diese Tugend wird auch durch den dicht daneben stehenden bärtigen Mann symbolisiert, der einen grünen Turban trägt.[24]

Während nach der „Vitis mystica" die Laster letztlich im Unglauben gründen, so dass die Menschen Beute dämonischer Schlangen werden, wurde die Menschheit durch den am Kreuz erhöhten Christus, die wahre eherne Schlange, vom Unglauben geheilt und durch die Taufe aus der Wüste der Welt befreit.[25] Deshalb gilt es nach dem geistlichen Autor der „Vitis mystica", zum Antlitz der erhöhten ehernen Schlange, zu Christus, aufzuschauen, um von den schlimmen umschlingenden Einflüsterungen der Dämonen befreit zu werden.[26] So haben auch die Israeliten in Michelangelos Fresko ihre Augen fest auf die Kupferschlange gerichtet und stehen damit für alle Glaubenden, die zu Christus aufschauen, denn der Menschensohn muss dazu am Kreuz erhöht werden, „damit jeder, der an ihn glaubt, in ihm das ewige Leben hat" (Joh 3,15).

Die Erhöhung Jesu am Kreuz

Fünfter Fastensonntag. Evangelium: Joh 12,20–33

*„Wenn ich über die Erde erhöht bin,
werde ich alle zu mir ziehen."*
Joh 12,32

Am fünften Fastensonntag, dem Passionssonntag, richtet die Liturgie den Blick bereits auf das bevorstehende österliche Erlösungsmysterium und stellt im Evangelium den Gläubigen die letzte öffentliche Rede Jesu vor Augen, die er vor seinem Leiden in Jerusalem gehalten hat.

Den Anlass zu dieser Rede boten griechische Gottesfürchtige, die sich der jüdischen Gemeinde in lockerer Form angeschlossen hatten und nun zum Paschafest nach Jerusalem gekommen waren, um im Vorhof des Tempels Gott anzubeten (vgl. Joh 12,20). Sie wollten auch Jesus sehen und versuchten, über den griechischen Namensträger Philippus den Kontakt zu ihm herzustellen (vgl. Joh 12,21). Als Jesus dies hörte, sah er in dem sich ankündigenden Zustrom der nichtjüdischen Völker ein sicheres Zeichen dafür, dass nun seine Verherrlichung unmittelbar bevorstand (vgl. Joh 12,23), nämlich die Stunde seines Sterbens und Auferstehens sowie die Sendung des Heiligen Geistes zur Mission der Heidenvölker, für deren Berufung die Erhöhung des Menschensohnes die Voraussetzung bildet. Jesus werde bei seinem Tod am Kreuz wie ein Weizenkorn in den Boden fallen, um im Erdreich zu „sterben", aber dann in seiner Auferstehung reiche Frucht zu bringen, so wie auch aus dem aufgebrochenen Samenkorn der neue fruchttragende Halm mit seinen Ähren hervorgeht (vgl. Joh 12,24). Als Jesus über die bevorstehende Stunde seiner Verherrlichung in Kreuz und Auferstehung in seiner Seele erschüttert wurde und seinen Vater bat, er möge in allem, was nun mit ihm geschehen werde, sein innerstes Wesen aufstrahlen lassen (vgl. Joh 12,27–28), kam zur Bestätigung die Stimme vom Himmel: „Ich habe ihn schon verherrlicht und werde ihn wieder verherrlichen" (Joh 12,28). Diese Stimme des Vaters bekräftigte, wie sehr all das, was sich schon im bisherigen irdischen Leben

Jesu ereignet hat, nun auch in seiner Verherrlichung durch Tod, Auferstehung, Geistsendung und Mission geschehen wird. Der dabeistehenden Menge, die diese Stimme als Donner wahrgenommen hatte (vgl. Joh 12,29), sagte Jesus, diese Stimme habe das Gericht über die Welt und ihren Herrscher und damit die unmittelbar bevorstehende Hinüberrettung der an Jesus Glaubenden in die neue Welt Gottes angekündigt (vgl. Joh 12,30–31). Angesichts der Stunde seiner Verherrlichung verwies Jesus nun auch auf seine Kreuzigung als Beginn und Sinnbild seiner Erhöhung: „Und ich, wenn ich über die Erde erhöht bin, werde alle zu mir ziehen. Das sagte er, um anzudeuten, auf welche Weise er sterben werde" (Joh 12,32–33). Mit dem Hinziehen aller Menschen zu sich kündigte Jesus an, dass alles, was schon während seines irdischen Lebens an den Glaubenden geschehen ist, bei seiner Eröhung am Kreuz nun endgültige und universale Wirklichkeit sein wird.[1]

So meint Jesu Erhöhtwerden „über die Erde" (Joh 12,32) mehr als nur das Hinaufziehen eines Verurteilten am Kreuzbalken. Das Johannesevangelium sieht in diesem Wort ein Bild für die Erhöhung Jesu in seine Herrschaftsstellung. Das Kreuz bildet gleichsam den Thron, auf dem Jesus erhöht wird, um die Menschen aus der finsteren Todeswelt zu sich in die göttliche Welt des Lichtes und Lebens ziehen zu können,[2] und mit dieser Erhöhung am Kreuz hebt die Verherrlichung Christi an, die sich in seiner Auferstehung und in der Sendung des Heiligen Geistes vollenden wird.

DIE IN DER EINHEIT DES ERLÖSUNGSMYSTERIUMS von Kreuz und Auferstehung gründende Vorstellung, dass Christus am Kreuz erhöht ist, um gleichsam als lebender Gekreuzigter die Menschen an sich zu ziehen, ist zutiefst mit dem eucharistischen Mysterium verbunden. So verweist das apokalyptische Sinnbild des geschlachteten und zugleich lebenden Lammes (vgl. Offb 5,6.9.12) auf Christus, der als wahrer Mensch am Kreuz sein Leben als Sühneopfer in den Tod hingeben konnte, aber als auferstandener Sohn Gottes lebt, um in der Eucharistie auf den Altären der Kirche sein Erlösungsopfer zu vergegenwärtigen. Letztlich war es dieser eucharistische Zusammenhang, der im späten Mittelalter zur Entstehung des sogenannten Schmerzensmannkreuzes geführt hatte, das den Gekreuzigten als Lebenden zeigt, der seine durchnagelten Hände vom Querbalken gelöst hat und gekreuzt vor seine Brust hält, obwohl er gleichzeitig durch seine Herzwunde als bereits gestorben charakterisiert ist.

Das Schmerzensmannkreuz leitet sich vom Bildtyp des mit geöffneten Augen auf seine Wunden weisenden Schmerzensmannes ab, der oftmals als Halbfigur in

Schmerzensmannkreuz, Würzburg, Neumünster, um 1350, Holz gefasst, Höhe 220 cm.

Schmerzensmannkreuz

einer Grabkufe mit vor dem Unterleib gekreuzten Händen dargestellt ist und manchmal vom Kreuz überragt wird oder von den Leidenswerkzeugen umgeben ist. Dieser Schmerzensmann, der weder ein Grabbild noch eine Auferstehungsdarstellung ist, geht auf das im 12. Jahrhundert in der byzantinischen Kunst entstandene Bildmotiv des „Königs der Herrlichkeit" in der Grabkufe mit Leidenswerkzeugen zurück. Dieser Bildtypus hatte eucharistischen Charakter und war in byzantinischen Kirchen oft in der Apsis der linken Seitenkapelle dargestellt. In dieser „Protesis" genannten Kapelle fand die Liturgie der Opfergabenvorbereitung statt, die von der Vorstellung beherrscht war, dass sich die Königsgewalt Christi in der Erniedrigung als Opfergabe am deutlichsten zeigt und in den eucharistischen Opfergaben zum Sehen und Greifen nahe ist. Als dieses Bildmotiv Ende des 13. Jahrhunderts in den Westen gelangte, entstand der Typus des Schmerzensmannes (imago pietatis), von dem sich das Schmerzensmannkreuz nur dadurch unterscheidet, dass bei ihm die Füße Christi nicht am Boden stehen, sondern ans Kreuz geheftet sind. Die auf den Altären befindlichen Schmerzensmannkreuze dürften auch die Darstellungen der sogenannten Gregorsmesse beeinflusst haben, bei denen der Schmerzensmann auf dem Altar stehend gezeigt wurde. Dieser Typus geht auf die Überlieferung zurück, Christus sei während einer von Papst Gregor dem Großen (reg. 590–604) zelebrierten Eucharistiefeier als Schmerzensmann mit den Leidenswerkzeugen leibhaftig erschienen, um sein Blut aus der Seitenwunde in den Messkelch fließen zu lassen und auf diese Weise Zweifel an seiner eucharistischen Realpräsenz zu zerstreuen. Der Schmerzensmann, der die tödliche Herzwunde zeigt und dennoch lebt, ist der in seiner Passion erfasste Christus, der in seiner Menschennatur sterben konnte und als göttliche Person lebt. Somit verweist die Imago pietatis auf Jesus als das „lebendige Brot" (Joh 6,51), der als Auferstandener im Altarsakrament seinen Erlösertod gegenwärtig zu setzen vermag.[3]

Vom Bildtyp des gekreuzigten Schmerzensmannes gibt es drei monumentale Holzplastiken, die sich besonders im thüringisch-fränkischen Raum erhalten haben und alle um 1350 entstanden sind.[4] Eines dieser Kreuze befindet sich am nordöstlichen Seitenaltar des Oktogons der Würzburger Neumünsterkirche. Zuvor hatte es seinen Ort an einem Altar in der Kreuzgruft der Kirche gehabt.[5] Die irreal anmutende Darstellungsweise mit den vom Kreuzesholz gelösten, mit großen Nägeln nach oben weisenden Händen, dem schmerzfreien Gesicht und den geöffneten Augen eines Lebenden, der wegen seiner Herzwunde eigentlich tot sein müsste, stand ab dem 16. Jahrhundert im Widerspruch zum realitätsbezogenen Bildverständnis der neuzeitlichen Kunst. Während seit dieser Zeit zahlreiche Schmerzensmannkreuze verschwanden, blieb das Kreuz im Würzburger Neumünster erhalten, weil es dort sehr verehrt wurde und in engem Zusammenhang mit der dort von den

Gläubigen praktizierten eucharistischen Frömmigkeit stand, wie die zahlreichen Messstiftungen zeigen.[6]

Mit seiner stark gelängten Figur verweist das 2007 restaurierte Neumünsterkreuz stilistisch in die Würzburger Kunst, wie sie dort um 1350 vorherrschte. Während die mittelalterliche Farbfassung der künstlerisch qualitätvollen und ausdrucksstarken Holzplastik noch gut erhalten ist, lässt sich nur schwer entscheiden, ob das Kreuz mit seinen Kleeblattverzierungen noch ursprünglich ist. Der überlebensgroße Corpus wirkt kantig und zeigt einen dünnen Oberkörper mit schmalen eckigen Schultern und hervortretenden Rippenbögen. Die Wundmale, vor allem die Seitenwunde, sind mit kräftiger roter Farbe deutlich hervorgehoben. Das helle und in wenige Falten gelegte Lendentuch, das seitlich in Form schmaler Tuchzipfel herabfällt, reicht bis zu den Knien. Der Schurz zeigt oben einen dunkelblauen Umschlag und ist mit goldenen Blattrauten und Rosetten verziert.[7]

Zusammen mit dem ganzen Körper wendet sich auch der stark nach vorn geneigte Kopf zur traditionell privilegierten rechten Seite hin. Die Gelängtheit der gesamten Figur wird auch von der hochovalen Form des Kopfes aufgenommen. Unterhalb der separat aufgesetzten Dornenkrone ist das leicht gewellte Haar zu sehen, das über den Ohren eine weite Locke bildet. Die hohe Stirn ist von roten Blutrinnsalen überzogen, die vom Kopf über den ganzen Körper herabströmen. Die dicken Lippen des kleinen Mundes sind von einem leicht gelockten Bart umgeben, der auch das Kinn und die Wangen überzieht. Die lange Nase geht in die markant hervorgehobenen Bögen der Augenbrauen über. Das Gesicht zeigt einen entspannten, fast ein wenig heiteren Ausdruck, und die Augen sind trotz der klaffenden Herzwunde weit geöffnet.[8]

Während die übereinandergelegten Füße mit einem Nagel am Längsbalken befestigt sind, haben sich die von Nägeln durchbohrten dünnen und langen Arme des Gekreuzigten vom Querbalken gelöst. Die parallel vor dem Brustkorb übereinandergelegten Arme bleiben eng am Körper und sind in einer auffallend eckigen Weise abgeknickt. Die leichte Rechtswendung der gesamten Figur wird auch durch die Armhaltung unterstrichen, da die linke Hand fast den rechten Ellenbogen zu erreichen scheint und der linke Arm etwas unter dem rechten liegt, so dass sich dadurch die rechte Schulter etwas erhöht. Von den roten Wunden der übergroßen Hände, in denen zwei riesige Nägel stecken, gehen eher wenige Blutrinnsale aus, ähnlich wie bei der Fußwunde.[9]

Die Armgeste, die den oftmals überkreuzten Armen des Schmerzensmannes gleicht, bildet das wichtigste Charakteristikum der Schmerzensmannkreuze. Obwohl Walter Passarge (1898–1958) bereits 1924 die Nähe der Schmerzensmannkreuze zum zeitgleich auftretenden Bildtypus der spätmittelalterlichen Imago pietatis erkannte,[10] fand die Replik des Kölner Kunsthistorikers Egid Beitz (1880–1932) große Zustimmung, der die Armgeste als umarmend deutete und auf mystische Erfahrungen zurückzuführen versuchte, besonders auf die Vision des vor dem Bild des Gekreuzigten betenden Bernhard von Clairvaux (um 1090–1153), zu dem sich Jesus zur Umarmung (amplexus) vom Kreuz gelöst und herabgeneigt habe.[11] Dennoch lässt sich die Armgeste nicht als mystische Umarmung zwischen Christus und der ihn liebenden Seele deuten, da sich Jesus in den Schmerzensmannkreuzen mit seinen eng am Körper anliegenden Armen und seinen nach oben zeigenden Händen nicht zur Umarmung herabbeugt und auch keinen Kontakt zu einem Gegenüber oder zu seiner Umgebung aufnimmt.[12] Vielmehr hat sich das Schmerzensmannkreuz, wie Christian Hecht darlegen konnte, „einfach als vollplastische Erweiterung aus der Imago pietatis entwickelt" und zeigt Christus als lebenden Toten, „der sich am Kreuz geopfert hat und nun immer wieder im Opfer der Messe gegenwärtig wird".[13] Dieser Schmerzensmann wurde in der spätmittelalterlichen Kunst Westeuropas zu einem der wichtigsten eucharistischen Bildthemen, denn „keine andere Darstellungsweise konnte besser den geopferten Leib Christi in überzeitlicher und dennoch realistischer Weise verbildlichen"[14].

So stellt auch der Würzburger Neumünsterchristus den Gekreuzigten als lebendes Opfer dar und verweist damit eindringlich auf das Mysterium des eucharistischen Sakramentes, das am Altar unter dem Schmerzensmannkreuz gefeiert und verehrt wurde. Wie die konsekrierte Hostie äußerlich unbelebt erscheint und doch den lebendigen Christus enthält, so zeigt auch der Neumünsterchristus den Gekreuzigten, der lebt und auf dem Altar gegenwärtig ist, um in der Hostie angebetet zu werden und in der Messfeier den Lebenden und Verstorbenen die Früchte des eucharistischen Opfers zuzuwenden.[15] Auch wenn die Gebärde der vom Kreuz gelösten Arme des gekreuzigten Schmerzensmannes nicht auf eine mystische Liebesumarmung zurückzuführen ist, so erinnert sie dennoch an die Liebe Jesu, der am Kreuz erhöht alle an sich ziehen wird (vgl. Joh 12,32). Die Liebe aber, mit der der Gekreuzigte alles an sich zu ziehen vermag, besteht in der Eucharistie, in der sein Kreuzesopfer sakramental gegenwärtig wird, und diese Liebe zeigt sich wiederum im Bild des gekreuzigten Schmerzensmannes, der geopfert ist und lebt, um sich eucharistisch der sündigen Menschheit zuzuwenden und sie so zu Umkehr und Gegenliebe zu bewegen[16] und damit an sich zu ziehen (vgl. Joh 12,32).

Jesu Einzug in Jerusalem

Palmsonntag. Evangelium: Mk 11,1–10

*„Viele breiteten ihre Kleider auf der Straße aus;
andere rissen auf den Feldern Zweige von den Büschen ab
und streuten sie auf den Weg."
Mk 11,8*

Die Heilige Woche des Leidens, Sterbens und Auferstehens Jesu beginnt mit dem Palmsonntag, der an den Einzug Jesu in Jerusalem erinnert. Das Evangelium, das bei der Palmprozession vorgetragen wird, zeigt Jesus als den verheißenen Messias, dessen Esel an einem Weinstock festgebunden ist (vgl. Gen 49,11) und der als Friedenskönig auf einem Esel reiten wird (vgl. Sach 9,9). So berichtet das Evangelium, wie Jesus zwei seiner Jünger in der Nähe des Ölberges in ein Dorf vorausschickte, um einen angebundenen jungen Esel, auf dem noch nie ein Mensch gesessen hat, loszubinden und zu Jesus, dem „Herrn" (Mk 11,3), zu bringen (vgl. Mk 11,1–6). Die Jünger „brachten den jungen Esel zu Jesus, legten ihre Kleider auf das Tier, und er setzte sich darauf" (Mk 11,7). Dass sich in Jesus die Hoffnungen erfüllten, die sich an das Königreich Davids knüpften, wird in den Handlungen und in den Huldigungsrufen der Menschenmenge von Jerusalem deutlich, die dem in die Stadt einreitenden Jesus entgegenzog. Viele von ihnen „breiteten ihre Kleider auf der Straße aus; andere rissen auf den Feldern Zweige von den Büschen ab und streuten sie auf den Weg" (Mk 11,8). Die Leute, die vor Jesus hergingen und ihm folgten, stimmten den Lobpreis des Psalmes 118,25–26 mit dem „Hosanna" (Mk 11,9.10) an, das wörtlich „Hilf doch!" bedeutet: „Hosanna! Gesegnet sei er, der kommt im Namen des Herrn! Gesegnet sei das Reich unseres Vaters David, das nun kommt. Hosanna in der Höhe!" (Mk 11,9–10).[1]

Das bis in die frühchristliche Zeit zurückreichende Bildmotiv des auf dem Esel in Jerusalem einziehenden Jesus erfreute sich im italienischen Trecento in den Bilderzyklen zum Leben Jesu besonderer Beliebtheit, wie ein Fresko des Sieneser

Malers Pietro Lorenzetti (um 1280–1348) in der Grabeskirche des hl. Franziskus (1182–1226) in Assisi zeigt.

Das Leben des Pietro Lorenzetti ist nur wenig greifbar, da seine Existenz dem Kunsthistoriographen Giorgio Vasari (1511–1574) unbekannt war. Pietro Lorenzetti wurde um 1280 in Siena geboren und starb zusammen mit seinem jüngeren Bruder Ambrogio Lorenzetti (geb. um 1290) um 1348, als die große Pest wütete. Wie sein Bruder bewunderte auch Pietro Lorenzetti die damals immer mehr ins Bewusstsein rückenden Vorbilder der Antike. Während er von Duccio di Buoninsegna (1250/60–1318/19), dem Begründer der Sieneser Malschule, viele Bildmotive entlehnte, war Pietro Lorenzetti auch vom Pathos des Bildhauers Giovanni Pisano (geb. um 1266, gest. um 1318) geprägt. Von Giotto di Bondone (1266–1337) lernte Pietro Lorenzetti die perspektivische Verkürzung und die räumliche Darstellungsweise.[2]

Das Fresko mit dem Einzug Jesu malte Pietro Lorenzetti im südlichen Querschiffgewölbe in der Unterkirche San Francesco von Assisi als Teilbild eines groß angelegten Freskenzyklus, der erstmals 1864 durch Giovanni Battista Cavalcaselle (1819–1897) diesem Maler zugeschrieben wurde. Nachdem man die Fresken erstmals 1738 restauriert hatte, erfuhren sie 1963 durch das römische Istituto Centrale del Restauro eine erneute Reinigung. Lorenzettis Bilderfolge muss vor den politischen Umstürzen fertiggestellt worden sein, die 1319 zur Vertreibung der Welfen aus Assisi und zur Errichtung der ghibellinischen Gewaltherrschaft unter Muccio di Ser Francesco geführt hatten. Während Lorenzetti im nördlichen Querhaus Szenen aus der Kindheitsgeschichte Jesu darstellte, malte er in das Südquerhaus einen Passionszyklus, der mit dem Einzug Jesu in Jerusalem beginnt und mit der Auferstehung Christi endet.[3]

Das reich bewegte und farbenfrohe Wandbild mit dem Palmsonntagsgeschehen zeigt Anklänge an die einprägsam formulierte Bildtafel mit dem Einzug Jesu, die Duccio um 1308/11 für die Rückseite des großen Altarretabels der „Maestà" für den Dom von Siena geschaffen hatte. Duccios zentralem Bildmotiv mit der Straße, auf der sich Jesus der Stadt nähert, schloss sich Lorenzetti aber nicht an, sondern zeigte eine weit auseinandergezogene, von Jesus angeführte Jüngergruppe, die links aus der Tiefe des Bildhintergrundes am felsigen Ölberg vorbei zum Stadttor Jerusalems zieht, aus dem die Menschenmenge herausströmt.[4]

Angesichts der dunklen Unterkirche von San Francesco gab Lorenzetti das homogene Kolorit Duccios zugunsten kräftiger Buntfarben auf, damit der Betrachter die dargestellte Szenerie gut erkennen kann. So fügte Lorenzetti in der Architektur und bei den Gewändern schimmerndes Gold ein und malte auch die Bauten Jerusalems mit bunten, teilweise schrillen Farben. Über einem strahlend blauen Himmel

Pietro Lorenzetti, Einzug Jesu in Jerusalem, vor 1319, Fresko im Südquerhaus der Unterkirche von San Francesco, Assisi.

erhebt sich hinter der rötlichen und mit einem weißen Zinnenkranz versehenen Stadtmauer ein mittelalterliches Architekturensemble, das mit erzählerischen und das Auge erfreuenden Motiven ausgeschmückt ist. Dabei wechselte Lorenzetti auch den perspektivischen Blickwinkel ab, um der bereits durch die Farben hervorgerufenen Lebendigkeit des Bildes eine zusätzliche Bewegtheit zu verleihen. Auf der rechten Seite versah Lorenzetti die sogenannte Goldene Pforte mit einem kräftigen himmelblau grundierten goldenen Sternenhimmel und verzierte sie außen mit einem antikisierenden Relief, das eine Frau zeigt, die sich einem Mann nähert, der sich in heroischer Nacktheit auf einen Speer stützt.[5] Die über dem Stadttor sitzenden und fliegenden Vögel erinnern an die Vogelpredigt des Franziskus, in der sie der Heilige dazu aufgefordert hatte, ihren Schöpfer besonders zu lieben und zu loben.[6] Wie das Stadttor ist links daneben auch der gotische, in hellroten Farben gehaltene Palast untersichtig gemalt, der an der oberen Fassade und im Balkon mit goldenen Schilden verziert ist. Auch der ganz links dargestellte rotfarbige gotische Campanile mit seinen gedrehten Marmorsäulen ist in Untersicht gegeben. Dagegen ist der aus weißem Marmor erbaute, mehrseitige gotische Zentralbau zwischen dem Campanile und dem Palast in Aufsicht gezeigt und dürfte zeitgenössische oder auch historische Vorbilder gehabt haben. Wie schon bei Duccio erinnert dieser Zentralbau an den Tempel von Jerusalem, wobei immer auch eine Assoziation an die Rotunde der Jerusalemer Grabeskirche mitschwingt.[7]

Unterhalb des Tempelgebäudes ist Jesus zu sehen, wie er auf einer Eselin reitet, neben der noch das Fohlen herläuft, das im Matthäusevangelium erwähnt wird (vgl. Mt 21,7). Jesus erscheint trotz des figurenreichen Ambientes etwas distanziert und hebt sich mit seinem größeren, kreuzförmigen Nimbus von den Aposteln hinter ihm ab, die untereinander diskutieren. Mit goldverzierten Gewändern zieht Jesus in würdevoller Isolation als „Herr" (Mk 11,3) seiner Stadt entgegen. Von seinem Haupt fallen lange blonde Haare herab. Als Erlöserkönig trägt Jesus das rote Untergewand seiner opferbereiten Hingabe, während sein blauer Mantel auf seine göttliche Sendung „im Namen des Herrn" (Mk 11,9) verweist. Jesu Würde kommt auch durch das mit einer Goldborte gesäumte rote Gewand zum Ausdruck, das man auf das Reittier gelegt hat (vgl. Mk 11,7). In seiner linken Hand führt Jesus die Zügel, die aus zwei zusammengeknüpften Stricken bestehen, so wie es in den franziskanischen „Meditationes vitae Christi" hervorgehoben wurde, die in der ersten Hälfte des 14. Jahrhunderts in Mittelitalien entstanden waren. In dieser Erbauungsschrift wurde der Leser aufgerufen, Jesus zu betrachten, wie er trotz seiner königlichen Würde auf einem Reittier ohne Zaumzeug, goldprunkenden Sattel und Seidenschabrake einzieht, nur auf einer Satteldecke aus Kleidern sitzend, mit einem Zügel aus zwei Stricken in der Hand.[8]

Von der roten Stadtmauer hebt sich deutlich die rechte Hand Jesu ab, die er im lateinischen Segensgestus erhoben hat, bei dem die drei ausgestreckten Finger auf die Dreifaltigkeit verweisen und die beiden zurückgebogenen Finger die zwei Naturen Christi symbolisieren.[9] Die beiden ausgestreckten Finger – der dritte erhobene Finger des Daumens ist durch den Blick auf den Handrücken verdeckt – bilden eine vertikale Linie, die Jesus mit dem Tempelgebäude verbindet, das die Verheißung Jesu unterstreichen dürfte, in Jerusalem den „Tempel seines Leibes" (Joh 2,21) zum Heil der Menschen hingeben zu wollen.

Auf dem Gesicht Jesu, der blondes Haupt- und Barthaar trägt, erscheint ein ernster, fast trauriger Blick, der sich auf die aus Jerusalem herausströmende Menge richtet. Nach den „Meditationes vitae Christi" habe sich nämlich unter die allgemeine Freude auch das Weinen Christi über das verstockte und deshalb dem Untergang geweihte Jerusalem gemischt, wie es das Lukasevangelium beim Einzug Jesu berichtet: „Als er näher kam und die Stadt sah, weinte er über sie und sagte: Wenn doch auch du an diesem Tag erkannt hättest, was dir Frieden bringt. Jetzt aber bleibt es vor deinen Augen verborgen. Es wird eine Zeit für dich kommen, in der deine Feinde rings um dich einen Wall aufwerfen, dich einschließen und von allen Seiten bedrängen. Sie werden dich und deine Kinder zerschmettern und keinen Stein auf dem andern lassen; denn du hast die Zeit der Gnade nicht erkannt" (Lk 19,41–44). So forderten die „Meditationes vitae Christi" den betrachtenden Leser auf, mit Jesus zu weinen, der in aufrichtigem Mitleid über das gefährdete ewige Seelenheil der Bewohner Jerusalems geweint habe.[10]

Die nimbierten Apostel, die links vom Ölberg her Jesus folgen, sind auf ihrem Weg miteinander im Gespräch begriffen. Der Grund für die Diskussion dürfte darin liegen, dass sie sich, wie das Johannesevangelium berichtet, über den Sinn der Worte des Propheten Sacharja (vgl. Sach 9,9) ausgetauscht hatten: „Jesus fand einen jungen Esel und setzte sich darauf – wie es in der Schrift heißt: Fürchte dich nicht, Tochter Zion! Siehe, dein König kommt; er sitzt auf dem Fohlen einer Eselin. Das alles verstanden seine Jünger zunächst nicht; als Jesus aber verherrlicht war, da wurde ihnen bewusst, dass es so über ihn in der Schrift stand und dass man so an ihm gehandelt hatte" (Joh 12,14–16). Bis auf die beiden Jünger, die ganz am Ende der Gruppe zum fernen Stadttor blicken, neigen die übrigen Apostel ihre Köpfe im Gespräch einander zu.[11] Als erster Jünger folgt Petrus dem voranreitenden Jesus, der an seinem kurzen weißen Haupt- und Barthaar erkennbar ist. Während sein goldgelber Mantel auf die Heiligkeit verweist, zeigt ihn sein blaues Untergewand als Nachfolger Aarons und damit als Hohenpriester des Neuen Bundes (vgl. Ex 28).[12] Petrus blickt mit tadelnder Miene zu Judas Iskariot, der durch ein glattes Gesicht und einen verkniffenen Blick charakterisiert ist. Judas besitzt als einziger Apostel keinen Heiligenschein und ist zudem durch seinen auffallend hellroten Mantel von der Gruppe der übrigen Jünger isoliert. Der rechts von ihm stehende Apostel ist deutlich von Judas abgewendet und blickt zu dem Felsen hinauf, auf dem zwei Kinder zu sehen sind, die von einem Olivenbaum Zweige abbrechen und einsammeln.[13] Die beiden bartlosen Jünger könnten die Apostel Johannes und Philippus sein.

Noch individueller als die Apostel sind rechts die Einwohner Jerusalems erfasst, so dass es teilweise nicht leicht fällt, einige der dargestellten Figuren zu bestimmen und zu verstehen, was die einzelnen Personen bewegt. Sicherlich versuchte Lorenzetti in seiner figurenreichen Komposition, die im Matthäusevangelium überlieferte Erregung ins Bild zu fassen, die der Einzug Jesu in der ganzen Stadt ausgelöst hatte (vgl. Mt 21,10–11).[14] Die drei älteren männlichen Personen mit den auffallend langen Bärten dürften zu den Führern des Volkes gehören, die Jesus ablehnten. Zwei von ihnen stehen vor dem Stadttor, während der Dritte gerade hindurchschreitet. Augustinus (354–430) erinnerte in seiner Erklärung zum Johannesevangelium daran, welche Pein es für die Hohenpriester gewesen sein muss, als Jesus durch die Menge zu ihrem König ausgerufen wurde.[15] Der linke, mit einem goldgesäumten blauen Mantel bekleidete Langbärtige hat entrüstet seine linke Hand erhoben und wendet sich zu einem in weißes Tuch gehüllten Mann um, der ihm fragend ins Gesicht blickt, während er ihm seine Hand auf die Schulter gelegt hat. Der rechte Langbärtige trägt ein hellgrünes mit Goldborten verziertes Gewand und zeigt mit dem Daumen seiner rechten Hand auf die Volksmenge. Er diskutiert mit zwei anderen Männern und kann offenbar den in Rückenansicht gezeigten jungen, bartlosen Mann nicht überzeugen, da dieser bereits seinen linken Arm erhoben hat, um seinen hellen Mantel auszuziehen und ihn ebenfalls vor Jesus auszubreiten. Der Lorbeerkranz in seinem Haar dürfte ein Zeichen dafür sein, dass der junge Mann zu den Erwählten gehört, die zum Glauben kommen konnten.[16]

Neben dem dritten Langbärtigen im Stadttor ist eine junge blonde Frau mit einer goldenen Strahlenkrone zu sehen, die vom Geschehen um Jesus wegblickt und sich nach links ihrem bartlosen Nachbarn zuwendet. Nach Wolfram Prinz (1929–2011) dürfte diese sich von Jesus abwendende Frau die Stadt Jerusalem verkörpern, über deren Verstocktheit Christus bei seinem Einzug geweint hatte (vgl. Lk 19,41–44),[17] ein Gesichtspunkt, der auch in den „Meditationes vitae Christi" besonders hervorgehoben wurde.[18] Als Gegenstück zur Personifikation des irdischen Jerusalem erscheint links hinter einem rotgewandeten bärtigen Mann eine junge blonde Frau mit einem goldenen Lorbeerkranz und einem Palmzweig. Sie blickt aufmerksam zu Jesus und verkörpert die Schar der Gläubigen, die nach Augustinus mit Palmzweigen gekommen sind, um Jesus bei seiner Ankunft zu begrüßen und ihn freudig zu lobpreisen.[19]

Rechts neben dem Mann im roten Gewand, der seinen Glauben ebenfalls durch einen Palmzweig zum Ausdruck bringt, sind zwei reich gekleidete Mädchen zu sehen, die dem Messiaskönig zu seinem Einzug – übrigens als Einzige unter den dargestellten Personen – das Hosanna singen. Das rechte Mädchen hat seine Rechte auf die Schulter des anderen Kindes gelegt und reicht ihm einträchtig die linke Hand, so dass das linke Mädchen beide Palmzweige in seiner Rechten hält, weil das rechte Kind keine Hand frei hat. Links sind auf dem Felsen vor der Stadtmauer zwei in rote Tuniken gekleidete Kinder zu sehen, die von einem Ölbaum Zweige abbrechen und für die Huldigung Jesu sammeln. Auch ganz rechts ist ein Erwachsener zu sehen, der sich nach oben reckt, um von einem weiteren Olivenbaum ebenfalls Zweige zu brechen. Unter dem Reittier Jesu liegen bereits zahlreiche Ölzweige, die von der Menge dem Messiaskönig „auf den Weg" (Mk 11,8) gestreut wurden. Unmittelbar vor dem reitenden Jesus hat ein hellrot gekleidetes Mädchen einen Mantel ausgebreitet, der bereits von den Vorderbeinen der beiden Esel betreten wird. Die heftige Gebärde dieses Mädchens wird hinter ihr von drei Jugendlichen aufgenommen, die ebenfalls mit aufgeregten Gesten dabei sind, ihre Mäntel auszuziehen, um sie Jesus zu Füßen zu legen. Zwischen diesen drei Jugendlichen ragt der Kopf eines kleineren Kindes hervor, das einen Palmzweig hält und so dargestellt ist, als würde es durch einen Spalt zwischen Vorhängen einer Bühne hervorschauen.[20]

Lorenzettis Fresko mit dem Einzug Jesu in Jerusalem gehört aufgrund der ausgesprochenen Lebhaftigkeit seiner detailreichen Schilderung sicherlich zu den herausragenden Leistungen der Sieneser Malschule. Das Erzählen gerät Lorenzetti teilweise sogar etwas außer Kontrolle, wenn man berücksichtigt, dass Jesus angesichts der sich vor ihm aufbauenden Menge eigentlich gar keine Möglichkeit mehr hat, um seinen Weg fortzusetzen. Dennoch besticht das Bild mit seinem Erfindungsreichtum, der gerade in den Bewegungsmotiven zu überzeugen vermag.[21] Das Fresko bietet dem Betrachter zahlreiche Anregungen, um sich in die „Pueri Hebraeorum" hineinzuversetzen, von denen die lateinische Palmsonntagsantiphon singt, dass sie mit Ölzweigen Jesus entgegengingen, ihre Kleider vor ihm ausbreiteten und ihn mit Hosannarufen als Sohn Davids und als Gesegneten priesen, der im Namen des Herrn kommt.[22]

Die Verratsansage und die Fußwaschung

Gründonnerstag – Abendmahlsmesse. Evangelium: Joh 13,1–15

„Es fand ein Mahl statt, und der Teufel hatte Judas,
dem Sohn des Simon Iskariot, schon ins Herz gegeben,
ihn zu verraten und auszuliefern."
Joh 13,2

Mit dem Gründonnerstag beginnt die liturgische Feier der drei heiligen Tage des österlichen Erlösungsmysteriums. Bei der Schilderung des Abschiedsmahls berichtet das Johannesevangelium, dass Jesus zu Beginn seinen Jüngern die Füße wusch (vgl. Joh 13,1–20). Im Zeichen des Sklavendienstes der Fußwaschung wird das Kommende schon gegenwärtig und als Weg der Liebe gedeutet, der „bis zur Vollendung" geht (Joh 13,1). Während der Fußwaschung hatte Jesus bereits den Verrat des Judas angedeutet (vgl. Joh 13,2.11.18), um dann anschließend den Verräter in aller Klarheit zu bezeichnen (vgl. Joh 13,21–30).

Im spätantiken Codex purpureus Rossanensis sind die beiden Szenen der Fußwaschung und des Abendmahls nebeneinander auf einer Bildseite dargestellt. Diese Handschrift wurde um 550 in einem syrischen Kloster oder auch in Konstantinopel angefertigt und weist durch die Purpurfärbung des Pergaments und die großzügige Verwendung von Gold vielleicht sogar auf einen kaiserlichen Auftraggeber hin. Durch Mönche, die im 7. Jahrhundert vor arabischen Invasoren geflohen waren, könnte der Codex nach Rossano in Kalabrien gelangt sein. Der nicht mehr vollständige Purpurcodex enthält das Matthäusevangelium, einen Teil des Markusevangeliums und einen Brief des Bischofs Eusebius von Caesarea (260/64–339/40), wobei auch acht Blätter mit insgesamt vierzehn Miniaturen erhalten sind. Fast alle Miniaturen zeigen im unteren Teil vier Propheten, die hinter einem schrägen Rednerpult mit erhobenen Armen auf die in der oberen Hälfte dargestellten neutestamentlichen Szenen hinweisen.[1]

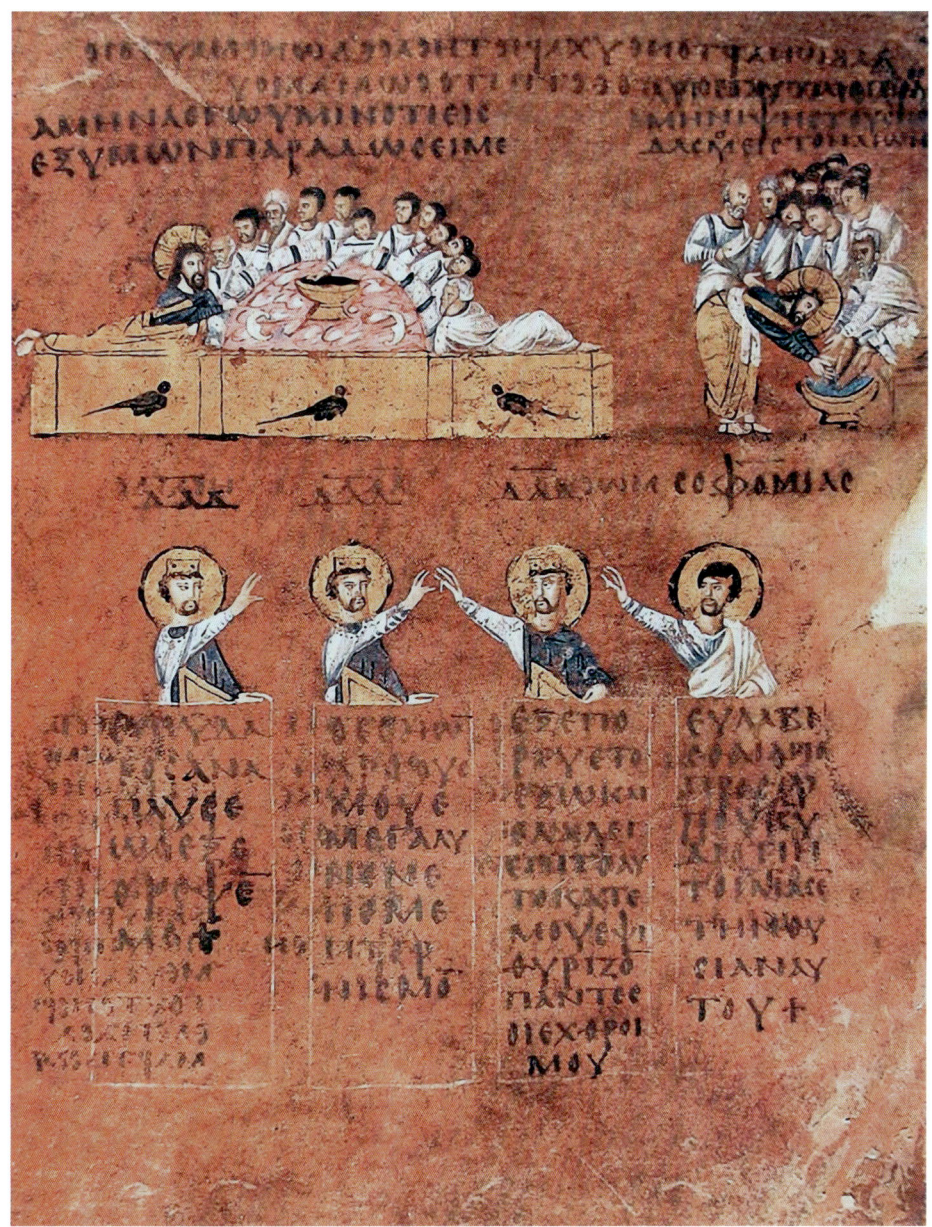

Verratsansage und Fußwaschung beim Abendmahl, Codex purpureus Rossanensis, Gregory-Aland 42, fol. 3r, um 550, Deckfarbenmalerei auf Pergament mit Goldverwendung, 31 × 26 cm (Blattgröße), Rossano, Museo Diocesano.

Die Komposition der Bildseite mit der Fußwaschung und dem Abendmahl ist der Liturgie des Gründonnerstags zugeordnet[2] und steht unter dem Eindruck des Verrats durch Judas, während die eucharistische Bedeutung des Abendmahls auf den nachfolgenden Bildseiten mit der Kommunion der Apostel entfaltet wird.[3]

Unter den beiden Gründonnerstagsszenen sind dreimal König David sowie der Prophet Zefanja mit jeweils einem Schriftfeld dargestellt. Die alttestamentlichen Sprüche stehen für die prophetischen Vorhersagen, die sich am Abend des Gründonnerstags erfüllt haben. Die ausgewählten Schrifttexte zeigen, dass auch der Verrat des Judas vom göttlichen Heilsplan umschlossen ist. Mit ihren pathetisch ausgestreckten Armen zeigen die zwei linken und die zwei rechten Figuren wie Redner auf einer Bühne jeweils auf das gegenüberliegende Gründonnerstagsbild über ihnen. Mit dieser Überkreuzung von Texten und Bildern erhöht sich die kompositorische Spannung der Bildseite, um dem Betrachter das liturgische Geschehen des Gründonnerstags eindringlich vor Augen zu führen.[4]

Der dreimal durch Krone und Kleidung als König ausgewiesene David erscheint als Verfasser der alttestamentlichen Psalmen, in denen der Judasverrat prophetisch angekündigt wurde. Im ersten Schriftfeld auf der linken Seite wird der Psalm des guten Hirten zitiert, in dem sich der Beter durch Gott zum Ruheplatz am Wasser geführt weiß (vgl. Ps 23,2).[5] Mit diesem Psalmvers, der in der Exegese der Kirchenväter häufig auf die Taufe bezogen wurde, zeigt David auf die Szene der Fußwaschung, so dass diese Zeichenhandlung als eine Art Taufe erscheint, die auf das Abendmahl vorbereitet.[6] In der zweiten Schriftsäule, die sich ebenfalls auf die Fußwaschungsszene bezieht, wird David jener Vers aus dem Psalm 41 in den Mund gelegt, mit dem auch Jesus nach der Fußwaschung den Verräter als Tischgenossen bezeichnet hatte (vgl. Ps 41,10): „Einer, der mein Brot aß, hat mich hintergangen" (Joh 13,18).[7] Das dritte Schriftfeld legt David erneut einen Vers aus dem Psalm 41 in den Mund, der sich typologisch auf den von seinem Verräter Judas verfolgten Jesus bezieht. So betet Christus als der Verfolgte: Der Feind „geht […] hinaus und redet", und alle Feinde „tuscheln über mich […]" (Ps 41,7–8).[8] Der vierte alttestamentliche Prophet ganz rechts ist Zefanja, der wie die Apostel gekleidet ist und nach links auf die ihm gegenüber dargestellte Abendmahlsszene zeigt. Angesichts des bereits gegenwärtigen Eingreifens Gottes ruft Zefanja mit seinen in der Schriftsäule zu lesenden prophetischen Worten zum kultischen Schweigen auf: „Schweigt vor Gott, dem Herrn! […] der Herr hat ein Schlachtopfer vorbereitet […]" (Zef 1,7).[9] Die Rede vom Opfermahl, das Gott vorbereitet hat, verweist auf das Abendmahl und leitet damit zu den beiden im oberen Register dargestellten Gründonnerstagsszenen über.

Die linke Miniatur zeigt das Abendmahl nach dem Bericht des Markusevangeliums (vgl. Mk 14,12–25). Gemäß der in der östlichen Ikonographie üblichen Darstellungsweise hat Jesus mit seinen zwölf Aposteln um einen halbkreisförmigen Tisch liegend Platz genommen (vgl. Mk 14,15). Auf der hellviolett marmorierten und rechts und links mit zwei Intarsien verzierten Tischplatte[10] steht in der Mitte eine große, goldene Schüssel. Um die Tischplatte zieht sich ein weißes, wulstartiges Kissen mit roten Tupfen und blauen Streifen herum, auf das einige der Apostel ihre Arme stützen. Die Bank, auf der die Jünger zu Tische liegen, erscheint zusammen mit der goldverkleideten Frontseite als durchgehendes Podest, auf dem drei schwarze Vögel mit flatternden roten Halsbändern zu sehen sind. Christus wird durch einen großen goldenen Kreuznimbus hervorgehoben und nimmt links den Ehrenplatz ein, der zugleich der Platz des Hausherrn ist. Der bärtige, langhaarige Jesus ragt mit seinen Sandalen über die Bank hinaus und stützt sich, fast auf dem Bauch liegend, auf seinen linken Arm. Er trägt eine lange purpurviolette Tunika und ein golddurchwirktes Pallium, das den rechten Arm frei lässt, den er redend erhoben hat. Die Apostel ruhen an der rundgebogenen Rückseite des Tisches, während die Vorderseite für das Auf- und Abtragen der Speisen frei bleibt. Über einem weißen Pallium tragen die zwölf Apostel hellblau schattierte Tuniken mit dunklen Zierstreifen. Von den Jüngern, die fast alle auf Jesus schauen, sind nur Arm, Oberkörper und Kopf zu sehen. Nur Petrus, der gegenüber Jesus an der rechten Ecke den zweiten Ehrenplatz einnimmt, ist ganzfigurig dargestellt. Mit dem rechts neben Jesus (vgl. Joh 13,23) unüblicherweise als Greis dargestellten Johannes wollte der Maler wohl zeigen, dass der Apostel sein Evangelium als alter Mann geschrieben hat. Der dritte Apostel auf der linken Seite ist Andreas, der durch seinen weißgrauen Haarschopf individuell gekennzeichnet ist. Jesus verweist im Redegestus mit seiner rechten Hand auf die goldene Schüssel in der Mitte des Tisches, während das zweizeilige griechische Schriftzitat über der Szene die Worte Jesu wiedergibt: „Amen, ich sage euch: Einer von euch wird mich verraten […]" (Mt 26,21; Mk 14,18). Diese Verratsankündigung wird von Judas aufgenommen, der schräg gegenüber Jesus und inmitten der übrigen Jünger als sechster Apostel von links am Tisch liegt. Der bartlose, mit jugendlichen Zügen und schmächtiger Statur dargestellte Judas beugt sich gerade vor und taucht mit seiner Rechten in die Schüssel, nachdem Jesus seinen Verräter auf diese Weise entlarvt hatte: „Der, der die Hand mit mir in die Schüssel getaucht hat, wird mich verraten" (Mt 26,23). Da nach der synoptischen Überlieferung die Verratsankündigung und die Bezeichnung des Verräters vor dem eucharistischen Mahl stattgefunden haben (vgl. Mt 26,20–29; Mk 14,17–25), so dass sich auch noch nicht die sakramentalen Gaben von Brot und Wein auf dem Tisch befinden, dürfte die goldene Schüssel für das Gefäß mit dem dicken Fruchtmus stehen, in das beim Paschamahl nach dem ersten Becher die Kräuter eingetaucht wurden.[11]

Die Verratsankündigung bildet auch in der johanneisch überlieferten Fußwaschung die Peripetie (vgl. Joh 13,21–30). Wie Judas nach der synoptischen Überlieferung Teilnehmer des Abendmahls gewesen ist, so hat Jesus auch im Johannesevangelium dem Verräter den Liebesdienst der Fußwaschung erwiesen, ebenso wie dem Petrus, der dann seinen Herrn verleugnen sollte.[12] Ähnlich wie in der Abendmahlsszene ist Jesus auch in der rechts dargestellten Fußwaschungsszene im Kreis seiner Apostel zu sehen. In dieser Miniatur trägt Jesus erneut einen goldenen Kreuznimbus, Sandalen und einen goldenen Mantel über einer purpurvioletten Tunika. Gemäß dem Bericht des Johannesevangeliums ist Jesus mit einem weißen Leinentuch umgürtet, ohne aber sein Gewand abgelegt zu haben, wie es der Schrifttext eigentlich fordert (vgl. Joh 13,4). Jesus steht am linken Rand der Gruppe der Jünger, deren Blicke und Gesten ganz auf ihren Herrn und Meister (vgl. Joh 13,13) gerichtet sind. Jesus beugt sich mit seinem Oberkörper tief und fast waagerecht bis in die Mitte der Bildszene hinein, die zusätzlich durch seinen übergroßen Kreuznimbus hervorgehoben ist. Jesu Hände greifen nach unten aus, wo eine goldene Waschschüssel am Boden steht, die in Form, Farbe und Größe dem Gefäß auf dem Abendmahlstisch ähnelt.[13] Während der Nimbus auf Christi Göttlichkeit und die prächtigen Gold- und Purpurgewänder auf Jesu königliche Würde verweisen, zeigt sich in der stark gebeugten Körperneigung die Selbsterniedrigung des Erlösers (vgl. Phil 2,5–11) in fast emblematischer Weise. Auf diesen demonstrativ gebeugten Rücken Jesu sind die Blicke aller Apostel gerichtet; nur Petrus, der Jesus direkt gegenübersitzt, sieht auf die Hände seines Meisters, der ihm die Füße wäscht.[14]

Hinter Jesus stehen die Jünger, die mit ihren weißen Tuniken und Pallien wie in der Abendmahlsszene gekleidet sind. Während die Gestalt des Judas nicht hervorgehoben ist, heben sich links zwei ältere, grauhaarige Jünger von der dicht gedrängten Gruppe der Apostel mit ihren schwarzen Haaren ab. Ganz links steht der Lieblingsjünger Johannes, der wie im Abendmahlsbild mit kahler Stirn als hochbetagt und weise geschildert wird. Wie Johannes beim Mahl neben Jesus am Tisch gelegen ist, so steht er jetzt hinter Jesus und weist auf ihn mit seiner rechten Hand. Durch den hinter Jesus stehenden Johannes wird noch deutlicher sichtbar, wie weit und tief sich Jesus zur Fußwaschung vorgestreckt hat. Neben dem Lieblingsjünger steht mit grauen Haaren der Apostel Andreas, der mit einer Geste des Staunens die rechte Hand zum Kinn erhoben hat. Zusammen mit Johannes und seinem Bruder Petrus gehörte Andreas zu einem bevorzugten Jüngerkreis innerhalb der Zwölf (vgl. Mk 5,37; 9,2; 14,33). Johannes und Andreas sind einander zugewandt und bilden das Pendant zu Petrus auf der rechten Seite.[15]

Von der Gruppe der hinter Jesus stehenden Apostel hebt sich rechts außen Petrus ab, der an seinem charakteristischen weißen Bart- und Haupthaar erkennbar ist und als einziger der Jünger sitzt. Petrus hat sich auf einem einfachen Holzschemel niedergelassen und hält seine bis zu den Knien entblößten Beine in das goldene Gefäß vor ihm, in das Jesus mit beiden Händen Wasser über die Füße des Apostels schüttet. Nachdem Jesus vom Mahl aufgestanden war und Wasser in eine Schüssel gegossen hatte, um den Jüngern die Füße zu waschen und sie mit dem Leinentuch, mit dem er umgürtet war, abzutrocknen, wurde er von Petrus zunächst abgewehrt (vgl. Joh 13,4–8), wie auch das griechische Textzitat aus dem Johannesevangelium besagt, das die Szene als Beischrift erläutert: „Petrus entgegnete ihm: Niemals sollst du mir die Füße waschen!" (Joh 13,8).[16] Kompositorisch wird der Dialog zwischen Petrus und Jesus (vgl. Joh 13,6–10) durch die sprechenden Hände der ausgestreckten Arme des Apostels und seines Meisters veranschaulicht, die zusammen mit ihren Häuptern ein auf der Spitze stehendes Dreieck bilden. Die Miniatur zeigt, wie sich Petrus mit befremdlichem Gesichtsausdruck und einer hilflos wirkenden Abwehrgeste etwas vorbeugt, um Jesus mit seinen beiden Händen davon abzuhalten, ihm den Sklavendienst des Füßewaschens zu leisten.[17] Nachdem ihm Jesus aber versichern konnte: „Wenn ich dich nicht wasche, hast du keinen Anteil an mir" (Joh 13,8), willigte Petrus letztlich ein und forderte seinen Meister sogar auf, ihm dann auch die Hände und das Haupt zu waschen (vgl. Joh 13,9).

Durch seine bis zur Vollendung am Kreuz gehende Erlöserliebe, die er sowohl in der Einsetzung der Eucharistie als auch im Zeichen der Fußwaschung vorwegnahm, schenkte Jesus den Seinen Anteil an seinem göttlichen Leben. Deshalb kann keiner an Jesus Anteil haben, der sich dieser Lebenshingabe entzieht. Wer aber das Heilshandeln Jesu, das in der Fußwaschung zum Ausdruck kommt, annimmt, der wird selbst dazu aufgefordert und auch befähigt, in der Liebe Jesu zu dienen: „Wenn nun ich, der Herr und Meister, euch die Füße gewaschen habe, dann müsst auch ihr einander die Füße waschen. Ich habe euch ein Beispiel gegeben, damit auch ihr so handelt, wie ich an euch gehandelt habe" (Joh 13,14–15). Dies war auch die Botschaft, die dem hohen, vielleicht sogar kaiserlichen Würdenträger vor Augen stand, für den der Codex illuminiert wurde. Denn in der Nachfolge Jesu ist nur derjenige glaubwürdig, der „in der Hingabe für die Menschen bis zum Äußersten geht"[18].

Die Kreuzigung Jesu

Karfreitag – Die Feier vom Leiden und Sterben Christi
Johannespassion: Joh 18,1–19,42

„Dort kreuzigten sie ihn und mit ihm zwei andere,
auf jeder Seite einen, in der Mitte Jesus."
Joh 19,18

In der Karfreitagsliturgie gedenkt die Kirche des Leidens und Sterbens Jesu. Durch seinen Tod hat der Erlöser den Tod des Menschen überwunden, durch seine Auferstehung aber hat er das Leben neu geschaffen. So hat Christus die Menschheit erlöst und Gott, seinen Vater, auf vollkommene Weise geehrt. Nach den Lesungen vom verheißenen Gottesknecht (Jes 52,13–53,12) und von Jesus als dem wahren Hohenpriester (Hebr 4,14–16; 5,7–9) wird in der Karfreitagsliturgie die Leidensgeschichte nach Johannes vorgetragen. Wie ein Pilgerbericht aus dem frühen 5. Jahrhundert bezeugt, wurde in der Jerusalemer Grabeskirche bereits in frühchristlicher Zeit am Karfreitag zur Todesstunde Jesu der entsprechende Abschnitt aus dem Johannesevangelium (Joh 19,16–42) vorgelesen.[1] Die Johannespassion zeichnet sich dadurch aus, dass sie das Geschehen des Leidens und Sterbens Jesu nicht nur berichtet, sondern auch deutet und verkündet. Das Johannesevangelium will neben der Schilderung der historischen Ereignisse immer auch den tieferen Sinn aufzeigen, warum und wozu Jesus gekreuzigt wurde. So hat sich Jesus nach der Johannespassion selbst dem Tod ausgeliefert, um sein Leben freiwillig als wahres Osterlamm für das Heil der Welt hinzugeben.

MIT EINEM BISHER UNBEKANNTEN REICHTUM wurde das Kreuzigungsgeschehen erstmals Ende des 6. Jahrhunderts im syrischen Rabbula-Evangeliar geschildert. Diese Miniatur schloss sich vor allem dem Passionsbericht des Johannesevangeliums an,[2] wie die Darstellungen des Lanzenstoßes (vgl. Joh 19,34) oder auch des Tränkens mit dem Essigschwamm (vgl. Joh 19,29) zeigen. Das Rabbula-Evangeliar, das zu den bedeutendsten und frühesten Werken der syrischen Buchmalerei gehört,

Kreuzigung Jesu, Rabbula-Codex, Codex Pluteus 1,56, fol. 13r, 586, Deckfarbenmalerei auf Pergament, 34 × 27 cm (Blattgröße), Florenz, Biblioteca Medicea Laurenziana.

wurde 586 im Johanneskloster von Zagba bei Apamea in Mesopotamien durch den Mönch Rabbula angefertigt und kam 1497 über die syrischen Klöster Maiphuc und Kanubin in die Bibliothek der Medici nach Florenz.[3] Der Rabbula-Codex ist ein Tetraevangeliar, das die vier Evangelien in der durch den syrischen Theologen Tatian (gest. um 170) redigierten Version des „Diatessaron" enthält.[4] Die Pergamenthandschrift zeigt neben neunzehn illuminierten Kanontafeln auch sieben ganzseitige Miniaturen, die den Evangelientexten vorangestellt sind[5] und wohl auf monumentale Vorbilder zurückgehen. Diese Darstellungen sind erzählerische Illustrationen, stellen aber auch komplexe Bilderfindungen dar.[6] Auch wenn sich in den lebhaften Gesten und markanten Konturen der dargestellten Personen syrische Einflüsse zeigen, so sind die Miniaturen mit ihrem körperhaften Figurenstil und ihrer reichen koloristischen Ausführung noch ganz von der hellenistischen Tradition der frühbyzantinischen Buchmalerei geprägt und verarbeiten auch Einflüsse von Wandmalereien und Mosaiken palästinisch-syrischer Kirchen.[7]

Die Miniatur mit der Kreuzigung ist die erste vielfigurige Schilderung des Passionsgeschehens, deren reiche ikonographische Ausgestaltung für eine längere Entwicklung spricht.[8] Die Darstellung, die zum Grundtypus für die Kreuzigungsbilder der folgenden Jahrhunderte wurde, zeigt neben den drei übergroßen Gekreuzigten auch den Speer- und Schwammträger sowie Maria mit Johannes, die drei Frauen und die um das Obergewand Jesu losenden Soldaten. Im Sinne der umgekehrten Perspektive werden die Personen im Vordergrund kleiner als die sich weiter hinten befindenden Gekreuzigten gezeigt. Damit wird der in der Mitte gekreuzigte Jesus zur beherrschenden Zentralfigur, auf die sich die anderen Figuren beziehen.[9]

Die beiden Berge im Hintergrund sind wahrscheinlich der Ölberg (Gareb) und der Berg des bösen Rates (Agra), die neben dem Hügel Golgota (Bezetha) liegen, auf dem Jesus gekreuzigt wurde, der mit seinem Kopf die Senke dazwischen ausfüllt.[10]

Unter dem mittleren Kreuz sitzen drei Soldaten, wobei der rechte Kriegsknecht bereits nach dem purpurfarbenen Gewand Jesu greift. Die erhobenen Hände der Soldaten deuten auf das Moraspiel hin, durch das ein Sieger ermittelt wurde, dem das ohne Naht durchgewebte Obergewand des Gekreuzigten als Preis gehören sollte (vgl. Joh 19,23–24; Ps 22,19). Beim Moraspiel wurden von einigen Spielern mit hinter dem Rücken hervorschnellenden Händen bestimmte Zahlen angezeigt, deren Summe die Mitspieler gleichzeitig zu erraten versuchten.[11] Nachdem bereits Ephräm der Syrer (um 306–373) das nahtlose Gewand Jesu als Symbol seiner unteilbaren Gottheit gedeutet hatte,[12] dürfte die Hereinnahme der Losszene auch durch die Symbolik des ungeteilten Rockes motiviert gewesen sein, um auf diese Weise die Unteilbarkeit der göttlichen und menschlichen Natur in Christus zu unterstreichen.[13]

Neben der Losszene kamen in der Kreuzigungsminiatur erstmals auch die unter dem Kreuz stehenden Angehörigen Jesu mit ihren emotionalen Regungen zur Darstellung. Zur Rechten Jesu, also auf der Ehrenseite, ist die verschleierte Mutter Jesu zu sehen, die wie ihr Sohn nimbiert ist und ebenfalls ein purpurfarbenes Gewand trägt. Neben ihr steht im weißen Gewand der Lieblingsjünger Johannes (vgl. Joh 19,26). Mit den zum Gesicht erhobenen Händen bringen Maria und Johannes ihre Erschütterung über das Kreuzigungsgeschehen zum Ausdruck. Die drei verschleierten Frauen zur Linken Jesu, deren Gesten ebenfalls von Trauer erfüllt sind, stellen nach dem Johannesevangelium die „Schwester" Marias, „Maria, die Frau des Klopas" und „Maria von Magdala" (Joh 19,25) dar.[14]

Die Miniatur zeigt den gekreuzigten Jesus erstmals an einem lateinischen Kreuz (crux immissa). Das Kreuz Jesu überragt die Kreuze der beiden nur mit einem Lendentuch (sublicagulum) bekleideten Schächer (vgl. Joh 19,18), die nicht nur angenagelt sind, sondern auch durch Stricke gehalten werden. Jesus ist mit Bart und langen Haaren dargestellt und neigt sein nimbiertes Haupt leicht zu seiner Rechten. Mit großen geöffneten Augen blickt Jesus zum guten Schächer, der nach dem Lukasevangelium im Gegensatz zum bösen Schächer nicht lästerte, sondern seine Schuld eingestand (vgl. Lk 23,39–41). Auf die Bitte: „Jesus, denk an mich, wenn du in dein Reich kommst" (Lk 23,42), antwortete Jesus dem guten Schächer: „Amen, ich sage dir: Heute noch wirst du mit mir im Paradies sein" (Lk 23,43). Während der böse Schächer zum Zeichen seiner lästernden Ablehnung Jesu seinen Kopf in den Nacken gelegt hat, neigt der gute Schächer sein Haupt Jesus zu, wodurch das im Lukasevangelium überlieferte Gespräch zwischen den beiden anschaulich wird. In der gleichen Weise wird sich in späteren Darstellungen Jesus auch seiner Mutter Maria vom Kreuz herab zuwenden.[15] Im Gesicht Jesu sind erstmals auch Spuren von Schmerz und Leiden angedeutet, womit die Miniatur wohl als die erste realistische Darstellung der Kreuzigung angesprochen werden kann. Mehr noch als bei den Schächern lassen sich an den Wunden Jesu zum ersten Mal auch Spuren von Blut ausmachen. Im Unterschied zu früheren Darstellungen sind nun auch die Füße Jesu angenagelt, so dass man hier vom ersten Viernagelkruzifix sprechen kann.[16]

Im Unterschied zu den beiden Schächern trägt Jesus keinen Lendenschurz, sondern ein Kolobion, eine ärmellose Tunika, die an der rechten Seite leicht geöffnet ist und in der Miniatur des Rabbula-Codex zum ersten Mal als Bekleidung des Gekreuzigten auftritt. Offenbar nahm man ab dem 6. Jahrhundert im Osten Anstoß an dem nur mit einem Lendentuch bekleideten Erlöser, so dass man seine Blöße entgegen dem biblischen Zeugnis (vgl. Joh 19,23) mit einem Kolobion bedeckte, was sich dann auch in der westlichen Kunst durchsetzte.[17] Mit seiner violetten Purpurfarbe und den goldenen Clavi knüpft das Kolobion Jesu an die imperiale Herrscherikonographie an, denn nur der Kaiser hatte das Recht, sich in Purpur und Gold zu kleiden und diese Farben gegebenenfalls auch zu verleihen.[18] Das purpurne Kolobion dürfte mit der durch Ephräm den Syrer überlieferten Tradition zusammenhängen, wonach die jüdischen Führer Jesus demonstrativ mit der aus dem Tempel herbeigeholten purpurnen Umhüllung des Altars bekleidet hätten, um ihre Anklage zu bekräftigen, Jesus habe sich zum König der Juden aufwerfen wollen.[19]

Zur Herrscherikonographie gehört neben dem purpurnen und goldverzierten Kolobion auch die Hinzufügung von Sonne und Mond über dem Kreuz, die nach dem Vorbild der imperialen Symbolik als kosmische Herrschaftssymbole auf die Weite des Kreuzesgeschehens verweisen, das Welt und Himmel umspannt. Während links die helle Sichel des Mondes vor der Scheibe des dunklen Nachthimmels zu sehen ist, erscheint rechts die rötliche und offenbar auch verdunkelte Sonne. Die Darstellung der beiden Gestirne geht über die Johannespassion hinaus und bringt die in den synoptischen Evangelien geschilderten kosmischen Erschütterungen bei der Kreuzigung Jesu zum Ausdruck, wonach die Erde bebte (vgl. Mt 27,51) und sich die Sonne verfinsterte (vgl. Mt 27,45; Mk 15,33; Lk 23,44–45). Dass der Kosmos seine Anteilnahme am gewaltsamen Tod des Herrschers durch Naturgewalten zum Ausdruck bringt, war ein in der antiken Welt geläufiger Topos. Vor allem aber verdeutlichten Sonne und Mond den durch das Erlösungsgeschehen am Kreuz bewirkten Antritt der kosmischen Königsherrschaft Christi und die ewige Dauer seines Reiches.[20] Da Sonne und Mond bereits als Attribute der universalen Herrschaft des Kaisers galten, ließen sie sich auch auf Christus übertragen, den Urheber und Vollender der Schöpfung und den Herrn über Tod und Leben.[21] Dabei symbolisierte in der Theologie der Kirchenväter der Mond als Nachtgestirn die Überwindung des Bösen, während die Sonne als Taggestirn für den neuen Tag des Heils stand. Man sah Christus als Beherrscher der durch den Mond symbolisierten Zeit und als Herrn über die durch die Sonne versinnbildlichte Ewigkeit. So konnten Sonne und Mond in Verbindung mit der Erlösung am Kreuz als Sinnbilder für das durch Christus gewirkte universale Heil aufgefasst werden.[22]

Rechts neben dem Kreuz ist ein Mann zu sehen, der in der linken Hand ein Gefäß trägt und mit seiner Rechten zum Gekreuzigten einen Schwamm hinaufreicht, der an einem Stock befestigt ist. Diese Szene bezieht sich auf den in allen Evangelien berichteten Essigtrank, der dem gekreuzigten Jesus dargeboten wurde (vgl. Mt 27,48; Mk 15,36; Lk 23,36; Joh 19,29). Dass der Schwammträger, der in der Legende Stephaton genannt wurde, als Jude gekleidet ist, dürfte auf die Evangelien nach Matthäus und Markus zurückgehen, in denen berichtet wird, dass Jesus der Essig nicht durch einen Soldaten, sondern durch einen Mann gereicht wurde, der aus dem Kreis der Umstehenden hinzugelaufen war (vgl. Mt 27,48; Mk 15,36).[23]

Links vom Kreuz ist ein durch Kleidung und Schwert als Soldat erkennbarer Mann zu sehen, der mit der Lanze in die Seite Jesu stößt und in den apokryphen Legenden seit dem 4. Jahrhundert als Longinus bezeichnet wurde,[24] wie auch die nachträglich in die Miniatur eingefügte Beischrift „ΛΟ[Γ]ΓΙΝΟC" zeigt.[25] Nach dem Johannesevangelium hatte ein Soldat mit dem Lanzenstoß in die Seite (πλευρά) den bereits eingetretenen Tod Jesu festgestellt, worauf Blut und Wasser aus der Seitenwunde geflossen waren (vgl. Joh 19,34). Dass gerade die rechte Seite Jesu geöffnet wird, die übrigens das Phänomen des Austritts von Blut und Wasser einleuchtend zu erklären vermag,[26] dürfte mit der von Jesus vorgenommenen Gleichsetzung seines hingegebenen und auferstandenen Leibes mit dem Tempel (vgl. Joh 2,21) und demzufolge mit der von Ezechiel prophetisch geschauten lebenspendenden Quelle zu erklären sein, die sich an der rechten Seite des Tempels ergießt (vgl. Ez 47,1).[27] Im Öffnen der Seite Jesu sahen die Kirchenväter ein Symbol für die Geburt der Kirche und in dem aus der Seitenwunde herausfließenden Wasser und Blut Sinnbilder für die Hauptsakramente der Taufe und Eucharistie, denen die Kirche ihre Entstehung verdankt.[28]

Als Augenzeugen für die Kreuzigung und für das aus der geöffneten Seite Jesu herausgeflossene Blut und Wasser wurden Stephaton und Longinus zu festen Bestandteilen des Kreuzigungsbildes,[29] wobei die beiden auch als Gegensatzpaar begriffen wurden. Während Longinus seinen Platz zur Rechten Jesu auf der guten Seite hat, steht Stephaton auf der minderen linken Seite, was mit der negativen Qualifizierung des Essigtrankes zusammenhängt. Obwohl der mit Wein vermischte Essig als gewöhnlicher Erfrischungstrank der römischen Soldaten durchaus gut gemeint war und auch der mit Galle (vgl. Mt 27,34) oder Myrrhe (vgl. Mk 15,23) vermischte Weinessig die Schmerzen des Gekreuzigten betäuben sollte, begriff man schon bald den Essig unter dem Einfluss des Psalmes 69 – „Sie gaben mir Gift zu essen, für den Durst reichten sie mir Essig" (Ps 69,22) – als Quälerei. Der Träger des Essigschwammes, der ja aus dem umstehenden Volk hinzugelaufen war (vgl. Mt 27,48; Mk 15,36), wurde zum Vertreter der bösartigen Verstocktheit des Judentums, wie auch die Miniatur des Rabbula-Codex andeutet, die Stephaton als Juden zeigt. Dagegen machte die Legende den auf der Ehrenseite zur Rechten Jesu stehenden Longinus zu einem Bekehrten, der durch das herabfließende Blut Jesu von seiner Augenschwäche geheilt wurde und zum Glauben an Jesus gekommen sei. Als der Rabbula-Codex im 6. Jahrhundert angefertigt wurde, verehrte man die Lanze des Longinus in Jerusalem als Reliquie.[30]

Dass Stephaton und Longinus gleichzeitig dargestellt sind, obwohl nach dem Johannesevangelium die Tränkung mit Essig (vgl. Joh 19,29) vor dem Tod Jesu und dem Lanzenstoß (vgl. Joh 19,34) stattgefunden hatte, macht die beiden Protagonisten auch zu Symbolfiguren für den Vorgang des Leidens und für den eingetretenen Tod. Diese metahistorische Charakteristik kennzeichnet auch den gekreuzigten Jesus, der mit seinen zum guten Schächer hinübergewendeten offenen Augen als Lebender und mit seiner Seitenwunde als Toter dargestellt ist, um den letztendlichen Sieg über den Tod sinnfällig zum Ausdruck zu bringen.[31] Die Symboltheologie bildet aber nicht den Kern der Kreuzigungsdarstellung, die vor allem eine Bilderzählung ist, in der das Passionsgeschehen vor und nach dem Tod Jesu in einem einzigen Bild zusammengefasst wird. Zudem dürfte ein Gegensatz zwischen den geöffneten Augen und der Seitenwunde gar nicht empfunden worden sein, da bei den Kirchenvätern die Seitenwunde nicht nur als Zeichen für den Tod, sondern auch als Sinnbild für die göttliche Kraft Christi aufgefasst wurde.[32]

So tritt uns in der Kreuzigungsminiatur des Rabbula-Codex eine bibelnahe und narrative Schilderung der Passion Jesu entgegen, die sich besonders am Johannesevangelium orientierte und auch realistische Elemente wie die Andeutung von Schmerz und Wunden miteinbezog. Das vielfigurige Kreuzigungsbild steht am Anfang der reichen Passionsikonographie, die sich in den folgenden Jahrhunderten immer mehr entfalten sollte.

Maria Magdalena begegnet dem Auferstandenen

Ostern – Hochfest der Auferstehung des Herrn
Evangelium des Ostersonntags: Joh 20,1–18

„Halte mich nicht fest; denn ich bin noch nicht zum Vater hinaufgegangen."
Joh 20,17

Im Evangelium des Ostersonntags setzt sich die johanneische Schilderung des Paschamysteriums im Bericht von der Entdeckung des leeren Grabes und der Erscheinung des Auferstandenen vor Maria Magdalena fort.

Während die synoptischen Evangelien von mehreren Frauen berichten, die gemeinsam zum Grab kamen, um den provisorisch bestatteten Leichnam Jesu zu salben (vgl. Mt 28,1; Mk 16,1–2; Lk 24,1), konzentriert sich Johannes auf die Erfahrung Maria Magdalenas. Sie war am frühen Ostermorgen, als es noch dunkel war, ihren Gefährtinnen vorausgeeilt und hatte zuerst das leere Grab entdeckt (vgl. Joh 20,1). Weil sie eine Entehrung des heiligen Leichnams Jesu befürchtete, lief sie sogleich zu Petrus und Johannes zurück (vgl. Joh 20,2). Bei ihrer Mitteilung an die beiden Apostel sprach Maria Magdalena gleich für die anderen Frauen mit, die erst jetzt beim Grab angekommen waren: „Man hat den Herrn aus dem Grab weggenommen, und wir wissen nicht, wohin man ihn gelegt hat" (Joh 20,2). Daraufhin untersuchten Petrus und Johannes die leere Grabkammer und fanden nur die Leinenbinden und das Schweißtuch (vgl. Joh 20,3–9). Während die beiden Jünger wieder nach Hause zurückkehrten (vgl. Joh 20,10), ging Maria Magdalena nicht fort, sondern blieb weinend vor dem Grab stehen, weil sie den teuren Leichnam Jesu, den sie mit kostbarem Öl salben

Tizian, Noli me tangere, um 1511/14, Öl auf Leinwand, 108,6 × 90,8 cm, London, National Gallery.

wollte, in den Händen Unwürdiger vermutete. Um sich mit einem letzten Blick nochmals Klarheit zu verschaffen, beugte sie sich in die Grabkammer hinein und sah dort zwei Engel sitzen, die sie nach dem Grund ihrer Trauer fragten (vgl. Joh 20,11–13). Maria Magdalena erkannte aber die Engel nicht – Engel hätten ja den Grund ihrer Trauer wissen müssen – und erwiderte ihnen nur: „Man hat meinen Herrn weggenommen, und ich weiß nicht, wohin man ihn gelegt hat" (Joh 20,13). Ohne sich über die beiden Fremdlinge im Grab zu wundern, wandte sie sich um, um den verschwundenen Leichnam anderswo zu suchen. Da sah sie Jesus dastehen, erkannte aber auch ihn nicht (vgl. Joh 20,14), da sie immer nur an den Leichnam dachte. Als sie der Auferstandene ansprach: „Frau, warum weinst du? Wen suchst du?" (Joh 20,15), hielt sie ihn für einen Gärtner, der ihre Sorge verstehen müsste, und fragte ihn: „Herr, wenn du ihn weggebracht hast, sag mir, wohin du ihn gelegt hast. Dann will ich ihn holen" (Joh 20,15). Als Jesus sie dann mit ihrem Namen „Maria" ansprach, gingen ihr die Augen auf. Sie rief „Rabbuni", „Meister" (Joh 20,16), und fiel ihm zu Füßen (vgl. Mt 28,9),[1] um nicht aufzuhören, ihm ihre Liebe kundzutun, so wie es einst die von den Kirchenvätern mit Maria Magdalena gleichgesetzte Sünderin im Haus des Pharisäers getan hatte, die weinend die Füße des Erlösers salbte (vgl. Lk 7,38).[2] Da aber der Auferstandene nun der himmlischen Welt angehörte, war es nicht mehr an der Zeit, zu Jesu Füßen zu weinen. Vielmehr sollte es jetzt Maria Magdalenas Aufgabe sein, die Jünger auf die baldige Heimkehr Jesu zu seinem Vater in den Himmel vorzubereiten: „Halte mich nicht fest; denn ich bin noch nicht zum Vater hinaufgegangen. Geh aber zu meinen Brüdern, und sag ihnen: Ich gehe hinauf zu meinem Vater und zu eurem Vater, zu meinem Gott und zu eurem Gott" (Joh 20,17).[3] Mit diesen Worten ging es Jesus, wie schon Augustinus (354–430) darlegte, nicht darum, sich als Auferstandener nicht mehr berühren zu lassen, zumal er an anderer Stelle seine Jünger sogar aufforderte, sich mit den Händen von seiner leiblichen Auferstehung zu überzeugen (vgl. Lk 24,39; Joh 20,27). Nach Augustinus wollte Jesus Maria Magdalena zeigen, dass nach seiner Heimkehr zum Vater die Zeit gekommen sein wird, in der man den Auferstandenen durch den Glauben auf geistige Weise berührt.[4]

So musste Jesus zum Vater auffahren, um künftig auf eine geistig-innerliche Weise bei den Menschen sein zu können, die tiefer als jedes äußere Sehen und Umarmen ist. Mit seinem Wort an Maria Magdalena deutete Jesus bereits an, wie sehr er nach seiner Heimkehr zum Vater in der Verborgenheit der Sakramente und im unsichtbaren Wirken des Heiligen Geistes den Seinen noch näher als zuvor sein wird, nämlich nicht mehr sichtbar neben ihnen, sondern sogar in ihnen. Maria Magdalena aber gehorchte dem Auftrag des Auferstandenen, ging zu den Aposteln und wurde zur „Apostola Apostolorum", indem sie den Jüngern bezeugte: „Ich habe den Herrn gesehen" (Joh 20,18).

DIESE JOHANNEISCHE OSTERPERIKOPE regte in der frühneuzeitlichen Kunst der Renaissance viele Maler an, sich in die einzigartige Begegnung zwischen der sehnsuchtsvoll liebenden Maria Magdalena und dem Auferstandenen hineinzuversetzen, der sich mit den Worten „Noli me tangere", „Halte mich nicht fest" (Joh 20,17), schon der Sphäre des Irdischen zu entziehen beginnt. Im Frühwerk des berühmten Renaissancemalers Tizian (1488/90–1576) hat sich ein Ölgemälde erhalten, das mit seiner ungefähren Höhe und Breite von rund einem Meter für die private Andacht „vielleicht in der Hauskapelle eines venezianischen Palazzos" bestimmt war.[5]

Tizian wurde um 1488/90 in der Nähe von Belluno geboren und kam bereits als Knabe nach Venedig. Dort trat er zunächst in die Werkstatt eines Mosaizisten ein und lernte dann bei den Brüdern Gentile Bellini (um 1429–1507) und Giambellino (um 1437–1516). In dieser Zeit arbeitete er auch mit Giorgione (1478–1510) zusammen, von dem er im Blick auf Maltechnik und Farbgebung stark geprägt wurde. Als Mitarbeiter Giorgiones konnte sich Tizian 1509 bei der Fassadenbemalung der Fondaco dei Tedeschi erstmals profilieren. Nach dem plötzlichen Tod Giorgiones, der im Oktober 1510 an der Pest starb, hatte Tizian keinen Konkurrenten mehr und eröffnete 1513 in Venedig am Canal Grande bei San Samuele eine eigene Werkstatt. Ab 1516 begann Tizian, sich vom Vorbild Giorgiones abzuwenden und einen eigenen, monumentaleren Stil zu entwickeln, wie er sich vor allem in dem gewaltigen Hochaltarbild der „Assunta" in der Frarikirche von Venedig zeigte, das er bis 1518 vollendete. In seinem langen Künstlerleben, das bis zu seinem Pesttod am 27. August 1576 währte, gehörte Tizian zu den am meisten konsultierten Malern Europas und konnte seinen unvergleichlichen Kolorismus zur Meisterschaft führen.[6]

Das Gemälde „Noli me tangere", das die Begegnung Maria Magdalenas mit dem auferstandenen Jesus zeigt, gehört zum Frühwerk Tizians. Es verweist in die Zeit, als Tizian am 1. Dezember 1510 mit der Ausführung eines Freskos für das Oratorium der Scuola del Santo in Padua beauftragt wurde, für das er dann bis Herbst 1511 insgesamt drei Szenen zum Leben des hl. Antonius von Padua (1195–1231) schuf.[7] Das Gemälde mit Maria Magdalena und dem Auferstandenen ist noch ganz vom Einfluss Giorgiones geprägt und wurde erstmals 1854 durch den deutschen Kunsthistoriker Gustav Friedrich Waagen (1794–1868) Tizian zugesprochen.[8] Die Burganlage und die Häusergruppe auf der rechten Seite des Bildes gleichen auffallend den Gebäuden im Hintergrund der „Schlafenden Venus" des Giorgione in der Dresdener Gemäldegalerie. Nach den „Notizia d'opere del disegno" des venezianischen Adeligen Marcantonio Michiel (1484–1552) soll gerade dieses Landschaftsstück nach Giorgiones Tod im Oktober 1510 durch Tizian zusammen mit einem – 1837 übermalten – Amor ergänzt worden sein.[9] Im Jahr 1648 sah der Maler und Schriftsteller Carlo Ridolfi (1594–

1658) das Gemälde mit dem Auferstandenen und Maria Magdalena in der Kunstsammlung des Giacomo Muselli (1569–1641) in Verona und erkannte es Tizian zu.[10] Noch im gleichen Jahr gelangte es nach Frankreich, wo es zu drei verschiedenen Galerien gehörte.[11] Ab 1792 befand es sich in englischen Privatsammlungen. Seit 1820 war es im Besitz des Dichters Samuel Rogers (1763–1855), der es der Londoner National Gallery vermachte, wo es seit 1856 ausgestellt ist.[12]

Tizian fasste die Perikope der Begegnung des Auferstandenen mit Maria Magdalena (vgl. Joh 20,11–18) als biblische Historie (storia) auf und stellte sie in einer bisher nicht gekannten Weise dar.[13] Das Gemälde besitzt ein annähernd quadratisches Format und ist ausgewogen proportioniert. Durch die blaue Horizontlinie erfolgt eine horizontale Teilung in eine kleinere obere Himmelsfläche und in eine größere untere Bildfläche, in der sich die beiden ausbalancierten Personen bewegen. Durch einen markanten Eichenbaum gliedert sich das Gemälde vertikal in eine schmalere linke und eine breitere rechte Bildfläche. Die mit dezenten Farben gemalte linke Seite geht in die Ferne. Über einer kleinteiligen, anmutig grünenden und von einer Schafherde bevölkerten Landschaft öffnet sich in zarten Farben der österliche Morgenhimmel. Mit dieser Bildhälfte kontrastiert die nahsichtig, mit kräftigeren Farben gemalte und massiver wirkende Szenerie auf der rechten Seite. Über einer braunen Erdfläche, in der Maria Magdalena mit ihrem rot leuchtenden Obergewand kniet, wächst ein grünes Gebüsch. Darüber erhebt sich ein steil ansteigender Hügel mit einem Weg, der von der hellen Morgensonne beleuchtet wird und zu einer Ortschaft führt. Neben einem Haus mit Tordurchgang sind strohbedeckte Häuser zu sehen, darüber eine ruinös wirkende Burganlage. Von den Häusern herab geht auf dem Weg ein Mann mit seinem Hund, der vielleicht der Hirte der links dargestellten Schafherde sein könnte. Die Landschaftsdarstellung steht ganz im Dienst der Erzählung der österlichen Begegnung zwischen dem Auferstandenen und Maria Magdalena, die beide keine Nimben tragen, um durch eine offene religiöse Symbolsprache die für die Bildaussage so wichtige Kohärenz zwischen der Naturschilderung und der in sie eingebundenen Personenszene nicht zu stören. Im Schattenbereich des Gebüsches und der Eiche spielt sich die nah und hell gezeigte Ostergeschichte ab, die vor allem von der Gegensätzlichkeit, aber auch von der Komplementarität der beiden unterschiedlichen Personen geprägt ist.[14]

Maria ist von der rechten Seite her gekommen, wo man sich außerhalb des Bildes das leere Gartengrab vorzustellen hat, aus dem Jesus auferstanden ist und von dem sich Maria Magdalena gerade enttäuscht abgewandt hat (vgl. Joh 20,14). Das rote Obergewand Maria Magdalenas reicht an die Grenze des Bildes heran und verweist somit auf die Situation ihrer Bestürzung über den verschwundenen Leichnam Jesu und auf ihre liebende Sehnsucht, ihn wiederzufinden, um ihn durch die Salbung ehren zu können. Nachdem sie sich gerade vom Grab abgewandt hat, sieht sie nun einen Mann dastehen, den sie für den Gärtner hält (vgl. Joh 20,15). Auch wenn die im Bild dargestellte männliche Person wegen ihrer spärlichen Bekleidung eigentlich nicht als Ursache ihres Irrtums erscheinen kann, so verweist doch die langstielige Hacke, die Jesus in seiner linken Hand hält, auf Maria Magdalenas Missverständnis.[15] Der in Kleidung und Haltung in keiner Weise an einen Arbeiter erinnernde, sondern sich vielmehr vornehm und mit gezierter Körperhaltung gebärdende Auferstandene erweckt den Eindruck, als habe er eigens die Hacke ergriffen, um Maria Magdalena taktvoll zu versichern, dass die Verwechslung mit einem Gärtner doch ganz natürlich sei.[16] Jesus ist als Auferstandener nicht in der sonst üblichen Weise mit Obergewand und Siegesfahne dargestellt, sondern so wiedergegeben, wie er offenbar gerade aus dem Grab herausgekommen ist, nämlich mit dem noch umgebundenen Lendenschurz des Gekreuzigten und dem Leichentuch, das um den Hals zusammengebunden ist.

Der kräftige Farbakzent des roten Obergewandes, das fast wie eine Schleppe wirkt, erinnert an die übergroße Liebe, von der Maria Magdalena bei ihrer Suche nach dem Leichnam Jesu erfüllt gewesen sein muss, wie die Kirchenväter immer wieder betonten. Nach Augustinus war Maria Magdalena nach der Rückkehr der beiden Jünger (vgl. Joh 20,10) durch eine stärkere Liebe am Ort zurückgehalten worden. Auch der Schmerz, von Jesus nicht einmal mehr ein Erinnerungszeichen zu haben, habe sie weinend am Grab festgehalten.[17] Papst Gregor der Große (reg. 590–604) führte in einer Osterhomilie die Liebe Maria Magdalenas auf die Begebenheit im Haus des Pharisäers zurück, als sie Jesus die Füße salbte und dieser über sie sagte: „Ihr sind ihre vielen Sünden vergeben, weil sie (mir) so viel Liebe gezeigt hat" (Lk 7,47). Demnach dürfte das weiße Untergewand, das Maria Magdalena im Bild trägt, auf die Reinigung von ihren Sünden verweisen, die sie durch ihre große Liebe erfahren durfte. Nach Gregor dem Großen ist Maria Magdalena, die voller Liebe und mit zunehmender Sehnsucht nach Jesus sucht, ein Sinnbild für die Kirche, die sich als Braut Christi nach ihrem göttlichen Bräutigam sehnt. Ihr typologisches Vorbild sah Gregor der Große in der Braut des alttestamentlichen Hohenliedes, die inständig und wie verwundet von Liebe (vgl. Hld 2,5) nach ihrem Bräutigam sucht, den ihre Seele liebt (vgl. Hld 3,1–4).[18]

Das Motiv der voller Sehnsucht liebenden Braut Christi verbindet sich mit dem Bild der Schafherde, die links im Hintergrund neben dem Auferstandenen zu sehen ist und in Fortführung einer gedachten Linie auf Maria Magdalenas ausgestreckte rechte Hand zeigt. Dieser Zusammenhang gründet im Johannesevangelium, in dem sich durch das Hören auf die Stimme Jesu die beiden Motive des Bräutigams und des guten Hirten verbinden. So wie die Stimme Jesu von Johannes dem Täufer als Stimme des

Bräutigams wahrgenommen wird (vgl. Joh 3,29) und wie die Schafe auf die Stimme Jesu hören, den sie als ihren guten Hirten kennen und dem sie folgen (vgl. Joh 10,27; 18,37), so erkennt auch Maria Magdalena den Auferstandenen, als Jesus sie bei ihrem Namen „Maria" ruft (Joh 20,16). So steht Maria Magdalena sowohl für das Schaf, das die Stimme des guten Hirten erkennt, als auch für die Braut des Hohenliedes, die die Stimme ihres Bräutigams vernimmt und ausruft: „Horch! Mein Geliebter!" (Hld 2,8; 5,2). Auch das Motiv der liebenden Suche verbindet sich mit der Symbolwelt des Hirten, da die Braut des Hohenliedes in ihrem Bräutigam einen Hirten sieht, dem sie voller Sehnsucht die Frage stellt: „Du, den meine Seele liebt, sag mir: Wo weidest du die Herde?" (Hld 1,7). Die Verbindung der Braut- und Hirtensymbolik wurde auch von den Kirchenvätern aufgenommen, wie ein Osterhymnus des Romanos Melodos (um 485–555/62) zeigt, in dem Maria Magdalena den Auferstandenen als guten Hirten erkennt, der sie ruft, um als einst verlorenes Schaf nunmehr zur Herde der neunundneunzig Schafe seiner Jünger zu zählen (vgl. Lk 15,4–7).[19] So erinnern die im Hintergrund dargestellten Schafe daran, dass Maria die Stimme ihres Bräutigams und Hirten hört, der sie zur Herde seiner Jünger führt, die Maria mit dem Auftrag Jesu: „Geh aber zu meinen Brüdern" (Joh 20,17), neu sammeln soll, wie Romanos Melodos in seinem Osterhymnus ebenfalls betont.[20] Damit verweist die Schafherde auch schon auf die durch den Auferstandenen geformte und gesandte Kirche, in der Jesus dem Petrus das oberste Hirtenamt anvertrauen wird (vgl. Joh 21,15–17).[21]

Im Sinne der Historienmalerei, die den Höhepunkt einer Handlung ins Bildhafte umzusetzen versucht, stellte Tizian den offenbarenden Augenblick dar, als Maria Magdalena in dem vermeintlichen Gärtner Jesus erkannte, nachdem sie durch den Auferstandenen mit „Maria" gerufen wurde und sie mit dem Wort „Rabbuni" ihr Erkennen zum Ausdruck gebracht hatte (Joh 20,16). Da Tizian diesen Dialog zwischen Jesus und Maria Magdalena und das erkennende Hören der Jüngerin nicht darstellen konnte, steigerte er die „Wucht der Erkenntnis"[22] dadurch, dass er Maria Magdalena zu Boden sinken ließ. Sie vollzieht die Proskynese, die gänzliche Unterwerfung und Anbetung bedeutet. Auch wenn diese Proskynese bei Johannes nicht direkt erwähnt ist, so liegt sie doch von der Aussageabsicht des Evangeliums her nahe,[23] zumal Maria Magdalena auch nach dem Matthäusevangelium zusammen mit einer Begleiterin vor dem Auferstandenen niedergefallen war und seine Füße umfasst hatte (vgl. Mt 28,9).

Das Unerhörte der Erkenntnis Maria Magdalenas spiegelt sich auch in ihrer extremen Körperhaltung wider, die ihre Bestürzung und Faszination gleichermaßen zum Ausdruck bringt. Während sie einem inneren Antrieb folgend ihr Haupt erhebt, das sich hell und deutlich vom dunklen Hintergrund abhebt, stützt sie sich in ihrer unbequemen Körperhaltung mit der linken Hand auf das von ihr mitgebrachte Salbengefäß. Durch ihren Aufblick zu Jesus und ihre Proskynese, die legitim nur Gott zukommt, zeigt sie, dass der Auferstandene der Sohn Gottes ist. Da die überirdische Herrlichkeit des verklärten Auferstehungsleibes mit bildnerischen Mitteln nur angedeutet werden kann, ist es Maria Magdalena, die mit ihrer traditionellen Huldigungsgeste vor der göttlichen Erscheinung auf indirekte Weise die Gottheit Jesu bezeugt.[24]

Nachdem sie Jesus als ihren Meister und damit als auferstandenen Sohn Gottes erkannt hatte, musste Maria Magdalenas Erkenntnis noch durch das „Noli me tangere" erweitert werden, um zur neuen innerlich-geistigen Gegenwart des Auferstandenen durchzudringen. Durch die Gebärde der Proskynese deutet sich bereits an, dass Maria Magdalena beginnt, im Auferstandenen auch schon den zu Gott Erhöhten zu erkennen, der nicht einfach als ein in das irdische Leben Zurückgekehrter wahrgenommen werden kann. So bringt die Geste der erhobenen rechten Hand Maria Magdalenas nicht nur das anfängliche Verlangen nach dem Berühren des Auferstehungsleibes zum Ausdruck, sondern deutet auch ein Beschwichtigen an, als ob sie schon nachgeben wolle, um den Auferstandenen auf seinem Weg zum Vater nicht festzuhalten (vgl. Joh 20,17).[25]

Mit seiner nach außen gewölbten Umrisslinie weicht Jesus seiner Jüngerin anmutig aus und weist somit das Berührenwollen Maria Magdalenas behutsam zurück. Während sich Maria Magdalena sehnsuchtsvoll am Boden ausstreckt und in demütigem Kniefall aufblickt, neigt Jesus seinen Kopf und Oberkörper in entgegengesetzter Weise und schreitet in aufrechter und herabschauender Haltung voran. Das sich bauschende weiße Grabtuch, das der Auferstandene rafft, ist gegenüber Maria Magdalena wie ein verbergender Vorhang dargestellt, so dass der Betrachter des Bildes mehr vom Auferstehungsleib Jesu zu sehen bekommt als die Jüngerin. Damit wird auf subtile Weise angedeutet, dass Maria Magdalena nicht durch das Sehen, sondern durch das Hören der Stimme ihres Bräutigams und Hirten zur Erkenntnis gelangt war. Dennoch geht es nicht nur um verhüllenden Entzug, sondern auch um zuneigende Hinwendung. Diese Zuwendung kommt in der großen, anmutigen und stimmigen Körpergebärde des Auferstandenen zum Ausdruck, die kompositorisch durch das unterste Ende des Leichentuches unterstützt wird, das sich bildparallel zur rechten Hand Maria Magdalenas ihren Knien nähert.[26]

Die Beziehung zwischen Maria Magdalena und Jesus ist auch durch zwei Linien gegeben, die sich über dem Haupt Jesu am Baumstamm kreuzen. Während die Linie Maria Magdalenas rechts unten am äußersten Ende des roten Obergewandes beginnt und über ihrem Kopf an der Eiche entlang ganz nach oben ausgerichtet ist, setzt die Linie Jesu beim Fuß des Auferstandenen an, führt an seiner rechten Körperkontur entlang, durchkreuzt den Baumstamm und läuft flach an der Hügelkante mit den Gebäuden aus.[27] Der Baum, an dem sich die Linien Jesu und Maria Magdalenas kreuzen, verweist als Eiche auf das Erlösungsmysterium, da man das Eichenholz als unverweslich ansah und deshalb auf das durch Christi Kreuz und Auferstehung bewirkte ewige Heil deutete.[28] So wird die durch das Christussymbol der Eiche unterstützte Ausrichtung Maria Magdalenas nach oben zum Sinnbild für den Himmel, in den der Auferstandene eingehen wird, um von dort her den Seinen von neuem innerlich nahe sein zu können. Der Übergang von der irdischen zur neuen Gegenwart Christi zeigt sich auch durch den Unterschied zwischen dem nackten, erdhaften Bodenstück, auf dem Maria Magdalena kniet, und dem paradiesisch wachsenden grünen Rasen bei Jesus.

Während sich durch das verhüllende Grablinnen die Gestalt Jesu den Augen der durch das Hören zur Erkenntnis gelangten Jüngerin eher verbirgt, fällt der Blick des Bildbetrachters ungehindert auf den Auferstandenen. Trotz der Schwierigkeit der Malbarkeit des Auferstehungsleibes Jesu[29] soll dem Betrachter vor Augen geführt werden, dass der Auferstandene der Gekreuzigte und Begrabene ist, der durch sein Kreuzesopfer und seine Auferstehung den von der Sünde herkommenden Tod überwunden hat. Deshalb ist Jesus als Aktfigur gegeben, die an den Gekreuzigten erinnert, der als neuer Adam durch seinen Tod die Sünde des ersten Menschen gesühnt hat. Am Fuß Jesu ist die Nagelwunde zu sehen, die freilich keine klaffende Verletzung mehr ist, sondern ein verklärtes Wundmal. Zudem trägt der Auferstandene noch das Lendentuch der Kreuzigung und das Leichentuch des Begräbnisses. Mit seiner unberührbaren Schönheit aber zeigt Jesus, dass er nicht äußerlich mit den Sinnen, sondern innerlich im Glauben festzuhalten ist.

Das weiße Grabtuch, das vom Auferstandenen benutzt wird, um seinen Leib der Annäherung Maria Magdalenas zu entziehen, wirkt auf den Betrachter wie ein geöffneter Vorhang, aus dem Jesus in seiner neuen Daseinsweise hervorzutreten vermag.[30] In diesem Sinne erinnert das Grablinnen an ein weißes Altartuch und deutet damit bereits die neue Gegenwart des Auferstandenen in seiner Kirche an, die eine eucharistische sein wird. Als liebend suchende und ihren Herrn anbetende Jüngerin wird Maria Magdalena zu den Ersten gehören, die das innerlich sakramentale Dasein des zum Vater erhöhten Sohnes in seiner Kirche erfahren. Diese noch größere Nähe des Auferstandenen, mit der er sogar in den Herzen seiner Gläubigen leben wird, wollte Jesus mit dem Wort „Noli me tangere" seiner Jüngerin offenbaren. Darum musste er die irdische Nähe „neben" ihr zurückweisen, um in ihrer Seele den neuen Raum für seine innerliche Gegenwart zu bereiten.

Die Emmausjünger

Ostermontag. Evangelium: Lk 24,13–35

„Und als er mit ihnen bei Tisch war, nahm er das Brot,
sprach den Lobpreis, brach das Brot und gab es ihnen.
Da gingen ihnen die Augen auf, und sie erkannten ihn."
Lk 24,30–31

Im Evangelium des Ostermontags werden die Gläubigen in die einzigartige Erfahrung hineingenommen, die den beiden Emmausjüngern zuteilwurde, als sie auf ihrem Weg und in der Herberge dem Auferstandenen begegneten. Während ihnen Jesus als unbekannter Gefährte (vgl. Lk 24,16) das Leiden des Messias aus der Heiligen Schrift erschloss (vgl. Lk 24,25–27), vollzog er am Abend in der Herberge von Emmaus den eucharistischen Ritus des Brotbrechens (vgl. Lk 9,16; 22,19),[1] an dem sie den Auferstandenen erkannten (vgl. Lk 24,30–31). Nachdem sich Jesus ihren Blicken entzogen hatte (vgl. Lk 24,31), kehrten die Emmausjünger mit brennendem Herzen (vgl. Lk 24,32) zu den elf Aposteln nach Jerusalem zurück und berichteten ihnen, wie sie den Auferstandenen am Brotbrechen (vgl. Lk 24,33–35) und damit in seiner künftigen eucharistischen Gegenwart erkannt hatten.

IN DER CHRISTLICHEN KUNST wurde die Erkenntnisszene der Emmausjünger spätestens seit karolingischer Zeit dargestellt. Der sich damals ausbildende Bildtypus, der auch in der byzantinischen Kunst verbreitet war, zeigte Jesus beim Brotbrechen in der Mitte zwischen den beiden Jüngern. Nachdem man die Emmausszene im späten Mittelalter seltener dargestellt hatte, wurde sie in der Renaissance wieder aufgenommen, wie die nur noch in Kopien greifbare Bildfindung Giambellinos (um 1437–1516) zeigt, die von Albrecht Dürer (1471–1528) um 1510 als Holzschnitt in seiner „Kleinen Passion" übernommen wurde. Neben der Szene des Brotbrechens galt die Aufmerksamkeit der Künstler besonders dem staunenden Erkennen der beiden Jünger. Um die Dramatik des Geschehens zu erhöhen, wurde Jesus in der barocken Kunst oftmals aus der Mitte gerückt, wie ein um 1620 entstandenes Frühwerk des Diego Velázquez (1599–1660) zeigt.[2]

Mit der Emmausgeschichte hatte sich auch der protestantische niederländische Künstler Rembrandt Harmenszoon van Rijn (1606–1669) intensiv befasst,[3] der ab 1622 in seiner Lehrzeit in Leiden die Helldunkelmanier Caravaggios (1571–1610) kennengelernt hatte. So stellte er 1628 den Augenblick der Erkenntnis Jesu in der Herberge als faszinierende Nachtszene mit dramatischem Helldunkel dar. Während Jesus in diesem Gemälde, das sich heute im Pariser Musée Jacquemart-André befindet, an den rechten Bildrand gerückt ist, wird der Blick des Betrachters vor allem auf den in der Mitte sitzenden Jünger gelenkt, der mit seinen hell beleuchteten und derben Gesichtszügen gerade zur Erkenntnis des Auferstandenen gelangt ist. Auch in den Zeichnungen, die Rembrandt in den dreißiger Jahren zum Emmausthema angefertigt hatte, bevorzugte er die dezentrale Anordnung Jesu.[4] Diese Zeichnungen entstanden in Amsterdam, wo sich Rembrandt seit 1631 niedergelassen hatte und zum führenden Porträtmaler seiner Zeit aufgestiegen war. Da Rembrandt nicht bereit war, sich dem gewandelten Kunstgeschmack anzupassen, geriet er ab den vierziger Jahren des 17. Jahrhunderts zunehmend in wirtschaftliche Engpässe, so dass er 1656 in Konkurs gehen musste und schließlich 1669 am Rand der Verarmung starb.[5]

In der Zeit, als er gerade den Zenit seines Ruhmes überschritten hatte, schuf Rembrandt 1648 sein berühmtestes Emmausbild, das zu den Hauptwerken des Pariser Louvre zählt und besonders durch seine Behandlung des Lichtes herausragt.[6] Der französische Kunstkritiker Eugène Fromentin (1820–1876) rühmte dieses Gemälde, das unten links mit „Rembrandt f. 1648" signiert ist,[7] als „Wunderwerk, das man unter die Meisterwerke des Meisters zählen muß"[8]. Als Rembrandt 1648 das Emmausthema erneut aufnahm, war nicht mehr das dramatische Erkenntnisbild sein Anliegen, sondern ein ruhigerer Aufbau und eine stillere Klarheit, um das biblische Geschehen in einer mehr verinnerlichten Weise zu schildern.[9] So zeigt das Emmausbild im Louvre eine fortgeschrittene Beruhigung, die zur Zentralität Jesu zwischen den beiden Jüngern zurückkehrt und deshalb auch keiner eigens akzentuierten kommunionartigen Handlung mehr bedarf.[10] Im Unterschied zu den zuvor gesuchten dramatischen Lichteffekten ist die Szene einem feineren Helldunkel gewichen, das dem Geschehen einen ruhigen und sogar sakralen Charakter verleiht. Von einem sanften Lichtglanz umgeben, sitzt der Auferstandene vor einer monumentalen Nische feierlich in der Mitte.[11] Jesus ist nicht mehr den Jüngern in einer dramatisch bewegten Erkenntnisszene als seitlich sitzender Akteur gegenübergestellt, sondern sitzt in der Mitte, so wie er nach der ikonographischen Tradition bereits zuvor auf dem Weg zwischen den beiden Jüngern gegangen war.[12]

Rembrandt, Das Mahl in Emmaus, 1648, Öl auf Leinwand, 68 × 65 cm, Paris, Louvre.

Jesus ist in dem Augenblick gezeigt, wie er gemäß der lukanischen Perikope in der Herberge das Brot bricht und von den beiden Jüngern als der Auferstandene erkannt wird: „Und als er mit ihnen bei Tisch war, nahm er das Brot, sprach den Lobpreis, brach das Brot und gab es ihnen. Da gingen ihnen die Augen auf, und sie erkannten ihn" (Lk 24,30–31). So ist Jesus dargestellt, wie er mit einer milden Handbewegung ein Stück von dem vor ihm liegenden Brotlaib abbricht, während er dankend den Blick nach oben zu seinem himmlischen Vater erhoben hat.[13] Die auf Leonardo da Vinci (1452–1519) zurückgehenden Züge Christi, die Rembrandt durch die Holzschnitte der „Kleinen Passion" Albrecht Dürers kennengelernt haben dürfte,[14] zeigen eine schlichte Menschlichkeit, die aber durch den mild leuchtenden Nimbus verklärt ist und damit auf die Auferstehungsherrlichkeit verweist.[15] Der Nimbus mit seinen unregelmäßig kräftigen Strahlen dürfte ebenfalls von Dürers Holzschnitt mit der Emmausszene aus der „Kleinen Passion" angeregt gewesen sein und verstärkt das „sakrale Leuchtlicht",[16] in das Jesus von innen her getaucht ist.[17] Rembrandt ließ seine Gestalten immer dann von innen heraus leuchten, wenn die Göttlichkeit oder Heiligkeit durch eine der anwesenden Personen erkannt wird.[18] So beginnt auch in Rembrandts Emmausbild die Gestalt Jesu zu leuchten, weil den beiden Jüngern beim Brotbrechen gleichsam ein Licht aufgegangen ist.

Eine besondere Aufmerksamkeit verdient das Porträt Jesu. Es ist ein eher schmächtiges Gesicht mit etwas wulstigen Lippen und weit geöffneten Augen, die durch ihre breite Umrandung noch größer wirken. Das ganz vom Haupt- und Barthaar umrahmte Antlitz zeigt keine besonderen Merkmale, so dass die vergrößerten Augen umso mehr die Aufmerksamkeit des Betrachters auf sich ziehen.[19] Nach der treffenden Formulierung des österreichischen Kunsthistorikers Otto Pächt (1902–1988) ist das Gesicht Jesu „ganz Blick, ein sehr seelenvoller Blick"[20].

Rembrandt, der ab 1639 in der breiten jüdischen Straße, der Jodenbreestraat, und damit ganz in der Nähe des Amsterdamer Judenghettos lebte, hatte seinem Christusporträt ein jüdisches Modell zugrunde gelegt. Damit wollte Rembrandt den historischen Wahrheitsgehalt seiner biblischen Bilder erhöhen und setzte auf diese Weise den Weg Caravaggios fort, der sich in seinen Christusbildern bereits von einer idealistischen Sichtweise entfernt hatte.[21] Rembrandts Jesusporträt kann ohne Vorwissen und Interpretationsschlüssel unmittelbar betrachtet werden. Ohne schönheitlichen Idealismus und ohne besondere rhetorische Form stellt es einen zum Volk des Messias gehörenden Juden dar. Dadurch wird Jesus in einem normalen und privaten Augenblick erfasst und vermag durch seine still waltende Milde in einen freundschaftlichen Umgang mit seinen beiden Jüngern und damit auch mit dem Betrachter des Bildes einzutreten.

Die beiden Jünger sind keine rohen Typen mehr wie noch in Rembrandts dramatischer Formulierung des Emmausthemas von 1628, sondern von einer edlen Schlichtheit geprägt. Ohne in theatralischer Erschrockenheit aufzufahren, ist rechts der ältere und im Profil dargestellte Jünger ein Stück zurückgewichen. Er hat den linken Arm auf die Stuhllehne gestützt und die rechte Hand auf den Tisch gelegt, während er den Auferstandenen prüfend anblickt. Auf der anderen Seite des Tisches ist der linke Jünger in Rückenansicht zu sehen, der sich bereits mit gefalteten Händen im Gebet gesammelt hat. Links unter dem Stuhl liegt schlafend ein Hund, der vielleicht die beiden Emmausjünger auf dem Weg begleitet hat und die schlichte Natürlichkeit der Szene unterstreicht.[22]

Hinter dem rechten Jünger bringt ein junger Diener auf einer Schale Speisen herein. Während die beiden Jünger gerade den Auferstandenen erkannt haben und Zeugen seiner Selbstoffenbarung im Brotbrechen geworden sind, fällt dem Diener nichts Besonderes auf. Er hat an dem Wunder keinen Anteil und vermag Jesus nicht zu erkennen.[23]

Die Szene spielt sich in einem hohen Raum ab, der rechts mit einer verschatteten Tür etwas erweitert ist und von einer großen, von zwei Pilastern gesäumten Nische bestimmt wird, die wiederum an Dürers Emmaus-Holzschnitt aus der „Kleinen Passion" erinnert und letztlich auf venezianischen Einfluss zurückgeht.[24] Die Nische verbindet sich mit dem ruhigen und milden Helldunkel des Raumes und unterstreicht als betonendes und verbindendes Element die Stimmung des Beisammenseins Jesu mit seinen Jüngern. Wie der Marburger Kunsthistoriker Richard Hamann (1879–1961) bereits 1948 angemerkt hat, hat man den Eindruck, als ob die strengen Begrenzungen der Nische die beiden Jünger daran hindern würden, mit lauter Gebärde erschrocken aufzufahren und den feierlich-stillen Augenblick dieser Wiedervereinigung des Auferstandenen mit seinen Gefährten zu stören.[25]

Durch ein sich links oben befindendes unsichtbares Fenster fällt natürliches Licht schräg in den Raum und scheint auf den Tisch. Das Licht lässt die weiße Tischdecke aufleuchten und reflektiert seinen Schein auf die in der Mitte sitzende Gestalt Jesu. Der hell erleuchtete Tisch wirkt wie ein Altar, während der hohe, aus Steinen erbaute Raum mit seiner großen Nische, vor der Jesus sitzt, an die Apsis einer Kirche erinnert. So dient neben dem Licht auch die Architektur dazu, dem Betrachter die Bedeutung der Emmausgeschichte vor Augen zu führen, in der die beiden Jünger Jesus am Brechen des Brotes und damit als Stifter des Abendmahls zu erkennen vermochten.[26]

Das Emmausgemälde gehört zu den zahlreichen biblischen Bildern, die Rembrandt großenteils aus eigenem Antrieb heraus geschaffen hat und über ein Drittel seines Werkes ausmachen. Während Rembrandt bei der Wahl seiner religiösen Bilder noch zu Beginn der vierziger Jahre besonders an malerischen Helldunkeleffekten interessiert war, verinnerlichten sich ab 1645 seine biblischen Darstellungen zunehmend, was gerade in der stillen Erkenntnisszene seines 1648 gemalten Emmausbildes deutlich wird. Dabei wurde der calvinistische Rembrandt auch durch die Frömmigkeit der Täufergemeinden der Mennoniten inspiriert, zu denen der Maler seit 1634 Kontakt hatte.[27] Diese Prägung zeigte sich auch darin, dass in Rembrandts Kunstschaffen die Darstellung des Abendmahles weitgehend in die Emmausszene eingegangen war. Denn während man im Luthertum und im Calvinismus das Emmausmahl wegen des Fehlens des Kelches und der Einsetzungsworte Jesu nicht als Abendmahl auffasste, konnte man in den Täufergemeinden das Brotbrechen des Auferstandenen in der Herberge von Emmaus durchaus als Abendmahl verstehen. Auch wenn in ihrer Liturgie der Becher mit Wein nicht fehlte, so fassten die Täufer das Abendmahl vor allem als Feier des Brotbrechens und der Tischgemeinschaft mit Jesus auf, während die sühnende Bedeutung des Kelches zurücktrat. Dass auch Rembrandt das Mahl in Emmaus als Abendmahl verstand, zeigt sich in der Übernahme des leonardesken Abendmahlmotivs des in der Mitte zu Tisch sitzenden Christus. So war es die Tischgemeinschaft der Abendmahlsfeier, an die Rembrandt mit seinem Bild der Emmausgeschichte erinnern wollte, als die beiden Jünger in der Herberge Jesus erkannten, „als er das Brot brach" (Lk 24,35).[28]

Christus erscheint Thomas

Zweiter Sonntag der Osterzeit. Evangelium: Joh 20,19–31

„Thomas antwortete ihm:
Mein Herr und mein Gott!"
Joh 20,28

Der Apostel Thomas war nach dem Bericht des Johannesevangeliums nicht dabei, als Jesus am Osterabend als Auferstandener seinen Aposteln erschienen war (vgl. Joh 20,24). Weil Jesus acht Tage darauf erneut zu seinen Jüngern kam, um sich auch dem Thomas zu offenbaren, hat dieses Evangelium am Weißen Sonntag, dem Oktavtag von Ostern, seinen festen Platz in der Liturgie. Obwohl die zehn Apostel am Osterabend die durchbohrten Hände und die Seite Jesu sehen konnten und daran den auferstandenen Gekreuzigten erkannt hatten (vgl. Joh 20,20), wollte sich Thomas von der Wahrheit der leiblichen Auferstehung seines Meisters selbst überzeugen, und zwar nicht nur durch das Sehen, sondern auch durch das Berühren der Wundmale: „Wenn ich nicht die Male der Nägel an seinen Händen sehe und wenn ich meinen Finger nicht in die Male der Nägel und meine Hand nicht in seine Seite lege, glaube ich nicht" (Joh 20,25). Als Jesus dann eine Woche später seinen Aposteln erschien und Thomas dabei war, forderte er den ungläubigen Jünger auf, seine Hände und seine Seite zu berühren: „Streck deinen Finger aus – hier sind meine Hände! Streck deine Hand aus und leg sie in meine Seite und sei nicht ungläubig, sondern gläubig!" (Joh 20,27). In diesem Augenblick war auch Thomas zum Auferstehungszeugen geworden und bekannte in seiner Antwort „Mein Herr und mein Gott!" (Joh 20,28) Jesus als den Sohn Gottes. Mit dem Wort: „Weil du mich gesehen hast, glaubst du. Selig sind, die nicht sehen und doch glauben" (Joh 20,29), pries Jesus die künftigen Gläubigen selig, die aufgrund des Zeugnisses der Apostel an ihn glauben werden, ohne ihn gesehen zu haben. Die große Konsequenz der Ostererfahrung aber formulierte Thomas mit seinem in persönlicher Ergriffenheit ausgesprochenen Bekenntnis, in dem er Jesus seinen Herrn und Gott nannte (vgl. Joh 20,28).

EIN SEHR BEKANNTES BILDWERK DER MODERNEN KUNST, das die Begegnung zwischen Christus und Thomas zeigt, geht auf den Schriftsteller und Künstler Ernst Barlach (1870–1938) zurück. Nachdem er ab 1888 in Hamburg und Dresden seine künstlerische und bildhauerische Ausbildung erhalten hatte, begann Barlach ab 1897 als freischaffender Künstler zu wirken. Als er sich 1910 in Güstrow niedergelassen hatte, entstanden dort neben seinen literarischen Werken auch seine zahlreichen Skulpturen, unter anderem die 1926 geschnitzte Doppelskulptur „Wiedersehen (Thomas und Christus)". Barlach stand als Literat und Künstler zwischen Realismus und Expressionismus und starb 1938 an einem Herzinfarkt, nachdem er miterleben musste, wie man in der Zeit des Nationalsozialismus mehr als 400 seiner Werke als „entartete Kunst" aus öffentlichen Sammlungen entfernt hatte.[1]

Trotz seiner distanzierten Haltung zum Christentum setzte sich Barlach in seinen bildnerischen und literarischen Werken wiederholt mit der Gestalt Jesu auseinander, den er vor allem als Leidenden und als Lehrer der Liebe und Barmherzigkeit begriff.[2] Nachdem er bereits 1922 eine vorbereitende Kohlezeichnung angefertigt hatte, schuf der Künstler 1926 eine Holzskulptur mit dem auferstandenen Christus und dem Apostel Thomas, die zu den Hauptwerken der Bildhauerarbeiten Barlachs gehört und in der sich auch das religiöse Denken des Künstlers in besonderer Weise zeigt. Der genaue Titel der Zweifigurengruppe „Wiedersehen (Thomas und Christus)" war von Barlach bereits am 3. April 1922 für seine Entwurfsskizze formuliert worden.[3] Diese Doppelplastik war eines der liebsten Holzwerke des Künstlers.[4] So schrieb Barlach am 20. Juli 1926, als er sich gerade im Arbeitsprozess an der Holzfigur befand: „[…] ich bin glücklich, ‚daß ich' die hellen Tage für so ein Stück, an das man gern seine Kräfte verausgabt, benutzen kann."[5] Kurz darauf schrieb er nochmals, wie glücklich er bei seiner „tagtäglich ausgiebigen Arbeit" sei, für die er ohne Unterbrechung gerne all seine Kräfte „verbrauchen" wolle, weil er in ihr die „beste aller Lebensbedingungen" zu erkennen vermag, „die aus Überzeugung von der Notwendigkeit hervorgeht".[6] Wie diese Formulierung zeigt, empfand sich Barlach als Werkzeug einer höheren Notwendigkeit.[7] Er betrachtete seinen Künstlerberuf geradezu als eine „mystische Sache"[8] und als Wirken, das einer „inneren Nötigung" entspringt.[9] Auch wenn Barlach das Christentum nicht als letztgültige Form der Gottesoffenbarung begriff und eine religiöse Haltung jenseits der christlichen Lehre einnahm,[10] so wusste er sich dennoch einer höheren Bestimmung unterworfen, die ihn sein Werk hervorbringen ließ und

Ernst Barlach, Wiedersehen (Thomas und Christus), Holzskulptur, 1926, Höhe 103 cm, Hamburg, Ernst-Barlach-Haus.

Ernst Barlach, Wiedersehen

ihm bewusst machte, sich im Vollzug der künstlerischen Arbeit zu verwirklichen,[11] in einem „Prozeß zwischen Himmel und Erde", in einer „Mischung von Verzweiflung und Getrostheit".[12]

Barlach hatte 1922 die Skizze zu seiner Doppelfigur zunächst als „Wiedersehen" betitelt und dann nach einigen Überlegungen in Klammern „Thomas und Christus" hinzugefügt. Dabei ging es ihm vor allem um den zweifelnden Apostel, den er bewusst an erster Stelle genannt wissen wollte.[13] Dass sich Barlach für den Zusatz „Thomas und Christus" entschied, obwohl ihm der Titel „Wiedersehen" zunächst als genügend aussagekräftig erschienen war, macht die Absicht des Künstlers deutlich, den Osterbericht von Christus und Thomas in die überzeitlich bedeutsame Beziehung zweier sich wiedersehender Personen zu übertragen, ohne aber die Einmaligkeit des biblischen Ereignisses zu verwässern.[14] Der zweifache Titel seines Werkes zeigt, dass die Begegnung des Auferstandenen mit seinem Jünger ein im menschlichen Wiedersehen gründendes Ereignis ist und dass die bildliche Formulierung christlicher Motive auch auf menschliche Erfahrungen zurückzugreifen hat, um vom Betrachter verstanden werden zu können.[15]

Die von Barlach in halber Lebensgröße geschnitzte Holzskulptur stellt zwei Männer dar, die einander begegnen. Die gebeugte Figur des Thomas und der aufrechte Christus stehen barfuß auf einem knappen Podest und sind mit langen, tunikaähnlichen Gewändern bekleidet. Durch diese zeitlose Darstellungsweise vermag die Figurengruppe sowohl den allgemein menschlichen Gehalt des Wiedersehens als auch die neutestamentliche Botschaft von der Begegnung des zweifelnden Thomas mit dem auferstandenen Jesus zum Ausdruck zu bringen.[16]

Von der rechten Seite her nähert sich Thomas, der offenbar Halt sucht und als gebeugter Mann aus der irdisch-sündigen Welt zu kommen scheint. Sein schütteres Haar ist ungeordnet, die Lippen sind wulstig aufgeworfen. Um den Gesichtsausdruck des Thomas zu verdeutlichen, ließ Barlach im Unterschied zur Entwurfsskizze von 1922 bei der plastischen Ausführung den Bart weg. Der Halt suchende Mann findet Stütze bei seinem Gegenüber, der in aufrechter und in sich gesammelter Haltung dasteht und sich damit als Angehöriger der himmlisch-göttlichen Welt ausweist.[17] Jesus trägt einen stilisierten Kinnbart und geordnetes, glattes und halblanges Haar. Sein Gesicht zeigt scharf hervortretende Wangenknochen, tiefgefurchte Stirnfalten, große Augen und einen geschlossenen Mund. Der hinzutretende Gebeugte hat seine linke Hand vertrauensvoll auf die Schulter des aufrecht stehenden Christus gelegt und hält sich mit seiner Rechten am Oberkörper seines Gegenübers fest. Mit seiner sehnigen rechten Hand hält und stützt Jesus den gebeugten Thomas und lässt ihn Angenommensein und Nähe erfahren.[18]

Während in der Skizze von 1922 Thomas noch auf gleicher Höhe und wie Jesus aufrecht stand, verlieh Barlach dem Jünger in der geschnitzten Ausführung von 1926 mit gekrümmtem Rücken, hochgezogener linker Schulter und weit vorgebeugtem Oberkörper eine instabile Bewegung, um das Verlangen des Thomas nach Halt und Vergewisserung noch mehr zu veranschaulichen. So blickt der Gebeugte, dem offenbar die Knie weich geworden sind, Jesus mit offenen und großen Augen an. Thomas ist in größte Nähe zu seinem Gegenüber getreten, dem er fragend, bittend und sogar zudringlich zugewandt ist.[19]

Durch die linke Hand des Thomas, die dieser auf die Schulter Jesu gelegt hat, und durch das stützende Halten des Jüngers durch den Auferstandenen kommt eine innige Beziehung zum Ausdruck. Trotz der von ihm gewährten Zuwendung wahrt Jesus aber mit seinem aufrechten und überlegenen Dastehen eine leise Distanz zu dem gebeugt und fragend an ihn herangetretenen Thomas. Zudem blickt der Auferstandene mit durchfurchter Stirn, großen Augen und nachdenklicher Miene schweigend ein wenig zur Seite, sosehr sich Jesus auch anschauen lässt und sich dem suchenden Blick des Gebeugten nicht entzieht. Während die Kohlezeichnung von 1922 Thomas und Jesus noch in Rede und Gegenrede gezeigt hatte und der Auferstandene noch sprechend auf den Jünger geblickt hatte, stehen jetzt beide Männer schweigend beieinander. Geht man davon aus, dass sich die in der Entwurfszeichnung gefasste Intention des Künstlers in der Holzskulptur nochmals verdichtet hat, so wird man in der schweigenden Miene Jesu keinen ratlosen Blick, sondern ein Nachklingen zuvor ausgetauschter Worte erkennen. Mit der feinen Kopfneigung Jesu ist auch keine mürrische Missachtung des fragend und bittend, aber auch reumütig erkennenden Jüngers ausgedrückt, sondern ein nachsinnendes, vielleicht auch bekümmertes oder mahnendes Innehalten. Schließlich tilgte Barlach die auf der Skizze noch erkennbare leichte Schrittstellung Jesu, um die Szene ohne jedes transitorisches Moment auf eine dauerhafte und damit höhere Ebene zu heben, so dass im „Wiedersehen" das überzeitlich Bedeutsame der biblischen Begegnung zwischen „Thomas und Christus" zum Ausdruck zu kommen vermag. Es ist jener Augenblick festgehalten und gleichsam verewigt, als Thomas mit dem Ausruf „Mein Herr und mein Gott!" (Joh 20,28) seine bestürzende Erkenntnis aussprach und ihm Jesus antwortete. Während sich das Erkennen in der Körpersprache des aufblickenden Jüngers zeigt, spiegelt sich die nun im Schweigen verharrende Antwort Jesu im nachsinnenden und vielsagenden Blick des Auferstandenen wider.[20]

Obwohl Thomas in der gesamten ikonographischen Tradition die Wundmale Jesu betrachtet oder berührt, erkannte Barlach in seiner Holzskulptur den Stigmen des Auferstandenen keine weiterreichende Bedeutung zu und entzog die Seitenwunde ganz den Blicken des Betrachters. Während Emil Nolde (1867–1956) auf seinem 1911/12 entstandenen Triptychon „Das Leben Jesu" den zweifelnden Apostel mit vorgebeugtem Oberkörper die in Jesu Händen dargebotenen Wundmale prüfen ließ und auch noch Barlach in seiner Zeichnung von 1922 die Fuß- und Handstigmen Jesu andeutete, löste sich der Künstler bei der Ausfertigung seiner Holzskulptur ganz von der zentralen Bedeutung, die den Wundmalen als Handhabe für die leibliche Auferstehung zukam. Barlach ging es bei seiner Doppelfigur um die geistige Beziehung zwischen dem erkennenden Zweifler und dem auferstandenen Gekreuzigten und stellte nicht die von Thomas beabsichtigte Prüfung der Stigmen Jesu, sondern das darauf folgende Bekenntnis des Apostels und die Reaktion Christi in den Mittelpunkt.[21]

Im Dienst dieser geistigen Beziehung steht die sprechende Gebärde des Thomas, der mit seiner Hand nicht mehr die Wundmale berührt, sondern sie auf die Schulter Jesu gelegt hat. Dass Barlach dieses Motiv durchaus als ein Zeichen des Haltsuchens begriff, zeigt eine Parallele im Güstrower Tagebuch des Künstlers, als dieser am 30. August 1914 einen Jungen beobachtete, der hinten auf dem Fahrrad sitzend seine Hände auf die Schultern seines fahrenden Vaters, eines Kriegsurlaubers, gelegt hatte. Barlach erkannte darin ein Symbol des religiösen Gefühls, da sich der Junge in seiner Lebensangst offensichtlich an die Schultern seines Vaters klammere.[22] Obwohl eine direkte Beziehung zwischen dem Tagebucheintrag und der Skulptur nicht nachweisbar ist, zeigt die Notiz dennoch, welche religiöse Bedeutung Barlach dieser Geste beimaß, in der er ein Bild für das Verhältnis zwischen Mensch und Gott zu erkennen vermochte. Offensichtlich war es gerade diese Gebärde des Haltsuchens, die Barlach über die traditionelle Ikonographie hinweggehen ließ, um das christliche Bildthema des zweifelnden Thomas auf diese eigenwillige und sehr persönliche Weise zu formulieren.[23]

Im Blick auf die Religiosität Barlachs, der den suchenden Jünger bei der Benennung der Figurengruppe bewusst vorangestellt hatte, scheint Thomas für den an das Irdische gebundenen Menschen zu stehen, der das Göttliche nur über eine fassbare Persönlichkeit zu begreifen vermag. Es geht um den von seiner eigenen Bedingtheit und von seinem begrenzten Gottesverhältnis geprägten Menschen, der als Suchender an die Wirklichkeit herantritt, sich aber im überwältigt aufblickenden Thomas auch der Möglichkeiten seines Erkennens bewusst wird. Die dem fragenden Menschen Halt gebende Heilsgestalt Christi erscheint für Barlach aber nicht als der von Thomas bekannte Gott (vgl. Joh 20,28), sondern verweist selbst über sich hinaus auf den unbegrenzten und gestaltlosen Gott.[24] Damit scheint sich im Blick Jesu die Einsicht des menschlichen Geistes widerzuspiegeln, sich nicht mit einer unvorstellbaren Göttlichkeit zufriedenzugeben, sondern nach der Vorstellung eines persönlichen, guten Gottes zu streben.[25] So hält sich der suchende Thomas an der Gestalt Jesu fest, dessen

Blick in die unsichtbare Wirklichkeit Gottes hineinreicht, so dass der suchende Mensch denjenigen festhält und von demjenigen gehalten wird, der diese Wirklichkeit zu sehen vermag.

Sosehr die beiden Figuren durch ihre gebeugte und aufrechte Haltung eine sprechende Form einnehmen, so sehr sind sie wie alle Skulpturen Barlachs offen für eine weitergehende Interpretation. Auch wenn Jesus als dominierende, aufrecht stehende und in sich gesammelte Person erscheint, Thomas dagegen als gebrochen, bittend, fragend und Halt suchend wahrgenommen wird, so bleiben für den Betrachter dennoch Spielräume für andersgeartete Deutungen, was sich besonders im Gesichtsausdruck Jesu zeigt.[26] Barlach war sich selbst dessen bewusst, dass seine Figuren vieldeutig ausgelegt werden können.[27] Als er im Mai 1926 an seiner Skulptur zu Thomas und Christus arbeitete, schrieb er, dass er nichts dagegen einzuwenden hätte, „wenn man meint, daß meine plastischen Gestalten nichts sind als sehnsüchtige Mittelstücke zwischen einem Woher? und einem Wohin?"[28].

Nimmt man diesen von Barlach selbst eingeräumten Deutungsspielraum wahr, so kann man abschließend mit Helmut Lange in Barlachs Doppelfigur einen Blick in den seelisch einfühlbaren menschlichen Widerhall erkennen, den das Bekenntnis des Thomas bei Christus und auch beim Jünger selbst hervorruft. Während sich im Antlitz Jesu mehr die Belastung widerspiegelt, die der Auferstandene mit seinem Apostel hat, so wirkt seine haltende rechte Hand auch wie ein aufrichtendes Senden, so als wolle er dem Jünger sagen, er solle sich nach dem Erkennen nicht weiter quälen, sondern aus seinem Bekenntnis lernen, ebenfalls aufrecht zu stehen und als echter Apostel und Auferstehungszeuge mit eigenen Füßen zu gehen,[29] um selbst die Frohe Botschaft zu verkünden – bis nach Indien.

Der Auferstandene isst von den Fischen

Dritter Sonntag der Osterzeit. Evangelium: Lk 24,35–48

„Sie gaben ihm ein Stück gebratenen Fisch;
er nahm es und aß es vor ihren Augen."
Lk 24,42–43

Das Evangelium des dritten Sonntags der Osterzeit setzt die Perikope des Ostermontags (Lk 24,13–35) fort. Als die beiden Emmausjünger nach dem Bericht des Lukasevangeliums am Abend des Ostertages nach Jerusalem zurückgekehrt waren und sich mit den dort versammelten Aposteln und Jüngern über die mittlerweile auch Petrus zuteilgewordene Erscheinung des Auferstandenen austauschten, trat Jesus selbst in ihre Mitte und sprach ihnen den Frieden zu (vgl. Lk 24,33–36). Weil sie aber meinten, einen Geist zu sehen, und große Angst hatten, tadelte sie der Auferstandene wegen ihrer Zweifel (vgl. Lk 24,38). Er zeigte ihnen seine Hände und Füße und forderte sie auf, ihn anzufassen, da kein Geist Fleisch und Knochen habe (vgl. Lk 24,39–40). Bei der Schilderung dieser Zweifel hatte Lukas auch Gemeindemitglieder vor Augen, die durch griechisches Denken geprägt waren und sich die Erscheinung eines Verstorbenen nur als ein Erscheinen von dessen Geist vorstellen konnten. Für sie wollte der Verfasser des Lukasevangeliums die Wirklichkeit des Auferstandenen betonen, die sich in Jesu Leibhaftigkeit zeigt und beispielhaft an Händen und Füßen greifbar wird. Als die Jünger zu staunen begannen, es aber in ihrer aufkeimenden Freude immer noch nicht glauben konnten, forderte sie Jesus auf, ihm etwas zum Essen vorzusetzen (vgl. Lk 24,41; Apg 10,41), denn nach dem damaligen Volksglauben konnten Geister keine Speise zu sich nehmen. So reichten sie ihm ein Stück gebratenen Fisch, den Jesus nahm und vor ihren

Martin Johann Schmidt, Der auferstandene Christus isst von den dargereichten Fischen,
um 1774/77, Öl auf Leinwand, 228 × 145 cm, Benediktinerstift St. Paul im Lavanttal.

Augen aß (vgl. Lk 24,42–43).[1] Dann öffnete er allen Jüngern – wie schon zuvor den beiden Emmausjüngern (vgl. Lk 24,25–27.32) – die Augen für das Verständnis der Heiligen Schrift und machte sie für die Verkündigung der Heilsbotschaft zu Zeugen dafür, dass sich in seinem Sterben und Auferstehen alles erfüllt hat, was im Gesetz des Mose, bei den Propheten und in den Psalmen über den Messias gesagt wurde (vgl. Lk 24,44–48).

Das seltene Bildmotiv des auferstandenen Christus, der vor den Augen seiner Jünger den Fisch isst, taucht erstmals in der karolingischen Buchkunst auf[2] und findet sich auch im Perikopenbuch des um 985/93 entstandenen Egbert-Codex.[3]

In der Kunst des Rokoko wagte sich der österreichische Maler Martin Johann Schmidt (1718–1801) an die Darstellung des fischessenden Auferstandenen. Der als „Kremser Schmidt" bekannte Maler, der neben Franz Anton Maulbertsch (1724–1796) zu den bedeutendsten österreichischen Malern des 18. Jahrhunderts gehört, wurde 1718 im niederösterreichischen Grafenwörth als Sohn eines Bildhauers geboren und lernte bei Johann Gottlieb Starmayr (gest. 1767), der ihn auch in die Freskomalerei einführte.[4] Nachdem er sich in Stein an der Donau niedergelassen hatte, erhielt er dort 1745 mit der Anfertigung der Altarbilder für die Pfarrkirche seinen ersten bedeutenden Auftrag.[5] Als Schmidt 1753 von den Augustiner-Chorherren in St. Pölten beauftragt wurde, begann eine fruchtbare Schaffenszeit, die ihn mit den österreichischen Klöstern und den von diesen betreuten Pfarr- und Wallfahrtskirchen in Verbindung brachte, so ab 1754 mit der Benediktinerabtei Seitenstetten, ab 1756 mit dem Augustiner-Chorherren-Stift Herzogenburg und den Piaristen in Krems oder ab 1757 mit den Göttweiger Benediktinern. Schmidts Aufstieg zeigte sich auch in seiner 1758 erfolgten Verheiratung mit Elisabeth Müller (1727–1805), der Tochter eines kaiserlichen Brückenzöllners in Stein, und in der Anerkennung, die er in der Kaiserstadt Wien fand, wo er 1768 in die Akademie aufgenommen wurde.[6] Die siebziger Jahre brachten für Schmidt noch größere Aufträge, die ihn auch über die Grenzen der österreichischen Stammlande hinausführten.[7] In der Zeit der josephinischen Reformen und Klosteraufhebungen in den achtziger und neunziger Jahren versuchte Schmidt, sich auf die gewandelten Verhältnisse einzustellen und sich unter Wahrung seines schon früh an Rembrandt (1606–1669) geschulten Malstils dem von den Akademien propagierten Klassizismus anzunähern. Die große Lebensleistung des am 28. Juni 1801 verstorbenen Malers bestand aber ganz in der Entwicklung des Altarbildes zum kontemplativen Andachtsbild.[8]

Standen zu Beginn seines Schaffens noch die künstlerischen Aspekte von Komposition, Naturbeobachtung und Farbgebung im Vordergrund, so lehnte sich Schmidt zunehmend an die malerisch-atmosphärische Helldunkelmanier Rembrandts an, von dem er die visionäre Ausdruckskraft seiner Gemälde mit den dominierenden Braun- und Rottönen und den silbrig oder bläulich funkelnden Lichtreflexen übernahm. Unter dem Einfluss Rembrandts versetzte sich Schmidt meditativ in seine religiösen und visionären Bildgegenstände und kehrte die dargestellten Ereignisse gleichsam nach innen. Er ließ pathetische Effekte verklingen und verlieh seinen Protagonisten menschliche und meditative Züge. So löste Schmidt die aus der Natur gewonnenen Gegenstände immer mehr im malerisch-spirituellen Raum auf und verinnerlichte in seinen Altarbildern eine andachtsvolle lyrisch-kontemplative Stimmung.[9]

Das um 1774/77 entstandene Ölgemälde mit der Darstellung des auferstandenen Christus, der vor den Augen seiner Jünger einen Fisch isst (vgl. Lk 24,41–43), war ursprünglich Teil einer für den Speisesaal des oberösterreichischen Kollegiatsstiftes Spital am Pyhrn geschaffenen Bilderfolge und befindet sich heute im Benediktinerkloster St. Paul im Lavanttal in Kärnten. Schmidt war bereits seit 1770 mit dem Spitaler Propst Joseph Xaver Grundtner (reg. 1760–1803) in Verbindung gestanden und wurde neben der Anfertigung von Altarbildern für die Stiftskirche, die sich über vierzehn Jahre hinzog, wohl noch vor 1774 auch mit der Gemäldeausstattung des neu errichteten Refektoriums beauftragt.[10] Als Vorbild diente sicherlich der umfangreiche Bilderzyklus, den Schmidt von 1760 bis 1763 für das Sommerrefektorium der Abtei Seitenstetten geschaffen hatte.[11] Als das Kollegiatsstift Spital 1807 aufgehoben wurde, konnten dort die 1806 aus dem vorderösterreichischen Schwarzwaldkloster St. Blasien vertriebenen Benediktiner untergebracht werden. Sie besiedelten aber bereits 1809 das 1787 säkularisierte Kloster St. Paul im Lavanttal und führten dabei die nicht in der Kirche von Spital selbst aufgestellten Gemälde und damit auch die Refektoriumsbilder mit sich.[12]

Der ursprünglich im Speisesaal in Spital angebrachte Gemäldezyklus, von dem 1778 vierzehn Bilder erwähnt wurden, lässt sich in seiner Abfolge rekonstruieren. Die von Schmidt im Zeitraum von 1774 bis 1777 geschaffene Bilderfolge bestand neben sechs alttestamentlichen Gemälden und sechs Bildern aus dem Leben Jesu offenbar auch aus zwei kleineren Petrusszenen.[13] Bis auf die beiden Bilder aus dem Leben des Petrus sind die übrigen annähernd gleich hohen Gemälde durch die biblischen Themen des Trinkens und Essens inhaltlich miteinander verbunden. Die sechs alttestamentlichen Bilder zeigen Abraham, der die drei Engel bewirtet (vgl. Gen 18,1–9), Hagar und Ismael, die durch einen Engel auf den rettenden Brunnen hingewiesen werden (vgl. Gen 21,15–19), Rebekka, die Abrahams Brautwerber Elieser am Brunnen zu trinken gibt (vgl. Gen 24,17–18), Jakob, der den Stein vom Brunnen wälzt, die Schafe Labans tränkt und dabei Rachel begegnet (vgl. Gen 29,10), Elija, der durch einen Engel in der Wüste mit Brot und Wasser gestärkt wird (vgl. 1 Kön

19,5–6), und Habakuk, der durch einen Engel mit Speisen zu Daniel in der Löwengrube gebracht wird (vgl. Dan 14,33–36). Die sechs Szenen aus dem Leben Jesu zeigen Christus und die Samariterin am Jakobsbrunnen (vgl. Joh 4,7–15), Christus als Gast in Betanien bei Marta und Maria (vgl. Lk 10,38–42), die Fußwaschung (vgl. Joh 13,5–10), das Letzte Abendmahl (vgl. Joh 13,26), Christus in der Herberge von Emmaus (vgl. Lk 24,30–31) und Christus, der als Auferstandener von den dargereichten Fischen isst (vgl. Lk 24,41–43).[14] Typologisch verweist das Bild mit dem Dienst der Bewirtung der drei Engel durch Abraham auf den Sklavendienst der Fußwaschung, den Jesus an seinen Aposteln vollzog. In den drei alttestamentlichen Brunnenszenen mit Hagar, Rebekka und Jakob klingt das Thema des lebendigen Wassers als Symbol für die göttliche Heilsbotschaft an, die im Neuen Testament durch die Samariterin, durch Maria von Betanien und durch die Jünger angenommen wurde, die aufgrund des durch Jesus vor ihren Augen verzehrten Fisches zum Glauben an die leibliche Auferstehung Christi gelangt waren. Die Speisungen der Propheten Elija und Daniel verweisen schließlich auf die wahre Nahrung der Eucharistie und damit auf die Einsetzung des Altarsakramentes beim Letzten Abendmahl und auf das Brotbrechen in Emmaus.

Der Spitaler Refektoriumszyklus, der im überbreiten Abendmahlsgemälde sein Hauptbild hatte,[15] entstand in Schmidts Hauptschaffenszeit und zählt sicherlich zu den besten Werken des Malers. Entsprechend der besonderen Bestimmung als Gemälde eines Speisesaals beziehen sich die Bilder auf einzelne Begebenheiten aus der biblischen Heilsgeschichte, in denen die leibliche Stärkung durch Speise und Trank auf die geistliche Nahrung verweist, so dass die einzelnen Szenen sowohl erzählerischen als auch transzendenten Charakter besitzen.[16] Dabei verwandelte Schmidt das Pathos der dramatischen Erzählmomente in ausdrucksvolle Gefühlsszenen, um das Gemüt des Betrachters mit Andacht zu erfüllen und zu neuer Glaubensbereitschaft anzuregen. Damit folgte Schmidt zwar weiterhin dem Schema der gegenreformatorischen Bildrhetorik, wandelte es aber in seiner Wirkung ganz auf die seelische Empfindungskraft des Betrachters um. Die Losschälung von der Wiedergabe der irdischen Sphäre und die Veranschaulichung der transzendenten Dimension erreichte Schmidt durch sein rembrandteskes Helldunkel, das ihm einen hohen Grad von Spiritualisierung ermöglichte.[17]

Wie die übrigen Gemälde ist auch das hochrechteckige, eineinhalb Meter breite und über zwei Meter hohe Ölbild mit dem fischessenden Auferstandenen[18] ganz auf die handelnden Personen konzentriert, die vor einem in rembrandtesken Brauntönen gehaltenen Hintergrund agieren. Dass sich die geschilderte Begebenheit in einem Interieur abspielt, wird durch die Türnische am rechten Bildrand und durch den in der

Bildmitte angedeuteten Tisch deutlich. Der dunkle Raum, der keine natürliche Lichtquelle besitzt, verweist auf die Erscheinung Jesu an jenem Abend, an dem die beiden Emmausjünger zu den in Jerusalem versammelten Jüngern zurückgekehrt waren (vgl. Lk 24,33).

Während die linke Bildhälfte von den Jüngern eingenommen wird, die aus dem dämmrigen Hintergrund getreten sind, ist rechts Jesus zu sehen. Die geschlossene Tür hinter ihm erinnert an das plötzliche und wunderbare Hereintreten des Auferstandenen in die Mitte seiner Jünger (vgl. Joh 20,19.26; Lk 24,36). Die im eigenen Lichtschein erstrahlende Gestalt Jesu erscheint als eine genau nach der Natur gemalte Aktstudie[19] und veranschaulicht damit das Geschehen, das nach dem Lukasevangelium dem Essen des Fisches (vgl. Lk 24,41–43) unmittelbar vorausgegangen war, nämlich das Hinweisen des Auferstandenen auf sein Fleisch und seine Knochen sowie auf seine Hände und Füße (vgl. Lk 24,39), die er ihnen eigens vorzeigte (vgl. Lk 24,40). Dieses Vorweisen seiner körperlichen Gestalt, mit der Jesus seine Jünger von der Wirklichkeit seiner leibhaften Auferstehung überzeugen wollte und die er sogar mit der Aufforderung zum Anfassen verbunden hatte (vgl. Lk 24,39), führte in der Kunst des Manierismus und des Barock dazu, den in die Mitte seiner Jünger getretenen Auferstandenen als leicht bekleidete Aktfigur darzustellen, wie beispielsweise ein um 1590 entstandenes Fresko des Giovanni Balduccio (geb. um 1560, gest. nach 1631) im Oratorio dei Pretoni in Florenz[20] oder ein Kupferstich des Augsburger Künstlers und Verlegers Johann Ulrich Kraus (1655–1719) um 1706 zeigen.[21] In dieser künstlerischen Tradition stellte auch Schmidt den Auferstandenen als eine nur mit einem Lendentuch bekleidete Aktfigur dar und unterstrich damit eindringlich das dem Essen des Fisches vorausgehende Bemühen Jesu, die Ängste seiner Jünger zu zerstreuen, die in ihm einen Geist zu sehen meinten: „Was seid ihr so bestürzt? Warum lasst ihr in eurem Herzen solche Zweifel aufkommen? Seht meine Hände und meine Füße an: Ich bin es selbst. Fasst mich doch an und begreift: Kein Geist hat Fleisch und Knochen, wie ihr es bei mir seht" (Lk 24,39). Während die Füße des Auferstandenen zum unteren Bildrand hin im Halbdunkel bereits verschwimmen und sich auch die Seitenwunde dem Blick des Betrachters entzieht, erscheint die linke Hand Jesu mit der Nagelwunde ganz im Licht, die er weisend und beteuernd auf seine Brust gelegt hat.

Wie die Schrittstellung seiner Beine zeigt, ist Jesus an seine Jünger herangetreten, die angesichts seiner körperlichen Wirklichkeit zwar „staunten", aber es „vor Freude immer noch nicht glauben" konnten (Lk 24,41), so dass er sie schließlich vollends mit dem Essen von Speise überzeugen wollte. Als er sie fragte: „Habt ihr etwas zu essen hier?" (Lk 24,41), gaben ihm seine Jünger „ein Stück gebratenen Fisch" (Lk 24,42), das er nahm und vor ihren Augen aß (vgl. Lk 24,43).[22] Um diesen im Essen gipfelnden Höhepunkt der Überzeugungsbemühungen Jesu zu schildern, bezog Schmidt auch die Jünger ein. Entsprechend der ikonographischen Tradition ist es der an seinem charakteristischen weißen Bart- und Haupthaar erkennbare Petrus, der die Aufforderung Jesu erfüllt und auf einer Schale einen gebratenen Fisch auf den Tisch gestellt hat, der offenbar noch eilig mit einem weißen Tischtuch halbwegs gedeckt wurde. Petrus trägt über der linken Schulter ein blaues Pallium, das seine rechte Brusthälfte frei lässt. Mit sprechendem Mund blickt er zu Jesus auf und weist mit beiden Händen auf den vor ihm auf dem Teller liegenden Fisch. Während bei Petrus das Gesicht, der Oberkörper und die Innenseite seiner weisenden linken Hand hell beleuchtet sind, werden hinter ihm drei weitere Jünger nur schemenhaft angedeutet, um von der zentralen Erkenntnisszene nicht unnötig abzulenken.

Der an den Tisch herangetretene Jesus hat mit seiner rechten Hand einen Bissen des gebratenen Fisches an seine zum Essen geöffneten Lippen herangeführt und dabei sein Haupt eindringlich auf Petrus gerichtet, der ebenfalls ganz in Licht getaucht ist. Während das staunende Begreifen bei Petrus ein innerlicher Vorgang ist, wird der links in Rückenansicht und ganz im Gegenlicht dargestellte Jünger von seiner Erkenntnis auch äußerlich überwältigt. Er ist wohl gerade von einem außerhalb des Bildes weiter links stehenden Stuhl aufgesprungen und hat in seiner Erregung die rechte Hand, die sich wirkungsvoll von der hellen Hintergrundfolie des weißen Tischtuches abhebt, unwillkürlich nach oben gezogen.

Das Gemälde mit dem seltenen Thema des vor den Augen seiner Jünger essenden Auferstandenen besticht durch seine Konzentration auf die handelnden Personen und durch seine Versenkung in die seelische Wirkung, die das Ereignis zu einem kontemplativen Zwiegespräch zwischen Petrus und Jesus werden lässt.[23] So wirklichkeitsnah Schmidt den Körper des leibhaft auferstandenen Christus auch darzustellen meinte, so sehr trug der Maler auch dem letztlich unbegreiflichen Geheimnis des Auferstehungsleibes Rechnung, indem er durch das visionäre Leuchten des rembrandtesken Helldunkels die Aktfigur Jesu verklärte und spiritualisierte.[24] Angesichts der lebensnahen Schilderung des Lukasevangeliums gelang es Schmidt, natürliches religiöses Empfinden mit transzendenter Andacht zu verbinden. Damit wurde Schmidt nicht nur dem Postulat der leiblichen Auferstehung gerecht, sondern vermied durch seine beseelt dargestellten Personen auch die Gefahr der Veräußerlichung und vermochte so das göttlich Wunderbare des Geschehens für die Andacht des Betrachters zu öffnen.[25]

Der schlechte und der gute Hirte

Vierter Sonntag der Osterzeit. Evangelium: Joh 10,11–18

„Der gute Hirt gibt sein Leben hin für die Schafe.
Der bezahlte Knecht aber lässt die Schafe im Stich und flieht,
wenn er den Wolf kommen sieht."
Joh 10,11–12

In allen drei Lesejahren wird am vierten Sonntag der Osterzeit als Evangelium jeweils ein Abschnitt aus der johanneischen Gleichnisrede Jesu vom guten Hirten (Joh 10,1–30) vorgelesen. Im Evangelium des zweiten Lesejahres stellt das Johannesevangelium Jesus als guten Hirten dem schlechten Hirten gegenüber. Jesus kommt als wahrer Hirte, der nicht in böser Absicht in den Schafstall einsteigt, sondern durch die Stalltür zu den Schafen kommt. Er bezeichnet sich als Tür, die zum Leben führt, und kennt jedes einzelne seiner Schafe, die auf seine Stimme hören und ihm folgen (vgl. Joh 10,1–10). Mit dem Bildwort „Ich bin der gute Hirt" (Joh 10,11) bezeichnet Jesus einen Hirten, der bereit ist, sein Leben für die bedrohte Herde seiner Schafe hinzugeben. Der wahre Hirte zeigt sich darin, dass er der Gefahr nicht ausweicht, sondern ihr bis zur Hingabe des eigenen Lebens widersteht. Dieses Bildwort vom guten Hirten geht dann in ein Gleichnis über, in dem vom bezahlten Knecht die Rede ist, der beim Kommen des Wolfes flieht und die Herde im Stich lässt, während sie der Eigentümer der Schafe schützt. Dieser Eigentümer ist Jesus, der mit seiner Herde in einer ebenso innigen Gemeinschaft wie mit seinem himmlischen Vater lebt (vgl. Joh 10,11–15), dessen Wohlgefallen er findet, weil er als Hirte der von ihm gesammelten Menschheit bereit ist, sein Leben für die Seinen hinzugeben (vgl. Joh 10,17–18).[1]

Auf den niederländischen Maler Pieter Bruegel den Älteren (um 1525/27–1569) gehen zwei Ölgemälde zurück, die sich in Form späterer Kopien erhalten haben und in denen der fliehende Knecht dem guten Hirten gegenübergestellt ist.[2]

Der aus Brabant stammende ältere Pieter Bruegel wirkte zunächst ab 1552 in Antwerpen und siedelte 1563 nach Brüssel über, wo er bereits 1569 starb.[3] Bruegel prägte wesentlich die flämische Landschaftsmalerei und schuf neben seinen berühmten bäuerlichen Genrebildern allegorische Werke, die sich auf die Bibel, auf Sprichwörter sowie auf volkstümliche und humanistische Themen beziehen. In seiner persönlichen Religiosität stand Bruegel in der Mitte zwischen dem spanischen Katholizismus und dem niederländischen Calvinismus und machte mit seiner eigenwillig moralisierenden und tiefsinnigen Bildsprache die Details seiner Bilder zu Bedeutungsträgern, mit denen er vor allem die Verderblichkeit der Sünde, aber auch die aus der Tugend kommende Lebensfreude ins Bild umzusetzen versuchte.[4] In seinen biblischen Gemälden band der ältere Pieter Bruegel die religiöse Aussage oftmals in Landschaftsdarstellungen ein, die sich durch ihre einzigartige Naturschilderung und ihre farbliche Atmosphäre auszeichneten. Da aber die Sammler schon zu seinen Lebzeiten besonders seine bäuerlichen Genrebilder im Blick hatten, haben sich die religiösen Gemälde des Meisters weniger erhalten.[5] Einige biblische Sprichwortdarstellungen des älteren Pieter Bruegel sind aber als Kopien überliefert, wie die beiden Gemälde mit dem schlechten und dem guten Hirten zeigen.

Hinter den beiden Ölgemälden mit dem schlechten und dem guten Hirten kann als Kopist sein Sohn, der jüngere Pieter Bruegel (1564–1637/38), vermutet werden,[6] der 1564 in Brüssel geboren wurde, nachdem sein Vater 1563 dort Mayken Coecke (um 1545–1578) geheiratet hatte. Nachdem der junge Pieter Bruegel schon mit fünf Jahren seinen Vater verloren hatte, lernte er bei dem Landschaftsmaler Gillis van Coninxloo (1544–1607) und baute in Antwerpen eine große Malerwerkstätte auf, wo er 1585 in den Büchern der Lukasgilde als selbständiger Meister aufgeführt wurde und um 1637/38 starb. Der weitaus größte Teil seines künstlerischen Werkes bestand darin, die begehrten Bilder seines Vaters zu kopieren und dessen graphische Vorlagen in Ölgemälde umzusetzen, so dass auf diese Weise zahlreiche, heute verschollene Werke des älteren Pieter Bruegel erhalten sind.[7]

Das erste Gemälde mit dem schlechten Hirten, das im Zeitraum von 1575 bis 1600 nach einem wohl um 1567/69 von Pieter Bruegel dem Älteren kurz vor seinem Tod geschaffenen Bild entstand, war erstmals durch den belgischen Kunsthistoriker Georges Hulin de Loo (1862–1945) als Kopie des jüngeren Pieter Bruegel nach einem Original seines Vaters erkannt worden.[8] Das nicht ganz einen Meter breite Gemälde zeigt das in der christlichen Kunst sehr selten dargestellte Motiv des schlechten Hirten, der die Schafe im Stich lässt und flieht (vgl. Joh 10,12–13). Das Bild befand sich in der Privatgalerie des amerikanischen Juristen und Kunstsamm-

Pieter Bruegel der Jüngere, Der fliehende Hirte, 1575–1600 nach einem wohl verlorenen Gemälde Pieter Bruegels des Älteren von 1567/69, Öl auf Holz, 61,6 × 86,7 cm, Philadelphia, Museum of Art.

lers John G. Johnson (1840–1917) und gelangte nach dessen Tod in das Museum of Art von Philadelphia, dem er seine Sammlung vermacht hatte. Das in seiner letzten Schaffensperiode entstandene Gemälde wirft ein bezeichnendes Licht auf die pessimistische Weltanschauung Pieter Bruegels des Älteren, die durch die Erfahrungen des Aufstandes der calvinistischen Niederlande gegen die katholische Herrschaft Spaniens geprägt war.[9]

Wie so oft in der Malerei des älteren Pieter Bruegel spielt sich auch bei dem Bild mit dem schlechten Hirten die biblische Szene vor einem faszinierenden Landschaftshintergrund ab. Der Betrachter blickt von einem erhöhten Standpunkt auf eine offene, weite Ackerlandschaft mit Wegfurchen und Wagenspuren. Rechts ist auf dem Acker eine Herde von Schafen zu sehen, die gerade von einem grauen Wolf angegriffen wird. Bis auf den belaubten Baum im Mittelgrund links von der Mitte sind die beiden äußeren Bäume kahl. Auf dem rechten Baum, der hinter einem Steinhaufen hervorwächst, sitzt ein Vogel.

Während die weidenden Schafe im Mittel- und Hintergrund klein dargestellt sind, wird der Vordergrund ganz von einem Mann eingenommen, der auf den unteren Bildrand zuläuft. Es ist der „bezahlte Knecht" aus dem Gleichnis Jesu, „der nicht Hirt ist und dem die Schafe nicht gehören" und der „die Schafe im Stich" lässt „und flieht, wenn er den Wolf kommen sieht […], weil er nur ein bezahlter Knecht ist und ihm an den Schafen nichts liegt" (Joh 10,12–13). Der füllige Mann hat eine Tasche umgehängt und ist über einem hellgrauen Hemd mit einem Wams aus Fell bekleidet. Um schneller laufen zu können, hat er den Hut abgenommen, den er in seiner linken Hand hält. Die fliehenden Beine des schlechten Hirten werden durch den starken Farbakzent seiner roten Hose betont. In seinem Gürtel steckt ein Messer, und auch die langstielige Schaufel in seiner rechten Hand trägt er wie eine Waffe. Obwohl der Mann durch seine massige Statur und seine Bewaffnung durchaus in der Lage wäre, einem einzelnen Wolf Widerstand zu leisten, versucht er zu entkommen und schaut sich nur nach der Gefahr um.[10] Die Geschwindigkeit des fliehenden Knechtes wird durch die nach hinten geflüchteten Wagenspuren angedeutet, die sich zum Horizont hin sanft runden, so dass der Betrachter sogar die Wölbung der Erdoberfläche zu ahnen glaubt.[11] Der vor dem Wolf mit fliehendem Haar davonlaufende Knecht rennt auf den Betrachter zu und durchbohrt mit seiner Schaufel beinahe die Bildfläche. Sosehr er auch den Eindruck eines Flüchtenden macht, so wenig scheint er von Angst erfüllt zu sein, wie sein ausdrucksloses und eher sanftes als furchtsames Gesicht zeigt. Er ist froh, der Gefahr entronnen zu sein. Das Schicksal der hinter ihm schutzlos dem Wolf preisgegebenen Herde kümmert ihn überhaupt nicht.[12] Auf der weiten Ebene des Ackers bleibt den Schafen nur die Möglichkeit, in wilder Panik in verschiedene Richtungen auseinanderzustieben.

Das am Horizont über den Schafen erscheinende Haus, das vielleicht der Hof ist, zu dem die Herde gehört, ist zu weit entfernt und vermag ebenso wie die Bäume am linken Bildrand keinen Schutz zu bieten. So gibt es für die Schafe keine Rettung, wie es im Gleichnis heißt: „[…] und der Wolf reißt sie und jagt sie auseinander" (Joh 10,12). Während sich die flüchtende Herde zerstreut, hat der Wolf bereits ein Schaf aus der schutzlosen Herde am Genick angefallen und zu Boden geworfen.[13]

Das zweite von Pieter Bruegel dem Jüngeren nach dem Vorbild eines verlorenen Gemäldes seines Vaters angefertigte Bild stammt aus dem Jahr 1616 und befin-

Pieter Bruegel der Jüngere, Der gute Hirte, 1616 nach einem wohl verlorenen Gemälde Pieter Bruegels des Älteren, Öl auf Leinwand, 54,5 × 40 cm, Brüssel, Königliche Museen der Schönen Künste.

det sich in den Königlichen Museen der Schönen Künste in Brüssel.[14] In diesem Bild wird dem bezahlten Knecht, dem es nur um seinen Lohn geht und der keinen inneren Bezug zur Herde hat, der gute Hirte gegenübergestellt, der sein Leben für seine Schafe hingibt und mit dem sich Jesus identifiziert hat: „Ich bin der gute Hirt. Der gute Hirt gibt sein Leben hin für die Schafe" (Joh 10,11). Das von Pieter Bruegel dem Jüngeren signierte und datierte, etwa einen halben Meter breite Gemälde zeigt den aussichtslosen Kampf des vom Wolf angefallenen Hirten und die Flucht der sich zerstreuenden Schafe. Während im Bild mit dem schlechten Hirten das Bewegungsmotiv des Fliehens dominiert, erstarrt hier die Szenerie im Augenblick der todbringenden Hingabe des guten Hirten.[15]

Das Drama des guten Hirten spielt sich in einem hügeligen Gelände ab, das zur rechten Bildhälfte hin von einigen wenigen Pflanzen bewachsen ist. Drei Schafe fliehen vor dem Wolf den Hügel hinauf, wo im Hintergrund ein dichterer Baumbewuchs Schutz zu verheißen scheint. Auch am linken Bildrand, wohin ebenfalls einige Schafe fliehen, wachsen mehr Bäume. Mehrere Schafe, darunter ein schwarzes, fliehen in die Ebene hinab, wo am linken Horizont eine Stadtansicht mit Kirchtürmen auftaucht. Am bewölkten Himmel und in den Bäumen auf der rechten Seite sind einige Vögel zu sehen. Über der Stadt fliegt ein Reiher.

Im Vordergrund hat der Wolf einen jugendlichen Hirten mit halblangem Lockenhaar und spärlichem Bartwuchs zu Boden gerissen. Er ist mit einem blauen Rock und darüber mit einer grünen Jacke bekleidet. Im Gegensatz zu den roten Beinkleidern des fliehenden Hirten trägt der gute Hirte eine weiße Hose. Am Gürtel hängt eine Herdenglocke, und um seine Schulter hat er eine Hirtentasche gehängt. Mit der rechten Hand versucht er, den Wolf abzuwehren. Links neben ihm liegt der große Strohhut, der ihm im Abwehrkampf vom Kopf gefallen ist. In der linken Hand hält er seine Schaufel, mit der er sich aber nicht mehr gegen das Raubtier wehren kann. Während sich die auseinanderfliehenden Schafe in alle Richtungen zerstreuen, hat der zur Bestie gewordene Wolf den Hirten bereits zu Boden gerissen und überwältigt, so dass er ihm nur noch die Kehle durchbeißen muss und somit das geschieht, was Jesus von seiner sühnenden Lebenshingabe im Gleichnis vom guten Hirten angekündigt hat: „Ich bin der gute Hirt [...]; und ich gebe mein Leben hin für die Schafe" (Joh 10,14–15).

Die Szene mit dem besiegten Hirten und den sich zerstreuenden Schafen erinnert auch an die Prophetie des Sacharja (vgl. Sach 13,7), die Jesus nach dem Letzten Abendmahl auf seine bevorstehende Passion und die Flucht seiner Jünger bezogen hat: „Ich werde den Hirten erschlagen, dann werden sich die Schafe der Herde zerstreuen" (Mt 26,31). Diesem Wort fügt aber Jesus sogleich hinzu, dass er auferstehen wird und den geflohenen Aposteln nach Galiläa vorausgehen wird (vgl. Mt 26,32), um sie dort, wo sie einst berufen wurden, erneut zu sammeln und als Hirten der Kirche zu senden. Vielleicht soll die Herde, die in Richtung der Stadt mit den Kirchtürmen flieht, auf die Kirche verweisen, die mit ihrem Hirtendienst den Schafen Schutz und Heil vermitteln soll. Nach den Worten Jesu gleicht ja die Herde Schafen, die keinen Hirten haben, so dass man um Arbeiter für das Reich Gottes beten soll (vgl. Mt 9,36–38).[16]

Der wahre Weinstock

Fünfter Sonntag der Osterzeit. Evangelium: Joh 15,1–8

„Ich bin der Weinstock, ihr seid die Reben."
Joh 15,5

Während am vierten Sonntag der Osterzeit Jesus als guter Hirt im Mittelpunkt steht (vgl. Joh 10,11–18), geht es im Evangelium des fünften Sonntags um Christus als den wahren Weinstock. Als guter Hirte, der sich für seine Herde hingibt, ist Jesus immer auch der wahre Weinstock, der den Seinen Anteil am göttlichen Leben schenkt.

Nachdem bereits im Alten Bund das Gottesvolk Israel als Weinstock bezeichnet wurde (vgl. Ps 80,9–14; Jes 5,1–7; Jer 2,21), erscheint im Neuen Testament Jesus selbst als der gute Weinstock und Mittler des Neuen Bundes. In der johanneischen Gleichnisrede vom Weinstock bezeichnet sich Jesus als wahren Weinstock, seinen Vater als Winzer (vgl. Joh 15,1) und seine Jünger als Rebzweige (vgl. Joh 15,5). Mit diesem Bild vom Weinstock geht es um das gläubige Verbundenbleiben mit Jesus, das im Johannesevangelium immer wieder angemahnt wird (vgl. Joh 14,1.12.15.23). Nur wer am Wort Jesu festhält (vgl. Joh 15,3.7) und mit ihm wie eine Rebe am Weinstock verbunden bleibt, der hat das wahre Leben in sich und vermag in Jesus zu bleiben und Frucht zu bringen (vgl. Joh 15,4–5). Wie ein Winzer, der die Rebzweige reinigt, um ihr Wachstum zu fördern, so sorgt sich auch der Vater um das Fruchtbringen der mit seinem Sohn verbundenen Jünger (vgl. Joh 15,2). Wer aber nicht mit dem wahren Weinstock Jesus verbunden bleibt, der kann auch keine Frucht bringen und wird wie eine verdorrte Rebe weggeworfen (vgl. Joh 15,4.6). So liegt im Fruchtbringen der Sinn des Lebens der Jünger. In der Lebensgemeinschaft mit Jesus, dem wahren Weinstock, bringen sie ihre Früchte und verherrlichen damit den Vater (vgl. Joh 15,8).[1]

In der frühen Kirche wurde die Weinstockparabel als Veranschaulichung der durch Glaube und Taufe erlangten Gemeinschaft mit Christus von den Kirchenvätern vielfach aufgegriffen, wie Beda Venerabilis (673–735) zeigt, der das Gleichnis vom Weinstock und den Reben als Bild für die Kirche begriff, in der die Glieder mit ihrem Haupt Christus fest verbunden sind.[2] Die Verbindung des Weinstocks mit dem Christussymbol des Kreuzes entstand ebenfalls bereits in der frühchristlichen Kunst. So findet sich in der Gaudiosuskatakombe in Neapel die Darstellung zweier Schafe, die sich einem Weinstock zuwenden, der ein Kreuz umschließt, das von einer Traube überragt wird.[3] In dem nach frühchristlicher Vorlage zu Beginn des 12. Jahrhunderts geschaffenen Apsismosaik von San Clemente in Rom füllen die Ranken mit dem Kreuz in der Mitte die ganze Kalotte, wobei die Inschrift hervorhebt, dass die Kirche durch das Kreuz Christi fruchtbar gemacht wird.[4] Als im Mittelalter der Weinstock mit dem Paradiesbaum (vgl. Gen 2,9; Ez 47,12) gleichgesetzt wurde,[5] kam es vermehrt zu Darstellungen des im Weinstock gekreuzigten Christus. So konnte deutlich werden, dass sich der Erlöser am Holz des Kreuzes hingegeben hat und der Baum des Sündenfalls zum Baum des Lebens und damit zum lebenspendenden wahren Weinstock wurde, mit dem die Glieder der Kirche fest verbunden sind.

Der im Weinstock gekreuzigte Christus bildete auch die Mitte eines nur noch fragmentarisch im Rheinischen Landesmuseum in Trier erhaltenen monumentalen Bildfensters aus dem Trierer Dom.[6] Das Weinstockfenster dürfte von zwei weiteren Fenstern mit stehenden Heiligen flankiert gewesen sein und auf den Trierer Erzbischof und Kurfürsten Richard von Greiffenklau (reg. 1511–1531) zurückgehen, von dem sich eine Stifterinschrift erhalten hat. Die in der Zeit nach 1520 entstandenen Fenster waren sehr wahrscheinlich im nördlichen Seitenschiff des Trierer Domes angebracht gewesen, wo Erzbischof Greiffenklau am zweiten nördlichen Langhauspfeiler bereits zu Lebzeiten einen Grabaltar für sich errichten ließ. Nach den Rastermaßen der erhaltenen Bildscheiben dürften die drei Fenster ursprünglich jeweils mehr als fünf Meter hoch und etwa drei Meter breit gewesen sein.[7] Das Weinstockfenster ging zusammen mit den beiden anderen Fenstern verloren, als man nach dem Dachstuhlbrand von 1717 den Innenraum des Domes im barocken Stil umgestaltete und die noch erhaltenen mittelalterlichen Farbverglasungen durch helle Scheiben ersetzte.[8] Die erhaltenen Fragmente des Weinstockfensters sind im Detail fein ausgearbeitet und zeigen hohe handwerkliche und malerische Qualität. Die klaren Konturen und die starkfarbigen Kontraste waren auf fernstehende Betrachter hin angelegt und vermochten im Innenraum des Trierer Domes einst eine beeindruckende monumentale Wirkung zu erzielen.[9]

Im Zentrum des Weinstockfensters, das sich durch die erhaltenen Scheiben rekonstruieren lässt, befand sich als größtes erhaltenes Fragment der gekreuzigte Christus. Der athletische, in einem weißen Inkarnat gegebene und von einem Lendentuch umschlungene Leib des Erlösers ist an den beiden Händen und an den über-

Der gekreuzigte Christus im Weinstock, Fragment aus dem Weinstockfenster des Trierer Domes, nach 1520, Malerei auf Flachglas, 141,5 × 114,7 × 56 cm, Trier, Rheinisches Landesmuseum.

Weinstockfenster aus dem Trierer Dom

einandergelegten Füßen mit drei Nägeln an ein braunes Holzkreuz geheftet. Das anrührende Antlitz Jesu ist von einer silbergelben Dornenkrone und einem braunen, kreuzförmigen Strahlennimbus umgeben, der sich nur schwach vom Kreuzesholz abhebt. Die gebrochenen Augen, der leicht geöffnete, aushauchende Mund und die geöffnete Seitenwunde zeigen, dass der Gekreuzigte sein Erlöserleiden bereits vollbracht hat. Der senkrechte Kreuzbalken wird oben durch den im Johannesevangelium (vgl. Joh 19,19) überlieferten Titulus „INRI" für „Iesus Nazarenus Rex Iudaeorum" abgeschlossen, der von einem silbergelben Rahmen umgeben ist.[10]

Oberhalb des Längsbalkens dürfte sich das Nest mit dem Pelikan und seinen Jungen befunden haben, von dem sich im Rheinischen Landesmuseum ebenfalls ein kleines Fragment erhalten hat.[11] Der Pelikan, der vor allem im späten Mittelalter zahllose Kreuze bekrönte, gehört zu den wichtigsten Sinnbildern für den Opfertod Christi. Nach der Fabel des frühchristlichen „Physiologus" hacken die heranwachsenden jungen Pelikane ihren Eltern ins Gesicht, so dass diese reflexartig zurückschlagen und dabei tragischerweise ihre Jungen töten. Dies veranlasse dann die trauernde Pelikanmutter, aus Liebe zu ihren Jungen ihre eigene Seite aufzureißen, um sie mit ihrem Blut zu besprengen und so wieder zum Leben zu erwecken. Der „Physiologus" sah in diesem Selbstopfer des blutspendenden Pelikans ein Symbol für den Opfertod Christi, der sich für seine abtrünnigen Kinder (vgl. Jes 1,2) hingegeben hat und dessen Seite ebenfalls am Kreuz geöffnet wurde, um die Seinen durch Wasser und Blut (vgl. Joh 19,34), also durch Taufe und Eucharistie (vgl. Mt 26,27), zu erlösen.[12] So zeigen auch die Fragmente des Trierer Weinstockfensters das dornige Nest mit dem Pelikan, der sich mit aufgepickter Seite zu drei Jungen herabneigt, die sich ihm mit geöffneten Schnäbeln entgegenrecken.

Über dem Pelikan muss zudem die Darstellung der Taube des Heiligen Geistes angenommen werden, die an dieser Stelle auch auf einem Tonmodell mit dem im Weinstock gekreuzigten Christus zu sehen ist, das in der ersten Hälfte des 15. Jahrhunderts im mittelrheinischen Kunstkreis angefertigt wurde und sich heute im Kunstgewerbemuseum Berlin befindet.[13]

In der Tradition der mittelalterlichen Gleichsetzung des Weinstocks mit dem Kreuzesholz des Lebensbaumes wird das Kreuz im Trierer Weinstockfenster zu beiden Seiten von je einer kräftigen Weinrebe umgeben, die Blätter und Trauben trägt. Die grünen Weinblätter und die weißen Trauben heben sich wirkungsvoll von dem blau damaszierten Hintergrund ab. Links vom Gekreuzigten verweist auf dem weißen Schriftband die lateinische Inschrift in gotischen Minuskeln auf das Weinstockgleichnis und zitiert die Selbstaussage Jesu „Ich bin der Weinstock, ihr seid die Reben" (Joh 15,5) in der dritten Person: „[vitis] est et vos palmit[es]", „Er ist der Weinstock, und ihr seid die Reben."[14]

Die mit dem Weinstock Christus verbundenen Reben sind die zwölf Apostel, die um den Gekreuzigten herum im Geäst der Rebzweige und Weintrauben angeordnet waren. Wie ein erhaltenes Fragment mit Jakobus dem Jüngeren zeigt, waren die Apostel als Halbfiguren dargestellt, die in Blütenkelchen sitzen.[15] Die Darstellung der zwölf Apostel in den Zweigen eines Weinstocks lehnt sich an das Bildmotiv der Wurzel Jesse an, wonach aus dem Wurzelstock des Isai, des auch „Jesse" genannten Vaters des Königs David (reg. 1000–961 v. Chr.), „ein Reis" hervorwachsen und „ein junger Trieb aus seinen Wurzeln" Frucht bringen wird (Jes 11,1).[16]

Links vom Kreuz war an der Wurzel des Weinstocks der pflanzende Gottvater dargestellt, von dem sich das Fragment eines bärtigen Männerkopfes erhalten hat.[17] Gegenüber der Figur Gottvaters stand rechts unterhalb des Kreuzes die bewässernde Maria.[18] Die in gotischen Minuskeln verfasste lateinische Inschrift über Maria erklärt sowohl die Gebärde des herabblickenden Gottvaters als auch die Körperneigung Marias: „Pater plantat maria virgo rigat", „Der Vater pflanzt, die Jungfrau Maria bewässert."[19] So bückte sich Gottvater nach unten, um den Boden für die Pflanzung des Weinstocks zu hacken, während Maria zum Wurzelgrund des Weinstocks blickte, um ihn mit einer Kanne zu begießen.[20] Mit dem Bildmotiv des hackenden Gottvaters wird auf volkstümliche Weise die zu Beginn der Weinstockparabel erwähnte Aufgabe des Vaters veranschaulicht, der sich als Winzer (vgl. Joh 15,1) um seine Rebzweige und damit um die Kirche seines Sohnes kümmert (vgl. Joh 15,2), der aus ihm als dem ewigen Ursprung in der Gottheit hervorgeht und durch den Heiligen Geist Mensch geworden ist, um am Kreuz zum wahren Weinstock und Haupt seiner Kirche zu werden. Im Bewässern des Weinstocks zeigt sich Maria als Urbild und Mutter der Kirche, die mit ihrem Haupt Christus eine Einheit bildet, so wie die Reben mit dem Weinstock.

Mit dem Weinstockfenster veranlasste Erzbischof Greiffenklau an einem für alle zugänglichen Ort im nördlichen Seitenschiff des Trierer Domes eine volkstümliche Darstellung, die das johanneische Weinstockgleichnis fast wortgetreu wiedergab, um dem Betrachter die enge Verbindung zwischen Christus und seiner Kirche vor Augen zu führen. Obwohl die mittelalterliche Gleichsetzung von Weinstock und Kreuz aufgegriffen wurde, stellte man das Blut des Erlösers nicht in den Vordergrund, was für die Entstehungszeit untypisch ist, in der mit dem Bild des Blutes gewöhnlich der Opfertod Jesu und dessen sakramentale Vergegenwärtigung betont wurde. Dem Auftraggeber war das ekklesiologische Thema der Verbindung Christi mit den Aposteln im Bild des Weinstocks und seiner Reben offenbar so wichtig, dass er den naheliegenden eucharistischen Gehalt zurückstellte.[21] Im Mittelpunkt der Darstellung stand die heilsnotwendige Verbindung der Kirche mit ihrem Haupt und wahren Weinstock Christus, denn ohne diese Einheit kann es kein Fruchtbringen geben, wie Jesus selbst in der Weinstockparabel betont: „Wie die Rebe aus sich keine Frucht bringen kann, sondern nur, wenn sie am Weinstock bleibt, so könnt auch ihr keine Frucht bringen, wenn ihr nicht in mir bleibt […], denn getrennt von mir könnt ihr nichts vollbringen. Wer nicht in mir bleibt, wird wie die Rebe weggeworfen, und er verdorrt. Man sammelt die Reben, wirft sie ins Feuer, und sie verbrennen" (Joh 15,4.5–6). Mit dem Motiv der in den Blütenkelchen sitzenden Apostel ging es um die Veranschaulichung des göttlichen Ursprungs der Kirche, die mit ihrem Haupt in der ununterbrochenen apostolischen Sukzession verbunden ist, in die sich auch der Trierer Erzbischof gestellt sah. So führte das Trierer Weinstockfenster das Bild einer Kirche vor, die direkt mit Christus verbunden ist und sich deshalb als alleinige Mittlerin des Heils begreift. Diese besondere Akzentuierung, für die man sogar auf die Hervorhebung der eucharistischen Zusammenhänge verzichtete, hatte sicherlich ihren Grund in der damals beginnenden lutherischen Reformation. Das Weinstockfenster wurde in einer Zeit angefertigt, als Martin Luther (1483–1546) nach der 1520 erfolgten Veröffentlichung seiner drei reformatorischen Hauptschriften[22] einen neuen Kirchenbegriff vorgelegt hatte, in dem er sich vor allem gegen das katholische Traditions- und Amtsverständnis wandte und das sakramentale Amt durch das allgemeine Taufpriestertum ersetzte. Nachdem Luther 1521 exkommuniziert worden war, sollte ihm auf dem Reichstag zu Worms nochmals die Möglichkeit zum Widerruf eingeräumt werden. Als dort der von den Reichsständen als Vorsitzender der Untersuchungskommission eingesetzte Greiffenklau vom 24. bis 26. April 1521 mit Luther verhandelte, erfuhr dieser den Trierer Erzbischof trotz der unterschiedlichen Lehrpositionen offenbar als einen guten Diskussionspartner. Nachdem es aber nicht zu dem erhofften Widerruf Luthers gekommen war und der Reichstag am 26. Mai 1521 das Wormser Edikt erlassen hatte, ging Greiffenklau in seinem Bistum energisch gegen die reformatorischen Neuerungen vor, die er bis zu seinem Tod 1531 erfolgreich unterdrücken konnte.[23]

Dabei dürfte Greiffenklau auch das von ihm in Auftrag gegebene Weinstockfenster als Antwort auf Luthers Angriffe auf die Institution Kirche und ihr Amts- und Traditionsverständnis verstanden haben. Die monumentale, für alle Besucher des Trierer Domes sichtbare Darstellung des universalen Heilsanspruches der Kirche im Bild des wahren Weinstocks musste als Ermahnung erscheinen, den apostolischen Amtsträgern in der Kirche Christi treu zu bleiben, weil ihr allein die Ausspendung der Heilsgüter durch Christus anvertraut ist. Durch die Darstellungen Gottvaters, des im Weinstock gekreuzigten Christus und sicherlich auch der Taube des Heiligen Geistes konnte deutlich werden, dass die durch Maria und die Apostel repräsentierte Kirche göttlichen Ursprungs ist. So gelang Greiffenklau eine in der mittelalterlichen Tradition gründende Darstellung des wahren Weinstocks, die angesichts der reformatorischen Umbrüche den Gedanken der mit Christus verbundenen und damit das Heil vermittelnden Kirche in einer künstlerisch anspruchsvollen und monumental einzigartigen Weise zu formulieren vermochte.[24] Die künstlerische Zukunft in der Zeit der Gegenreformation sollte allerdings dem im Mittelalter entwickelten Motiv des in der Weinkelter liegenden Christus gehören, um im Bild des Blutes wieder die eucharistische Gegenwart Christi in seiner Kirche herauszustellen.[25]

Die Taufe des Kornelius

Sechster Sonntag der Osterzeit
Erste Lesung: Apg 10,25–26.34–35.44–48

„Und Petrus ordnete an, sie im Namen Jesu Christi zu taufen."
Apg 10,48

Die Bekehrungsgeschichte des römischen Zenturios Kornelius (Apg 10,1–48), von der am sechsten Sonntag der Osterzeit ein Ausschnitt in der ersten Lesung vorgetragen wird, ist in der gesamten Apostelgeschichte der ausführlichste Einzelbericht. Mit der Taufe des Kornelius durch Petrus, die am Ende der Erzählung steht, hat die Kirche nach der Apostelgeschichte den ersten Schritt in die Welt der Heidenvölker getan.

Wie die Apostelgeschichte berichtet, war Kornelius als Zenturio der sogenannten Italischen Kohorte in der römischen Residenz- und Garnisonsstadt Cäsarea stationiert. Wie nicht wenige andere Heiden fühlte auch er sich von dem Götterglauben seiner angestammten Religion enttäuscht und zum Judentum hingezogen. Kornelius war bereits ein Gottesfürchtiger, übte sich in vorbildlicher Lebensführung durch Gebet und gute Werke und betete wohl darum, sich auch formell als Proselyt dem Judentum anschließen zu dürfen (vgl. Apg 10,1–2). Als ihm um die neunte Stunde – eine für Juden außerhalb Jerusalems wichtige Gebetszeit – ein Engel die Erfüllung seiner Gebete ankündigte (vgl. Apg 10,3–4), trug ihm der Himmelsbote auf, Männer nach Joppe zu schicken, um von dort Simon Petrus nach Cäsarea holen zu lassen (vgl. Apg 10,5–8). Am folgenden Tag wurde Petrus um die sechste Stunde in einer ihm noch unverständlichen Vision mit reinen und unreinen Tieren angedeutet, dass die Heiden von der judenchristlichen Gemeinde nicht aufgrund mosaischer Speisevorschriften ausgeschlossen werden sollen (vgl. Apg 10,9–16). Vom Geist erleuchtet, ging Petrus mit den inzwischen in Joppe eingetroffenen Gesandten des Kornelius mit. Als Petrus am nächsten Tag in Cäsarea ankam, wurde er bereits von Kornelius mit seinen Verwandten und nächsten Freunden erwartet (vgl. Apg 10,17–24). Da ihm Kornelius als einem Juden mit besonderer Ehrfurcht begegnete (vgl. Apg 10,25–26),

Federico Zuccari, Taufe des Kornelius durch Petrus, 1580, Vatikan, Cappella Paolina, Fresko links neben Michelangelos Wandbild mit der Kreuzigung des Petrus, ca. 223 × 625 cm.

klärte ihn Petrus darüber auf, Gott selbst habe ihm offenbart, keinen Menschen unheilig oder unrein nennen zu dürfen (vgl. Apg 10,27–29). Als ihm dann Kornelius alles berichtet hatte (vgl. Apg 10,30–33), brach bei Petrus die neue Erkenntnis endgültig durch, „dass Gott nicht auf die Person sieht, sondern dass ihm in jedem Volk willkommen ist, wer ihn fürchtet und tut, was recht ist" (Apg 10,34–35). Petrus gab ihm dann eine zusammenfassende Darstellung der Heilsereignisse um Jesus von Nazaret und teilte ihm auch den Auftrag des Auferstandenen an die Apostel mit (vgl. Apg 10,36–43). Als während dieser Rede der Heilige Geist auf alle herabkam, „die das Wort hörten", staunten die Judenchristen, die Petrus begleiteten, „dass auch auf die Heiden die Gabe des Heiligen Geistes ausgegossen wurde", denn „sie hörten sie in Zungen reden und Gott preisen" (Apg 10,44–46). So konnte der Geist von Pfingsten auch auf diesen römischen Hauptmann und seine heidnische Familie herabkommen, da sie gemeinsam auf Gottes Wort hörten und sich Christus gläubig zuneigten. Mit der Begründung: „Kann jemand denen das Wasser zur Taufe verweigern, die ebenso wie wir den Heiligen Geist empfangen haben?" (Apg 10,47), ordnete Petrus dann sogleich an, Kornelius und seine vom Geist erfüllten Familienangehörigen und Freunde „im Namen Jesu Christi zu taufen" (Apg 10,48). Nachdem die Taufe, die normalerweise zuerst erfolgt, auf diese Weise nachgeholt worden war, blieb Petrus auf ihre Bitte hin noch einige Tage bei ihnen, denn Judenchristen und Heidenchristen waren nun durch den Geist Gottes zu einer Gemeinde geworden.[1]

DIE TAUFE DES KORNELIUS UND SEINER ANGEHÖRIGEN gehört zu den in der christlichen Kunst selten ausgeführten Szenen. Eine dieser Darstellungen erstrahlt seit ihrer 2009 abgeschlossenen Restaurierung wieder im ursprünglichen Glanz und wurde von Federico Zuccari (1542–1609) im Jahr 1580 für die Cappella Paolina im Apostolischen Palast geschaffen.[2]

Federico Zuccari gehört zu den bedeutendsten Künstlern des Manierismus und war lange Zeit zusammen mit seinem älteren Bruder Taddeo Zuccari (1529–1566) in Rom tätig. Von 1561 bis 1565 hielt sich Federico Zuccari im Veneto und in Florenz auf, um die von Giorgio Vasari (1511–1574) begonnene Ausmalung der Domkuppel zu vollenden. Ab 1566 vollendete er die von seinem verstorbenen Bruder begonnenen Freskomalereien in Caprarola und in den römischen Kirchen Santissima Trinità ai Monti und San Marcello al Corso. Ab 1574 wirkte Zuccari am englischen Königshof in London als Porträtmaler und wurde 1580 an der Ausmalung der Cappella Paolina im Vatikan beteiligt. Die letzten Stationen führten ihn 1585 an den spanischen Königshof und 1591 wieder nach Rom, wo er sein Wohn- und Ateliergebäude, den Palazzo Zuccari, auszumalen begann und 1593 die Accademia di San Luca gründete, unterbrochen von einem Aufenthalt von 1605 bis 1607 am savoyischen Hof in Turin.

In seinem 1607 veröffentlichten Traktat „L'Idea de'scultori, pittori e architetti" legte der gereifte Maler und Kunsttheoretiker dar, dass das Schöne nicht durch die Nachahmung der Natur entsteht, sondern dem Menschen von Gott eingegeben wird, so dass die Idee des Schönen im inspirierten Geist des Künstlers entsteht und dann im Kunstwerk Form annimmt.[3]

Federico Zuccari war 1580 durch Papst Gregor XIII. (reg. 1572–1585) zusammen mit anderen Malern, Stuckateuren, Bildhauern und Vergoldern berufen worden, im päpstlichen Palast die Gestaltung der Wände und der Decke der Cappella Paolina abzuschließen. Diese nach dem Namenspatron ihres Erbauers Paul III. (reg. 1534–1549) benannte Hauskapelle der päpstlichen Familie war von 1537 bis 1538 nach Entwürfen von Antonio da Sangallo (1484–1546) errichtet worden, um als kleine Palastkapelle (cappella parva) der Aufbewahrung der Eucharistie zu dienen. In der benachbarten Sixtinischen Kapelle, der großen Kapelle (cappella magna), gab es dagegen keinen Tabernakel. Für die malerische Gestaltung wurde Michelangelo (1475–1564) beauftragt, der bereits von 1534 bis 1541 in der Sixtinischen Kapelle das große Wandfresko mit dem Jüngsten Gericht geschaffen hatte. Nachdem Michelangelo unter Mühen und mit krankheitsbedingten Unterbrechungen von 1542 bis 1545 an der linken Seitenwand die Bekehrung des Paulus und von 1545 bis 1550 auf der gegenüberliegenden Wand die Kreuzigung des Petrus gemalt hatte, entschloss sich Gregor XIII. ab 1573 zu einer weitgehenden Umgestaltung der Kapelle, bei der nur die Fresken Michelangelos beibehalten wurden, die durch weitere Szenen aus dem Leben der beiden Apostelfürsten ergänzt werden sollten.[4] Von 1573 bis 1576 schuf Lorenzo Sabbatini (1530–1576) neben Michelangelos Wandbild mit der Bekehrung des Paulus die Fresken mit der Steinigung des Stephanus (vgl. Apg 7,59) und der Taufe des Paulus (vgl. Apg 9,18) sowie auf der gegenüberliegenden Petrusseite in Richtung des Eingangs den durch das Gebet des Petrus herbeigeführten Sturz des Zauberers Simon Magus.[5] Nach Sabbatinis Tod 1576 wurde der Zyklus 1580/81 und 1583/85 durch Federico Zuccari fortgeführt. Neben Michelangelos Kreuzigungsfresko schuf Zuccari bereits 1580 das Wandbild mit der Taufe des Kornelius durch Petrus.[6] Im Gewölbebereich und in der Lünette der Eingangswand stellte Zuccari weitere Szenen aus dem Leben der Apostelfürsten dar.[7] Bei der Ausführung ihrer Fresken bemühten sich Sabbatini und Zuccari, nicht mit Michelangelo zu konkurrieren, sondern ihre Wandbilder zurückhaltend zu gestalten und sie nach Möglichkeit sogar den Werken des verehrten Meisters nachzuempfinden.[8] Das Bildprogramm der ergänzenden Malereien ist von der Cappella Paolina als eucharistischer Kapelle her zu verstehen, in der am Gründonnerstag nach der Sakramentsübertragung das Allerheiligste aufbewahrt und angebetet wurde, wie es auch von Gregor XIII. bezeugt ist.

Federico Zuccari, Taufe des Kornelius durch Petrus

Deshalb verweisen die von diesem Papst in Auftrag gegebenen Fresken Sabbatinis und Zuccaris auf das Triduum paschale und damit auf das österliche Sakrament der Taufe, das wiederum mit dem eucharistischen Sakrament in engstem Zusammenhang steht.[9] So ist es bezeichnend, dass bei den vier Fresken, die die beiden großen Wandbilder Michelangelos umgeben, jeweils zwei die Darstellung einer Taufe zeigen, nämlich die Taufe des Paulus und die Taufe des Kornelius.

Das rund zwei Meter breite und sechs Meter hohe Wandbild mit der Taufe des Kornelius schließt sich in Richtung des Chores an Michelangelos Fresko mit der Kreuzigung des Petrus an.[10] Angesichts der stark hochrechteckigen Fläche, die Zuccari für das Fresko zur Verfügung stand, unterteilte der Maler das Bild in drei Teile. Im kleineren Mittelabschnitt ist die Vision des Petrus in Joppe (vgl. Apg 10,9–23) dargestellt, darunter die Taufe des Kornelius (vgl. Apg 10,48) und darüber eine Himmelsglorie.

Die Lektüre des Wandbildes beginnt in der schmalen Mittelszene, die unten von einer Balustrade, links von einer Wand mit vorgelagerter Säule und oben vom Gewölk der Himmelsglorie begrenzt ist. Über der grauen Balustrade, vor der sich die Taufszene abspielt, öffnet sich unter einem hellen Taghimmel eine weite, in lichten Freskofarben dargestellte mediterrane Küstenlandschaft mit Fels- und Gebirgsformationen. Auf einem näher zum Betrachter hin gerückten Landschaftsstreifen sind Bäume und rechts ein doppelstöckiges Haus zu sehen. Am Fuß der Außentreppe sind zwei von der unteren Balustrade angeschnittene Männer zu sehen, von denen der rechte durch den Helm und den antikisierenden Brustpanzer als Soldat gekennzeichnet ist. Der linke Mann trägt zwar ebenfalls eine an einen Helm erinnernde Kopfbedeckung, kann aber nicht ohne weiteres als Soldat bestimmt werden, da von ihm nur der Kopf sichtbar ist. Rechts deutet der gerüstete Soldat mit seiner Rechten zur Loggia des Hauses hinauf, wo der an seinem weißen Haupt- und Barthaar erkennbare Petrus zu sehen ist. Der mit einem hellvioletten Gewand bekleidete Apostel hat die Augen geschlossen und im Gestus des Nachsinnens seinen Kopf in die linke Hand gestützt, während er seine Rechte auf der Brüstung der Loggia ruhen lässt. Über ihm öffnet sich ein von den Wolken herabkommendes großes, weißes Tuch, das an seinen vier Enden schalenförmig gehalten wird und mit zahlreichen Tieren angefüllt ist. Mit dieser Szenerie fasste Zuccari die von der Apostelgeschichte berichtete Historie ins Bild, die der Taufe des Kornelius vorausgeht. Die beiden Männer gehören zu den Gesandten des Hauptmanns Kornelius, der in Cäsarea in einer Vision die Weisung erhalten hatte, einige Männer nach Joppe zu schicken, um Simon Petrus herbeizuholen, der sich dort in einem Haus am Meer bei einem Gerber namens Simon aufhält (vgl. Apg 10,3–6). Nach seiner Vision wählte Kornelius für

Ausschnitt rechts oben mit der Vision des Petrus in Joppe.

die Gesandtschaft zwei Haussklaven und einen frommen Soldaten aus und schickte sie nach Joppe (vgl. Apg 10,7–8). Nachdem sich die Boten zum Haus des Gerbers durchgefragt hatten und am Tor standen, riefen sie nach Simon Petrus (vgl. Apg 10,17–18). So zeigt das Wandbild, wie zwei Gesandte des Kornelius in Joppe das Haus des Gerbers Simon am Meer erreicht haben und dabei der fromme Soldat mit ausgestrecktem Arm nach Petrus ruft. Währenddessen befindet sich der Apostel

Federico Zuccari, Taufe des Kornelius durch Petrus

gerade in einer Vision, die ihm um die Mittagszeit zuteilwurde, als er vor dem Essen auf dem Dach des Hauses betete (vgl. Apg 10,9–10). In dieser Verzückung sah Petrus „den Himmel offen und eine Schale auf die Erde herabkommen, die aussah wie ein großes Leinentuch, das an den vier Ecken gehalten wurde. Darin lagen alle möglichen Vierfüßler, Kriechtiere der Erde und Vögel des Himmels" (Apg 10,11–12). Die drei Tiergruppen sind auch in dem von Zuccari gemalten Tuch erkennbar. In der Mitte sind die Vierfüßler zu sehen, links ein Esel, dann ein Kamel zwischen zwei Rindern, darüber ein kleiner Pferdekopf, vor dem rechten Rind ein Hase mit langen Ohren, rechts außen ein Löwe und darunter Schafe und ganz links unten ein Schwein. Von den Kriechtieren der Erde ist oben links deutlich eine Schlange erkennbar. Als Vögel erscheinen links außen ein Schwan, dann links vom Kamel ein Adler, darüber eine Taube oder Schwalbe und rechts ein Reiher oder Storch sowie ein Papagei. Über den Wortlaut der Vision hinausgehend, fügte Zuccari rechts oben noch die Fische hinzu. Von den dargestellten Tieren lassen sich gemäß den mosaischen Reinheitsvorschriften (vgl. Lev 11,13–21.42; Dtn 14,12–18) Rind, Kamel, Schafe, Taube und Schwalbe sowie Fische mit Flossen und Schuppen als reine und damit für den Verzehr erlaubte Tiere ausmachen. Als unreine Tiere gelten dagegen Esel, Pferd, Hase, Löwe, Schwein, Schlange, Schwan, Adler, Reiher und Storch sowie die Fische ohne Flossen und Schuppen. Da Petrus offenbar nicht nur reine, sondern auch unreine Tiere sah, antwortete der Apostel auf die visionäre Stimme: „Steh auf, Petrus, schlachte und iss!" (Apg 10,13), mit dem entrüsteten Einwand: „Niemals, Herr! Noch nie habe ich etwas Unheiliges und Unreines gegessen" (Apg 10,14). Nachdem ihm die Stimme dreimal entgegnete, er solle das, was Gott für rein erklärt hat, nicht unrein nennen (vgl. Apg 10,15–16), „wurde die Schale plötzlich in den Himmel hinaufgezogen" (Apg 10,16). Die visionäre Stimme beharrte also nicht auf ihrer Forderung nach dem Schlachten und Essen (vgl. Apg 10,13), sondern auf der Beherzigung der dem Petrus neu eröffneten Lehre von der Reinheit, die darauf abzielt, dass die Heiden nicht aufgrund von Reinheitsvorschriften von der Gemeinde der Judenchristen ausgeschlossen werden dürfen. Obwohl der Umgang mit Heiden für Juden zur Unreinheit führte, ließ sich Petrus vom Geist führen, nahm die heidnischen Gesandten auf, bewirtete sie und ging zusammen mit ihnen und sechs weiteren Judenchristen (vgl. Apg 11,12) nach Cäsarea (vgl. Apg 10,19–24). Im Haus des Kornelius versicherte Petrus, dass er ohne Widerspruch gekommen sei, weil ihm Gott geoffenbart habe, man dürfe keinen Menschen unheilig oder unrein nennen (vgl. Apg 10,28–29). Diese Erkenntnis und die Bestätigung durch das Herabkommen des Heiligen Geistes auch auf die zum Glauben an Christus gekommenen Heiden führten Petrus dann dazu, Kornelius mit seinem Haus taufen zu lassen (vgl. Apg 10,44–48).

Die große Szene mit der Taufe stellte Zuccari im unteren Abschnitt dar, wo er mit einer Säule und einer Balustrade den Innenraum des Hauses des Kornelius andeutete. Der Hauptmann kniet in der Mitte seiner „Verwandten" und „nächsten Freunde" (Apg 10,24), auf die bei der Predigt des Petrus (vgl. Apg 10,34–43) der Geist herabgekommen war (vgl. Apg 10,44) und die dann in Zungen geredet und Gott gepriesen hatten (vgl. Apg 10,46), so dass Petrus zur Erkenntnis gekommen war: „Kann jemand denen das Wasser zur Taufe verweigern, die ebenso wie wir den Heiligen Geist empfangen haben?" (Apg 10,47), und sogleich anordnete, „sie im Namen Jesu Christi zu taufen" (Apg 10,48). So hat der bärtige Kornelius auf Zuccaris Fresko seinen Helm und sein Schwert vor sich abgelegt und kniet in einem langen weißen Gewand am Boden, um mit kreuzförmig verschränkten Armen die Taufe zu empfangen. Links von ihm steht der nimbierte Petrus, der über einem hellvioletten Gewand einen Umhang trägt, der innen gelb und außen blau ist. Mit den beiden Mantelfarben schloss sich Zuccari dem in der Sixtinischen Kapelle ausgebildeten und auch von Michelangelo übernommenen ikonographischen Schema an, der dem Petrus das Goldgelb als Symbolfarbe für seine Tugend[11] und seine reife geistliche Unterscheidung zugewiesen hatte. Im Mittelalter war die gelbe Farbe auf die geistliche Unterscheidung bezogen worden, weil man sie mit den krokusgelben Augen der Tauben in Verbindung brachte, mit denen sie wachsam ihre Umgebung überblicken können, um sich rechtzeitig vor Feinden in Sicherheit zu bringen.[12] So deutet die gelbe Innenseite des Mantels darauf hin, dass die Taufe des Kornelius die Frucht einer vom Heiligen Geist bewirkten geistlichen Unterscheidung war, die nicht mehr zwischen christgläubigen Juden und Heiden trennte. Noch deutlicher als das Gelb leuchtet das Blau der Außenseite des Mantels, das Petrus als Hohenpriester des Neuen Bundes ausweist, da auch das Priesterkleid des Aaron blau war (vgl. Ex 28). Als Himmelsfarbe deutet das Blau zudem auf die Kontemplation göttlicher Dinge hin[13] und unterstreicht, dass Petrus die Erkenntnis zur Heidentaufe durch eine gnadenhaft eingegebene visionäre Erfahrung zuteilgeworden war. Die Personen links hinter Petrus gehören wohl zu den „gläubig gewordenen Juden, die mit Petrus gekommen waren" (Apg 10,45). Petrus hat seine linke Hand auf das Haupt des Kornelius gelegt und die Rechte im Segensgestus über ihn erhoben, während links auf einem kostbar geschnitzten Tisch eine Wasserschüssel bereitsteht, in die einer der Judenchristen aus dem Gefolge des Petrus gerade eine Schale taucht, damit Kornelius die Taufe empfangen kann. Auf der rechten Seite sind die zum Glauben gekommenen Angehörigen und Freunde des Kornelius versammelt (vgl. Apg 10,24). Der rechts stehende römische Soldat hat wohl den roten Offiziersmantel des Kornelius unter seinen rechten Arm geklemmt. Zum Empfang seiner eigenen Taufe hat er sich bis auf das Schwert bereits seiner Ausrüstung entledigt, so dass er nur noch mit der kurzen Tunika und dem Subarmalis bekleidet ist und mit seitlich gefalteten Händen in gläubiger Erwartung auf das bevorstehende Ereignis der Taufe blickt. Zwei alte Frauen aus dem Kreis des Kornelius sind rechts hinter dem stehenden Soldaten und rechts von der linken Hand des Petrus zu sehen. Dazwischen wartet eine junge Frau mit zwei Kindern auf die Taufe.

Im oberen Abschnitt umgeben Engel kreisförmig eine goldgelbe Himmelsglorie, in deren Mitte die Taube des Heiligen Geistes zu sehen ist, von der in alle Richtungen Strahlen ausgehen. Eine von den Engeln freigehaltene Lichtbahn findet ihren Weg nach unten zum Wolkenrand mit dem Tuch der Tiere und lässt den Blick weiterwandern bis hin zum knienden Kornelius. Die Geisttaube zeigt, dass sowohl die vorbereitende Vision mit dem anschließenden Mitgehen des Petrus nach Cäsarea (vgl. Apg 10,19) als auch die charismatische Erfüllung des Kornelius und seiner Angehörigen (vgl. Apg 10,44) ein Werk des Heiligen Geistes gewesen waren, das schließlich in der Verleihung der Taufgnade an die Heiden seinen Höhepunkt erreicht hatte. Durch die über dem ganzen Bildgeschehen schwebende Geisttaube erscheint Petrus im Sinne der Apostelgeschichte als vom Heiligen Geist erleuchteter und geführter Apostel, wie es auch in seiner Rede deutlich wird, mit der er sich nach seinem Aufenthalt in Cäsarea vor der judenchristlichen Gemeinde in Jerusalem gerechtfertigt hatte: „Ich war in der Stadt Joppe und betete; da hatte ich in einer Verzückung eine Vision […]. Da standen auf einmal drei Männer vor dem Haus, in dem ich wohnte; sie waren aus Cäsarea zu mir geschickt worden. Der Geist aber sagte mir, ich solle ohne Bedenken mit ihnen gehen. […] Während ich redete, kam der Heilige Geist auf sie herab, wie am Anfang auf uns. Da erinnerte ich mich an das Wort des Herrn: Johannes hat mit Wasser getauft, ihr aber werdet mit dem Heiligen Geist getauft werden.[14] Wenn nun Gott ihnen, nachdem sie zum Glauben an Jesus Christus, den Herrn, gekommen sind, die gleiche Gabe verliehen hat wie uns: wer bin ich, dass ich Gott hindern könnte?" (Apg 11,5.11–12.15–17).

Die Aufnahme Jesu in den Himmel

Christi Himmelfahrt. Erste Lesung: Apg 1,1–11

„Als Jesus das gesagt hatte, wurde er vor ihren Augen emporgehoben,
und eine Wolke nahm ihn auf und entzog ihn ihren Blicken."
Apg 1,9

Hinter der von Lukas in seinem Evangelium und in der Apostelgeschichte geschilderten Himmelfahrt Jesu (vgl. Lk 24,51; Apg 1,9) steht die österliche Erfahrung der ersten Christen, dass Jesus, der Gekreuzigte, durch Gott auferweckt wurde und in die Herrlichkeit Gottes eingegangen ist (vgl. Apg 2,32; 5,30–31). Mit dem uralten, vor allem von dem Propheten Elija her vertrauten Bild der Himmelsentrückung (vgl. 2 Kön 2,11–14) beschrieb Lukas die Wahrheit, dass Gott seinen aus dem Tod erweckten Sohn zu sich in den Himmel aufgenommen hat. Bei der Himmelfahrtserzählung im Lukasevangelium ging es vor allem um den Segen Jesu und um die Jünger, die ihren Herrn und Meister anbeten und Gott loben (vgl. Lk 24,50–53). Demgegenüber betonte die Erzählung der Apostelgeschichte, die am Hochfest Christi Himmelfahrt als erste Lesung vorgetragen wird, besonders das Werden der jungen Kirche und hob die Augenzeugenschaft der Apostel und die Gewissheit der Wiederkunft des in den Himmel entrückten Auferstandenen hervor. So verheißt Jesus seiner Kirche für ihre Sendung den Beistand des Heiligen Geistes (vgl. Apg 1,4–5.8) und wird dann vor ihren Augen emporgehoben (vgl. Apg 1,9). Die Wolke, die ihn dabei verhüllt (vgl. Apg 1,9), unterstreicht als Sinnbild für die Wirklichkeit Gottes (vgl. Dan 7,13–14; Lk 9,34–35), dass der sich den Blicken entziehende und in das Leben Gottes erhöhte Jesus der wiederkommende Menschensohn (vgl. Lk 21,25–28) ist, dessen Herrschaft und Reich ewig sein werden (vgl. Dan 7,14).[1]

Die Auferstehung und Himmelsaufnahme Jesu wurde in der urchristlichen Verkündigung bevorzugt im Passiv formuliert, um die entscheidende Heilstat Gottvaters zu betonen, durch den Jesus auferweckt und in den Himmel aufgenommen wurde. Auch wenn man sich die Aufnahme des Sohnes Gottes in den Himmel als ein aktives

Emporschreiten Christi vorstellen kann, wie dies einige typologisch auf Christus vorausweisende Psalmen nahelegen (vgl. Ps 19,6; 47,6; 68,19), war es Lukas offenbar ein Anliegen, mit der Schilderung des passiven Entrücktwerdens Jesu (vgl. Lk 24,51; Apg 1,9) das Heilshandeln Gottes besonders zu betonen.[2]

DASS DIE HIMMELFAHRT JESU NICHT NUR EIN AKTIVES AUFFAHREN BEINHALTET, sondern vor allem auch ein passives Aufgenommenwerden meint, zeigt sich in einem einzigartigen Relief, das sich auf der frühchristlichen Holztür in der römischen Basilika Santa Sabina erhalten hat. Der auf dieser Tafel dargestellte Christus schwebt zwar von sich aus vor den Augen seiner Jünger nach oben, wird aber dann von Engeln aufgenommen, so dass sich der Eindruck ergibt, der zum Vater Heimkehrende sei auf Kosten der eigenen mühelosen Auffahrt auf die in den Himmelsboten wirkende Kraft Gottes angewiesen.[3]

Nach der bis heute erhaltenen Dedikationsinschrift wurde die Basilika Santa Sabina unter dem Pontifikat Coelestins I. (reg. 422–432) im Auftrag eines aus Illyrien stammenden Presbyters namens Petrus errichtet, der sich um die römische Gemeinde besondere Verdienste erworben hatte. Die Weihe der auf dem Hügel Aventin erbauten Kirche dürfte nach dem „Liber Pontificalis" erst unter Sixtus III. (reg. 432–440) stattgefunden haben, der den Presbyter Petrus auch zum Bischof erhob, so dass für die Entstehung der Kirche und die Anfertigung der Holztür der Zeitraum von 431 bis 433 anzunehmen ist. Unter Honorius III. (reg. 1216–1227) wurde die Kirche dem von Dominikus (um 1170–1221) gegründeten und 1216 päpstlich bestätigten Predigerorden übertragen.[4]

Die 1835/36 und 1891 restaurierte Holztür führt in das Mittelschiff der Kirche und ist von einem reichverzierten Marmorrahmen umgeben, der als Spoliengut vielleicht aus einem Tempel auf dem Aventin stammt. Die Tür ist aus Zypressenholz gefertigt und dürfte ursprünglich farbig bemalt gewesen sein. Es handelt sich um eine Falttür mit vier Bahnen, in denen jeweils sieben Bildfelder mit 28 Tafeln angebracht waren, von denen heute noch 18 erhalten sind.[5] Bei den alt- und neutestamentlichen Szenen der Holztür geht es um die Gestalt Christi, die im Alten Testament verborgen und im Neuen Testament offenbar ist, wobei das Erdenleben Jesu mit Geburt, Wundertätigkeit und Passion bis hin zu seiner Auferstehung und Himmelfahrt breiten Raum einnimmt.[6] Künstlerisch zeigt eine kleinere Gruppe von Tafeln östliche Einflüsse, während die größere Gruppe, zu der auch die Darstellung der Himmelfahrt zählt, dem westlichen Kunstkreis angehört und stilistisch mit der Stadt Rom verbunden ist.[7]

Im Blick auf die frühchristliche Ikonographie der Himmelfahrt Christi stellt die Himmelfahrtstafel von Santa Sabina einen eigenständigen Typus dar. Während die östlichen Darstellungen in einer unteren Zone Maria inmitten der Apostel und darü-

Christi Himmelfahrt, um 431/33, Relief in Zypressenholz, 82 × 30,5 cm, Rom, Santa Sabina, Holztür.

ber Christus als erhöhten Herrn in einer von Engeln getragenen Mandorla zeigen,[8] betont der westliche Typus das eigenmächige Emporschreiten Jesu, der die Hand Gottes ergreift, die sich ihm vom Himmel her entgegenstreckt, während die Jünger mit gemütsbewegten Gebärden auf die Entrückung ihres Herrn reagieren.[9] Auf der Himmelfahrtstafel von Santa Sabina entspricht die Anwesenheit der Jünger den westlichen Darstellungen, das aktive Schreitmotiv des Auffahrenden wird jedoch zurückgenommen und durch ein Hinaufschweben ersetzt. Das Motiv des Aufgenommenwerdens durch die Engel anstelle des Ergriffenwerdens durch die Hand Gottes ist in der frühchristlichen Kunst sogar einzigartig. So erweist sich die auf der Holztafel von Santa Sabina dargestellte Himmelfahrtsszene als eigener Bildtypus, der dem westlichen Kunstkreis nahesteht.[10]

Die Himmelfahrtstafel von Santa Sabina ist ohne nennenswerte Überarbeitungen gut erhalten und etwas weniger als einen Meter hoch. Den Hintergrund bildet ein uneben ausgearbeiteter Tafelgrund, der tief eingeschnittene Wellenlinien zeigt und in der Mitte einen querlaufenden Wulst aufweist, der das Relief in eine untere Zone mit den Jüngern und in eine obere Zone mit dem auffahrenden Christus gliedert.[11]

In der unteren Szene mit den vier Jüngern ist der Hintergrund teilweise aufgewölbt, so dass sich der Eindruck einer felsigen Berglandschaft ergibt, die an den Ölberg erinnert, an dem Jesus nach der Schilderung der Apostelgeschichte in den Himmel aufgenommen wurde (vgl. Apg 1,12). Während einer der Jünger als stehende Figur wiedergegeben ist, sind die übrigen drei als Sitzfiguren dargestellt. Obwohl im Lukasevangelium und in der Apostelgeschichte von Gefühlsreaktionen der Jünger bei der Aufnahme Jesu in den Himmel nichts berichtet wird, legte die frühchristliche Kunst des Westens großen Wert darauf, die Bestürzung und die Furcht der Jünger angesichts der Himmelfahrt ihres Herrn zu schildern.[12] Dabei sollte offenbar in Anlehnung an die Furcht der drei Apostel bei der Verklärung Jesu (vgl. Mt 17,6; Lk 9,34) der theophanische Charakter der Entrückung Christi unterstrichen werden.[13] Die ohne Bart und mit kurzen Haaren dargestellten Jünger sind mit einer Doppeltunika und darüber mit dem Pallium bekleidet. An den Füßen tragen sie anstelle der üblichen Sandalen den geschlossenen Stadtschuh (calceus). Dem westlichen Typus folgend, sind die in den Hintergrund eingefügten vier Jünger durch starke Gemütsbewegungen charakterisiert. So hat der am unteren Bildrand wie gebannt dastehende Jünger die Hände im Schutzgestus unwillkürlich vor sich erhoben und wendet sich mit furchtsam eingezogenem Kopf gebannt nach oben. Der rechts neben ihm sitzende Jünger hat seine Arme und Hände weit ausgebreitet und blickt voller Verwunderung zu dem Geschehen auf, das sich über ihm abspielt. Darüber ist ein Jünger zu sehen, der in sich zusammengesunken mit übereinandergeschlagenen Beinen dasitzt. Er blickt bewegungslos vor sich hin und hat in der klassischen Gebärde des Nachsinnens den Kopf in seine Rechte gestützt, während er die linke Hand kraftlos herabsinken lässt. Links neben ihm blickt ein weiterer sitzender Jünger mit weit ausgebreiteten Armen in einer unmöglichen Körperdrehung[14] senkrecht nach oben. Wie die ungewöhnlich emotional dargestellten vier Jünger zeigen, gelang in Santa Sabina eine besonders eigenständige und pointierte Formulierung des für die westlich-frühchristliche Kunst so charakteristischen Bildmotivs der bei der Entrückung Jesu erschüttert zurückbleibenden Jünger.[15]

Der Grund für die gefühlsbetonten Reaktionen der Jünger erscheint in der oberen Bildhälfte, wo der in den Himmel aufschwebende Christus von Engeln aufgenommen wird. Die drei Engel ragen als Halbfiguren aus der Wolkenzone heraus, die durch den gleichen Hintergrund wie in der unteren Szene gestaltet wird. Während der linke Engel unter dem Pallium eine einfache Tunika mit weiten Ärmeln trägt, sind die beiden anderen Engel wie die Jünger mit Doppeltunika und Pallium bekleidet. Die drei Engel, die kurze Haare und kleine Flügel haben, sind um die Gestalt Christi angeordnet, auf den alle Bewegungslinien ausgerichtet sind. Wie in den anderen Szenen der Holztür ist Christus mit Bart und langem Haar dargestellt. Mit den geschlossenen Schuhen, dem Pallium, das hinter seinem Rücken weht, und der Doppeltunika ist Jesus wie die Jünger gekleidet. Im Unterschied zu dem Motiv des Hinaufschreitens, das für den westlichen Himmelfahrtstypus charakteristisch ist, erscheint Christus als zum Himmel schwebende Figur. Während Jesus seine linke Hand im Pallium verborgen hat, ist seine Rechte nach oben ausgestreckt und wird von den beiden Händen des Engels erfasst, der sich von rechts oben herabgebeugt hat. Auf der gegenüberliegenden Seite umfasst der Engel mit der gleichen Gebärde Jesus am Kopf. Der dritte Engel hat auf der rechten Seite seine beiden Arme freudig empfangend ausgebreitet.[16]

Während es in den westlichen Himmelfahrtsdarstellungen die Hand Gottes ist, die den Aufstieg des hinaufschreitenden Christus bewirkt, so wird in Santa Sabina das göttliche Einwirken durch das Motiv des Ergriffenwerdens Jesu durch die Engel veranschaulicht.[17] Als ikonographische Vorbilder dürften heidnische Apotheosen gedient haben, bei denen die Aufnahme in den Götterhimmel immer mit Hilfe mythischer Himmelsträger erfolgte, sei es durch einen Adler, einen Wagen oder durch dämonische Wesen. Während man in der frühchristlich-westlichen Kunst Jesus aus eigener Kraft in den Himmel aufsteigen ließ, um jeden Eindruck des Angewiesenseins auf mythische Himmelsträger zu vermeiden, empfand man in Santa Sabina die Betonung der eigenmächtigen und mühelosen Auffahrt Jesu offenbar als weniger entscheidend und zeigte Christus als dahinschwebende Gestalt, die ohne aktives Schreiten auf die in den Engeln wirkende Kraft Gottes angewiesen ist.[18]

Mit dem Ergriffenwerden Jesu durch die Engel rückte die Holztafel von Santa Sabina das Aufgenommenwerden des in den Himmel schwebenden Auferstandenen und damit das göttliche Tun in den Mittelpunkt, wie es auch den Schilderungen im Lukasevangelium und in der Apostelgeschichte entspricht, die vom passiven Entrücktwerden Jesu sprechen (vgl. Lk 24,51; Apg 1,9). Zudem wurde in der unteren Bildhälfte der Bestürzung der Jünger viel Platz eingeräumt, um sie als Zeugen des überwältigenden theophanischen Geschehens der Aufnahme Jesu in den Himmel auszuweisen, vor deren Augen Christus emporgehoben wurde (vgl. Apg 1,9). Die Erschütterung der Jünger angesichts der durch die Engel ausgeführten Tat Gottvaters, der durch die Aufnahme seines Sohnes in die himmlische Herrlichkeit sein Heilshandeln vollendet, ist das eigentliche Thema der in der christlichen Kunst einzigartigen Himmelfahrtsdarstellung von Santa Sabina.

Die Wahl des Apostels Matthias

Siebter Sonntag der Osterzeit. Erste Lesung: Apg 1,15–17.20–26

"Dann beteten sie: Herr, du kennst die Herzen aller;
zeige, wen von diesen beiden du erwählt hast, diesen Dienst
und dieses Apostelamt zu übernehmen."
Apg 1,24

Als die Jüngergemeinde nach der Himmelfahrt Christi betend das Kommen des Heiligen Geistes erwartete (vgl. Apg 1,9–14), war Petrus bewusst geworden, dass nach dem unglücklichen Weggang des Judas Iskariot (vgl. Apg 1,16–20.25; Mt 27,3–8) die Zwölfzahl des Apostelkollegiums wiederhergestellt werden müsse. Die Zwölfzahl erinnerte an die Zahl der Stämme Israels und damit an das sich neu bildende Gottesvolk, das zu jener Zeit gerade 120 Gläubige zählte (vgl. Apg 1,15), also das Zehnfache der Zwölfzahl. So schildert die erste Lesung des siebten Sonntags der Osterzeit, wie Petrus im Kreis der Brüder das Wort ergriff, um für Judas einen Nachfolger zu finden, der von der Taufe durch Johannes bis zur Himmelfahrt dem Jüngerkreis Jesu angehörte und zusammen mit den Aposteln die Auferstehung Christi zu bezeugen vermag (vgl. Apg 1,21–22). Nachdem zwei Männer, "Josef, genannt Barsabbas, mit dem Beinamen Justus, und Matthias", aufgestellt werden konnten (Apg 1,23), beteten sie, um den von Gott Bestimmten zu erkennen und zu wählen (vgl. Apg 1,24). Dann warfen sie Lose, um die Entscheidung Gottes einzuholen (vgl. Apg 1,26), wie es im Alten Bund üblich war (vgl. Lev 16,8–10; 1 Chr 24,5–18.31; Spr 16,33).[1] Als das Los auf Matthias fiel, wurde dieser den elf Aposteln zugerechnet (vgl. Apg 1,26).

IN DER CHRISTLICHEN KUNST wurde die Wahl des Matthias zum Apostel als biblisches Historienbild eher selten dargestellt. Der flämische Maler Bernaert van Orley (um 1488–1542) wählte diese Szene um 1512/15 für das Retabel eines Thomas- und Matthiasaltars. Bernaert van Orley wurde um 1488 in Brüssel geboren, wo er bei seinem Vater Valentin van Orley (um 1466–1532) und vielleicht auch bei Herman van den Houte (gest. 1507) in Mecheln das Malerhandwerk gelernt haben dürfte. Vielleicht führte ihn noch vor 1520 eine Reise nach Italien zum Studium der italienischen Renaissancemalerei. Ab 1515 war Orley Hofmaler der Statthalterinnen der Spanischen Niederlande, zunächst bei Margarete von Österreich (reg. 1507–1530) und dann bei Maria von Kastilien (reg. 1531–1555). Trotz seiner Bildung an der italienischen Renaissancemalerei blieb Orley, der am 6. Januar 1542 in Brüssel starb, letztlich dem angestammten flämischen Stil treu.[2]

Das den Aposteln Thomas und Matthias gewidmete Retabel schuf Orley für einen von der Zunft der Zimmerer und Maurer gestifteten Altar in der Brüsseler Liebfrauenkirche im Stadtviertel Zavel. Die Auftraggeber, die sich um 1512/15 an den noch sehr jungen Maler gewandt hatten, verehrten Thomas und Matthias als Schutzpatrone der Bauleute. Bei der Darstellung der verschiedenen Szenen zum Leben der beiden Apostel orientierte sich Orley an der um 1264 durch den Dominikaner Jakobus de Voragine (1228/29–1298) verfassten „Legenda aurea", die damals für die Künstler maßgebend war. Die beiden Seitenflügel, die sich seit 1859 im Königlichen Museum der Schönen Künste in Brüssel befinden, zeigen außen die als Grisaillen gemalten Figuren des Thomas und Matthias sowie die knienden Stifter mit ihren Werkzeugen. Innen ist links die Szene des ungläubigen Thomas dargestellt, der die Seitenwunde Jesu betastet (vgl. Joh 20,24–28), während rechts die Enthauptung des Matthias zu sehen ist. Die breite Haupttafel, die 1809 über den Kunsthändler Alexandre d'Allard (gest. 1820) in das Wiener Kunsthistorische Museum gelangte, wird durch den Mittelpfeiler, auf dem sich eine Signatur Bernaerts befindet,[3] in zwei Hälften geteilt. Auf der linken Seite ist im Vordergrund die Durchbohrung des Thomas durch einen indischen Götzenpriester dargestellt, während im Hintergrund die dem Martyrium des Apostels vorausgegangenen wunderbaren Errettungen beim Gehen über glühende Kohlen und beim Hineingeschobenwerden in einen Ofen zu sehen sind. Die rechte Bildhälfte ist Matthias gewidmet und zeigt als Hauptszene im Vordergrund die Wahl des Apostels.[4]

Die Mitteltafel zeichnet sich vor allem durch die phantasievollen Architekturen aus, die nach dem Kunsthistoriker Max Jakob Friedländer (1867–1958) vielleicht ein besonderes Erfordernis der Zunft der Bauhandwerker gewesen waren, die bei Orley das Retabel in Auftrag gegeben hatten.[5] Orley wollte keine historischen Bauwerke

Bernaert van Orley, Thomas- und Matthiasaltar, rechte Hälfte der Mitteltafel mit der Wahl des Matthias, um 1512/15, Öl auf Eichenholz, 180 × 140 cm (Gesamtgröße), Wien, Kunsthistorisches Museum.

nachempfinden, sondern den Brüsseler Bauhandwerkern phantasievolle Neuschöpfungen vor Augen stellen, um ihnen zu zeigen, „was zu grauer Vorzeit und in fernen Landen gestanden hätte und wovon er nur eines sicher wusste, dass es anders gewesen wäre als alle irgendwo sichtbare Architektur"[6]. So mischte er die Formen der alten romanischen Kunst und der in Flandern immer noch lebendigen Spätgotik mit den neuen Elementen der italienischen Renaissance. Ohne den organischen Zusammenhang zu begreifen, versetzte Orley die Wahl des Matthias in einen offenen, baldachinartigen Renaissancebau. Während an der inneren Rückseite gotisches Altarschnitzwerk sichtbar wird und rechts der Blick auf einen dahinterliegenden Torbogen mit einem romanisch anmutenden Zickzackband fällt, ist der monumentale Renaissancebaldachin aus einer Überfülle eigenwillig geformter und phantastisch applizierter Architekturstücke, Schmuckglieder und Figuralmotive zusammengesetzt, die sich kaum zutreffend beschreiben lassen.[7]

Der offene Baldachinbau verweist auf den Abendmahlssaal in Jerusalem, in dem die Jünger nach der Himmelfahrt Jesu in der Erwartung des Heiligen Geistes versammelt waren (vgl. Apg 1,13). Orleys Gemälde zeigt, wie sich in diesem Gebäude die elf Apostel und die beiden Kandidaten Josef Barsabbas und Matthias zum Gebet eingefunden haben, um für Judas den zwölften Apostel nachzuwählen (vgl. Apg 1,23).[8] Mit ihren schweren Gewandstoffen und ihren derben, teilweise etwas verzerrten Gesichtszügen sind die Jünger betont körperlich und erdenhaft gegeben.[9] Um den von Gott Erwählten zu bestimmen, haben sie sich mit gefalteten Händen niedergekniet und soeben das Gebet verrichtet: „Herr, du kennst die Herzen aller; zeige, wen von diesen beiden du erwählt hast, diesen Dienst und dieses Apostelamt zu übernehmen. Denn Judas hat es verlassen und ist an den Ort gegangen, der ihm bestimmt war" (Apg 1,24–25). Einige der Jünger sind durch goldgestickte Inschriften an ihren Mantelsäumen namentlich gekennzeichnet,[10] so der links kniende Matthias und der ihm gegenüber im blauen Gewand dargestellte Mitkandidat Josef Barsabbas sowie der dazwischen mit einem hellroten Mantel bekleidete Petrus, der die Initiative zur Nachwahl des zwölften Apostels ergriffen hatte (vgl. Apg 1,15). Dass Josef Barsabbas in der Inschrift auf seinem Gewand als „S[ANCTVS] BERNABAS" bezeichnet wird, dürfte darauf zurückzuführen sein, dass dieser Jünger auch mit Josef Barnabas gleichgesetzt wurde, der die Jerusalemer Urgemeinde unterstützt hatte (vgl. Apg 4,36) und später Mitarbeiter des Paulus gewesen war.[11] Nach der „Legenda aurea" war Josef Barsabbas ein Cousin Jesu (vgl. Mt 13,55)[12] und zusammen mit Matthias auch einer der zweiundsiebzig Jünger, die Jesus ausgewählt und paarweise ausgesandt hatte (vgl. Lk 10,1–16).[13] Als der von Gott bestimmte Kandidat trägt Matthias über einer blauen Tunika als einziger der versammelten Jünger ein weißes Obergewand, so wie auch im alten Rom die Bezeichnung des

Kandidaten (candidatus) ursprünglich für den mit der weißen (candidus) Toga bekleideten Amtsbewerber stand.

An der inneren Rückseite des Baldachinbaus ist eine Altarmensa zu sehen, über der sich ein geschnitztes gotisches Retabel mit der zentralen Figur des gehörnten Mose[14] erhebt, der den für ihn charakteristischen zweigeteilten Bart trägt und in seinen Händen die beiden Steintafeln des alttestamentlichen Gesetzes hält (vgl. Ex 31,18; 34,28; Dtn 5,22). Die Statue des Mose, die sich angesichts der neuartigen Renaissanceformen des Baldachins wie ein Relikt aus der Vergangenheit ausnimmt, knüpft an die „Legenda aurea" an, die sich über die Legitimität des Losverfahrens Gedanken machte, mit der die Elf nach ihrem Gebet Matthias wählten. In Anlehnung an Beda Venerabilis (673–735) betonte die „Legenda aurea", dass die Nachwahl noch vor der Aussendung des Heiligen Geistes und damit vor der Vollendung des Heils stattgefunden hatte, so dass sich die Apostel noch an die alttestamentlichen Vorschriften gehalten hätten, die bei der Ordnung des Priesterwesens auch das Losverfahren vorsahen (vgl. Lk 1,9). Nach Pfingsten hätten die Apostel dann die sieben Diakone nicht mehr durch das Los bestimmt, sondern durch Erwählung, Gebet und Handauflegung eingesetzt (vgl. Apg 6,5–6).[15] So steht die Figur des Mose mit den Gesetzestafeln für die Zeit vor der Ankunft der Fülle des Heiligen Geistes, als sich die elf Apostel bei der Nachwahl des zwölften Apostels noch den alttestamentlichen Vorschriften verpflichtet sahen.

Bei der bildlichen Darstellung des Losverfahrens folgte Orley erneut der „Legenda aurea". Bei der Frage, welcher Art die Lose waren, gab die „Legenda aurea" der Auslegung des Paulusschülers Dionysius vom Areopag (vgl. Apg 17,34) den Vorzug, den man damals für den Autor des mystischen Traktates „De ecclesiastica hierarchia" hielt. Nach diesem Traktat über die kirchliche Hierarchie, der sich erst nach späteren Erkenntnissen als Schrift eines um 500 wirkenden griechischen und neuplatonisch geprägten Mönchstheologen erweisen sollte, bezeichne das Los keinen Gegenstand, sondern ein Gnadengeschenk Gottes, das dem Matthias zuteilgeworden war, so dass ihn die Apostel als den von Gott Erwählten erkennen konnten.[16] Nach der „Legenda aurea" sei dieses Los nichts anderes gewesen als ein Lichtschein, der vom Himmel herabgekommen sei und Matthias umgeben habe.[17] So gibt Orley jenen Augenblick wieder, als die Jünger nach ihrem Gebet an der Decke des Baldachins einen goldleuchtenden Glorienschein erkennen, der genau über Matthias erschien und auf den von Gott zum Aposteldienst Bestimmten seine Strahlen herabsandte. Während der in der „Legenda aurea" als demütig geschilderte Matthias[18] mit gesenktem Kopf und gefalteten Händen von seiner eigenen Erwählung nichts wahrnimmt, blicken die elf Apostel und sein Mitkandidat Josef Barsabbas wie gebannt nach oben.

Neben dem baldachinartigen Renaissancebau sind jeweils zwei legendarische Szenen aus dem späteren apostolischen Wirken des Matthias zu sehen. Auf der rechten Seite ist Matthias als Verkünder des Evangeliums dargestellt, der nach der „Legenda aurea" in Judäa gepredigt und Wunder gewirkt haben soll.[19] Vor der Kulisse einer befestigten Stadt steht Matthias mit seinem weißen Obergewand in einer im Freien aufgestellten Holzkanzel. Mit seiner im Redegestus erhobenen Rechten predigt der Apostel zu einem weitgehend zeitgenössisch gekleideten Publikum, das vorne aus Frauen und weiter hinten aus Männern besteht.

Auf der linken Seite ist über einer Gartenmauer ein Landschaftsausschnitt mit einer turmartig aufragenden und mit Vegetation bewachsenen Felsformation zu sehen,[20] durch die ein Naturbogen hindurchführt. Davor steht der in eine blaue Tunika und in ein weißes Pallium gekleidete Matthias, der einen Kelch in seinen Händen hält und von stehenden, knienden und am Boden liegenden Personen umgeben ist. Dargestellt ist der in der „Legenda aurea" geschilderte Versuch, den in Mazedonien das Evangelium Christi verkündenden Matthias durch einen Giftbecher zu töten. Während Matthias den giftigen Trank im Namen Christi zu sich genommen habe, ohne dass ihm etwas zugestoßen sei, seien alle anderen, die davon tranken, blind geworden. Nachdem der Apostel viele Erblindete durch Handauflegung wieder sehend gemacht habe, so dass einige zum Glauben an Christus gekommen seien, seien die Verhärteten umgekommen. So sind links die Knienden als die Bekehrten und die vor Matthias am Boden Liegenden als die zu Tode gekommenen Widersacher zu deuten, während in der Mitte der Apostel unbeschadet den Giftbecher hält.[21]

Die links neben dem Baldachinbau dargestellte Gartenmauer ist mit einer Steinbank ausgestattet, auf der ein Pfau in Rückenansicht sitzt. Der Vogel hat seinen Kopf zur Versammlung der Jünger herumgewendet und zeigt seine prächtigen Schwanzfedern. Nach der auch für die mittelalterliche Kunst maßgeblichen Tiersymbolik des frühchristlichen „Physiologus" soll sich der Christ über das ihm von Gott verliehene Gute in der gleichen Weise wie der Pfau über sein schönes Aussehen freuen.[22] Diese symbolische Deutung des Pfaus lässt sich mit der in der „Legenda aurea" vorgelegten Deutung des Namens „Matthias" verbinden. Der Name des Apostels sei aus „manu" für „das Gute" und aus „thesis" für „Satzung" zusammengesetzt, denn bei der Nachwahl des zwölften Apostels sei der gute Matthias als „Geschenk Gottes" an die Stelle des schlechten Judas Iskariot gesetzt worden.[23] So dürfte der über sein prächtiges Federkleid glückliche Pfau für die Freude über das gute Werk stehen, das Gott in Matthias getan hat, der als Gottesgeschenk anstelle des in der Sünde zugrunde gegangenen Judas zum Apostel erwählt wurde.

Das Kommen des Heiligen Geistes

Pfingsten. Erste Lesung vom Tag: Apg 2,1–11

„Alle wurden mit dem Heiligen Geist erfüllt."
Apg 2,4

In der ersten Lesung des Pfingsttages berichtet Lukas in der Apostelgeschichte von der Sendung des Heiligen Geistes, in der sich fünfzig Tage nach Ostern das Heilswerk Christi erfüllt hat. Die Diasporajuden hatten den fünfzigsten Tag nach dem Paschafest als „Pentekoste" bezeichnet, an dem sieben Wochen nach Erntebeginn das alte Wochenfest (vgl. Ex 23,16; 34,22; Lev 23,15–22; Dtn 16,9–12) als feierlicher Abschluss des Osterfestes begangen wurde. An diesem Tag wurde nach Lukas der von Jesus verheißene Heilige Geist über die Apostel ausgegossen (vgl. Lk 24,49; Apg 1,8). Zusammen mit den Frauen waren die Apostel im Abendmahlssaal versammelt, in dem sich Jesus vor seiner Himmelfahrt von ihnen verabschiedet hatte (vgl. Apg 1,4–8; Lk 22,12). Dort beteten sie um die Erfüllung der Verheißungen Jesu und wählten Matthias in das Apostelkollegium (vgl. Apg 1,12–26). Schließlich erfuhren sie dort das machtvolle Herabkommen des Heiligen Geistes, der sich in einem plötzlichen Brausen und Stürmen vom Himmel her und in Feuerzungen zeigte, von denen sich auf jeden von ihnen eine niederließ. Die Erfüllung mit dem Heiligen Geist beschrieb Lukas als ekstatisches Phänomen, das mit besonderen Charismen wie der Sprachengabe einherging, so dass die zusammengeströmte Menge außer sich vor Staunen war (vgl. Apg 2,1–7).

MIT DEM IN DER CHRISTLICHEN KUNST UNGEZÄHLTE MALE dargestellten Thema der Ausgießung des Heiligen Geistes hatte sich auch Doménikos Theotokópoulos, genannt El Greco (1541–1614), auseinandergesetzt, der in der Zeit von 1596 bis 1600 mit der Darstellung des Pfingstereignisses eines der wichtigsten Bilder seines Spätwerkes schuf und gerade in diesem Gemälde versuchte, die ekstatische Kraft des Heiligen Geistes bildsprachlich zu formulieren.

El Greco wurde um 1541 auf Kreta geboren, wo er ab 1563 als Ikonenmaler nachweisbar ist. Um 1567 war er in Venedig Schüler Tizians (1488/90–1576) und eignete sich Stil und Kolorismus der manieristischen Malerei an.[1] Als er sich ab 1570 in Rom aufhielt, wurde er besonders vom Werk Michelangelos (1475–1564) beeinflusst und betonte in dieser Zeit die Körperlichkeit seiner Figuren.[2] Da zwischen Rom und Spanien enge Kontakte bestanden, die viele Künstler veranlassten, auf die Iberische Halbinsel zu ziehen, siedelte auch El Greco über Venedig nach Spanien über. Er kam spätestens im Oktober 1576 in Spanien an und ließ sich nach einem kurzen Aufenthalt in Madrid in Toledo nieder. In Spanien, wo er bis zu seinem Tod am 7. April 1614 wirkte, schuf er neben Porträts vor allem Altarbilder und prägte damit auch die religiöse Malerei seiner Zeit, die ganz im Dienst der katholischen Reform stand. In seinen späten Werken wandte sich El Greco immer mehr von einer naturalistischen Sichtweise der Malerei ab und bildete durch die Steigerung der Bewegtheit seiner Figuren und durch die Dramatisierung der Lichtverhältnisse einen geradezu expressionistisch anmutenden Individualstil aus, der besonders darauf abzielte, die religiöse Welt der geistlichen Erfahrung ins Bild zu fassen.[3]

Als El Greco seine Gemälde zunehmend entmaterialisierte und spiritualisierte, erfreute sich das seit 1492 unter den katholischen Königen geeinte Spanien einer kulturellen und spirituellen Blütezeit. Während der Priester Tomás Luis de Victoria (1548–1611) die geistliche Musik und der Augustiner-Eremit Luis de León (1527–1591) die religiöse Dichtung prägten, wiesen die beiden großen Mystiker Teresa von Ávila (1515–1582) und Johannes vom Kreuz (1542–1591) den Gottsuchenden ihrer Zeit den geistlichen Weg. In diesem goldenen Zeitalter (siglo d'oro) der spanischen Spiritualität wurde auch im königlichen Klosterpalast des Escorial alles auf Gott hin zusammengefasst und ausgerichtet. Da viele Theologen in Spanien auch große Mystiker waren, stand das ganze geistliche Leben auf einer soliden theologischen Grundlage. Mystik und Theologie verbündeten sich im Anliegen der Kirchenreform, die durch das Konzil von Trient (1545–1563), durch zahlreiche Ordensreformen und durch den von Ignatius von Loyola (1491–1556) neu gegründeten Jesuitenorden entscheidende Impulse erhalten hatte.

Die aufblühende spanische Spiritualität prägte auch das malerische Werk El Grecos, der sich in Toledo im Kreis gebildeter Geistlicher bewegte. In seiner späten Stilphase, in der El Greco bereits die Barockmalerei vorbereitete, schuf der reife Meister das groß angelegte Hochaltarretabel der Kirche des Augustiner-Eremiten-Kollegs Nuestra Señora de la Encarnación in Madrid, zu dem auch das Pfingstbild gehörte. Die Gründung dieses Kollegs geht auf María de Aragón (1539–1593) zurück, die als elfjähriges Kind Jungfräulichkeit gelobt hatte und Hofdame der spanischen Königin Anna von Österreich (1549–1580) war. König Philipp II. (reg. 1556–1598)

El Greco, Pfingsten, um 1596/1600, Öl auf Leinwand, 275 × 127 cm, Madrid, Museo Nacional del Prado.

übergab María de Aragón 1581 einen Landbesitz in der Nähe des Königspalastes, um dort ein Kloster oder ein Kolleg zu gründen.[4] Obwohl sie zunächst an ein Kloster dachte, konnte sie ihr Beichtvater, Alonso de Orozco (1500–1591), davon überzeugen, ein Kolleg für die Ausbildung von Predigern zu gründen.[5] Dieser 1882 seliggesprochene Augustiner-Eremit war nicht nur ein begnadeter Mystiker, sondern auch ein Mann der tätigen Nächstenliebe. Er wirkte als wortgewaltiger Prediger, königlicher Beichtvater und Klostergründer[6] und stand bereits mit María de Aragóns gleichnamiger und 1570 verstorbener Mutter in enger Verbindung, die im Madrider Kloster San Felipe, in dem Alonso de Orozco lebte, eine Familiengrablege eingerichtet hatte.[7] Auch María de Aragón unterstützte ihn und bewegte ihn zur Abfassung seiner Vita und zur Niederschrift seiner Betrachtungen und Visionen. Schließlich veranlasste sie ihn 1589, von San Felipe in das neu erstehende Kolleg Nuestra Señora de la Encarnación umzusiedeln. Dort wurde er der erste Rektor und konnte im April 1590 erstmals die Messe in der Kollegskirche feiern, starb aber schon bald im September 1591. Zwei Jahre später starb auch María de Aragón, nachdem sie zuvor angeordnet hatte, sowohl ihren Leichnam als auch die sterblichen Überreste ihrer Eltern aus San Felipe in die Kollegskirche zu übertragen, wo auch Alonso de Orozco ruhte.[8] Als nach dem Tod der Stifterin der zweite Rektor, Hernando de Rojas, und Jerónimo Horaa de Chiriboga als Testamentsvollstrecker die Bau- und Ausstattungsarbeiten fortführten,[9] wurde 1596 El Greco in Toledo vertraglich verpflichtet, bis Weihnachten 1599 das Altarretabel anzufertigen, dessen Teile schließlich im Juli 1600 nach Madrid transportiert wurden. Dieser Auftrag war der einzige, den El Greco in der spanischen Hauptstadt erhalten hatte. Mit 5920 Dukaten war es auch das höchste Honorar, das ihm jemals zuteilwurde.[10] Das ursprünglich von sechs Heiligenfiguren umgebene Retabel umfasste zwei Bilderreihen mit jeweils drei großen Ölgemälden. Im unteren Register wurde die auf das Patrozinium der Menschwerdung Gottes verweisende Verkündigungsszene von den Bildern der Hirtenanbetung und der Taufe Jesu flankiert. Die Mitte des oberen Abschnitts bildete ein Gemälde mit der Kreuzigung, umgeben von den Bildern der Auferstehung Jesu und des Pfingstereignisses. Das verlorene siebte Bild schloss wahrscheinlich als kleineres Gemälde das Retabel nach oben hin ab und dürfte die Madonna, das Lamm Gottes oder das Antlitz Jesu gezeigt haben.[11] Als während der napoleonischen Besatzung Spaniens das Kloster 1808 säkularisiert und stark in Mitleidenschaft gezogen wurde, kam es auch zur Zerlegung des Altarretabels. Bis auf das Bild mit der Hirtenanbetung, das sich heute im Rumänischen Nationalmuseum in Bukarest befindet, gelangten die übrigen Altargemälde El Grecos in das Museo Nacional del Prado in Madrid.[12]

Im Unterschied zu den beiden Gemälden mit der Auferstehung und dem Pfingstereignis finden sich in den vier Bildern mit den Szenen der Verkündigung, Hirtenanbetung, Taufe und Kreuzigung ikonographische Besonderheiten, die an die Visionen und Betrachtungen des Alonso de Orozco erinnern, so dass El Grecos Retabel auch Ausdruck der beginnenden Verehrung dieses heiligmäßigen Augustiner-Eremiten gewesen sein dürfte.[13] Für sich allein genommen atmet aber auch das Pfingstbild ganz das mystische Erleben der damaligen Zeit und wirft einen bezeichnenden Blick auf die religiöse Gedankenwelt, die El Greco bewegte. Bereits auf den ersten Blick zeigt dieses Gemälde El Grecos Streben nach Vergeistigung, das gerade die späten Werke des Meisters auszeichnete, die er in kühner Farbenwahl in eine Flut von Licht tauchte, so dass überall funkelnde Lichtreflexe hervorbrechen, die den Eindruck erwecken, als würden die Farben sprühen und sich zu brennenden Strömen ausweiten. Auch im Pfingstbild beginnen die vom Heiligen Geist erfüllten Personen durch den dramatischen Einsatz von Licht und Farbe von der überzeitlichen Sehnsucht des Menschen nach der Heimat in Gott zu sprechen. So zeigt El Grecos Pfingstdarstellung die um die Gottesmutter Maria versammelten Apostel als Schar der auserwählten Gotteskinder im Licht des ihnen durch Christus verheißenen Beistandes des Heiligen Geistes.[14]

In dem über einen Meter breiten und fast drei Meter hohen Pfingstbild wird unten durch Stufen und eine Balustrade der Abendmahlssaal als Ort der Geistesausgießung angedeutet. Oben hat sich der Himmel weißglühend geöffnet, wo in lichter Helle die Taube des Heiligen Geistes schwebt. In Form weiß bis rötlich zuckender Flammen schwebt das Feuer des Heiligen Geistes über den Köpfen (vgl. Apg 2,3), das die Gewänder zum Glühen bringt und auch die Haltung der Personen bestimmt, sei es als stumme Entrücktheit, als innige Verzücktheit oder als heftiges Bewegtwerden.[15]

In einer hochgebauten, steilen Komposition sind die um Maria versammelten Apostel zu sehen, die in den verschiedenen Formen psychosomatischer Ekstasen dargestellt sind,[16] wie sie in der damaligen mystischen Literatur beschrieben wurden. Wie Teresa von Ávila bei der Darlegung des Aufstiegsweges zur Vereinigung mit Gott zeigte, wurden diese Phänomene von den höheren, ganz von Gott geschenkten kontemplativen mystischen Gnaden unterschieden, die eine große Hilfe für die Tugendübung, die Nächstenliebe und die Bewältigung von Schwierigkeiten und Leiden darstellen, auch wenn sie für die Vollkommenheit an sich nicht notwendig sind.[17] Dagegen waren für Teresa von Ávila die ekstatischen Zustände wie Verzückung, Geistesflug, Entrückung, Aufwallung oder Levitation außerordentliche Phänomene psychosomatischer Natur.[18] Diese untergeordneten Begleiterscheinungen auf dem Weg des fortgeschrittenen Menschen zu Gott führte sie auf ein kurzes Eindringen göttlicher Liebe und göttlichen Lichtes in das geistliche Vermögen zurück, bei dem die anderen Seelenfähigkeiten herabgesetzt oder wie aufgehoben sind und die Seele aus allen Tätigkeiten herausgerissen wird, was dann zu Levitation, Unempfindlichkeit oder Muskelerstarrung führen kann.[19] Der Leib würde dann in der Ekstase so bleiben, wie er von ihr gepackt wurde, „ob stehend oder sitzend, ob mit offenen oder geschlossenen Händen"[20]. Begreiflicherweise wehrte sich Teresa von Ávila, von diesen ekstatischen Aufwallungen erfasst zu werden, besonders wenn sie öffentlich sichtbar waren, aber auch wenn sie allein war, um keiner Selbsttäuschung zu unterliegen.[21] Manchmal konnte sie mit enormem „Kräfteverschleiß" dagegen ankämpfen, wie einer, „der mit einem starken Riesen ringt", aber andere Male wurde ihr „die Seele fortgetragen und fast immer auch der Kopf hinterher" und gelegentlich „der ganze Leib, den es sogar vom Boden erhob".[22] Teresa von Ávila hatte aber auch erfahren, dass diese kurzen Ekstasen, bei denen Leib und Seele noch nicht ganz in Gott verwandelt sind, in der vollkommenen Gotteinung der geistlichen Vermählung zurückgehen und schließlich ganz verschwinden, weil der Mensch dann das Vereintsein mit Gott ganz in sein Leben integriert hat.[23]

Unter dem Eindruck des mystischen Erlebens im goldenen Zeitalter der spanischen Spiritualität hatte El Greco in seinem Pfingstbild die Herabkunft des Heiligen Geistes wie kein Künstler zuvor als ekstatisches Phänomen begriffen. In Anlehnung an die in der Apostelgeschichte geschilderten charismatischen Phänomene (vgl. Apg 2,4.13; 10,44–46; 19,6) stellte er die vom Heiligen Geist erfüllten Apostel in der Erfahrung der Ekstase dar, die sie mit einer so großen Macht überfallen hat, dass sie sich nicht dagegen wehren können. Um den ekstatischen Zustand der Apostel zu veranschaulichen, bot der alternde El Greco gleichsam als dramatische Summe seines Kunstschaffens nochmals alle Kräfte des Lichtes und der Farbe als Metaphern des göttlichen Gnadengeschehens auf.[24]

Rechts unten ist der an seinem charakteristischen weißen Haupt- und Barthaar erkennbare Petrus dargestellt, der wie alle Apostel in antikisierende Gewänder gehüllt ist. Während die goldgelbe Farbe seines mit roten Lichtern belebten Palliums an die Tugenden des Petrus erinnert, verweist das Blau seiner Tunika als Himmelsfarbe auf die ihm gewährte ekstatische Schau übernatürlicher Dinge und zeigt ihn zudem als Nachfolger des bereits im Alten Bund in blaue Priestergewänder gehüllten Aaron (vgl. Ex 28).[25] Petrus wird in der Ekstase durch das Phänomen der Levitation überwältigt, das auch Teresa von Ávila erfahren hatte.[26] Der Apostel wehrt sich gegen das geistgewirkte „stürmische Emporgehobenwerden" und gegen „das ihm fremde Gefühl der physischen Ohnmacht".[27] Obwohl er mit aller Kraft seinen rechten Arm auf die Balustrade stemmt und seinen Oberkörper zurückwirft, lösen sich bereits seine im Licht hervorgehobenen Füße von der Stufe, die er nur noch mit seinen Zehen berührt.[28]

Links neben Petrus ist in Rückenansicht der jugendliche Apostel Johannes dargestellt, der als Einziger Maria, seiner ihm anvertrauten Mutter (vgl. Joh 19,26–27), direkt gegenübergestellt ist.[29] Johannes wehrt sich nicht, sondern überlässt sich mit geöffneten Händen ganz der ekstatischen Entrückung und wendet sich mit seligem Antlitz dem Licht zu. Obwohl Johannes als die mächtigste Gestalt unter den Aposteln erscheint, hat sein Körper in der Ekstase alles Schwere verloren. In dem vom Licht überstrahlten Gesicht und im glühenden Changieren der Farben der Gewänder zeigt sich die Entmaterialisierung seines Körpers. So leuchtet das rote Pallium, das Johannes als Lieblingsjünger kennzeichnet, ins Orange hinüber, während das Grün seiner Tunika rotbraun aufschimmert. Vom Heiligen Geist erfasst, schwebt die kniende Gestalt des Apostels schwerelos die Steintreppe hinauf.[30]

Links oberhalb von Johannes steht ein asketisch wirkender Apostel mit ungeordnetem Haar, zahnlosem Mund und struppigem Bart. Der Apostel, der nur eine einfache dunkle Kutte trägt, hat ekstatisch sein verwahrlostes Haupt weit nach oben gereckt. Das Licht zeigt die innerliche Erfahrung an, die ihn ergriffen hat, und lässt sein Haupt- und Barthaar silbrig erglänzen, während sein Gesicht und sein Hals wie von einem kupfernen Schimmer erwärmt sind.[31]

Über dem asketischen Apostel wird ein blau gekleideter Jünger in der Ekstase nach oben gerissen. Sein Gesicht und sein nach oben gestreckter Arm sind vom Licht erfüllt. Rechts neben ihm ist das Haupt eines Apostels zu sehen, der seinen rechten Arm quer über den Kopf gelegt hat. Offenbar ist ihm der Arm, den er wohl schützend erhoben hat, in ekstatischer Muskelverkrampfung erstarrt. Rechts folgt ein Apostel in einem goldgelben Gewand, das ganz in Licht getaucht ist. Seine weit geöffneten Augen künden von einer inneren Erfahrung, die er mit erhobenen Händen demütig abzuwehren versucht.[32]

Daneben erscheint ein verzückt nach oben emporgerissenes Jünglingsgesicht, das in der Ekstase fast engelgleiche Züge bekommen hat.[33] Von dieser Jugendlichkeit hebt sich der greise Apostel mit seinem weißen Vollbart neben ihm ab, dessen entrücktes Gesicht sich aber schon ebenfalls zartrosa zu verjüngen beginnt. Bei diesem Apostel hat die charismatische Geisterfahrung offenbar zu einem Zustand des Ruhens geführt.[34]

Rechts neben Maria und einer ihr unmittelbar zugewandten Frau ist ein Apostel im grünen Gewand zu sehen, der sich aufgrund der starren Gebärden seiner Hand und seiner Augen wohl als der ungläubige Apostel Thomas (vgl. Joh 20,24–29) deuten lässt. Die mit ihren Sehnen, Muskelbändern und Adern bis zum Ellenbogen hin markant modellierte linke Hand, die kürzlich noch die Wundmale des Auferstandenen untersuchen wollte, ist jetzt ekstatisch als zweifelnde Gebärde erstarrt. In der Ekstase ist auch die irdische Sehfähigkeit seiner zuvor noch ungläubigen Augen unterdrückt, so dass sie jetzt weit für die innere vom Heiligen Geist gewirkte Schau geöffnet sind. Das satte, erdenhaft wirkende Grün seines Gewandes erinnert an die irdisch-sinnenhafte Ostererfahrung des Thomas, der noch durch den Sehsinn zum Glauben an die Auferstehung gekommen war (vgl. Joh 20,29) und dem jetzt in der Pfingstekstase die Augen des Geistes geöffnet werden.[35]

Rechts außen erscheint die Profilfigur eines Apostels in türkisfarbenem Gewand, der mit seinem nach unten weisenden Arm das Pendant zu dem Jünger auf der linken Seite bildet, der seinen Arm ganz nach oben gerissen hat. Seine Gesichtszüge mit aufgeworfenem Mund und schmalem Oberlippenbart sind noch jung. Um die Wucht des ekstatischen Fallens aufzuhalten, hat er seinen im Licht noch länger wirkenden linken Arm ausgestreckt und die Hand instinktiv abgespreizt. In der Kraft des Heiligen Geistes vermag er Hals und Kopf steil nach oben zu recken und wird somit zum Sinnbild für die in den Aposteln seit dem Pfingstereignis wirkende Glaubensstärke (vgl. Apg 1,8). Direkt unterhalb seiner quergestellten Hand ist ein bärtiger Apostel in einer goldgelben Tunika mit weitem Halsausschnitt zu sehen, der von ekstatischer Verzückung durchströmt wird und sein kahles Haupt voller Hingabe nach oben ausgestreckt hat. Rechts neben ihm ist ein in Rückenansicht gezeigter Apostel dargestellt, der mit weißer Tunika und rötlichem Pallium bekleidet ist. Die von der Flamme des Heiligen Geistes durchglühte rechte Hand, die er schützend über sein Haupt erhoben hat, verbleibt nun während der Ekstase in dieser Gebärde.[36]

Wie die einzelnen Jüngergestalten zeigen, erscheinen die von El Greco gemalten Apostel als Menschen, die durch den am Pfingsttag hereinbrechenden Geist Gottes ekstatisch durchmächtigt sind. Vor dem Hintergrund der spanischen Mystik, vor allem der geistlichen Lehre Teresas von Ávila, erscheinen die Apostel als geistliche Menschen, die als Jünger Christi auf ihrem Weg zu Gott bereits vorangeschritten sind, aber noch der ganzen Fülle des ihnen für den Pfingsttag verheißenen Heiligen Geistes bedürfen. Dass die Apostel Voranschreitende auf dem geistlichen Weg sind, wird gerade dadurch deutlich, dass sie auf El Grecos Pfingstbild in der Ekstase gezeigt werden, die nach der spanischen Mystik als Begleiterscheinung einer besonders intensiven Gotteserfahrung auftreten kann. Die ekstatische Pfingsterfahrung wird als Phänomen dargestellt, gegen das sich die Apostel nicht wehren können und bei der die Seelenfähigkeiten so sehr in Beschlag genommen sind, dass es zur Herabsetzung der Sinneswahrnehmung, zu körperlicher Erstarrung und zur Levitation kommt.

Vom Kreis der ekstatisch bewegten, teilweise verzerrten, emporgerissenen und verzückten Apostel hebt sich in der oberen Figurenreihe die in sich ruhende Gestalt der Gottesmutter Maria ab. Ihr rotes Gewand, das sie mit dem gleichfarbigen Pallium des Lieblingsjüngers Johannes verbindet, bringt ihre liebende Hingabe an ihre

Sendung als Gottesmutter und Mutter der Kirche zum Ausdruck. Die Himmelsfarbe ihres blauen Mantels und ihre Jugendlichkeit verweisen auf ihre göttliche Begnadung, ihre unbefleckte Empfängnis und ihre Jungfräulichkeit. Damit wird deutlich, dass Maria schon von Anfang an voll der Gnade (vgl. Lk 1,28) und damit auch voll des Heiligen Geistes ist, der sie in Nazaret bei der Menschwerdung des Gottessohnes überschattet hat (vgl. Lk 1,35) und den sie erneut in der jungen Kirche, deren mütterliche Mitte sie bildet, am Pfingsttag im Zeichen der Feuerzungen empfängt (vgl. Apg 1,14; 2,1.3). Wie die Apostel ist auch Maria mit gleißenden Gewändern ganz in Licht gehüllt und hat ihre Augen zum Himmel erhoben, um die Flamme des Heiligen Geistes zu empfangen. Aber während die Apostel in ihrer ohnmächtigen Ekstase mit ihren unwillkürlichen Bewegungen und Gebärden dargestellt sind, thront Maria ohne jedes Staunen, Entzücken und furchtsames Abwehren in einer stabilen Sitzhaltung und vermag als einzige auch bewusst die Hände im Gebet zu falten. Freilich nimmt auch die thronende Maria eine schwebende Haltung ein, aber das Herabkommen des Heiligen Geistes vermag die Begnadete, die bereits ganz und immer von Gott erfüllt ist, nicht in einem kurzen ekstatischen Geschehen aus der Fülle, in der sie schon lebt, herauszureißen. Während die Apostel in der Ekstase eine plötzliche Erfahrung Gottes machen dürfen, erfreut sich Maria bereits der unmittelbaren Anschauung Gottes.[37] Die mystischen Phänomene der Apostel zeigen, dass diese auf dem Weg der Gotteinigung zwar schon vorangeschritten, aber noch nicht zur tiefsten Vereinigung gelangt sind. Maria aber gehört schon der Ebene der höchsten mystischen Kontemplation und Gottesvereinigung an, auf der es keine ekstatischen Begleiterscheinungen mehr gibt,[38] und erscheint damit als Braut des Heiligen Geistes und als vollkommen mit Gott geeintes heiliges Geschöpf.

Unmittelbar rechts von Maria erscheint der Kopf einer Frau, die mit der über ihr züngelnden Flamme ebenfalls der Ausgießung des Heiligen Geistes gewürdigt wird, aber mit ihrem Spitzenkopftuch, der Mantilla, wohl kaum dem biblischen Pfingstereignis zuzurechnen ist. Ohne ekstatische Anzeichen wendet sie sich in einer innig gesammelten Pose mit fast schüchtern geneigtem Haupt seitlich zu Maria hin. Sie hat, wie die Kunsthistorikerin und Hispanistin Gertrud Richert (1885–1965) treffend bemerkt hat, die Augen gesenkt, „als wagte sie nicht aufzublicken, als bestürzte es sie, sich bei diesem unerhörten Wunder des Himmels an so hoher Stelle neben der Jungfrau dargestellt zu sehen"[39].

Schließlich fällt zwischen den beiden rechts oben dargestellten Aposteln der Kopf eines Mannes mit Porträtzügen auf. Obwohl die Flamme des Heiligen Geistes auch über dieser Person schwebt, so gibt sie sich als einzige nicht selbstvergessen dem Pfingstgeschehen hin und blickt ruhig aus dem Bild heraus den Betrachter an. Sicherlich ist in dieser Gestalt kein Apostel, sondern ein Selbstporträt El Grecos zu sehen. Das nach unten schmal zulaufende Gesicht mit dem spitzen Vollbart und der hohen kahlen Stirn zeigt El Greco als einen ernsten und wachen Menschen, der mit seinen strengen Augen und dem harten Mund von der visionären Pfingsterfahrung offenbar ganz unberührt ist. Dennoch hat auch er Anteil an dem göttlichen Gnadenereignis, wie die über ihm züngelnde Geistesflamme belegt. Der Zugang des Künstlers erfolgt aber nicht durch die geistliche Erfahrung wie bei den Aposteln und bei Maria, sondern durch den Glauben, den er durch den Blick aus dem Bild heraus gegenüber dem Betrachter bezeugt.[40] So darf sich der alternde Künstler, der sich in seinem ganzen künstlerischen Wirken wie kaum ein anderer Maler um die Darstellung der göttlichen Welt des religiösen Lebens bemüht hat, „getrost mitten unter die stellen, die der höchsten Gnade teilhaftig werden"[41].

Der Geist bezeugt die Gotteskindschaft

Dreifaltigkeitssonntag. Zweite Lesung: Röm 8,14–17

*„So bezeugt der Geist selber unserem Geist, dass wir Kinder Gottes sind.
Sind wir aber Kinder, dann auch Erben; wir sind Erben Gottes
und sind Miterben Christi."*
Röm 8,16

Am Sonntag nach Pfingsten wird das Dreifaltigkeitsfest gefeiert, womit deutlich wird, wie sehr durch die Sendung des Heiligen Geistes das Mysterium des dreieinigen Gottes ganz offenbar geworden ist. Im heilsgeschichtlichen Ablauf war es zuerst Gottvater, der sich als Schöpfer geoffenbart hat, dann in der Fülle der Zeit der menschgewordene Sohn Gottes als Erlöser und schließlich der Heilige Geist, der an Pfingsten über die junge Kirche ausgegossen wurde, um die Gläubigen zu Christus zu führen, dem einzigen Weg zum Vater.

Der durch das offenbarende Wirken des Heiligen Geistes bewirkte Zugang zum trinitarischen Geheimnis prägt auch die Theologie des Römerbriefes, dem am Dreifaltigkeitssonntag die zweite Lesung entnommen ist. Durch sein Leben im Heiligen Geist wird dem Gläubigen bewusst, dass er in und mit dem menschgewordenen Sohn Gottes ein Kind Gottvaters ist, denn alle, „die sich vom Geist Gottes leiten lassen, sind Söhne Gottes" (Röm 8,14). Da im Sohn Gottes die Fülle des Heiligen Geistes lebt und weil alle, die zu Christus gehören, denselben Geist empfangen haben, sind auch die Gläubigen wie der ewige Sohn des Vaters Söhne, Kinder Gottes. So führt sie der Heilige Geist in das kindliche, ganz von Vertrauen geprägte Vaterverhältnis (vgl. Röm 8,14–15). Gerade an dem Vertrauen, mit dem die Gläubigen so wie der Sohn (vgl. Mk 14,36) Gott im Heiligen Geist als ihren „Abba, Vater" (Röm 8,15; vgl. Gal 4,6) anreden, erkennen sie ihre eigene Gotteskindschaft. So bezeugt der Heilige Geist den Gläubigen, dass sie Kinder des Vaters und damit Miterben des Sohnes sind, wenn sie ihm auch im Leiden verbunden bleiben (vgl. Röm 8,16–17).[1]

Wie sehr das Pfingstfest und damit das Mysterium des Heiligen Geistes mit der Offenbarung des dreifaltigen Gottes verbunden ist, zeigt sich besonders in der Tradition der Ostkirche und führt uns zur berühmten Dreifaltigkeitsikone des russischen Malermönches Andrej Rubljov (um 1360–1430), die durch die Forschungen von Gabriel Bunge nach einer schier endlosen Interpretationsgeschichte überzeugend gedeutet werden konnte.[2] Die Ikone Rubljovs, die sich heute in der Tretjakow-Galerie in Moskau befindet, hatte ursprünglich ihren Platz in der Ikonostase der Kirche des durch den hl. Sergius von Radonesch (1313–1392) gegründeten Dreifaltigkeitsklosters bei Moskau. Dort stand sie ganz im Dienst des durch den Klostergründer vorgelebten geisterfüllten Gebetes. Mit ihrer Hilfe sollte der Betrachter und Beter vom Abbild der Ikone zum unsichtbaren Urbild des dreifaltigen Gottes und damit zum allumfassenden Segen der Trinität gelangen.[3]

Rubljovs Dreifaltigkeitsikone zeigt, wie sehr in der ostkirchlichen Spiritualität das geistliche Leben als Erwerb des Heiligen Geistes gesehen wurde, der vom Vater ausgeht (vgl. Joh 15,26) und durch den Sohn gesendet wird (vgl. Joh 14,26). Der Geist ist es, der das Bekenntnis zum Sohn ermöglicht (vgl. 1 Kor 12,3), da er vom Sohn nimmt (vgl. Joh 16,14) und den Jüngern ihre in der Taufe verliehene Sohnschaft bewusst macht (vgl. 1 Petr 1,4). Als bleibender Beistand vermag er sie an alles zu erinnern, was der Sohn ihnen gesagt hat (vgl. Joh 14,26; 15,26), um sie mit dem Sohn, dem einzigen Zugang zum Vater (vgl. Joh 6,44.65; 14,6), zu vereinen und sie zu einer lebendigen Wohnung des Vaters und Sohnes (vgl. Joh 14,23) zu machen. An ihrem liturgischen Ort in der Ikonostase erinnerte die Dreifaltigkeitsikone zudem daran, dass der Heilige Geist nach ostkirchlichem Verständnis in der Eucharistiefeier ständig im Kommen ist, indem er in der Epiklese die Gaben von Brot und Wein zu Leib und Blut Christi macht und die Gläubigen durch den eucharistischen Sohn zur Gemeinschaft mit dem Vater führt.[4]

Während in der lateinischen Kirche 1334 ein eigenes Fest zu Ehren des dreifaltigen Gottes eingeführt wurde, hatte in Russland das Pfingstfest den Charakter eines Dreifaltigkeitsfestes angenommen, was auch mit dem Einfluss der Trinitätsmystik des Sergius zusammenhängen dürfte. Diese pneumatisch-trinitarische Spiritualität fand ihren vollkommenen bildlichen Ausdruck in Rubljovs Dreifaltigkeitsdarstellung, die den Rang einer Festtagsikone von Pfingsten erhielt, um zusammen mit der

Andrej Rubljov, Dreifaltigkeitsikone, um 1425, Tempera auf Holz, 142 × 114 cm, Moskau, Tretjakow-Galerie.

Eucharistiefeier die Heilstaten und die Gegenwart des dreifaltigen Gottes zu vergegenwärtigen und die himmlische Liturgie abzubilden.[5]

Dabei stellte die Ikone als Abbild eines höheren Urbildes die unsichtbare Gottheit nicht nach ihrem Wesen dar, sondern nach den Visionen der alttestamentlichen Propheten, die von jenem Geist erleuchtet waren, der sich dann im Neuen Testament als göttliche Person geoffenbart hatte, um bei den Jüngern zu bleiben (vgl. Joh 14,16), ihnen den Sohn zu bezeugen (vgl. Joh 15,26) und sie an Christi statt an alles zu erinnern, was dieser sie gelehrt hat (vgl. Joh 14,26). In ihrer typologischen Exegese des Alten Testaments wurden die Kirchenväter bei der Suche nach geistinspirierten Vorbildern (vgl. 1 Kor 10,6.11) für das Trinitätsmysterium auch auf die Philoxenie Abrahams aufmerksam, die gastfreundliche Aufnahme der drei Männer im Eichenhain von Mamre, denen Abraham mit Brot und einem zubereiteten Kalb aufwartete.[6] Bei diesem Besuch der drei Gottesboten hatte Gott seine Verheißung an Abraham und seiner Frau Sara erfüllt, indem die Gäste dem altgewordenen, kinderlosen Paar die Geburt eines Sohnes ankündigten (vgl. Gen 18,1–15). Während nach der angelologischen Deutung Abraham Engeln Gastfreundschaft gewährt habe (vgl. Hebr 13,2),[7] ging die christologische Deutung davon aus, dass die alttestamentlichen Theophanien verborgene Ankündigungen des Sohnes Gottes, des Logos, sind, der von der ganzen Schrift bezeugt wird (vgl. Joh 5,39) und in dem sich die Schrift erfüllt (vgl. Mt 1,22). Da nach dem Buch Genesis bei den Eichen von Mamre „der Herr" erschienen war (Gen 18,1) und auch Abraham die Anrede „mein Herr" gebrauchte (Gen 18,3), obwohl er „drei Männer" sah (Gen 18,2), und da sich „der Herr" nach Beendigung des Besuches von Abraham entfernte (Gen 18,33), während „die beiden Engel" allein nach Sodom hinabstiegen (Gen 19,1), war bereits den frühen Kirchenvätern deutlich geworden, dass Abraham eine verborgene Gotteserscheinung hatte und dass ihn in Mannesgestalt der Sohn Gottes als „der Herr" besucht hatte, begleitet von zwei Engeln, die dann an den Sodomitern den Willen ihres Herrn ausgeführt hätten (vgl. Gen 18,17–33).[8] Während nach dieser christologischen Deutung Abraham drei Besucher gesehen habe, von denen einer unerkannt „der Herr" gewesen sei,[9] erkannte die im 4. Jahrhundert entstandene trinitarische Deutung in den drei Engeln ein Sinnbild für den dreifaltigen Gott, indem man von der Dreizahl der Besucher und der eigentümlichen Anrede Abrahams im Singular ausging und darin ein dreifaltiges Erscheinen Gottes in den drei Personen sah.[10] Dabei konnte man ohne Widerspruch im „Herrn" den verborgen gegenwärtigen Sohn Gottes sehen und zugleich in der Dreizahl der Besucher einen Hinweis auf die drei göttlichen Personen erkennen.[11]

In der frühchristlichen Kunst verstand man die im Rahmen alttestamentlicher Bilderzyklen dargestellten drei Besucher Abrahams wohl von Anfang an als Engel. Ab dem 4. Jahrhundert wurden sie als drei gleichgestaltete und damit trinitarisch zu verstehende bartlose Jünglinge in weißen Gewändern dargestellt, wobei dem mittleren Engel auch schon eine verhaltene Hervorhebung zukommen konnte, um ihn als Sohn Gottes zu charakterisieren. Ab dem 5. Jahrhundert erhielten die drei Engel Nimben und ab dem 11. Jahrhundert auch Flügel und Botenstäbe.[12] Nach dem Bilderstreit (730–843) entstand im Osten um 1000 ein neuer Einzelbildtypus, der sich weitgehend vom Thema der Philoxenie ablöste und nur noch die drei geflügelten und nimbierten, um einen Tisch sitzenden Engel sowie Abraham zeigte, der zusammen mit Sara bewirtet und das Kalb aufträgt. Obwohl die Darstellung durch den Titel „Die Heilige Dreifaltigkeit" inhaltlich als trinitarisch verstanden werden sollte, dominierte formal der christologische Aspekt, indem der mittlere Engel durch Größe, Frontalansicht, Gewandfärbung, Kreuznimbus, rechte erhobene Segenshand, Buchrolle in der Linken und Beischriften – „O ΩN", „Der Seiende" (vgl. Ex 3,14 LXX), und „IC XC" für „I[HCOY]C X[PICTO]C", „Jesus Christus" – gegenüber den seitlich sitzenden Begleitengeln als Sohn Gottes hervorgehoben wurde.[13] Dieser christologische Bildtypus, der im 13. Jahrhundert auch nach Russland eindrang,[14] konnte wegen der Spannung zwischen der hervorgehobenen, auf Christus verweisenden Mittelgestalt und der durch die Überschrift beabsichtigten trinitarischen Lesart aber nicht allgemein überzeugen. Dies führte im 14./15. Jahrhundert zur Ausbildung einer neuen Ikonenform, bei der die Attribute der Mittelfigur auf die beiden anderen übertragen wurden und die drei Engel ohne Betonung von Eigenheiten fast unterschiedslos dargestellt wurden, um die Einheit des göttlichen Wesens in der Dreiheit der Personen zu veranschaulichen.[15] Um die Anbetung der Trinität immer mehr in die geistliche Gegenwart hereinzuholen, wurden die bewirtenden Personen Abraham und Sara zu scheu verehrenden Nebenfiguren, und auch die biblischen Hintergrundelemente des Eichenbaumes, des Hauses Abrahams und des Felsens wurden nun durch eine zeitlose Architekturkulisse ersetzt. Durch Gesten, Mienenspiel und die Auflockerung der Frontalansicht der Mittelfigur kam es schließlich zu verhaltenen Wechselbeziehungen zwischen den drei Gestalten, wobei der mittlere Engel seine rechte Hand nun nicht mehr im Segensgestus erhob, sondern mit geneigtem Haupt auf den in der Mitte des Tisches in einem Kelch dargereichten Kalbskopf zeigte, womit sich der Akzent auf das in der Eucharistie gegenwärtige Kreuzesopfer Christi verlagerte.[16] Der Titel dieses als „Heilige Dreifaltigkeit" bezeichneten neuen Ikonentyps wurde teilweise noch durch die Worte „Vater, Sohn und Heiliger Geist" ergänzt, ohne damit aber einen bestimmten Engel mit einer der drei göttlichen Personen identifizieren zu wollen,[17] sieht man einmal vom mittleren Engel ab, der auch jetzt noch oftmals mit Kreuznimbus dargestellt und inschriftlich als Christus bezeichnet wurde.[18] Auch Rubljov hatte sich mit seiner Dreifaltigkeitsikone diesem trinitarischen Typus angeschlossen, dabei aber, inspiriert durch die Dreifaltigkeitsmystik des Sergius von Radonesch, jeden der drei Engel mit einer der drei göttlichen Personen in Beziehung gebracht.[19]

Sergius hatte bereits als Kind sein Leben dem dreifaltigen Gott geweiht, wurde Einsiedler und erhielt 1342 mit zweiundzwanzig Jahren die Mönchsweihe. Als sich Schüler um ihn sammelten, entstanden eine Eremitengemeinschaft und schließlich das große Dreifaltigkeitskloster, das sich zum geistlichen Zentrum des Moskauer Großfürstentums entwickelte und zum Mutterkloster weiterer Gründungen wurde. Sergius war ganz vom untrennbaren Gnadenwirken der Dreifaltigkeit und damit von der ständigen Aufmerksamkeit für das Wirken des Heiligen Geistes erfüllt, so dass von seiner geistdurchwirkten Trinitätsmystik ein machtvoller geistlicher Impuls ausging, der auch Andrej Rubljov in seinen Bann zog.[20] Rubljov gehörte dem Andronikowkloster in der Nähe Moskaus an, dessen Kirche er zusammen mit dem Malermönch Daniel ausstattete. 1405 malte er mit Feofan Grek (um 1325–1404/15) die Verkündigungskirche im Moskauer Kreml aus, 1408 zusammen mit Daniel die Kirche der Entschlafung Mariens in Wladimir. Als die Tartaren 1408 das von Sergius gegründete Dreifaltigkeitskloster brandschatzten und auch die aus Holz gebaute Trinitätskirche mit dem Grab des Stifters zerstört wurde, errichtete 1411 Abt Nikon von Radonesch (1355–1426) eine neue Holzkirche mit einer Ikonostase, die eine hochformatige Dreifaltigkeitsikone enthielt, die sich heute im Museum Sergiev Posad befindet. Diese Ikone zeigt im Hintergrund links den Felsen, in der Mitte den Baum und rechts das Haus sowie Abraham und Sara als Bedienende zwischen den drei Engeln. Die Gesten der Engel werden durch die drei Kelche auf dem Tisch bestimmt, wobei sich der mittlere Engel leicht dem linken zuneigt. Als Nikon ab 1422 eine Steinkirche erbaute, wurde die Holzkirche mit ihrer Ikonostase an der Ostseite des Neubaus wiedererrichtet, bis sie 1476/77 endgültig einem weiteren Steinbau weichen musste, worauf die Dreifaltigkeitsikone ins Kloster verbracht wurde. Diese Ikone hatte Rubljov gekannt, als ihn Abt Nikon beauftragte, zusammen mit Daniel zu Ehren des hl. Sergius die neue Dreifaltigkeitskirche mit Fresken und einer Ikonostase auszustatten. Dieses zwischen 1422 und 1427 ausgeführte Werk war das letzte Werk der beiden Malermönche, die nach der Fertigstellung der Arbeiten in ihr Andronikowkloster zurückkehrten. In dieser Zeit um 1425 schuf Rubljov für die Ikonostase auch seine hochgeschätzte Dreifaltigkeitsikone, von der man viele „Abschriften" anfertigte. Erstmals wurde die Ikone urkundlich 1551 auf der Moskauer Hundertkapitelsynode erwähnt, die Rubljovs Darstellung der Dreifaltigkeit neben den alten griechischen Meistern als dogmatisch vorbildlich bezeichnete und für kanonisch erklärte.[21] Ihren liturgischen Platz hatte Rubljovs Dreifaltigkeitsikone rechts von der Mitteltür der Ikonostase, wo sich sonst die Christusikone befand. Dort diente das hochformatige Tafelbild als Festtagsikone für das in Russland als Fest der vollen Offenbarung des dreifaltigen Gottes begangene Pfingstfest, dessen neuttestamentliche Fülle man in der Philoxenie des Abraham vorausgebildet sah, als sich der dreifaltige Gott in prophetischer Verhüllung in Mannesgestalt gezeigt hatte.[22]

Als sich Rubljov an die Anfertigung der Dreifaltigkeitsikone machte, gab es mit den beiden Formen des christologischen und trinitarischen Typus noch keine feste ikonographische Tradition für die Darstellung der Trinität, so dass der Malermönch seine eigenen Akzente setzen konnte, ohne dabei den Rahmen der Überlieferung sprengen zu müssen. Während ihm durch Feofan Grek der christologische Typ mit dem frontal dargestellten und attributiv als Christus bezeichneten Mittelengel vertraut war, stand ihm mit der um 1411 für die Dreifaltigkeitskirche des Sergiusklosters angefertigten Ikone der jüngere trinitarische Typus direkt vor Augen, bei dem die drei Engel weitgehend angeglichen und durch Haltung, Gestik und Mimik wechselseitig aufeinander bezogen waren, wobei die Vorgängerikone auch wieder auf das biblische Hintergrundrepertoire von Baum, Haus und Fels zurückgegriffen hatte.[23]

Wie die Vorgängerikone, so gab auch Rubljov die drei Engel in gleicher Größe wieder, gestaltete aber die Gewänder noch individueller, wobei er sich bei der Kleidung des mittleren Engels an der charakteristischen Gewandung der Mittelfigur des christologischen Typus orientierte. Auch der Blick des mittleren Engels zum linken hinüber, dessen Bedeutung durch diese Hinwendung hervorgehoben wird, war Rubljov bereits von der um 1411 geschaffenen Ikone bekannt. Auf der Vorgängerikone war aber die Gestik noch ganz vom Essen bestimmt, so dass der mittlere Engel auf den vor ihm stehenden Kelch zeigte, der linke den vor ihm befindlichen Kelch segnete und der rechte nach dem griff, was sich in der Kelchschale vor ihm befindet. Dagegen bezog Rubljov die Gesten ganz auf das Wechselspiel der drei Personen, die er so eng um den Tisch zusammenrückte, dass auf ihm nur noch die eine Kelchschale mit dem Kalbskopf Platz fand, wobei sich der Tisch von einem Esstisch in einen altarähnlichen weißen Kubus verwandelt hatte. Rubljov malte weder einen mittleren Hauptengel mit untergeordneten Begleitengeln wie beim christologischen Typus noch stellte er drei auswechselbare Gestalten wie beim trinitarischen Typus dar, sondern schuf drei unverwechselbare Personen, von denen die mittlere Figur sich der linken Gestalt zuneigt, die sich ihrerseits zur rechten Gestalt hinwendet. Bei dieser Konzentration auf die drei Personen war nun auch kein Platz mehr für Abraham und Sara, die schon zuvor zu anbetenden Nebenfiguren geworden waren. Rubljov verzichtete aber auf die Architekturkulisse des trinitarischen Typs und schloss sich bei der Darstellung des narrativen biblischen Kontextes im Bildhintergrund der Vorgängerikone an, reduzierte ihn aber ebenso wie den Tisch und die Schale auf das Symbolische und ordnete Haus, Baum und Fels attributiv jeweils einem der Engel zu.[24]

In seinem Bemühen, die im alttestamentlichen Vorbild angekündigte Wahrheit zu erfassen und anschaulich zu machen, beschritt Rubljov den Weg einer verfeinerten und monumental vereinfachten Beschränkung auf das Wesentliche. Dabei ging es für den demütigen und 1988 heiliggesprochenen Rubljov nicht darum, die Sprache zu wechseln und Originelles zu schaffen, sondern in der geistlichen Haltung treuer Bewahrung (vgl. 2 Tim 1,14; 1 Kor 11,2) die überlieferte Dreifaltigkeitsikonographie tiefer zu durchdringen.[25] Da bis auf den verborgen sich zeigenden „Herrn" die Identität der drei göttlichen Personen im Alten Testament nicht geoffenbart wurde, hatte Rubljov weder die Offenbarung der Dreifaltigkeit an sich noch deren innertrinitarische Hervorgänge oder deren Ratschluss zur Erlösung darzustellen, sondern das alttestamentliche Sinnbild des Besuches in Mamre behutsam für die neutestamentliche Erfüllung offenzuhalten. Um unter Wahrung des typologischen Charakters der alttestamentlichen Szene an den drei Engeln sowohl die 381 auf dem Konzil von Konstantinopel dogmatisierte Gleichheit des göttlichen Wesens als auch die Eigenheit der göttlichen Personen anschaulich machen zu können, wählte Rubljov den Weg, neben dem mittleren, den Sohn symbolisierenden Engel auch den beiden anderen Engeln ein unverwechselbares Antlitz zu verleihen. Dies gelang Rubljov in so behutsamer und stimmiger Weise, dass 1551 seine Dreifaltigkeitsikone kanonisiert wurde.[26]

Um die Wesensgleichheit der drei göttlichen Personen zu veranschaulichen, schloss sich Rubljov dem trinitarischen Typus an und stellte die drei Engel an Größe und Gestalt völlig gleich dar. Sie tragen mit dem Untergewand des Chiton und dem Obergewand der Chlamys die gleichen Gewänder, haben gleiche Flügel und Nimben, halten gleich gestaltete Botenstäbe in ihren Händen und sitzen auf gleichen Thronen, da sie eins sind in ihrer göttlichen Würde. Auch die kreisförmige Anordnung der Engel unterstreicht die Wesenseinheit der göttlichen Personen. Dagegen kommen die Eigenheiten der drei göttlichen Personen und ihre Beziehungen zueinander durch die Unterschiede in Haltung, Gestik, Mimik und Kleiderfärbung zum Ausdruck sowie durch die verschiedenen Formen, wie sich die Engel in ihre Gewänder hüllen.[27]

Bei Rubljov neigt sich nicht nur der mittlere Engel dem linken zu, wie schon zuvor auf der Vorgängerikone, sondern auch der rechte Engel. Der Blick des linken Engels zu seinem Gegenüber auf der rechten Seite ist ebenfalls ein neues Bildmotiv. Auf diese Weise schuf Rubljov Beziehungen zwischen den drei Engeln und lenkte dabei die Aufmerksamkeit auf den linken Engel, dem sich die beiden anderen zuneigen. So wird der hoch aufgerichtet sitzende linke Engel zum Sinnbild für die Quelle in der Gottheit, für den Vater, der sich allein durch den Sohn (vgl. Joh 1,18) und den Heiligen Geist (vgl. Joh 15,26) offenbart, selbst aber in unzugänglichem Licht wohnt (vgl. 1 Tim 6,16). Der für den Sohn stehende Mittelengel und der den Heiligen Geist symbolisierende rechte Engel neigen sich dem Vater als ihrem Ursprung zu. Mit diesem fein angedeuteten Beziehungsgeflecht vermochte Rubljov das heilsgeschichtlich Darstellbare zu veranschaulichen, nämlich die Selbstmitteilung des Vaters durch Sohn und Geist. Die Verborgenheit (vgl. Mt 6,6) und Unsichtbarkeit des Vaters (vgl. Joh 1,18; Kol 1,15) wird durch die blasspurpurne und mit Gold gehöhte Chlamys veranschaulicht, die seine Gestalt fast ganz einhüllt, so dass von seinem Chiton, der mit der azurblauen Himmelsfarbe auf seine Gottheit verweist, nur ganz wenig zu sehen ist. Das über dem linken Engel dargestellte Gebäude ist ein Sinnbild für die Wohnungen im Haus des Vaters, die Jesus seinen Jüngern verheißen hat (vgl. Joh 14,2–3).[28]

Der mittlere Engel trägt die für ihn charakteristische Kleidung, die ihn als Christus kennzeichnet, so dass Rubljov auf weitere christologische Hervorhebungen durch eine Inschrift oder einen Kreuznimbus mit der Umschrift „Der Seiende" verzichten konnte. Das Untergewand besteht aus einem dunkelpurpurnen Chiton mit zwei golddurchwirkten Streifen, wobei aber nur ein Clavus sichtbar ist, weil das Obergewand der azurblauen Chlamys so über die linke Schulter geschlungen ist, dass vom Chiton nur der rechte Arm frei bleibt. Die Gewandung zeigt den menschgewordenen Sohn in seiner heilsgeschichtlichen Gestalt als Christus. So trägt er als messianischer König das golddurchwirkte Purpurgewand als Untergewand auf seinem für das Heil der Welt hingegebenen Leib (vgl. Lk 22,19), während die azurblaue Himmelsfarbe seiner Chlamys auf die göttliche Herrlichkeit verweist, die er als Sohn des Vaters den Jüngern geoffenbart hat (vgl. Joh 1,14; 1 Joh 1,2). Das Erlösungsopfer Christi wird durch das Gefäß angedeutet, auf das der mittlere Engel zeigt. Es steht auf einem weißen Kubus, der sich durch die kleine rechteckige Öffnung als Altar erweist, da in einer solchen Nische auf der Ostseite des Altars die Reliquien und bisweilen auch die Eucharistie aufbewahrt wurden. Da sich die Nische auf der Ostseite des Altars befindet, nimmt der mittlere, für Christus stehende Engel die gleiche Stelle wie der nach Osten gewandte Priester bei der Eucharistiefeier ein. Das Gefäß auf dem Altar ist Kelch und Patene in einem und enthält den Kopf des geschlachteten Kalbes (vgl. Gen 18,7–8), das auf das Selbstopfer Christi vorausweist, so dass hier der Kelch des Leidens symbolisiert wird, den der menschgewordene Sohn zu trinken bereit ist (vgl. Mt 26,39; Mk 14,36; Lk 22,42). Der Kalbskopf war unter einem silbernen Lamm zum Vorschein gekommen, nachdem man ab 1904 begonnen hatte, die Ikone von Übermalungen zu befreien und spätere Metallverzierungen abzunehmen. Der sich in der Mitte des Hintergrundes erhebende Baum verweist auf den Paradiesbaum (vgl. Gen 2,9) und symbolisiert damit ebenfalls das Kreuzesopfer Christi, das in der Eucharistie gegenwärtig wird.[29] Nach der Adamslegende nahm sich der erste Mensch bei seiner Vertreibung aus dem Paradies (vgl. Gen 3,23–24) einen Apfel oder einen Schößling des Erkenntnisbaumes – am Lebensbaum konnte er sich ja nicht mehr vergreifen (vgl. Gen 3,22). Aus diesem paradiesischen Relikt sei dann später jener

Baum gewachsen, der als Kreuzesholz gedient habe. Somit habe Christus am Erkenntnisbaum, dessen Frucht einst zur Sünde führte, den Tod als Folge der Sünde besiegt und durch sein Kreuz den Erkenntnisbaum zum wahren Lebensbaum verwandelt. Die Frucht des zum Lebensbaum gewordenen Kreuzesstammes aber ist die Eucharistie, die auf Rubljovs Ikone durch die Kelchschale symbolisiert wird.

Die Veranschaulichung der göttlichen Person des Heiligen Geistes durch den rechten Engel erfolgt in sehr verhaltener Weise, da seine Eigenheit nur durch sein Wirken und seine heilsgeschichtliche Verbindung mit dem Vater und dem Sohn geoffenbart ist. Wie der mittlere Engel, so neigt sich auch der rechte dem Vater zu und macht dadurch deutlich, dass der Heilige Geist ebenso wie der Sohn vom Vater ausgeht (vgl. Joh 15,26). Während aber der Sohn das Obergewand so trägt, dass der rechte Arm frei bleibt, hat der Geist seine Chlamys auf eine Weise um die rechte Schulter geworfen, dass der linke Arm zum Vorschein kommt. Diese Unterscheidung spielt wohl auf die Lehre der frühen Kirchenväter an, wonach der Sohn und der Heilige Geist gleichsam die beiden Hände des Vaters sind, durch die er den Menschen nach seinem Ebenbild geschaffen hat (vgl. Gen 1,26–27).[30] Die Göttlichkeit des Heiligen Geistes, den der Sohn vom Vater als „anderen Beistand" gesandt hat (Joh 14,16), kommt beim rechten Engel durch das himmlische Azurblau des Chitons zum Ausdruck. Das zarte Grün seiner Chlamys symbolisiert den lebensspendenden Geist und erinnert an das Pfingstfest, an dem die Kirchen in Russland zum Zeichen für das neue Leben mit frischem Grün geschmückt werden. Auch der Boden, auf dem sich alle drei Gestalten befinden, ist von hellgrüner Farbe. Hinter dem rechten Engel ist im Hintergrund ein runder Bergfelsen dargestellt, der zunächst allgemein als Symbol für die durch den Heiligen Geist erneuerte Erde erscheint (vgl. Ps 104,30). Da der Fels nach dem Zeugnis früher Kopien einen heute nicht mehr erkennbaren Spalt aufwies, lässt er sich als jener Felsen in der Wüste deuten, den Mose gespalten hatte, um für die in der Wüste dürstenden Israeliten lebendiges Wasser hervorströmen zu lassen (vgl. Ex 17,6). Dieser Felsen wurde von Paulus auf Christus bezogen (vgl. 1 Kor 10,4), der nach dem Johannesevangelium die „Ströme von lebendigem Wasser" (Joh 7,38) auf den Heiligen Geist deutete, den alle empfangen sollten, die an den Sohn glauben (vgl. Joh 7,39). Dieser Schrifttext diente bereits zu Rubljovs Zeiten in der orthodoxen Kirche an Pfingsten als Festlesung und wird auch in der derzeitigen katholischen Leseordnung am Vorabend dieses Hochfestes verkündet (vgl. Joh 7,37–38). Der Spalt im Felsen erinnert auch an das Wasser, das neben dem Blut aus dem durchbohrten Herzen des Gekreuzigten geflossen ist (vgl. Joh 19,34), und deutet an, dass die lebensspendenden Ströme des Heiligen Geistes aus der geöffneten Seite Christi, des mystischen Felsens (vgl. 1 Kor 10,4), hervorquellen (vgl. Joh 19,34), wenn Jesus nach dem von ihm vollbrachten Paschamysterium „verherrlicht" sein wird (Joh 7,39).[31]

Wie die mit großer Zartheit ausgeführten Gesten und die Mimik der drei um den Altar versammelten Gestalten zeigen, sind Vater, Sohn und Heiliger Geist in ein wortloses Gespräch vertieft. Der Sohn neigt sich nach links und blickt den Vater an. Dabei weist er mit seiner ursprünglich bis auf den Zeigefinger geschlossenen rechten Hand – der heute sichtbare Segensgestus stellt eine spätere, bei den modernen Restaurierungen leider nicht rückgängig gemachte Übermalung dar[32] – auf den Kelch und zugleich über das Gefäß hinweg zum rechts sitzenden Heiligen Geist. Auch der Vater, der offenbar den Blick des Sohnes nicht erwidert, schaut zum Heiligen Geist hinüber und richtet seine segnend erhobene Rechte auf ihn. Der Heilige Geist neigt sich seinerseits dem Vater zu und lässt seine rechte Hand auf dem Altar ruhen. Der Inhalt dieses stummen Gesprächs der drei göttlichen Personen besteht in den im Johannesevangelium überlieferten Abschiedsreden Jesu, der sich zum Vater aufmacht, um dort den Jüngern die Wohnung zu bereiten (vgl. Joh 14,1–3) und ihnen nach seinem Erlösungswerk – also nach seiner „Verherrlichung" (vgl. Joh 19,17–18.30.34–35) – vom Vater her den Heiligen Geist zu senden (vgl. Joh 7,39), damit sie nicht als Waisen zurückbleiben (vgl. Joh 14,15–19). Durch den „anderen Beistand" (Joh 14,16) des Heiligen Geistes sollen sie zum Zeugnis für den Sohn befähigt werden (vgl. Joh 15,26–27; 16,12–15) und schließlich an jener Gemeinschaft teilhaben, die der Sohn mit seinem Vater hat (vgl. Joh 17,1–5.22–24). Die Bewegung zu diesem innertrinitarischen Gespräch geht vom Sohn aus, der auf seinen Leidenskelch und den Heiligen Geist zeigt und dabei bittend zum Vater schaut, damit dieser die durch das Opfer des Sohnes möglich gewordene Sendung des Beistandes vollziehe und so das Heilswerk des Sohnes vollende. Mit seiner zum Heiligen Geist hin erhobenen segnenden und sendenden Rechten und mit seinem Blick zeigt der Vater, dass er die Bitte des Sohnes erfüllt hat, während der Geist demütig bejahend das Haupt neigt und diese Zustimmung durch die Geste seiner rechten Hand unterstreicht, die sich behutsam auf den Altar senkt.[33]

Der besondere Akzent, den Rubljov mit seiner Dreifaltigkeitsikone setzen wollte, lag in der vom Vater ausgehenden und durch das Erlösungswerk des Sohnes ermöglichten Sendung des Heiligen Geistes, wie sie das Johannesevangelium beschreibt. Während die traditionelle Pfingstikone die Ausgießung der Kraft des Heiligen Geistes über die Jünger zeigte (vgl. Lk 24,49; Apg 1,8), ging es Rubljov um die Veranschaulichung des Personseins des Heiligen Geistes. Dies war nur möglich durch die ikonographische Orientierung an dem Bildtypus des Besuchs der drei Engel, der seit alters die Trinität symbolisierte, und durch die theologische Ausrichtung an den johanneischen Abschiedsreden, in denen Jesus den Heiligen Geist als geheimnisvolle göttliche Person offenbart, um ihn nach vollbrachtem Heilswerk der

Kirche als bleibenden Beistand vom Vater zu senden. Rubljov schuf erstmals eine Dreifaltigkeitsikone, auf der die drei göttlichen Personen in ihrer heilsgeschichtlich geoffenbarten Beziehung dargestellt sind, die vom Vater ausgeht, durch den Sohn ermöglicht wird und im Heiligen Geist erfolgt. Damit entwickelte Rubljov sowohl den soteriologischen Aspekt des christologischen Bildtypus als auch die durch den trinitarischen Typus akzentuierte Einheit der göttlichen Wesenheit weiter, um durch die Darstellung des Beziehungsgeflechtes der drei göttlichen Personen die spirituelle Dimension des allumfassenden Segens der Trinität in den Mittelpunkt zu stellen. Letztlich ging es Rubljov um die Veranschaulichung der gnadenhaften Teilnahme des Gläubigen am Leben des dreifaltigen Gottes, die nach ostkirchlicher Tradition über die personale Einwohnung des Heiligen Geistes erfolgt,[34] so wie es Sergius von Radonesch beispielhaft vorgelebt hatte, in dessen spirituellem Ausstrahlungsbereich die Ikone entstanden war.[35]

Der gläubige Betrachter der Ikone vermag das heilsgeschichtliche Wirken des dreifaltigen Gottes wahrzunehmen. Er sieht den Vater, der durch die beiden „Hände" des Sohnes und des Heiligen Geistes den Menschen geschaffen (vgl. Gen 1,26–27) und ihm nach dem Sündenfall seinen Sohn gesandt hat. Der menschgewordene Sohn ist durch sein Erlösungsopfer zum Urheber des Heils geworden (vgl. Hebr 2,10) und hat damit die Freisetzung des bleibenden Beistandes (vgl. Joh 14,16) vom Vater ermöglicht (vgl. Joh 7,39; 19,34), damit der Heilige Geist die Kirche in die ganze durch den Sohn geoffenbarte Wahrheit einführe und das Heilswerk bis zur Wiederkunft Christi fortführe. Der Betrachter schaut auf den bittenden Sohn, er sieht den Vater, der diese Bitte erfüllt, und erblickt schließlich den zustimmenden Heiligen Geist. Im Leidenskelch auf dem Altar wird das Erlösungsopfer des Sohnes anschaulich, das in der Kraft des Heiligen Geistes in der Eucharistie für die Gläubigen heilsstiftende Gegenwart wird. Wer aber den Geist empfangen hat, der vom Vater ausgeht und durch den Sohn gesandt wird, der wird zum Tempel des Heiligen Geistes (vgl. 1 Kor 6,19) und zur Wohnung der untrennbaren Dreifaltigkeit. Er vermag ein geisterfülltes, im Vater verborgenes Leben mit Christus zu führen (vgl. Kol 3,3)[36] und darf sich, erfüllt vom Heiligen Geist, als angenommener Sohn des Vaters begreifen, so wie es die zweite Lesung des Dreifaltigkeitssonntags den Gläubigen ans Herz legt (vgl. Röm 8,14–17).

Die Eucharistie als Lebensbrunnen

Fronleichnam – Hochfest des Leibes und Blutes Christi
Evangelium: Mk 14,12–16.22–26

„Das ist mein Leib."
Mk 14,22

Das Fronleichnamsfest war 1264 als „festum corporis Christi", als „Fest des Leibes Christi", für die ganze Kirche eingeführt worden, um die Gegenwart Christi in der Eucharistie zu ehren. Wie der uralte Brauch zeigt, den in der Eucharistiefeier Abwesenden durch die Diakone das eucharistische Brot zu überbringen,[1] war die Kirche von Anfang an vom Glauben erfüllt, dass die Gegenwart Christi in den Gaben der Eucharistie auch über den Gottesdienst hinaus fortdauert. Dieser Glaube gründet in den Einsetzungsworten Jesu, der beim Abendmahl sein Kreuzesopfer vorweggenommen und in Brot und Wein hineingestiftet hat, so dass er selbst in diesen Gaben gegenwärtig ist. Auch im Markusevangelium, dem das Evangelium des Fronleichnamsfestes entnommen ist, kommt diese Wahrheit in den über Brot und Wein gesprochenen Worten Jesu: „[…] das ist mein Leib. […] Das ist mein Blut" (Mk 14,22.24), deutlich zum Ausdruck.

Um die eucharistische Gegenwart Christi zu erklären, hatte 1215 das Vierte Laterankonzil den Begriff der Transsubstantiation verwendet. Demnach wandle sich bei der Konsekration in der Eucharistiefeier das unsichtbare, innere Wesen (substantia) von Brot und Wein in Christus, während die äußere Erscheinungsform (accidens) unverändert bleibt.[2] Durch diese Lehre wurde die anbetende Schau der wesensverwandelten Hostie immer mehr zu einem Kristallisationspunkt der mittelalterlichen Frömmigkeit. Die Schau des Leibes Christi, der in der Monstranz auch in Prozessionen mitgetragen wurde, entwickelte sich zu einer faszinierenden Erfahrung der Gegenwart Christi, die schließlich zur Einführung des Fronleichnamsfestes führte, das 1246 crstmals in Lüttich begangen wurde. Durch die große Verehrung der eucharistischen Gegenwart Christi war man im Spätmittelalter für den ehrfurchtsvollen

Umgang mit der Hostie so sehr sensibilisert, dass sich auch Erzählungen über Hostienwunder, Hostienfrevel und angebliche Hostienschändungen durch Juden häuften.[3] So verwundert es nicht, dass auf einem um 1428 entstandenen und heute im Madrider Prado aufbewahrten altniederländischen Tafelbild sowohl Hostien zu sehen sind, die in einem Brunnen schwimmen, als auch Juden, die sich dem christlichen Mysterium der Eucharistie widersetzen.

DIE MADRIDER TAFEL, DIE ALS EUCHARISTISCHE ALLEGORIE einen Lebensbrunnen zeigt, befand sich im Besitz des kastilischen Königs Heinrichs IV. (reg. 1454–1474), der sie 1459 dem damals in Segovia neu errichteten Hieronymitenkloster Nuestra Señora del Parral schenkte.[4] Sie gleicht der Innenseite des um 1430/35 durch den altniederländischen Meister Jan van Eyck (um 1390–1441) geschaffenen Genter Altarretabels. Zu den Gemeinsamkeiten zwischen dem Genter Altar und der Madrider Tafel gehören vor allem der Lebensbrunnen im unteren Bereich sowie die darüber dargestellten musizierenden Engel und die Gruppe um den thronenden Christus. Angesichts der gegenüber dem Meisterwerk des Genter Altars geringeren künstlerischen Qualität war die Forschung lange Zeit davon ausgegangen, die Madrider Tafel sei entweder eine Werkstattkopie eines durch Jan van Eyck noch vor seinem Genter Retabel gemalten verlorenen Originals[5] oder ein vom Genter Altar abhängiges und nach dem Tod des Meisters entstandenes Schülerwerk.[6] Wie eine mittlerweile durchgeführte dendrochronologische Untersuchung ergab, dürfte die Madrider Tafel aber bereits um 1428 angefertigt worden sein,[7] was auch durch stilistische und kostümkundliche Details gestützt wird. Da das Gemälde wegen seiner zahlreich veränderten Vorzeichnungen nicht als Kopie betrachtet werden kann,[8] wird man von einem Originalgemälde ausgehen, das Jan van Eyck noch vor dem Genter Altar entworfen und vielleicht unter der Mithilfe von Werkstattgehilfen ausgeführt hatte, womöglich noch vor der Diplomatenreise, die der Maler von August 1428 bis Ende 1429 nach Spanien und Portugal unternahm,[9] oder kurz nach seiner Rückkehr um 1430.[10] Nachdem Jan van Eyck ab 1422 als Hofmaler des Herzogs Johann III. von Straubing-Holland (reg. 1417–1425) gewirkt hatte, war er nach dessen Tod in den Dienst des Burgunderherzogs Philipp des Guten (reg. 1419–1467) getreten, für den er nicht nur künstlerisch, sondern auch diplomatisch tätig war. Als hochgeachteter Maler ließ sich Jan van Eyck 1431 in Brügge nieder, wo er am 9. Juli 1441 starb. Er hatte die Technik der Ölmalerei revolutioniert und dabei durch seine Feinmalerei einen neuen realistischen

Jan van Eyck, Der Lebensbrunnen, um 1428, Öl auf Holz, 181 × 119 cm, Madrid, Museo Nacional del Prado.

Stil begründet, bei dem die naturalistischen Details auch zu Trägern verborgener theologischer Botschaften wurden.[11]

In seinem allegorischen Lehrbild über die Eucharistie im Madrider Prado gelang Jan van Eyck noch vor dem Genter Altar eine frühe Bildfindung, in der die apokalyptische Vision vom „Wasser des Lebens", das „vom Thron Gottes und des Lammes" ausgeht (Offb 22,1), im Bild des Lebensbrunnens (vgl. Offb 7,17; Hld 4,15) mit dem lebenspendenden und über den Alten Bund triumphierenden Altarsakrament verbunden wurde. Nachdem man in der frühchristlichen Kunst den Paradiesbrunnen als Sinnbild für die in der Apokalypse beschriebene Seligkeit des Himmels dargestellt hatte, wandelte er sich im Mittelalter zum Brunnen der Gnade, den Christus gerade durch sein Kreuzesopfer eröffnet hat, das in der Eucharistie Gegenwart wird und die Gläubigen zum Wasser des ewigen Lebens führt.[12] So kam es Ende des 14. Jahrhunderts zur Darstellung des Lebensbrunnens, in dem Hostien schwimmen. Um diesen eucharistischen Lebensbrunnen mit dem Brot des Lebens wurden die Christgläubigen gezeigt, die sich in Abgrenzung vom Alten Bund versammelt haben. Schließlich verband sich diese Bildvorstellung mit dem apokalyptischen Thema des Lebenswassers, wie auch die Madrider Tafel zeigt.[13]

Das hochformatige, fast zwei Meter hohe Gemälde gliedert sich vor einer mächtigen gotischen Architekturkulisse in drei Ebenen. In der oberen Ebene wird die Mitte durch die gotische Phantasiearchitektur einer Ädikula gebildet, deren stark überhöhte Bekrönung einem geschnitzten Altargesprenge gleicht und die mit ihren Fialen in den blauen Himmelsgrund hinaufwächst.[14] Die mit Propheten- und Apostelstatuen gezierte Ädikula bildet einen monumentalen Baldachin für Christus, der mit Zepter und Kaiserkrone auf einem mit Brokatstoff hinterfangenen Thron sitzt. Das bärtige Gesicht Christi entspricht dem traditionellen Typus des wahren Antlitzes des Erlösers (vera effigies). Die rote Farbe seines Untergewandes und Pluviales erinnert an den herrschaftlichen Purpur und damit an die königlich-richterliche Gewalt Christi. Seine rechte Hand hat er im lateinischen Segensgestus erhoben.

Der Thron zeigt zu beiden Seiten die in der Apokalypse erwähnten geflügelten vier Lebewesen (vgl. Offb 4,7), die hier als Steinskulpturen dargestellt sind und die vier Evangelien symbolisieren. Auf der linken Seite ist unten der Löwe zu sehen, der sich auf das Markusevangelium bezieht, das zu Beginn von der Stimme Johannes' des Täufers, des in der Wüste „brüllenden" Wegbereiters, berichtet (vgl. Mk 1,3). Darüber bezeichnet der einem Engel gleichende Mensch das Matthäusevangelium, das durch den Stammbaum Jesu eingeleitet wird (vgl. Mt 1,1–2). Rechts oben erscheint der Adler des Evangelisten Johannes, der Adlerschwingen erhalten habe, um sich zu Höherem emporzuschwingen. Rechts unten ist der Stier als Sinnbild für das Lukasevangelium dargestellt, das mit dem Opfer des Zacharias beginnt (vgl. Lk 1,9).[15] Die vier Lebewesen betonen aber auch den apokalyptischen Kontext des Bildes und verweisen auf die in der Offenbarung des Johannes geschilderte Vision vom Thron Gottes, wo Gott von den Wesen umgeben wird: „Das erste Lebewesen glich einem Löwen, das zweite einem Stier, das dritte sah aus wie ein Mensch, das vierte glich einem fliegenden Adler" (Offb 4,7).[16]

Links und rechts wird die Ädikula von einem Mauervorsprung flankiert, der mit einem roten Brokatvorhang geschmückt ist. Davor sitzen Maria und Johannes der Evangelist, die in Abwandlung einer Deesis den thronenden Christus umgeben. Um die apokalyptische Thematik zu unterstreichen, hat der Maler dem Evangelisten Johannes den Vorzug vor dem sonst in einer Deesis üblichen Johannes dem Täufer gegeben. Der jugendlich bartlose Evangelist ist ganz in grüne Kleider gehüllt und schreibt mit seiner Rechten in ein offen auf seinen Knien ausgebreitetes Buch, womit er als Verfasser der Apokalypse ausgewiesen wird. Maria trägt langes goldblondes Haar und ist in die Lektüre der Heiligen Schrift vertieft. Die Himmelsfarbe ihrer blauen Gewandung zeigt Maria als Stern des Meeres und als Königin des Himmels, dürfte aber auch an die Bundeslade als ihr alttestamentliches Vorausbild anspielen, die während der Wüstenwanderung der Israeliten ebenfalls mit einem blauen Tuch abgedeckt war (vgl. Num 4,5–6). Bei den Kleidern, in die Maria, Christus und Johannes der Evangelist gehüllt sind, fällt auf, dass sie gegenüber den prächtigen, mit Edelsteinen und Goldborten verzierten Gewändern der drei Deesis-Figuren des später entstandenen Genter Altars noch ganz schmucklos sind.

Zu Füßen Christi liegt auf der steinernen Plattform der Ädikula das apokalyptische Lamm, das von der oberen zur mittleren Bildebene überleitet. Unter dem Lamm ergießt sich aus einer halbrunden Öffnung im Unterbau ein kleiner Fluss, der über eine Wiese fließt und das „Wasser des Lebens" (Offb 21,6; 22,1) veranschaulicht, das nach der Apokalypse „vom Thron Gottes und des Lammes" ausgeht (Offb 22,1). Die Wiese, durch die der Strom fließt, ist als Paradieslandschaft zu deuten, da nach der Offenbarung des Johannes das ewige Paradies nicht nur als himmlische Stadt (vgl. Offb 21,10), sondern auch als freiräumliche Uferlandschaft erscheint (vgl. Offb 22,1–2). Durch diese Paradieslandschaft fließt der heilbringende Strom, der zahlreiche auf der Wasseroberfläche schwimmende Hostien mit sich führt und damit die Eucharistie als lebensspendendes Unterpfand der ewigen Seligkeit ausweist.[17] Das direkt über dem Quell des Lebenswassers lagernde apokalyptische Opferlamm bringt den eucharistischen Gedanken zum Ausdruck, dass das Wasser des Lebens aus dem Blut des Lammes hervorgeht,[18] so dass die Eucharistie, in der sich das Erlösungsopfer vergegenwärtigt, zu einem lebensspendenden, das Brot des Lebens mit sich führenden Strom wird.

Die mittlere Ebene mit dem ewigen Paradies wird von flügellosen Engeln[19] bevölkert. In den Untergeschossen der beiden etwas altertümlich wirkenden Seitentürme sind Engel zu sehen, von denen einige singen. In der Wiese zu beiden Seiten des Lebensstromes lagern sechs musizierende Engel mit ihren Musikinstrumenten. Links ist ein Engel mit einem Orgelpositiv zu sehen, dahinter zwei Engel mit Streichinstrumenten. Auf der rechten Seite musizieren zwei Engel auf einer Zither und einer Laute. Der dritte Engel spielt auf der Harfe, die wegen ihrer sanften Klänge als Himmelsinstrument gilt und in der Apokalypse als einziges Musikinstrument besondere Erwähnung findet (vgl. Offb 5,8; 14,2; 15,2). Während die Musikengel auf dem etwas späteren Genter Altar prachtvoll gekleidet sind, tragen sie auf der Madrider Tafel noch einfarbige, tunikaähnliche Gewänder, wie sie in der Spätgotik üblich waren.

In der Mitte einer mächtigen Mauer, die den mittleren Bereich von der unteren Ebene deutlich abtrennt, befindet sich ein achteckiger Wandbrunnen, der mit einem gotischen Baldachin mit hohem Gesprenge verziert ist. Die Architektur ist als Außenmauer des Paradieses aufzufassen, die sich an jener Stelle öffnet, an der das Wasser des Lebens in ein Becken fließt, das den Bachlauf mit dem Lebensquell aufnimmt und damit auf den lebenspendenden Brunnen (fons) der Apokalypse (vgl. Offb 7,17) verweist. Dieser Lebensbrunnen wird mit dem vom Thron Gottes und vom Lamm ausgehenden Strom (fluvius) des lebendigen Wassers (vgl. Offb 22,1) gleichgesetzt und erweist sich als eucharistischer Brunnen, da er ebenfalls mit Wasser und Hostien gefüllt ist. Der Brunnen erscheint somit als Gefäß, das Christus enthält, so wie auch Maria zum Gefäß des menschgewordenen Sohnes Gottes geworden ist.[20] Die oktogonale Form des Brunnenbeckens erinnert an die achteckigen Taufbecken und damit an die Auferstehung Christi am ersten Wochentag, der als achter Tag nach den sieben Schöpfungstagen (vgl. Gen 2,3) für die neue, mit der Taufe anhebende Heilszeit steht.[21] Die Achteckform des Lebensbrunnens verweist auf die in der Taufe grundgelegte und durch die Eucharistie genährte Gnade des ewigen Lebens.

Ein im Untergeschoss des rechten Seitenturmes stehender Engel zeigt mit seiner rechten Hand auf den Lebensbrunnen und hält dabei in seiner Linken ein Spruchband, auf dem in gotischen Minuskeln das nach der lateinischen Bibelübersetzung der Vulgata zitierte Schriftwort des alttestamentlichen Hohenliedes zu lesen ist: „fons [h]ortor[um] pute[us] aquar[um] viventium" (Ct 4,15 Vulgata). Dieser Vers, der von der „Quelle des Gartens" und dem „Brunnen lebendigen Wassers" (Hld 4,15) spricht, ist hier auf Christus und das durch ihn geschenkte ewige Leben zu beziehen, das durch die Eucharistie vermittelt wird.[22] Dabei kommt gerade der Kirche die Aufgabe zu, dieses Gnadenmittel Christi zu verteilen, was durch die priesterlich gekreuzte Stola angedeutet wird, die der Engel mit dem Spruchband trägt.

Dass die Kirche die Vermittlerin des Heils ist, zeigt sich deutlich in den beiden unterschiedlich dargestellten Gruppen der Ecclesia und der Synagoge, die sich zu beiden Seiten des Brunnens gleichsam im Disput über das eucharistische Mysterium gegenüberstehen,[23] so dass man das Madrider Tafelbild nicht nur als „Lebensbrunnen", sondern auch als „Triumph der Ecclesia über die Synagoge" bezeichnet hat.

Auf der linken Seite ist die Gemeinschaft der Christenheit mit ihren geistlichen und weltlichen Vertretern dargestellt. Die teilweise zeitgenössisch gekleideten Männer sind zur Rechten des Lebensbrunnens versammelt. Sie blicken andächtig auf die im Becken schwimmenden Hostien und sehen sich in ihrem eucharistischen Glauben bestätigt. Dem Lebensbrunnen mit den Hostien am nächsten steht ein Papst, der mit einem roten Pluviale bekleidet ist und seine Hände in weiße, mit einem kleinen roten Kreuz verzierte Pontifikalhandschuhe gehüllt hat. Er trägt die dreistufige Papstkrone, die Tiara, und hält in seiner linken Hand einen Kreuzstab mit einer zweigeteilten Flagge, die an die Siegesfahne erinnert, die dem Auferstandenen auf Osterbildern beigegeben ist. Mit seiner Rechten zeigt er auf die im achteckigen Becken des eucharistischen Brunnens schwimmenden Hostien. Er hat sich ein wenig zu seinen Begleitern herumgewendet und bestätigt mit seiner Geste den Glauben der Kirche an die Realpräsenz des wesensverwandelten eucharistischen Brotes. Hinter ihm sind als Vertreter des geistlichen Standes ein Kardinal mit rotem Hut, ein Bischof mit Mitra und Pedum, ein schwarz gekleideter Theologe und ein tonsurierter Ordensmann dargestellt. In der vorderen Reihe sind kniend und anbetend die Vertreter der weltlichen Stände zu sehen. Sie werden vom Kaiser angeführt, der als würdiger, weißhaariger Greis mit Krone und weitem Mantel vor dem Lebensbrunnen mit anbetend erhobenen Händen kniet. In derselben Körperhaltung ist hinter ihm ein gekrönter König zu sehen, der über seinem Mantel mit einem Hermelinkragen bekleidet ist. Es folgt ein Edelmann, der den für die damalige Zeit typischen schwarzen, breitkrempigen Hut trägt. Davor kniet ein Mann mit Pelzmütze, der über seinem roten Mantel die Collane eines burgundischen Ordens trägt.[24] Hinter ihm ist ein weiterer kniender Mann mit gefalteten Händen zu sehen. Am linken Bildrand steht ein ganz in Schwarz gekleideter Mann, der mit seinem sehr plastisch modellierten Gesicht und mit dem Bourrelet, einer in die Zeit nach 1440 weisenden Kopfbedeckung, vielleicht etwas später ausgeführt oder übermalt wurde.[25]

Entsprechend der Vorstellung vom Gegensatz der beiden Testamente ist zur Linken des eucharistischen Brunnens die Gruppe der Juden dargestellt, die von einem Hohenpriester angeführt wird. Er trägt eine mitraähnliche Kopfbedeckung und über einem weißen Leibrock ein purpurviolettes Obergewand mit weißem Gürtel und dem Efod mit den Lossteinen (vgl. Ex 28). Zum Zeichen des Nichterkennens Christi und seiner eucharistischen Gegenwart sind seine Augen mit einer Binde verhüllt. Im Unterschied zur Siegesfahne des Papstes ist die Fahne mit den hebräischen Buchstaben, die der Hohepriester in seiner rechten Hand hält, zerbrochen. Sie stürzt gerade auf einen weiteren Juden herab, der seine Hände verzweifelt erhoben hat. Rechts davon hält sich ein anderer Jude die Ohren vor der neutestamentlichen Botschaft zu. Zwei weitere Juden sind mit einer offenen Schriftrolle dargestellt. Während der linke Jude, der die Schriftrolle hält, sich mit verhärtetem Gesichtsausdruck herumwendet, zerreißt neben ihm ein anderer Jude mit entsetzter Miene gerade sein Gewand. Darunter stürzen zwei Juden mit bizarr verdrehten Körpern wie von einer unsichtbaren Macht getroffen zu Boden. Am rechten Bildrand haben sich drei Juden schon ganz abgewendet. Die Gebärden der Juden verweisen sowohl auf verhärtetes Entsetzen und Gleichgültigkeit als auch auf Verzweiflung, weil sie angesichts der Heilszeit des Neuen Bundes erkennen müssen, dass sie den prophetischen, auf Christus vorausweisenden Worten der Heiligen Schrift nicht gefolgt sind. Neben dem Hohenpriester fällt ein Israelit mit spitzem Judenhut auf, der sich auf eine mächtige Schriftrolle mit hebräischen Schriftzeichen in seinen Händen stützt. Dieser hat offenbar seinen Irrtum eingesehen und richtet als einziger der Juden seinen Blick auf den Lebensbrunnen mit dem eucharistisch gegenwärtigen Christus. Auch wenn der selbst blinde Hohepriester noch versucht, ihn mit der linken Hand von der Verehrung Christi abzuhalten, so hat er nicht mehr verhindern können, dass dieser bereits anbetend auf die Knie gefallen ist. Die tiefgrüne Farbe seines Obergewandes bringt nun die Hoffnung zum Ausdruck, die ihn angesichts seiner Erkenntnis erfüllt.

Jan van Eycks frühe Madrider Tafel mit dem Lebensbrunnen stellt eine bemerkenswerte Bildfindung dar, die vom Erkennen der Eucharistie als Heilsmittel handelt, das Christus selbst enthält und das der Kirche zur Ausspendung anvertraut ist. Da dieses Gemälde kein Altarbild war, sondern als allegorisches Lehrbild diente, mussten die Hostien auch innerbildlich deutlich in Erscheinung treten, während dies im späteren Genter Altarretabel angesichts des dort im Tabernakel aufbewahrten und in der Monstranz ausgesetzten eucharistischen Lebensbrotes nicht mehr notwendig war. Im Madrider Gemälde übernahm die abgrenzende Mauer in der unteren Bildebene die Aufgabe, den gläubigen Betrachter auf seine irdische Situation und damit auf seine Zugehörigkeit zur heilsvermittelnden Gemeinschaft der Kirche hinzuweisen. Als Allegorie für das Behältnis der Eucharistie sollte der Lebensbrunnen den Betrachter daran erinnern, dass in jedem Tabernakel auf den Altären der Kirche das wesensverwandelte eucharistische Brot zur Anbetung aufbewahrt ist.[26] So ging es für den Gläubigen darum, es dem einen knienden Juden und den anbetenden Vertretern der Christenheit gleichzutun und ebenfalls die Orte des Altarsakramentes aufzusuchen, um den eucharistischen Christus zu verehren, sei es im Tabernakel, in der Eucharistiefeier oder in der Schau der am Fronleichnamsfest feierlich in der Monstranz ausgesetzten Hostie.

Die Blutspende aus dem Herzen Jesu

Heiligstes Herz Jesu. Evangelium: Joh 19,31–37

*„Einer der Soldaten stieß mit der Lanze in seine Seite,
und sogleich floss Blut und Wasser heraus."*
Joh 19,34

Das Hochfest des Heiligsten Herzens Jesu geht auf die im Johannesevangelium berichtete Öffnung der Seite des gekreuzigten Christus zurück (vgl. Joh 19,34), die auch im Mittelpunkt des Festtagsevangeliums steht. Obwohl der Lanzenstich des römischen Soldaten nur sicherstellen sollte, dass der Tod Jesu wirklich eingetreten war, sah der hinter dem Johannesevangelium stehende Augenzeuge in dem aus der Seite des Gekreuzigten hervorquellenden Blut und Wasser ein Bild für die Heilsgaben, die der am Kreuz „erhöhte" Herr an seine Kirche verströmt. So hatte es der Jünger, den Jesus liebte (vgl. Joh 19,26), gesehen und bezeugt, damit die Menschen zum Glauben an das Heil Christi gelangen (vgl. Joh 19,35), der „im Wasser und im Blut" gekommen ist (1 Joh 5,6), indem das „Wasser" des göttlichen Heils im „Blut" des Kreuzes wirksam wird. Während das Wasser aus dem Herzen Jesu die vom Erhöhten ausgehende Heilsgabe des ewigen Lebens und des Geistes symbolisierte (vgl. Joh 7,38–39), sah man im Blut die erlösende Heilskraft des Kreuzesopfers Jesu versinnbildlicht (vgl. 1 Joh 1,7). Folgerichtig deuteten dann die Kirchenväter Wasser und Blut auf die Sakramente der Kirche, durch die Christus seine Heilsgaben spendet. Demnach bezeichnet das Wasser die Taufe, durch die das ewige Leben verliehen wird, und das Blut die Eucharistie, in der das Kreuzesopfer Jesu sakramentale Gegenwart wird.[1]

Wegen seines eucharistischen Inhaltes regte das Motiv der Blutspende des Gekreuzigten besonders die mittelalterliche Kunst an, die in diesem Zusammenhang auch den Bildtypus des mystischen Keltertreters hervorbrachte. Das sich im 12. Jahrhundert im deutschen Sprachraum ausbildende Motiv zeigt Christus, wie er in einer

Weinkelter gleichsam ausgepresst wird, um sein kostbares Erlöserblut in den Gnadenbrunnen seiner Kirche hineinzuverströmen.[2]

Das christliche Keltermotiv wurzelt im jesajanischen Gotteswort: „Ich allein trat die Kelter" (Jes 63,3), in dem der Sieg Gottes über die Feinde Israels geschildert wird, die in der Kelter Gottes zertreten werden, so dass das Gewand des Keltertreters rot vom gepressten Wein geworden ist (vgl. Jes 63,1–4). Die Kirchenväter deuteten dieses prohetische Wort auf den am Kreuz in seinem Erlöserblut über den Tod triumphierenden Christus und verbanden es mit dem apokalyptischen Sieger, der mit blutgetränktem Kleid (vgl. Offb 19,13) die „Kelter des Weines, des rächenden Zornes Gottes" tritt (Offb 19,15).[3] Mit dieser jesajanischen Prophetie verband erstmals Tertullian (geb. um 160, gest. nach 220) den Segen des Jakob über seinen Sohn Juda, der sein Kleid in Wein und Traubenblut waschen wird (vgl. Gen 49,11) und damit auf seinen Nachkommen Christus vorausweist, dessen Blut in der Kelter ausgepresst und in der Eucharistie gegenwärtig wird.[4] Seit Clemens von Alexandrien (geb. um 150, gest. um 215) sahen die Kirchenväter und auch die mittelalterlichen Theologen im Wein ein Sinnbild für das Erlöserblut (vgl. Gen 49,11)[5] sowie in der ausgepressten Traube (vgl. Num 13,24) ein Symbol für Christus und dessen eucharistisches Blut.[6] Dabei ist der Keltertreter gleichzeitig aktiv (vgl. Jes 63,3) und als ausgepresste Traube passiv, wie Gregor der Große (reg. 590–604) hervorhob: „Allein nämlich hat er die Kelter, in der er selbst ausgepresst wurde, getreten,[7] da er aus eigener Kraft das Leiden auf sich nahm und besiegte."[8] Im 12. Jahrhundert formulierte der Benediktinerabt Rupert von Deutz (um 1070–1129) in seinem Jesajakommentar in prägnanter Weise: „Beim Todesleiden, von dem hier gesprochen wird, ist es derselbe, der keltert und ausgepresst wird."[9]

Als im Spätmittelalter die Verehrung des Altarsakramentes mächtig aufblühte, entwickelte sich gegen Ende des 15. Jahrhunderts auch das Bildmotiv des als Schmerzensmann in der Kelter ausgepressten Christus immer mehr zu einer eucharistischen Darstellung, nicht zuletzt durch die Hervorhebung des Kelches, mit dem das Blut aus dem geöffneten Herzen Christi aufgefangen wird.[10] Mit der Betonung des Blutes bei der Darstellung des mystischen Keltertreters sollte dem gläubigen Betrachter die Wesensverwandlung der Weinsubstanz in das Blut Christi während des eucharistischen Messopfers anschaulich gemacht werden.[11] Ab dem 16. Jahrhundert hatte in der Zeit der katholischen Erneuerung die Darstellung des unter den Sünden der Menschen leidenden und sein Blut in den eucharistischen Kelch opfernden Erlösers neue Impulse erhalten.[12] In dieser Tradition steht auch ein kleines barockes Ölgemälde in der Regensburger Klosterkirche Heilig Kreuz, das die Blutspende des mystischen Keltertreters in schlicht belehrender Weise vor Augen führt.

Unbekannter Maler, Christus als Keltertreter, um 1660/90, Öl auf Leinwand, 57 × 69,5 cm, Regensburg, Dominikanerinnenkloster Heilig Kreuz.

Das etwas mehr als einen halben Meter breite ovale Ölbild befindet sich an der Südwand des Chorraumes der Kirche des Regensburger Dominikanerinnenklosters Heilig Kreuz, das seit seiner Gründung im Jahr 1233 ununterbrochen besteht.[13] Die beispielsweise bei den Engeln und Putten auftretenden spätmanieristischen Züge legen eine Datierung des unsignierten Bildes in die zweite Hälfte des 17. Jahrhunderts nahe.[14]

Im Bildhintergrund ist eine Landschaft zu sehen, die sich zum gebirgigen Horizont hin aufhellt und dort einen lichten atmosphärischen Himmelsstreifen bildet. Zu beiden Seiten sind Weinberge zu sehen, die auf die Kirche als Weinberg Gottes (vgl. Jes 5,1; 27,2–5; Mt 21,33–46) und auf die Verbundenheit der Gläubigen mit dem wahren Weinstock Christus (vgl. Joh 15,1.5) anspielen.[15] Inmitten der Weinberge steht in einem Steintrog die Gestalt Christi, der unter die kreuzförmigen Balken einer Weinkelter mit zwei mächtigen hölzernen Schraubzwingen gespannt ist.

Links über Jesus schwebt Gottvater über einem dunklen Gewölk, in das von oben her ein goldgelber Glorienschein hereinbricht. Die Gestalt Gottvaters trägt nach den Visionen des Propheten Daniel die seit dem 14. Jahrhundert in der abendländischen Kunst üblichen Gesichtszüge des „Hochbetagten" (vgl. Dan 7,9) mit ungeteiltem Bart.[16] Der gleichseitige Dreiecksnimbus über seinem Haupt war in der mittelalterlichen Ikonographie das wichtigste Kennzeichen der göttlichen Personen und wurde besonders Gottvater zugeeignet.[17] Die Himmelsfarbe seines hellblauen Gewandes verweist auf seine Gottheit, die er mit dem Sohn gemeinsam hat. Die rötliche Farbe des hinter ihm flatternden Mantels dürfte an die übergroße Liebe des Vaters erinnern, mit der er seinen Sohn dahingegeben hat (vgl. Joh 3,16). Mit seiner Rechten dreht der Vater die Schraube der Kelter, die seinen Sohn unter den Balken nach unten drückt. Damit wird deutlich, dass es Gottes Wille war, die Menschen „nicht um einen vergänglichen Preis" loszukaufen, „sondern mit dem kostbaren Blut Christi, des Lammes ohne Fehl und Makel" (1 Petr 1,18–19).

Am oberen Bildrand schwebt in der von zahlreichen Engelsköpfen bevölkerten Gloriole die Taube des Heiligen Geistes, auf die Gottvater mit seiner linken Hand zeigt. Die von der Geisttaube ausgehenden Strahlen treffen das Haupt des menschgewordenen Gottessohnes und erinnern von der Bildkomposition her an Darstellungen der Taufe Jesu, bei der sich der Himmel öffnete und der Heilige Geist in Gestalt einer Taube auf den Sohn herabkam (vgl. Mk 1,10). Mit einer Taufe hatte auch Jesus selbst seine bevorstehende Passion bezeichnet: „Ich muss mit einer Taufe getauft werden, und ich bin sehr bedrückt, solange sie noch nicht vollzogen ist" (Lk 12,50). Auch die auf seinen Sohn herabschauende Gestalt Gottvaters lässt sich mit der Taufe in Verbindung bringen, da es die Stimme des Vaters war, die den zur Erfüllung des göttlichen Willens bereiten und in den „Sündenfluten" des Jordan stehenden Jesus als seinen geliebten Sohn geoffenbart hatte (vgl. Mk 1,10–11). So zeigt die Darstellung der drei göttlichen Personen, dass die Erlösung ihren Ursprung in der Liebe des dreifaltigen Gottes hat, denn der Sohn hat am Kreuz sein Blut im Gehorsam zu seinem Vater und in der Liebe des Heiligen Geistes vergossen.

Die Gestalt Christi erinnert an den Bildtypus des mittelalterlichen Schmerzensmannes, der als Lebender im Grab steht und zugleich die Wunden seines Erlösertodes trägt.[18] Dabei ist Jesus so in die Kelter gespannt, dass er die kreuzförmigen Balken der Weinpresse mit seinen beiden Händen wie ein auf seinen Schultern lastendes Kreuz trägt. Der unter dieser Kreuzeslast niedergedrückte Christus ist mit einem weißen Lendentuch bekleidet und hat um seine rechte Schulter einen wallenden Mantel geschlungen, der mit seiner blauen Himmelsfarbe auf die göttliche Natur Jesu verweist. Seine Menschheit wird durch die Leidensmotive und die sich kontrastreich vom Blau des Gewandes abhebenden roten Blutströme hervorgehoben. Auf dem verschatteten und von einem zarten Lichtkranz umspielten Haupt des bärtigen Schmerzensmannes ist die Dornenkrone zu sehen. Mit geschlossenem Mund und niedergeschlagenen Augen künden die innerlich gesammelten Gesichtszüge Jesu von seiner geduldigen Ergebung in das göttliche Erlösungswerk. Dass neben Jesus keiner der Henkersknechte zu sehen ist, zeigt, dass der Erlöser aus freiwilligem Entschluss Leiden und Tod auf sich nahm (vgl. Joh 10,18) und „allein" die Kelter trat (Jes 63,3).

Der Blick des Betrachters wird besonders durch die mächtigen Blutströme angezogen, die aus den beiden durchbohrten Händen und vor allem aus seinem geöffneten Herzen fließen, das fast genau den kompositorischen Mittelpunkt des Bildes einnimmt. Jesus trägt die Herzwunde auf seiner rechten Seite und erweist damit seinen Leib als den neuen Tempel der Gegenwart Gottes (vgl. Joh 2,21) und als die wahre Quelle des Heils, auf die der Prophet Ezechiel vorausdeutete, als er die Quelle des neuen Tempels auf der rechten Seite schaute (vgl. Ez 47,1).[19]

Aus Jesu Leib ergießt sich reichlich der dreifache Blutstrom in den barock verzierten sarkophagähnlichen Trog, der fast bis zum Rand gefüllt ist. Zwei geflügelte Engelskinder halten an eine Öffnung des Steintrogs einen goldenen Kelch, in den das Blut des Erlösers fließt. Die beiden Putten bringen zwei Aspekte des Erlöserblutes zum Ausdruck, wie sie bereits Clemens von Alexandrien unterschieden hatte, nämlich das leibliche Erlöserblut Jesu (vgl. 1 Petr 1,18–19) und das geistliche Blut Christi, das man in der Eucharistie trinkt, um am ewigen Leben des Herrn Anteil zu bekommen.[20] Der linke Engel verweist mit seinem roten Gewandstück auf die Hingabe des Leibes Jesu in seiner Passion und zeigt dabei nach oben auf die Gestalt des mystischen, sein Blut opfernden Keltertreters. Als Pendant zu diesem Engel deutet der rechte Putto auf den zum ewigen Leben führenden Kelch der Eucharistie (vgl. Joh 6,51.53–54.57–58) und unterstreicht diese Teilhabe am göttlichen Leben durch die Himmelsfarbe seines blauen Umhangs.

Das Bild des Keltertreters zeigt, wie sich Christus als mystische Traube dem Gekeltertwerden ausliefert, indem er sich im Gehorsam gegenüber dem Willen des Vaters und in der Liebe des Heiligen Geistes die schwere Last der menschlichen Sünde aufladen lässt und bis zum letzten Tropfen seines kostbaren Blutes ausgepresst wird. In ganz besonderer Weise kommt diese Erlöserliebe im Sinnbild des Herzens Jesu zum Ausdruck, das am Kreuz durch den Lanzenstich geöffnet wurde und auf das eucharistische Blut Christi verweist. Deshalb nimmt auch auf dem Regensburger Ovalbild die Herzwunde des Erlösers die kompositorische Mitte des Gemäldes ein, was noch dadurch unterstrichen wird, dass der Maler offenbar auf die Darstellung des ebenfalls aus der geöffneten Seite Christi fließenden Wassers verzichtete, so dass es das überreich aus dem Herzen Jesu fließende Blut ist, das sich mit dem Strom der durchbohrten Hände verbindet und sich dreifach in das Kelterbecken ergießt. Dass der mystische Keltertreter wie beim mittelalterlichen Schmerzensmann als Lebender erscheint, obwohl er durch seine Herzwunde als bereits gestorben charakterisiert ist, erinnert an Christus in der apokalyptischen Gestalt des geschlachteten und zugleich lebenden Lammes (vgl. Offb 5,6.9.12). So stellt das Regensburger Kelterbild dem Betrachter den Erlöser vor Augen, der als Mensch sein Leben als Sühneopfer hingeben konnte, aber als auferstandener Sohn Gottes lebt, um in der Eucharistie sein Kreuzesopfer gegenwärtig zu setzen, damit sein aus Liebe geöffnetes Herz allezeit offensteht und die Gläubigen aus den Quellen des Heils schöpfen können.

Johannes der Täufer zeigt den Jüngern das Lamm Gottes

2. Sonntag im Jahreskreis. Evangelium: Joh 1,35–42

„Als Jesus vorüberging, richtete Johannes seinen Blick auf ihn und sagte: Seht, das Lamm Gottes!"
Joh 1,36

Die Evangelien der Sonntage im Jahreskreis, die durch das Fest der Taufe Jesu eröffnet werden, stellen den Gläubigen den Beginn des öffentlichen Wirkens Jesu vor Augen. So steht im Evangelium des 2. Sonntags im Jahreskreis Johannes der Täufer im Mittelpunkt, der seine Aufgabe darin erkannte, durch die Taufe im Jordan das Volk mit dem nunmehr gekommenen Messias bekanntzumachen (vgl. Joh 1,31). Johannes sah am Jordanufer bei Betanien Jesus auf sich zukommen und legte Zeugnis von ihm ab, indem er ihn als das Lamm Gottes bezeichnete, das die Sünde der Welt hinwegnimmt (vgl. Joh 1,28–34). Als der Täufer am Tag darauf mit zwei Jüngern wieder an diesem Ort stand und Jesus vorübergehen sah, richtete er seinen Blick auf ihn und bezeugte ihn gegenüber seinen beiden Begleitern erneut als das Lamm Gottes (vgl. Joh 1,35–36). Die beiden Johannesjünger, Andreas (vgl. Joh 1,40) und wohl der Zebedäussohn Johannes, folgten dann Jesus und verbrachten den restlichen Tag bei ihm (vgl. Joh 1,37–39).

Die in der christlichen Kunst äusserst selten dargestellte Szene mit Johannes dem Täufer, der mit dem Ruf „Seht, das Lamm Gottes!" (Joh 1,36) seine Jünger auf den vorübergehenden Christus hinweist (vgl. Joh 1,35–37), findet sich in einzigartiger Weise auf einem um 1462/68 von Dieric Bouts (1410/20–1475) geschaffenen Tafelbild.[1] Es ist verwunderlich, dass dieser für die Anfänge der Jüngerschaft Christi so bedeutsame Vorgang von den Künstlern fast ausschließlich als Zeigen des Täufers auf das symbolische Lamm dargestellt wurde, kaum aber in der dem Johannesevangelium entsprechenden Weise, dass Johannes auf die menschliche Gestalt

Jesu hinweist.² So ist die von Dieric Bouts geschaffene Bildtafel ein Einzelstück, von dem es nur noch in der Berliner Gemäldegalerie Dahlem eine etwas jüngere und qualitativ abfallende Kopie aus dem Schülerkreis des Malers gibt.³

Zusammen mit Petrus Christus (1410/20–1472/73) und Hugo van der Goes (1435/40–1482) gehörte Dieric Bouts zur altniederländischen Malergeneration, die nach Rogier van der Weyden (1399/1400–1464) tätig war. Bouts stammte aus Haarlem, das sich um die Mitte des 15. Jahrhunderts zu einem wichtigen Zentrum der Malerei entwickelt hatte. Nachdem er dort seine künstlerische Prägung erhalten hatte, dürfte er sich in Löwen niedergelassen haben, wo er 1448 heiratete, ab 1457 auch urkundlich als Maler nachweisbar ist und 1468 Stadtmaler wurde. In Löwen entstanden bis zu seinem Tod 1475 seine Hauptwerke, vor allem der von 1464 bis 1467 für die Löwener Peterskirche geschaffene Sakramentsaltar. Mit seinen stimmungshaft beseelten, aber auch formstreng vergeistigten Figurenschilderungen, seinen einfühlsam beobachteten Naturerscheinungen und atmosphärischen Landschaftsräumen pflegte Dieric Bouts eine malerische und auch die Sinne ansprechende Formensprache.⁴

Das sicherlich in Löwen entstandene Tafelbild mit dem auf Christus zeigenden Täufer dürfte Bouts um 1462 oder um 1468 gemalt haben, entweder vor Beginn der 1464 aufgenommenen Arbeiten an seinem Löwener Sakramentsaltar oder nach der 1467 erfolgten Vollendung.⁵ Das sehr gut erhaltene Gemälde⁶ gehörte keinem mehrteiligen Altarretabel an, sondern bildete von Anfang an eine Einzeltafel, die vielleicht das Epitaph des auf dem Bild dargestellten Stifters zierte⁷ oder als Stiftung für eine Kapelle oder ein Kloster bestimmt war.⁸ Die Tafel wurde erstmals 1838 im Katalog der Gemäldegalerie im Münchner Palais Leuchtenberg erwähnt, wo sie im Besitz des Prinzen Eugène de Beauharnais (1781–1824) war, der als Stiefsohn Napoleons (1769–1821) Fürst von Eichstätt und Herzog von Leuchtenberg war. Durch seinen Sohn Maximilian (1817–1852), der mit der Zarentochter Marija Nikolajewna Romanowa (1819–1876) verheiratet war, kam das Tafelbild zusammen mit der übrigen Gemäldesammlung in die St. Petersburger Residenz, wo man es rechtzeitig vor den Wirren des Ersten Weltkrieges und der russischen Revolution nach Deutschland verbracht hatte. Dort kaufte 1918 Kronprinz Rupprecht von Bayern (1869–1955) das Gemälde und übergab es 1924 an den Wittelsbacher Ausgleichsfonds, von dem es dann 1989 für die Alte Pinakothek in München erworben wurde.⁹

Dieric Bouts, Johannes weist auf Jesus als Lamm Gottes hin, um 1462/68, Öl auf Eichenholz, 53,7 × 41,4 cm, München, Alte Pinakothek.

Das gut einen halben Meter hohe Tafelgemälde zeigt eine Landschaft, die durch den Flusslauf des Jordan die Tiefenräumlichkeit des Bildes erschließt und die Komposition in zwei annähernd große Hälften teilt, wobei zwischen den beiden Seiten vermittelnd am rechten Ufer ein markanter Baum steht. Während links der vorübergehende Jesus zu sehen ist, zeigt auf der anderen Uferseite Johannes der Täufer mit seiner Rechten auf Christus als Lamm Gottes. Seine linke Hand hat er auf die Schulter des vor ihm knienden Stifters gelegt, der an die Stelle der beiden im Evangelium erwähnten Jünger getreten ist (vgl. Joh 1,35–37).

Auch wenn die drei dargestellten Personen bedeutungsvoll aus ihrer Umgebung herausragen und ihren eigenen Gesetzen folgen, so herrscht dennoch eine tiefe Harmonie zwischen den beiden Bildräumen der Figuren und der Landschaft. Die naturgetreu dargestellte Flusslandschaft dient mit den mächtigen Felsformationen, dem meisterhaft geschilderten Wasserlauf und den detailliert gemalten Pflanzen nicht als Hintergrundkulisse, sondern steht ganz im Dienst der geistigen Ordnung. Sie spiegelt den religiösen Gehalt des Bildes wider und deutet mit symbolischen Zeichen das sich auf innerlich-visionäre Weise vollziehende Geschehen. Damit schafft die phantasievoll aus verschiedenen Versatzstücken komponierte Landschaft ein einheitliches Raumklima, verleiht den zartgliedrigen Figuren physische Präsenz und verankert sie im Bildraum, in dem sie sich als innerlich beseelte und gleichsam in höhere Sphären entrückte Personen bewegen.[10] Sosehr der Betrachter auch die ästhetisch überzeugende Einheit des Gemäldes wahrnimmt, so sehr wird ihm auch bewusst, dass ihn die eigentümliche, durch den Flusslauf hervorgerufene Trennung in zwei Bildhälften dazu aufruft, die Verbindung mit dem scheinbar unerreichbar auf der rechten Uferseite wandelnden Jesus auf geistige Weise zu suchen, so wie es innerbildlich auch der betende Stifter zu tun scheint.

Der Unterschied der beiden Uferseiten wird durch die verschiedenartige Gestaltung des Bildvordergrunds in besonderer Weise anschaulich. Denn während die Vegetation im Mittel- und Hintergrund auf beiden Seiten in gleicher Weise gedeiht, hebt sich am unteren Bildrand das linke Ufer von der gegenüberliegenden Seite durch eine auffallende Kargheit ab. Im Gegensatz zum üppig grünenden Ufervorsprung auf der Stifterseite lässt der sandige Streifen, auf dem Christus einhergeht, so gut wie keinen Pflanzenwuchs hervorsprießen. Zusammen mit dem Felsengebirge über Jesus erinnert der karge Untergrund unter seinen Füßen an das auf seine Taufe folgende geistige Ringen während des vierzigtägigen Fastens in der Wüste und steht damit für die überirdische Sphäre, während die gegenüberliegende Seite mit der Schönheit der belebten Natur den Bereich der geschaffenen Welt symbolisiert.[11]

Der etwas unwirklich, mit bloßen Füßen über Sand und Stein wandelnde Jesus ist ganz allein, da er noch keine Jünger hat. Er ist aufgerichtet und hat die Hände betend gefaltet. Ohne Beeinträchtigung seiner innerlichen Versunkenheit schreitet Jesus auf den Betrachter zu, den er milde ansieht, durch den er aber auch hindurchblickt. Der würdevoll einhergehende Jesus ist der Herr, auf den in der Taufe der Heilige Geist herabgekommen ist (vgl. Lk 3,22), der in der Kraft dieses Geistes in der Wüste über den Versucher gesiegt hat (vgl. Lk 4,1) und der nun in dieser Fülle betet, ohne von seiner Umgebung berührt zu sein.[12] „Als ob der Geist in die Materie ausstrahlte", wird sein hoheitsvolles Haupt durch das darüber sichtbare Felsstück wie von einer „aureolenartigen" Form hinterfangen, wie Peter Eikemeier treffend bemerkt hat.[13] Mit dem geteilten Bart, den Locken und dem Mittelscheitel gleichen seine Gesichtszüge dem wahren Antlitz Jesu (vera effigies), das auf den apokryphen „Lentulusbrief" zurückgeht und im 15. Jahrhundert als ideales Porträt Christi überliefert wurde.[14] Auf die künftige Passion Jesu, die der Erlöser im Heiligen Geist auf sich nehmen wird, deutet sein dunkelviolettes nahtloses Gewand, um das die Soldaten nach seiner Entkleidung auf Golgota losen werden (vgl. Joh 19,23–24).[15]

Dass die entsagungsreiche Nachfolge des in der Wüste fastenden und barfuß wandelnden Christus kostbare Schätze und reiche Begnadung bereithält, wird durch die Edelsteine veranschaulicht, die am Ufer zu Füßen Jesu und auf dem sandigen Grund des Flussbettes aufleuchten. Die Edelsteine, die auch schon Jan van Eyck (um 1390–1441) im Mittelbild seines Genter Altars um den Lebensbrunnen herum dargestellt hatte, werden zum Sinnbild für Jesus selbst, denn die Gnade seines Reiches ist so kostbar wie eine wertvolle Perle (vgl. Mt 13,45–46).[16]

Auf dem anderen Ufer hat Johannes der Täufer, sicherlich in seiner Eigenschaft als Namenspatron, die linke Hand auf die Schulter seines Schützlings gelegt, der als Stifter des Tafelgemäldes die beiden Jünger vertritt, die der Täufer auf Jesus hingewiesen hatte (vgl. Joh 1,35–37). Der mit gefalteten Händen in der Wiese kniende Stifter ist zeitgenössisch gekleidet, trägt eine dunkelblaue Robe und hat seinen vornehmen schwarzen Hut neben sich abgelegt. Mit seiner rechten Hand zeigt Johannes auf Jesus und spricht gerade mit leicht geöffnetem Mund: „Seht, das Lamm Gottes!" (Joh 1,36). Der Täufer erscheint als hagere Gestalt mit vollem Bart und ungeordneten Haaren und ist im Unterschied zu Jesus und zum Stifter durch seine bewegte Körperhaltung und seine Gestik als aktiv gekennzeichnet. In ähnlicher Weise wie bei Jesus bildet auch über dem Haupt des Täufers ein Rasenstück auf den dahinter sichtbaren Felsformationen eine Art Nimbus.[17] Sein einfaches, braunes Untergewand (vgl. Mt 3,4) erinnert an die härene Prophetenkleidung (vgl. Sach 13,4; 2 Kön 1,8). Der rote Mantel des Täufers verweist auf den Feuereifer des Propheten Elija (vgl. Sir 48,1), von dem man glaubte, er sei nun in Johannes wiedergekommen (vgl. Mt 11,14; 17,12–13; Mk 9,13), nachdem Elija in einem feurigen Wagen in den Himmel entrückt worden war (vgl. 2 Kön 2,11; Sir 48,9) und sein Wiederkommen als Vorläufer des

Messias erwartet wurde (vgl. Mal 3,23). Da der Täufer dem Messias im Geist und in der Kraft des Elija vorausging (vgl. Lk 1,17) und von Jesus als brennendes und leuchtendes Licht bezeichnet wurde (vgl. Joh 5,35), verglich man Johannes auch mit den feurigen Seraphim (vgl. Jes 6,2.6).[18] Die Felsen hinter Johannes könnten auf die Warnung des Täufers anspielen, sich nicht in falscher Sicherheit auf die den Nachkommen Abrahams gegebenen Verheißungen zu berufen, denn Gott könne sogar „aus diesen Steinen Kinder Abrahams machen" (Lk 3,8).[19]

Der Jordan fließt vom Hintergrund her in breiten Wellen heran, auf denen Wasservögel gemächlich ihre Kreise ziehen. Während sich in diesem ruhigen Flussabschnitt der Himmel und die Ufer widerspiegeln, eilt der Jordan im Vordergrund durch das engere, steinige Flussbett lebhafter hindurch und bildet an den Rändern kleine Schaumstreifen. Mit diesen meisterhaft nach der Natur beobachteten Mitteln charakterisierte Bouts das Wasser des Flusses bewusst als lebendiges Element, wie es in der frühen Kirche auch für die Spendung der Taufe gefordert war. Damit versinnbildlicht der Jordan das Taufwasser und verweist auf die in der Apokalypse verheißenen Wasser des Lebens (vgl. Offb 22,1).[20]

Der betont in der Bildmitte stehende Baum dürfte die Umkehrpredigt des Täufers illustrieren, der den Menschen am Jordan mahnend das Bild der Axt vor Augen gestellt hatte, die bereits an die Wurzel der fruchtlosen Bäume angelegt ist (vgl. Lk 3,9). Da Bouts den Zeigegestus des Johannes so darstellte, dass er nicht nur auf den vorüberwandelnden Jesus, sondern zugleich auch auf den Flusslauf und den Baum verweist, wird deutlich, dass Christus hier als lebenspendender Taufquell und auch als Lebensbaum erscheint. Wenn der Täufer zusammen mit Jesus zugleich das Wasser und den Baum in seinen Zeigegestus einbezieht, dann bedeutet dies einen unübersehbaren Hinweis auf die Apokalypse, in der Jesus wie beim Ruf des Johannes erneut als Lamm erscheint und dem Seher das Wasser des Lebensstromes gezeigt wird. An diesem Fluss, der vom Thron Gottes und vom Lamm ausgeht, steht am Ufer, zugleich hüben und drüben, der Baum des Lebens, der monatlich Früchte bringt und dessen Blätter zur Heilung der Völker dienen (vgl. Offb 22,1–2). Dabei scheint der Baum sogar die wörtliche Formulierung der Apokalypse aufzunehmen, wonach der Lebensbaum gleichzeitig an beiden Ufern des Stromes gewachsen ist: „ex utraque parte fluminis lignum" (Apc 22,2 Vulgata). Tatsächlich verbindet der am Uferrand harmonisch und wunderbar gerade gewachsene Baum die beiden Ufer in einer Weise, dass sich der optische Eindruck ergibt, als würde der Lebensbaum an den beiden Seiten des Flusses stehen. In der durch den mehrdeutigen Zeigegestus des Täufers hervorgerufenen Gleichsetzung des zum Heil der Welt hingeopferten Lammes mit dem Lebensstrom und dem Baum des Lebens klingt auch ein eucharistischer Bezug an. Diese Verbindung war auf der Mitteltafel des Genter Altars vorgebildet, wo das auf dem Altar stehende Opferlamm mit seinem Blut auf das in der Eucharistie sakramental gegenwärtig gesetzte Kreuzesopfer Christi verweist, das sich im darunter dargestellten Lebensbrunnen in den Strom des Lebens verwandelt. Während es aber beim Genter Altar die Chöre der Heiligen sind, die anbetend hinzugetreten sind, ist es bei Bouts der allein betende Stifter. Zudem ist auch der zur Landschaft des himmlischen Jerusalem gewandelte Paradiesgarten diesseitiger geworden und noch deutlicher auf den geistig-religiösen Gehalt bezogen.[21]

Der grünende Ufervorsprung, auf dem sich Johannes gemeinsam mit dem knienden Stifter befindet, enthält Symbolpflanzen, die auf das Heilswerk Jesu hinweisen. Direkt unter dem linken Fuß des Täufers ist der weiß blühende Löwenzahn dargestellt, der wegen seiner bitteren Blätter auf die Passion gedeutet wurde,[22] in der Jesus als „Löwe aus dem Stamm Juda" (Offb 5,5) gesiegt hatte. Zwischen dem Gewand des Stifters und dem oberen linken Rand des Ufervorsprungs ist deutlich ein Spitzwegerich zu sehen. Wegen seiner spitzen Blätter brachte man dieses Kraut mit der Lanze in Verbindung, mit der am Kreuz das Herz Jesu durchbohrt wurde (vgl. Joh 19,34).[23] Dass der Spitzwegerich gerade am Flusslauf wächst, macht deutlich, dass die Wasser des Lebens der geöffneten Seite des für die Sünden der Welt geopferten Gotteslammes (vgl. Joh 1,29.36) entspringen. Über dem Spitzwegerich und rechts unterhalb des Löwenzahns dürfte das Fingerkraut mit seinen kleinen Blüten und seinen handförmig zerteilten Blättern dargestellt sein. Als blutstillende Heilpflanze lässt sich das Fingerkraut auf den heilbringenden Tod des Erlösers beziehen.[24] Die breiten Blätter, die in der rechten Ecke wachsen, gehören der noch unentwickelten Königskerze an und verweisen auf das künftige Königtum Jesu. Der Platz unterhalb des knienden Stifters wird durch eine weiß blühende Erdbeere eingenommen, die als dreiblättriges Gewächs auf die Trinität und damit auf den Erlösungsratschluss des dreifaltigen Gottes verweist.[25] Die links unterhalb und rechts oberhalb des Hutes erkennbaren Maßliebchen symbolisieren wie der Wegerich die Erlösung und deuten mit ihren weißen Blüten auf die Seligkeit des ewigen Lebens, das durch die Passion Christi erwirkt wurde.[26]

Der Stifter, von dem anzunehmen ist, dass er den gleichen Vornamen wie sein Patron Johannes der Täufer trägt, ist vielleicht der vermögende Jurist Jan van den Winckele, der mit Dieric Bouts bekannt war und auch einige Gemälde des Meisters besaß.[27] Seit 1462 war Winckele als Notar an der 1425 gegründeten Universität Löwen tätig und gehörte auch zu den Stiftern eines Kollegs für mittellose Studenten. Diese Gründung entsprach den pädagogisch ausgerichteten Zielen der damals besonders im niederländischen Raum verbreiteten geistlichen Bewegung der Devotio moderna, die 1433 in St. Maartensdal in Löwen eine Niederlassung der Brüder vom Gemeinsamen Leben hervorgebracht hatte. Nachdem die Brüder 1447 die Lebensweise der regulierten Augustiner-Chorherren angenommen hatten, wurden sie 1461 in die Windesheimer Kongregation und damit in den kanonikalen Zweig der Devotio moderna aufgenommen. Sie betreiben in ihrem Stift eine Lateinschule und standen in engem Kontakt mit der Fakultät der Freien Künste an der Löwener Universität, so dass man sich eine solche Institution als ursprünglichen Empfänger des Tafelbildes gut vorstellen könnte.[28] Die von Geert Groote (1340–1384) begründete „Neue Frömmigkeit" strebte fern von abstrakter Theologenspitzfindigkeit und schwärmerischer Verstiegenheit nach persönlicher, innerlicher und im tätigen Alltagsleben praktizierter Frömmigkeit. Im Mittelpunkt dieser geistlichen Bewegung stand die täglich gepflegte meditative Betrachtung des irdischen Lebenswegs Jesu, wozu Geert Groote auch religiöse Bilder als Hilfsmittel für die Betrachtung empfahl. Auf diese Weise versuchte die von tiefer Ernsthaftigkeit geprägte Lebens- und Glaubenshaltung der Devotio moderna das geistliche Leben mit dem Alltag zu verbinden, was auch im städtischen Bürgertum reichen Anklang fand.[29]

Wie Frans Baudouin (1920–2005) in einem 1948 veröffentlichten Aufsatz überzeugend dargelegt hat, ist es gerade die innerliche Betrachtungsspiritualität der Devotio moderna, die sich in der Bildtafel des Dieric Bouts widerspiegelt.[30] So verharrt der demütig kniende Stifter mit gefalteten Händen in betender Versunkenheit und blickt in weite Ferne, ohne seine Augen auf ein bestimmtes Objekt zu richten. Er nimmt das biblische Geschehen nicht mit seinen irdischen Augen auf und bedarf auch nicht der weisenden Hand des Täufers, sondern gibt sich unter dem Beistand seines Namenspatrons mit innerlich betrachtenden Augen seinem inneren Gesicht hin, in dem er Jesus im Glauben sieht. Nach der geistlichen Lehre der Devotio moderna ging es darum, durch die täglich geübte Meditation das Leben Jesu und die Tugenden des Erlösers, vor allem seine Demut, gefühlsmäßig zu erfahren, um Christus immer tiefer innerlich zu entsprechen. Während der Stifter diesen methodischen Weg der Betrachtung nach innen verkörpert, erscheint mit dem am anderen Jordanufer demütig und barfuß wandelnden Jesus der Inhalt, der im Mittelpunkt des meditativen Geschehens steht. Durch die Trennlinie des Flusslaufes wird für den Betrachter deutlich, dass die Begegnung mit Jesus auf keine äußerliche, sondern nur auf eine innerliche Weise erfolgen kann. Während er in der Glaubenszuversicht des knienden Stifters ein Vorbild für die betende Christusbegegnung zu erkennen vermag, wird der Betrachter durch den ihn anblickenden Jesus aufgefordert, ebenfalls den Weg der innerlichen Begegnung mit ihm zu gehen. Bei den meisten Stifterdarstellungen der damaligen Zeit wurde der Betrachter nicht in den direkten Kontakt einbezogen, der sich durch Gesten und Blicke zwischen dem Adoranten und dem von ihm verehrten Objekt abspielt. Dagegen erfolgt bei Dieric Bouts geradezu eine Aufforderung zur meditativen Begegnung, indem der Betrachter dem Zeigegestus des Täufers auf das Lamm Gottes folgt und sich die innere Gebetshaltung zu eigen macht, die ihm durch die Stifterfigur vor Augen steht, um Jesus auf seinem demütigen Weg nachfolgen zu können. Der ganz nach innen gerichtete Blick des Stifters ruft also den Betrachter zur meditativen Betrachtung Christi auf und verweist damit auf das Kernanliegen der Devotio moderna, die den Weg der Nachfolge Christi wesentlich als innerlichen Weg des Beters begriff.[31] Die durch den Windesheimer Chorherrn Thomas von Kempen (um 1380–1471) als wichtigste Erbauungsschrift der Devotio moderna verfasste und erstmals um 1418 erschienene „Nachfolge Christi" brachte dieses persönlich betrachtende Verbundensein mit dem Leben Jesu gleich zu Beginn treffend auf den Punkt: „Wir sollten uns daher vor allem Mühe geben, über das Leben Jesu Christi nachzudenken."[32] Dabei verkörpert der innerlich betende Stifter beispielhaft das Bemühen um die Überwindung des Äußerlichen, um in das nach Lk 17,21 „inwendige Reich Gottes" einzutreten, wie es in der „Nachfolge Christi" heißt: „Das Reich Gottes ist in euch, sagte der Herr. Wende dich von ganzem Herzen zum Herrn und laß diese elende Welt, und deine Seele wird Ruhe finden. Lerne das Äußere geringachten und dich dem Innern hingeben, und du wirst sehen, wie das Reich Gottes in dich kommt. […] Christus wird zu dir kommen und dir seinen Trost bringen, wenn du ihm in deinem Inneren eine würdige Wohnung bereitest."[33] Dass in diesem geistlichen Prozess die Gnade des Reiches Christi aber stets das natürliche Bemühen des Beters voraussetzt, kommt durch die Gegenüberstellung der Edelsteine auf der Jesusseite und der grünenden Wiese auf der Stifterseite zum Ausdruck, indem die Pflanzen die geschaffene Natur veranschaulichen und die Edelsteine die Gnade symbolisieren, die das Irdische vollendet. Wie der Stifter auf der irdischen Wiese kniet und doch innerlich an den Edelsteinen der Gnade Christi Anteil hat, so soll auch der gläubige Betrachter der von Geert Groote übernommenen Aufforderung Jesu folgen, in der Welt zu bleiben und doch nicht von dieser Welt zu sein (vgl. Joh 17,11.16).[34] Damit wird deutlich, dass die im Gebet empfangene Gnade Christi die menschliche Natur vollendet und dass die innerliche Betrachtung des Lebens Jesu immer auf die Nachfolge Christi in der Welt abzielt.

Als der offensichtlich von der Devotio moderna geprägte Stifter vielleicht mit Hilfe eines theologischen Beraters den Gedanken fasste, seinen auf Jesus zeigenden Namenspatron Johannes den Täufer in einem Tafelbild darzustellen, fand er in Dieric Bouts einen Maler, der dieser Aufgabe in hohem Maße gewachsen war. Die empfindungsvolle Beseeltheit seiner Malerei und der tiefe Ernst der in seinen Bildern voll innerlicher Andacht auftretenden Personen prädestinierten Bouts so sehr für einen vom Geist der Devotio moderna geprägten Auftrag, dass er zu einer in der Kunstgeschichte einzigartigen Bildfindung gelangte.[35] Indem er die zwei im Evangelium erwähnten Jünger in der einen Stifterfigur aufgehen ließ, vermochte Bouts die Erfahrung, die den beiden Johannesjüngern mit Jesus zuteilwurde, für den einzelnen Betrachter zu öffnen, der sich im Geist der Devotio moderna aufgefordert sah, das Lamm Gottes mit den inneren Augen des Glaubens betend zu betrachten.

Die Berufung der Söhne des Zebedäus

3. Sonntag im Jahreskreis. Evangelium: Mk 1,14–20

„Sofort rief er sie, und sie ließen ihren Vater Zebedäus mit seinen Tagelöhnern im Boot zurück und folgten Jesus nach."
Mk 1,20

Nach der im Johannesevangelium überlieferten ersten Begegnung der beiden Jünger des Täufers mit Jesus, die am 2. Sonntag im Jahreskreis verkündet wurde, schließt sich die Leseordnung bei der Auswahl der Perikopen dem Markusevangelium an. So trifft auf den 3. Sonntag im Jahreskreis das Evangelium von der Berufung der ersten Jünger am See von Galiläa. Nachdem man Johannes den Täufer ins Gefängnis geworfen hatte, sah Jesus den Beginn für sein öffentliches Wirken gekommen. Er begann, in Galiläa das Evangelium vom Reich Gottes zu verkünden und die Menschen zur Umkehr aufzurufen (vgl. Mk 1,14–15). Die Ersten, die diesem Ruf folgten, waren nach dem Markusevangelium die Jünger, die er am See von Galiläa von ihren Fischerbooten weg in seine Nachfolge rief, um sie zu Menschenfischern zu machen (vgl. Mk 1,16–20). Die beiden ersten Jünger, die Jesus rief, waren die Brüder Andreas und Simon Petrus (vgl. Mk 1,16–18). Als Jesus am See weiterging, rief er auch die Söhne des Zebedäus, Jakobus und Johannes, die ihren Vater Zebedäus mit seinen Tagelöhnern im Boot zurückließen (vgl. Mk 1,19–20). Wie Andreas und Petrus, so waren auch die Zebedäussöhne Jesus sogleich gefolgt und hatten alles zurückgelassen (vgl. Mk 1,18.20).

Während bei Matthäus und Lukas nur von Zebedäus die Rede ist, den Jakobus und Johannes allein im Boot zurückgelassen hatten (vgl. Mt 4,21–22; Lk 5,10–11), werden im Markusevangelium auch die Tagelöhner des Vaters erwähnt (vgl. Mk

Marco Basaiti, Berufung der Söhne des Zebedäus, 1510, Öl auf Holz, 386 × 268 cm, Venedig, Gallerie dell'Accademia.

1,20). Dieses Detail hatte offenbar der venezianische Maler Marco Basaiti (geb. um 1470/75, gest. nach 1530) vor Augen, als er 1510 die Berufung der Zebedäussöhne malte und dabei am unteren Bildrand in dem von hinten gezeigten Angler wohl auch einen der Tagelöhner dargestellt wissen wollte.[1]

MARCO BASAITI WURDE ALS SOHN GRIECHISCHER ELTERN um 1470/75 in Venedig geboren,[2] wo er ab 1496 als Maler nachweisbar ist und 1530 im Künstlerverzeichnis der venezianischen Malergilde erscheint.[3] Wie die harten Modellierungen seiner frühen Gemälde nahelegen, dürfte er Schüler des Alvise Vivarini (geb. um 1442, gest. nach 1503) gewesen sein, dessen unvollendetes Altarbild in der Cappella dei Milanesi in der Frarikirche von Venedig Basaiti bis 1505 vollendete. Während kontrastreiche Farbwirkungen zeitlebens für ihn charakteristisch blieben, gelangte Basaiti in seinen späteren Werken unter dem Einfluss von Giorgione (1478–1510), Giovanni Bellini (1437–1516) und Cima da Conegliano (um 1460–1517/18) auch zur Ausbildung warmer Farbtöne und atmosphärischer Landschaften. Als nach 1520 seine künstlerischen Kräfte nachließen, begnügte sich Basaiti teilweise damit, einige seiner früheren Werke zu kopieren.[4]

Das Gemälde mit der Berufung der Zebedäussöhne schuf Basaiti 1510 für den Hochaltar von Sant'Andrea del Lido, der Klosterkirche des auf der Insel La Certosa in der Lagune von Venedig gelegenen Kartäuserklosters. Das bereits seit dem 12. Jahrhundert bestehende Inselkloster wurde 1425 von Kartäusern besiedelt, die dort bis zur Klosteraufhebung 1806 ihr zurückgezogenes Leben führten. Als nach der Säkularisation das Kloster in Militärbesitz kam und schließlich zerstört wurde, verbrachte man Basaitis Hochaltargemälde in die Accademia von Venedig. Durch die Übertragung des alten Klosters an die Kartäuser mussten die Mönche entsprechend den Konstitutionen ihres eremitisch geprägten Ordens umfangreiche Baumaßnahmen durchführen. Der von 1487 bis 1497 und von 1500 bis 1504 als Prior amtierende Antonio Suriano (1450–1508) hatte ab 1490 den lombardischen Baumeister Mauro Condussi (um 1440–1504) mit den Arbeiten betraut, die sich bis 1510 hinzogen. Suriano war auch um das geistliche Leben seiner Mönche bemüht und hatte um 1502 mit den Schriften „De informatione interiori", „De vita contemplativa" und „De solitudine" auch drei spirituelle Traktate verfasst. Als Suriano 1504 zum Patriarchen von Venedig gewählt wurde, blieb er seinem früheren Kloster weiterhin verbunden. Noch vor seinem Tod 1508 dürfte Suriano das Hochaltarbild in Auftrag gegeben haben. Wie die zahlreichen Überarbeitungen des Gemäldes zeigen, hatte Basaiti das Gemälde bis 1510 wohl erst nach einem aufwendigen Entstehungsprozess fertiggestellt.[5]

Das Gemälde mit der Berufung der Zebedäussöhne ist auf der später hinzugefügten Anstückung mit der lateinischen Jahreszahl von 1510 datiert und weist Marco Basaiti als Urheber aus. Die Signatur „MDX M[ARCVS] BAXITI" befindet sich auf der Stirnseite der Laufplanke, auf der die Figur des angelnden Tagelöhners sitzt. Das bereits von Giorgio Vasari (1511–1574) als das beste Gemälde Basaitis gerühmte Bildwerk[6] kann als das erste narrative Altarblatt gelten. Das Bild besticht durch die herausragende Rolle, die der Darstellung der Landschaft zukommt, auch wenn es im Grunde noch den künstlerischen Auffassungen des 15. Jahrhunderts verhaftet bleibt. Im Kunsthistorischen Museum von Wien hat sich eine 1515 von Basaiti angefertigte Kopie dieses Gemäldes erhalten. Die seitenverkehrte und rundbogig schließende Replik wurde um etwa zwei Drittel verkleinert und in einigen Details verändert. Der gemalte Marmorrahmen mit Säulen und Dreiecksgiebeln dürfte noch eine Vorstellung des ursprünglichen Architekturrahmens in der Klosterkirche geben.[7]

In ihrer für die Öffentlichkeit nicht zugänglichen Klosterkirche stand den Kartäusern das mit zahlreichen symbolischen Bezügen ausgestattete Hochaltarbild als Vorbild ihrer eigenen kontemplativen Berufung fast dreihundert Jahre lang täglich vor Augen. Den Stifter Antonio Suriano erinnerte die Thematik der Berufung der ersten Jünger zu Menschenfischern (vgl. Mk 1,17) daran, dass er aus der monastischen Zurückgezogenheit zum Patriarchen gewählt wurde, um nunmehr die mönchische Kontemplation in der apostolischen Aktion des Bischofsamtes fruchtbar werden zu lassen. Seinen Mitbrüdern in der Kartause, die als Einzige das Gemälde sehen konnten, wollte Suriano mit dem Hochaltarbild das Ideal des kontemplativen Lebens vor Augen stellen, das ganz durch stellvertretendes Beten und Opfern seine Fruchtbarkeit für die Welt entfalten sollte. Dabei dürfte es bei der Bildfindung auch eine Rolle gespielt haben, dass in der Liturgie des Kartäuserordens die Berufungsgeschichte der Zebedäussöhne (vgl. Mk 1,19–20; Mt 4,21–22) mit der Perikope aus dem Matthäusevangelium verbunden war, in der Jesus den Aposteln Jakobus und Johannes das Trinken seines Kelches und damit ihr Martyrium ankündigte (vgl. Mt 20,20–28). So sollten die Kartäuser beim Betrachten des Gemäldes an ihre eigene Berufung denken, um wie die Zebedäussöhne Jesus im Dienen nachzufolgen (vgl. Mt 20,26–28), den Kelch des Erlösers zu trinken (vgl. Mt 20,22–23) und durch sühnendes Opfern und Beten Gott ihr Leben für andere darzubieten.[8]

Das fast vier Meter hohe Gemälde wird zu einem Großteil vom Himmel und vom See von Galiläa eingenommen. In bewundernswerter Weise gelang es Basaiti, die Weite und Tiefe des Sees zu veranschaulichen und die Lichtspiegelungen auf dem Wasser ins Bild zu fassen. Die Berufungsszene spielt sich im Vordergrund auf einer vom See umgebenen sandigen Landzunge ab, auf der ein paar Grasbüschel wachsen und die mit akribisch gemalten Steinen und Muscheln bedeckt ist.[9]

Links steht Christus mit kreuzförmigem Strahlennimbus, Bart und langen, glatten und in der Mitte geteilten Haaren. Auf seinem Leib, den hinzugeben er bereit ist, trägt er eine rote Tunika, die mit ihrer Farbe das Opfer des Erlösers und damit den Leidenskelch Jesu (vgl. Mt 20,22) versinnbildlicht. Die blaue Farbe seines Palliums, das er mit der linken Hand gerafft hat, symbolisiert den Himmel und verweist auf Jesu göttliche Natur. Christus ist umgeben von den kurz zuvor berufenen Jüngern Andreas und Simon Petrus, die er sah, als sie gerade auf dem See ihr Netz ausgeworfen hatten (vgl. Mk 1,16). Auf den Ruf Jesu hin: „Kommt her, folgt mir nach! Ich werde euch zu Menschenfischern machen" (Mk 1,17), hatten sie sofort ihre Netze liegen lassen und waren Christus nachgefolgt (vgl. Mk 1,18). Jetzt stehen sie in feierlicher Pose neben Jesus und assistieren ihm bereits bei der Berufung der beiden nächsten Jünger. Links ist Petrus mit dem für ihn charakteristischen weißen Bart- und Haupthaar zu sehen. Petrus trägt über einer kurzen weißen Tunika, von der er einen Gewandzipfel in der linken Hand hält, einen goldgelben Mantel, der seine Tugenden symbolisiert.[10] Rechts neben Jesus ist Andreas, der Bruder des Petrus, mit langem Bart, weißer Tunika und einem goldgesäumten grünen Mantel dargestellt.

Wie der leicht geöffnete Mund und die Blickrichtung Jesu zeigen, hat er soeben Jakobus und Johannes in seine Nachfolge gerufen, als sie gerade im Boot ihre Netze herrichteten (vgl. Mk 1,19). Jesus unterstreicht sein in göttlich schöpferischer Vollmacht gesprochenes Berufungswort durch die Geste seiner rechten Hand, die er im lateinischen Segensgestus erhoben hat, bei dem die beiden zurückgebogenen Finger die zwei Naturen des menschgewordenen Sohnes Gottes symbolisieren und die drei ausgestreckten Finger auf den dreifaltigen Gott verweisen.[11] Die beiden Erstberufenen üben sogleich ihr neues Jüngersein aus und bringen dies mit ihren Gesten zum Ausdruck. Während Andreas mit seiner Linken die beiden Zebedäussöhne begrüßt, zeigt er mit seiner Rechten auf sich selbst und macht damit seine eigene Berufung zu einem ermutigenden Vorbild. Bei Petrus wird bereits sein künftiges Amt als Stellvertreter Christi deutlich, indem er mit seinen Gebärden die Gesten seines Meisters nachahmt. So hat auch Petrus wie Jesus mit der linken Hand das Gewand gerafft, und mit seiner Rechten führt er einen Zeigegestus aus, mit dem er den Segen unterstützt, den Jesus mit seiner Rechten gibt.

Am unteren Bildrand sind zwei Boote zu sehen, die mit ihrem Bug wie zwei Pfeile oder eine Zange das Auge des Betrachters zum Berufungsgeschehen lenken.[12] Sie gehören zum Fischereibetrieb des Zebedäus, der mit schütterem Haar und rotem Gewand im rechten Boot dargestellt ist, in dem auch noch das Netz zu sehen ist, das seine Söhne gerade herrichteten (vgl. Mk 1,19), als sie von Jesus gerufen wurden (vgl. Mk 1,20). Während sich im linken Boot wohl Tagelöhner des Zebedäus befunden haben dürften, hat Jakobus als erster der beiden Söhne das Boot seines alten

Vaters verlassen, der ihnen mit ringenden Händen hinterherstürzt. Im Unterschied zu den deutlich älter dargestellten Andreas und Petrus erscheinen die Zebedäussöhne jünger. Sie tragen ähnliche Gesichtszüge und sorgfältig gekämmtes langes Haar, das in den auf die Schultern fallenden Spitzen leicht gelockt ist.[13] Der blau gekleidete, bärtige Jakobus schaut mit gebeugtem Knie zu Jesus auf. Er hat die linke Hand auf die Brust gelegt und die Rechte in einer zustimmenden Gebärde geöffnet. Der bartlose Johannes schreitet mit weißer Tunika und einem violetten Mantel hinter seinem Bruder auf Jesus zu, den er fest im Blick hat, ohne sich zu seinem Vater umzuwenden, auf den nur seine linke Hand zurückweist. Wie Jakobus hat auch Johannes die Hand zum Zeichen seiner bereitwilligen Nachfolge auf das Herz gelegt.

Zwischen den beiden Booten sitzt auf einer über dem Wasser schwebenden Holzplanke ein junger, mit blauer Tunika bekleideter Mann, der sich zur Berufungsszene umwendet und womöglich einer der Tagelöhner des Zebedäus ist. Dass er mit einer Angelrute dicht neben dem rechten Boot fischt, macht diese Gestalt zu einer wichtigen Symbolfigur, die seit Giottos (1266–1337) „Navicella" in der römischen Peterskirche von verschiedenen Künstlern wiederholt wurde. Dieser Angler versinnbildlicht den „Seelenfischer" und veranschaulicht damit auch das von Jesus soeben ausgesprochene Berufungswort: „Ich werde euch zu Menschenfischern machen" (Mk 1,17).[14] Die Symbolik des Fischers war auch den Kartäusern vertraut, wie der berühmte „Goldene Brief" des Zisterziensers Wilhelm von Saint-Thierry (um 1075/80–1148) zeigt, der um 1143 die Kartause Mont-Dieu besuchte. Gleich zu Beginn kam der Brief, der zur Zeit Basaitis noch Bernhard von Clairvaux (um 1090–1153) zugeschrieben wurde, auf die Berufung der Kartäuser zu sprechen und verglich sie mit den Aposteln, die als einfache Fischer einst Könige und Philosophen unterworfen hätten (vgl. 1 Kor 1,26).[15] Zusammen mit den anderen auf dem See tätigen Fischern und den beiden Booten im Vordergrund dürfte der Angler auch für das aktive Leben stehen, das es im geistlichen Leben immer mit dem kontemplativen Leben zu verbinden gilt.[16]

Zwischen Andreas und Jakobus und zwischen den beiden Zebedäussöhnen sind auf einer unteren Ebene zwei bärtige Halbfiguren dargestellt, von denen die rechte einen fremdländischen Turban trägt. Da sie trotz ihrer räumlichen Nähe zum Hauptereignis von Jesus und der Jüngergruppe ganz abgewandt sind und deutlich in andere Richtungen blicken, versinnbildlichen sie diejenigen Menschen, die der von den Aposteln verkündeten Botschaft Christi nicht folgen.[17] Vielleicht ist in diesem Sinn auch die kleine Szene zu deuten, die links über der Figur des Petrus auf dem zum See hin abstürzenden Felsabsatz zu sehen ist. Dort ist ein in Rückenansicht gezeigter sitzender Mann mit Turban zu sehen, der von der Berufungsszene ebenfalls abgewandt ist. Er befindet sich im Austausch mit einem hinter ihm stehenden, in eine kurze grüne Tunika gekleideten kahlköpfigen Mann, der den Turbanträger vielleicht vom christlichen Glauben überzeugen will. Darauf deutet die Angelrute in seiner rechten Hand, die er über den Kopf seines Gesprächspartners hinweg vom Felsabsatz aus zum See hin ausgeworfen hat und wiederum die Berufung der Jünger Jesu zu „Menschenfischern" (Mk 1,17) veranschaulicht. Wie sehr in der christlichen Tradition das Motiv des Fischens mit dem Bild vom Weiden der Herde (vgl. Joh 21,15–17) verbunden ist, zeigt der links darüber mit kurzer Tunika dargestellte Hirt, der eine kleine Schafherde hütet. Diese kleine Szene erinnert an die Sendung der Jünger Christi und versinnbildlicht damit auch das Gebetsapostolat der Kartäuser.

Im geschlossenen Bugraum des linken Bootes ist ein Laib Brot dargestellt, neben dem auch ein Krug zu sehen ist, der sicherlich Wein enthält. Diese beiden Requisiten verweisen auf den genau darüber stehenden Christus, dessen Segenshand sich hier auch im eucharistische-konsekratorischen Sinn deuten lässt. Durch diesen Hinweis auf die Eucharistie und damit auf die sakramentale Vergegenwärtigung des Opfers Christi sollten sich die Kartäusermönche an ihre eigene Berufung erinnern, um sich durch Opfer und Gebet mit der Hingabe des Erlösers immer mehr zu verbinden.[18]

Über der Gruppe mit Christus, Andreas und Petrus erhebt sich eine hohe Felsformation. Während der Fuß dieser Steilwand wie ein Schiffsbug keilförmig in den See hineinschneidet, ragt oben eine Felsplatte hervor, hinter der sich ein dunkler Höhleneingang abzeichnet. Ein horizontal in den Himmel ragender, entlaubter Baum mit gabelförmigen Ästen dient als Holzkonstruktion für eine balkonartig überhängende, aus Zweigengeflecht angelegte Aussichtsplattform, die an einen offenen Käfig erinnert und die sich offenbar ein Eremit gebaut hat, dessen Behausung sich in der dahinterliegenden Höhle befindet.[19] Nach Alessandra Ottieri handelt es sich auch hier um ikonographische Motive, die auf den Auftraggeber und ehemaligen Kartäuserprior Antonio Suriano zurückgehen. Durch symbolische Anspielungen sollte den Kartäusern von Sant'Andrea del Lido ihre monastische Berufung vor Augen geführt werden. Demnach versinnbildlicht die Höhle mit dem offenen Käfig die Klosterzelle des kontemplativen Mönches, der seinen Eigenwillen abgelegt und sich durch die Unterwerfung unter die monastische Disziplin gleichsam selbst eingesperrt hat, um so den inneren Frieden zu bewahren, sich vor den täglichen Anfechtungen zu schützen und die Seele ganz auf die Kontemplation auszurichten.[20] Nach Bernhard von Clairvaux grenzte es an das Wunderbare, dass sich so viele Mönche im Kloster wie in einem offenen Gefängnis ohne Fesseln, nur durch die Gottesfurcht zusammengehalten, eingeschlossen hätten.[21] Wie die im Teich stets fangbereiten Fische seien auch die Mönche eingekerkert, um jederzeit aus dieser Welt zum geistlichen Mahl abberufen werden zu können.[22] Der Vergleich des Klosters mit einem Teich und der Mönche mit Fischen dürfte den Kartäusern auf ihrem Inselkloster in der Lagune Venedigs ein vertrautes Bild gewesen sein, ebenso das Bild vom offenen Gefängnis, das Basaiti treffend durch den aus Zweigen geflochtenen Käfig vor der Höhle andeutete, der als sicherer Rückzugsort in unerreichbarer Höhe erscheint, so wie auch der Mönch in seiner abgeschlossenen Zelle geborgen ist.[23] Unter dem offenen Käfig wachsen von der Felsplatte Efeuranken herab. Wegen seiner robusten und gleichsam unzerstörbaren Wurzeln galt der Efeu als Sinnbild für das Kreuz Christi, das durch keine Verfolgung überwunden werden kann.[24] Auch Thomas von Vercelli (1190–1246) sah im Efeu wegen seines unscheinbaren Stammes und seiner ewigen Blätter ein Symbol für Christus, der in seiner Menschwerdung demütig erschienen sei, aber dann in seiner unzerstörbaren Gottheit aufblühe.[25] So verweist der bei der Einsiedlerklause wachsende Efeu auf die Berufung der Kartäusermönche, dem demütigen und leidenden, aber letztlich siegreichen und ewigen Sohn Gottes nachzufolgen.[26]

Am Fuß der Felsformation mit der Eremitenbehausung ist rechts zur Bildmitte hin eine Brücke zu sehen, die zu einer befestigten Stadt am Seeufer führt, die wiederum durch einen Weg mit einem oberhalb gelegenen Kastell verbunden ist. Unter Aufnahme topographischer Anspielungen[27] stellte Basaiti den Kartäusern einen von der Brücke bis zum Kastell reichenden geschlossenen Ring als Bild für den kontemplativen Frieden vor Augen, der den Mönchen auf der Klosterinsel gewährt ist. Außerhalb dieses abgeschlossenen Ringes symbolisieren mächtige Ruinen auf der mittleren Bergkuppe die Stürme in der Welt, die der Kartäusermönch um des sicheren Hafens der Seligkeit willen hinter sich gelassen hat.[28] Hinter der zerklüfteten Bergkette mit den drei gestaffelten Hügelkuppen zeigt sich eine ferne Gebirgslandschaft, die an die linke Felswand stößt und durch ihr sattes Blau mit dem Obergewand Jesu korrespondiert und damit den Blick des Betrachters auf das Himmlische lenkt. Das Blau setzt sich im Firmament fort, das zu einem hellgelben Morgenhimmel wechselt und erneut auf Christus anspielt, der einst von Osten, vom Sonnenaufgang her wiederkommen wird, um alles zu vollenden (vgl. Mt 24,27).[29]

Die Kartäuser von Sant'Andrea del Lido, die kaum mehr als vierzehn Mönche zählten, hatten mit Basaitis monumentalem Hochaltargemälde und den zahlreich darin enthaltenen symbolischen Anspielungen fast dreihundert Jahre lang ein Bild ihres monastischen Lebensalltags vor Augen. Während sie der auf dem Gemälde dargestellte See von Galiläa an ihr eigenes Inselkloster in der Lagune erinnerte, vermochten sie in der Berufung der Zebedäussöhne ein Spiegelbild ihrer eigenen persönlichen Berufung zu sehen. Ihre Zellen, an die ein kleiner Garten angeschlossen war, lagen alle um den großen Kreuzgang, der in den Kartausen „Galiläa" (Galilaea maior) genannt wurde, was seit Hieronymus (347–420) das kontemplative Voranschreiten in der Tugend bedeutete.[30]

Die Heilung des Besessenen

4. Sonntag im Jahreskreis. Evangelium: Mk 1,21–28

„Da befahl ihm Jesus: Schweig und verlass ihn!
Der unreine Geist zerrte den Mann hin und her und verließ
ihn mit lautem Geschrei."
Mk 1,25

In der Perikope des 4. Sonntags im Jahreskreis setzt sich das Evangelium des vorausgehenden Sonntags fort. Nach der Berufung der ersten Jünger ging Jesus mit ihnen am kommenden Sabbat in die Synagoge von Kafarnaum, wo er in göttlicher Vollmacht lehrte (vgl. Mk 1,21–22). Dort hatte Jesus die Gelegenheit, seine Botschaft zu verkünden, da es in der Synagoge jedem erwachsenen Juden möglich war, zu einem der vorgetragenen Schrifttexte das Wort zu ergreifen. Dabei erfuhren die Anwesenden die einzigartige Kraft Gottes, die von ihm ausging und die sich wenige Augenblicke später in der Heilung eines Besessenen fortsetzen sollte.[1] In der Synagoge saß nämlich ein Mann, von dem ein unreiner Geist Besitz ergriffen hatte. Als der Dämon Jesus sah, begann er zu reden und erkannte in ihm den „Heiligen Gottes" (Mk 1,24), vor dessen unüberbietbarer Heiligkeit und Gottverbundenheit alle dämonischen Mächte weichen müssen. So befahl Jesus dem unreinen Geist, zu schweigen und den Besessenen zu verlassen (vgl. Mk 1,25). Dieser „zerrte den Mann hin und her und verließ ihn mit lautem Geschrei" (Mk 1,26). Der Dämon musste diesem Befehl gehorchen, weil Jesus mächtiger war. Doch dieser Gehorsam des unreinen Geistes war nur Flucht in die Finsternis, während der Geheilte zum Licht zurückkehren konnte.

Heilung des Besessenen, Hitda-Codex, Handschrift 1640, fol. 76r, nach 1000, Deckfarbenmalerei mit Gold auf Pergament, ca. 17,5 × 10,5 cm, Darmstadt, Universitäts- und Landesbibliothek. ▷

Hitda-Codex, Heilung des Besessenen

ALS LICHTGESCHEHEN FASSTE DIE HEILUNG DES BESESSENEN auch der ottonische Hitda-Codex auf, der dieses Wunder als zweites Bild vor dem Markusevangelium darstellte. Dieser Codex wurde kurz nach dem Jahr 1000 durch die Äbtissin Hitda als Evangeliar für das adelige Damenstift St. Maria und Walburga in Meschede in Auftrag gegeben[2] und wohl im Skriptorium des Kölner Benediktinerklosters St. Pantaleon angefertigt.[3] Als Zentrum der ottonischen Buchmalerei hatte sich neben Hildesheim, Reichenau und Echternach auch Köln herausgebildet, wo der Hitda-Codex entstand.[4] Als man 1310 das Kloster Meschede in ein Chorherrenstift umwandelte, wurde der Hitda-Codex weiterhin verwendet, bis er 1792 in den Revolutionskriegen in der Prämonstratenserabtei Wedinghausen in Arnsberg in Sicherheit gebracht wurde, von wo er 1803 in den Besitz des hessisch-darmstädtischen Großherzogs gelangte.[5]

Der Hitda-Codex enthält im Hauptteil mit den vier Evangelien neben den vier Evangelistenbildern auch fünfzehn ganzseitige Illustrationen zum Leben Jesu.[6] Mit ihren überlangen und ausdrucksstarken Figuren, ihren phantastischen Architekturstücken, atmosphärischen Phänomenen und lichtvollen Weiß- und Goldhöhungen besitzen die Miniaturen des Hitda-Codex eine einzigartige Ausdruckskraft. Hinter diesen expressiven Illustrationen stand ein pseudo-dionysianisch geprägtes Bildprogramm, das von der theologischen Symbolik des Lichtes geprägt war, das von Gott zu den Menschen hinabsteigt, um den Menschen den Aufstieg zu Gott zu ermöglichen. Auf das Licht verweisen neben den hellen Gold- und Weißhöhungen auch die Beischriften (tituli), die auf eigenen Seiten den Miniaturen gegenübergestellt sind und stets vom Licht sprechen. In so gut wie allen Bildern wird Christus auf den Kreuzarmen seines Nimbus als „LVX", als „Licht", gekennzeichnet und erscheint damit als das in der Finsternis strahlende wahre Licht der Welt, das jeden Menschen erleuchtet (vgl. Joh 1,5.9; 8,12; 9,5).[7] So zeigen die Miniaturen zum Leben Jesu, wie sich das göttliche Licht durch das Heilswirken Christi machtvoll auszubreiten vermag.[8]

Die Szene mit der Heilung des Besessenen (vgl. Mk 1,32–34; Lk 4,40–41) folgt auf die Miniatur mit der Taufe Jesu[9] und stellt im Hitda-Codex das zweite Bild vor dem Markusevangelium dar.[10] Die Miniatur wird von einer inneren schwarzen Leiste eingefasst und ist außen von einem blasspurpurnen Rahmen umgeben, dessen weißgehöhte Partien an den beiden Längsseiten von jeweils drei schräg nach innen verlaufenden dunkelpurpurnen Streifen durchbrochen sind.[11] Im Vergleich mit der Taufe Jesu ist die Miniatur mit Jesus und dem aus dem Besessenen ausfahrenden Dämon ganz auf die Hauptakteure beschränkt, wodurch die Bedeutung des Lichtes noch deutlicher in den Mittelpunkt rückt.[12] Die Trennung des Lichtes von der Finsternis zeigt sich in der erläuternden Beischrift, in dem farblich zweigeteilten Bildhintergrund und in der Inschrift „LVX" im Nimbus Jesu.[13] Auf der gegenüberliegenden

Seite stehen auf purpurfarbenem Feld in goldenen karolingischen Minuskeln die erklärenden Worte des Titulus: „Sp[iritu]s immundus tenebras petit, qui verbo lucis hominem fugit", „Der unreine Geist sucht die Finsternis, er, der durch das Wort des Lichtes den Menschen verlässt."[14] Diese Beischrift bestimmt die Bildgestalt der Miniatur weit mehr als die ikonographische Tradition und zielt ganz darauf ab, Christus, das Licht, als die wahre Macht der Welt erscheinen zu lassen, ohne dabei zu sehr bei der Schilderung der expressiven Dynamik des Kampfes zwischen Finsternis und Licht zu verweilen.[15] Um die Souveränität Christi als Licht der Welt herausstellen zu können, lehnte sich die Kölner Malschule an den Exorzismus des unreinen Geistes (spiritus immundus) in der Synagoge von Kafarnaum an (vgl. Mk 1,32–34; Lk 4,40–41) und zeigte nicht die in der ottonischen Kunst weitaus häufiger dargestellte dramatische Szenerie der in die Schweineherde hineinfahrenden Dämonen bei der Heilung des Besessenen von Gerasa (vgl. Mk 5,1–20).[16]

Durch die Beschränkung auf das Wesentliche kam dem farblich zweigeteilten Bildhintergrund mit dem orangeroten oberen Bereich und dem Blaugrau in der unteren Zone ein besonderes Gewicht zu. Auf die Ausführung dieses Hintergrundes verwandte der Kölner Malermönch große Sorgfalt und übermalte die Zone so lange, bis sie seinen Vorstellungen entsprach. Die Trennlinie zwischen den beiden Hintergrundzonen verläuft genau auf der Höhe des Mundes des Besessenen, aus dem der Dämon entfährt und in die untere, blaugraue Zone abgleitet, während der Geheilte seine Augen bereits in den oberen, lichtvoll orangeroten Bereich erheben kann, in dem sich auch der Oberkörper Jesu befindet. So ließ der Meister des Hitda-Codex die weitschweifenden Schilderungen der damaligen Kunst hinter sich und nahm ganz das Beziehungsgeschehen zwischen Jesus und dem Besessenen in den Blick.[17]

In der linken Bildhälfte steht Jesus barfuß auf der höchsten Scholle einer graublauen Bodenwelle. Während sein linker Fuß als Standbein fest auf dem Grund steht, ist sein rechtes Spielbein etwas zurückgesetzt. Über der Bodenwelle erhebt sich der untere Bereich des ebenfalls graublauen Hintergrundes, der bis an die Hüften Jesu reicht. An dieser Stelle beginnt der orangerote Bereich, der in der Kopfhöhe Jesu und am oberen Bildrand von jeweils drei weißen Streifen – zwei schmalen und einem breiten – durchzogen ist. Jesus trägt eine weiße Tunika mit zwei goldenen Clavi, die der Schrittstellung seiner Füße folgen, indem der hintere Goldstreifen schräg über dem rechten Fuß endet, während der vordere über dem Standbein gerade herabfällt. Über der Tunika trägt Jesus ein mit weißen und goldenen Dreipunktanordnungen gemustertes, rötlich-violettes Purpurpallium, das er mit seiner linken Hand rafft, in der er gleichzeitig eine goldene Schriftrolle hält, die ihn entsprechend der Beischrift auf der gegenüberliegenden Seite als „Wort des Lichtes" ausweist, das die Mächte der Finsternis besiegt. Mit seiner rechten Hand zeigt Christus im lateinischen Segensgestus auf den Besessenen, der bedeutend tiefer steht, so dass sich Jesus ihm mit geneigtem Haupt zuwendet. Die Gesichtszüge des in Dreiviertelvoransicht dargestellten und von braunem Haupt- und Barthaar umrahmten Antlitzes Jesu zeigen aufmerksamen Ernst. Durch die leicht geöffneten, rötlichen Lippen und durch die großen, dunklen Augen ist der Blick Jesu zudem von Güte bestimmt.[18] Ohne jede Beeinträchtigung durch den welligen Untergrund steht Jesus in majestätischer Erscheinung vor dem um Standfestigkeit ringenden Besessenen und vereinigt mühelos lebendige Leichtigkeit und erhabene Ruhe. Während sich in Jesu milden Gesichtszügen seine Anteilnahme am Leiden des Kranken spiegelt, zeigt sich die göttliche Souveränität des Herrn in der gesammelten Geste seiner rechten Segenshand.[19] Jesus steht von der Hüfte bis zu seinem Haupt in der hellen orangeroten Zone und wird dadurch für den Besessenen zum lichtvollen Gegenüber, zum fleischgewordenen „Wort des Lichtes", wie es nicht nur der Titulus, sondern auch die Inschrift „LVX" zum Ausdruck bringt, die sich auf die drei weiß- und schwarzkonturierten Kreuzbalken des mächtigen Goldnimbus verteilt und Jesus als das wahre Licht auszeichnet. Die weiße Streifenunterbrechung in der lichtvollen orangeroten Oberzone beginnt genau auf der Höhe des LVX-Kreuznimbus und hinterfängt die Gesichtspartie Jesu mit seiner Stirn, seinen Augen, seiner Nase und seinem Mund. Dadurch wird deutlich, dass das exorzierende Wort: „Schweig und verlass ihn!" (Mk 1,25), das Jesus mit seinem Mund spricht, von dem Licht ausgeht, das Christus selbst ist. Durch den leicht schräg nach unten weisenden Querbalken des LVX-Kreuznimbus, das geneigte Haupt Jesu und die gebietende rechte Segenshand geht von Christus eine Sprechverbindung aus, die das Antlitz des Herrn mit dem Gesicht des Besessenen verbindet.[20]

Rechts ist der vom unreinen Geist besessene Mann zu sehen. Seine Gestalt, die durch schwarze Umrisslinien hervorgehoben ist, ist teilweise verzerrt. Der Besessene hat gekraustes kurzes Haar und weist grobe Gesichtszüge auf. Während sein Oberkörper und sein Gesicht seitenansichtig dargestellt sind, ist sein Unterkörper bis zur Hüfte in Vorderansicht gegeben. Er trägt ab den Knien einen kurzen Rock als Obergewand und ist darunter mit einer dunkelblauen Hose bekleidet, bei der die Falten durch weiße Höhungen hervorgehoben sind. Obwohl er sein rechtes Standbein stark abgewinkelt hat, rutscht sein linker Fuß mit ausgestrecktem Bein nach unten ab. Trotz seiner graubraunen Stiefel hat er offensichtlich Mühe, sich auf dem abschüssigen Gelände zu halten. Die beiden wie gebunden wirkenden Arme weisen mit ihren langen, hell schimmernden Fingern parallel nach unten und folgen der Richtung des ausfahrenden Dämons. Seinen Kopf aber richtet der Mann nach oben, so dass er ab der Nase aus der dunklen Unterzone herauszuragen vermag, um seinen Blick auf Jesus und dessen machtvoll gebietende Segenshand zu richten. Auch durch die Kleidung ist der Besessene mit Jesus verbunden. So korrespondieren seine goldgehöhten Stiefel mit den Goldclavi und den goldverzierten Gewandsäumen der Kleider Jesu.[21] Auf dem Rock des Mannes findet sich auch die Purpurfarbe des Palliums Jesu wieder. Aber während bei Christus entsprechend seiner göttlichen Würde der Purpur die Grundfarbe ist, die nur von einem milchigen Weiß überlagert wird, so ist es beim Rock des Besessenen gerade umgekehrt, da dessen weiß-bläuliche Grundfarbe mit einer rötlich-purpurnen Lasur gehöht ist. Die purpurne Grundfarbe des Obergewandes Jesu und der purpurfarben gehöhte Rock seines Gegenübers zeigen, dass der Menschensohn seine Würde aus sich heraus besitzt, während der Besessene aufgrund gnadenhafter Teilhabe mit der göttlichen Macht Christi in Berührung kommt. Damit wird deutlich, dass der Besessene nicht nur eine exorzistische Heilung erfährt, sondern Anteil am Leben des menschgewordenen Sohnes Gottes, des „Verbum lucis", erhält. Die Verbindung zwischen Christus und dem Besessenen zeigt sich auch in der Körperhaltung, denn wie Christus ab der Hüfte in die obere Lichtzone eingetaucht ist, so dreht sich auch der Besessene mit Oberkörper und Gesicht ins Profil zu Jesus hin, während er mit seinen in Vorderansicht gezeigten Beinen in den unteren dunklen Bereich abzugleiten droht, wohin seine Arme zeigen und sein linkes Spielbein abgerutscht ist. Obwohl die verkrampft nach unten gerichteten Arme von der Wucht des ausfahrenden Dämons mitgerissen werden, gelingt es dem Mann, seinen Kopf weit zurückzuwerfen und sich mit seinem Blick in Jesus festzumachen. So vermag er mit den Augen und der Nase bereits in den oberen, orangeroten Lichtbereich einzudringen. Das eine sichtbare Auge ist aufgerissen und zeigt, wie sehr der Mann von der Erfahrung der Macht Jesu überwältigt ist, die noch stärker als die Kraft des Dämons ist. Durch ihre derbe Öffnung und Form fallen neben dem weit geöffneten Auge und der markanten Nase auch der aufgesperrte Mund und das große Ohr auf. Mit der Hervorhebung der Sinnesorgane wird deutlich, dass der Besessene seine Sinne nicht mehr gebrauchen konnte, so dass sie ihm durch den Exorzismus Jesu wieder geöffnet werden mussten. Die ganz auf Jesus ausgerichtete, tief einsaugende Nase erinnert an die Einhauchung des lebensspendenden Atems bei der Erschaffung des ersten Menschen (vgl. Gen 2,7) und weist damit den am Sabbat in der Synagoge gewirkten Exorzismus Jesu als einen neuen schöpferischen Akt aus, bei dem der von Christus ausgehende Geist aufgenommen wird.[22] Bereits die Kirchenväter hatten darauf hingewiesen, dass die in Kafarnaum gerade an einem Sabbat begonnenen Heilungstaten Jesu eine Neuschöpfung bedeuten, die dort anfangen sollte, wo nach dem Sechstagewerk die Urschöpfung einst aufhörte (vgl. Gen 1,31–2,3), um das Schöpfungswerk zu vollenden.[23]

Aus dem weit aufgestülpten Mund des Besessenen, der sich noch in der unteren Bildhälfte befindet, stürzt der Dämon, ohne seine beiden Flügel gebrauchen zu können, kopfüber in die Finsternis des nach unten immer dunkler werdenden graublauen

Hintergrundes, der schließlich in schwarze, schattenförmige Gewächse mündet. Diese Abwärtstendenz wird auch durch die drei Schrägstreifen unterstrichen, die jeweils auf den beiden Rahmenseiten nach unten weisen. Während der Mann mit seinen gleichgerichteten Armen die Bewegung des ausfahrenden unreinen Geistes nachvollzieht, ahmt der verkrümmte Dämon die verzerrte Haltung des Besessenen nach. Der graue und nackte Dämon, der mit seinem linken Fuß noch im Mund des Mannes steckt, erscheint mit seiner Hakennase und seinen übergroßen Krallenfingern betont hässlich. Das von der Gestalt Jesu ausgehende rötliche Licht fällt auf den herabstürzenden Dämon und verleiht dessen Flügeln einen ähnlichen Schimmer wie den Händen des Besessenen. Wie der Mann, so hat auch der unreine Geist sein Auge fest auf Jesus gerichtet, blickt ihn aber voll Angst und Bosheit an, da er nach unten stürzt, während Jesus mit seiner Segenshand nach oben in den transzendenten Lichtraum weist.[24]

In der Miniatur mit der Heilung des Besessenen verbinden sich der erläuternde Titulus und die gegenüberliegende bildliche Umsetzung in beeindruckender Weise. Sowohl die Beischrift als auch das Bild zeigen, wie der unreine Geist in die Finsternis strebt, weil er durch Christus, das „Wort des Lichtes" (verbum lucis), den von ihm besessenen Menschen fliehen muss. Als Jesus dem Dämon gebot, zu schweigen und den Besessenen zu verlassen, musste der unreine Geist gehorchen (vgl. Mk 1,25–26). Doch während dieser erzwungene Gehorsam den Dämon nur in die Finsternis stürzte, konnte der Geheilte zu Christus, dem wahren Licht, zurückkehren.

Die Heilung der Schwiegermutter des Petrus

5. Sonntag im Jahreskreis. Evangelium: Mk 1,29–39

*„Jesus ging zu ihr,
fasste sie an der Hand und richtete sie auf."
Mk 1,31*

Auf den Exorzismus in der Synagoge von Kafarnaum (vgl. Mk 1,21–28) folgt am 5. Sonntag im Jahreskreis die Perikope von der Heilung der Schwiegermutter des Petrus. Jesus hatte am Sabbat die Synagoge verlassen und war zusammen mit den Zebedäussöhnen Jakobus und Johannes in das Haus von Simon Petrus und Andreas gegangen, wo die Schwiegermutter des Petrus mit Fieber im Bett lag (vgl. Mk 1,29–30). Jesus „ging zu ihr, fasste sie an der Hand und richtete sie auf" (Mk 1,31). In dieser einfachen, von keinem Wort begleiteten Handergreifung wird deutlich, wie vollmächtig Jesus an diesem Sabbat sein Heilswirken in Kafarnaum begonnen hatte.[1] Das Fieber war offenbar so augenblicklich von ihr gewichen, dass sie sogleich in der Lage war, für Jesus und seine Begleiter zu sorgen (vgl. Mk 1,31). Als die Sonne untergegangen und die Sabbatruhe beendet war, „brachte man alle Kranken und Besessenen zu Jesus" (Mk 1,32), und „er heilte viele, die an allen möglichen Krankheiten litten, und trieb viele Dämonen aus" (Mk 1,34). So tat Jesus nicht nur mit den Worten seiner Verkündigung, sondern auch mit seinen Wundertaten kund, dass in ihm das verheißene Reich Gottes gekommen war.

Nach dem Lukasevangelium war es das Befehlswort Jesu, durch das die kranke Schwiegermutter geheilt wurde (vgl. Lk 4,39). Während Matthäus von einem Berühren der Hand der Schwiegermutter berichtet (vgl. Mt 8,15), fasste Jesus nach dem Markusevangelium die kranke Frau an der Hand und richtete sie auf (vgl. Mk 1,31). Diese Unterschiede waren auch den Konzeptoren des ottonischen Hitda-Codex bewusst, als sie im Rahmen der Bilderfolge zum Markusevangelium bei der Darstellung der Heilung der Schwiegermutter des Petrus das Ergreifen der Hand der vor Jesus stehenden Kranken bedeutungsvoll in den Mittelpunkt der Miniatur rückten. Die dem Matthäusevangelium und insbesondere dem Markusevangelium nahestehende Darstellung der Heilung der Schwiegermutter des Petrus durch das Ergreifen ihrer Hand stellt eine einzigartige Bildfindung des Hitda-Codex dar, die sich weder in der östlichen Tradition noch in der karolingischen und ottonischen Kunst findet. Während nach dem östlichen Grundschema Jesus auf die im Bett liegende und von Petrus begleitete Kranke hinzutritt, zeigt der Hitda-Codex einen thronenden Christus, eine bereits aufgestandene Kranke und anstelle ihres Schwiegersohnes weitere Heilungsuchende.[2]

Der kurz nach 1000 in einem Kölner Skriptorium angefertigte Hitda-Codex[3] war als Evangeliar von der Äbtissin Hitda für das adelige Damenstift St. Maria und Walburga in Meschede gestiftet worden und befindet sich heute in der Universitäts- und Landesbibliothek Darmstadt.[4] Die vier Evangelien sind mit fünfzehn ausdrucksstarken Miniaturen zum Leben Jesu illustriert,[5] in denen die im Kreuznimbus als „LVX" bezeichnete Gestalt Christi als „Licht der Welt" (Joh 8,12; 9,5) im Mittelpunkt steht. Auch die den Bildern gegenübergestellten lateinischen Erklärungen (tituli) sind auf das göttliche Licht bezogen, das sich im Leben Jesu so machtvoll auszubreiten vermochte.[6]

In der Beischrift zur Miniatur mit der Heilung der Schwiegermutter des Petrus ist in karolingischen Goldminuskeln zu lesen: „Verbo et tactu Xρ[ist]i fugit febris a socru petri. et varius parit[er] morbus circu[m]stantes deserit homines",[7] „Durch Wort und Berührung Christi weicht das Fieber aus der Schwiegermutter des Petrus. Und gleichfalls verlässt verschiedenartige Krankheit die umstehenden Menschen." Der erste Satz des Titulus verweist gemäß der Markus- und Matthäusüberlieferung auf die Heilung der Schwiegermutter Petri durch das Berühren der Hand (vgl. Mk 1,31; Mt 8,15), nimmt aber auch die lukanische Version auf, die von der Heilung durch das befehlende Wort Christi berichtet (vgl. Lk 4,39). Der zweite Satz der Beischrift bezieht sich auf die in allen drei synoptischen Evangelien geschilderten Heilungen vieler Kranker und Besessener, die sich am Abend dieses Sabbats ereigneten (vgl. Mk 1,32–34; Mt 8,16–17; Lk 4,40–41). So nimmt die Szene mit der Heilung der Schwiegermutter des Petrus den Vordergrund ein, während in den drei Männern, die rechts in kleinerem Figurenmaßstab auf einer erhöhten Bodenwelle stehen, die Kranken zu sehen sind, die am Abend bei Jesus im Haus des Petrus Heilung gesucht hatten.[8]

Heilung der Schwiegermutter des Petrus, Hitda-Codex, Handschrift 1640, fol. 77r, nach 1000, Deckfarbenmalerei mit Gold auf Pergament, ca. 17,5 × 10,5 cm, Darmstadt, Universitäts- und Landesbibliothek. ▷

Hitda-Codex, Heilung der Schwiegermutter des Petrus

Das Heilungswunder ereignet sich in einem durch Aushöhlung geschaffenen Innenraumbild. Während sich links über Jesus ein dunkles Purpurbraun sammelt, hellt sich die Höhlung hinter der Frau und den drei Männern zunehmend auf.[9]

Auf der linken Bildseite sitzt der im Dreiviertelprofil gegebene Christus, der von den golden geschriebenen griechischen Kürzeln „IHC" und „XPC" umgeben ist, die für „IH[COY]C XP[ICTO]C" stehen und den Dargestellten als „Jesus Christus" kennzeichnen. Sein von dunkelbraunem Haupt- und Barthaar umrahmtes Gesicht ist mit einem goldenen Kreuznimbus umgeben, in dem das lateinische Wort „LVX", „Licht", eingeschrieben ist. Zu dem hölzernen Thron, der seitlich mit mehreren Dreipunktmustern und zwei weißen Kreisornamenten verziert ist, führen zwei Stufen hinauf. Das hinter dem Thron hinabfallende Pallium Jesu ist mit einem goldenen Dreipunktmuster versehen und zeigt eine purpurbräunliche Färbung, die der Höhlung im Hintergrund gleicht.[10] Unter dem Pallium trägt Jesus eine hellblaue, weißgehöhte Tunika mit zwei goldenen Clavi. Die auf einem mennigroten Fußschemel (suppedaneum) ruhenden Füße Jesu sind mit Sandalen beschuht, was im Hitda-Codex nur in dieser Miniatur vorkommt und der Gestalt Jesu ein wenig von seiner überzeitlichen Gegenwart nimmt und auch seine konkrete Anteilnahme aufscheinen lässt, mit der er sich der kranken Schwiegermutter zuwendet. Diese Zuwendung wird auch durch die Parallelisierung der Fußstellung und Armhaltung Jesu hervorgehoben, denn wie seine Rechte nach vorn die Hand der Schwiegermutter fasst, so greift auch sein rechter Fuß bis zum Ende des Suppedaneums aus, während das Raffen des Palliums mit der linken Hand dem Zurücksetzen seines linken Fußes entspricht. Dass Jesus entgegen der Schilderung der synoptischen Evangelien sitzt und nicht vielmehr vor der Schwiegermutter steht, die sich auch ihrerseits eigentlich im Bett aufsitzen müsste, unterstreicht ebenfalls die Zentralität des Beziehungsgeschehens, da Jesus im ganzen Hitda-Codex nur dort thront, wo er sich einer Frau zuwendet, was neben der Heilung der Schwiegermutter auch noch bei der Darstellung der Begegnung Jesu mit der Ehebrecherin (vgl. Joh 8,1–11) der Fall ist. Durch das Sitzen wird auch die größenmäßige Dominanz der heilenden Person Jesu zugunsten einer Annäherung zwischen ihm und der durch ihr Stehen aufgewerteten Frau abgemildert. So neigt sich Jesus der vor ihm stehenden Frau zu und blickt sie voll besorgter Anteilnahme an, wie die hochgezogenen Augenbrauen zeigen. Mehr noch als seine souveräne Gelassenheit spiegelt sich in Jesu Gesichtszügen seine innige Beziehung wider, die ihn mit der Schwiegermutter verbindet und ihn schließlich ihre Hand ergreifen lässt. Die Tatsache, dass die Miniatur mit der Heilung der Schwiegermutter im ganzen Hitda-Evangeliar die einzige Szene ist, in der Jesus einen Menschen berührt, macht deutlich, wie sehr der Maler die von ihm geschilderte Intimität der Darstellung für angemessen hielt.[11]

Etwas kleiner als Jesus ist die ebenfalls in Dreiviertelvoderansicht gezeigte Schwiegermutter des Petrus dargestellt. Sie trägt einen lang herabfallenden graublauen Schleier und darunter ein mennigrotes Kleid, das mit goldenem Dreipunktmuster verziert ist und mit seinem weißen Saum bis auf den blaugrauen Boden reicht. Die lang und kraftlos herabfallenden Finger ihrer linken Hand zeigen, dass Jesus ihren Arm ohne ihr Zutun ergriffen hat. Dagegen hat sie ihre rechte Hand von sich aus weit geöffnet. Im Handteller ist eine auffallende fiebrige Rötung zu sehen, die sich aber durch das von Jesus her einfallende Licht bereits etwas verloren hat. Auch auf ihrem Antlitz scheint die Rötung durch das Licht Christi bereits zurückgegangen zu sein. Der Gesichtsausdruck der Schwiegermutter drückt Zurückhaltung und Ermüdung aus, so dass sie den Blick Jesu kaum zu erwidern vermag. Während ihr linker, schwarz beschuhter Fuß auf dem Untergrund der blaugrauen Bodenwelle stehen bleibt, hat sie ihren rechten Fuß bereits auf die Schwelle des Suppedaneums gesetzt und berührt beinahe den großen Zeh Jesu. Die aufeinander zugreifende Schrittstellung der beiden Personen findet ihre Entsprechung in der Gebärde der Hand Jesu, die nach dem Arm der Schwiegermutter greift und den Mittelpunkt der ganzen Miniatur bildet. Die Verbundenheit der beiden Personen wird auch durch die Tönung der Höhlung hervorgehoben, die den Farbton des Palliums Jesu aufnimmt und sich vom dunkelbraunen Purpurgrund hinter Jesus zur Frau hin immer mehr aufhellt. Dieser fließende Farbübergang bringt zum Ausdruck, wie sehr sich die königlich purpurne Sphäre Christi auf die Schwiegermutter ausgedehnt hat, um sie vom Fieber zu befreien.[12]

Obwohl Jesus nach dem Matthäus- und Markusevangelium die Schwiegermutter des Petrus an der Hand berührt (vgl. Mt 8,15) beziehungsweise gefasst (vgl. Mk 1,31) hatte, zeigt die Miniatur des Hitda-Codex, wie Christus die Frau am Unterarm im Bereich des Handgelenks ergriffen hat und behutsam zu sich heranzieht. Wie mit der Geste eines Liebenden fasst Jesus mit seiner rechten Hand den linken Arm der Frau, die schon zaghaft den Fußschemel des Thronsitzes Jesu betritt. Mit ihrem geneigten Haupt und ihrer erhobenen rechten Hand bringt die Schwiegermutter ihren demütigen Dank und ihre staunende Rührung zum Ausdruck. Die zarte Beziehung zwischen dem thronenden Jesus und der zu ihm emporgehobenen Frau erinnert an das bräutliche Verhältnis Christi zu seiner Kirche, für die er sich hingegeben hat, um sie zu heiligen (vgl. Eph 5,25–27). Auch das „Haus des Simon" (Lk 4,38; Mk 1,29), in dem die Heilung stattfand, lässt sich als Hinweis auf die Kirche verstehen, die Jesus auf dem Fundament des Petrus gründen wird (vgl. Mt 16,18). So dürfte das im „Haus des Petrus" (Mt 8,14) sich ereignende zärtliche Umfassen des Armes der Frau durch den thronenden Jesus ein Sinnbild für die durch den Bräutigam Christus herrscherlich gegründete und geliebte Kirche sein.[13] Bereits die Kirchenväter sahen in der vom

Fieber befreiten Schwiegermutter des Petrus ein Bild für die zur Kirchengemeinschaft berufene Synagoge.[14] Der karolingische Theologe Paschasius Radbertus (geb. um 785, gest. um 865) deutete das Haus Juda auf das Haus des Petrus und sah in dessen Schwiegermutter ebenfalls die darniederliegende und fiebrige Synagoge, die von Christus zum neuen Leben geführt wird.[15] Dabei bezog Paschasius Radbertus auch die Handgeste in seine Exegese ein, denn wie sich der erste Adam mit seiner nach der verbotenen Frucht greifenden Hand den Tod bereitet habe (vgl. Gen 3,6), so sei die Schwiegermutter durch die Hand Christi, des neuen Adam, geheilt worden.[16]

Rechts hinter der Frau steigt die blaugraue Bodenwelle zu einem kleinen Hügel an, auf dem drei Männer stehen, auf die sich der zweite Vers des Titulus bezieht und die somit als die im Evangelium erwähnten Kranken zu deuten sind (vgl. Mk 1,32–34; Mt 8,16–17; Lk 4,40–41). Dass die Männer nicht zu den Aposteln gehören können, die gewöhnlich auf den Bildern mit der Heilung der Schwiegermutter zu sehen sind, zeigt sich auch daran, dass sie mit ihren Strümpfen, Röcken und Mänteln profane Kleidung tragen, während die Jünger Jesu mit biblisch-antikisierenden Gewändern bekleidet sind.[17] Mit ihren leicht geröteten Gesichtern weisen die drei frontal gezeigten Männer das gleiche Krankheitsbild wie die Schwiegermutter auf. Sie stehen zwar ebenfalls wie die Frau im lichtvollen Bereich der Höhlung, der sich vom purpurbraunen Grund hinter Jesus zur Schwiegermutter hin aufhellt, sind aber im Unterschied zur Frau von vorn und damit noch nicht von Jesus her beleuchtet. Dadurch wird deutlich, dass ihre Heilung noch bevorsteht, während die fiebrige Rötung bei der Frau schon am Zurückweichen ist. In diesem Sinn verweist der Hügel, auf dem die drei Männer stehen, nicht nur auf die räumliche Verschiedenheit zwischen ihnen und der Frau, sondern versinnbildlicht auch die geistige Stufe, auf der die Kranken noch warten, um ebenfalls mit dem heilenden Christus in Berührung zu kommen. Durch den mittleren, dunkelhaarigen Mann, der im Gegensatz zu seinen beiden Begleitern nicht auf die Heilungsszene, sondern aus dem Bild herausblickt, wird auch der Betrachter in die Frage nach seiner geistlichen Disposition zur Begegnung mit dem Heiland einbezogen.[18]

Bei den beiden äußeren Männern fällt auf, dass sich in den Farben ihrer Strümpfe, Mäntel und Röcke die koloristische Gestaltung Jesu und vor allem der Schwiegermutter widerspiegelt. So verläuft das vom Fußschemel Jesu ausgehende Mennigrot über das Gewand der Schwiegermutter bis hin zu dem rechten, rothaarigen Mann mit dem grau verschatteten Gesicht, dessen Rock einschließlich des Dreipunktmusters der Farbe des Kleides der Frau entspricht. Das Blaugrau seiner Strümpfe und seines Mantels korrespondiert ebenfalls mit dem Kolorit des langen Schleiers der Schwiegermutter. Während sich aber die Frau schon dankbar vor Jesus zu neigen vermag, blickt der noch nicht geheilte rechte Mann wie gebannt auf die

Gestalt Jesu, von dem er aber bereits fasziniert zu sein scheint. Der linke, rotgelockte bärtige Mann nimmt mit seinem Untergewand farblich auf die Tunika Jesu Bezug. Mit seiner Rechten wiederholt er die Geste der erhobenen rechten Hand der Schwiegermutter, mit der ihn auch das blaugraue Obergewand verbindet, das der Farbe des Schleiers der Frau entspricht. Sein untergeschlagener linker Arm bringt abwartende Distanz zum Ausdruck und zeigt, dass der direkte heilende Kontakt mit Jesus noch bevorsteht.[19]

Über dem ausgehöhlten Innenraum erscheinen vor einem graublauen Firmament phantastische Architekturen mehrstöckiger Häuser, die den Ort Kafarnaum umschreiben. Ihre Giebel sind mit einem goldenen Wellenband verziert und von einem Goldknauf bekrönt. Bis auf das Gebäude über Jesus, das eine gemauerte Seitenwand aufweist, besitzen die übrigen Fassaden Fenster und weiße Kreisornamente. Wie bei den kranken Männern, so spiegeln sich auch in den Architekturen die Farben des Vordergrundes wider. So sind die Hauswand des linken Gebäudes und die Fassade des rechten Gebäudes ebenso purpurbraun gefärbt wie das Pallium Jesu und der von ihm ausgehende Hintergrund in der Höhlung. Das Mennigrot des Fußschemels und des Kleides der Frau erscheint zunächst an der Fassade des linken Hauses, dann beim Zwischendach des aus zwei Gebäudeteilen zusammengesetzten mittleren Hauses und schließlich in den Dachziegeln des rechten Gebäudes. Das Blau der Seitenwand des Hauses in der Mitte erinnert an das Hellblau der Tunika Jesu. Das Blaugrau des Schleiers der Frau findet sich sowohl beim mittleren Bau als auch beim rechten Haus wieder. Neben der Farbe verweist auch die Ausrichtung der Häuser auf die Beziehungen zwischen Jesus, der Frau und den kranken Männern. Beim linken Haus über Jesus spielt das ornamentale Band an der purpurfarbenen Fassade auf den ähnlich verzierten Thron Jesu an, während die Fassade dieses Hauses die Ausrichtung des thronenden Jesus auf die drei Kranken aufnimmt. Das aus zwei Architekturstücken zusammengesetzte mittlere Haus erinnert daran, dass sich das Heilungswunder sowohl im Haus der Schwiegermutter als auch im Haus ihres Schwiegersohnes ereignet hat, womit deutlich wird, dass die in der Schwiegermutter repräsentierte Synagoge als Haus Israel zur Kirche und damit zum Haus des Petrus berufen ist. Zudem macht das nach links stürzende mittlere Haus den gleichsam umstürzenden Vorgang der Begegnung mit Christus anschaulich und unterstreicht mit seiner kippenden und damit auch überbrückenden Bewegung, dass für die Weitergabe des göttlichen Lichtes die Vermittlung der Kirche notwendig ist.[20] So erscheint unter dem Mittelgebäude die Kirche in der bräutlichen Gestalt der Schwiegermutter, die zärtlich von Jesus am Arm ergriffen wird und bereits ihren Fuß auf das Suppedaneum Christi zu setzen vermag, um an der Ausbreitung des Heils in der Welt mitzuwirken.

Die Miniatur mit der Heilung der Schwiegermutter zeigt, wie sehr der Betrachter der Illustrationen des Hitda-Codex dazu aufgefordert wird, das Dargestellte durch sein betendes Nachdenken in seiner ganzen Tiefe auszuloten.[21] Dazu verhilft ihm zunächst der Titulus, der die Heilung der Frau und der anderen Kranken durch Jesu Berührung und Wort erwähnt. Beim Betrachten des Bildes nimmt er wahr, dass sich von Christus als Quelle des wahren Lichtes der königliche Purpur bereits über die Frau gebreitet hat und sich langsam bis zu den kranken Männern ausdehnt, um alsbald seine heilende Fülle zu erfahren. Im Mittelpunkt aber steht das einzigartige Motiv der Handgeste, mit der Christus die Schwiegermutter und damit seine Kirche an sich zieht, um sie den Fußschemel seiner göttlichen Macht betreten zu lassen und ihr an seinem Heilswerk Anteil zu geben.

Die Heilung des Aussätzigen

6. Sonntag im Jahreskreis. Evangelium: Mk 1,40–45

*„Jesus hatte Mitleid mit ihm; er streckte die Hand aus,
berührte ihn und sagte: Ich will es – werde rein!"*
Mk 1,41

Nach der Heilung vieler Kranker im Haus des Petrus hatte sich Jesus an einen einsamen Ort zum Gebet zurückgezogen. Als ihm Petrus und seine Begleiter nachgeeilt waren, weil ihn alle suchen würden, entschloss sich Jesus, in die benachbarten Dörfer zu gehen, um auch dort zu predigen (vgl. Mk 1,32–39). Das Evangelium des 6. Sonntags im Jahreskreis schildert nun, wie Jesus auf seinem Weg einem Aussätzigen begegnete, der vor ihm auf die Knie fiel und ihn bat: „Wenn du willst, kannst du machen, dass ich rein werde" (Mk 1,40). Jesus hatte Mitleid mit dem Kranken (vgl. Mk 1,41), der nach der Feststellung des Aussatzes durch den zuständigen Priester (vgl. Lev 13,1–59) nicht nur als kultisch unrein galt (vgl. Lev 13,45–46), sondern wie ein „lebendiger Toter" von der menschlichen Gemeinschaft ausgeschlossen war.[1] Jesus streckte die Hand aus und berührte ihn mit den Worten: „Ich will es – werde rein!" (Mk 1,41), so dass der Aussatz augenblicklich verschwand (vgl. Mk 1,42). Trotz des Gebotes Jesu, die Heilung geheim zu halten (vgl. Mk 1,43–44), war das Wunder so machtvoll, dass es nicht verborgen bleiben konnte und es durch den Geheilten bei jeder Gelegenheit verbreitet wurde (vgl. Mk 1,45).

Als Jesus dem Geheilten eingeschärft hatte, niemandem von dem Wunder zu erzählen, trug er ihm auch auf, sich dem Priester zu zeigen und das im Gesetz des Mose vorgeschriebene Reinigungsopfer darzubringen (vgl. Lev 14,2–32). Um nach der Untersuchung durch den Priester und der Feststellung seiner Reinheit wieder in die frühere Lebensgemeinschaft zurückkehren zu können, musste zunächst ein aufwendiges Ritual durchgeführt werden. Den Auftakt bildete die Darbringung zweier lebender reiner Vögel, von denen einer geschlachtet werden und der andere ins freie Feld fliegen sollte (vgl Lev 14,4–7). Wie der Evangelist erwähnt, wollte Jesus mit der Anweisung zur Darbringung des Reinigungsopfers seine Treue zum mosaischen Gesetz unterstreichen (vgl. Mk 1,44), als dessen Erfüller er sich verstand (vgl. Mt 5,17).

DIE HEILUNG DES AUSSÄTZIGEN (vgl. Mk 1,40–45; Mt 8,1–4; Lk 5,12–14) taucht bereits in der frühchristlichen Katakombenmalerei auf. Ende des 10. Jahrhunderts wurde die Szene zusammen mit den noch häufiger dargestellten Blinden- und Besessenenheilungen in die ottonischen Bilderzyklen zum Leben Jesu aufgenommen. Im ottonischen Freskenzyklus der Georgskirche von Oberzell auf der Klosterinsel Reichenau wurde die Heilung des Aussätzigen mit der Szene der Darbringung des Reinigungsopfers verbunden.[2] Im Reichenauer Skriptorium wurde auch das Evangeliar Ottos III. (reg. 983–1002) angefertigt, das in einer Miniatur ebenfalls die beiden im Markusevangelium geschilderten Szenen der Heilung und der kultischen Reinigung des Aussätzigen (vgl. Mk 1,40–44) zeigt.[3] Das Evangeliar dürfte um das Jahr 1000 noch unter der Regentschaft Ottos III. entstanden sein. Unter Heinrich II. (reg. 1002–1024) kam es an das 1007 gegründete Bistum Bamberg, von wo es nach der Säkularisation in die Bayerische Staatsbibliothek München gelangte.[4] Die Pergamenthandschrift enthält unter anderem eine Bilderfolge von 29 goldgrundierten Miniaturen zu einzelnen Evangelienperikopen, wobei dem Markusevangelium sieben Illustrationen zugeordnet sind.[5]

Zum Markuszyklus gehört auch die Miniatur mit der Heilung und dem Dankopfer des Aussätzigen (vgl. Mk 1,40–44). Die goldunterlegte und von einer einfachen roten Zierleiste eingefasste Illustration ist zweigeteilt und zeichnet sich durch ihre für die ottonische Buchmalerei charakteristische sakrale Monumentalität aus.[6]

Im oberen Bildstreifen ist die Aussätzigenheilung dargestellt, die sich über einer schmalen Erdscholle abspielt, was dem Bericht des Markusevangeliums entspricht, der im Gegensatz zu Matthäus (vgl. Mt 8,1) keine Ortsangabe macht.[7] Rechts ist der halbnackte, nur mit einer kurzen hellbraunen Tunika bekleidete Aussätzige zu sehen, dessen Hautoberfläche ganz mit roten Punkten übersät ist. Wie in der frühen Ikonographie üblich, hat der Kranke auf seinem Rücken ein großes, an einem Riemen befestigtes Horn umgehängt, um die Gesunden durch ein akustisches Signal rechtzeitig vor einer Annäherung und damit vor einer möglichen Ansteckung warnen zu können.[8] Der vorgebeugte und mit Schwären bedeckte Kranke ist gerade dabei, sich

Heilung und Dankopfer des Aussätzigen, Evangeliar Ottos III., Codex Latinus Monacensis 4453, fol. 97v, um 1000, Deckfarbenmalerei mit Gold auf Pergament, 33,4 × 24,2 cm (Blattgröße), ▷
München, Bayerische Staatsbibliothek.

vor Jesus niederzuknien und mit seiner leicht erhobenen, geöffneten rechten Hand seine Bitte um Heilung zu unterstreichen (vgl. Mk 1,40).[9]

Die linke Bildhälfte wird von drei Jüngern und von Christus eingenommen, dessen bartloses, jugendliches Haupt von einem Kreuznimbus umrahmt wird. Über seinen unbedeckten Füßen trägt Jesus eine hellblaue Tunika. Mit seiner linken Hand rafft er das purpurfarbene, teilweise gemusterte Pallium, das auf seine königlich-messianische Machtfülle verweist. Die Rechte hat er zum Aussätzigen hin im lateinischen Segensgestus erhoben. Von den drei, auf die Trinität verweisenden Fingern sind mit Ausnahme des verdeckten Daumens der Zeige- und der Mittelfinger zu sehen, während die beiden anderen, die zwei Naturen Christi symbolisierenden Finger zurückgebogen und darum nicht sichtbar sind.[10] Die über der ausgestreckten Rechten des Aussätzigen feierlich erhobene Segenshand Jesu zeigt, dass die Bitte des Kranken: „Wenn du willst, kannst du machen, dass ich rein werde" (Mk 1,40), bei Christus Erhörung gefunden hat (vgl. Mk 1,41).[11] Hinter Jesus steht der an seiner weißen Bart- und Haartracht erkennbare Petrus, der über seiner hellblauen Tunika ein hellgelbes Pallium trägt. Während er seine rechte Hand staunend erhoben hat, trägt er in seiner Linken eine Schriftrolle, die ihn als Zeugen des wunderbaren Geschehens ausweist. Von den beiden anderen Begleitern hat der linke, mit einem roten Pallium bekleidete, bärtige Jünger ebenfalls seine Rechte erhoben. Die nackten Füße Jesu und der Jünger erinnern an die „Schritte" der bei Jesaja verheißenen „Freudenboten" und weisen sie als Verkünder der rettenden Heilsbotschaft aus (vgl. Jes 52,7; Röm 10,15).

In der unteren Bildhälfte ist das Dankopfer des vom Aussatz Geheilten zu sehen.[12] Da sich der rein Gewordene dem Priester präsentieren musste (vgl. Lev 14,2), sah sich der Maler offenbar dazu veranlasst, die Szene in einem tempelartigen Ambiente darzustellen. Die Phantasiearchitektur zeigt zwei Bogenstücke, die in der Mitte auf einer Säule und an den beiden Seiten auf zwei turmähnlichen Bauwerken aufliegen. Der links von der Mittelsäule stehende bartlose Geheilte hat seine Füße bedeckt und ist festlich gekleidet, wodurch im Unterschied zu seinem Elend als halbnackter Aussätziger seine Begnadung und damit sein Gehülltsein in die „Gewänder des Heils" (Jes 61,10) zum Ausdruck kommt. Die Kleidung spielte auch im mosaischen Reinigungsritus eine Rolle, wonach der Geheilte verpflichtet war, nicht nur seinen Körper, sondern auch seine Kleider zu waschen (vgl. Lev 14,8–9). So trägt der Geheilte in der Miniatur eine kostbare blaue Tunika, die mit Goldstreifen gesäumt ist. Die beiden lebenden reinen Vögel, die beim Reinigungsopfer darzubringen waren (vgl. Lev 14,4–7), hält der Geheilte in seinen beiden Händen, wobei er die linke Hand unter seinem grünen Mantel verborgen hat.

Unter dem rechten Bogenstück sitzt auf einem prächtigen Thron mit Suppedaneum und blauem Kissen der Priester, der über einer hellblauen Tunika ein hellrotes

Pallium trägt und mit seinem nimbierten, weißhaarigen Haupt ein ehrwürdiges Aussehen besitzt. Die nackten Füße, die erhobenen Hände, der in seinem Schoß liegende, an das mosaische Gesetz erinnernde rot eingebundene Codex und die liturgische Stilisierung der tempelähnlichen Architektur verleihen der Gestalt des Priesters feierliche Sakralität.[13] Letztlich erinnert der Priester an Christus, den wahren Hohenpriester „nach der Ordnung Melchisedeks" (Ps 110,4), der die im Inneren verborgene reine Gesinnung des Menschen kennt und der als Vollender des alttestamentlichen Gesetzes (vgl. Mt 5,17) dem Geheilten über die wörtliche Gebotsbefolgung hinaus bereits ein neues, geistiges Opfer auftragen wollte, wie Ambrosius (337–397) bei seiner Auslegung des Dankopfers des geheilten Aussätzigen hervorhob.[14] Wie aber der Priester auf Christus hinweist, so steht der in prächtige Gewänder gekleidete Geheilte für den Gläubigen, der nunmehr das wahre, geistige Opfer des Neuen Bundes darzubringen vermag.

Die Heilung des Gelähmten

7. Sonntag im Jahreskreis. Evangelium: Mk 2,1–12

„Als Jesus ihren Glauben sah, sagte er zu dem Gelähmten:
Mein Sohn, deine Sünden sind dir vergeben!"
Mk 2,5

Nach der Heilung des Aussätzigen (vgl. Mk 1,40–45) kehrte Jesus wieder nach Kafarnaum zurück, wo er im Haus des Petrus das Wort Gottes verkündete. Die Menschen waren so zahlreich gekommen, dass es nicht mehr möglich war, von außen an die Eingangstür zu gelangen (vgl. Mk 2,1–2). So konnten vier Männer einen Gelähmten, den sie auf einer Bahre trugen, nicht bis zu Jesus in das Haus hineinbringen. Daher fassten sie die kühne Idee, über dem Ort, an dem Jesus im Haus lehrte, die aus Zweiggeflecht bestehende Lehmdecke abzutragen, um von dort den Kranken herabzulassen (vgl. Mk 2,3–4). Von dieser Begegnung des Gelähmten mit Jesus berichtet das Evangelium des 7. Sonntags im Jahreskreis. Als Jesus über den „Glauben" staunte (Mk 2,5), den er in der Beharrlichkeit und Beherztheit der vier Träger erkannte, wandte er sich dem Gelähmten mit den Worten zu: „Mein Sohn, deine Sünden sind dir vergeben!" (Mk 2,5). Da Jesus nicht um eine körperliche Heilung gebeten wurde, antwortete er auf den Glauben der vier Männer mit einem sündenvergebenden Wort, das die Seele heilt. Damit wollte Jesus seine göttliche Vollmacht kundtun, die sich nicht nur auf die Heilung von Krankheiten, sondern kraft seiner Gottessohnschaft auch auf die nur Gott mögliche Vergebung von Sünden erstreckt.[1] Unfähig, in Jesus den Menschensohn und damit den verheißenen Messias, den Sohn Gottes, zu erkennen, vermochten die anwesenden Schriftgelehrten in dem sündenvergebenden Wort Jesu nur einen gotteslästerlichen Akt zu sehen (vgl. Mk 2,6–7). Jesus aber deckte sogleich ihre Gedanken auf (vgl. Mk 2,8) und wollte ihnen nun durch die körperliche Heilung des Gelähmten anschaulich machen, dass er als der Menschensohn auch die Vollmacht hat, Sünden zu vergeben (vgl. Mk 2,10). Mit der rhetorischen Frage: „Ist es leichter, zu dem Gelähmten zu sagen: Deine Sünden sind dir vergeben!, oder zu sagen: Steh auf, nimm deine Tragbahre und geh umher?" (Mk 2,9), wollte

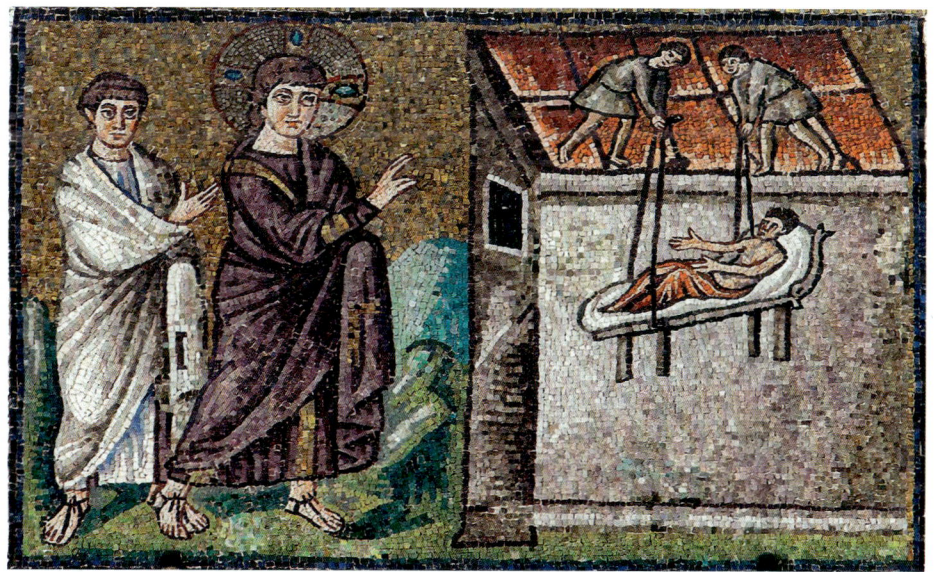

Die Heilung des Gelähmten, Mittelschiffmosaik an der Nordwand, Ravenna, San Apollinare Nuovo, um 520, ca. 110 × 130 cm.

Jesus den Schriftgelehrten durch die „leichtere" Krankenheilung seine Vollmacht zur „schwereren" Sündenvergebung beweisen. So forderte Jesus den Gelähmten auf, seine Tragbahre zu nehmen und nach Hause zu gehen (vgl. Mk 2,11), was sogleich vor den Augen aller geschah, die außer sich gerieten und Gott priesen (vgl. Mk 2,12).

EINE IKONOGRAPHISCH EINZIGARTIGE DARSTELLUNG der Heilung des Gelähmten findet sich in einem byzantinischen Mosaik in der Basilika San Apollinare Nuovo von Ravenna. Diese Kirche war unter dem Ostgotenkönig Theoderich (reg. 493–526) um 500 als arianische Palastkirche erbaut worden und ab 560 durch den byzantinischen Kaiser Justinian (reg. 527–565) dem katholischen Gottesdienst übergeben worden. An den beiden Langhauswänden hat sich über den Obergadenfenstern ein 26 Bilder umfassender Mosaikzyklus zum Leben Jesu erhalten, der um 520 noch unter Theoderich angebracht wurde.[2] Während die dreizehn Mosaikfelder auf der Nordseite vor allem Wunderszenen und zwei Gleichnisse darstellen, zeigen die Bilder auf der Südseite dreizehn Szenen zum Leiden und zur Auferstehung Jesu.[3] Die Figuren dieser byzantinischen Mosaike erscheinen vor dem Goldhintergrund in feierlicher Sakralität und wirken trotz ihrer räumlich-plastischen Gestaltung flächenhaft. Sie blicken häufig den Betrachter an und stehen meist in feierlicher Strenge nebeneinander. Während der in königlichen Purpur gekleidete Christus im Passionszyklus auf der

Südseite stets mit Bart dargestellt ist, erscheint er im Wunderzyklus auf der Nordseite immer jugendlich und bartlos.[4]

Zwischen den Mosaiken mit der Scheidung der Böcke von den Schafen (vgl. Mt 25,31–46) und der Heilung des Besessenen von Gerasa (vgl. Mk 5,1–20) findet sich als elftes Bild des Wunderzyklus die Darstellung der Heilung des Gelähmten von Kafarnaum, wie er gerade an seiner Tragbahre herabgelassen wird (vgl. Mt 9,1–8; Mk 2,3–12; Lk 5,18–26). Diese Ikonographie ist für die Zeit um 520 einzigartig, da der Gelähmte in der frühchristlichen Kunst stets als davonschreitender Geheilter dargestellt wurde, der gemäß der Anweisung Jesu sein Bett auf dem Rücken trägt (vgl. Mk 2,11). Vergleichbare Darstellungen des auf seiner Tragbahre herabgelassenen Gelähmten treten erst nach dem Mosaik von San Apollinare Nuovo in der frühmittelalterlichen und byzantinischen Kunst auf.[5]

Das Mosaik mit dem Gelähmten ist von einem Zierrahmen mit purpurblauen Ornamenten umgeben. Während die obere Bildhälfte einen Goldhintergrund besitzt, ist unten eine stilisierte Felsen- und Wiesenlandschaft zu sehen. Die im Evangelium erwähnten und das Haus füllenden Menschen sowie die Schriftgelehrten sind nicht dargestellt. Vor dem Haus der rechten Seite sind nur zwei der vier Träger mit dem Gelähmten gezeigt, während gegenüber Jesus und ein Begleiter stehen. So ergibt sich eine auf das Wesentliche konzentrierte Komposition, die Krankheit und Heilung, vor allem aber Sünde und Vergebung einander gegenüberstellt.[6]

Wie in den Mosaiken von San Apollinare Nuovo üblich, wird Jesus von einem ganz in Weiß gekleideten Jünger begleitet. Der bartlose, mit Sandalen beschuhte Jünger blickt aus dem Bild heraus und nimmt Kontakt mit dem Betrachter auf. Mit seiner erhobenen rechten Hand verweist er den Betrachter auf den neben ihm stehenden Christus, der seinerseits nach rechts zum Gelähmten hin seine Hand erhoben hat.[7]

Links von der Mitte steht der jugendlich bartlose Christus, dessen rechte Gesichtshälfte ergänzt ist.[8] Sein Haupt wird von einem mit drei Edelsteinen geschmückten Kreuznimbus eingerahmt, der sich durch seine rote Umrandung vom Goldhintergrund abhebt. Jesus trägt ein violettes Purpurgewand mit einem goldenen Clavus, der wie eine Schärpe am Halsausschnitt ansetzt und weiter nach unten läuft. Mit diesen imperialen Insignien werden die königliche Würde Christi und seine göttliche Vollmacht betont. Während Jesus mit seiner linken Hand von innen her sein Gewand rafft, streckt er seinen rechten, im Redegestus erhobenen Arm seitlich zu dem Gelähmten hin. Diese Hinwendung wird auch durch die Schrittstellung seiner mit Sandalen beschuhten Füße unterstrichen. Da der Gelähmte noch auf seiner Tragbahre liegt, bezieht sich der Redegestus auf die Sündenvergebung, die Jesus dem Kranken zugesprochen hat, als er zu ihm herabgelassen wurde (vgl. Mk 2,5).

Die rechte Bildhälfte wird fast ganz vom Haus eingenommen. Auf dem rotgedeckten Dach stehen zwei mit kurzer Tunika bekleidete Männer, die den auf seinem Bett liegenden Kranken mit zwei Seilen herablassen (vgl. Mk 2,4). Da entgegen der biblischen Schilderung offenbar nicht das Innere, sondern eine perspektivische Sicht auf das Äußere des Hauses dargestellt ist, ergibt sich der Eindruck, als würde Jesus über einen freien Hof auf den Gelähmten zugehen.[9] Der ebenfalls bartlose Gelähmte, der nur an seinen Beinen mit einem roten Gewand verhüllt ist, hat Jesus vertrauensvoll beide Arme entgegengestreckt, was wiederum über das Evangelium hinausgeht, in dem keine Bitte des Kranken erwähnt ist. Dieses Motiv des Entgegenstreckens der Hände, das die frühmittelalterliche Buchmalerei wieder aufnehmen wird,[10] verweist auf den Glauben, der in den Evangelien immer wieder als Voraussetzung für das Wunderwirken Jesu herausgestellt wird und von dem nach dem Zeugnis Jesu (vgl. Mk 2,5) auch die Träger des Gelähmten erfüllt waren, als sie das Dach des Hauses abdeckten, um den Kranken vor Jesus zu bringen.[11] So wird die Dimension des Glaubens, von dem die Träger und wohl auch der Gelähmte selbst erfüllt waren, durch den Kranken verkörpert, der voll Vertrauen seine Arme zu Jesus hin ausstreckt.[12]

Das Thema der Sündenvergebung bildet den Schwerpunkt der Aussage des Mosaiks, wie die ausgestreckten Hände des Kranken zeigen, mit denen er in Dialog mit der im Redegestus erhobenen Hand Jesu tritt. Auch in der frühchristlichen Literatur wurde bei der Exegese der Heilung des Gelähmten immer der Aspekt der Sündenvergebung in den Vordergrund gerückt. Berücksichtigt man, dass sich das Mosaik mit dem Gelähmten an die vorausgehende Darstellung des Weltgerichts anschließt, in dem die Sünder endgültig von den Gerechten geschieden werden, dann ergibt sich ein weiterer Hinweis auf die Vergebung der Sünden als Kernaussage der Mosaikdarstellung.[13] So zeigt sich Christus in dem Mosaik von San Apollinare Nuovo als der göttliche Herr, der Macht hat, die Sünden zu vergeben, und der mit der bevorstehenden körperlichen Heilung des Gelähmten auch einen sichtbaren Beweis dafür vor Augen stellt.[14]

Christus, der Seelenbräutigam

8. Sonntag im Jahreskreis. Evangelium: Mk 2,18–22

„Können denn die Hochzeitsgäste fasten, solange der Bräutigam bei ihnen ist? Solange der Bräutigam bei ihnen ist, können sie nicht fasten."
Mk 2,19

Nach der Heilung des Gelähmten ging Jesus in Kafarnaum wieder an den See, wo er den Zöllner Levi in seine Nachfolge rief und anschließend mit ihm und vielen anderen Sündern und Zöllnern ein festliches Mahl hielt (vgl. Mk 2,13–17). Als er dann von einigen Leuten gefragt wurde, warum seine Jünger im Gegensatz zu den Schülern der Pharisäer und der Jünger Johannes' des Täufers nicht fasten (vgl. Mk 2,18), bezeichnete sich Jesus als Bräutigam, auf dessen Hochzeit die Gäste nicht fasten können (vgl. Mk 2,19).

Mit dem Bild vom Ehebund, das im Mittelpunkt des Evangeliums des 8. Sonntags im Jahreskreis steht, nahm Jesus die Verkündigung der Propheten auf, die in Gott den mit seiner Braut Israel vermählten Bräutigam sahen, der an seinem Bund festhält und seine treulose Braut immer wieder neu umwirbt (vgl. Hos 2,16–17.21–22). Gott wird seine Braut nicht aufgeben, sondern einen neuen Bund schaffen und schließlich in seinem menschgewordenen Sohn alle Schuld vergeben, um einen ganz neuen Anfang zu machen. Jesus beanspruchte nun, dieser neue Anfang und damit der Herr und Bräutigam des neuen Gottesvolkes zu sein. Wie schon das vorausgegangene Festmahl mit Levi und den Sündern (vgl. Mk 2,15), so war für Jesus auch die Hochzeit ein Sinnbild für die in ihm in Erfüllung gegangene Heilszeit. Indem er über seine Jünger sagte: „Solange der Bräutigam bei ihnen ist, können sie nicht

Die Seele an der Brust Christi ruhend, nach 1461, Zeichnung mit lavierten Deckfarben auf Papier, 10,5 × 8,1 cm, Eichstätt, Benediktinerinnenabtei St. Walburg. ▷

Die Seele an der Brust Christi ruhend

fasten" (Mk 2,19), erhob Jesus den ungeheuerlichen Anspruch, dass mit ihm das verheißene Heil begonnen hat und in seiner Person der göttliche Bräutigam bereits anwesend ist (vgl. Joh 3,29–30; Mt 22,2; 25,1; Offb 21,2.9). Deshalb erachtete Jesus auch das Fasten in der Zeit seiner Anwesenheit auf Erden für gegenstandslos (vgl. Mk 2,19). Zu einem Fasten werde es für seine Jünger erst aufgrund dessen kommen, was man dem Bräutigam in den Tagen seiner Passion antun wird: „Es werden aber Tage kommen, da wird ihnen der Bräutigam genommen sein; an jenem Tag werden sie fasten" (Mk 2,20).[1] Jetzt aber sei mit seiner Anwesenheit als Bräutigam die Hochzeit da, die nicht Fasten, sondern Fülle für seine Jünger bedeutet. Da aber Jesus nach seinem Leiden auferstanden ist und lebt, dauert diese bräutliche Zeit an, bis bei der „Hochzeit des Lammes" (Offb 19,7) die Braut zur endgültigen Eheschließung mit Gott bereit sein wird.

Das Leben der Jünger Jesu im Stand der Verlobung und in der Erwartung des ewigen Ehebundes mit Gott führte in der christlichen Spiritualität zum lebendigen Bewusstsein, mit Christus als dem „Seelenbräutigam" jetzt schon verbunden zu sein und auf mystische Weise sogar die geistliche Vermählung mit ihm erfahren zu dürfen. Die im alttestamentlichen Hohenlied geschilderte Liebe der Verlobten wurde in der geistlichen Auslegung der frühen und mittelalterlichen Kirche immer wieder allegorisch auf die Liebesgemeinschaft zwischen dem Bräutigam Christus und der Seele als seiner Braut bezogen und bot ungezählten Gottsuchern reichliche Anregungen für das geistliche Leben. In den Frauenklöstern war das Bewusstsein für die „Christusminne", die liebende Lebensgemeinschaft mit dem in der Seele einwohnenden Bräutigam, besonders lebendig, wie auch eine spätmittelalterliche Miniatur aus der Eichstätter Benediktinerinnenabtei St. Walburg zeigt, die das „minnigliche" Ruhen der Seele an der Seite Christi zu veranschaulichen suchte.

IN DER SEIT IHRER GRÜNDUNG IM JAHR 1035 ununterbrochen bestehenden Abtei St. Walburg konnten sich zahlreiche Kunst- und Kulturgüter erhalten, so auch 26 spätmittelalterliche Miniaturen, die vor über hundert Jahren verschiedenen Handschriften entnommen und zu einer eigenen Sammlung zusammengestellt wurden. Diese Miniaturen, auf die erstmals 1937 in den „Walburgisblättern" aufmerksam gemacht wurde, sind nur 8 bis 16 Zentimeter hoch[2] und zeigen neben Szenen aus den Evangelien und der Darstellung von Heiligen[3] auch Bilder zum Thema der Christusminne.[4] Da auf einer der Miniaturen die hl. Katharina von Siena (1347–1380) dargestellt ist, muss die Bilderfolge nach deren Heiligsprechung am 29. Juni 1461 entstanden sein. In dieser Zeit wirkten in St. Walburg Benediktinerinnen aus Marienberg bei Boppard am Oberrhein, die 1456 der Eichstätter Bischof Johannes III. von Eych (reg. 1445–1465) gerufen hatte, um das klösterliche Leben in der Abtei zu reformieren.

Durch die Marienberger Nonnengruppe wurde unter den Eichstätter Benediktinerinnen auch ein neues Interesse an geistlicher Literatur geweckt, so dass alsbald eine Schreib- und Buchmalereiwerkstatt in St. Walburg entstanden sein dürfte, in der die Nonnen wahrscheinlich auch die Bilderfolge mit den Miniaturen anfertigten.[5]

Stilistisch entsprechen die Eichstätter Miniaturen den spätmittelalterlichen Nonnenmalereien, wie sie gerade in oberrheinischen Frauenklöstern vielfach belegt sind.[6] Die mit Feder und Pinsel ausgeführten Miniaturen aus St. Walburg zeichnen sich zum Teil durch eine sehr feine Malweise aus. Auch die Buchstaben der Schriftbänder sind sehr sorgfältig gestaltet. In den flächig und ohne Räumlichkeit angelegten Miniaturen werden die Figuren durch Schraffuren in ihrer Plastizität etwas betont. Die Farben sind leuchtend und kontrastreich, wobei Gesichter, Nimben und Gewänder häufig mit Gold hervorgehoben werden.[7]

Zu den Bildern, die um das Thema der Christusminne kreisen, gehört auch eine nur etwa zehn Zentimeter hohe Miniatur, auf der Christus und die durch eine weibliche Gestalt verkörperte Seele dargestellt sind.

Das kleine Betrachtungsbild ist von einer Rahmenleiste umgeben, wie sie in dieser Zeit im süddeutschen Raum häufig vorkommt. Der Rahmen wechselt zwischen roten und blauen Abschnitten ab und wird durch schwarze Längsstriche sowie durch weiße Querbänder plastisch strukturiert und verziert. Unter einem blauen Firmament und einem weißen Horizontstreifen ist eine gelbbraune Wiese zu sehen, auf der ebenfalls gelbbraune Grasstauden stehen, aus deren Mitte Halme mit ährenartigen Blüten herausragen. Die durch ihre symmetrische Anordnung auffallenden Grasstauden finden sich häufig auf den Miniaturen und stellen offenbar ein Charakteristikum der Malschule des Walburgaklosters dar.[8]

In der Bildmitte sind Christus und die als Mädchen personifizierte Seele dargestellt, die durch ihre Umarmung eine Dreieckskomposition bilden. Jesus trägt ein weißes, blaugehöhtes Gewand, das weit auf den Boden herabfällt und an Halsausschnitt, Ärmel und Saum mit einer goldenen Bordüre verziert ist. Das rund geformte, übergroße Haupt Jesu mit seinen langen, in den Nacken herabfallenden Haaren zeigt eine übertrieben hohe Stirn und wird von einem golden schimmernden Nimbus bekrönt. Haupt- und Barthaar, Augen, Lider, Mund und Nase sind vereinfacht wiedergegeben, wobei Augenbraue und Nase durch eine schwungvolle Linie verbunden sind. Die hellroten, pausbäckigen Wangen und der kleine lächelnde Mund geben seinem Gesicht einen etwas puppenhaft verniedlichten Ausdruck.[9]

Wie die Schrittstellung zeigt, die sich unter seinem Gewand abzeichnet, hat sich Christus einem halbwüchsigen Mädchen zugeneigt, das die liebende Seele verkörpert und sich seinerseits an seinen Seelenbräutigam anschmiegt. Der geneigte Kopf und die geschlossenen Augen des Mädchens verweisen auf das selige Versunkensein der Seele an der Seite Jesu. Das einfach gezeichnete Antlitz der Personifikation der minnenden Seele zeigt mit seinem großen, runden Kopf, dem kleinen Mund und den auffallenden roten Pausbacken kindliche Züge, die der Physiognomie des Gesichtes Jesu gleichen. Das Mädchen trägt ein goldenes, breit bordürtes Gewand, das kostbaren Brokat andeutet. Ihr gelocktes, goldgelbes Haar fällt kaskadenartig über Schultern und Rücken herab.[10]

Im Mittelpunkt der kleinen Miniatur steht die Verbundenheit zwischen dem göttlichen Seelenbräutigam und der minnenden Menschenseele. Während Jesus das Mädchen mit seiner linken Hand umarmt und mit seiner Rechten wohl gerade ihre linke Hand ergreifen will, schmiegt sich das Mädchen an Christus an und legt seinen Kopf an seine Brust. Die Verbundenheit wird auch durch die goldgelben Bordüren angedeutet, die an den Säumen der Gewänder Jesu und der Seele ineinander überzugehen scheinen. Mit ihren langen Haaren und kostbaren Gewändern erinnert die dargestellte Personifikation an die Pracht der Königstochter in Psalm 45, die mit gold- und perlengeschmückten Prachtgewändern zum König geleitet wird (vgl. Ps 45,14–15). Im Mittelalter galt diese Königstochter als alttestamentliches Vorbild für die Seele, die sich gleichsam festlich für den Empfang des königlichen Bräutigams geschmückt hat. Wie in anderen Nonnenmalereien dieser Zeit symbolisiert das weltlich gekleidete und selig lächelnde Mädchen die erwartungsvolle Freude der Seele, ihren Bräutigam Christus zu empfangen. Auch das Gleichnis Jesu vom königlichen Hochzeitsmahl, in dem der König das Tragen eines Hochzeitsgewandes fordert (vgl. Mt 22,11–14), stand den Nonnen als Sinnbild für den Weg der geistlichen Reinigung vor Augen, um sich für die Begegnung mit dem Seelenbräutigam „schön" zu machen (vgl. Offb 19,7).[11]

Die Geste der Umarmung entspricht den brautmystischen Illustrationen des Hohenliedes im hohen und späten Mittelalter, die Christus zeigen, wie er als Bräutigam die Seele als seine Braut umarmt.[12] Das Umarmungsmotiv verweist aber auch auf die „Johannesminne" und damit auf den Bildtypus des beim Abendmahl an der Seite Christi ruhenden Lieblingsjüngers Johannes (vgl. Joh 13,23.25). Dieses Motiv tauchte bereits im frühen 13. Jahrhundert in Initialen auf, die den Verfasser des Johannesevangeliums und der Apokalypse darstellten, und führte im frühen 14. Jahrhundert in südwestdeutschen Frauenklöstern zur Entstehung der plastischen Christus-Johannes-Gruppen.[13] Durch das Umarmtwerden, das Ineinanderliegen der Hände und das Ruhen des Lieblingsjüngers mit geschlossenen Augen am Herzen des neben ihm sitzenden Jesus wurde Johannes zum Vorbild der kontemplativen Erkenntnis der aus der Seite Jesu als Lebensquelle fließenden Ströme des Evangeliums und der Sehnsucht nach dem Vereintwerden mit Gott, wie es die Nonnen auch in der eucharistischen Begegnung zu erfahren vermochten. Sieht man vom Motiv des Nebeneinandersitzens ab, so finden sich auch in der Miniatur aus St. Walburg die Gebärde der Umarmung, die Andeutung einer Handreichung und das Ruhen an der Brust Jesu, indem sich das Mädchen mit geschlossenen Augen an die Seite des neben ihr stehenden Christus anschmiegt.[14] So lässt sich die Miniatur, die das Ruhen der Seele am Herzen Jesu zum Ausdruck bringt, mit der Johannesminne verbinden, die auch in der damals viel gelesenen „Vita Christi" des Kartäusers Ludolf von Sachsen (um 1300–1378) hervorgehoben wurde, die sicherlich auch den Nonnen in der Abtei St. Walburg bekannt war.[15] Ludolf forderte die Leser auf, wie ein Kind bei der Mutter bei Jesus Zuflucht zu suchen, sich ihm ganz zu öffnen, ihm ganz zu vertrauen, sich ganz auf ihn zu verlassen und wie Johannes an seiner Seite zu ruhen.[16]

Ihre abschließende und zusammenfassende Deutung aber erfährt die Miniatur durch die beiden Schriftbänder, die sich zu den Seiten Jesu und des Mädchens entrollen und mit Angabe der jeweiligen Kapitel zwei Verse aus dem Hohenlied zitieren.[17] Christus wird ein Vers aus dem vierten Kapitel des Hohenliedes in den Mund gelegt, in dem der Bräutigam zu seiner Braut spricht: „Du bist gancz hupsch mein fraindin vnd kain mackel ist in dir. cant[icum canticorum] 4", „Alles an dir ist schön, meine Freundin; kein Makel haftet an dir" (Hld 4,7). Damit spricht Christus die Voraussetzung für das Vereintwerden mit ihm aus, nämlich das tugendhafte Bemühen der Seele, um schön und makellos und damit gottwohlgefällig zu werden. Neben der Gestalt der durch das Mädchen verkörperten Seele ist ein Vers aus dem zweiten Kapitel des Hohenliedes zu lesen, den die Braut zum Bräutigam spricht: „Sein gelincke hand ist vntter meinem haubt vnd sein gerechte vmbfachet mich. cant[icum canticorum] 2", „Seine Linke liegt unter meinem Kopf, seine Rechte umfängt mich" (Hld 2,6). Mit diesem Spruchband drückt die Seele, die sich für die Vereinigung mit Christus bereitet hat, das selige Glück aus, das sie bei ihrem Seelenbräutigam erfahren darf.[18] Die Fülle der Schönheit und Makellosigkeit wird die liebende Seele einst bei der Hochzeit im himmlischen Jerusalem (vgl. Offb 19,7) erhalten, wenn sie als Braut zur endgültigen Vermählung mit dem göttlichen Bräutigam bereit sein wird.

Die Heilung des Mannes mit der verdorrten Hand am Sabbat

9. Sonntag im Jahreskreis. Evangelium Mk 2,23–3,6

*„Jesus sagte zu dem Mann: Streck deine Hand aus!
Er streckte sie aus, und seine Hand war wieder gesund."*
Mk 3,5

Auf die Frage nach der Fastenpraxis der Jünger (vgl. Mk 2,18–22) folgen im Markusevangelium zwei weitere Streitgespräche zwischen Jesus und den Pharisäern, die im Mittelpunkt der Perikope des 9. Sonntags im Jahreskreis stehen. Die Auseinandersetzungen entzündeten sich daran, dass Jesus den Anspruch erhob, der Herr über den Sabbat zu sein (vgl. Mk 2,28).

Als die Jünger Jesu am Sabbat durch die Kornfelder gingen und sich Ähren abrissen, um die Körner zu essen (vgl. Mk 2,23), hielten ihm die Pharisäer vor, seine Jünger würden damit eine am Sabbat unerlaubte Tätigkeit ausführen (vgl. Mk 2,24). In seiner Antwort stellte Jesus den Pharisäern den Sinn des Sabbats als Gabe Gottes für den Menschen vor Augen (vgl. Mk 2,27) und erklärte sich selbst zum Herrn über den Sabbat (vgl. Mk 2,28). Daraufhin suchten die Pharisäer nach einem Grund, um Jesus anzuklagen (vgl. Mk 3,2). Als Jesus dann an einem anderen Sabbat in der Synagoge war, in der auch ein Mann mit einer verdorrten Hand saß, gaben die Pharisäer acht, ob er ihn heilen würde (vgl. Mk 3,1–2), da sie eine Heilung als ärztliche Tätigkeit erachteten, die sie an einem Sabbat nur bei Lebensgefahr für erlaubt hielten (vgl. Lk 13,14). Als Jesus den Mann in die Mitte rief, stellte er erneut die Frage nach dem wahren Sinn des Sabbats in den Mittelpunkt, den er in der heilenden Erfahrung des

Heilung des Mannes mit der verdorrten Hand, Hitda-Codex, Handschrift 1640, fol. 114r, nach 1000, Deckfarbenmalerei mit Gold auf Pergament, ca. 17,5 × 10,5 cm, Darmstadt, Universitäts- und Landesbibliothek.

Hitda-Codex, Heilung des Mannes mit der verdorrten Hand

Guten sah (vgl. Mk 3,3–4). Da geriet er in Zorn und Trauer über die Verstocktheit der Pharisäer (vgl. Mk 3,5). Jesus richtete sich gegen eine Korrektheit, die sich durch ein vorschriftsmäßiges Handeln dem Willen Gottes verschließt, denn wer das Gute nicht tut, das Gott von den Menschen erwartet, der tut im Grunde das Böse, da man versehrtes Leben vernichtet, wenn man ihm nicht aufhilft. So forderte Jesus den Mann auf, seine verdorrte Hand auszustrecken, und heilte sie (vgl. Mk 3,5). Die Pharisäer aber, die sich für die Einhaltung des mosaischen Gesetzes verantwortlich fühlten, verließen die Synagoge und beschlossen zusammen mit den um die öffentliche Ordnung besorgten Anhängern des Herodes Antipas (reg. 4 v. Chr.–39 n. Chr.), Jesus umzubringen (vgl. Mk 3,6). Nachdem Jesus seine göttliche Vollmacht über Menschen (vgl. Mk 1,16–20), Dämonen, Krankheit (vgl. Mk 1,21–45), Sünde (vgl. Mk 2,1–17) und religiöse Gesetzesvorschriften (vgl. Mk 2,18–3,5) erwiesen hatte, war der Widerstand gegen ihn aufgebrochen, der ihn schließlich ans Kreuz führen sollte.[1]

EINE IKONOGRAPHISCH AUSSERGEWÖHNLICHE DARSTELLUNG der Heilung des Mannes mit der verdorrten Hand (vgl. Mk 3,1–6; Mt 12,9–14; Lk 6,6–11) findet sich im ottonischen Hitda-Codex. Dieses Evangeliar wurde kurz nach dem Jahr 1000 in einem Kölner Skriptorium durch die Äbtissin Hitda für die Abtei Meschede in Auftrag gegeben[2] und rückte die mit der Inschrift „LVX" im Kreuznimbus erscheinende Gestalt Jesu als heilendes „Licht der Welt" (Joh 8,12; 9,5) in den Mittelpunkt. Mit der Miniatur der Heilung des Mannes mit der verdorrten Hand hebt der Bildvorspann zum Lukasevangelium an und eröffnet zugleich eine Reihe von Illustrationen, in denen Christus nicht nur dem Kranken, sondern auch einer größeren Menschengruppe gegenübersteht.[3]

Das Bildmotiv der Heilung des Mannes mit der verdorrten Hand entstand wohl erst in der nachikonoklastischen byzantinischen Buchmalerei des 9. Jahrhunderts. Als Handlungsträger kamen der Kranke, der Jesus seine Hand entgegenhält, sowie die Jünger und die Pharisäer zur Darstellung.[4] In der ottonischen Zeit wurde dieser Bildtypus auch im Westen bekannt, wie die Miniatur des um 985/93 in der Reichenauer Malschule angefertigten Trierer Egbert-Codex zeigt.[5]

Auch die Szene im Hitda-Codex schloss sich der byzantinischen Tradition an, konzentrierte sich aber auf die übergroß und kraftvoll-dynamisch herausgehobene Gestalt Jesu, die ohne Jünger erscheint und einer aus dem Kranken und mehreren Augenzeugen bestehenden Gruppe gegenübergestellt wird. Durch den Wegfall der Jünger und die Anbindung der Beobachter an den Kranken rückten das souveräne Heilswirken Jesu und die Beziehung zwischen ihm und dem Heilung suchenden Mann in den Mittelpunkt, was durch Bewegungsrichtungen, Farbzusammenhänge und Hintergrundgestaltung noch verstärkt wurde.[6]

Die Miniatur des Hitda-Codex wird von einer blassen orangeroten Leiste eingefasst und zeigt eine blaugraue Bodenwelle, auf der links Christus steht. Das Gelände steigt nach rechts leicht an und mündet in einen kleinen Hügel, auf dem sich die Gruppe mit dem Kranken und den jüdischen Augenzeugen befindet. Zusammen mit zwei unmittelbar hinter ihm stehenden Beobachtern, bei denen die mennigroten Stiefel auffallen, befindet sich der Kranke innerhalb einer schmalen, golden bewachsenen Purpurzone, die der blaugrauen Bodenwelle folgt. Darüber sind weiße quastenähnliche Gebilde dargestellt, zwischen denen noch die Purpurfarbe des darunterliegenden Streifens erkennbar ist. Dann folgen auf blauem Grund zwei vegetabile Bänder, ein weißes rüschenartiges Muster, blaue Pflanzenmotive und schließlich ein breiter hellblauer Bereich, der oben zwei gerade und in der Mitte drei bogenförmige weiße Linien aufweist. Darüber verläuft etwas unterhalb des Hauptes Jesu ein ungeziertes purpurfarbenes Band, das in eine blaue Schicht übergeht, die schließlich hellgrauen Bändern und ganz oben weißen Streifen weicht.[7]

Von links her betritt der barfuß heranschreitende Jesus die untere blaugraue Bodenwelle, ohne den purpurnen Streifen darüber zu berühren. Er ist mit einer hellblauen Tunika bekleidet, auf der die goldenen Clavi fehlen. Darüber trägt Jesus ein mit weißen und goldenen Dreipunktmustern verziertes rötlich-violettes Purpurpallium, dessen freier Zipfel schwungvoll von seiner rechten Schulter herabfällt. Das Pallium wird von der linken Hand Jesu gerafft, in der er gleichzeitig eine Schriftrolle hält, die der Tönung seines Untergewandes entspricht, das wohl gerade deshalb keine Goldclavi aufweist, um den einheitlich hellblauen Farbeindruck nicht zu beeinträchtigen. So verbinden sich Tunika und Rotulus mit der ebenfalls hellblauen Mittelzone, die damit als der von Jesus eröffnete Heilsraum ausgewiesen wird, in dem Christus kraftvoll und dynamisch handelt. Das atmosphärische Hellblau, das an die Stelle des eigentlich für Jesus zu erwartenden königlichen Purpurs getreten ist, zeigt, dass nicht so sehr die transzendente Göttlichkeit Christi, sondern vielmehr der Leib des menschgewordenen Sohnes Gottes als Instrument des Heils hervorgehoben werden soll. Um sein Haupt herum sind die Balken des goldenen Kreuznimbus weiß ausgefüllt und lassen die drei Buchstaben des lateinischen Wortes für Licht, „LVX", verhalten durchschimmern. Das von hellbraunem Haar und einem schwach angedeuteten Bart umgebene Gesicht Jesu ist zart konturiert und von ernster Sorge geprägt. Jesus hat seine rechte Hand erhoben, die mit den beiden aufgestellten Fingern und dem kleinen abgespreizten Finger den Eindruck besonderer Beweglichkeit macht. Über diese Hand schaut Jesus mit tief geneigtem Haupt und durchdringendem Blick auf den Kranken herab, ohne dabei die Menschenmenge hinter ihm wahrzunehmen. Damit nimmt die Formulierung des intensiven Gegenübers zwischen Jesus und dem kranken Mann geradezu expressionistische Züge an. Zudem verweist inmitten des hellblauen Hintergrundes die rechte Hand Jesu mit den lebendig agierenden Fingern eindrucksvoll auf den menschlichen Leib, den der Sohn Gottes angenommen hat, um durch ihn das Heil zu wirken.[8]

Gegenüber der maßstäblich größer wiedergegebenen Christusfigur ist auf dem kleinen Hügel der blaugrauen Bodenwelle der Mann mit der verdorrten Hand dargestellt. Während er mit den Füßen in der purpurnen Zone steht, verbleibt er mit seinem Körper innerhalb des hellblauen Bereiches, der die heilende Macht des Menschensohnes veranschaulicht. Mit seinen weiß geschnürten, grauen Stiefeln steht der Kranke noch senkrecht auf dem Untergrund, neigt sich aber dann mit seinem auffällig verkrümmten und durch eine schwarze Umrisslinie hevorgehobenen Oberkörper so stark nach vorn, dass er ab der Rückenmitte sogar in eine waagrechte Haltung übergeht. Über seiner hellblauen, weiß gepunkteten Hose trägt er einen goldgesäumten Mantel, der aus einem purpurgrauen Stoff besteht und vorn mit einem quadratischen Flicken mit eng gestreuten weißen Punkten besetzt ist. Trotz seines zerschlissenen, schmutzig wirkenden Stoffes und seines unordentlich fallenden Halsausschnittes ist der Mantel golden gesäumt und mit zwei Kreisornamenten und vereinzelten Dreipunktmustern verziert. Von der gesunden rechten Hand gestützt, ragt aus dem Mantel übergroß und hell beleuchtet der verdorrte linke Arm des Kranken mit schlaff herabfallender Hand hervor. Mit seinem zerlumpten Gewand, seinem verkrümmten Körper und seiner verdorrten Hand erscheint der Kranke als Mensch, der elend dahinsiecht. Dabei ist sein Haupt ganz im Profil gegeben, so dass Augen, Nase und Mund zu besonderer Wirkung kommen. Dennoch vermag der Kranke sein noch junges, bärtiges Gesicht sehnsuchtsvoll nach oben zu erheben und macht sich mit seinen weit geöffneten Augen und seinem aufgeworfenen, rot gefärbten Mund wie gebannt an der rechten Hand Jesu fest. Allein mit diesem unerschütterlichen Blick auf die rettende Handgebärde Jesu scheint es ihm zu gelingen, seine schwankende Haltung zu stabilisieren, zumal er von den Zuschauern hinter ihm keine Unterstützung erwarten kann, die durch ihre leichte Neigung nach links die Verkrümmung des Kranken wie ein lastendes Gewicht sogar noch verstärken. Dagegen erfährt der heilende Blick Jesu auf der Höhe seiner Augen durch den stark hervortretenden Balken seines Kreuznimbus eine kräftige Unterstützung. Dieser Blick wird dann zu einer Linie, die über seiner rechten Hand auf die gesunde Rechte des Mannes trifft, mit der dieser seinen verdorrten linken Arm umfasst. Dabei bildet sein abgewinkelter rechter Arm mit seiner linken Schulter, dem gekrümmten Rücken und seinem Gesicht eine Kreisbewegung, die schließlich bei seinen Augen endet, von denen dann der Blick über die rechte Hand Christi wieder zum Ausgangspunkt des Antlitzes Jesu zurückgeht. Diese Verbindung zwischen Jesus und dem Kranken, in der die Kernaussage der Miniatur liegt, wird auch durch das bogenförmige, dreistreifige weiße Band im hellblauen Heilsbereich

Christi betont, das bei der Schriftrolle Jesu beginnt und dort endet, wo der Kranke mit seinem gesunden Arm den verdorrten umfasst. Unten im Purpurstreifen sind es die goldenen Pflanzenranken, die den Kranken und Jesus miteinander verbinden. Auch wenn der Mann eng an die Menge hinter ihm angebunden ist, so gehört er doch ganz zu Jesus, mit dem er im Gegensatz zu den zuschauenden Beobachtern durch die Muster und Farben seiner Gewänder verbunden ist. So klingt das Hellblau der Tunika Jesu in der Hose des Kranken an, während sich das Dreipunktmuster des Palliums Jesu auf dem schmutzigen Mantel des Mannes wiederfindet. Haltung und Gesichtsausdruck, aber auch Komposition und Farbigkeit zeigen, wie sehr der Kranke an die göttliche Vollmacht Jesu glaubt und wie nahe er deshalb schon vor seiner Heilung an Leib und Seele steht.[9]

Hinter dem Mann mit der verdorrten Hand steht in drei Reihen eine dicht gedrängte, bunte Gruppe von Menschen, deren Köpfe alle über den hellblauen Heilsbereich Christi hinausragen. Die Zuschauer, die vor allem die Pharisäer verkörpern, sind von gleicher Größe wie der Kranke. Durch ihre unterschiedlichen Gesichter und Haartrachten erscheinen sie als jung und bartlos oder als alt und bärtig. Mit variantenreichem Mienenspiel blicken sie auf die Gestalt oder die Hand Jesu. Während bei den Köpfen in den hinteren Reihen skeptische und ungläubige, aber auch beeindruckte und gebannte Gesichter auffallen, sind in der vorderen Reihe zwei Beobachter fast ganz zu sehen. Links vorn steht ein Mann mit mennigroten Stiefeln, purpurfarbener Hose und einem kurzen, graublauen und goldgesäumten Mantel. Dieser Zuschauer, der sicherlich ein Pharisäer ist, hat in auffallender Weise seine rechte Hand senkrecht erhoben. Die unnatürlich weißen, wie leblos wirkenden Finger seiner Hand scheinen dem hellblauen Raum Christi entfliehen zu wollen. In ihrer blassen Erstarrung bildet diese Hand einen Gegensatz zur agilen Lebendigkeit der Rechten Jesu, dessen Wirken in göttlicher Vollmacht der Pharisäer aber nichts entgegenzusetzen vermag. So kann der verunsicherte Pharisäer nur eine defensive Gebärde ausführen, um sein Missfallen gegenüber der durch Christus eröffneten und durch das Hellblau symbolisierten neuen Heilsordnung auszudrücken. Während rechts von ihm ein neugierig lauerndes Gesicht hervorlugt, hat daneben ein junger Mann Mühe, einen Blick des Geschehens zu erheischen. Rechts außen ist direkt hinter dem Kranken ein Mann mit mennigroten Stiefeln und einem blaugrauen, goldgesäumten Mantel zu sehen, der mit seinem schräg geneigten Kopf Widerspruch signalisiert. Die auffallend roten Stiefel, die dieser Mann ebenso wie der Pharisäer mit der erhobenen weißen Hand trägt, bilden gleichsam einen Ring um die Füße des Kranken und versuchen ihn von Jesus abzuschließen, um die ihrer Meinung nach verwerfliche Heilung am Sabbat zu verhindern. Der königlich purpurne Streifen, in dem die beiden vorderen Pharisäer stehen, symbolisiert hier offensichtlich den Raum der jüdischen Autoritäten und wird vom Hellblau des Bereiches Christi wie ein gespannter und unten mit Troddeln behangener Vorhang überlagert. Während die Zuschauer mit ihren Häuptern diesen Raum nach oben hin wieder verlassen, weil sie sich der Erkenntnis Christi letztlich verweigern, ist der Kranke ganz vom hellblauen Bereich umgeben und bringt dadurch zum Ausdruck, wie sehr er Jesus vertraut. Auch wenn die kompakte Gruppe der Zuschauer nicht im hellblauen Bereich verbleibt, so bilden sie dennoch keine kraftvoll abwehrende und feindselige Zusammenrottung, sondern verweisen mit ihrem individuellen Mienenspiel auf die Unterscheidung der Geister, die in ihnen bereits am Werk ist.[10]

Dass auch die Pharisäer in die heilende Wirkmacht des göttlichen Lichtes Christi eingebunden sind, wird durch die erläuternde Beischrift (titulus)[11] auf der gegenüberliegenden Seite deutlich.[12] Obwohl die Pharisäer nach der Heilung des Kranken den Plan fassten, Jesus zu töten (vgl. Mk 3,6), nimmt der Titulus bereits den Sieg über die Gegner Jesu in den Blick: „Incredulorum cogitationib[us] victis. virtus Xρ[ist]i in medio. manum aridam restauravit infirmo", „Die Gedanken der Ungläubigen sind besiegt. Die Kraft Christi steht in der Mitte. Er hat dem Kranken die vertrocknete Hand wiederhergestellt." Wie in der übergroß inmitten der hellblauen Heilszone dargestellten Figur Christi, so steht auch in der Mitte des Titulus das Wort von der Kraft (virtus) Jesu. Während die Bekehrung der Zweifler und die Ausführung der Heilung der verdorrten Hand im Bild noch nicht gezeigt werden, nimmt sie der Titulus schon vorweg, denn so wie die Kraft Christi den Kranken heilen wird, so wird sie letztlich auch die Widersacher überwinden.[13]

So wird Jesus in der Miniatur als kraftvolle Gestalt mit flatterndem Gewandzipfel und lebendig gebietender rechter Hand gezeigt. Obwohl sich seine heilende Macht am Mann mit der verdorrten Hand zu erweisen vermochte, erscheint er in der Illustration noch nicht als endgültiger Überwinder des Unglaubens, wie die in zurückhaltendem Weiß gegebenen Buchstaben des Signums „LVX" zeigen, die sich in den ebenfalls weißen Balken seines Kreuznimbus verlieren. Auch wenn sich aus den Gesichtern der Zuschauer noch keine Hinweise auf die Mordabsichten der Pharisäer (vgl. Mk 3,6) herauslesen lassen, so scheint sich mit dem weiß dominierten Kreuznimbus, mit der bescheidenen hellblauen, nicht mit Goldclavi verzierten Tunika und mit den zum oberen Bildrand hin sich grau eintrübenden Hintergrundstreifen bereits die Passion Christi anzudeuten.[14]

Das Urevangelium

10. Sonntag im Jahreskreis. Erste Lesung: Gen 3,9–15

*„Feindschaft setze ich zwischen dich und die Frau,
zwischen deinen Nachwuchs und ihren Nachwuchs.
Er trifft dich am Kopf, und du triffst ihn an der Ferse."*
Gen 3,15

Die Lesungen des 10. Sonntags im Jahreskreis kreisen um die Frage nach dem Mysterium des Bösen. Im Evangelium (Mk 3,20–35) berichtet Markus von Schriftgelehrten, die Jesus unterstellten, vom Satan besessen zu sein. In seiner Erwiderung zeigt Jesus in verhüllter Rede auf, dass er stärker als jener Widersacher ist, der die ersten Menschen im Paradies zu Fall gebracht hat, wie auch die erste Lesung aus dem Buch Genesis vor Augen führt.

Die alttestamentliche Schilderung vom Sündenfall (Gen 3,1–24) versucht eine Antwort auf den großen Widerspruch zu geben, dass der Mensch kein Paradies mehr vorfindet, obwohl ihn Gott zum paradiesischen Leben berufen hat. Im Hintergrund dieser Erzählung stehen die bangen Fragen, warum der Mensch von Gott wegstrebt, obwohl er zum Mitarbeiter Gottes bestellt ist, warum er unter vielen Mühsalen arbeiten muss, obwohl er vom Ertrag des Ackerbodens leben soll, und warum die Frau unter Schmerzen das Leben zur Welt bringt und vom Mann unterdrückt wird, obwohl Mann und Frau von Gott gleichberechtigt und zu ihrem Glück geschaffen sind. Das Buch Genesis zeigt auf, dass diese Widrigkeiten nicht der gottgewollten Schöpfungsordnung entsprechen, sondern eine Folge der Überschreitung jenes göttlichen Gebotes sind, wonach der Mensch nicht vom Baum der Erkenntnis von Gut und Böse essen darf (vgl. Gen 2,17). Während Gott mit diesem Verbot die Grenze zwischen ihm und seinem Geschöpf bewusst machen will, lehnen sich die Menschen gegen Gott auf. Sie greifen zur verbotenen Frucht, weil sie ihnen trotz ihrer paradiesischen Lebensfülle als begehrenswert vorkommt, nachdem ihnen die Schlange in Aussicht gestellt hat, durch den Genuss vom Baum der Erkenntnis von Gut und Böse

Bernwardstür, Anklage Gottes nach dem Sündenfall

wissend zu werden. Dieses Wissen aber drängt zur Auflehnung gegen Gott und gibt den Anstoß zu den Widersprüchen des menschlichen Lebens. So werden die Menschen durch die Übertretung zwar wissend (vgl. Gen 3,22), müssen aber nun auch die Verurteilung Gottes und die widrigen Folgen des Lebens außerhalb des Paradieses tragen (vgl. Gen 3,24).[1]

Während sich die Menschen den Richterspruch Gottes zuziehen, trifft die Schlange wegen ihrer Verführungskunst der Fluch Gottes. Damit hat Gott der Schlange den Sieg genommen und zwingt sie in einen Kampf mit dem von der Frau geborenen Menschengeschlecht. Gott aber verheißt, dass in diesem Kampf die Schlange über ein Stechen in die Ferse nicht hinauskommt, von der Nachkommenschaft der Frau aber am Kopf getroffen und damit einst überwunden wird (vgl. Gen 3,14–15). Die christliche Tradition hat diese Schlange mit dem Satan gleichgesetzt (vgl. Offb 20,2)[2] und in den Nachkommen der Frau den von Maria geborenen menschgewordenen Gottessohn gesehen. So wurde die Verfluchung der Schlange bereits von den frühen Kirchenvätern als das „Urevangelium" bezeichnet, in dem die frohe Botschaft ergangen ist, dass der teuflische Widersacher durch das Erlösungsmysterium Christi einst überwunden wird und dass sich die Widersprüche des Lebens im neuen Paradies des himmlischen Jerusalem einst lösen werden.

Auf der Hildesheimer Bernwardstür befindet sich ein Relief, das sowohl die Verurteilung des ersten Menschenpaares Adam und Eva als auch die Verfluchung ihres Verführers, der Schlange, zeigt. Unter Bischof Bernward (reg. 993–1022) hatte sich neben der Reichenau, Köln und Echternach auch Hildesheim zu einem Zentrum der ottonischen Kunst entwickelt. Bernward machte seine Bischofsstadt Hildesheim nicht nur zum Mittelpunkt des kirchlichen Lebens in Sachsen, sondern auch zu einem Zentrum christlicher Kultur und Kunst. Bis heute ist in der Domkirche von Hildesheim die fast fünf Meter hohe Bronzetür zu sehen, die Bernward 1015 anfertigen ließ, wie aus der Inschrift auf der mittleren Trennleiste hervorgeht. Als Kirchentür verweist das Bronzewerk auf Jesus, der sich selbst als Tür bezeichnet hat (vgl. Joh 10,9), um die zu spät Gekommenen abzuweisen (vgl. Mt 25,10–12) und die zu ihm Gehörenden einzulassen, die ihm die Tür ihres Herzens öffnen (vgl. Hld 5,2; Offb 3,20), so dass sie durch Christus selbst eintreten und das Heil finden (vgl. Joh 10,1–10). Die Tür gehört zu den Hauptwerken der ottonischen Monumentalkunst und besteht aus zwei Flügeln mit jeweils acht Bronzereliefs mit biblischen Szenen. Während der linke Flügel von oben nach unten alttestamentliche Szenen aus dem Buch Genesis zeigt, sind auf der rechten Seite von unten nach oben neutestamentliche Szenen aus dem Leben Jesu dargestellt. Das Bildprogramm kreist um die patristischen Typologien von Adam und Christus und damit auch von Eva und der Kirche, die in Maria ihr

Anklage Gottes nach dem Sündenfall, 1015, Bronzerelief, ca. 50 × 97 cm, Hildesheim, Dom, Bernwardstür.

Urbild hat. Die stilistisch auf ältere Handschriften zurückgehenden Reliefs wurden in der Hildesheimer Domtür mit einer unverwechselbaren Ausdruckskraft wiedergegeben, die sich durch schlichte Menschlichkeit auszeichnet und sich bereits weit von der klassischen Kunsttradition entfernt hatte. Liest man die Bilder jeweils paarweise horizontal von oben nach unten, so ergibt sich eine allegorische Gegenüberstellung, bei der die Reliefs aus dem Alten Testament auf ihre neutestamentlichen Pendants verweisen und in diesen gleichsam ihre Erfüllung finden.[3]

In den beiden oberen Bronzereliefs wird die Erschaffung Evas aus der Seite des schlafenden Adam (vgl. Gen 2,18.21–22) der Erscheinung des auferstandenen Christus vor Maria Magdalena am Ostermorgen (vgl. Joh 20,11–17) gegenübergestellt. Die zweite Reihe zeigt links die Szene der Zusammenführung von Eva und Adam (vgl. Gen 2,22–25) und rechts den Gang der Frauen zum leeren Grab am Ostermorgen, denen der Engel die Auferstehungsbotschaft verkündet (vgl. Mk 16,1–2.5–7). Während in der dritten Reihe der Sündenfall Adams und Evas (vgl. Gen 3,1–6) typologisch auf die Kreuzigung verweist, in der Christus am Holz des Kreuzes die am Holz des Paradiesbaumes geschehene Ursünde gesühnt hat, zeigt die vierte Reihe die Anklage Gottes gegenüber dem ersten Menschenpaar und die Verfluchung der Schlange (vgl. Gen 3,7–19), die der Anklage Jesu vor dem Gericht des Pilatus gegenübergestellt wird.

Mit dem Bild der Verurteilung der Stammeltern und ihres Verführers enden an der mittleren Inschriftleiste die ersten vier Bronzetafeln der Bilderfolge, in denen die ersten Menschen Gott immer von Angesicht begegnet sind. Dennoch zeigt sich bereits auf dem vierten Relief mit der Verurteilung nach dem Sündenfall eine größere Distanz zwischen dem Schöpfer und den Stammeltern, was durch die auffallende Leerstelle zwischen Gott und Adam hervorgehoben wird. Zudem weisen die beiden ersten Menschen mit ihrer verschämten und ängstlichen Haltung bereits auf die Widrigkeiten voraus, die durch ihre Grenzüberschreitung auf sie hereinbrechen werden.[4]

Wie sehr die ottonische Kunst von der Gebärdensprache geprägt ist, zeigt sich in der bewegten Gestik zwischen den drei Personen, die von Gott ausgeht, der von links her den Bildraum betritt und angesichts des Sündenfalls der ersten Menschen sichtlich erregt ist. Die in Übergröße gezeigte Gestalt des Schöpfers trägt einen kreuzförmigen Nimbus und macht deutlich, dass der unsichtbare Gott durch seinen menschgewordenen Sohn Jesus Christus sichtbar wird, der das Ebenbild des Vaters ist (vgl. Kol 1,15). Der abgewinkelte rechte Arm, in dessen Hand Gott einen geschlossenen Codex hält, ist spannungsgeladen nach oben gezogen und weit hinter den Körper zurückgenommen. Bei der linken Hand sind der kleine Finger sowie der Mittel- und Ringfinger faustartig geballt. Der Zeigefinger Gottes, vor dem noch der Daumen erahnbar ist, ist in einer markanten Geste auf Adam gerichtet. Die beiden angespannten Arme sind im Augenblick einer Bewegung angehalten und drängen auf Lösung, da sie in dieser Gebärde nicht dauerhaft bleiben können. Besonders der linke, auf Adam zeigende Arm ist so angespannt, als würde er sogleich nach vorne schnellen. Aufgeladen durch den angewinkelten Ellenbogen des rechten Armes neigt sich der Körper in steifer Anspannung schräg nach vorne und unterstreicht den Zeigegestus seiner linken Hand. Die sich schräg nach rechts zu Adam hin neigende Gestalt Gottes wird durch die hinter Gott wachsende Blattranke unterstützt, indem sie sich in genau entgegengesetzter Weise schräg nach links oben hin verjüngt. Der energiegeladene Körper stemmt sich mit seinem ganzen Gewicht auf die Beine, bei denen es keinen entspannten Kontrapost gibt. So findet die vom rechten Ellenbogen ausgehende und durch die schräge Körperhaltung unterstützte Bewegung ihre lineare Fortsetzung in der Zeigegeste des linken Armes und erreicht schließlich in der Gestalt des Adam ihr Ziel. Auch das nach rechts in den freien Raum zwischen Gott und Adam flatternde Gewand kündet von der inneren Erregung des Schöpfers.[5]

Zwischen der anklagenden Gebärde Gottes und Adams tut sich ein leerer Raum auf, der den Abstand veranschaulicht, der durch die Sünde zwischen Gott und dem Menschen entstanden ist.[6] Der niedergedrückt dastehende Adam weicht dem anklagenden Blick Gottes aus und hält mit der linken Hand ein Feigenblatt vor seine Scham, nachdem ihm durch das Essen der verbotenen Frucht das Wissen um seine Nacktheit bewusst geworden ist (vgl. Gen 3,7). Über seinen angewinkelten rechten Oberarm gibt Adam die beschuldigende Geste Gottes an seine hinter ihm stehende Gefährtin weiter. Wie Adam bedeckt auch die gebeugte Eva ihre Blöße, während sie mit der linken Hand auf den Drachen unter ihr zeigt. Mit seinem Schwanz zwischen Evas Füßen ist er der Frau bedrohlich nahegerückt und streckt ihr seinen Kopf mit gespaltener Zunge entgegen.[7]

Das Bild ist so aufgebaut, dass sich von links nach rechts eine leicht abfallende Linie ergibt, die beim Kopf und der anklagenden Hand Gottes beginnt, sich über die rechte Hand Adams fortsetzt und bei der linken Hand Evas endet. Durch diese verbindende Linie wird deutlich, dass sich der verurteilende Zeigegestus Gottes sowohl auf den Mann als auch auf die Frau bezieht. Durch diese erdverhaftete, absteigende Linie wird im Unterschied zu einer himmelwärts aufsteigenden Schräge die Verurteilung des in Sünde gefallenen Menschen veranschaulicht.[8]

Da Adam auf Eva zeigt und diese weiter auf den Drachen weist, wird deutlich, dass die Handgebärde Gottes auch Fragecharakter hat. Obwohl Gott dem Adam nach dem Sündenfall zuruft: „Wo bist du?" (Gen 3,9), antwortet dieser nicht auf die ihm gestellte Frage, sondern verrät sich durch das Erzählen von seiner Furcht vor Gott und seiner Nacktheit (vgl. Gen 3,10). Als Gott ihm mit seiner zweiten Frage: „Hast du von dem Baum gegessen [...]?" (Gen 3,11), das Eingeständnis der Schuld erleichtern will, antwortet Adam wiederum nicht, sondern beschuldigt seine Frau und wirft damit Gott vor, ihm eine schlechte Gefährtin an die Seite gestellt zu haben: „Die Frau, die du mir beigesellt hast, sie hat mir von dem Baum gegeben, und so habe ich gegessen" (Gen 3,12). Eva reagiert auf diese Schuldzuweisung in entsprechender Weise und schiebt die Verantwortung auf die Schlange ab: „Die Schlange hat mich verführt, und so habe ich gegessen" (Gen 3,13).[9] Diese Flucht vor dem Bekenntnis zur eigenen Tat und das Abschieben der Verantwortung hatte bereits Augustinus (354–430) herausgestellt und die Sünde des ersten Menschenpaares als Hochmut charakterisiert, der nicht um Vergebung oder Heilung bittet, sondern immer nur nach einem Sündenbock für seine sündhafte Tat sucht.[10]

Die gebückte, wie frierend zusammengekauerte Haltung Adams und Evas bringt nicht nur das Niedergedrücktwerden durch die Sünde zum Ausdruck, sondern illustriert auch das im Buch Genesis berichtete Verstecken des ersten Menschenpaares „vor Gott, dem Herrn, unter den Bäumen des Gartens" (Gen 3,8).[11] Nach Augustinus ist dieses Verstecken ein Bild für die in sich selbst verkrümmten und in Irrtum verstrickten Menschen, die sich in ihrer Lüge Feigenblätter zusammengeheftet haben, um ihre Schuld zu verdecken.[12]

Der Baum zwischen Adam und Eva, der die beiden mehr trennt als vereint, bildet oben zwei Kronen, die symbolisch für das Menschenpaar stehen. Von den beiden blattlosen Ästen unterstreicht der schräg wachsende Zweig die gekrümmte Rückenhaltung der beiden Menschen. Der unten am Stamm abgebrochene Ast zeichnet einerseits die Geste des erhobenen Zeigefingers nach, mit der das Menschenpaar die Verantwortung für die Sünde von sich abschiebt, verweist aber auch auf die Kopfdrehung des Drachens zu Eva hin.[13]

Während rechts hinter der Frau das Relief von einer Blattranke abgeschlossen wird, ist zu ihren Füßen der teuflische Drache zu sehen, der an die Stelle der biblischen Schlange getreten ist. Auf dem vorausgehenden Relief mit der Darstellung des Sündenfalls (vgl. Gen 3,6) wird der Teufelsdrache noch im Hinterhalt lauernd in einem Baum gezeigt, während die Schlange mit ihrem Maul den Apfel an Eva heranreicht. Die Darstellung der beiden Tiere entspricht der Exegese des Augustinus, der die Schlange als Sprachrohr des Satans sieht und deshalb betont, dass der Fluch Gottes über die Schlange dem Teufel gilt, der den Menschen immer wieder als Versucher gegenübertreten wird.[14] So ist es auf dem Relief mit der Anklage Gottes der Teufelsdrache, der als der eigentliche Anstifter zur Verführung des Menschenpaares vom göttlichen Fluch getroffen wird. Dass der teuflische Feind der Menschen von Gott verurteilt wird, gibt der Szene einen hoffnungsvollen messianischen Charakter. Das Relief erscheint somit als Darstellung des Urevangeliums, denn infolge des göttlichen Fluches wird der Nachkomme der Frau, der menschgewordene Sohn Gottes, einst dem Satan den Kopf zertreten, auch wenn der teuflische Drache noch der Frau entgegenzüngelt, um ihr wie eine Schlange mit der Zunge in die Ferse zu stechen (vgl. Gen 3,15). In dieser ersten Frohbotschaft liegt auch der Bezug zu der gegenüberliegenden neutestamentlichen Bronzetafel, auf der die Verurteilung Jesu dargestellt ist, die zum Heilstod des Erlösers und damit zum Ende der Herrschaft der Finsternis (vgl. Lk 22,53) und zum Hinauswerfen des Satans führen wird (vgl. Joh 12,31).[15]

Die Szene mit der Verurteilung des ersten Menschenpaares und der Verfluchung Satans befindet sich genau in der Mitte der Bronzetür, wo die Schilderung durch die Inschriftleiste unterbrochen wird. So zeigt das Reliefbild, wie sehr dieses Urevangelium, in dem der endgültige Sieg über den teuflischen Widersacher verheißen wird (vgl. Gen 3,14–15), der erste große und entscheidende Wendepunkt in der Heilsgeschichte ist.[16]

Die Gleichnisse von der selbstwachsenden Saat und vom Senfkorn

11. Sonntag im Jahreskreis. Evangelium: Mk 4,26–34

„Er redete nur in Gleichnissen zu ihnen;
seinen Jüngern aber erklärte er alles, wenn er mit ihnen allein war."
Mk 4,34

Im Mittelpunkt des Evangeliums des 11. Sonntags im Jahreskreis stehen die beiden Gleichnisse von der selbstwachsenden Saat und vom Senfkorn, in denen Jesus das geheimnisvolle Wachsen des Reiches Gottes mit dem langsamen und kaum wahrnehmbaren Wachstum in der Natur vergleicht. Mit der Parabel von der Saat, die ein Mann aussät und die ohne sein Wissen und Mitwirken von selbst bis zur Ernte heranreift (vgl. Mk 4,26–29), sagt Jesus, dass die Gottesherrschaft ohne menschliches Zutun wächst und gegen alles Zweifeln am Tag der Ernte offenbar werden wird. Jesus vergleicht das Reich Gottes auch mit dem kleinsten aller Samenkörner, dem Senfkorn, das in die Erde gesät wird und dann aufgeht, so dass es größer als alle anderen Gewächse sein wird und sogar Vögeln Nistplätze zu bieten vermag (vgl. Mk 4,30–32). Im Unterschied zur Parabel von der selbstwachsenden Saat steht im Senfkorngleichnis mehr das Wunder des Kontrastes zwischen dem unscheinbaren Anfang und dem erstaunlichen Ergebnis im Vordergrund. Mit beiden Gleichnissen will Jesus seine Zuhörer ermutigen, angesichts des verborgenen und geheimnisvollen Wachsens des Reiches Gottes nicht zu verzagen, weil es von Gott grundgelegt ist und seine Entfaltung letztlich nicht mehr aufgehalten werden kann.[1]

DIE GLEICHNISSE JESU WURDEN VEREINZELT BEREITS IN FRÜHCHRISTLICHER ZEIT bildlich dargestellt, wie die Jungfrauenparabel (Mt 25,1–13), die Gerichtsparabel mit der Scheidung der Böcke und Schafe (Mt 25,31–46) und besonders das Gleichnis vom guten Hirten (Joh 10,1–18) zeigen. In der byzantinischen Buchmalerei setzte dann eine breite Überlieferung von Gleichnisillustrationen ein, wie sie sich vor allem in den 879/82 entstandenen Pariser Gregor-Homilien[2] und im 11. Jahrhundert in den Evangeliaren der Florentiner Biblioteca Laurenziana[3] und des Pariser Manuscrit grec 74 erhalten haben.[4]

Das Tetraevangeliar des Manuscrit grec 74, das auch Illustrationen zu den beiden Gleichnissen von der selbstwachsenden Saat und vom Senfkorn enthält, entstand in der zweiten Hälfte des 11. Jahrhunderts im Skriptorium des Studioskloster von Konstantinopel. Das 454 gegründete Kloster hatte im Ikonoklasmus (730–843) leidenschaftlich für die Bilderverehrung gekämpft und erlebte im 11. Jahrhundert eine Blütezeit, die sich auch in seiner berühmten Malschule niederschlug.[5] In der Buchmalerei war bereits um 980 im Hofatelier des Kaisers Basileios II. (reg. 976–1025) die Wende zum byzantinischen Mittelalter mit seinen linearen und symmetrisch ohne Tiefenillusion aufgebauten Kompositionen und seiner klar ausgeprägten, strenger stilisierten Formensprache vollzogen worden. Im 11. Jahrhundert kam es in der Buchkunst dann zum sogenannten „Style mignon", der sich durch seine Vorliebe für Kalligraphie, seine schlüssig strukturierten Szenenabläufe und seinen Figurenstil auszeichnet, der die dargestellten Personen klein, flächig, schlank, anmutig und grazil ausführte.[6]

Von diesem Stil ist auch das um 1050/60 entstandene Evangeliar des Manuscrit grec 74 geprägt, das in der Pariser Bibliothèque nationale aufbewahrt wird und in 361 Miniaturen die vier Evangelien mit wörtlichen Textillustrationen versah. Die dargestellten Szenen sind mit ihren winzigen, drahtigen Figürchen flüssig lesbar und weisen durch die Verwendung leuchtender Edelsteinfarben und goldener Stege eine geradezu emailhafte Preziosität auf.[7]

Im Markusevangelium, das nach dem Matthäusevangelium an zweiter Stelle folgt, werden die beiden Gleichnisse von der selbstwachsenden Saat (Mk 4,26–29)[8] und vom Senfkorn (Mk 4,30–32)[9] mit jeweils einem direkt beim Text stehenden Bild illustriert.

Die Szene der selbstwachsenden Saat ist über einem dunklen, braungrünen Bodenstreifen aufgebaut, der mit verschiedenen Pflanzen bewachsen ist, die fein in blauer Farbe ausgeführt sind. In der Bildmitte ist im Kreis seiner Jünger der lehrende Christus dargestellt. Er sitzt auf einem goldfarbenen Thron, der mit einem Gittermuster verziert und mit rotem Fußschemel und Kissen ausgestattet ist. Die aus Tunika und Pallium bestehende Kleidung Jesu in ganz in Gold gehalten, wodurch seine göttliche und königliche Würde zum Ausdruck kommt. Sein bärtiges Haupt ist von einem Goldnimbus umgeben, bei dem auch das eingeschriebene Kreuz angedeutet ist. Der lehrende Christus hat im Redegestus seine rechte Hand erhoben und trägt in seiner Linken eine Schriftrolle. Da Christus nach dem Markusevangelium zuerst das einfache Volk in Form von Gleichnissen lehrte und später seine Jünger nochmals eigens unter-

Gleichnis von der selbstwachsenden Saat, Evangeliar aus dem Studioskloster von Konstantinopel, Manuscrit grec 74, fol. 70r, um 1050/60, Deckfarbenmalerei mit Gold auf Pergament, 23,5 × 19 cm (Blattgröße), Paris, Bibliothèque nationale.

wies, dürfte auf der Miniatur die Szene dargestellt sein, wie Jesus seinen Jüngern alles erklärte, als er mit ihnen allein war (vgl. Mk 4,33–34). So zeigt das Bild die an ihren Goldnimben erkennbaren Apostel, wie sie durch Jesus den tieferen Sinn des Gleichnisses vernehmen und sich darüber mit ihrem Meister austauschen. Die Apostel haben ihre Hände teilweise im Redegestus erhoben und sind in zwei Dreiergruppen rechts und links um Jesus versammelt. Während sich Jesus im Redegestus der linken Apostelgruppe zuwendet, neigt er sein Haupt leicht den Jüngern auf der anderen Seite zu. Bei der Ausführung der Apostel war der Maler offenbar bemüht, die beiden Gruppen unterschiedlich zu gestalten. Während bei der rechten Gruppe ein Jünger hinter den beiden vorderen Aposteln steht, sind die Jünger auf der gegenüberliegenden Seite nebeneinander dargestellt. Bei der Gruppe auf der rechten Seite steht vorne ein Jünger, der seine beiden Hände zur Diskussion erhoben hat. Bei den Aposteln auf der anderen Seite ist der an seinem kurzen Kinnbart und weißen Haarkranz erkennbare Petrus zu sehen, der ebenfalls seine rechte Hand im Redegestus erhoben hat, sich aber durch seine blaue Tunika und sein goldgelbes Pallium von den übrigen Jüngern abhebt, die über einer hellen Tunika rote und blaue Pallien tragen. Die beiden Apostel neben ihm wenden sich einander zu und tauschen sich über das von ihrem Meister Gehörte aus.

Das Gleichnis, das Jesus seinen Jüngern erklärt, ist an den beiden Bildrändern in zwei kleinen Szenen dargestellt. Auf der rechten Seite ist ein Mann zu sehen, der in eine kurze, goldverzierte blaue Tunika gekleidet ist. Er ist auf das Feld gegangen und hat gerade den Getreidesamen ausgesät (vgl. Mk 4,26), wie seine Schreitgebärde und das schalenähnliche kleine Gefäß zeigen, das er vor sich in seinen Händen hält. Mit seinem rückwärts herumgewendeten Kopf macht er deutlich, dass er von dem Keimen und Wachsen des von ihm ausgesäten Saatgutes nichts mitbekommt, denn nach dem Gleichnis „schläft er und steht wieder auf, es wird Nacht und wird Tag, der Samen keimt und wächst und der Mann weiß nicht wie" (Mk 4,27). Neben ihm steht rechts zwischen anderen, kleiner gewachsenen Pflanzen das voll ausgebildete Getreide, das zeigt, wie sehr die Erde von selbst ihre Frucht bringt, „zuerst den Halm, dann die Ähre, dann das volle Korn in der Ähre" (Mk 4,28). Die von selbst gewachsene Saat besteht aus neun kräftigen und hochgewachsenen Getreidepflanzen mit prall gefüllten, goldgelben Ähren. Auf einer dieser Ähren hat sich sogar ein Vogel niedergelassen. Am gegenüberliegenden linken Bildrand wird der Schlussvers der Parabel illustriert, wonach der Mann die Sichel anlegt, wenn die Frucht zur Ernte reif geworden ist (vgl. Mk 4,29). In dieser Szene ist eine Person mit langer, goldverzierter roter Tunika dargestellt, die auf die neun Getreidepflanzen mit ihrem vollen Korn in den Ähren zugeht und gerade ihre goldene Sichel an die Halme anlegt, um die reifen Körner zu ernten.

Die auf der nächsten Seite dargestellte Parabel vom Senfkorn ist ähnlich wie die Illustration zur selbstwachsenden Saat aufgebaut. Über einem graugrünen, pflanzenbewachsenen Bodenstreifen ist Jesus erneut inmitten seiner Jünger zu sehen. Der goldene Thron, auf dem Jesus sitzt, ist etwas kostbarer verziert und zeigt neben dem Suppedaneum und dem Pulvinar auch eine hohe Rückenlehne. Der bärtige und nimbierte Christus hält in seiner linken Hand einen Rotulus und hat seine Rechte im Redegestus erhoben. Im Unterschied zum vorausgehenden Bild trägt Jesus über seiner goldenen Tunika ein purpurblaues Pallium und blickt frontal aus dem Bild heraus, so dass er neben den Jüngern auch die Betrachter der Miniatur zum Adressaten seiner Gleichnisrede macht. Von den zwölf nimbierten und in unterschiedlich buntfarbige Gewänder gekleideten Jüngern, die Jesus umgeben, sind rechts fünf und links sieben dargestellt. Dabei werden nur die drei jeweils in der ersten Reihe stehenden Apostel in ihrer ganzen Gestalt gezeigt, die hinteren Jünger aber nur summarisch durch ihre Köpfe oder Nimben angedeutet. Während die rechts stehenden drei Apostel über der Tunika das Pallium tragen, sind die Jünger auf der linken Seite über ihren teilweise goldverzierten Tuniken mit einem mantelartigen Obergewand bekleidet. Die Jesus zur Rechten und zur Linken am nächsten stehenden Apostel führen mit ihren Händen Redegesten aus, während die anderen vier Jünger ihre Hände akklamierend erhoben haben. Mit seinem weißgrauen kurzen Bart- und Haupthaar steht Petrus, der über einer goldgelben Tunika ein rotes Pallium trägt, an der Spitze der rechten Apostelgruppe.

Gleichnis vom Senfkorn, Evangeliar aus dem Studioskloster von Konstantinopel, Manuscrit grec 74, fol. 71r, um 1050/60, Deckfarbenmalerei mit Gold auf Pergament, 23,5 × 19 cm (Blattgröße), Paris, Bibliothèque nationale.

Das Gleichnis, das Jesus seinen Aposteln erklärt, ist am rechten Bildrand dargestellt. Dort ist eine üppige Pflanze mit rot-blauem Stamm zu sehen, die mit ihren doldenartigen, ebenfalls roten und blauen Blüten entfernt an die Senfstaude in der Parabel erinnert, die aus einem kleinen Samenkorn hervorgewachsen ist (vgl. Mk 4,31–32). Rechts lässt sich ein Vogel erkennen, der gerade den Senfbaum anfliegt, der nach der Gleichniserzählung so „große Zweige" getrieben hat, „dass in seinem Schatten die Vögel des Himmels nisten können" (Mk 4,32).

Die beiden Miniaturen aus dem Pariser Manuscrit grec 74 zeigen eine einfache, in sich schlüssige Illustration der beiden von Jesus erzählten Gleichnisse. Die Art der Schilderung dieser äußerst selten illustrierten Parabeln ist einzigartig, da sie in zwei Szenen erfolgt, nämlich in der zentralen Szene mit der Belehrung der Jünger und in den flankierenden Darstellungen der jeweiligen Bildhälfte der Gleichnisse. Diese Zweiteilung nimmt die im Evangelium dargelegte Pädagogik des lehrenden Christus auf, der dem Volk die Geheimnisse des Reiches Gottes nur in Gleichnisform verkündete, den Jüngern aber dann eigens den tieferen Sinn dieser Bildreden erschloss: „Durch viele solche Gleichnisse verkündete er ihnen das Wort, so wie sie es aufnehmen konnten. Er redete nur in Gleichnissen zu ihnen; seinen Jüngern aber erklärte er alles, wenn er mit ihnen allein war" (Mk 4,33–34).

Das Schiff der Kirche im Seesturm

12. Sonntag im Jahreskreis. Evangelium: Mk 4,35–41

„Jesus aber lag im Boot auf einem Kissen und schlief."
Mk 4,38

Am Abend nach den Gleichnisreden entließ Jesus das Volk und forderte seine Jünger auf, mit ihm ans andere Ufer zu fahren (vgl. Mk 4,35–36). Vom Seesturm, in den darauf das Boot geriet, berichtet das Evangelium des 12. Sonntags im Jahreskreis. Während Jesus schlafend auf einem Kissen im Boot lag, erhob sich plötzlich ein heftiger Wirbelsturm. Als sich das Boot durch die hohen Wellen mit Wasser zu füllen begann, weckten die angsterfüllten Jünger Jesus auf (vgl. Mk 4,37–38). Als er den entsetzten Ruf der Jünger hörte: „Meister, kümmert es dich nicht, dass wir zugrunde gehen?" (Mk 4,38), stand Jesus auf, „drohte dem Wind und sagte zu dem See: Schweig, sei still! Und der Wind legte sich, und es trat völlige Stille ein" (Mk 4,39). In diesem Befehlswort Jesu offenbart sich die Schöpfermacht Gottes, der Herr über die Elemente ist (vgl. Ps 65,8; 89,10; 93,3–4; 104,5–7; 107,23–29; Ijob 38,8–11). Mit den Worten: „Warum habt ihr solche Angst? Habt ihr noch keinen Glauben?" (Mk 4,40), durften die Jünger lernen, Gott zu fürchten (vgl. Mk 4,41), was nichts anderes heißt, als nach seiner Güte auszuschauen (vgl. Ps 33,18). Wie alle Wunder Jesu, so stand auch die Stillung des Seesturms im Dienst des Glaubens an die Heilssendung des Erlösers. Als die von Gottesfurcht ergriffenen Jünger zueinander sagten: „Was ist das für ein Mensch, dass ihm sogar der Wind und der See gehorchen?" (Mk 4,41), wurden auch sie zur Frage des Glaubens geführt.[1]

Seesturm, Hitda-Codex, Handschrift 1640, fol. 117r, nach 1000, Deckfarbenmalerei mit Gold auf Pergament, 17 × 11,6 cm, Darmstadt, Universitäts- und Landesbibliothek.

Auch wenn man künstlerische Darstellungen der Seesturmperikope bereits für die frühchristliche Zeit vermuten kann, so stammen die ältesten Zeugnisse aus der mittelbyzantinischen und karolingischen Buchkunst. Sie zeigen die Apostel im Boot, wie sie sich dem schlafenden Christus zuwenden,[2] oder Jesus, der den Winden gebietet, die als Köpfe oder Wolken erscheinen.[3] In der ottonischen Kunst wurden die mittelbyzantinischen Vorbilder zu Simultandarstellungen weiterentwickelt, die Jesus zeigen, wie er als Schlafender von Petrus aufgeweckt wird und wie er vom Bug aus den Winden gebietet.[4]

Im ottonischen Hitda-Codex gehört die Szene mit dem Seesturm (vgl. Mk 4,35–41; Mt 8,23–27; Lk 8,22–25) wegen ihrer unvergleichlichen Dynamik zur bekanntesten Miniatur dieses Evangeliars. Der Codex wurde durch die Äbtissin Hitda für die Benediktinerinnenabtei Meschede kurz nach dem Jahr 1000 in Köln in Auftrag gegeben. Er enthält fünfzehn ausdrucksstarke Illustrationen zum Leben Jesu, der in den Miniaturen inschriftlich als „LVX" bezeichnet wird und damit als das wahre Licht der Welt (vgl. Joh 8,12; 9,5) erscheint.[5] Die Miniatur mit dem Seesturm[6] bildet im Zyklus zum Lukasevangelium das letzte Bild.[7] Während die ottonischen Simultandarstellungen Jesus zweimal abbildeten, konzentrierte sich der Meister des Hitda-Codex auf das Kerngeschehen des Seesturms mit dem schlafenden Christus, dem vom Sturm erfassten Schiff und den von angstvoller Sorge erfüllten zwölf Aposteln. Beim Bildmotiv des in einen Tierkopf auslaufenden Schiffsbugs folgte der Hitda-Meister einer bereits bekannten ikonographischen Tradition. Bei der Darstellung der Ausrichtung der Jünger unterschied sich der Buchmaler jedoch von jeder früheren Bildformulierung.[8]

Im gegenüberliegenden Titulus wird in Anlehnung an Mk 4,41[9] in goldenen Minuskeln die Illustration in prägnanter Kürze gedeutet: „Imperio summi obediunt mare et venti", „Dem Befehl des Höchsten gehorchen Meer und Winde."[10] Da aber Jesus in der Miniatur schläft und die Stillung des Seesturms noch nicht vollzogen hat, könnte der lateinische Titulus als Fortsetzung (vgl. Mk 4,39–41) des im Bild dargestellten Geschehens (vgl. Mk 4,37–38) gedeutet werden. Zudem fällt auf, dass die Beischrift im Unterschied zu den synoptischen Evangelien (vgl. Mk 4,41; Mt 8,27; Lk 8,25) zuerst von der Stillung des Meeres und dann erst von der Beruhigung der Winde spricht. Dies dürfte nicht nur aus dichterischen Gründen erfolgt sein, um einen lateinischen Endreim zu erhalten, sondern auch auf die im Hitda-Codex stets präsente Auslegungstradition der Kirchenväter verweisen, die vor allem im Meer die Ursache der drohenden Gefahr sahen und die biblischen Bilder von der Chaosmacht der Urflut auf das von Dämonen beherrschte bittere Meer des Lebens (mare amarum) deuteten. So spielt der über die konkrete Situation des Seesturmes hinausgehende Titulus auf den großen Gegensatz zwischen dem tobenden Meer des Lebens und der göttlichen Vollmacht Jesu an und verleiht auch der dargestellten Szene eine überzeitlich gültige Dimension.[11]

Die Miniatur ist von einer schwarzen und weißen Leiste sowie von einem breiten blaugrauen, goldmarmorierten Rahmen umgeben und wird in seiner ganzen Fläche von Wasser ausgefüllt. Der bedrohliche Eindruck des fahlen, graublauen Wassers wird dadurch gesteigert, dass das Boot der Jünger weit vom unteren Bildrand entfernt ist und somit als besonders haltlos erscheint. Auf das Toben des Elementes verweisen Wellen, die durch giftige ockergelbe Bänder angedeutet werden, ohne eigens abgegrenzter Wogen oder antikisierender Windpersonifikationen zu bedürfen.[12]

Auf der Bildfläche des Wassers ist das von oben angeleuchtete Boot der Jünger dargestellt. Wie eine Nussschale stürzt das ockerfarbene und grau gestreifte Segelboot von links oben nach rechts unten. Das spitz zulaufende schwarzgraue Heck schlägt nach oben wie ein Schweif aus. Es rollt sich am linken Bildrand an der schwarzen Rahmenleiste ein und trifft fast mit dem im Sturm flatternden Segel zusammen. Der Bug wird durch einen drachenähnlichen Tierkopf verlebendigt, der rechts unten die drei Rahmenleisten überschneidet. Voller Entsetzen starrt der Meeresdrache mit aufgerissenen Augen und dem bis zur Nase hin aufgesperrten Maul in den Abgrund.[13] Das Boot bietet nicht nur bergenden Raum für Jesus und die Jünger, sondern erscheint mit seinem Drachenkopf auch wie ein Seeungeheuer, das mit Maul und Schweif den Bildrahmen sprengt und das Schiff samt seinen Insassen in unauslotbare Tiefen zu reißen droht. Das Schiff wirkt wie der aufgeschlitzte Leib eines wildgewordenen Fisches, der sich mit schlagender Schwanzflosse samt seiner Fracht begierig nach unten stürzt.[14] Das als Meeresdrache verlebendigte und in wilder Panik selbst zu einer verschlingenden Woge gewordene Schiff erinnert an die patristische Vorstellung des von dämonischen Mächten beherrschten Meeres, auf dem das Schiff der Kirche zum himmlischen Hafen unterwegs ist. Diese gottwidrigen Mächte sahen die Kirchenväter in den biblischen Seeungeheuern des Leviathans, der Meeresschlange und des Walfisches verkörpert (vgl. Ijob 3,8; Ps 74,14; 104,26; Jes 27,1).[15] Angesichts dieser Bedrohung riefen die Väter die Christen zum Gebet auf, um wie der Prophet Jona aus dem Rachen des Meeresungeheuers befreit zu werden (vgl. Jona 2),[16] der auf seiner Flucht vor dem göttlichen Auftrag im Bauch des Schiffes während des Sturmes zu schlafen vermochte, dann zur Beruhigung der Wasserfluten ins Meer geworfen wurde und schließlich drei Tage und drei Nächte im Bauch des Walfisches war, der ihn verschlungen hatte (vgl. Jona 1,1–5.12–15; 2,1).[17]

Aus den Öffnungen am Bug des Schiffes ragen sechs mit Mennigrot und Weiß gemalte Ruderstangen seitlich nach unten hervor. Die Ruder greifen funktionslos ins Leere, weil die Insassen im Boot offenbar keinen Anlass mehr sahen, sie zu benutzen. Im vorderen Teil des Schiffes erhebt sich der leicht nach vorn geneigte schwarze Mast, an dem kreuzförmig eine gleichfarbige Querstange mit weißen Ringen befestigt ist, an denen ein purpurweißes und goldverziertes quadratisches Segel im Sturmwind flattert. Wie die losen Taue zeigen, hat sich das Segel losgerissen und unterstreicht zusammen mit den untauglich herabhängenden Rudern, dass das Boot im Sturm funktionsuntüchtig geworden ist.[18]

Inmitten dieser Auflösungserscheinungen rückt der Mast mit der Segelstange in den Mittelpunkt, der auffallend an ein Kreuz erinnert. Hier wird die Überzeugung der Kirchenväter anschaulich, dass die Kirche den Stürmen standzuhalten vermag, weil ihr Schiff aus dem Kreuzesholz gefertigt ist und das Kreuz als Mastbaum und Segelstange (antenna) die tragende Mitte der Kirche bildet, die vom Steuermann Christus geführt wird,[19] der sich im römischen Bischofssitz widerspiegelt.[20] Der im Inneren des Schiffes schlafende Christus ist nach patristischer Auslegung der am Kreuz Entschlafene, der durch seinen Tod am Kreuz der Welt den Frieden bewirkt hat und die Stürme der Kirche zu stillen vermag.[21] So erscheinen auch im Hitda-Codex das Kreuz Jesu als Mastbaum der Kirche und der am Kreuz entschlafene Christus als Erlöser, der durch sein Kreuzesopfer den todbringenden Elementen die Macht zu nehmen vermochte.[22] Auf den am Kreuz Entschlafenen könnte auch das einem liturgischen Behang ähnelnde purpurfarbene und goldverzierte Segel verweisen, wenn man es auf den Tempelvorhang deutet, der beim Tod Jesu zerrissen ist (vgl. Mk 15,38; Mt 27,51; Lk 23,45).[23]

Aus dem Bauch des sturmgepeitschten Schiffes der Kirche ragen die zwölf Apostel und die übergroße Halbfigur des schlafenden Jesus hervor. Während die Jünger im Profil dargestellt sind, ist Jesus durch seine Vorderansichtigkeit hervorgehoben. Als Schlafender hat Jesus das Haupt auf seinen rechten Unterarm gebettet, den er mit seinem Obergewand verhüllt und auf die Bordkante gelegt hat. Im Unterschied zu den Aposteln sind die Wangen Jesu leicht gerötet. Das bärtige Gesicht Jesu wird von langen, hell beleuchteten Haaren umgeben. Durch das von oben kommende Licht erscheinen auch seine Kleider hell. Jesus trägt eine hellblaue Tunika, die der Farbe des Wassers gleicht und mit einem Goldclavus verziert ist. Das purpurne Pallium erstrahlt fast ganz weiß und wird durch goldene Falten und Dreipunktmuster hervorgehoben. Trotz des Windes, der das Segel heftig gebläht hat, fällt der Gewandzipfel des Palliums, auf den Jesus seinen Kopf gelegt hat, entgegen der natürlichen Gesetzmäßigkeit ruhig und senkrecht über die Bordkante herab. Die goldenen Verzierungen der Kleider Jesu werden farblich durch den großen, rotumrandeten und mit weißen Punkten eingefassten Kreuznimbus aufgenommen. Dieser Nimbus ist teilweise durch den rechten Unterarm Jesu verdeckt, so dass die Inschrift „LVX", die Jesus als „Licht der Welt" (Joh 8,12; 9,5) hervorhebt, so wiedergegeben ist, dass das „V" direkt neben das „X" gesetzt wird.[24] Dass sich unterhalb des Gewandzipfels in dem weiten Bildraum die gelblichen Wogenbänder etwas zu beruhigen scheinen, indem sie mehr horizontale Formen annehmen, verweist auf die göttliche Vollmacht des Herrn, der auf eine geheimnisvoll verborgene Weise in den Stürmen bei seiner Kirche bleibt, ohne direkt durch seine Augen und durch die Farben seiner Kleider und seines Antlitzes mit seiner Umgebung in Verbindung zu stehen. Während die Jünger mit ihren fahlen und besorgten Gesichtern hellwach sind, ist der schlafende Jesus in das ruhige Licht seines verklärten Leibes getaucht und nimmt bereits die Herrlichkeit der Auferstehung vorweg. Der mit dem ruhig herabfallenden Gewandzipfel unbewegt im Lichtglanz schlafende Christus zeigt, dass es weniger um die Schilderung jenes historischen Ereignisses geht, das die Jünger einst mit Jesus auf dem See erlebt hatten, sondern mehr um das Aufscheinen der überzeitlichen Gegenwart des am Kreuz Entschlafenen und in seiner Kirche gegenwärtigen Auferstandenen. Auch wenn Jesus seinen Platz mitten in diesem windgepeitschten Boot hat, so ist er durch den verhüllten Arm und das tiefe Schlafen so dargestellt, als wäre er dieser Situation enthoben. So wird anschaulich, dass die Gegenwart Christi in seiner Kirche eine zwar wirkliche, aber doch verhüllte ist, um die es immer wieder im Glauben zu ringen gilt. Das friedvolle Ruhen Jesu wird zum hoffnungsvollen Zeichen für die Macht des erhöhten Christus, durch die der scheinbar verborgene Herr inmitten der Stürme bei seiner Kirche bleibt.[25]

Dicht gedrängt und teilweise nur mit ihren Köpfen sichtbar, sind im Schiffsbauch um den schlafenden Jesus herum die Apostel dargestellt. Im Unterschied zur übrigen ottonischen Buchmalerei sind sie nur hier im Hitda-Codex als Zwölferkollegium vollständig versammelt. Diese Präzisierung der im Evangelium nicht genannten Zahl der Jünger ruft die Apostolizität der Kirche in Erinnerung. So wird deutlich, dass es bei dieser bildlichen Formulierung der Seesturmperikope nicht so sehr um die Darstellung eines der Wunder geht, die Jesus während seines Erdenlebens gewirkt hat, sondern um die überzeitliche Gegenwart des auferstandenen Christus im windgepeitschten Schiff seiner Kirche. Das Mienenspiel der mit schwarzen Pupillen vor weißen Augäpfeln aufblickenden Apostel verrät zwar furchtsame Sorge, zeigt aber keine hoffnungslose Angst. Zudem sind sie unter sieben großen Goldnimben geborgen, so dass sich über den aschfahlen Gesichtern der unterschiedlich alten Apostel eine Lichtflut erhebt, die sich vom Heck bis zum Bug des Schiffes durchzieht und in eigentümlichem Kontrast zum tristen Anblick der Natur steht. Der Schein ihrer Goldnimben vermischt sich mit dem LVX-Kreuznimbus Jesu und bildet gleichsam einen Schutzschild. Die Jünger haben also teil am Licht des erhöhten und in seiner Kirche gegenwärtigen Herrn, auch wenn sie inmitten der Stürme um diese Wahrheit nicht immer zu wissen scheinen, wie ihre zumeist furchtsamen Mienen zeigen. Die Apostel haben auch das goldene Dreipunktmuster auf dem Mantel Jesu noch nicht angenommen und spiegeln noch nicht den vollkommenen Heiligkeitsgrad wider, sondern die Situation des inmitten der

Stürme auf dem Prüfstand stehenden Vertrauens auf Christus als den Herrn seiner Kirche. Während die Apostel angstvoll fragend zum Mastbaum des Kreuzes aufblicken,[26] nimmt in der Mitte ein seitlich gezeigter jüngerer bartloser und braunhaariger Mann eine andere Blickrichtung ein. Dieser vielleicht mit dem Lieblingsjünger Johannes gleichzusetzende Apostel[27] berührt mit seiner langfingrigen linken Hand über den vor ihm stehenden Jünger hinweg die Schulter des schlafenden Christus, um ihn aufzuwecken. Er tut dies mit scharf blickenden Augen und mit resignierend heruntergezogenem Mund und erinnert mit seinem bitteren Gesichtsausdruck an die verzweifelte Frage: „Meister, kümmert es dich nicht, dass wir zugrunde gehen?" (Mk 4,38), mit der die Jünger Jesus im Seesturm aufgeweckt hatten. Mit seiner kraftlos wirkenden Berührungsgeste hat es den Anschein, als würde sich dieser Apostel, obwohl auch er im Schein des Goldnimbus geborgen ist, eher dem toten als dem lichtvoll erhöhten und geheimnisvoll in seiner Kirche anwesenden Christus zuwenden. Im Heck sind links drei weiß und grau gefärbte Apostelgesichter zu sehen, die dem Licht-und-Schatten-Spiel der Schwanzflosse über ihnen gleichen und voller Furcht auf die sich im Sturm gerade auflösende Takelage starren. Vom Kreuznimbus Jesu angeschnitten, erscheint das Gesicht eines in Seitenansicht gegebenen dunkelhaarigen Apostels, der mit sorgenvollem Nachdenken zu dem sturmgeblähten Segel aufblickt. Nach rechts hin ist ein weiterer Apostel in Profilansicht dargestellt. Der mit einem ockerweißen Gewand bekleidete, bärtige Apostel blickt mit hoher Stirn konzentriert nach vorne. Der vor ihm in Seitenansicht gegebene und in einen blaugrauen Mantel gehüllte Apostel ist Petrus, den man an seinem weißen, kurzen Haupt- und Barthaar erkennen kann.

Im Unterschied zur ikonographischen Tradition ist Petrus im Bug des Schiffes an die Stelle des dem Sturm befehlenden Christus getreten. In seinen heruntergezogenen Mundwinkeln scheint sich die Last der Verantwortung widerzuspiegeln, die Petrus in der Kirche zu tragen hat. Der Apostelfürst hantiert am Mastbaum des Bootes und veranschaulicht damit die ihm übertragene primatiale Stellung. So wird Petrus an der Spitze des Schiffes der Kirche mit dem Mastbaum des Kreuzes in Verbindung gebracht und damit als Erstzeuge für den Sieg des gekreuzigten und auferstandenen Christus über Tod und Unterwelt ausgewiesen (vgl. 1 Kor 15,3–5). Wie die beklommenen Gesichtszüge des Petrus zeigen, besteht dieses Zeugnis aber nicht in einem Triumphieren, sondern bleibt immer den Stürmen des Lebens ausgesetzt. Vor Petrus haben auf der Ruderbank im Bug zwei in Dreiviertelansicht gezeigte Apostel ihre Köpfe weit erhoben und sind in den Aufblick zum Mastbaum des Kreuzes vertieft, während unter ihnen das Schiff in entgegengesetzter Richtung in den Abgrund stürzt. Der linke, rothaarige Jünger blickt aufmerksam nach oben und scheint mit seinem Glauben noch Fragen zu verbinden. Die abgeschatteten

Gesichtszüge des rechten, jungen Apostels[28] bringen dagegen die Ergebenheit eines Glaubenden zum Ausdruck, der angesichts des Untergangs voll Vertrauen aufzublicken vermag.[29]

Überblickt man abschließend diese einzigartige Seesturmminiatur, so lassen sich drei Aspekte ausmachen, die der Maler besonders in den Vordergrund gerückt hat, nämlich der Mastbaum des Kreuzes, das durch die zwölf Apostel repräsentierte Schiff der Kirche und schließlich der schlafende Jesus, der an den am Kreuz entschlafenen Erlöser und damit an das österliche Heilswerk Christi erinnert. Die in Licht getauchte und inschriftlich im Kreuznimbus als „LVX" bezeichnete Gestalt Jesu zeigt, dass im Schiff der gläubig auf das Kreuz schauenden Kirche die lichtvolle Gegenwart des erhöhten Christus weiterzuwirken vermag. Die in der Seesturmperikope anklingenden alttestamentlichen Bilder vom Schiff des Propheten Jona und von der göttlichen Stillung der stürmischen Meeresfluten (vgl. Ps 18,16; 65,8; 104,7; 106,9; 107,29–30; Nah 1,4) verweisen auf die in seiner Kirche fortwirkende österliche Wirklichkeit Christi und erinnern an die durch die goldenen Nimben ausgedrückte Verbundenheit der Jünger mit ihrem Herrn, der in Wirklichkeit die Lage beherrscht. Durch die ambivalent geschilderten Apostel, die zwischen resignierender Furcht und gläubigem Vertrauen schwanken, wendet sich die Miniatur an den gläubigen Betrachter, um inmitten der immerzu hereinbrechenden Stürme an der wirkmächtigen Gegenwart Christi in seiner Kirche festzuhalten.[30]

Die Heilung der blutflüssigen Frau und die Auferweckung der Tochter des Jaïrus

13. Sonntag im Jahreskreis. Evangelium: Mk 5,21–43

„Im selben Augenblick fühlte Jesus,
dass eine Kraft von ihm ausströmte."
Mk 5,30

Das Evangelium des 13. Sonntags im Jahreskreis berichtet von zwei Wunderheilungen, die literarisch ineinander verwoben sind. Die Begebenheiten beginnen damit, dass ein Synagogenvorsteher namens Jaïrus den am Seeufer vor einer großen Menschenmenge lehrenden Jesus bat, seine im Sterben liegende zwölfjährige Tochter zu heilen (vgl. Mk 5,21–23). Als sich Jesus gerade aufmachte, mit ihm zu gehen, trat in dem Gedränge eine seit zwölf Jahren an Blutfluss leidende Frau demütig von hinten an ihn heran, um sein Gewand zu berühren und auf diese Weise geheilt zu werden (vgl. Mk 5,25–28). Während die Hämorissa bei dieser Berührung deutlich wahrnahm, von ihrem Leiden geheilt zu sein, spürte auch Jesus, dass ihm eine Kraft entströmte, so dass er sich herumwandte und seine Jünger fragte, wer ihn berührt habe (vgl. Mk 5,29–32). Als ihm die Jünger keine Antwort geben konnten, gab sich die geheilte Frau zu erkennen. Daraufhin lobte Jesus das gewagte Tun der Frau als Glauben, entließ sie im Frieden und sagte ihr zu, von ihrem Leiden von nun an geheilt zu sein (vgl. Mk 5,33–34). Während Jesus noch redete, meldeten Leute aus dem Haus des Synagogenvorstehers dem Jaïrus, seine Tochter sei gestorben und er brauche Jesus nicht weiter zu bemühen (vgl. Mk 5,35). Als Jesus dies hörte, ermutigte er Jaïrus: „Sei ohne Furcht; glaube nur!" (Mk 5,36), und machte sich mit Petrus und den beiden Brüdern Jakobus und Johannes auf den Weg in das Haus des Synagogenvorstehers. Als er den weinenden Leuten sagte, das Kind sei nicht gestorben, sondern schlafe nur, wurde er von ihnen verlacht. Jesus aber schickte alle hinaus und ging nur mit den ihn begleitenden Jüngern und den Eltern in das Zimmer der Toten (vgl. Mk 5,37–40). Dort fasste Jesus das Mädchen an der Hand

Heilung der blutflüssigen Frau, Egbert-Codex, Handschrift 24, fol. 24v, um 985/93, Deckfarbenmalerei auf Pergament, 27 × 21 cm (Blattgröße), Trier, Stadtbibliothek.

und forderte es zum Aufstehen auf. Während das Mädchen sofort umherging, gerieten die Leute vor Entsetzen außer sich (vgl. Mk 5,41–42).

EINE DARSTELLUNG DER BEIDEN MITEINANDER VERBUNDENEN WUNDERBERICHTE enthält auch der ottonische Egbert-Codex, in dem die Evangelienabschnitte für die Eucharistiefeiern zusammengestellt wurden. Das Perikopenbuch wurde um 985 bis 993 durch Reichenauer Malermönche für den Trierer Bischof Egbert (reg. 977–993)[1] angefertigt und zeigt 60 Miniaturen, in denen spätantike Formtraditionen in künstlerisch souveräner Weise umgestaltet wurden. Die Pergamenthandschrift wurde wohl nicht auf der Klosterinsel Reichenau selbst, sondern in einem Trierer Skriptorium angefertigt, das unter dem Einfluss der Reichenauer Malschule stand. Nachdem der

Egbert-Codex in die Trierer Benediktinerabtei St. Paulin gelangt war, blieb er dort bis ins 18. Jahrhundert und kam dann 1810 in die Trierer Stadtbibliothek.[2]

Da die Perikope die Heilung der Hämorissa und die Totenerweckung der Tochter des Jaïrus umfasst, verteilte der Maler des Egbert-Codex die beiden Begebenheiten auf zwei einander gegenüberstehende Bilder. Die beiden in der Höhe gegeneinander verschobenen Miniaturen illustrieren das Evangelium des Mittwochs (Feria Quarta) der vierten Woche nach dem Fest der Erscheinung des Herrn (vgl. Mt 9,18–26).[3] Während im Münchner Evangeliar Ottos III. (reg. 983–1002) die beiden wunderbaren Begebenheiten unter einer Bogenarchitektur in einer einzigen Szene zusammengefasst wurden, so dass die Heilung der Hämorissa gegenüber der Totenerweckung zu wenig herauskommt,[4] gelang es dem Maler des Egbert-Codex, durch die Verteilung auf zwei Miniaturen die Eigenart der ineinander verschmolzenen Geschehnisse der Perikope besonders zur Geltung zu bringen.

Das erste Bild auf der linken Seite ist in der für den Egbert-Codex üblichen Weise von einer einfachen roten Rahmenleiste mit goldenen Konturen umgeben. Das untere Drittel der Miniatur wird von einem helloliven Bodenstreifen eingenommen, in dem die handelnden Personen stehen, während im rosafarbenen Bereich darüber die himmlische Sphäre angedeutet wird.
Von rechts betritt der inschriftlich als „PRINC[EPS]" bezeichnete „Vorsteher" der Synagoge den Bildraum. Der bärtige und weißhaarige Jaïrus trägt graublaue Stiefel, eine rote Hose, einen weißen Rock und darüber einen goldgesäumten blauen Mantel. Wie die Redegeste seiner rechten Hand zeigt, hat Jaïrus gerade die Bitte an Jesus ausgesprochen, seine sterbende Tochter zu heilen (vgl. Mk 5,22–23).
Jesus wendet sich dem Synagogenvorsteher zu und zeigt mit seiner im Segensgestus erhobenen rechten Hand, die an ihn gerichtete Bitte zu erfüllen und mit Jaïrus zu seiner todkranken Tochter zu gehen (vgl. Mk 5,24). Jesus trägt einen großen, goldenen Kreuznimbus und wird durch die griechischen Abkürzungen „IHC" und „XPC", die für „IH[COY]C XP[ICTO]C" stehen, als „Jesus Christus" bezeichnet. Die Kleidung Jesu besteht aus einer weißen Tunika und einem purpurvioletten, goldgesäumten Pallium, das seine königliche Würde unterstreicht und von seiner linken Hand gerafft wird.
Von der anderen Seite her ist die verschleierte Hämorissa in tief gebeugter Haltung von hinten an Jesus herangetreten. Die in eine lange weiße Tunika und in ein purpurblaues Obergewand gekleidete Hämorissa ist durch die Beischrift „FLVXVM HABENS" als am Blutfluss leidend bezeichnet. Wie ihre ausgestreckten Hände zeigen, hat sie soeben das Gewand Jesu berührt (vgl. Mk 5,27) und dabei ihre Heilung

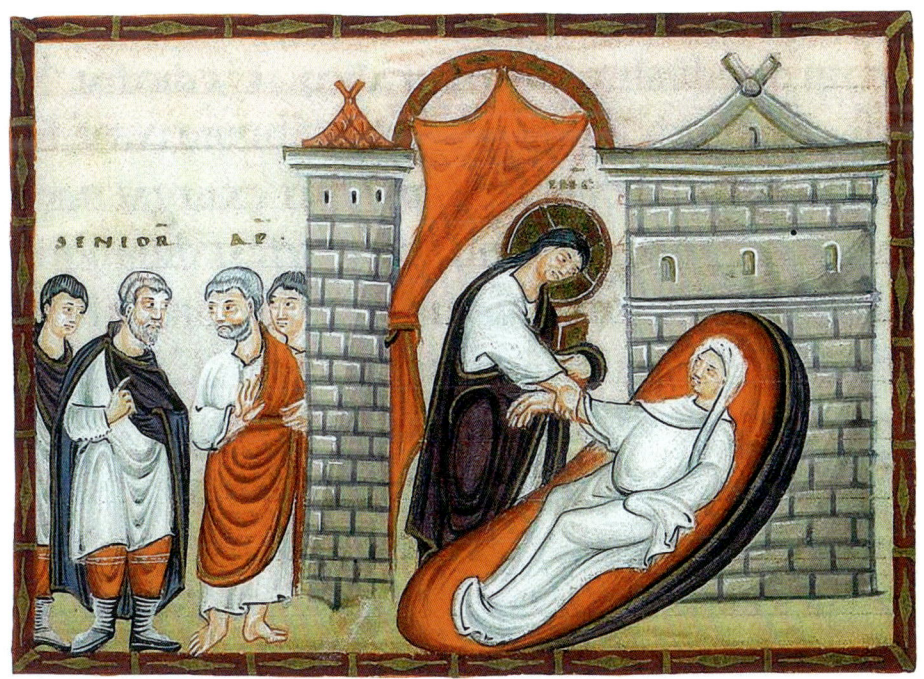

Auferweckung der Tochter des Jaïrus, Egbert-Codex, Handschrift 24, fol. 25r, um 985/93, Deckfarbenmalerei auf Pergament, 27 × 21 cm (Blattgröße), Trier, Stadtbibliothek.

wahrgenommen (vgl. Mk 5,29), worauf auch Jesus spürt, wie eine Kraft von ihm ausgeht (vgl. Mk 5,30), so dass er mit spontan herumgewendetem Haupt und bewegter Schrittstellung hinter sich schaut.[5] Der Blick Jesu ist auf die Gruppe der inschriftlich als „AP[OSTO]LI" bezeichneten, mit weißer Tunika und blauem Pallium bekleideten Jünger gerichtet und veranschaulicht die an seine Jünger gerichtete Frage Jesu: „Wer hat mein Gewand berührt?" (Mk 5,30). Während vom rechten bartlosen Apostel nur der Kopf zu sehen ist, hat der linke bärtige Jünger seine rechte Hand in distanzierender Weise erhoben. Die Beantwortung der Frage Jesu übernimmt der vordere, mit einem roten Pallium bekleidete Jünger, der durch die Beischrift „PETR[VS]" und auch durch den für ihn charakteristischen weißgrauen Rundkopf und seinen gestutzten Bart als der Erste des Apostelkollegiums ausgewiesen ist. Mit seinen beiden im Redegestus erhobenen Händen gibt Petrus seinem Meister die Antwort: „Du siehst doch, wie sich die Leute um dich drängen, und da fragst du: Wer hat mich berührt?" (Mk 5,31).

Die beiden in der Beischrift als „SENIOR[ES]" bezeichneten Ältesten hinter Jaïrus sind schwer zu deuten, da nach dem Bericht des Evangeliums der Synagogenvorsteher seine Bitte ohne Begleiter vorgetragen hat. Auch wenn sie keine Redegesten zeigen, so stehen die beiden Männer vielleicht für die Leute, die während des Gespräches Jesu mit der geheilten Frau dazugekommen waren, um den inzwischen eingetretenen Tod des Mädchens zu melden (vgl. Mk 5,35). Für ihre Zugehörigkeit zum Haus des Synagogenvorstehers könnte sprechen, dass der rechte bärtige Mann dieselbe Kleidung wie Jaïrus trägt. Jedenfalls bilden sie eine Gruppe von Juden, die den Aposteln auf der anderen Seite gegenübergestellt ist. Während die Ältesten Schuhe tragen, verweisen die unbekleideten Füße Jesu und der Apostel auf die „Schritte" des jesajanischen „Freudenboten" und damit auf die Verkündigung der Heilsbotschaft (vgl. Jes 52,7; Röm 10,15).

Die Hauptpersonen bilden in der Mitte Jesus und die Hämorissa, die nach der Auslegung der Kirchenväter für die aus dem Heidentum gebildete Kirche steht,[6] während der Synagogenvorsteher und seine Tochter das Judentum verkörpern. Als Jesus auf dem Weg zur Tochter des Jaïrus gewesen sei, um die Kinder Israels zu retten, habe auch die bereits in tiefere Laster versunkene, in der Hämorissa verkörperte Heidenkirche von der Erkrankung der Juden gehört, in Jesus den Arzt erkannt und voll Scham über ihre Sünden das den Juden bereitete Heil kraft ihres Glaubens vorweg an sich gerissen (vgl. Mt 11,12).[7]

Die zur gleichen Perikope gehörende Szene mit der Erweckung der Tochter des Jaïrus befindet sich auf der rechten Seite des aufgeschlagenen Buches. Der zwei Mauerstücke verbindende Bogen mit dem zurückgeschlagenen roten Vorhang bezeichnet die Tür des Zimmers, in dem die Tochter des Jaïrus liegt.[8] Durch diese Tür ist offenbar gerade Jesus eingetreten, der inschriftlich durch die für „IH[COY]C" stehende Kürzel „IHS" bezeichnet ist. Christus befindet sich offenbar allein mit dem Mädchen im Zimmer, so wie es im Matthäusevangelium (vgl. Mt 9,24–25) im Unterschied zu Markus (vgl. Mk 5,40) und Lukas (vgl. Lk 8,51) berichtet wird. Wie in der vorausgehenden Miniatur trägt Jesus einen goldenen Kreuznimbus und ein purpurviolettes, goldgesäumtes Pallium, das er mit seiner linken Hand rafft, in der er gleichzeitig einen Codex hält.

Die an Haupt und Füßen in ein weißes Totenhemd gehüllte Tochter des Jaïrus liegt auf einem innen rot und außen purpurviolett gefärbten Bett. Jesus hat sich zu ihr herabgeneigt und sie am Gelenk ihrer rechten Hand ergriffen (vgl. Mk 5,41), um sie aufzurichten. Während ihre Rechte noch schlaff herabhängt, haben sich die Augen des soeben in das Leben zurückgekehrten Mädchens bereits geöffnet.[9]

Im Freien befinden sich zwei inschriftlich als „SENIOR[ES]" bezeichnete jüdische Älteste und zwei als „AP[OSTOLI]" ausgewiesene Jünger im Gespräch miteinander.[10] Der im Vordergrund stehende Älteste trägt dieselbe Kleidung wie in der vorausgehenden Miniatur mit der Heilung der Hämorissa und hat den Zeigefinger seiner rechten Hand erhoben. Der an seiner Bart- und Haartracht erkennbare und wiederum mit rotem Pallium bekleidete Petrus antwortet mit einer abwehrenden Handgebärde. Dieses über das Evangelium hinausgehende Streitgespräch zeigt Petrus als Apostel, dem in besonderer Weise die Sorge für die Juden anvertraut ist (vgl. Gal 2,8–9). Sein rotes Pallium verbindet den um die Kirche aus dem Judentum bemühten Petrus mit dem gleichfarbigen Bett des Mädchens, das nach der patristischen Exegese als Tochter des Synagogenvorstehers ebenfalls für die zum Heil berufenen Juden steht. Wie sehr sich Christus zu der heilungsbedürftigen Tochter Israels gesandt weiß, um auch sie zu seiner Kirche zu rufen, zeigt auch die purpurviolette Farbe, die das Pallium Jesu mit der Außenseite des Bettes verbindet.

Die Gotteserfahrung des Apostels Paulus

14. Sonntag im Jahreskreis. Zweite Lesung: 2 Kor 12,7–10

*„Damit ich mich wegen der einzigartigen Offenbarungen nicht überhebe,
wurde mir ein Stachel ins Fleisch gestoßen."*
2 Kor 12,7

Die beiden Lesungen des 14. Sonntags im Jahreskreis berichten über Erfahrungen von Gott gesandter Boten. Während in der ersten Lesung (Ez 1,28b–2,5) von der „Erscheinung der Herrlichkeit des Herrn" die Rede ist (Ez 1,28), die dem Propheten Ezechiel zuteilwurde, bezieht sich die zweite Lesung auf eine Gotteserfahrung des Apostels Paulus.

In seinem zweiten Brief an die Korinther sprach Paulus von „einzigartigen Offenbarungen" (2 Kor 12,7), die ihm von Gott geschenkt wurden. Der Apostel erwähnte nur widerwillig diese außergewöhnlichen persönlichen Erfahrungen, sah sich aber dazu gezwungen, weil offenbar seine Gegner auf derartige ekstatische Erfahrungen pochten (vgl. 2 Kor 12,1–6). Um sich aber wegen dieser Offenbarungen nicht zu überheben, sei ihm von Gott ein körperlich spürbarer „Stachel" ins Fleisch gegeben worden: „Damit ich mich wegen der einzigartigen Offenbarungen nicht überhebe, wurde mir ein Stachel ins Fleisch gestoßen: ein Bote Satans, der mich mit Fäusten schlagen soll, damit ich mich nicht überhebe" (2 Kor 12,7). Mit diesen Ausdrucksweisen bezeichnete Paulus wahrscheinlich eine körperliche Schwäche, die ihm vielleicht sogar im Zusammenhang mit seinen ekstatischen Erlebnissen widerfuhr. Paulus wollte aber mit seinen Formulierungen keine medizinische Definition seiner Leiden geben, sondern diese Ohnmachtserfahrung als Erziehungsmittel Gottes herausstellen, um sich im Gegensatz zu seinen Gegnern

*Johann Liss, Verzückung des Apostels Paulus, um 1627, Öl auf Leinwand,
80 × 58 cm, Berlin, Gemäldegalerie.*

nicht seiner außergewöhnlichen Offenbarungen zu rühmen, sondern sich ganz als Werk der Gnade Gottes zu begreifen. Trotz seiner dreimaligen Bitte habe ihm Gott diesen Stachel belassen, damit er die Erfahrung mache, dass die göttliche Gnade gerade in der menschlichen Ohnmacht ihre Kraft zu erweisen vermag: „Dreimal habe ich den Herrn angefleht, dass dieser Bote Satans von mir ablasse. Er aber antwortete mir: Meine Gnade genügt dir; denn sie erweist ihre Kraft in der Schwachheit. Viel lieber also will ich mich meiner Schwachheit rühmen, damit die Kraft Christi auf mich herabkommt" (2 Kor 12,8–9).

Die einzigartigen „Erscheinungen und Offenbarungen" (2 Kor 12,1), die durch den „Stachel im Fleisch" (2 Kor 12,7) ihr Gegengewicht erhalten sollten, beschrieb Paulus einige Verse zuvor als visionäres Ereignis. Dieses Geschehen hatte sich nach den Angaben des Paulus um das Jahr 41/42 in Form einer Himmelsreise als leibliche oder auch nicht leibhafte Entrückung „in den dritten Himmel", also in das überirdische Paradies der Erlösten, ereignet, verbunden mit dem Hören unsagbarer und menschlich unaussprechlicher Worte (vgl. 2 Kor 12,2–4). Diese „einzigartigen Offenbarungen" (2 Kor 12,7) beschrieb Paulus bewusst in der dritten Person, um sie als Erfahrungen einzuordnen, die an ihm wie an einem Fremden geschehen sind und auf die er sich nicht berufen will, da sie nicht überprüfbar sind. Dagegen könnten seine Schwachheit und seine Leiden auch andere sehen, so dass deutlich werden kann, was Gott durch ihn zu wirken vermag.[1]

DA DIESE AUSSERGEWÖHNLICHEN „ERSCHEINUNGEN UND OFFENBARUNGEN" (2 Kor 12,1) durch seinen heroischen Verkündigungsdienst, seine Leidensbereitschaft und sein Blutzeugnis für Christus in so unvergleichlicher Weise authentisch zu werden vermochten, war es seit dem 16. Jahrhundert für die Kunst mehr als legitim, den entrückten Apostel Paulus auch in bildhafter Weise darzustellen. Zu den bekanntesten künstlerischen Formulierungen der Verzückung des Paulus gehört ein Ölgemälde, das der deutsche Maler Johann Liss (um 1597–1631) um 1626/29 in Venedig geschaffen hatte und das zu dieser Zeit ohne Parallele war. Liss wurde um 1597 im protestantischen Oldenburger Land nördlich von Lübeck geboren und lernte bei seinem Vater die Malkunst. Von 1615 bis 1619 hielt er sich in den Niederlanden auf, wo er nach dem Vorbild der Haarlemer Malerei Sittenbilder schuf und in Antwerpen durch Jacob Jordaens (1593–1678) den flämischen Caravaggismus und die Kunst des Peter Paul Rubens (1577–1640) kennenlernte. Um 1620 gelangte Liss über Paris nach Venedig, wo er die Malerei Tizians (1488/90–1576), Tintorettos (1518–1594), Paolo Veroneses (1528–1588) und Domenico Fettis (1588/89–1623) studierte. Als sich Liss von 1622 bis 1626 in Rom aufhielt, konnte er auch das 1618 von Gerrit van Honthorst (1592–1656) für Santa Maria della Vittoria geschaffene Hochaltarbild mit der

Entrückung des Apostels Paulus in Augenschein nehmen. Im Jahr 1626 kehrte er nach Venedig zurück, wo er 1629 als Mitglied der Malerbruderschaft genannt wird, so dass man annehmen muss, dass er zum katholischen Glauben konvertiert war. Im Frühjahr 1629 wohnte der deutsche Maler und Kunsttheoretiker Joachim von Sandrart (1606–1688) eine gewisse Zeit bei Liss. Bei diesem Aufenthalt wurde Sandrart auch Zeuge der unbekümmerten und maßlosen Lebens- und Arbeitsweise seines Kollegen, der mehrere Nächte außer Haus war und dann wieder nächtelang arbeitete, so dass ihm die niederländischen Maler in Rom bereits den Spitznamen des unbeherrschten griechischen Waldgottes Pan verliehen hatten. Als Liss gerade auf dem Gipfel seiner Schaffenskraft war, erkrankte er an der Pest, die im Mai 1629 in Venedig ausgebrochen war und im November 1630 schlimmste Ausmaße angenommen hatte. Liss konnte noch Venedig verlassen und starb dann am 5. November 1631 im Soldatenhospital vor den Toren der Stadt Verona. Mit seiner hellen und heiteren Farbgebung, seiner lockeren und großzügigen Malweise, seiner virtuosen Lichtführung und seinen unbeschwerten und teilweise kühnen Kompositionen gehört Liss neben Adam Elsheimer (1578–1610) und Johann Heinrich Schönfeld (1609–1684) zu den besten deutschen Malern des 17. Jahrhunderts.[2]

Nachdem Liss nach 1626 aus Rom wieder nach Venedig zurückgekehrt war, erhielt er den Auftrag, ein Bild mit der Verzückung des Apostels Paulus (vgl. 2 Kor 12,2–4) anzufertigen. Vielleicht sollte Liss mit diesem Gemälde ein Bildpaar mit den visionären Erfahrungen der Apostel Petrus und Paulus fertigstellen, mit dem der 1623 in Venedig verstorbene Domenico Fetti beauftragt worden war, von dem sich im Kunsthistorischen Museum Wien ein um 1619 entstandenes und stark beschnittenes Gemälde mit dem visionären Traum des Petrus in Joppe (vgl. Apg 10,9–16) erhalten hat. Das gut einen halben Meter breite Ölgemälde mit der Verzückung des Paulus wurde möglicherweise durch den in Venedig tätigen Kaufmann und Kunsthändler Jan Reynst (1601–1646) erworben und befand sich dann in der Amsterdamer Galerie seines älteren Bruders Gerrit Reynst (1599–1658), wo es als Pendant zu Fettis Bild mit dem Traum des Petrus galt. Beide Gemälde aus der Sammlung Reynst wurden um 1655 durch Jeremias Falck (um 1620–1664) in Kupfer gestochen, wobei auch das Bild mit dem Traum des Petrus als ein Werk von Liss bezeichnet wurde. Nach der Auflösung der Galerie Reynst gehörte das Bild mit der Verzückung des Paulus zur Amsterdamer Sammlung van de Amory und wurde am 23. Juni 1722 unter der Nummer 82 als „Paulus Verrukking, door Jan Lis" zusammen mit dem anderen Gemälde dieser Kollektion versteigert. Nachdem es um 1913 durch den Berliner Kunstsammler Alexander von Frey (gest. 1951) in Florenz bei einem englischen Kunsthändler entdeckt worden war, erwarb es 1919 Wilhelm von Bode (1845–1929) für die Berliner Gemäldegalerie.[3]

Wie aus der Inschrift des Kupferstiches von Jeremias Falck hervorgeht, hat Liss das im zweiten Korintherbrief geschilderte Selbstzeugnis des Paulus über seine Entrückung in den dritten Himmel dargestellt, in der dieser Apostel unsagbare Worte gehört habe (vgl. 2 Kor 12,1–4).[4] Während Honthorst und andere Künstler des 17. Jahrhunderts den Apostel als robusten, großen Mann mit buschigem Bart- und Haupthaar zeigten, der von Engeln in den Himmel getragen wird,[5] schilderte Liss den Apostel als kahlköpfige und eher kleine Gestalt mit gebogener Nase, womit sich der deutsche Maler dem bereits um 400 ausgebildeten und auf die alte apokryphe Überlieferung des 2. Jahrhunderts zurückgehenden ikonographischen Schema anschloss.[6]

Johann Liss gab Paulus als bärtigen alten Mann mit wässrigen Augen wieder, der auf einem bühnenähnlichen Vordergrund inmitten herumliegender Folianten gerade mit seinen Studien beschäftigt ist, als er in seinem Lehnstuhl von der himmlischen Erscheinung überrascht wird. In seinem Studium unterbrochen, breitet Paulus angesichts des über ihm geöffneten Himmels gestikulierend die Hände aus und blickt ekstatisch nach oben, wo sich ihm ein Engelkonzert darbietet, dem der Apostel entzückt lauscht. Die unaussprechlichen Worte, die Paulus nach seinem Selbstzeugnis vernommen hat, kommen dem Apostel als Engelsmusik zu Ohren – eine Idee, die Liss wohl von Honthorsts Darstellung in Santa Maria della Vittoria übernommen hat. Rechts rafft ein Engel die Vorhänge zusammen, um das himmlische Schauspiel des Engelchores und der links oben in der Ferne erscheinenden Dreieinigkeit freizugeben. Links hat sich unweit des Apostels ein in Rückenansicht gezeigter und an Rubens erinnernder Engel niedergelassen, der die Mandoline anschlägt. In den Wolken neben ihm scheint ein Engel zu singen. Rechts davon spielt ein dritter Engel die Geige.[7]

Während die Engel am nahen Wolkenrand musizieren, offenbart sich am linken oberen Bildrand, in gleißender Ferne auf Wolken sitzend, der dreifaltige Gott.[8] Rechts ist die schemenhafte Gestalt Gottvaters zu sehen, der als Zeichen seiner göttlichen Weltregierung einen Globus trägt. Zu seiner Rechten erscheint der Sohn, der mit seinem lichtdurchfluteten roten Gewand auf seine Menschwerdung und das Erlösungsmysterium verweist. Über Gottvater und dem Sohn erscheint von links her die Taube des Heiligen Geistes.

Um die Herrlichkeit des Paradieses zu beschreiben, das sich vor Paulus auftut, werden zum himmlischen Licht hin die Farben immer heller und die Formen immer schwereloser – ein Kunstgriff, der an die Malerei Correggios (1489–1534) erinnert. Der mit seiner rötlichbraunen Haut im Halbdunkel über seinen Büchern sitzende und nun verzückt die Arme ausbreitende Apostel wird durch die helle Himmelserscheinung getroffen und in Licht getaucht. Dieser Übergang vom Dunkel in das Licht zeigt sich auch bei dem links in Rückenansicht gezeigten Engel, der noch ganz in kräftiges Helldunkel getaucht ist, während sein vom Himmelslicht beleuchteter Nacken bereits hell aufstrahlt. Auch der singende Engel, der dem dreifaltigen Gott am nächsten steht, ist ganz in Licht getaucht. Den Eindruck überirdischer Schönheit vermitteln auch die hellgelben und lachsfarbenen Lichtakzente, indem sie die Seidenstoffe der Engel mit schon fast auf das Rokoko vorausweisenden Pastelltönen zum Changieren bringen. Aus dem dunklen Violett des Mantels des Apostels und dem tintenblauen Gewandstück des Mandolinenengels entwickelt sich über das Grün des gerafften Vorhangs und das Grau der Wolkenwand eine reiche Farbigkeit, die zum himmlischen Geschehen hin immer zarter, aber auch heller und intensiver wird. Über die zarten Lavendel- und Rosatöne und das opalschillernde Seegrün bei den Engeln rechts über den Wolken verwandeln sich die Farben schließlich in zahlreiche Abstufungen von Ockergelb und Gelbweiß, bis sie sich in dem strahlenden Glorienlicht auflösen, in dem die Trinität erscheint.[9]

Mit seiner Darstellung der Verzückung des Apostels Paulus gelang dem frühvollendeten deutschen Maler Johann Liss ein beeindruckendes, an den großen venezianischen Vorbildern geschultes Meisterwerk, das mit seinen festlich jubilierenden Farbklängen und seiner kontrastreich bewegten Figurenkomposition nicht nur den vollendeten Spätstil des Malers zeigt, sondern auch ein Licht auf die seelische Spannweite dieser schillernden Künstlerpersönlichkeit wirft.[10]

Um die Einzigartigkeit der ekstatischen Erfahrung des Paulus darzustellen, stellte Liss keine Verbindung zum Betrachter her, sondern ließ Paulus ganz für sich da sein. Auch die Engel sind von ihrem himmlischen Musizieren ganz in Anspruch genommen und haben keine Zeit, mit der Außenwelt in Verbindung zu treten, so dass die visionäre Erscheinung ganz um ihrer selbst willen im Mittelpunkt zu stehen scheint. Paulus selbst ist seinen „einzigartigen Offenbarungen" (2 Kor 12,7) untergeordnet, da er nur etwa ein Drittel der Bildhöhe einnimmt. Mit der ihm gewährten Vision ist der Apostel durch das meisterhafte Helldunkel mit seinem vom Dunkel in das Licht aufsteigenden Farbenspiel verbunden.[11] So kündet das Dunkel auch vom „Stachel im Fleisch" (2 Kor 12,7), zu dem Paulus nach seiner ekstatischen Entrückung wieder zurückkehren wird, um sich nicht zu überheben und in der eigenen ohnmächtigen Schwäche die übergroße Kraft Gottes zu erfahren (vgl. 2 Kor 12,8–9), die über die Kürze jeder ekstatischen Erfahrung hinausgeht und letztlich zu tragen vermag.

Die Aussendung der Apostel

15. Sonntag im Jahreskreis. Evangelium: Mk 6,7–13

„Jesus rief die Zwölf zu sich und sandte sie aus."
Mk 6,7

Jesus wählte aus dem Kreis seiner Jünger die Zwölf aus, um sie als Apostel zu Boten der Frohbotschaft zu machen. Das Evangelium des 15. Sonntags im Jahreskreis berichtet, wie Jesus erstmals die Apostel in seiner Vollmacht aussandte, um die Menschen zur Umkehr aufzurufen, Dämonen auszutreiben und Kranke zu salben und zu heilen (vgl. Mk 6,12–13). Nach Ostern sandte der Auferstandene die Apostel erneut aus, damit durch sie das Evangelium verkündet wird und die Menschen getauft werden (vgl. Mk 16,15–16; Mt 28,19–20). Die Zeichen, die dabei durch die Apostel in der Vollmacht Christi geschahen, bekräftigten erneut die Verkündigung der Frohbotschaft (vgl. Mk 16,17–18.20).

DIE ÄLTESTE BEKANNTE DARSTELLUNG DER AUSSENDUNG DER APOSTEL durch Christus stellt ein Mosaik in der Kalotte der mittleren Exedra des sogenannten Tricliniums im Lateran dar.[1] In diesem Mosaik kam aber nicht die vorösterliche Sendung der Zwölf zur Darstellung, sondern die Aussendung der nach dem Tod des Judas Iskariot auf die Elfzahl reduzierten Apostel.

Das noch mit zwei weiteren Exedren ausgestattete Triclinium lag im südöstlichen Innenbereich des alten lateranensischen Bischofspalastes, in dem die Päpste seit Silvester I. (reg. 314–335) neben der Lateranbasilika residierten. Die 796 durch Papst Leo III. (reg. 795–816) erbaute Aula diente als repräsentativer Festsaal, der durch Säulen und Sockeln aus Marmor, durch Wandbilder in den beiden seitlichen Apsiden und durch das Mosaik mit der Apostelaussendung in der Mittelapsis ausgestattet war. Nachdem der Frankenkönig Karl der Große (reg. 768–814) Italien von den Langobarden befreit und den Kirchenstaat begründet hatte, erfuhr die Kirche eine Blütezeit, die auch künstlerisch zum Ausdruck kam, indem man sich bewusst den spätantiken Kunst-

Aussendung der Apostel, Apsismosaik des Tricliniums Leos III. im Lateran, um 799, Rom, Santissimo Salvatore della Scala Santa.

traditionen Roms zuwandte und dabei die frühchristliche Mosaikkunst wiederbelebte. So ließ auch Leo III. die Hauptapsis der von ihm erbauten Palastaula mit Mosaiken ausstatten. Dieser Saal war bereits im 16. Jahrhundert verfallen und bis auf die Mittelapsis mit dem Aussendungsmosaik abgerissen worden. Unter Kardinal Francesco Barberini (1597–1679) wurde 1625 der päpstliche Mosaizist Giovanni Battista Calandra (1586–1644) beauftragt, das Apsismosaik zu restaurieren und mit einem neuen architektonischen Rahmen zu versehen. Da aber die Reste des Tricliniums mit dem Rücken zur Fassade der südwestlich gelegenen Lateranbasilika lagen und zudem ein völlig isoliertes Gebäudestück bildeten, fasste man unter Clemens XII. (reg. 1730–1740) den Plan, die Exedra zugunsten einer Platzerweiterung niederzulegen und das Apsismosaik an der rechten Seite der Heiligen Stiege anzubringen. Als Pietro Paolo Cristofari (1685–1743), der Leiter der vatikanischen Mosaikenabteilung, die Mosaiken für die Versetzung abzunehmen versuchte, brach alles auseinander, so dass nur zwei Apostelköpfe gerettet werden konnten. Unter Benedikt XIV. (reg. 1740–1758) fertigte 1743 Cristofaris Nachfolger Pier Leone Ghezzi (1674–1755) eine originalgetreue Kopie an und brachte sie in einer von Ferdinando Fuga (1699–1782) neu errichteten und nunmehr auf die Lateranfassade ausgerichteten Ädikula an. Wie die zwei in den Vatikanischen Museen verwahrten Apostelköpfe, frühere Beschreibungen und Kopien zeigen, erfolgte die Rekonstruktion der Mosaiken weitgehend originalgetreu.[2]

Auf dem Stirnbogen gibt in der äußeren Umrahmung der Apsiskalotte die Umschrift den von den Engeln bei der Geburt Jesu verkündeten Lobpreis: „Verherrlicht ist Gott in der Höhe, und auf Erden ist Friede bei den Menschen seiner Gnade" (Lk 2,14), nach der lateinischen Bibelübersetzung wieder: „GLORIA IN EXCELSIS DEO ET IN TERRA PAX OMINIBVS BONE BOLVNTATIS[3]" (Lc 2,14 Vulgata). Zu beiden Seiten der Apsiskalotte sind jeweils zwei Investiturszenen dargestellt. Auf der linken Seite des Stirnbogens thront Christus auf der Kathedra, der dem zu seiner Rechten knienden Petrus die Schlüssel des Himmelreiches übergibt (vgl. Mt 16,19), während dem auf der anderen Seite knienden und inschriftlich bezeichneten Kaiser Konstantin (reg. 306–337) das Labarum, die Hauptheeresfahne mit dem Christusmonogramm, überreicht wird.[4] Auf der rechten Seite sitzt der mit „S[AN]C[TV]S PETRVS" bezeichnete Apostel Petrus auf der Kathedra, der dem links vor ihm knienden Leo III. das Pallium und dem rechts knienden Karl dem Großen die Fahne Roms überreicht, wie es 796 tatsächlich geschehen war, als der Papst Standarte und Schlüssel der Stadt Rom an Karl gesandt hatte. Sowohl der Papst als auch der Frankenkönig sind inschriftlich ausgewiesen und durch ihre quadratischen Nimben als Lebende charakterisiert. In der lateinischen Inschrift des Titulus: „BEATE PETRE DONA VITAM LEONI P[A]P[AE] BICTORIAM[5] CARVLO REGI DONA", wird Petrus angerufen, Leo III. das Leben und Karl den Sieg zu verleihen. Da Karl noch als König bezeichnet wird, muss das Mosaik noch vor der Kaiserkrönung 800 entstanden sein und kann auf die Zeit um 799 datiert werden. Die beiden seitlichen Mosaiken des Stirnbogens zeigen, dass der Papst auf einer Stufe mit Petrus als Stellvertreter Christi steht, während Karl der Große als Erbe des ersten christlichen Kaisers Konstantin zum neuen Schutzherrn der Kirche wird. So erscheinen die beiden seitlichen Investiturszenen als konkrete historische Umsetzung des von Christus den Aposteln gegebenen Verkündigungsauftrags, der in der Apsiskalotte dargestellt ist.[6]

Die innere Umrahmung des Apsismosaiks zeigt an der Bogenlaibung Blumen und Früchte, die auf dem Sockel aus einem Gefäß herauswachsen, sich über die Rundung hinziehen und wieder in ein Gefäß einmünden. In der Mitte ist ein Clipeus dargestellt, in dem der Name Leos III. in einem mit dem Namen Christi und dem Wort „PAPA" verbundenen Monogramm zu sehen ist.[7]

Die in der Apsiskalotte dargestellte Szene illustriert nach der lateinischen Inschrift die Aussendungsworte des auferstandenen Christus nach Mt 28,19–20:

„DOCETE OMNES GENTES VAPTIZANTES[8] EOS IN NOMINE PATRIS ET FILII ET SPIRITVS S[AN]C[TI]S[9] ET ECCE EGO VOVISCVM[10] SVM OMNIBVS DIEBVS VSQVE AD CONSVMATIONEM SECVLI[11]." Nach diesem kurz vor der Himmelfahrt Christi erteilten Sendungsbefehl sollen die Apostel alle Völker lehren und im Namen des Vaters und des Sohnes und des Heiligen Geistes taufen, wobei ihnen die Gegenwart des Auferstandenen alle Tage bis zum Ende der Welt zugesichert wird.[12]

Vor dem Goldhintergrund steht Christus in der Mitte der Apsiskalotte auf dem Paradiesberg, dem die vier Paradiesströme (vgl. Gen 2,10–14) entspringen, die für die vier Evangelien stehen, zu deren Verkündigung die Apostel gesandt sind (vgl. Mk 16,15; Mt 28,20). Darüber befinden sich in einem Himmelssegment stilisierte, von Blitzen strahlende, feurige Wolken. Christus trägt einen Kreuznimbus und ein mit goldenen Clavi verziertes Purpurgewand, das seine Machtfülle zum Ausdruck bringt, in der er auch seine Apostel sendet (vgl. Mt 28,18). In der Linken hält er ein geöffnetes Buch mit der lateinischen Inschrift „PAX VOBIS", die den österlichen Friedensgruß des Auferstandenen an seine Apostel: „Friede sei mit euch" (Joh 20,19.21.26), wiedergibt. Mit seiner im lateinischen Segensgestus erhobenen Rechten segnet und sendet Christus die Apostel, die nach Ostern nur noch zu elf waren und sich nach der Weisung des Auferstandenen in Galiläa auf dem Berg versammelt hatten (vgl. Mt 28,7.10.16). Die nimbierten und in verzierte weiße Gewänder gehüllten Apostel nähern sich Jesus von rechts zu sechst und von links zu fünft. Die zum ehrfürchtigen Empfang verhüllten Hände der Apostel zeigen an, dass sie den Aussendungsbefehl Christi als göttliche Weisung entgegennehmen.

Der zur Rechten Jesu stehende Apostel trägt mit seinem kurzen weißen Bart- und Haupthaar die Gesichtszüge des Petrus. Er hat seine Hände aus der Verhüllung gelöst und trägt in seiner Linken die ihm von Christus verliehenen Schlüssel des Himmelreiches (vgl. Mt 16,19) und zugleich einen Kreuzstab, der an sein Martyrium erinnert. Dass Petrus durch seine Attribute und durch seinen Platz direkt neben dem segnenden Christus gegenüber den anderen Aposteln herausgehoben ist, unterstreicht die Identifikation Papst Leos III. mit seinem „ersten" Vorgänger auf dem römischen Bischofsstuhl. Zudem fällt die Schreitstellung des Petrus auf, die durch das Anheben des Gewandes mit seiner rechten Hand noch unterstützt wird. Während die übrigen Apostel den Auftrag Christi eher ruhig entgegennehmen, zeigt die Gestalt des Petrus eine besondere Dynamik, die auf seine primatiale Stellung verweist und zusammen mit dem geschulterten Kreuzstab seine Bereitschaft zur Nachfolge Jesu unterstreicht. Indem Petrus die Gebärde eines Fortgehenden macht, wird er zum Vorbild für die anderen Apostel und zeigt, wie sehr er bereit ist, den erstmals zu Beginn seines öffentlichen Wirkens erteilten (vgl. Mk 6,12–13) und dann vor seiner Himmelfahrt erneuerten Sendungsauftrag Christi (vgl. Mt 28,19–20) auszuführen.[13]

Jesus im Kreis seiner Apostel

16. Sonntag im Jahreskreis. Evangelium: Mk 6,30–34

„Die Apostel versammelten sich wieder bei Jesus."
Mk 6,30

Die von Jesus ausgesandten zwölf Apostel haben als bevollmächtigte Boten die Frohbotschaft vom Reich Gottes verkündet (vgl. Mk 6,12–13). Im Evangelium des 16. Sonntags im Jahreskreis wird berichtet, wie Jesus die Zwölf nach der anstrengenden Missionsarbeit einlud, damit sie ihm alles erzählen, was sie gelehrt und getan hatten (vgl. Mk 6,30). So forderte sie Jesus auf, mit ihm ins Boot zu steigen und in eine einsame Gegend zu fahren, um sich dort bei ihm in stiller Abgeschiedenheit geistlich zu erholen: „Kommt mit an einen einsamen Ort, wo wir allein sind, und ruht ein wenig aus" (Mk 6,31). Die Apostel sollten jetzt wieder Jünger und Lernende sein, um in der alleinigen Gemeinschaft mit Jesus das Wort Gottes zu hören und neu die Kraft der Gegenwart ihres Herrn und Meisters zu erfahren.

Von Rembrandt Harmenszoon van Rijn (1606–1669) hat sich eine 1634 ausgeführte Zeichnung erhalten, die Jesus allein im Kreis seiner Jünger zeigt und damit an die im Evangelium geschilderte Situation (vgl. Mk 6,31) erinnert. Als Maler in den calvinistischen Niederlanden schuf Rembrandt eine Vielzahl biblischer Bilder, die für das private religiöse Leben bestimmt waren. Nachdem sich Rembrandt in seiner Heimatstadt Leiden ab 1622 die Helldunkelmalerei Caravaggios (1571–1610) angeeignet hatte, ließ er sich 1631 in Amsterdam nieder, wo er zum führenden Porträtmaler aufstieg und sich besonders der biblischen Historienmalerei widmete. Bis zu seinem Tod 1669 hielt der zuletzt verarmte Rembrandt an seiner unvergleichlichen und zunehmend verinnerlichten Kunst fest, die sich vor allem durch ihre intensiv ausgeschöpften Farb- und Lichtwirkungen auszeichnete.[1]

Die Zeichnung mit Jesus im Kreis seiner Jünger entstand in Rembrandts Amsterdamer Zeit und ist rechts oben mit „Rembrandt f. 1634"[2] signiert und datiert. Die

Rembrandt, Jesus im Kreis seiner Jünger, 1634, Zeichnung mit schwarzer und roter Kreide, Bister, verschiedenfarbigen Lavierungen und Gouache, 35,5 × 47,6 cm, Haarlem, Teylers Museum.

ganz vom Helldunkel geprägte Zeichnung ist fast einen halben Meter breit und befindet sich heute in Haarlem im Teylers Museum. Das große Blatt gehört zu den am intensivsten ausgearbeiteten Zeichnungen Rembrandts. Der Künstler arbeitete mit schwarzer und roter Kreide, trug mit der Feder den nussbraunfarbenen Bister auf und verwendete den Pinsel, um die Zeichnung mit verschiedenen Farbtönen zu lavieren und mit wasserlöslicher Gouache zu überhöhen. Die Zeichnung könnte ein eigenständiges Kunstwerk darstellen oder als Entwurf für eine nicht ausgeführte Radierung oder auch als Vorstudie für ein später ebenfalls nicht angefertigtes Gemälde gedient haben. Mit ihren starken Lichtkontrasten erinnert die Zeichnung an die Radierung der Hirtenverkündigung, die Rembrandt im gleichen Jahr 1634 geschaffen hatte.[3]

Das Bild zeigt einen dunklen Landschaftshintergrund, in dem links oben Stämme und Zweige von Bäumen angedeutet sind, die an Ölbäume erinnern. Links unten lassen sich Steine und Gras erkennen. An diesem abgelegenen Ort haben sich Jesus und neun seiner Jünger niedergelassen. Die starken Hell-Dunkel-Kontraste verleihen der Szene einen geheimnisvollen Charakter, der auch vom Inhalt der Worte Jesu herrührt, der barfuß und mit einem einfachen Gewand bekleidet rechts im Bild in der freien Landschaft sitzt. Während er seine linke Hand in die Hüfte gestützt hat, erhebt er seine Rechte im Redegestus vor der Brust. Er wendet sein bärtiges und von strähnigen Haaren umgebenes Gesicht mit einem intensiven Blick seinen Jüngern zu. Das Leuchten, das die Gestalt Christi von innen her erfüllt, unterstreicht bedeutungsvoll die Worte, die Jesus an diesem einsamen Ort an seine Jünger richtet. Die sternenartig geformte Lichtstrahlung, die das Haupt Christi umgibt, macht deutlich, dass die Jünger gerade das verborgene Geheimnis Jesu erkennen. Wie zahlreiche andere Bilder Rembrandts zeigen, ging es ihm bei der Darstellung des jäh um den Kopf Jesu aufflammenden Lichtscheins darum, jene Augenblicke zu veranschaulichen, in denen Menschen in der Knechtsgestalt Jesu die göttliche Herrlichkeit aufzuleuchten vermag.[4]

Welche Tiefe das Erkennen bei den einzelnen Jüngern jeweils erreicht hat, zeigt sich an den hellen und dunklen Anteilen, die ihnen Rembrandt verliehen hat. Unter den kreisförmig um ihren Meister lagernden Jüngern, in deren ernsten Gesichtern sich die Worte Jesu widerspiegeln, ist am rechten Bildrand ein seitlich gegebener Jünger mit verschattetem Gesicht zu sehen. Nachdenklich greift er mit seiner linken Hand an seine kahle Stirn. Auch der ebenfalls im Profil gezeigte Kopf des links neben ihm lagernden Jüngers ist ganz in Dunkel getaucht. Während von einem dritten Jünger nur die dunkle Rückenansicht dargestellt ist, zeigt sich in dem Jünger links daneben der Vorgang des Erkennens als seelisches Ringen. Er lässt die rechte Hand auf seinem Knie aufliegen und stützt den Kopf in die linke Hand, den er gerade mit einem Ausdruck großer Nachdenklichkeit von Jesus abgewandt hat. Sein Blick geht nach außen und öffnet die Darstellung für den Betrachter, der auch für sich die Frage beantworten muss, wer Jesus für ihn ist.

Die übrigen fünf Jünger sind alle Christus zugewandt und befinden sich dementsprechend auch im Licht. Über dem wegschauenden Jünger hat ein anderer Apostel mit leuchtender Stirn die Augen fest auf Jesus gerichtet. Nach rechts hin schließt sich ein bartloser, älterer Jünger an, der ebenfalls konzentriert zu Jesus hinüberblickt und dessen leicht geöffneter Mund sich gerade zu einer zustimmenden Gebärde zu formen scheint. Bei dem rechts daneben ruhig dasitzenden weißbärtigen Turbanträger sind es die Augen und die hohe Stirn, an denen der Vorgang des Erkennens äußerlich abgelesen werden kann. Zur Rechten Jesu ist ein bärtiger Jünger zu sehen, dessen Gesichtszüge an den Apostel Petrus erinnern und der mit seinen wachen Augen ebenfalls Zustimmung zum Ausdruck bringt.

Außergewöhnlich ist die Gestalt des jugendlichen und bartlosen Jüngers, der sich mit überkreuzten Armen und mit wie im Schlaf geschlossenen Augen direkt gegenüber Jesus gelagert hat. In diesem Jünger ist zweifellos der Apostel Johannes dargestellt, der Jüngste der zwölf Apostel und der am meisten vergeistigte, innerliche und tiefsinnige Evangelist, der nach Augustinus (354–430) immer auf das innere und ewige Licht mit festem Blick geschaut hat.[5] Das helle, über seine ganze Gestalt gebreitete Licht und die nach außen hin geschlossenen Augen erinnern an den innerlichen Blick des Johannes, der Christus in seiner Seele als Licht zu schauen vermochte. Die kreuzförmig übereinandergelegten Arme zeigen an, dass er in seiner Betrachtung Christus als den Gekreuzigten erkannt hat. Bei genauerem Hinsehen wird jetzt auch deutlich, dass der Blick Jesu in besonderer Weise auf Johannes gerichtet ist. So wird Johannes zum Sinnbild für das innerlich schauende Ruhen bei Christus und erinnert damit an den tieferen, übertragenen Sinn der Aufforderung Jesu an seine Apostel: „Kommt mit an einen einsamen Ort, wo wir allein sind, und ruht ein wenig aus" (Mk 6,31).

Die Zeichnung mit den um Jesus versammelten Jüngern zeigt, wie sehr Rembrandt mit seiner Fähigkeit zu kompositorischer Gestaltung und seelischer Einfühlung tiefe Einsichten in das Wesen des Menschen ins Bildhafte umzusetzen vermochte. Ohne barockes Pathos setzte Rembrandt die Lichtwirkungen des Helldunkel ein, um die allein mit Jesus versammelten Jünger zum Geheimnis der Person Christi vordringen zu lassen.

Die wunderbare Speisung

17. Sonntag im Jahreskreis. Evangelium: Joh 6,1–15

*„Dann nahm Jesus die Brote, sprach das Dankgebet
und teilte an die Leute aus, soviel sie wollten;
ebenso machte er es mit den Fischen."*
Joh 6,11

Am 17. Sonntag im Jahreskreis und an den vier folgenden Sonntagen wird im Gottesdienst das sechste Kapitel des Johannesevangeliums verkündet. Der Bogen spannt sich von der Brotvermehrung (Joh 6,1–15) und dem Seewandel (Joh 6,16–21) über die Brotrede in der Synagoge von Kafarnaum (Joh 6,22–59) bis zur Krise unter den Jüngern Jesu (Joh 6,60–71). Wie bei den vorausgegangenen großen Zeichen,[1] so soll auch bei der wunderbaren Speisung der Volksmenge das Geheimnis Jesu als messianischer Heilsbringer offenbar werden, um dann in der sich anschließenden Rede über das Himmelsbrot in die Ankündigung des eucharistischen Mysteriums einzumünden.

DER FLÄMISCHE MANIERIST AMBROSIUS FRANCKEN DER ÄLTERE (um 1544–1618) schuf 1598 ein Altarbild, bei dem er sich an dem im Johannesevangelium geschilderten Speisungswunder orientierte. Der ältere Ambrosius Francken war der Sohn des Antwerpener Malers Nicolas Francken (1515–1596) und wurde zusammen mit seinen Brüdern Hieronymus (1540–1610) und Frans (1542–1616) in der Werkstatt des Frans Florins (1517–1570) ausgebildet. Nachdem Antwerpen 1585 zu den Spanischen Niederlanden gekommen war, standen die Brüder Francken im Dienst der katholischen Gegenreformation. Sie schufen neben Genrebildern und mythologischen Darstellungen auch zahlreiche monumentale Altarbilder. Ambrosius Francken

*Ambrosius Francken der Ältere, Brotvermehrung, 1598, Öl auf Holz,
280 × 212 cm, Antwerpen, Königliches Museum der Schönen Künste.*

der Ältere trat zunächst in den Dienst des Bischofs von Tournai, bildete sich dann ab 1570 durch Reisen nach Frankreich weiter und wurde nach seiner Rückkehr nach Antwerpen 1573/74 Meister und 1582 Dekan der Lukasgilde. Er zeichnete sich in seinen Gemälden durch harte Linienführung und kühle Farbigkeit aus und war geprägt vom gegenreformatorischen Stil der Antwerpener Kunst, die sich wieder an altflämischen Meistern wie Rogier van der Weyden (1399/1400–1464) und Quentin Massys (um 1466–1530) orientierte.

Für den Altar der Bäcker- und Müllergilde in der Kathedrale von Antwerpen schuf Ambrosius Francken 1598 ein Triptychon, von dem sich die fast drei Meter hohe Mitteltafel mit dem Speisungswunder erhalten hat, die heute im Königlichen Museum der Stadt aufbewahrt wird. Die Zuschreibung an Ambrosius Francken stützt sich auf eine 1769 durchgeführte Reinigung, bei der das Monogramm „A. F. 1598" zum Vorschein gekommen sein soll, von dem aber heute nichts mehr zu sehen ist.[2]

Das großformatige Tafelbild mit der wunderbaren Speisung zeigt einen zum Bildhintergrund ansteigenden hügeligen Wiesengrund, der an den Seiten von Bäumen gerahmt ist. In der Ferne sind unter dem bewölkten Himmel Gebirgszüge angedeutet. Mit dieser Landschaftsszenerie folgte Ambrosius Francken der Ältere dem Johannesevangelium, wonach sich das Wunder auf einem mit viel Gras bewachsenen Berg in der Nähe des Sees von Galiläa ereignet hatte (vgl. Joh 6,3.10).

Der Bildvordergrund wird, dem johanneischen Bericht entsprechend, von der sitzenden Gestalt Jesu und den um ihn versammelten zwölf Aposteln eingenommen (vgl. Joh 6,3), während im Hintergrund und an den Seiten in kleinerem Maßstab die Volksmenge dargestellt ist. Christus trägt ein grauviolettes Untergewand, mit dem Jesus auch schon in Darstellungen altniederländischer Meister bekleidet war. Das offenbar nahtlose Kleid weist voraus auf das Kreuzesopfer Jesu, bei dem die Soldaten nach seiner Entkleidung auf Golgota um dieses Gewand losen werden (vgl. Joh 19,23–24). Während das nahtlose Untergewand auf Christi unteilbare Gottheit verweist,[3] versinnbildlicht die Blutfarbe des roten Mantels die Menschennatur des Erlösers, in der er sich am Kreuz zum Heil der Welt hingeben wird.

Während die zehn hinter Jesus stehenden Apostel miteinander diskutieren, sind rechts zwei Jünger zu sehen, die Christus direkt zugewandt sind. Der rechts mit einer blauen Tunika und einem ockerfarbenen Mantel bekleidete, fast kahlköpfige Apostel, der seine linke Hand im Redegestus erhoben hat und mit geöffnetem Mund auf Jesus einredet, lässt sich als Philippus deuten. Während nach dem Johannesevangelium Jesus bereits entschlossen war, die vielen Menschen zu speisen, wollte er Philippus mit der Frage: „Wo sollen wir Brot kaufen, damit diese Leute zu essen haben?"

(Joh 6,5), auf die Probe stellen (vgl. Joh 6,6). Der sprechende Mund und die Handgebärde dürften dann die nüchterne Antwort des Philippus veranschaulichen: „Brot für zweihundert Denare reicht nicht aus, wenn jeder von ihnen auch nur ein kleines Stück bekommen soll" (Joh 6,7).

Der zweite Jesus zugewandte Apostel ist links daneben der in ein grünes Untergewand und in einen dunkelvioletten Umhang gekleidete dunkelhaarige, langbärtige Andreas. Er hatte den Dialog zwischen Jesus und Philippus mitgehört und war auf einen Jungen mit fünf Gerstenbroten und zwei Fischen aufmerksam geworden (vgl. Joh 6,9). Nun führt Andreas mit seinen beiden Händen das Kind an der Schulter zu Jesus, obwohl auch dieser Apostel mit den Worten „doch was ist das für so viele!" (Joh 6,9) realistisch einschätzt, dass mit dem, was der Junge an Essensvorrat bei sich hat, die vielen Menschen nicht zu speisen sind. Der mit einer weißen Tunika und einem hellgelben Obergewand bekleidete Junge hat erwartungsvoll seinen Blick erhoben. Er trägt in seiner Linken einen Teller mit zwei Fischen und hat von den fünf Broten in seiner rechten Hand das weiße Tuch, in das sie eingewickelt waren, zurückgezogen. Der den Betrachter anblickende Jesus hat sein Haupt, dem Vater dankend (vgl. Joh 6,11), etwas nach oben erhoben und berührt die runden Brotlaibe mit den Fingerspitzen seiner linken Hand (vgl. Joh 6,11), während er sie mit der Rechten segnet. Jesu Hand zeigt deutlich den lateinischen Segensgestus, bei dem die zwei zurückgebogenen Finger auf die beiden Naturen Christi verweisen und die drei ausgestreckten Finger das Mysterium der Dreifaltigkeit versinnbildlichen.[4]

Bei den hinter Jesus diskutierenden Aposteln, deren Gesichter teilweise verzeichnet sind, lassen sich die beiden über Andreas dargestellten Jünger als Petrus und Johannes bestimmen, die miteinander im Gespräch sind. Während der im Profil gegebene Johannes an seiner jugendlichen Bartlosigkeit und an seinem roten Mantel als Lieblingsjünger erkennbar ist, besitzt Petrus mit seinem weißen Haar und dem gestutzten Bart die für den Apostelfürsten charakteristischen Züge. Er ist mit einer goldgelben, seine Heiligkeit symbolisierenden Tunika bekleidet und trägt darüber einen blauen Mantel, der an das gleichfarbige Priestergewand Aarons erinnert (vgl. Ex 28) und der ihn als Hohenpriester des Neuen Bundes ausweist.[5] Die auf Christus zeigende Handgeste des am linken Rand der Jüngergruppe stehenden grün und rot gekleideten Apostels zeigt, dass sich die Apostel über die von Jesus vorgenommene Segnung der Brote und Fische austauschen.

Während sich Jesus und seine Jünger auf einem spärlich bewachsenen Felsen befinden, haben sich am linken Bildrand auf einer grünen Wiese zahlreiche, in kleinerem Figurenmaßstab dargestellte und auf zwei Gruppen verteilte Menschen niedergelassen. Sie stehen für die etwa fünftausend Leute, die Jesus durch seine Jünger angewiesen hatte, sich in das Gras zu setzen (vgl. Joh 6,10). Während nach dem

Johannesevangelium Jesus die Brote und Fische nach seinem Dankgebet selbst ausgeteilt hatte (vgl. Joh 6,11), führen auf dem Bild diesen Dienst andere Leute durch. In der unteren Gruppe teilen zwei Männer, vielleicht zwei Jünger, Brote und Fische aus, die von den dankbaren Männern, Frauen und Kindern entgegengenommen werden. Unten führt eine am Boden sitzende und aus dem Bild herausblickende Frau einen Bissen an ihren Mund, während sie den Brotlaib auf den Knien hält. Ein Kind streckt schon über ihre Schulter hinweg seine rechte Hand aus, um ebenfalls ein Brotstück zu bekommen. Darüber bietet sich in der zweiten Gruppe, die weiter entfernt und zahlenmäßig größer ist, das gleiche Szenarium dar.

Bei den vier Gruppen, die mit ihrem noch kleineren Figurenmaßstab im Hintergrund zu sehen sind, fallen einzelne Personen auf, die ihre Arme enthusiastisch zum Dank emporgehoben haben. Die zum Großteil stehenden Menschen zeigen, dass sie von der wunderbaren Speisung bereits satt geworden sind, so dass es nun keinen Grund mehr für sie gibt, weiterhin im Gras sitzen zu bleiben. So sind viele der gesättigten Menschen aufgesprungen, um Gott zu danken. Sie illustrieren die Worte des Johannesevangeliums: „Als die Menschen das Zeichen sahen, das er getan hatte, sagten sie: Das ist wirklich der Prophet, der in die Welt kommen soll" (Joh 6,14).

In der oberen Bildmitte ist dargestellt, wie die Jünger gemäß der Anweisung Jesu die übrig gebliebenen Brotstücke einsammeln: „Als die Menge satt war, sagte er zu seinen Jüngern: Sammelt die übrig gebliebenen Brotstücke, damit nichts verdirbt. Sie sammelten und füllten zwölf Körbe mit den Stücken, die von den fünf Gerstenbroten nach dem Essen übrig waren" (Joh 6,12–13). Während in der Mitte bereits zehn Brotkörbe zusammengetragen sind, bringen Jünger von links und rechts den elften und zwölften Korb herbei. Hinter dem korbtragenden Jünger auf der linken Seite ist erneut ein Mann mit erhobenen Armen zu sehen. Auf der gegenüberliegenden Seite sind es zwei Jünger, die miteinander den randvollen Brotkorb herbeitragen.

Blickt man abschließend auf das Bild, so fällt auf, dass sowohl beim Austeilen als auch beim Einsammeln nicht dargestellt ist, woher die Speise eigentlich kommt. Es wird nur gezeigt, wie Speise von Hand zu Hand verteilt wird und wie dann volle Brotkörbe herbeigetragen werden. Auf diese Weise wird der Blick des Betrachters wieder auf die zwei Fische und die fünf Brote zurückgelenkt, die groß im Bildvordergrund dargestellt sind. Dass Jesus im Unterschied zum Wortlaut des Johannesevangeliums (vgl. Joh 6,11) nur die Brote berührt und segnet, während bei der Austeilungsszene am linken Bildrand auch die Verteilung der Fische gezeigt wird, soll den Betrachter auf das Mysterium des eucharistischen Opfers Jesu hinweisen, der beim Abendmahl seinen vorweggenommenen Kreuzestod in das Brot und dann auch in den Wein hineingestiftet hat. Damit zeigt der lebensgroße, den Betrachter direkt anblickende Christus, dass er in der Eucharistie selbst gegenwärtig ist und dass die Brotvermehrung nur ein Vorausbild für dieses noch viel größere Geheimnis darstellt. Während sich Jesus durch die Berührung seiner linken Hand mit der Materie des Brotes identifziert, veranschaulicht seine rechte Segenshand, die immer auch eine Redegeste beinhaltet, bereits die Einsetzungsworte, die er beim Abendmahl über das Brot sprechen wird. So erweist sich das von Ambrosius Francken für die Kathedrale von Antwerpen geschaffene Altarbild als Kunstwerk der katholischen Gegenreformation, deren Anliegen nicht zuletzt darin bestand, das Sakramentshaus auf dem Hochaltar zum Mittelpunkt der Kirchen zu machen und die Gläubigen tiefer zum Mysterium der Eucharistie hinzuführen.

Das wahre Brot vom Himmel

18. Sonntag im Jahreskreis. Evangelium: Joh 6,24–35

„Nicht Mose hat euch das Brot vom Himmel gegeben,
sondern mein Vater gibt euch das wahre Brot vom Himmel."
Joh 6,32

Das Evangelium des 18. Sonntags im Jahreskreis ist dem ersten Teil der Brotrede (Joh 6,22–35) entnommen, die Jesus nach dem Zeugnis des Johannesevangeliums im Anschluss an die Brotvermehrung in der Synagoge von Kafarnaum über das wahre Brot der Eucharistie gehalten hat. Als die Leute nach dem Speisungswunder Jesus in ihre Gewalt bringen wollen, um ihn zu ihrem „Brotkönig" zu machen (vgl. Joh 6,15), zieht sich Jesus zurück, weil er nicht bereit ist, das zu tun, was Menschen von ihm wollen, sondern was der Vater von ihm will. Die Menschen sollen begreifen und lernen, das von Jesus zu wollen, was er ihnen geben will. So zieht sich Jesus vor der Menge allein auf den Berg zurück und kommt dann auf wunderbare Weise über den See zu seinen Jüngern, die sich gerade im Boot befinden (vgl. Joh 6,16–21). Als Jesus sieht, wie intensiv ihn die Leute gesucht haben (vgl. Joh 6,22–25), um weiterhin von ihm leiblich versorgt zu werden, sagt er zu ihnen: „Ihr sucht mich nicht, weil ihr Zeichen gesehen habt, sondern weil ihr von dem Brot gegessen habt und satt geworden seid" (Joh 6,26). Jesus will die Menschen zu dem Größeren führen, das er ihnen zu geben vermag, und mahnt sie: „Müht euch nicht ab für die Speise, die verdirbt, sondern für die Speise, die für das ewige Leben bleibt" (Joh 6,27). Um ihre Augen für seinen Vater und dessen Gaben zu öffnen, fügt Jesus hinzu, dass der Vater ihn als seinen Sohn beglaubigt hat (vgl. Joh 6,27). Als ihn dann die Leute fragen, was sie von Gott her tun müssen (vgl. Joh 6,28), verlangt Jesus von ihnen als „Werk Gottes", an

Dieric Bouts, Mannalese, rechter oberer Seitenflügel des Sakramentsaltars,
1464/67, Öl auf Holz, 88,5 × 68 cm, Löwen, St. Peter. ▷

Dieric Bouts, Mannalese

ihn als Sohn Gottes zu glauben (vgl. Joh 6,29). Daraufhin wollen die Leute, dass sich Jesus durch ein ähnliches Wunder wie bei der Mannaspeisung ausweist, das Gott den Israeliten auf der Wüstenwanderung vom Himmel her gegeben hat (vgl. Joh 6,30–31; Ex 16,12–15), denn Jesus habe ja nur einmal eine Speisung gewirkt, die Väter aber hätten in der Wüste ständig durch Gott das Manna bekommen. In seiner Antwort erklärt ihnen Jesus, dass das Manna in der Wüste vergängliches Brot gewesen ist, während das wahre Brot, das der Vater gibt, ewig und für alle ist (vgl. Joh 6,32–33). Als die Leute dann Jesus um dieses Brot bitten (vgl. Joh 6,34), offenbart sich Jesus in seiner Person als das Brot des Lebens (vgl. Joh 6,35.48.51). Um aber in den Genuss dieses Brotes zu kommen, muss man an Jesus als den vom Vater Gesandten glauben (vgl. Joh 6,35). Indem sich Jesus selbst als das Brot des Lebens bezeichnet, wird das Manna, das die Väter in der Wüste gegessen haben, zum Vorausbild für die wahre Speise, die Christus ist.

ALS 1464 DER ALTNIEDERLÄNDISCHE MALER DIERIC BOUTS (1410/20–1475) durch die Löwener Sakramentsbruderschaft mit der Anfertigung eines Altarretabels beauftragt wurde, sollte als alttestamentliches Vorausbild für die Eucharistie auch die Mannalese zur Darstellung kommen.[1] Die 1432 gegründete Bruderschaft vom allerheiligsten Sakrament gewährte ihren Mitgliedern geistliche und materielle Hilfen, ließ sie nach ihrem Tod in den Genuss von Seelenmessen kommen, verschönerte den Gottesdienst und förderte die eucharistische Anbetung. Am Bruderschaftsaltar in der Löwener Peterskirche feierten die Gilden an einem Werktag die heilige Messe mit und kamen oftmals zur Anbetung, besonders an den Donnerstagen, an denen eine Sakramentsprozession um die Kirche mit anschließender Messfeier vor ausgesetztem Allerheiligsten stattfand.[2]

Nach dem am 15. März 1464 vereinbarten Kontrakt musste sich Bouts verpflichten, neben der Arbeit an dem Retabel für den Bruderschaftsaltar keine anderen Aufträge anzunehmen und unter Beratung durch die Löwener Theologieprofessoren Aegidius Bailluwel (gest. 1482) und Johannes Vaerenacker (um 1413–1475) auf der Mitteltafel des Sakramentsaltars das Letzte Abendmahl und auf den beiden Seitenflügeln vier kleinere Bilder mit eucharistischen Präfigurationen aus dem Alten Testament darzustellen, nämlich die Begegnung zwischen Melchisedek und Abraham (Gen 14,18–20), das Paschamahl (Ex 12,1–14), die Mannalese (Ex 16,2–35) und die Stärkung des Elija in der Wüste (1 Kön 19,3–13).[3] Obwohl der Vertrag auch für die Außenflügel zwei eucharistische Präfigurationen vorsah, von denen eine die zwölf Schaubrote für die Priester (vgl. Lev 24,5–9) darstellen sollte, finden sich dort keine Malereispuren, so dass fraglich bleibt, ob diese Vorgabe auch tatsächlich umgesetzt worden war.[4]

Im Spätmittelalter waren alttestamentliche Präfigurationen für die Eucharistie weit verbreitet, zumal Jesus selbst in seiner Brotrede auf das Himmelsbrot des Manna verwiesen hat (vgl. Joh 6,30–35; Ex 16,12–15). In den spätmittelalterlichen Bilderbüchern wie dem „Speculum humanae salvationis" kamen neben der Mannalese immer auch die Szene mit Melchisedek und Abraham sowie das Paschamahl als eucharistische Vorausbilder des Alten Testaments zur Darstellung. So verwundert es nicht, dass gerade diese drei Präfigurationen für die Seitenbilder des Löwener Sakramentsaltars ausgewählt wurden, wobei man als viertes Bild die selten dargestellte Szene mit der Speisung des Propheten Elija hinzufügte.[5]

Das im Vertrag vom März 1464 als „Bild mit dem himmlischen Brote"[6] bezeichnete Gemälde befindet sich oben auf dem rechten Flügel. Es zeigt einen weiten Landschaftsraum, in dem die Israeliten das Manna aufsammeln, das Gott während der Nacht vom Himmel fallen ließ, wie es auch in der ersten Lesung des 18. Sonntags im Jahreskreis aus dem Buch Exodus (Ex 16,2–4.12–15) berichtet wird. Das Manna diente den Israeliten während ihrer Wüstenwanderung vierzig Jahre lang als Nahrung, bis sie Kanaan, das Land der Verheißung, erreichten (vgl. Ex 16,35).

Das Bild mit der Mannalese ist ganz durch die Landschaftsdarstellung geprägt, die zum Ausdruck bringen soll, dass Gott gerade in der Wüste sein notleidendes Volk gespeist hat. Im Bildhintergrund ist eine ferne Gebirgs- und Hügellandschaft zu sehen, über der sich am Horizont ein Himmelsstreifen im ersten Morgenlicht erhebt. Mit ihrem dunklen Glühen vermitteln auch die großen, felsigen Hügel im Mittelgrund den Eindruck des frühen Morgens, an dem die Israeliten das Manna einsammelten, bevor es unter der heißen Sonne zerschmolz (vgl. Ex 16,21).[7] Die noch dunklen, blaugrauen Nachtwolken sind aufgerissen und geben den Blick in die gleißend hellgelbe und rötlich gerandete Himmelssphäre des Empyreums frei, in der die feurige Büste des segnenden Gottvaters sichtbar wird. Mit dem Wort „Empyreum", das sich vom griechischen □μπυρος für „im Feuer befindlich" herleitet, wurde im Mittelalter der höchste Teil des Himmels als Bereich des Feuers und Lichtes bezeichnet, in dem Gott und die Seligen wohnen. Die eindrucksvolle, an ein Wetterleuchten erinnernde Farbigkeit des Empyreums mit der Erscheinung Gottes schafft eine atmosphärische Stimmung von ungewöhnlich suggestiver Kraft, die eindrucksvoll den himmlischen Ursprung des Mannawunders zu veranschaulichen vermag.[8]

So erscheint die Wüste als idyllischer Ort der göttlichen Gnade, an dem sich die Israeliten eingefunden haben, um in einer Atmosphäre ruhiger Gelassenheit das Manna einzusammeln. Mit dieser anmutigen Landschaft sind die dargestellten Figuren eng verbunden, indem sie sich in stufenweise abnehmender Größe über den

Vorder-, Mittel- und Hintergrund verteilen, durch ihr Sitzen, Knien oder Stehen mit dem Erdboden in Verbindung treten und sich in die Bildtiefe hinein verjüngen.[9]

Im Vordergrund kniet rechts eine Frau mit einem weißen Kopftuch, einem blauen Untergewand und einem goldgesäumten roten Kleid, die in einen Henkelkrug das winzige weiße Manna füllt, das auf den erdigen Boden vor ihr gefallen ist. Ihr gegenüber steht auf der linken Seite eine weitere Frau mit weißem Turban, die über einem roten, mit Goldborten verzierten Gewand einen dunklen, olivgrünen Mantel trägt. Während sie in ihrer Rechten ein geflochtenes Henkelkörbchen mit gesammeltem Manna hält, reicht sie ihre linke Hand einem weiß gekleideten Kind, das zu ihr aufblickt. Zudem schafft sie mit ihrem olivgrünen Mantel eine Verbindung zur grünen Rasenfläche der „Wüste", die sich quer durch das Bild zieht.[10] Rechts im Mittelgrund ist in einem bereits kleineren Figurenmaßstab eine zweite turbantragende Frau zu sehen, die ihren braunen Mantel mit ihrer rechten Hand zum Gehen gerafft hat und in ihrer Linken einen Krug hält. Hinter ihr ist inmitten einer Felsformation der Kopf eines Mannes erkennbar, der offensichtlich in einer Gebirgsschlucht nach dem Manna sucht. Der Pfad, auf dem die Frau mit dem Turban geht, führt von rechts nach links in eine Gebirgslandschaft, wo vier weitere, noch kleiner gezeigte Israeliten bei der Mannalese dargestellt sind. Am Fuß der Felsformation auf der linken Seite sitzt ein schwarz gekleideter, bärtiger Mann mit einem breitkrempigen, spitzen Judenhut, der seinen Sammelkrug in der linken Hand hält.

Die Mitte des Vordergrundes wird von zwei knienden bärtigen Männern mit kostbaren, goldgesäumten Gewändern und Hüten eingenommen. Der hintere, halb kniende Israelit trägt den charakteristischen spitzen Judenhut, ein dunkelblaues Gewand und darüber einen roten Mantel. Er hält in der rechten Hand ein längliches Körbchen und sammelt mit den Fingerspitzen seiner linken Hand gerade das Manna auf. Links neben ihm kniet ein Mann mit Barett, der ein weißes, goldgesäumtes Gewand trägt, das einer Priesteralbe gleicht. Darüber ist er mit einem seitlich geöffneten, goldgelb gesäumten und gefütterten Umhang bekleidet, der mit seinem dunkelblauen Kolorit an das gleichfarbige Priestergewand Aarons (vgl. Ex 28) erinnert. Diese Person sammelt als einzige das Manna in ein auffallend kostbares, vor ihm zentral auf dem Boden stehendes Gefäß, während die übrigen Israeliten mit ihren geflochtenen Körben und Krügen weitaus einfachere Behältnisse verwenden. Seine liturgisch stilisierten Gewänder und das kunstvoll gearbeitete, vor ihm stehende Gefäß legen nahe, in diesem Israeliten den Hohenpriester Aaron zu sehen,[11] dem Mose im Auftrag Gottes befohlen hatte, Manna in ein Gefäß zu füllen, um es vor Gott zu stellen und für die nachkommenden Generationen aufzubewahren (vgl. Ex 16,32–34).

Nimmt man zu den beiden Israeliten die rechts kniende Frauengestalt hinzu, so zeigt sich bei diesen drei großen Vordergrundfiguren ein Farbakkord aus Blau, Rot und Goldgelb, der sich im farblichen Dreiklang des Himmels widerspiegelt, wo hinter dunkelblauen Wolken vor einem hellgelben, rosagerandeten Grund die rote Büste Gottvaters erscheint. So wirken die golden aufleuchtenden Gewandsäume der drei Vordergrundfiguren wie ein Widerschein der göttlichen Himmelserscheinung.[12]

Bei der Mannalese fällt auf, dass die Israeliten die winzigen Brotstücke nicht auf praktische Weise mit den Handflächen auflesen, sondern behutsam mit Daumen und Zeigefinger anfassen, als würden sie etwas sehr Kostbares berühren. Zudem sammeln die drei Personen im Vordergrund das Manna in kniender Haltung ein und betrachten es ehrfürchtig, ohne es zu essen. Während die rechts kniende Frau das Manna vorsichtig in ihren Krug gleiten lässt, beobachtet die am linken Bildrand stehende Frau ergriffen das Einsammeln des Himmelsbrotes (vgl. Joh 6,31). Mit ihrem betrachtenden Blick weist sie voraus auf das wahre Brot, das Jesus selbst ist, der sich in der Brotrede von Kafarnaum als „Brot des Lebens" bezeichnet hat, so dass man „nie mehr hungern" und „nie mehr Durst haben" wird (Joh 6,35) und im Gegensatz zu den Vätern in der Wüste auch nicht mehr sterben wird, wenn man es genießt (vgl. Joh 6,47–51). Sieht man von den beiden geräumigen Flechtkörben des in der Mitte knienden Israeliten und der links stehenden Frau ab, so lassen sich bei den übrigen Personen vier krugartige Gefäße erkennen, die mit ihren engen Hälsen für ein Sammeln eher unpraktisch sind, aber dafür einen behutsamen Umgang mit dem Manna erforderlich machen. Der ehrfurchtsvolle Umgang mit dem Brot, der hier wichtiger als das Essen ist, zeigt sich besonders in dem vor Aaron am Boden stehenden Gefäß, in dem der erste Hohepriester des Alten Bundes das Manna zur Erinnerung für die nachfolgenden Generationen gesammelt hat (vgl. Ex 16,32–34). Nach dem Hebräerbrief befand sich das Manna in einem goldenen Krug, der zusammen mit dem Stab Aarons und den Gesetzestafeln in der Bundeslade des Jerusalemer Tempels aufbewahrt wurde (vgl. Hebr 9,4). Mit seinen goldgelben Verzierungen erinnert der vor Aaron auf dem Boden stehende Krug nicht nur an das im Hebräerbrief erwähnte Gefäß in der Bundeslade, sondern vor allem an die kostbaren Ziborien, in denen in den Tabernakeln der Kirchen das eucharistische Brot ehrfurchtsvoll aufbewahrt wird. So gilt der Auftrag, das Manna aufzubewahren, damit das Heilshandeln Gottes nicht in Vergessenheit gerät, auch für die Kirche, die ebenfalls den nachfolgenden Generationen das Himmelsbrot zeigt, um es anzubeten und auch zu empfangen.[13]

Die Stärkung des Elija in der Wüste

19. Sonntag im Jahreskreis. Erste Lesung: 1 Kön 19,4–8

„Ein Engel rührte Elija an und sprach: Steh auf und iss!"
1 Kön 19,5

Neben der Mannalese (vgl. Ex 16,2–35) wurde in der allegorischen Exegese des Alten Testaments auch die Stärkung des Elija in der Wüste (vgl. 1 Kön 19,3–13) auf das Geheimnis der Eucharistie bezogen. In dieser Auslegungstradition stellt auch die Leseordnung des 19. Sonntags im Jahreskreis das Evangelium mit dem zweiten Teil der eucharistischen Brotrede Jesu (Joh 6,41–51) der ersten Lesung mit der wunderbaren Speisung des Propheten Elija gegenüber.

Elija wirkte unter der Herrschaft der ab 885 v. Chr. im Nordreich Israel regierenden Omriden, um als Prophet die ursprüngliche Treue zum Bundesgott Jahwe wiederherzustellen. Damals war es durch die Ausweitung der Handelsbeziehungen zu den phönizischen Küstenstädten Tyrus und Sidon nicht nur zu wirtschaftlicher Prosperität, sondern auch zu schweren synkretistischen Beeinträchtigungen des Jahweglaubens durch den Baalskult gekommen (vgl. 1 Kön 16,23–24.29–34). Unter König Ahab (reg. 873–853 v. Chr.) kämpfte Elija mit prophetischer Kraft um die Rückkehr zum reinen Jahweglauben (vgl. 1 Kön 17–19; 2 Kön 2–8). Als infolge des Schwankens zwischen Baal und Jahwe Hungersnot und Dürre über Israel kamen, wurde Elija auf wunderbare Weise ernährt. Er konnte aus dem Bach Kerit trinken, und die Raben brachten ihm am Morgen und Abend Brot und Fleisch (vgl. 1 Kön 17,6). Als es ihm in der Kraft Jahwes gelang, bei einem Gottesurteil auf dem Berg Karmel die Nichtigkeit des Gottes Baal zu erweisen und dessen Propheten töten zu

Dieric Bouts, Elija in der Wüste mit dem Engel, rechter unterer Seitenflügel des Sakramentsaltars, 1464/67, 88,5 × 68 cm, Löwen, St. Peter.

Dieric Bouts, Elija in der Wüste mit dem Engel

lassen (vgl. 1 Kön 18,1–40), zog sich Elija den Zorn der Königin Isebel zu, die ihm durch einen Boten seine Tötung ankündigen ließ (vgl. 1 Kön 19,1–2). So floh er von Nordisrael über Juda in den Süden bis nach Beerscheba, wo er seinen Diener zurückließ (vgl. 1 Kön 19,1–3). Elija ging dann allein eine Tagesreise weit in die Wüste hinein, setzte sich unter einen Ginsterstrauch und wünschte sich den Tod, weil er sich in seiner Sendung gescheitert sah, besser als die Vorfahren für den Glauben an Jahwe einzutreten (vgl. 1 Kön 19,4). Wie ihm zuvor Isebels Bote die Todesandrohung gebracht hatte (vgl. 1 Kön 19,2), so sandte nun Gott seinen Engelsboten zu dem todmüden, unter dem Ginsterstrauch schlafenden Propheten, um ihn zu stärken. Der Engel rührte Elija an und forderte ihn auf, sich zu erheben und zu essen (vgl. 1 Kön 19,5). Als Elija „um sich blickte, sah er neben seinem Kopf Brot, das in glühender Asche gebacken war, und einen Krug mit Wasser. Er aß und trank und legte sich wieder hin" (1 Kön 19,6). Da aber Elija nach dieser Stärkung nicht mehr ruhen, sondern aufbrechen sollte, weckte ihn der Engel erneut und sprach: „Steh auf und iss! Sonst ist der Weg zu weit für dich" (1 Kön 19,7). Da aß und trank Elija ein zweites Mal „und wanderte, durch diese Speise gestärkt, vierzig Tage und vierzig Nächte bis zum Gottesberg Horeb" (1 Kön 19,8), wo ihm Gott erschien und neue Aufträge erteilte (vgl. 1 Kön 19,9–18).

In Elija, der in der Wüste neben dem Wasser auch mit Brot gestärkt wurde, sah die christliche Allegorese ein Sinnbild für die Eucharistie, da dem Propheten in ähnlicher Weise wie den Israeliten in der Wüste ein „Brot vom Himmel" gereicht wurde, das beide Male eine Speise für das Unterwegssein war. So wurde das Brot, mit dem sich Elija auf seiner Wanderschaft bis zur Gottesschau auf dem Berg Horeb nährte, ein Vorausbild für das eucharistische Brot, mit dem die Christen auf ihrem Lebensweg gestärkt werden.[1]

A<small>LS ALTTESTAMENTLICHES</small> V<small>ORBILD FÜR DIE</small> E<small>UCHARISTIE</small> wurde die Stärkung des Propheten Elija auch auf dem Retabel des Sakramentsaltars in der Löwener Peterskirche dargestellt, mit dem 1464 Dieric Bouts (1410/20–1475) durch die Bruderschaft vom allerheiligsten Sakrament beauftragt wurde, die sich besonders der eucharistischen Anbetung widmete.[2] Wie aus dem Vertrag vom 15. März 1464 hervorgeht, wurde das Programm des Flügelaltars durch die Löwener Theologieprofessoren Johannes Vaerenacker (um 1413–1475) und Aegidius Bailluwel (gest. 1482) entworfen. Demnach sollte das Mittelbild mit der Einsetzung des Altarsakramentes beim Letzten Abendmahl auf den Innenseiten der beiden Seitenflügel von vier alttestamentlichen Vorausbildern der Eucharistie umgeben sein.[3] Während sich die Bruderschaft bei der Wahl der drei eucharistischen Präfigurationen mit der Begegnung zwischen Melchisedek und Abraham (Gen 14,18–20), dem Paschamahl (Ex 12,1–14) und der Mannalese (Ex 16,2–35) auf die spätmittelalterlichen Bilderbücher stützen konnte, musste für das vierte Bild eine alttestamentliche Begebenheit gefunden werden, für die es noch keine bildliche Tradition gab. Mit Hilfe der Theologen entschied sich die Bruderschaft für die Darstellung des in der Wüste mit Brot gespeisten Propheten Elija. Bereits Thomas von Aquin (1225–1274) hatte die Stärkung des Elija durch den Engel als alttestamentliches Vorbild für die eucharistische Wegzehrung (viaticum) eingeführt.[4] Zudem wird im Hochgebet der Messfeier Gottvater gebeten, durch seine Engel die eucharistische Opfergabe auf seinen himmlischen Altar vor seine göttliche Herrlichkeit tragen zu lassen, um durch die sakramentale Teilhabe am Altar Gnade und Segen zu empfangen.[5] Seit dem frühen 12. Jahrhundert sah man in diesem „Angelus missae" sogar Christus selbst als den „Engel des großen Rates" (vgl. Jes 9,5 LXX), der seinen mystischen Leib mit Gottvater und der im Himmel triumphierenden Kirche verbindet.[6]

Die Szene mit Elija und dem Engel ist unten auf der Innenseite des rechten Seitenflügels dargestellt. Dem Betrachter bietet sich ein weiter Landschaftsraum dar, der im Vorder- und Mittelgrund durch einen gewundenen Weg gegliedert wird, der links unten anhebt und nach rechts oben hin ansteigt. Der Weg wird von bräunlichen Felshügeln gesäumt, die nur spärlich mit Rasen, Bäumen und einigen Gräsern bewachsen sind und ein wenig an die Wüste erinnern, in die sich Elija begeben hat. Die linke obere Bildhälfte gibt den Blick in den Hintergrund frei, der aus einer grünenden Landschaft mit Bäumen und einem Hügel besteht. Die am Horizont sichtbare Gebirgskette verschmilzt mit einem wolkenlosen Morgenhimmel. Wie schon im Bild mit der Mannalese, so ist es Bouts auch bei seinem Bild mit Elija gelungen, durch luftperspektivische Farbabstufungen, seitlich gestaffelte Kulissen und durch einen sich in die Tiefe windenden Weg die Bildgründe von Vorder-, Mittel- und Hintergrund zu einem weiten, feierlich und weihevoll gestimmten Raum mit einheitlicher Atmosphäre zu verbinden.[7]

Links im Vordergrund ist die große Gestalt des schlafenden Elija dargestellt. Der barfüßige, todmüde Prophet trägt eine barettähnliche rote Kopfbedeckung, hat seinen Wanderstab neben sich abgelegt und liegt ausgestreckt auf dem Boden. Er lässt die linke Hand auf seinem Gewand ruhen und stützt mit der Rechten sein bärtiges Haupt. Über seinem tiefgrünen Untergewand trägt Elija einen Mantel, der sich wie eine Decke über den Rasen und den Weg legt. Die Farbe des leuchtend roten Mantels weist ihn als den Propheten „wie Feuer" (Sir 48,1) aus, der in einem feurigen Wagen in den Himmel entrückt worden war (vgl. 2 Kön 2,11; Sir 48,9) und dessen Wiederkommen als Vorläufer des Messias erwartet wurde (vgl. Mal 3,23). Von rechts ist der Engel mit hellbraun gelockten Haaren und zwei mächtigen Flügelschwingen herangetreten und berührt den schlafenden Propheten mit der rechten Hand an der Schulter (vgl. 1 Kön 19,5). Er trägt über dem Schultertuch eine weiße, leicht bläulich verschattete Albe und ist mit einem Zingulum umgürtet. Diese liturgische Kleidung ruft den eucharistischen Grundgehalt der ganzen Szene in Erinnerung und verweist auf das Zusammenwirken der himmlischen und irdischen Liturgie in der Messfeier, wie es sich gerade im „Angelus missae" zeigt, der die eucharistischen Gestalten auf den himmlischen Altar trägt. Während der Engel mit der rechten Hand gerade dabei ist, den Propheten aufzuwecken, verweist der Redegestus seiner linken Hand auf die Worte: „Steh auf und iss!" (1 Kön 19,5), die er ausspricht, während er den Propheten berührt. Links von Elija, „neben seinem Kopf" (1 Kön 19,6), sind wie ein pilzartiges Gebilde ein tönerner Kelch und darüber ein runder Brotlaib zu sehen. Laib und Kelch stehen für das „in glühender Asche" gebackene Brot und für den „Krug mit Wasser" (1 Kön 19,6), die der Engel als stärkende Speise dem Propheten gebracht hat. Da sich der Prophet noch nicht erhoben und das Brot über dem Krug offenbar noch nicht angetastet hat, ist hier das erste Aufwecken durch den Engel dargestellt, auf das dann die erste Stärkung folgen wird (vgl. 1 Kön 19,5–6).

Der Kelch, den der Engel für Elija bereithält, ähnelt stark dem Kelch, der im Mittelbild mit der Einsetzung der Eucharistie beim Letzten Abendmahl auf der Attika des an der Rückwand dargestellten Kamins zu sehen ist. Da das Abendmahl Jesu im Rahmen eines Paschamahls erfolgte, muss auch der auf der Attika stehende Kelch in Zusammenhang mit der Paschafeier stehen. Weil die Juden glaubten, der in den Himmel entrückte Elija (vgl. 2 Kön 2,11; Sir 48,9) werde vor dem erwarteten Messias kommen, um ihn anzukündigen (vgl. Mal 3,23), wurde beim Paschamahl immer ein eigener Becher für diesen Propheten auf den Tisch gestellt. Da aber Elija in Johannes dem Täufer bereits wiedergekommen ist (vgl. Mt 11,14; 17,12–13; Mk 9,13) und Jesus bereits den neuen eucharistischen Kelch eingesetzt hat, kann der Becher des Elija nun auf dem Kamin abgestellt werden und braucht nicht mehr in der Erwartung des dem Messias vorausgehenden Propheten auf dem Paschatisch zu stehen.[8]

Auf dem Seitenflügel ist Elija rechts im Mittelgrund mit kleinerem Figurenmaßstab ein zweites Mal dargestellt, wie er zwischen den Felshügeln hindurch auf dem Weg weitergeht. Auch wenn das stärkende Essen selbst nicht abgebildet ist, weil im theologischen Programm des Löwener Sakramentsaltars mehr die Anbetung als die Kommunion der Eucharistie im Vordergrund stand, so zeigt der wandernde Prophet, dass er sich noch ein zweites Mal stärken ließ, damit der Weg nicht zu weit für ihn wird und er in der Kraft der Speise vierzig Tage und Nächte zum Gottesberg Horeb zu gehen vermag (vgl. 1 Kön 19,7–8). Auch die in klares, kühles Morgenlicht getauchte Landschaft spiegelt den inneren Aufbruch des durch die himmlische Speise gestärkten Propheten wider.[9] Da aber die Stärkung des Elija nur ein Sinnbild für die

Eucharistie gewesen ist, muss der Prophet noch den Wanderstab in die Hand nehmen und sich auf den Weg machen, denn es ist noch ein langer Weg in der Heilsgeschichte, bis Christus in der Fülle der Zeit sich selbst als das wahre Brot des Himmels geben wird. Auch bei den anderen drei Seitentafeln sind noch Wanderstäbe und Wege zu sehen, so dass deutlich wird, dass alle alttestamentlichen Präfigurationen noch auf dem Weg zum Ziel der Eucharistie sind. Auf dem Mittelbild mit der Einsetzung des Altarsakramentes beim Letzten Abendmahl ist kein Weg mehr zu sehen, weil der eucharistische Christus selbst zum Weg geworden ist (vgl. Joh 14,6). Da die Apostel am Tisch des Abendmahls schon im „gelobten Land" der Eucharistie angekommen sind, brauchen sie auch keine Wanderstäbe mehr und haben sie vor dem linken Fenster abgelegt, während im Alten Bund das Paschamahl noch mit den Wanderstäben in der Hand gegessen werden musste (vgl. Ex 12,11). In der Eucharistie hat das Heil seine Fülle erreicht, aber für den mit seinem Stab wandernden Elija ist der heilsgeschichtliche Weg noch nicht zu Ende, auch wenn er schon im Morgenlicht der himmlischen Stärkung zu gehen vermag.[10]

Christus, die göttliche Weisheit, bereitet den Tisch der Eucharistie

20. Sonntag im Jahreskreis. Erste Lesung: Spr 9,1–6

„Zum Unwissenden sagt die Weisheit:
Kommt, esst von meinem Mahl
und trinkt vom Wein, den ich mischte."
Spr 9,4b–5

Am 20. Sonntag im Jahreskreis wird im Evangelium (Joh 6,51–58) die eucharistische Brotrede fortgesetzt. Jesus offenbart sich als das lebendige Brot vom Himmel, das er selbst in der künftigen Hingabe seines Fleisches und Blutes sein wird, so dass deren Genuss als wirkliche Speise und als echter Trank ewiges Leben zu verleihen vermag (vgl. Joh 6,48–58).

Das Decken des eucharistischen Tisches durch Christus, der zum Essen seines Fleisches und Blutes einlädt (vgl. Joh 6,51–56), wurde in der Auslegung der Kirchenväter auf die alttestamentliche Weisheit bezogen. Sie tritt bereits im Buch der Sprichwörter als personifizierte Weisheit in direkter Rede auf, teilt sich als Gabe Gottes den Menschen unmittelbar mit und steht in engster Beziehung zu Gott (vgl. Spr 1–9). Mit dem Bild eines großen, mit Säulen ausgestatteten Hauses, in dem die Weisheit zu einem reichen Gastmahl einlädt, unterstreicht sie ihre Kostbarkeit und ihre Bedeutung für das Heil der Menschen: „Die Weisheit hat ihr Haus gebaut, ihre sieben Säulen behauen. Sie hat ihr Vieh geschlachtet, ihren Wein gemischt und schon ihren Tisch gedeckt. Sie hat ihre Mägde ausgesandt und lädt ein auf der Höhe der Stadtburg: Wer unerfahren ist, kehre hier ein. Zum Unwissenden sagt sie: Kommt, esst von meinem Mahl, und trinkt vom Wein, den ich mischte" (Spr 9,1–5). Durch diese personifizierte Weisheit soll der Mensch mit Gott in Verbindung treten und damit von der Torheit ablassen, um auf dem Weg des wahren Lebens und der Einsicht zu gehen (vgl. Spr 9,6). Durch sie erhält der Mensch mit seinem verdunkelten Verstand die Möglichkeit, seinen schwachen Geist zu überwinden, indem er in

Die göttliche Weisheit bereitet den Tisch, 1295, Fresko auf der Südwand der Klimentkirche, Ochrid.

seinem Gewissen auf jene Wirklichkeit der personifizierten Weisheit hört, die ganz mit Gott verbunden, absolut wahrheitsliebend, wohlwollend und allen Menschen universal zugänglich ist, eine Wirklichkeit, die aus christlicher Sicht mit dem Logos, dem Sohn Gottes, identisch ist. In ihm ist die ewige Weisheit Gottes Fleisch geworden, um unter den Menschen zu wohnen und ihnen das Mahl des neuen, ewigen Bundes zu bereiten, das er mit seinem Fleisch und Blut selbst ist. So setzten auch die Kirchenväter die im Alten Testament geoffenbarte und in der griechischen Bibelübersetzung der Septuaginta als Σοφία bezeichnete göttliche Weisheit mit dem menschgewordenen Sohn Gottes gleich.[1] Bereits im Neuen Testament war es der Apostel Paulus, der in Christus die verborgene und wahre Weisheit Gottes unter den Menschen erblickte (vgl. 1 Kor 1,24.30).

Hippolyt von Rom (um 170–235) bezog die personifizierte Weisheit aus dem Buch der Sprichwörter (vgl. Spr 9,1–5) auf die Menschwerdung des Logos. Er bezeichnete das von der Weisheit gebaute Haus als das heilige Fleisch Christi und deutete die sieben Säulen auf die sieben Geistesgaben, die nach dem Propheten Jesaja auf dem Messias ruhen (vgl. Jes 11,2–3).[2] In diesem christologischen Sinn wurde in Konstantinopel auch eine von Kaiser Konstantin (reg. 306–337) errichtete Kirche zur Verherrlichung Christi als göttlicher Weisheit geweiht.[3] Die 537 unter Kaiser Justinian (reg. 527–565) in der byzantinischen Reichshauptstadt erbaute und dem eingeborenen Sohn und Wort Gottes geweihte Hagia Sophia führte zur Gründung weiterer Sophienkirchen im frühen ostslawischen Christentum, wie die Kathedralen von Sofia und Ochrid in Bulgarien und von Kiew und Nowgorod in Russland zeigen.[4] Obwohl das Patrozinium der Sophia seit dem 4. Jahrhundert weit verbreitet war, taucht die göttliche Weisheit in der byzantinischen Kunst erst im 6. Jahrhundert als weibliche Inspiratorin von Evangelisten auf.[5] Auf ostkirchliche Darstellungen der Sophia bis zum 13. Jahrhundert kann nur von der mazedonischen und serbischen Wandmalerei und von späteren, ab dem 16. Jahrhundert entstandenen russischen Ikonen geschlossen werden. Die in diesen Wandbildern als thronender Engel erscheinende göttliche Weisheit symbolisiert mit ihren Flügeln den Heiligen Geist und damit ihre göttliche Herkunft. Diese geflügelte Christusgestalt ist mit der Beischrift „IC XC" für „I[HCOY]C X[PICTO]C", „Jesus Christus", versehen und mit dem Kreuznimbus ausgestattet.[6] Die inschriftliche Bezeichnung als „Engel des großen Ratschlusses" (vgl. Jes 9,5 LXX)[7] nimmt Bezug auf die alttestamentliche Vorstellung vom Messias als Boten (ἄγγελος) Gottes, die auch von den Kirchenvätern übernommen wurde, um die Sendung des Messias zu veranschaulichen.[8] Dass es in der Kunst des christlichen Ostens durchaus üblich war, die Göttlichkeit Christi auch durch eine engelähnliche Gestalt zum Ausdruck zu bringen, zeigt das ikonographische Vorbild der Philoxenie Abrahams, der nach der frühen patristischen Exegese von drei Engeln besucht wurde, von denen der eine als „Herr" bezeichnete Engel der göttliche Logos war (vgl. Gen 18,1–15; Hebr 13,2).[9] Die ikonographische Tradition der Ostkirche, alttestamentliche Theophanien des Sohnes Gottes in Engelsgestalt auszuführen, wurde dann auch auf die göttliche Weisheit übertragen und kam im 13. und 14. Jahrhundert zur Entfaltung.[10]

So zeigt auch ein 1295 entstandenes Wandbild in der Klimentkirche von Ochrid Christus als geflügelten Weisheitsengel. In diesem Fresko wurden wahrscheinlich zum ersten Mal die Worte der personifizierten Weisheit von Spr 9,1–5 in einem komplexen symbolischen Bild illustriert, wobei die inschriftlich erwähnte eucharistische Einladung: „Kommt, esst von meinem Mahl, und trinkt vom Wein, den ich mischte" (Spr 9,5), ganz im Mittelpunkt steht.[11]

Das bulgarische Ochrid, das heute zu Mazedonien gehört, war unter dem hl. Kliment (um 840–916) zu einem religiös-kulturellen Zentrum des jungen slawischen Christentums geworden. Die slawische Kirche wurde durch Kyrill (826/27–869) – er hieß bis 868 Konstantin – und Methodius (um 815–885) begründet, bei denen auch Kliment seine Ausbildung erhielt. Nachdem 1013 das Königreich Bulgarien durch Byzanz besiegt worden war, kam es zu einer Niederschlagung der slawisch-kirchlichen Traditionen, die dann nur noch in Russland und in den bulgarischen Klöstern auf dem Athos weitergepflegt werden konnten.[12] Unter der byzantinischen Herrschaft restaurierte um 1294/95 der Feldherr Progonos Sguros, der mit der Tochter des Kaisers Andronikos II. Palaiologos (reg. 1282–1328) verheiratet war, die der Gottesmutter geweihte Perbleptoskirche von Ochrid. Diese Kirche wurde ab dem 15. Jahrhundert als Sveti Kliment bezeichnet, als man dorthin die Reliquien des hl. Kliment übertragen hatte, nachdem dessen Grabeskirche St. Pantaleimon durch die Osmanen in eine Moschee umgewandelt worden war.

Die Fresken der um 1295 ausgemalten Klimentkirche in Ochrid stehen am Beginn der berühmten Kunstwerke der Paläologenzeit. Die namentlich bekannten Maler Astrapas, Michael und Eutychios wirkten neben Ochrid auch in den mazedonischen Kirchen von Staro Nagoričane und Sveti Nikita bei Skopje. Unter dem Einfluss ihrer Lehrer aus Konstantinopel füllten sie die Bildräume mit zahlreichen Gestalten und dekorativer Architektur, tendierten zu einem monumentalen Figurenstil und legten Wert auf Plastizität und Körperlichkeit. Sie bemühten sich um die eindrucksvolle Gestaltung dramatischer Szenen und zeichneten sich durch die ikonographische Fülle ihrer Fresken aus, was sich auch in dem symbolisch reichen Wandbild mit dem Weisheitsengel zeigt, der als göttlicher Logos den Tisch bereitet.[13]

Das Wandbild mit der göttlichen Weisheit befindet sich auf der Südwand der Klimentkirche und integriert in der Mitte der Bildfläche ein großes Biforienfenster. Während das Fresko nach oben hin zum Gewölbe bogenförmig abschließt, ist es am unteren Bildrand durch den nachträglichen Einzug einer Arkade beschädigt, die in jüngerer Zeit zugemauert wurde, ohne dass man die verlorene Bildfläche rekonstruierte.[14] Links neben dem Fenster thront in der grünen Bodenzone auf einer künstlerisch aufwendig gestalteten Kathedra die als Engel mit zwei Flügelschwingen dargestellte Personifikation der göttlichen Weisheit. Sie ist mit einem hellblauen, am Halsausschnitt goldgesäumten Chiton und einer roten Chlamys bekleidet, die ihre Beine bis zu den nackten Füßen bedeckt, die auf einem ebenfalls verzierten Suppedaneum ruhen. Ihre Identität mit dem Logos Christus wird durch ihren kreuzförmigen goldgelben Nimbus deutlich gemacht und zusätzlich durch einen rautenförmigen, hellblauen Nimbus unterstrichen, der mit seiner Himmelsfarbe als Attribut der Göttlichkeit den runden

Kreuznimbus umfängt. Kreuz- und Rautennimbus senden weiße Strahlenbündel aus, die in eine ovale Mandorla hinein ausstrahlen, von der die Personifikation der Weisheit ganz umgeben ist. Die Mandorla zeigt um den Rautennimbus noch blaue Farbtöne, wird aber zum Rand hin immer heller, um sich als weiße Umrisslinie vom undifferenzierten dunkelblauen Hintergrund des oberen Bildfeldes abzuheben.

Rechts neben dem Fenster ist ein basilikaartiges Gebäude mit Obergaden und roten Mittelschiff- und Seitenschiffdächern zu sehen. Der Fassade ist ein mächtiges Vestibül mit zwei Säulen vorgelagert, deren korinthisierende Kapitelle goldgelb gefasst sind, während die Schäfte wohl an Porphyrmarmor erinnern. Das Seitenschiff zeigt fünf weitere, in der gleichen Weise gestaltete Säulen, so dass sich die Gesamtzahl von sieben Säulen ergibt. Hier ist das im Buch der Sprichwörter erwähnte Haus der Weisheit dargestellt, dessen sieben Säulen sie behauen hat (vgl. Spr 9,1). In das Giebelfeld ist eine weibliche Büste eingelassen, die nur als Marienbild gedeutet werden kann. Die Mariendarstellung zeigt, dass in dem zum Tempel erhobenen Leib Marias der göttliche Logos durch das Wirken des Heiligen Geistes Fleisch angenommen hat, so dass sie der wahre Tempel ist, der den Sohn Gottes beherbergt hat. Die bereits durch Hippolyt durchgeführte christologische Auslegung von Spr 9,1–5 zeigt sich in prägnanter Zuammenfassung auch in einem von Anastasius vom Sinai (gest. nach 700) verfassten Text, der noch vor der byzantinischen Eroberung Bulgariens im 10. Jahrhundert ins Slawische übersetzt wurde.[15] Für Anastasius Sinaites bedeutet der Vers: „Die Weisheit hat ihr Haus gebaut, ihre sieben Säulen behauen. Sie hat […] ihren Wein gemischt" (Spr 9,1–2), dass sich der Logos seinen Leib „gebaut" hat, indem er Fleisch geworden ist und unter uns gewohnt hat (vgl. Joh 1,14). Die sieben Säulen symbolisieren nach Anastasius Sinaites die sieben Geistesgaben, die nach dem Propheten Jesaja auf dem Messias ruhen (vgl. Jes 11,2–3), während der gemischte Wein darauf verweist, dass sich der Logos wie reinster Wein im Schoß der Jungfrau Maria mit dem Fleisch vereint hat.[16] Das kirchenähnliche Gebäude mit der Marienbüste zeigt, dass die Kirchenväter die göttliche Weisheit auch mit dem mystischen Leib Christi und damit mit dem in seiner Kirche fortlebenden Christus identifiziert haben, deren Urbild Maria ist. Demnach sind Maria und die Kirche jenes die göttliche Sophia tragende und weitergebende Gefäß, aus dem die an Christus Glaubenden trinken können (vgl. Joh 7,37).[17] Wenn es nun von der Weisheit heißt, dass sie „ihr Vieh geschlachtet […] und schon ihren Tisch gedeckt" hat (Spr 9,2), dann bezieht sich dieser Vers nach Anastasius Sinaites auf die Propheten, die sich, gleichsam als Vorläufer der Diener der Kirche, für die Wahrheit geopfert haben, während der gedeckte Tisch bedeutet, dass Gott seine Wahrheit bekannt gemacht hat.[18]

Die Personifikation der Weisheit sitzt links an der Schmalseite eines altarähnlichen Tisches, der den Raum zwischen dem Biforienfenster und dem unteren Bildrand einnimmt. Während sie ihre rechte Hand auf ihrem Gewand ruhen lässt, streckt sie ihren linken Arm zum Tisch aus und deutet auf einen vor ihr liegenden geöffneten Codex mit dem an Spr 9,5 LXX angelehnten griechischen Vers: Ἔλθατε φάγετε τῶν ἐμῶν ἄρτων καὶ πίετε, in dem die Weisheit zum Festmahl einlädt: „Kommt, esst von meinem Brot und trinkt." Rechts daneben sind die Brotschale und der Weinkrug zu sehen, auf die der Schriftvers in dem aufgeschlagenen Buch hinweist und die deutlich machen, dass Christus als göttliche Weisheit zu seinem eucharistischen Mahl einlädt. Nach Anastasius Sinaites bedeutet die an die Unwissenden (vgl. Spr 9,4–5) gerichtete Aufforderung: „Kommt, esst von meinem Mahl und trinkt vom Wein, den ich mischte" (Spr 9,5), dass die Gläubigen, die noch nicht genügend die Kraft des Heiligen Geistes empfangen haben, das eucharistische Fleisch und Blut Christi zur Vergebung der Sünden empfangen.[19]

Auf der rechten Seite des gedeckten Tisches befinden sich die in Chiton und Chlamys gekleideten „Mägde" (Spr 9,3), die der Weisheit bei der Zubereitung ihres Mahles behilflich sind. Bei der Darstellung der Dienerinnen orientierte sich der Maler nicht mehr an der griechischen Bibelübersetzung der Septuaginta, in der von männlichen Dienern (δούλους) die Rede ist (Spr 9,3 LXX), sondern an einer slawischen Version, die auf der lateinischen Vulgata und damit auf dem hebräischen Masoretentext aufbaute.[20] Die dem Tisch am nächsten stehende Magd trägt über ihrem am Ärmel goldgesäumten Chiton eine hellrote Chlamys und bringt ein kelchartiges Behältnis mit einem runden Brot herbei. Die zweite Dienerin neben ihr weist mit dem rechten Arm über sich auf den siebensäuligen Tempel der Weisheit, während sie in der verhüllten linken Hand ein rundes Brot hält. Die dritte Dienerin, deren Chiton wiederum mit einem Goldclavus verziert ist, hält in ihrer erhobenen linken Hand einen Weinkrug nach oben. Nach Anastasius Sinaites verweist der Vers „Sie hat ihre Mägde ausgesandt" (Spr 9,3) auf die Sendung der Apostel, die Christus in die ganze Welt ausgesandt hat, um alle Menschen zur Erkenntnis Gottes zu führen.[21]

Das Wandbild mit dem Mahl der Weisheit in der Klimentkirche von Ochrid stellt eine ikonographisch einzigartige Bildschöpfung dar, in der die mit Christus identifizierte göttliche Weisheit aus dem alttestamentlichen Buch der Sprichwörter (vgl. Spr 9,1–5) wohl erstmals in einer symbolisch dichten Weise veranschaulicht wurde. Vom Mysterium der Inkarnation Jesu, der aus Maria, dem wahren Tempel, seine Menschheit angenommen hat, spannt sich der Bogen zur Eucharistie. In ihr kündigt sich bereits die Feier der Gemeinschaft mit Christus in der ewigen Herrlichkeit an, denn wer Jesu Fleisch und Blut isst und trinkt, wird in Ewigkeit leben (vgl. Joh 6,51–58).[22]

Die Spaltung unter den Jüngern Jesu

21. Sonntag im Jahreskreis. Evangelium: Joh 6,60–69

*„Daraufhin zogen sich viele Jünger zurück
und wanderten nicht mehr mit ihm umher."
Joh 6,66*

Auf die wunderbare Speisung (vgl. Joh 6,1–15) folgt in der Synagoge von Kafarnaum die Brotrede. Sie handelt zunächst von Jesus als dem wahren Lebensbrot, das man durch den Glauben empfängt (vgl. Joh 6,26–51b), und dann direkt von der Eucharistie (vgl. Joh 6,51c–58). Zuerst ist Jesus als gottgesandter Heilsbringer das wahre Himmelsbrot, das man durch den Glauben genießt, so dass es ewiges Leben bewirkt. Auf eine noch tiefere Weise ist Jesus das wahre Himmelsbrot, indem er den Gläubigen sein Fleisch und Blut zur Speise gibt und ihnen dadurch das ewige Leben spendet. So wird im Verlauf der Brotrede das Wesen des Himmelsbrotes zunehmend deutlich. Zunächst ist es die Speise, die für das ewige Leben bleibt (vgl. Joh 6,27), und dann ist es das wahre Himmelsbrot vom Vater (vgl. Joh 6,32), das der Welt das Leben gibt (vgl. Joh 6,33.50). Schließlich ist das Himmelsbrot Jesus selbst als „Brot des Lebens" (Joh 6,35.48), dessen Genuss ewiges Leben bewirkt und das sein Fleisch ist, das er für das Leben der Welt hingeben wird (vgl. Joh 6,51). Dieses Fleisch muss man zusammen mit seinem Blut essen und trinken, um das Leben in sich zu haben (vgl. Joh 6,53) und am Jüngsten Tag auferweckt zu werden (vgl. Joh 6,54). So vermag der Gläubige durch den Genuss dieser echten Speise und dieses wirklichen Trankes (vgl. Joh 6,55) in Christus zu bleiben (vgl. Joh 6,56) und durch ihn zu leben (vgl. Joh 6,57).

Im Evangelium des 21. Sonntags im Jahreskreis werden die heftigen Reaktionen und Spaltungen unter den Jüngern geschildert, die durch die Brotrede hervorgerufen wurden. Was Jesus bisher gelehrt hat, haben die Jünger offenbar für erträglich gehalten, aber dass sich Jesus nun selbst in seinem Fleisch und Blut zum Essen und Trinken geben wird, ist für sie nicht mehr annehmbar (vgl. Joh 6,60–61).

Jesus und ein sich abwendender Jünger, Stuttgarter Psalter, Codex bibl. fol. 23, fol. 37v, um 820/30, Deckfarbenmalerei auf Pergament, 26,5 × 17,5 cm (Blattgröße), Stuttgart, Württembergische Landesbibliothek.

Als sich viele Jünger von Jesus zurückziehen (vgl. Joh 6,66), stellt es Jesus auch den Zwölf frei, wegzugehen (vgl. Joh 6,67). Darauf gibt Petrus zunächst zur Antwort: „Herr, zu wem sollen wir gehen? Du hast Worte ewigen Lebens" (Joh 6,68). Damit sagt Petrus, dass es keinen Besseren als Jesus gibt, um Gott zu verkünden, und dass man deshalb bei ihm bleiben kann (vgl. Joh 6,68). Petrus begründet aber dann noch tiefer: „Wir sind zum Glauben gekommen und haben erkannt: Du bist der Heilige Gottes" (Joh 6,69). Jetzt betont Petrus, dass sie sich als Jünger auf das eingelassen haben, was Jesus sie vom Vater gelehrt hat, denn vom Glauben an den Vater kommt man zum Glauben an Jesus. So hält Petrus vom Vater her an Jesus als dem Sohn Gottes fest, proklamiert ihn als den „Heiligen Gottes" (vgl. Joh 6,69; Mk 1,24) und erkennt seine göttliche Herrlichkeit (vgl. Jes 6,3; Offb 4,8) an. Weil aber Jesus als „der Heilige Gottes" (Joh 6,69) zum Vater gehört, kann Petrus seine eucharistische Brotrede annehmen, während sich andere Jünger von Jesus abwenden.

Bei der Suche nach einer szenischen Darstellung der Spaltung der Jünger nach der Brotrede Jesu stößt man auf eine Miniatur aus dem Stuttgarter Psalter, der um 820/30 in der Abtei Saint-Germain-des-Prés in der Nähe von Paris angefertigt wurde und sich heute in der Württembergischen Landesbibliothek Stuttgart befindet.[1] Die insgesamt 316 Miniaturen sind in assoziativer Weise als Streifenbilder bei den entsprechenden Psalmversen eingeschoben. Die lebendig bunten Bilder beruhen auf der Exegese der Kirchenväter und stellen vor allem christologische Bezüge heraus.[2] Die einzelnen Psalmen der Handschrift sind meist mit einer einzigen Darstellung illustriert, manchmal aber auch mit zwei oder drei Bildern.[3]

Die Miniatur, in der man die Spaltung unter den Jüngern Jesu nach der Brotrede erkennen kann, findet sich als zweite von drei Illustrationen zu Ps 31, in dem der Beter Zuflucht bei Gott sucht. Das erste Streifenbild zeigt den am Ölberg betenden Jesus und ist nach Vers 6 eingeschoben: „In deine Hände lege ich voll Vertrauen meinen Geist; du hast mich erlöst, Herr, du treuer Gott" (Ps 31,6).[4] Diese Szene nimmt die vorausgehenden Verse auf, die um Zuflucht und Rettung bitten (vgl. Ps 31,2–3), und weist auf einen Vers am Ende des Psalms voraus, in dem die Todesangst Jesu (vgl. Mt 26,37; Mk 14,35; Lk 22,41) zum Ausdruck kommt: „Ich aber dachte in meiner Angst: Ich bin aus deiner Nähe verstoßen. Doch du hast mein lautes Flehen gehört, als ich zu dir um Hilfe rief" (Ps 31,23).[5] Die dritte Illustration nach Vers 18: „Scheitern sollen die Frevler, verstummen und hinabfahren ins Reich der Toten" (Ps 31,18), zeigt König David (reg. 1000–961 v. Chr.) als Sänger des Psalms, der auf den Höllensturz zweier Sünder hinweist.[6]

Das zweite Bild, das sich auf die Spaltungssituation nach der Brotrede beziehen lässt, illustriert den Vers 12: „Zum Spott geworden bin ich all meinen Feinden, ein Hohn den Nachbarn, ein Schrecken den Freunden; wer mich auf der Straße sieht, der flieht vor mir" (Ps 31,12).[7] Wie die übrigen Miniaturen, so zeigt auch diese Miniatur die expressiv übersteigerte Bildsprache der karolingischen Kunst, die sich bereits von den an der Natur orientierten klassisch-spätantiken Vorbildern entfernt hat und mit ihren ausgeprägten Gesten und Gebärden die inneren Seelenzustände der dargestellten Personen zum Ausdruck zu bringen versucht.

Dem Streifenbild geht die Klage über den Spott der Feinde, den Hohn der Nachbarn und den Schrecken der Freunde (vgl. Ps 31,12a–b) voraus: „Super omnes inimicos meos factus sum obprobrium et vicinis meis valde et timor notis meis" (Ps 30,12a–b Vulgata). Unmittelbar nach der Miniatur wird mit der Klage, dass alle vor dem Beter fliehen, die ihn auf der Straße sehen (vgl. Ps 31,12c), der Psalmvers fortgesetzt: „Qui videbant me foras fugerunt a me" (Ps 30,12c Vulgata).

Die linke Bildhälfte wird von einem Gebäude mit kleinen Rundbogenfenstern eingenommen. Während links und rechts die sich perspektivisch verkürzenden Seitenwände angedeutet sind, ist die Stirnseite durch einen großen Torbogen geöffnet. In diesem Haus sind vor einem purpurvioletten Hintergrund Christus und zwei seiner Jünger zu sehen, die antikisierende Gewänder tragen. Während der linke Jünger über einer grünen Tunika ein beiges Obergewand trägt, ist der rechte Jünger über seinem ebenfalls grünen Untergewand mit einem hellroten Pallium bekleidet. Christus sitzt barfuß auf einem Thron mit Fußschemel (suppedaneum) und Kissen (pulvinar). Er trägt eine weiße, blaugehöhte Tunika und darüber ein ockerfarbenes Pallium. Sein bärtiges Haupt ist von einem hellgelben Nimbus umgeben, in den ein rotes Kreuz eingeschrieben ist. Die rechte Bildhälfte wird von einem dunkelgrünen Hintergrund eingenommen und zeigt ein erdfarbenes Geländestück, das zum rechten Bildrand wie ein Berghügel stark ansteigt. In dieser Bildhälfte ist ein bartloser, braungelockter Mann zu sehen, der rote Stiefel, blaue Beinlinge und eine weiße, mit roten Streifen gesäumte Tunika trägt. Mit dem Rücken zu Jesus läuft der Mann den Bergrücken hinauf und macht mit den expressiv gespreizten Fingern seiner übergroßen Hände seinen aufgewühlten Seelenzustand deutlich. Dass er vor Christus flieht, zeigt sich daran, dass sich Jesus ihm redend zuwendet und mit einer bewegten Geste seiner rechten Hand auf ihn deutet. Auch der rechte Jünger zeigt gegen den Fliehenden und blickt dabei Jesus an.[8] Rechts oben ist ein anderer, rot gekleideter Mann auf seiner Flucht wohl schon weiter vorangekommen und blickt bereits mit halbverhülltem Gesicht flehentlich nach oben.

Deutet man diese Fluchtszene auf die Spaltung der Jünger nach der Brotrede Jesu, dann erscheint das Haus, in dem Christus sitzt, als Synagoge von Kafarnaum, und der Thron unterstreicht die Autorität, mit der Jesus in seiner eucharistischen Rede gelehrt hat. Während der redende Mund Jesu gerade die Worte ausspricht: „Wollt auch ihr weggehen?" (Joh 6,67), verkörpern die beiden Männer neben ihm die Jünger, die Jesus wie Petrus treu geblieben sind (vgl. Joh 6,68–69). Für die Jünger, die Jesu Brotrede für unerträglich gehalten haben und nicht mehr mit ihm gewandert sind, sondern sich von ihrem Meister zurückgezogen haben (vgl. Joh 6,60.66), stehen der Fliehende und wohl auch der sich halb verhüllende Mann. Damit bezieht sich der ursprünglich von David gebetete Psalmvers: „Zum Spott geworden bin ich all meinen Feinden, ein Hohn den Nachbarn, ein Schrecken den Freunden; wer mich auf der Straße sieht, der flieht vor mir" (Ps 31,12), auf Jesus, der nach seiner Rede über das Himmelsbrot auch seinen Freunden gewissermaßen zum Schrecken geworden ist, so dass sie vor ihm fliehen. Diese Zuordnung entspricht der Exegese der Kirchenväter, die den Psalter als prophetisches und vom Heilswerk Christi kündendes Buch verstanden, so dass sie in den Psalmen die Stimme Christi hörten, der als Haupt der Kirche zusammen mit den Gliedern seines mystischen Leibes zum Vater betet. So vernahm auch Augustinus (354–430) in den Versen des Ps 31 die Stimme Christi, der zusammen mit seinem mystischen Leib zum Vater ruft und in den Feinden der Kirche nicht nur die Heiden und Juden sieht, sondern vor allem die schlecht lebenden Christen, weil sie die Nachbarn abschrecken, die sich schon der Kirche genähert haben.[9] Als Haupt seiner Kirche ließ Augustinus Jesus zu seinem Vater klagen, dass es keine Nichtsehenden gewesen sind, die ihn verlassen haben, sondern Christen, die ihn in seiner Kirche bereits gesehen haben und dennoch hinausgeflohen sind, um seinen mystischen Leib durch Häresien zu spalten.[10] So wird der Fliehende zur Mahnung für die Kirche, die Einheit im Glauben zu wahren und Christus und seiner Kirche treu zu bleiben.

Die wahre Reinheit

22. Sonntag im Jahreskreis. Antwortpsalm: Ps 15,2–3.4.5

„Herr, wer darf Gast sein in deinem Zelt,
wer darf weilen auf deinem heiligen Berg?
Der makellos lebt und das Rechte tut."
Ps 15,1–2

Die Schrifttexte des 22. Sonntags im Jahreskreis sind durch das Thema der Reinheit miteinander verbunden. Wie das Evangelium (Mk 7,1–8.14–15.21–23) zeigt, spielten in der Zeit Jesu Reinheit und Unreinheit eine wichtige Rolle. Bei der Frage, ob die vielen überlieferten Reinheitsvorschriften von allen eingehalten werden müssen (vgl. Mk 7,1–5), stellte sich Jesus in die Reihe der Propheten und schaute nicht auf das äußere Tun (vgl. Mk 7,6–8), sondern auf das Herz des Menschen, das den eigentlichen Willen Gottes zu erkennen vermag und über Rein und Unrein entscheidet (vgl. Mk 7,14–15.21–23).

Dass das Gesetz keine harte Last, sondern eine kostbare Gabe ist, die das Menschenherz zu Freiheit und Klarheit zu führen vermag, wird in der ersten Lesung aus dem Buch Deuteronomium (Dtn 4,1–2.6–8) deutlich, und die zweite Lesung aus dem Jakobusbrief (Jak 1,17–18.21b–22.27) zeigt, wie sehr diese Gabe im reinen und lauteren Wesen Gottes selbst gründet.

Im Antwortpsalm bündelt sich der Gedanke der Herzensreinheit in der Frage des Eingangsverses: „Herr, wer darf Gast sein in deinem Zelt, wer darf weilen auf deinem heiligen Berg?" (Ps 15,1). Hinter dieser Frage steht die Einsicht, dass der Mensch vor dem ganz heiligen Gott nur bestehen kann, wenn er in seinem Herzen zutiefst gut und rein ist, wenn er, wie der Psalmist dann zur Antwort gibt, „makellos lebt und das Rechte tut" (Ps 15,2). Damit wird deutlich, dass es dem Psalmisten nicht um die kultische Reinheit geht, auch wenn Ps 15 ursprünglich auf eine sogenannte Tempeleinlassliturgie zurückgehen könnte, sondern um die wahre Reinheit. Diese aus dem Herzen kommende Reinheit besteht für den Psalmenbeter darin, dass man sich im Lebensalltag gegenüber seinem Nächsten wahrhaftig verhält und ihn nicht verleumdet (vgl. Ps 15,2), dass man ihn nicht durch Böses schädigt und nicht verspottet (vgl. Ps 15,3), dass man keine Kumpaneien mit den Störern des Gemeindelebens, den „Verworfenen", eingeht und keinen Eid bricht (vgl. Ps 15,4) und dass man schließlich keine Zinsforderungen stellt und Bestechungsgelder von sich weist (vgl. Ps 15,5). Wer sich nach diesem Lebensmodell in seinem alltäglichen Handeln richtet und ein makelloses, gerechtes und damit reines Leben führt (vgl. Ps 15,2), „der wird niemals wanken" (Ps 15,5), denn er hat Anteil an der Unerschütterlichkeit des Zionberges in der Gottesstadt Jerusalem, auf dem Gott wohnt und dem er Festigkeit verliehen hat (vgl. Ps 46,6).[1]

UNTER DEN VERSCHIEDENEN VERHALTENSWEISEN, mit denen der Beter des Ps 15 die wahre Reinheit charakterisiert hat, wählte der karolingische Miniaturist des Stuttgarter Psalters den Verzicht auf die Zinsforderung (vgl. Ps 15,5),[2] der bereits im mosaischen Gesetz festgeschrieben wurde (vgl. Ex 22,24; Lev 25,35–38; Dtn 23,20), um die Nächstenliebe durch das Streben nach dem eigenen finanziellen Vorteil nicht zu verletzen.

Der um 820/30 im Skriptorium des Klosters Saint-Germain-des-Prés bei Paris illuminierte und heute in der Württembergischen Landesbibliothek aufbewahrte Stuttgarter Psalter enthält 316 sehr lebendig und buntfarbig ausgeführte Miniaturen. Diese Darstellungen sind zur wörtlichen Illustration einzelner Psalmverse als Streifenbilder eingeschoben, um nach der Auslegungstradition der Kirchenväter dem betenden Betrachter vor allem das in den Psalmen angekündigte Christusmysterium vor Augen zu stellen.[3]

Während sich bei einigen Psalmen zwei oder drei Bilder finden, wird der kurze Ps 15, der im Stuttgarter Psalter gemäß der Zählung der Vulgata an vierzehnter Stelle steht, nur mit einer Miniatur illustriert.[4] Diese Darstellung veranschaulicht zwar in besonderer Weise das Zinsverbot (vgl. Ps 15,5), versteht sich aber als Illustration des ganzen Ps 15, bei dem es um die notwendige Reinheit geht, um bei Gott weilen zu können (vgl. Ps 15,1).[5]

Die Miniatur zeigt auf der rechten Seite einen mit Seitenschiff und erhöhtem Mittelschiff als Basilika charakterisierten kirchenähnlichen Bau, der rechts von einem Turm flankiert wird. Die Eingangstür an der Fassade ist halb geöffnet, und der Giebel wird von einem griechischen Kreuz bekrönt. Diese christlichen Attribute verweisen auf die patristische Auslegung des Alten Testaments, die unter dem Berg Zion mit seinem Tempel das himmlische Jerusalem verstand. So bezieht sich der an eine christliche Basilika erinnernde Bau auf das endzeitliche Haus Gottes, das im Eingangsvers des Ps 15 als Zelt Gottes und als heiliger Berg Zion (vgl. Ps 15,1) voraus-

Der Gerechte bringt Christus Geld ohne Wucherzins dar, Stuttgarter Psalter, Codex bibl. fol. 23, fol. 16r, um 820/30, Deckfarbenmalerei auf Pergament, 26,5 × 17,5 cm (Blattgröße), Stuttgart, Württembergische Landesbibliothek.

verkündet wird. Dass man in dieses Haus Gottes gelangen kann, wenn man „makellos lebt und das Rechte tut" (Ps 15,2), wird durch die bereits halb geöffnete Tür angedeutet. Das Kreuz auf dem Giebel macht deutlich, dass Christus durch sein Erlösungswerk den endgültigen Zugang zur Wohnung Gottes bewirkt hat.

Dem Haus Gottes ist vor einem grünen Hintergrund ein überdimensioniertes Portal mit zwei Säulen und einem Rundbogen vorgelagert, unter dem Christus thront. Der barfüßige Christus sitzt auf einem Thron mit Suppedaneum und Pulvinar. Er ist mit einer weißen, hellblau gehöhten Tunika bekleidet, die mit Borten und Säumen verziert ist. Über der Tunika trägt er ein purpurviolettes Pallium, das auf seine göttlich-königliche Autorität hinweist. Seine Machtfülle wird auch durch den hellroten Codex in seiner linken Hand versinnbildlicht. Die ausgeprägte rhetorische Geste seiner rechten Hand, mit der er auf den Codex zeigt, macht deutlich, dass Christus als Verkünder des neuen Gesetzes auftritt, unter dem man in das Haus Gottes eintreten darf.[6] Wie die das Portal ganz ausfüllende Gestalt Jesu nahelegt, wird Christus für denjenigen, der sein neues Gesetz beachtet, gewissermaßen zur Tür, durch die man in das Leben eintreten kann (vgl. Joh 10,7.9).

Christus neigt sein nimbiertes Haupt einem Mann zu, der vor dem grünen Hintergrund von der linken Seite her mit bewegtem Schritt an ihn herantritt. Der bartlose Mann mit gelocktem Haar trägt Stiefel, enge Beinkleider, eine kurze olivgrüne Tunika und darüber eine hellrote Chlamys, die nach hinten wegweht. Er hat seinen Blick fest auf Christus gerichtet und bringt ihm eine Schale mit Geldmünzen dar, womit er zeigt, dass er sein Geld nicht auf Wucherzins ausleiht.[7]

So erfüllt der Gerechte in der Miniatur des Stuttgarter Psalters die Aufnahmebedingung in das Haus Gottes (vgl. Ps 15,1), indem er sein Leben makellos und gerecht führt (vgl. Ps 15,2) und sein Geld nicht auf Wucherzins verleiht (vgl. Ps 15,5): „Qui pecuniam suam non dedit ad usuram" (Ps 14,5 Vulgata). Der feierlich stilisierte Darbringungsgestus der Miniatur macht deutlich, dass das nicht auf Wucher verliehene Geld zu einer Opfergabe für Christus selbst zu werden vermag und dass das ganze makellose Leben des Gerechten, der die Gebote mit seinem Herzen erfüllt, zu einer reinen Gabe für Gott wird. Mit seinem huldvoll geneigten Haupt zeigt Christus, dass er das gerechte Handeln annimmt, durch das sich der Mann als rein erwiesen hat, so dass der Gerechte durch ihn als seinen Erlöser und Heiland in das Haus Gottes einzugehen vermag.

Die Heilung des Taubstummen

23. Sonntag im Jahreskreis. Evangelium: Mk 7,31–37

*„Sogleich öffneten sich seine Ohren,
seine Zunge wurde von ihrer Fessel befreit."*
Mk 7,35

Das Evangelium des 23. Sonntags im Jahreskreis schildert die Heilung eines Taubstummen, die nur bei Markus überliefert ist und sich im überwiegend heidnischen Gebiet der Dekapolis südöstlich des Sees von Galiläa ereignet hat. Als man Jesus einen taubstummen Mann brachte, damit er ihn berühre, nahm er ihn von der Menge beiseite (vgl. Mk 7,33). Dann legte ihm Jesus die Finger in die Ohren und berührte die Zunge mit Speichel (vgl. Mk 7,33), dem man heilende und exorzierende Kräfte zuschrieb. Mit einem seufzenden Aufblick zum Himmel sagte Jesus zu dem Kranken: „Effata!", „Öffne dich!" (vgl. Mk 7,32–34). Darauf öffnen sich sogleich seine Ohren, so dass seine Zunge von ihrer Fessel befreit wurde und der Mann richtig reden konnte (vgl. Mk 7,35). Obwohl Jesus den Leuten verbot, jemand etwas zu erzählen, um nicht als Wundertäter missverstanden zu werden, machten sie die Heilung bekannt (vgl. Mk 7,36). Als die Menschen sahen, wie Jesus die Schöpfung in so erstaunlicher Weise gut gemacht hat, gerieten sie außer sich vor Staunen und sagten: „Er hat alles gut gemacht; er macht, dass die Tauben hören und die Stummen sprechen" (Mk 7,37).

EINE SPÄTMITTELALTERLICHE MINIATUR mit der Heilung des Taubstummen findet sich im „Devotionale pulcherrimum", einem Gebetbuch, das 1472 für Ulrich Rösch (reg. 1463–1491), den Abt des Benediktinerklosters St. Gallen, angefertigt wurde. Die kleinformatige Pergamenthandschrift gelangte Ende des 16. Jahrhunderts in den Besitz des Abtes Christoph Silberysen (reg. 1563–1594), der dem Zisterzienserkloster Wettingen vorstand, und kam dann im 18. Jahrhundert in die Stiftsbibliothek des Benediktinerklosters Einsiedeln, wo sie sich bis heute befindet.[1]

Der 1426 in Wangen im Allgäu als Sohn eines Bäckermeisters geborene Ulrich Rösch kam schon früh in die Abtei St. Gallen und leitete deren Geschicke seit 1457 als Administrator und seit 1463 als Abt. Er war ein tatkräftiger geistlicher Fürst, dem es gelang, die institutionellen und wirtschaftlichen Grundlagen des verschuldeten Klosters wiederherzustellen und den Besitz des Klosterterritoriums zu festigen und auszubauen.[2] Seinem Stand als Abt und Landesfürst entsprechend, ließ er 1472 ein persönliches Gebetbuch für sich anfertigen. Neben einem Kalender,[3] einer Sammlung von 39 lateinischen Gebeten mit vier erbaulichen Texten[4] und drei Gebeten für Verstorbene[5] enthält dieses Gebetbuch einen mit „Devotionale pulcherrimum" überschriebenen heilsgeschichtlichen Zyklus, in dem jeweils ein Bild durch ein Gebet auf der gegenüberliegenden Seite meditativ erschlossen wird.[6] Die Darstellungen sollten den Betrachter zum Meditieren und Beten anregen, so dass „die Bilder den Geist erheben", während „die Lippen die Gebete sprechen".[7] Der Bild-Gebet-Zyklus ist die Kopie einer um 1150 in der benediktinisch-zisterziensischen Spiritualität Burgunds entstandenen Gebetshandschrift, die für gebildete Mönche angefertigt wurde. Mit der bildhaften Betrachtung der Heilsgeschichte sollten alle Seelenkräfte des Beters angesprochen werden, um von der sinnlichen Vorstellungskraft über die geistige Meditation der Glaubensgeheimnisse zur Gottesbegegnung aufzusteigen.[8] Während mit dem um 1175/80 geschaffenen Hildegard-Gebetbuch[9] und dem um 1200 entstandenen Lilienfelder Andachtsbuch[10] zwei für geistliche Frauen angefertigte Kopien des nicht mehr vorhandenen Originals vorliegen, nimmt das Gebetbuch von Abt Ulrich Rösch die Tradition des ursprünglich für gebildete Mönche geschaffenen Meditationszyklus auf. Wie der Titel „Devotionale pulcherrimum" nahelegt, sollte die betende Betrachtung der Bilder persönliche Andacht und meditative Selbsterkenntnis fördern. Dieser Zug zur persönlichen geistlichen Lektüre deckt sich mit dem Schriftlesungsprogramm der Devotio moderna, von der im 15. Jahrhundert auch zahlreiche Benediktinerklöster beeinflusst waren. Als 1430 Hersfelder Benediktinermönche zur Reform der Klosterdisziplin nach St. Gallen gerufen wurden, dürften dort auch geistliche Praktiken der verinnerlichten Spiritualität der Devotio moderna Einzug gehalten haben, mit denen sicherlich auch der junge Mönch Ulrich Rösch vertraut geworden war.[11]

Als der St. Gallener Abt sein Gebetbuch in Auftrag gab, waren in seinem Kloster keine eigenen Kalligraphen vorhanden, so dass er sich an das Benediktinerkloster Wiblingen wandte, das unter der Leitung des seit 1453 mit Ulrich Rösch befreundeten Reformabtes Ulrich Hablützel (reg. 1432–1473) aufgeblüht war und über ein

Heilung des Taubstummen, Devotionale pulcherrimum von Abt Ulrich Rösch von St. Gallen, Codex Einsidlensis 185, pag. 139, 1472, 16 × 11,5 cm (Blattgröße), Einsiedeln, Stiftsbibliothek.

Devotionale pulcherrimum, Heilung des Taubstummen

tüchtiges Skriptorium verfügte. Wie mehrere inschriftliche Erwähnungen im Gebetbuch von Ulrich Rösch zeigen, wurde die Auftragsarbeit des St. Gallener Abtes 1472 durch den Wiblinger Mönch Simon Rösch (1438–1507) ausgeführt, während die Bilder von einem anderen Künstler angefertigt wurden, der vielleicht im Umfeld schwäbischer Holzschnittmeister wie Johann Zainer (gest. um 1523) aus Ulm gesucht werden kann.[12] Die 72 kolorierten Federzeichnungen des „Devotionale pulcherrimum" illustrieren die alt- und neutestamentliche Heilsgeschichte von der Schöpfung bis zum Jüngsten Gericht, um sie zusammen mit dem dazugehörenden Gebetstext immer wieder neu zu sehen, zu deuten und zu verinnerlichen.[13]

Die Miniatur mit der Heilung des Taubstummen[14] ist von einem Rahmen umgeben, der abwechselnd in den Farben Blau, Grün, Rot und Gelb gehalten ist. Dies entspricht den Bildleisten niederländischer und französischer Handschriften des frühen 15. Jahrhunderts, die bei den Bildeinfassungen in ähnlicher Weise zwischen Purpur, Blau und Gold abwechselten.[15]

Die dargestellten Personen stehen auf einem grünen, mit Steinen durchsetzten hellgrünen Rasengrund, der von einem Gebüsch hinterfangen wird. Darüber setzt sich die Wiese fort und schließt im Hintergrund mit einigen Bäumen ab. Etwas rechts von der Mitte zeigt die Miniatur den taubstummen Mann, der nicht hören und reden kann. Der allein und ohne seine Begleiter vor Jesus stehende Taubstumme (vgl. Mk 7,32–33) nimmt fast die ganze Bildhöhe ein. Er trägt spitze Schnabelschuhe und ist mit einem roten Gewand bekleidet. Mit seinem ungeordneten und zerzausten Haar, das in der mittelalterlichen Ikonographie auch dämonisch Besessene charakterisierte, verweist der Taubstumme auf damalige Vorstellungen, die in den Krankheiten letztlich eine Folge der in die Unordnung der Sünde gefallenen Welt sahen. Der den Taubstummen an Körpergröße etwas überragende Jesus ist von links her an den Kranken herangetreten, wie die Schrittstellung seiner nackten Füße zeigt, und hat ihn beiseitegenommen, um ihn zu heilen (vgl. Mk 7,33). Jesu Gesicht wird von braunem Haupt- und Barthaar gerahmt und ist von einem goldenen Nimbus umgeben. Sein dunkelviolettes, am Halsausschnitt, an den Ärmeln und am unteren Rand weißgesäumtes Gewand ist gemäß der biblischen Überlieferung „von oben her ganz durchgewebt und ohne Naht" (Joh 19,23) und erinnert an die Darstellungsweise der altniederländischen Meister. Jesus hat seine linke Hand auf die Schulter des Taubstummen gelegt und berührt gerade mit dem Zeigefinger seiner rechten Hand die Zunge im geöffneten Mund des Mannes. Die auf der Schulter liegende Hand deutet darauf hin, dass Jesus kurz zuvor seine Finger in die Ohren des Mannes gelegt hat und nun mit seinem speichelbedeckten Finger die Zunge des Taubstummen berührt (vgl. Mk 7,33). Die nach oben gerichteten Augen Jesu veranschaulichen sein seufzendes Aufblicken zum

Himmel sowie die Bitte „Effata!", „Öffne dich!" (Mk 7,34), die er dabei sprach. Die ringenden Hände und die weit geöffneten Augen des Taubstummen bringen das Erstaunen über die Heilung zum Ausdruck, die sich gerade vollzieht und den Mann wieder hören und richtig reden lässt (vgl. Mk 7,35). Hinter Jesus ist der nimbierte Apostel Petrus dargestellt, der ein blaues Gewand trägt und an seinem charakteristischen weißgelockten Bart- und Haupthaar erkennbar ist. Hinter Petrus deuten zwei Goldnimben auf weitere Jünger hin, die Jesus allein zu Zeugen seines Wunders gemacht hat, während er den Taubstummen von der ihn umgebenden Menge weggeführt hat (vgl. Mk 7,33).

Zusammen mit dem dazugehörenden Gebet soll das Bild mit der Heilung des Taubstummen zur läuternden Selbsterkenntnis des Beters führen. Auf dieses Ziel sind auch die anderen Heilungen, Sündenvergebungen und Totenerweckungen ausgerichtet, die im „Devotionale pulcherrimum" viel Raum einnehmen. So geht es bei den dargestellten Heilungen weniger um die äußeren Begebenheiten aus dem Leben Jesu, sondern mehr um den heilsgeschichtlichen und damit auf das Seelenheil des Betrachters ausgerichteten Sinn, der auch durch den begleitenden Gebetstext entfaltet wird, in dem sich die mittelalterliche monastische Aufstiegsspiritualität widerspiegelt.[16] Der Beter soll seinen inneren Blick zu Christus als seinem Lehrer, Befreier und Arzt erheben, der durch seine Inkarnation herabgestiegen ist, damit der Mensch zu Gott aufsteigen kann. Er bittet um die Unterscheidung des Guten, um die Befähigung zum rechten Handeln und um die Gnade des reinen Gebetes der Kontemplation.[17]

Das Gebet, das der kolorierten Federzeichnung mit der Taubstummenheilung auf der gegenüberliegenden Buchseite zugeordnet ist,[18] beginnt mit dem Lob des Wundertäters Christus, der als Urheber des Heils gepriesen wird: „Urheber des Heils! Du beschirmst uns geringe Menschen und vollbringst Wunder. Du hast einem Taubstummen Zunge und Ohren eröffnet, zu Lob und Ehre deines Namens: Herr!"[19], „Auctor salutis et humilitatis defensor noster et operator miraculorum, qui surdo et muto linguam et aures ad laudem et gloriam nominis tui, domine, reserasti."[20] Nach diesem lobpreisenden Anruf nimmt das Gebet die heilsgeschichtliche Perspektive der Sündenvergebung durch die Taufe in den Blick, in der sich in ähnlicher Weise wie beim Taubstummen ebenfalls eine Heilung vollzieht: „Dasselbe Wunder pflegst du auf dem ganzen Erdkreis ohne Unterlass zu vollbringen. In der Taufe wird nämlich die ganze Urschuld und Sünde vergeben, in die wir uns von Adam her verstrickt haben"[21], „Nam idem miraculum sine cessatione per totum orbem terrarum facere soles, cum omnia debita antiqua criminum, quae de Adam traximus, in baptismo deleantur [...]."[22] Das Gebet erinnert dann an den Effata-Ritus, bei dem der Priester noch vor dem Taufakt mit dem durch seinen Speichel befeuchteten Mund die Ohren und die Nase des Täuflings berührte, um dessen Sinne zu öffnen und den Satan zu exorzieren. Wie das Gebet zeigt, setzt sich dieses Geöffnetwerden auf geistliche Weise fort, wenn der Sünder seine Vergehen bereut und sich bekehrt, um Gott anzuerkennen: „Aber auch immer, wenn ein Sünder sich durch wahre Reue über seine verfehlten Haltungen und durch Besserung von den Sünden zu dir bekehrt, werden Ohren und Zunge seines Herzens sogleich geöffnet, damit er anerkenne, wer du bist"[23], „[…] ac etiam, cum quisque peccator a suis vitiis per veram poenitentiam et emendationem peccatorum ad te convertitur, statim aperiuntur aures et lingua cordis ad agnitionem tui."[24] Das Gebet deutet sodann die Berührung des Taubstummen als exorzierende Handlung Jesu, die im Bußsakrament auch für den Sünder Wirklichkeit wird, wenn dessen sündiges Herz durch Christus mit der Gnade des Heiligen Geistes berührt wird, so dass es nicht mehr unter der Macht des Bösen steht: „Groß ist deine Demut, Christus! Du hast mit deinen heiligen Händen Zunge und Ohren eines vom Dämon besessenen Menschen berührt. Nicht geringer aber ist deine Barmherzigkeit, Gott, wenn du in Gnaden auch übelriechende, sündige Herzen immer wieder mit der Gabe des Heiligen Geistes berührst"[25], „Magna humilitas tua, Christe, quod obsessi hominis a daemonio linguam et aures sanctis manibus tuis tetegisti, nec minor misericordia tua, deus, quod corda foetida peccatis saepissime tangere dono sancti spiritus dignatus es."[26] Das Gebet schließt mit der Bitte an den göttlichen Arzt, durch den Heiligen Geist, mit dem die Sünden vergeben werden, auch das Herz des Beters zu erleuchten, um immer seinen Namen loben zu können (vgl. Ps 145,2): „Erleuchte durch die Gnade dieses selben Heiligen Geistes auch mein Herz, damit ich im Heiligen Geist auf ewig deinem Namen singen kann. Durch dich, Jesus Christus, der du als Gott lebst und herrschest in alle Ewigkeit. Amen"[27], „Per eiusdem sancti spiritus gratiam illumina cor meum de spiritu sancto, ut possim <laudare> nomen tuum in aeternum. Per te, Iesu Christe, qui vivis et regnas deus in saecula saeculorum. Amen."[28]

So wird durch das Bild und das Gebet die Taubstummenheilung mit ihrer exorzierenden Wirkung zu einem ermutigenden Vorbild für den geistlichen Kampf des Beters, der in Christus seinen göttlichen Arzt erkennt, der ihn immer wieder von der Macht der Sünde zu befreien vermag, um vom Heiligen Geist erfüllt zu werden.

Die Kreuzesnachfolge des Petrus

24. Sonntag im Jahreskreis. Evangelium: Mk 8,27–35

„Wer mein Jünger sein will, der verleugne sich selbst,
nehme sein Kreuz auf sich und folge mir nach."
Mk 8,34

Im Evangelium des 24. Sonntags im Jahreskreis ist mit dem Messiasbekenntnis des Petrus (vgl. Mk 8,27–30) die Mitte des Markusevangeliums erreicht, denn nach diesem Bekenntnis kündigte Jesus seinen Jüngern zum ersten Mal sein Leiden und seine Auferstehung an (vgl. Mk 8,31–33), rief sie zur Kreuzesnachfolge auf (vgl. Mk 8,34) und beschritt den Weg nach Jerusalem, dem Ort seines Erlösungswerkes.

Nach der Heilung des Taubstummen (vgl. Mk 7,31–37), der Brotvermehrung (vgl. Mk 8,1–10) und der Blindenheilung bei Betsaida am See Gennesaret (vgl. Mk 8,22–26) ging Jesus mit seinen Jüngern in den äußersten Norden Galiläas bei Cäsarea Philippi. In dieser halbheidnischen Gegend fragte Jesus seine Jünger, für wen er nach der Meinung des Volkes gehalten wird (vgl. Mk 8,27). Als sie ihm zur Antwort gaben: „Einige für Johannes den Täufer, andere für Elija, wieder andere für sonst einen von den Propheten" (Mk 8,28), forderte Jesus auch die Stellungnahme seiner Jünger (vgl. Mk 8,29). Darauf machte sich Petrus zum Sprecher und bekannte mit den Worten: „Du bist der Messias!" (Mk 8,29), dass er der verheißene Retter ist. Jesus, der sich selbst nicht als Messias, sondern als Menschensohn bezeichnete (vgl. Mk 2,10.28), wies den Messiastitel nicht ab, belegte aber seine Jünger mit einem Schweigegebot (vgl. Mk 8,30), weil er um die hochgespannten, politisch aufgeladenen Erwartungen wusste, die das Volk damit verband. Um auch bei seinen Jüngern keine Missverständnisse über das wahre Wesen seiner Messianität aufkommen zu lassen, belehrte sie Jesus in aller Offenheit (vgl. Mk 8,32) und nicht mehr nur gleichnishaft (vgl. Mk 4,33), dass er sich in der Fülle seiner Vollmacht (vgl. Dan 7,13–14) dem Hohen Rat stellen wird, um von ihm, wie in der Schrift angekündigt, verworfen zu werden (vgl. Ps 118,22), dann aber aus eigener Kraft aufzuerstehen: Der „Menschensohn müsse vieles erleiden und von den Ältesten, den Hohenpriestern und den Schriftgelehrten verworfen werden; er werde getötet, aber nach drei Tagen werde er auferstehen" (Mk 8,31). Als Petrus diese Worte hörte, nahm er Jesus beiseite und machte ihm Vorwürfe (vgl. Mk 8,32). Die Reaktion des Petrus zeigt, dass er es nicht akzeptieren wollte, dass das messianische Heil nur über das Leiden erreicht werden kann. Damit war auch der Wille des Petrus, Jesus nachzufolgen, gefährdet. So wies ihn Jesus mit äußerster Schärfe zurecht: „Weg mit dir, Satan, geh mir aus den Augen! Denn du hast nicht das im Sinn, was Gott will, sondern was die Menschen wollen" (Mk 8,33). Wer Jesus andere Wege für das Kommen des Heils vorschlägt, der denkt zwar menschlich, wird aber damit zum Satan, der auch nicht will, dass sich der göttliche Heilswille erfüllt und der Messias die Welt durch sein Erlöserleiden rettet. Da die Wendung „Weg mit dir, geh mir aus den Augen!" wörtlich mit „Gehe fort hinter mich!" zu übersetzen ist, wird deutlich, dass Petrus in die Nachfolge Christi zurückgerufen werden soll, so wie er ihn mit den gleichen Worten „Hinter mich!" (Mk 1,17) einst am See Gennesaret als Jünger berufen hat. Somit hat Petrus mit dem Versuch, Jesus von seinem Erlösungsweg abzubringen, auch sein Jüngersein verraten. Jesus unterstrich dann, dass es für ihn als Messias nur den Weg der Passion gibt und dass dies Konsequenzen für alle hat, die ihm nachfolgen wollen: „Er rief die Volksmenge und seine Jünger zu sich und sagte: Wer mein Jünger sein will, der verleugne sich selbst, nehme sein Kreuz auf sich und folge mir nach. Denn wer sein Leben retten will, wird es verlieren; wer aber sein Leben um meinetwillen und um des Evangeliums willen verliert, wird es retten" (Mk 8,34–35). Wer also fortan Jesus nachfolgen will, der bereit ist, den Willen seines Vaters bis hin zum Erlösertod zu erfüllen, der muss ebenfalls sich selbst und seine Wünsche bis hin zum Kreuz aufgeben.[1]

Das ganze Leben des Apostels Petrus ist durch sein ringendes Zustimmen zur Kreuzesnachfolge gekennzeichnet. Bei den Abschiedsreden, die Jesus nach der Fußwaschung im Abendmahlssaal gehalten hatte, begriff Petrus, dass Jesus von seinem Weg in den Tod spricht (vgl. Joh 13,33). Obwohl Petrus seine Bereitschaft ausgesprochen hatte, ihm in den Tod zu folgen (vgl. Joh 13,37), sah Jesus die unmittelbar bevorstehende Verleugnung seines Jüngers voraus (vgl. Joh 13,38) und stellte ihm die Leidensnachfolge für später in Aussicht, indem er ihm auf seine Frage: „Herr, wohin willst du gehen?" (Joh 13,36), antwortete: „Wohin ich gehe, dorthin kannst du mir jetzt nicht folgen. Du wirst mir aber später folgen" (Joh 13,36). So musste Petrus die Kreuzesnachfolge noch weiterhin lernen. Der Apostel ging durch die Verleugnung

Annibale Carracci, Domine, quo vadis, um 1601/02, Öl auf Holz, 77,4 × 56,3 cm, London, National Gallery.

seines Meisters vor dessen Leiden hindurch (vgl. Mt 26,69–75; Mk 14,66–72; Lk 22,56–62; Joh 18,17.25–27), um durch den auferstandenen Herrn am See von Galiläa erneut berufen zu werden (vgl. Joh 21,15–23). Dann wird ihm Jesus ankündigen, dass Petrus seine „Hände ausstrecken" (Joh 21,18) und seinem Herrn in der Nachfolge bis zum Kreuzestod buchstäblich gleich werden wird (vgl. Joh 21,19).

Das für Petrus so eigentümliche anfängliche Zurückweisen und dann letztlich doch großherzige Zustimmen zur Leidensnachfolge bis hin zur Kreuzigung (vgl. Joh 21,19) wurde im späten 2. Jahrhundert in den apokryphen Petrusakten erneut aufgegriffen. Nach dieser Überlieferung wurden in Rom durch die Predigt des Petrus so viele Frauen für das Keuschheitsideal begeistert, dass sich diese ihren Männern entzogen, worauf Mordpläne gegen Petrus geschmiedet wurden.[2] Wie die Petrusakten weiter berichten, erfuhren die Christen davon und baten Petrus, zu fliehen, damit er weiterhin dem Herrn dienen könne. Trotz seines anfänglichen Zögerns willigte Petrus ein und verließ allein, mit verändertem Aussehen die Stadt.[3] Als Petrus dann auf der Via Appia zum Stadttor hinausging, sah er Jesus nach Rom hineinkommen und stellte ihm – wie einst im Abendmahlssaal (vgl. Joh 13,36) – die Frage: „Herr, wohin gehst du? (Domine, quo vadis?)", worauf ihm Christus zur Antwort gab: „Ich gehe nach Rom hinein, um wiederum gekreuzigt zu werden (Ego Romam iterum crucifigi)."[4] Als ihm Jesus auf seine Entgegnung: „Herr, wiederum wirst du gekreuzigt?", zur Antwort gab: „Ja, Petrus, wiederum werde ich gekreuzigt", kam der Apostel zu sich, sah den Herrn zum Himmel auffahren und erkannte, dass Jesus von ihm und seiner in Rom bevorstehenden Kreuzigung gesprochen hat.[5] In seiner um 1264 verfassten „Legenda aurea" legte Jakobus de Voragine (1228/29–1298) Petrus die Worte in den Mund: „So will ich umkehren, daß ich mit dir werde gekreuzigt"[6], und fügte in Anlehnung an die vor Jesu Leiden vergossenen Reuetränen des Petrus (vgl. Mt 26,75; Mk 14,72; Lk 22,62) noch eigens hinzu, der Apostel habe auch diesmal sehr geweint.[7] Laut den Petrusakten kehrte Petrus dann nach Rom zu seinen Brüdern zurück, und während er ihnen noch berichtete, ergriffen ihn vier Soldaten und führten ihn zum Präfekten Agrippa, der ihn kreuzigen ließ.[8]

Mit dieser apokryphen Überlieferung gab man dem Ringen des Petrus um die Kreuzesnachfolge, die mit der scharfen Zurechtweisung in Cäsarea Philippi begann (vgl. Mk 8,33), jenen heroischen Abschluss, der sich in den Ankündigungen Jesu im Johannesevangelium schon angedeutet hatte: „Du wirst mir aber später folgen. […] Amen, amen, das sage ich dir: Als du noch jung warst, hast du dich selbst gegürtet und konntest gehen, wohin du wolltest. Wenn du aber alt geworden bist, wirst du deine Hände ausstrecken, und ein anderer wird dich gürten und dich führen, wohin du nicht willst" (Joh 13,36; 21,18). Mit diesen Worten gab er Petrus zu verstehen, „durch welchen Tod er Gott verherrlichen würde" (Joh 21,19).

Die Quo-vadis-Überlieferung wurde in der westlichen Kunst seit dem 12./13. Jahrhundert dargestellt und erfuhr durch Annibale Carracci (1560–1609) eine ihrer bekanntesten Formulierungen. Annibale Carracci, von dem zusammen mit Caravaggio (1571–1610) die entscheidenden Impulse für die beginnende Entwicklung der Barockmalerei ausgingen, hatte 1582 zusammen mit seinem Cousin Lodovico Carracci (1555–1619) und seinem Bruder Agostino Carracci (1557–1602) in seiner Heimatstadt Bologna eine Malerakademie gegründet. Vorausgegangen war die 1564 durch Giorgio Vasari (1511–1574) in Florenz gegründete Akademie, die sowohl praktischen Unterricht als auch kunsttheoretische Studien beinhaltete. Mit ihrem an der italienischen Hochrenaissance orientierten Klassizismus wollten die Carracci die Malerei aus den Sackgassen herausführen, in die sie durch den Manierismus geraten war, der die Natur zu sehr idealisierte, ohne sie eigentlich nachzuahmen. So ging es vor allem Annibale Carracci darum, die Malerei auf die Prinzipien der Renaissance und das Naturstudium zu gründen, um sie sowohl mit der natürlichen Alltagswirklichkeit zu verbinden als auch – im Unterschied zu Caravaggio – mit der von der Natur vorgegebenen Schönheit zu idealisieren.[9] Auf Einladung des Kardinals Odoardo Farnese (1573–1626) ging Annibale Carracci 1595 in die Stadt Rom, die Florenz und Venedig als Kunstzentren ablöste und zunehmend Künstler anzog, die bei Kardinälen, Adelsfamilien und den Päpsten Aufträge fanden. Im Zeitalter der Gegenreformation sahen die Päpste Rom immer mehr als Hauptstadt eines geistigen Reiches, von dessen Größe gerade die Kunst zeugen sollte.[10] Als Hausmaler des Kardinals Odoardo Farnese wirkte Annibale Carracci bis 1601 als Freskomaler an der Ausstattung des Palazzo Farnese in Rom mit, stellte sein Können aber auch in der sakralen Malerei unter Beweis, wie seine um 1599/1600 geschaffene, im Museo Capodimonte in Neapel aufbewahrte Pietà und sein 1600/01 für die Cerasi-Kapelle in Santa Maria del Popolo gemaltes Altarbild mit der Himmelfahrt Marias zeigen. Als im Juni 1601 Carraccis Fresken der Öffentlichkeit gezeigt wurden, die er für die Galleria des Palazzo Farnese geschaffen hatte, wurde Kardinal Pietro Aldobrandini (1571–1621) auf den Maler aufmerksam, der kurz zuvor im März aus Frankreich nach Rom zurückgekehrt war. Der Kardinal beauftragte Carracci mit dem Gemälde „Domine, quo vadis" und mit einem Zyklus von sechs Lünettenbildern aus dem Marienleben für die Kapelle seines Familienpalastes an der Via del Corso, den Carracci um 1603 begann und der von seinen Schülern fortgeführt wurde. Unter den Gemälden dieser Bilderfolge wurde die Tafel mit der Flucht nach Ägypten zu einem Meilenstein für die nachfolgenden römischen Landschaftsmaler wie Claude Lorrain (1600–1682), Nicolas Poussin (1594–1665), Gaspard Dughet (1615–1675) und Herman van Swanevelt (1600–1655). Die Tragik im Künstlerleben Carraccis lag darin, dass er von Kardinal Odoardo Farnese als Hausmaler ausgenützt und völlig unzureichend bezahlt wurde, so dass er darüber sein Selbstwertgefühl verlor und bereits im Juli 1609 an seiner Krankheit, wohl einer Gehirnarteriosklerose, starb. Seine letzte Ruhestätte fand Carracci im römischen Pantheon neben dem Grab Raffaels (1483–1520), dessen Kunst er zum Maßstab erhoben hatte.[11]

Das Gemälde „Domine, quo vadis" schuf Carracci um 1601/02 im Auftrag des Kardinals Pietro Aldobrandini, dessen Namenspatron der Apostel war. Das etwa einen halben Meter breite und knapp einen Meter hohe Tafelgemälde wurde bereits 1603 als Bestandteil der Kunstsammlung der Familie Aldobrandini in Rom genannt, wo es um 1800/01 zum Kauf angeboten wurde. Nachdem es zunächst John Rushout (1770–1859), der Baron von Northwick, und dann Thomas Hamlet (1770–1853) erworben hatten, wurde es 1826 für die Londoner National Gallery angekauft.[12]

Als Pietro Aldobrandini das Gemälde mit der Begegnung zwischen Jesus und Petrus in Auftrag gab, hatte der Kardinal als Neffe des Papstes Clemens VIII. (reg. 1592–1605) und als Leiter des Staatssekretariats eine Schlüsselposition am päpstlichen Hof inne. So spiegelt sich in der Darstellung des Apostelfürsten, der durch die Begegnung mit Jesus bereit ist, seinen Glauben am Kreuz mit seinem Blut zu bezeugen, die gegenreformatorische Mentalität dieser Zeit wider, die nicht müde wurde, Petrus als ersten Papst und Bischof von Rom herauszustellen.

Der dramatische Höhepunkt der Begegnung zwischen Jesus und Petrus auf der Via Appia vor den Toren Roms ist mit kräftigen Bewegungsmotiven und expressiven Gesten dargestellt, in denen sich bereits die ausdrucksstarke Bildsprache des Barock ankündigt. Die an die Hochrenaissance angelehnte Bildauffassung zeigt klassizistische und heroisch-ideale Züge, ist aber auch durch Naturbeobachtung und vor allem durch eine satte, venezianisch anmutende Farbigkeit geprägt. Das Gemälde zeigt Carraccis Bemühen, in Stil und Rhythmus Raffaels harmonischen Ausgleich und korrespondierende Bezüge herzustellen, sei es zwischen rhetorischer Zeichnung und plastischem Farbvolumen, zwischen apollinischer Schönheit und menschlicher Präsenz, zwischen dem klaren, kurze Schatten werfenden Licht im Vordergrund und dem weichen Licht im Hintergrund oder zwischen dem Voranschreiten Jesu und dem Zurückweichen des Petrus.[13]

Unter einem tiefblauen, nur wenig bewölkten Himmel, der das obere Bilddrittel einnimmt, ist am Horizont ein ferner Gebirgszug zu sehen. Davor entfaltet sich eine in warmen, erdbraunen Farben gehaltene Landschaft, die durch Felder, Bäume und antike Bauten belebt ist. Nachdem der seit 1582 in Rom wirkende Flame Paul Bril (1553/54–1626) erstmals realistische Elemente in seine Landschaftsdarstellungen aufgenommen und der ab 1600 in der Ewigen Stadt weilende Adam Elsheimer (1578–1610) lyrisch-verinnerlichte Landschaften entworfen hatte, erfand Carracci in

Auseinandersetzung mit dem Naturstudium der römischen Campagna, dem venezianischen Kolorismus und der klassischen Renaissancekunst die ideale Landschaft, die Mensch und Natur in friedlicher Harmonie vereint.[14] Diese heroisch-erhabene Landschaft, die den Geist der Antike und der Renaissance atmet, zeigt sich auch in seinem Gemälde „Domine, quo vadis", wie an den antikisierenden Gebäuden und an den beiden harmonisch in die Natur eingebetteten Figuren deutlich wird.

Auf der linken Seite erinnert das turmähnliche, fensterlose Gebäude hinter der mächtigen Eiche an die Ruinen monumentaler römischer Grabbauten, wie sie auch die Via Appia säumen. Das Gebäude im Hintergrund ist ein Rundbau, dessen Kuppel dem Pantheon nachempfunden ist. Am rechten Bildrand ist über der Gestalt des Petrus die noch gut erhaltene Vorderfront eines korinthischen Tempels zu sehen, aus dessen Giebel einige wilde Pflanzen wachsen. Der Tempel ganz rechts ist bereits so ruinös, dass nur noch vier korinthische Säulen erhalten sind, zwischen denen Bäume hindurchwachsen. Der ruinöse Zustand der Tempelbauten, die in der Landschaft die römische Campagna andeuten, vermittelt nicht nur klassisch-heroische Vorstellungen, sondern wird auch zum Symbol für die Überwindung des antiken Heidentums durch die Kirche, die Christus dem Petrus zur Leitung anvertraut hat.

Die Via Appia, auf der sich die Begegnung zwischen Jesus und Petrus ereignet, erscheint als einfacher Feldweg, der sich mit seinem erdigen Farbton harmonisch mit dem Landschaftshintergrund verbindet. Rechts ist der noch halb in Rückenansicht dargestellte Petrus zu sehen, wie er Rom auf der Via Appia verlassen hat und sich gerade zu Jesus hin umwendet, der ihm in der entgegengesetzten Richtung mit vorderansichtig gezeigtem Körper entgegenwandert. Auf die Frage des Petrus „Herr, wohin gehst du?" hat ihm Jesus soeben geantwortet, er gehe nach Rom, um ein zweites Mal gekreuzigt zu werden. Jesus hat sein Haupt, das von einem hauchdünnen Nimbus umgeben ist, Petrus zugeneigt und spricht ihn mit geöffnetem Mund an. Mit seinem jäh vorwärts weisenden rechten Arm zeigt Jesus in die Richtung der vor ihm liegenden Stadt Rom, der er mit kraftvollem, kontrapostischem Schritt entgegengeht. Mit dem geschulterten Kreuz veranschaulicht Jesus nicht nur das Wort von seiner „zweiten Kreuzigung" in Rom, sondern stellt Petrus auch das Kreuztragen und die Leidensnachfolge vor Augen (vgl. Mk 8,34).

Jesus ist nur mit einem Lendentuch und einem lose über die linke Schulter geworfenen Mantel bekleidet. Die nach einem Modell gemalte muskuläre Aktfigur Jesu entspricht dem Geist der Renaissance, die den ästhetisch-idealen menschlichen Körper in den Mittelpunkt stellte, verweist aber mit seiner lebendigen Wärme und seinen affektvollen Bewegungen bereits auf die barocke Kunstauffassung. Mit seiner heroischen Nacktheit und seiner leiblichen Schönheit erscheint Christus als der auferstandene und verherrlichte Herr.[15] Der Auferstehungsleib Jesu trägt aber auch deutlich die Spuren der Passion, wie die beiden Wundmale an den Füßen, die Seitenwunde, das geschulterte Kreuz und die Dornenkrone zeigen. Während das weiße Lendentuch deutlich an den Gekreuzigten erinnert, wird der rote Mantel zum Sinnbild für die Menschheit Jesu und für das Erlöserblut, das er am Kreuz für das Heil der Welt vergossen hat. Die makellose und doch die Spuren der Passion tragende Aktfigur verweist sowohl auf den Gekreuzigten, der als neuer Adam durch seinen Tod die Sünde des ersten Menschen gesühnt hat, als auch auf den Auferstandenen, der den von der Sünde herkommenden Tod überwunden hat, um auch in seinen Jüngern, die ihm auf dem Kreuzweg nachfolgen, machtvoll zu siegen. So spiegelt sich im kraftvollen Äußeren Jesu seine göttliche Macht wider, mit der er Petrus und allen Jüngern seiner Kirche auf dem Weg der Kreuzesnachfolge voranschreitet.

Die rechte Bildhälfte wird von Petrus eingenommen, dessen ganz im Profil gegebenes Haupt ebenfalls von einem hauchdünnen Nimbus umgeben ist. Die für Petrus charakteristischen weißgrauen, gelockten Haare und sein kurzer Bart heben sich kontrastreich vom dunkelbraunen Haupt- und Barthaar Jesu ab. Mit seiner blauen Tunika und seinem goldgelben Pallium trägt Petrus die für ihn seit dem 13. Jahrhundert üblichen Gewandfarben,[16] wobei ihn das Blau in Anlehnung an das gleichfarbige Priesterkleid Aarons (vgl. Ex 28) als neuen Hohenpriester ausweist, während das Goldgelb seine Heiligkeit versinnbildlicht.[17] An seinem Gürtel sind die „Schlüssel des Himmelreiches" zu sehen, die auf die Binde- und Lösegewalt verweisen, die Jesus dem Petrus verliehen hat (vgl. Mt 16,19) und die die päpstliche Autorität begründen. Während der silberne Schlüssel am Gürtel des Petrus die Lösegewalt versinnbildlicht, steht der goldene Schlüssel für die Bindegewalt.

Petrus ist von der Wucht der Erscheinung Jesu so sehr getroffen, dass er seine Wegrichtung geändert und die Rückenansicht des Fliehenden verlassen hat, um sich seitlich Jesus zuzuwenden, der ihm gerade entgegengeht. Während er seinen linken Fuß bereits herumgewendet hat, ist der rechte Fuß noch im Augenblick seiner Drehbewegung erfasst. Petrus hat staunend, aber auch abwehrend und schützend beide Arme erhoben und blickt mit weit aufgerissenen Augen auf den Herrn. Auf diese Weise kommt die emotionale Reaktion des Petrus zum Ausdruck, der gerade die Worte Jesu vernommen hat, nach Rom zu gehen, um ein zweites Mal gekreuzigt zu werden. Während die abwehrenden Hände des Petrus noch an seine Verleugnung vor Jesu Leiden erinnern, zeigen seine neu ausgerichtete Schrittstellung und sein Jesus zugewandtes Haupt, dass er seinen Herrn nun nicht mehr verlassen wird. Um aber die Dramatik zu erhalten, ist noch nicht der Höhepunkt dargestellt, in dem Petrus in entgegengesetzter Richtung nach Rom zurückkehrt, sondern wie er unmittelbar zuvor zur Erkenntnis kommt, dass er selbst mit dem Wort vom erneuten Gekreuzigtwerden gemeint ist, um mit Jesus zu leiden und so seine Kreuzesnachfolge zu vollenden.[18]

Dass bei der Figur des Petrus besonders die Gürtelpartie und die erhobenen Hände betont sind, lässt sich vielleicht auf die von Jesus über das Ende des Petrus vorausgesagten Worte beziehen, die jetzt bei der Umkehr des Apostels nach Rom in Erfüllung gehen, denn nunmehr wird Petrus seine Kreuzesnachfolge vollenden (vgl. Joh 13,36) und tatsächlich von einem anderen, nämlich von Jesus selbst, gegürtet und geführt werden, um am Kreuz seine Hände auszustrecken (vgl. Joh 21,18–19). In der gegenreformatorischen Perspektive bedeutet dies, dass Petrus mit seinem Entschluss zum Martyrium die ihm durch Christus übertragene Autorität unter Beweis gestellt hat, so dass Rom mit seinem Bischofsstuhl zu Recht der Mittelpunkt der Kirche ist.

Die Bildaussage bleibt aber nicht bei Petrus stehen, sondern bezieht auch den Betrachter mit ein, um ihn mit dem Kreuz Christi zu konfrontieren, das oben in den klaren, blauen Himmel hineinragt, mit seinem unteren Ende aber aus dem Bild herausweist. Mit seinem geschulterten Kreuz schreitet Jesus direkt auf den vor dem Bild stehenden Betrachter zu, womit die Grenze zwischen Bildraum und Betrachterstandpunkt aufgehoben wird. So kehrte Carracci nicht nur zu den klassischen Idealen der Renaissance und des Naturstudiums zurück, sondern beschritt in ähnlicher Weise wie Caravaggio neue Wege, mit denen er bereits die barocke Malerei vorbereitete. Mit der Einbeziehung des Betrachters wurde Carracci auch dem Bildthema gerecht, bei dem es um die Kreuzesnachfolge geht, die nicht nur Petrus, sondern jeden Gläubigen betrifft, wie die Worte Jesu vom Kreuztragen zeigen, die er nicht nur zu den Jüngern allein, sondern zum ganzen Volk gesprochen hat: „Er rief die Volksmenge und seine Jünger zu sich und sagte: Wer mein Jünger sein will, der verleugne sich selbst, nehme sein Kreuz auf sich und folge mir nach" (Mk 8,34).

Der Rangstreit der Jünger

25. Sonntag im Jahreskreis. Evangelium: Mk 9,30–37

„Jesus stellte ein Kind in ihre Mitte
und nahm es in seine Arme."
Mk 9,36

Das Evangelium des 25. Sonntags im Jahreskreis erzählt eine Episode, die sich auf dem Weg Jesu nach Jerusalem ereignet hat. Zunächst kündigte Jesus seinen Jüngern ein zweites Mal an, dass er leiden, sterben und dann auferstehen werde (vgl. Mk 9,30–31). Die Jünger, die den Sinn der Worte Jesu nicht verstanden und es nicht wagten, Jesus zu fragen (vgl. Mk 9,32), unterhielten sich stattdessen untereinander und begannen darüber zu streiten, wer von ihnen der Größte sei (vgl. Mk 9,33–34). Da die Jünger die Leidensankündigung Jesu nicht verstehen konnten, dachten sie an Macht, Größe und gute Posten. Nachdem Jesus den Inhalt ihres Gesprächs in Erfahrung gebracht hatte, setzte er sich und rief die zwölf Apostel zu sich, in deren Kreis der Streit ausgetragen wurde. Dann belehrte er sie darüber, worin die wahre Größe besteht: „Wer der Erste sein will, soll der Letzte von allen und der Diener aller sein" (Mk 9,35). Um diese neuen Maßstäbe zeichenhaft zu verdeutlichen, stellte Jesus ein Kind in die Mitte seiner Apostel, nahm es in die Arme (vgl. Mk 9,36) und sagte zu ihnen: „Wer ein solches Kind um meinetwillen aufnimmt, der nimmt mich auf; wer aber mich aufnimmt, der nimmt nicht nur mich auf, sondern den, der mich gesandt hat" (Mk 9,37; vgl. Lk 9,48; Mt 18,5). So stellte Jesus in Wort und Beispiel klar, dass er auf der Seite der Kleinen steht, für die er sich selbst zum Diener gemacht hat. In der Fassung des Matthäusevangeliums wurde das Wort von der wahren, im Dienen liegenden Größe (vgl. Mk 9,35; Lk 9,48) und vom Aufnehmen der Kinder (vgl. Mk 9,37; Mt 18,5) noch deutlicher herausgestellt, indem Jesus am Beispiel des in die Mitte gestellten Kindes (vgl. Mk 9,36; Lk 9,47; Mt 18,2) seinen Jüngern auch die Haltung des Kindseins als verbindlichen Maßstab für das Eingehen in das Reich Gottes vor Augen führte: „Amen, das sage ich euch: Wenn ihr nicht umkehrt und wie

*Franz Christoph Janneck, Jesus stellt ein Kind in die Mitte der Apostel, um 1740/50,
Öl auf Leinwand, 108,5 × 102,5 cm, Karlsruhe, Staatliche Kunsthalle.*

die Kinder werdet, könnt ihr nicht in das Himmelreich kommen. Wer so klein sein kann wie dieses Kind, der ist im Himmelreich der Größte" (Mt 18,3–4).

DIE IN DER CHRISTLICHEN KUNST nur selten dargestellte Szene mit dem Rangstreit der Jünger und dem Kind, das Jesus in ihre Mitte stellte (vgl. Mk 9,33–37; Mt 18,1–5; Lk 9,46–48),[1] wurde in der Mitte des 18. Jahrhunderts durch den Rokokomaler Franz Christoph Janneck (1703–1761) aufgegriffen.[2]

Der 1703 in Graz geborene Janneck lernte in seiner Heimatstadt das Malerhandwerk. Um 1721 begegnete er in Wien dem Malerkollegen Johann Georg Platzer (1704–1761), mit dem er zeitlebens freundschaftlich und auch stilistisch verbunden sein sollte, auch wenn er dessen Farbreiz und Originalität nicht zu erreichen vermochte. Janneck reiste dann nach Süddeutschland, wo er um 1728/29 im Frankfurter Raum wirkte und sich in der Landschaftsmalerei fortbildete, in der er es zu großer Meisterschaft brachte. Als er um 1736 nach Wien zurückkehrte, malte Janneck vermehrt Gesellschaftsszenen, mythologische Themen und auch sakrale Darstellungen, unter anderem auch das Bild mit dem Kind, das von Jesus in die Mitte seiner Jünger gestellt wurde. In Wien gehörte Janneck seit 1751 auch der Kunstakademie an, deren Assessor er 1752 wurde. Seine letzten Werke schuf er um 1759, bis er im Januar 1761 am Kalten Brand, einer typischen Malerkrankheit, verstarb. Jannecks Gemälde, die oftmals miniaturhaft ausgeführt wurden, fanden bereits bei seinen Zeitgenossen wie dem Kunstsammler Ludwig von Hagedorn (1712–1780) Wertschätzung.[3]

Das Gemälde mit dem von Jesus in die Mitte gestellten Kind galt lange Zeit als Werk Johann Georg Platzers und gehörte zunächst zur Sammlung des Fürsten von Campofranco, Antonio Lucchesi-Palli (1716–1803), der seine Galerie, die 256 Gemälde umfasste, seinem Sohn, dem Grafen Giuseppe Lucchesi-Palli (gest. 1818), vererbte. Als der in Wien und Stuttgart als neapolitanischer Diplomat tätige Graf die väterliche Kunstsammlung verkaufen wollte und 1803 in Karlsruhe weilte, erwarb Markgraf Karl Friedrich von Baden (1728–1811) die Kollektion für das Mannheimer Schloss, um es als Zweitresidenz nach Karlsruhe mit Kunstwerken auszustatten. Als das Gemälde 1937 zusammen mit der Mannheimer Galerie in die Staatliche Kunsthalle nach Karlsruhe gelangte, wurde man auf die rechts unten auf einer Steinplatte angebrachte Signatur „F. C. Janneck f[e]c[it]" aufmerksam und erkannte nunmehr die Urheberschaft Jannecks.[4]

Das undatierte, etwa einen Meter breite und hohe Ölgemälde wird durch zarte Pastellfarben bestimmt, die dem figurenreichen Bild eine freundliche Stimmung verleihen. Das biblische Geschehen spielt sich unter einem bewölkten Himmel in einer weiten, mediterranen Landschaft ab, die mit ihren antiken Ruinen an die römische Campagna erinnert, wie sie von den Barockmalern bevorzugt dargestellt wurde. Über dem rechten Mittelgrund mit einer zweigeschossigen Ruine sind am Horizont Berge und ein großes Gewässer mit einer Stadtansicht zu sehen, was auf die Stadt Kafarnaum am See Gennesaret hindeuten dürfte, in der sich der Rangstreit der Jünger zugetragen hat (vgl. Mk 9,33; Mt 17,24).

Neben einer hoch aufragenden Eiche wird die linke Seite fast ganz durch ein ruinöses antikes Gebäude ausgefüllt, dessen frühere Pracht sich noch an den verbliebenen Ausstattungsstücken ablesen lässt. Der bereits von Pflanzen überwucherte Bau ist mit ionischen Säulen gegliedert und zeigt auf dem Gebälk eine Ziervase. Ganz links ist eine antike Statue eines in heroischer Nacktheit dargestellten Jünglings zu sehen. Vor dem Gebäude steht auf einem hohen Sockelbau ein reliefierter, zerbrochener Sarkophag. Auch die am rechten Bildrand einstmals zu Repräsentationszwecken aufgestellte monumentale Vase erinnert an die vergangene Herrlichkeit. Die Betonung der früheren Pracht steht der frischen Lebendigkeit der um Jesus versammelten Menschen gegenüber. So lassen sich die verfallenen Bauten als Sinnbild für die alten Strukturen irdischer Macht, Rangordnung und Größe deuten, die durch Christus von den neuen im Reich Gottes geltenden Maßstäben abgelöst wurden, nach denen die wahre Größe im Dienen und im Kleinsein vor Gott besteht.

Links von der Mitte steht vor dem Sockelbau mit dem Sarkophag die hell erleuchtete Gestalt Christi, die sich von der dunklen Vordergrundpartie am unteren Bildrand wirkungsvoll abhebt. Kaum merklich wird das Haupt Jesu von einem Lichtschein umspielt. Auch seine Gewänder sind mit zartesten Farbtönen aufgehellt. Während sein leuchtend hellrotes Pallium als irdische Farbe des Blutes und der Erlöserliebe seine Menschennatur versinnbildlicht, verweist die hellblaue Tunika als Himmelsfarbe auf seine Gottheit. Mit dem Zeigefinger seiner hoch erhobenen rechten Hand weist er nach oben zum Himmelreich, sein Haupt jedoch wendet er den Aposteln zu, um sie darüber zu belehren, dass im Reich Gottes die irdische Rangordnung nicht mehr gilt. Um die neue, im Himmelreich geltende Ordnung durch ein Zeichen zu verdeutlichen, hat Jesus eines der Kinder herbeigerufen, die sich mit ihren Müttern mittlerweile um Jesus und seine Apostel geschart haben. Jesus hat das von ihm erwählte Kind auf einen Steinquader gestellt, den er in der Ruinenlandschaft vorgefunden hat. Anstelle einer früheren heroisch-antiken Statue steht nun als Sinnbild für das neu angebrochene Reich Gottes das Kind, das mit seinem hellen Inkarnat und seinem weißen Schurz ebenso wie Christus ganz in Licht getaucht ist. Jesus hat seine linke Hand auf die Schulter des Kindes gelegt, das mit einem seligen Gesichtsausdruck zu Christus aufblickt, der mit seinem leicht geöffneten Mund und mit seiner zum Himmel weisenden Rechten gerade die neu geltenden Maßstäbe des Reiches Gottes verkündet: „Wenn ihr nicht umkehrt und wie die Kinder werdet, könnt ihr nicht in das Himmelreich kommen. Wer so klein sein kann wie dieses Kind, der ist im Himmelreich der Größte" (Mt 18,3–4), und wer „ein solches Kind um meinetwillen aufnimmt, der nimmt mich auf" und „den, der mich gesandt hat" (Mk 9,37).

Die zahlreichen Personen, die Jesus umgeben, spiegeln nun auf unterschiedliche Weise die Wirkung dieser Lehre wider. Am linken unteren Bildrand stehen noch im

Halbdunkel des Bildvordergrundes zwei antikisierend gekleidete Apostel, die sich über das von Jesus Gehörte austauschen. Durch sein bartloses, jugendliches Gesicht und sein rotes, auf den Lieblingsjünger verweisendes Obergewand lässt sich in dem linken, im Profil gegebenen Jünger der Apostel Johannes erkennen. Sein in Rückenansicht dargestellter Gesprächspartner ist sicherlich sein Bruder Jakobus der Ältere. Ihr isoliertes Stehen im Halbdunkel zeigt, wie schwer sich gerade die beiden Zebedäussöhne mit den neuen Werten ihres Meisters getan haben, denn nur kurze Zeit nach dem Rangstreit der Jünger werden die beiden Brüder Jesus bitten, in seinem Reich zu seiner Rechten und Linken sitzen zu dürfen (vgl. Mk 10,35–37). Diese Bitte um die besten Plätze macht deutlich, wie sehr Johannes und Jakobus der Ältere noch im alten Leben mit seinen Zielen gefangen sind, auch wenn sie ihren Lohn bereits im Himmel statt auf Erden erwarten. Als sich dann die anderen zehn Apostel über die Zebedäussöhne ärgern (vgl. Mk 10,41), wird Jesus wiederholen, was er schon beim Rangstreit der Jünger über die neue Ordnung im Himmelreich gelehrt hat (vgl. Mk 9,35): dass man sich zum Diener machen muss, wenn man groß sein will (vgl. Mk 10,43–44).

So sind zur Linken und zur Rechten Jesu nicht die Zebedäussöhne, sondern diejenigen versammelt, die in den Augen der Welt klein, im Reich Gottes aber groß sind, nämlich die Kinder mit ihren Müttern, die andächtig zu Christus hinstreben und sich mit ihrem göttlichen Meister im Licht befinden. Rechts hinter Jesus sind drei Apostel dargestellt, die mit verständnisvollem Blick auf das Kind blicken, das ihnen Jesus vor Augen gestellt hat. Mit seinen weißgrauen, kurzgelockten Haaren und seinem gestutzten Bart ist in der Mitte Petrus zu sehen, der traditionell mit blauer Tunika und gelbem Pallium bekleidet ist. Seine innerliche und vielleicht auch schuldbewusste Ergriffenheit zeigt sich in der Geste seiner rechten Hand, die er auf seine Brust gelegt hat.

Unterhalb der zweigeschossigen Ruine stehen zwei Frauen, die von einem kleineren und einem größeren Kind begleitet werden. Davor blickt in nachdenklicher Pose ein am Boden sitzender bärtiger Mann auf das Kind in der Mitte. Unter der großen Eiche sind zwei verschattet gegebene Männer mit Kopfbedeckung dargestellt, zwischen denen das Haupt eines weiteren Mannes auftaucht, das von seiner Physiognomie her der Kopf eines Apostels sein dürfte. In etwas weiterer Entfernung kümmern sich rechts zwei Apostel um eine am Boden sitzende Mutter mit ihrem Kind.

Schließlich wendet sich am rechten Bildrand unterhalb der großen antiken Vase ein Apostel zwei jugendlichen Hirten zu, die in bukolischer Idylle leichtbekleidet im Schatten des Bildvordergrundes am Boden lagern, wobei der vordere Hirte auch seinen Stab in der Hand hält. Der Apostel scheint begriffen zu haben, dass auch die Hirten zu jenen Kleinen gehören, denen das Reich Gottes ebenso wie den Kindern verheißen ist. So weist sie der Apostel mit sprechender Gebärde auf Christus hin, der hinter ihnen schon den Weg zeigt, der in das Himmelreich führt.[5]

Mose und die siebzig Ältesten

26. Sonntag im Jahreskreis. Erste Lesung: Num 11,25–29

„Mose nahm etwas von dem Geist, der auf ihm ruhte,
und legte ihn auf die siebzig Ältesten."
Num 11,25

Die erste Lesung des 26. Sonntags im Jahreskreis aus dem Buch Numeri erzählt von Mose und den siebzig Ältesten, die während der Wanderung des Volkes Israel erwählt wurden. Als die Israeliten in der Wüste jammerten und nach Fleisch verlangten (vgl. Num 11,10.13), nahm dies Mose zum Anlass, über seine Führungsaufgabe nachzudenken, die er zunehmend als Last empfand und die ihn zu Gott klagen ließ (vgl. Num 11,11–15). Gott aber gebot ihm, siebzig Älteste beim Bundeszelt zu versammeln. Er werde etwas von dem auf Mose ruhenden Geist auf diese Ältesten legen, so dass sie an der Führung des Volkes mittragen können (vgl. Num 11,16–17). Dem Volk, das sich heiligen sollte, stellte Gott in Aussicht, ausreichend Fleisch zu bekommen (vgl. Num 11,18–20). Als Mose dem Volk die Worte Gottes mitteilte und die siebzig Ältesten rings um das Bundeszelt versammelte (vgl. Num 11,24), nahm Gott „etwas von dem Geist, der auf Mose ruhte, und legte ihn auf die siebzig Ältesten. Sobald der Geist auf ihnen ruhte, gerieten sie in prophetische Verzückung, die kein Ende nahm" (Num 11,25). So erhielten die siebzig Ältesten Anteil am prophetischen Charisma des Mose, um das Volk führen zu können. Nach außen hin aber zeigte sich dieser Geist in der ekstatischen Verzückung, von der sie durchmächtigt wurden.

Die Erwählung der siebzig Ältesten durch Mose gehört zu den biblischen Ereignissen, die äußerst selten dargestellt wurden. Besondere Umstände führten dazu, dass der niederländische Barockmaler Jacob de Wit (1695–1754) um 1736/37 diese Szene in einem großen Gemälde bildlich umsetzte.

Jacob de Wit wurde 1695 im niederländischen Amsterdam geboren und übersiedelte 1708 in das flandrische Antwerpen, wo er ab 1710 bei Jacob van Hal (1672–

Jacob de Wit, Mose erwählt die siebzig Ältesten, 1736/37, Öl auf Leinwand, 1371 × 594 cm, Amsterdam, Königlicher Palast.

1750) die Malkunst lernte, der Lukasgilde beitrat und 1714 Meister wurde. Er bildete sich durch das Kopieren großer Meisterwerke fort und zeichnete um 1711/12 auch den von Peter Paul Rubens (1577–1640) für die Antwerpener Jesuitenkirche geschaffenen Gemäldezyklus, der bald darauf 1718 bei einem Blitzschlag, der die Kirche traf, verbrannte. Als Jacob de Wit um 1715/16 nach Amsterdam zurückkehrte, erhielt er als Porträt- und Kirchenmaler auch zahlreiche Aufträge von katholischer Seite und machte sich mit dekorativen Wandmalereien einen Namen. Seine Tapetenbilder, Kaminstücke, Supraporten, Plafondbilder und vor allem seine als Grisaillen ausgeführten Basreliefnachahmungen, die er in Amsterdam für die Häuser reicher Patrizier und Kaufleute anfertigte, wurden weit über Holland hinaus bekannt. In seinen zahlreichen religiösen Gemälden war er besonders von Rubens beeinflusst, bildete aber unter dem Einfluss des Rokoko zunehmend einen weniger dramatischen Stil aus.[1]

Jacob de Wit bekam mehrere Aufträge für Altarbilder und größere Werke, besonders für ein monumentales Ölgemälde im Rathaus von Amsterdam, das Mose und die siebzig Ältesten darstellen sollte. Jacob de Wit führte das Wandgemälde zusammen mit vier Supraporten zwischen November 1735 und Oktober 1737 aus und erhielt dafür 13 275 Gulden. Nach dem von einer Kommission der Amsterdamer Stadtväter entworfenen Programm sollten die siebzig Ältesten, die einst Mose bei der Führung des Volkes halfen, den 36 Ratsmitgliedern der sogenannten Vroedschapskamer als Vorbilder dienen, da sie in ähnlicher Weise wie einst die Mitarbeiter des Mose die vier Bürgermeister der Stadt zu unterstützen hatten.[2] Das Wandbild befindet sich bis heute an seinem Ort, auch wenn das Amsterdamer Rathaus seit Beginn des 19. Jahrhunderts zum Königlichen Palast geworden ist.[3]

Jacob de Wit, Mose erwählt die siebzig Ältesten

Die Erwählung der siebzig Ältesten (vgl. Num 11,24–25) spielt sich in dem wandfüllenden, fast vierzehn Meter langen und etwa sechs Meter hohen Gemälde in einer mediterranen Landschaft ab. Vor einer kargen, wüstenähnlichen Gebirgslandschaft, die sich bis zum Horizont hinzieht, ist in einer freien Ebene das Bundeszelt zu sehen, vor dem Mose und die Ältesten versammelt sind. Auf der rechten Seite ist eine felsige, mit Pflanzen bewachsene Erhöhung dargestellt, auf der die Israeliten ihre Zelte aufgeschlagen haben.

Gemäß der Erzählung des Buches Numeri (vgl. Num 11,24) ereignet sich die Erwählung der siebzig Ältesten vor dem Bundeszelt. Im Auftrag Gottes (vgl. Ex 25,8) hatte Mose dieses im Buch Exodus ausführlich beschriebene Wanderheiligtum (vgl. Ex 25–27; 36–38) als Wohnung Gottes (vgl. Ex 26,1), Offenbarungsstätte (vgl. Ex 25,22; 33,7–11), Orakelort (vgl. Num 12,5) und als Aufbewahrungsort der Bundeslade (vgl. Ex 25,10–22) eingerichtet. Hinter dem Zaun aus Pflöcken und blauen Decken deutet die Rauchwolke auf den Brandopferaltar hin, der im Vorhof stand, wo sich auch das kupferne Becken für die rituellen Waschungen befand, das aber hinter den Vorhängen nicht zu sehen ist. Dahinter ragt das ebenfalls mit blauen Decken verkleidete Heiligtum empor, das in einem Vorraum die goldenen Leuchter und Geräte sowie den goldenen Räucher- und Schaubrottisch aufbewahrt und im abgetrennten Allerheiligsten die Bundeslade mit den Gesetzestafeln birgt. Auf Gottes Gegenwart verweist die über dem Heiligtum schwebende Wolke, die das Bundeszelt mit der Herrlichkeit Gottes erfüllte und die sich erhob, wenn das Volk weiterziehen sollte (vgl. Ex 40,34–38). Auch vor der Erwählung der siebzig Ältesten war Gott in der Wolke auf Mose herabgekommen, um mit ihm zu reden (vgl. Num 11,25). Durch den im hellen Licht aufgerissenen Himmel, der die kräftig und dunkel dräuenden Wolken auseinandergetrieben hat, wird die Bedeutung der Wolke über dem Heiligtum nochmals betont, durch die den Israeliten die Anwesenheit Gottes gezeigt wurde.

Vor dem Bundeszelt ist im Zentrum des Bildes Mose dargestellt, der als weißbärtige Gestalt in antikisierenden Gewändern etwas erhöht auf einem Felsplateau steht. Mit seinem blauen Gewand und dem roten Mantel entspricht die Kleidung des Mose farblich den Gewändern, die gewöhnlich Christus trägt. Dadurch kommt zum Ausdruck, dass Mose als Mittlergestalt und Gesetzgeber des Alten Bundes auf den einzigen, wahren Mittler Christus (vgl. 1 Tim 2,5) vorausweist, durch den die Gnade und die Wahrheit gekommen sind (vgl. Joh 1,17). Vom Haupt des Mose gehen nach oben zwei Strahlenbündel aus, mit denen die Hörner angedeutet werden, die Mose in der christlichen Ikonographie seit dem 12. Jahrhundert beigegeben wurden.[4] Mose zeigt mit seiner rechten erhobenen Hand auf die Wolke der Herrlichkeit Gottes über dem Heiligtum und streckt seine linke Hand in einem sendenden Gestus über die

Ältesten aus. Damit erscheint die Einsetzung der siebzig Ältesten als Werk Gottes, der die Erwählten mit einem Anteil des auf Mose ruhenden Geistes ausgestattet hat (vgl. Num 11,25).

Mose steht inmitten der siebzig Ältesten, die vor dem Bundeszelt bis hin zu dem rechts ansteigenden Felsenabschnitt versammelt sind. Sie sind mit orientalisierenden Gewändern und weißen Turbanen bekleidet. Ihre Erwählung und damit auch ihr Erfülltwerden mit dem prophetischen Geist des Mose zeigt sich in ihren Haltungen und in ihren Gebärden, die mit verhaltenem Pathos angedeutet sind. Während sich einige Älteste demütig verbeugen, breiten andere, vom Geist ergriffen, in ekstatischer Verzückung die Arme aus. Einige wenden sich einander zu, und wieder andere stehen nur ergriffen da.

Im rechten Bilddrittel ist auf einer felsigen Erhöhung das Lager der Israeliten dargestellt, wo im Unterschied zu der eher kahlen Ebene mit dem Bundeszelt auch Bäume und Büsche wie Palmen oder Wacholder wachsen. Im Lager sind gerüstete Wächter, Männer und Frauen mit Kindern zu sehen, die vom Felsen herab das Geschehen vor dem Bundeszelt beobachten. In der Gruppe zwischen den beiden großen Palmen hat sich in der zweiten Figur von rechts, die im Gegensatz zu den anderen aus dem Bild heraus den Betrachter anblickt, der Maler Jacob de Wit selbst porträtiert. Vom Lager der Israeliten sind zwei Zelte zu sehen, wobei vor dem rechten Zelt eine Gruppe weiß gekleideter Männer auffällt. Mit ihren reinen Leinengewändern und ihren hohen weißen Turbanen stehen diese Männer sicherlich für die Priester, die für den Gottesdienst im Heiligtum bestimmt waren.

Jacob de Wit hat das Ereignis mit der Erwählung der siebzig Ältesten nicht als idyllische oder auch pathetische Barockszenerie gemalt, sondern als akademisches Bild, das sich historisierend an den biblischen Text anlehnt. Auch wenn es von seiner Leichtigkeit und Originalität her nicht mehr an die großen Kompositionen des von Jacob de Wit so sehr geschätzten Vorbildes Peter Paul Rubens heranreicht, so stellt das vielgenannte Monumentalbild dennoch eine gute akademische Arbeit dar, die nicht zuletzt durch ihren historisierenden Charakter zahlreiche biblische Einzelheiten herauszustellen vermag.[5]

Die Segnung der Kinder

27. Sonntag im Jahreskreis. Evangelium: Mk 10,2–16

„Jesus nahm die Kinder in seine Arme;
dann legte er ihnen die Hände auf und segnete sie."
Mk 10,16

Das Evangelium des 27. Sonntags im Jahreskreis berichtet von Ereignissen, die sich nach Jesu Aufbruch aus Kafarnaum (vgl. Mk 9,33; 10,1) auf seinem Weg nach Jerusalem zugetragen haben. Zunächst legte Jesus gegenüber den Pharisäern und seinen Jüngern das Verbot der Ehescheidung dar (vgl. Mk 10,2–12). Dann brachten ihm die Leute Kinder, „damit er ihnen die Hände auflegte" (Mk 10,13). Als Jesus sah, wie seine Jünger die Leute schroff abwiesen (vgl. Mk 10,13), „wurde er unwillig und sagte zu ihnen: Lasst die Kinder zu mir kommen; hindert sie nicht daran! Denn Menschen wie ihnen gehört das Reich Gottes. Amen, das sage ich euch: Wer das Reich Gottes nicht so annimmt wie ein Kind, der wird nicht hineinkommen" (Mk 10,14–15). Nach dieser Belehrung seiner Jünger wandte sich Jesus den Kindern zu, nahm sie in seine Arme, legte ihnen die Hände auf und segnete sie (vgl. Mk 10,16). Diese Perikope zeigt, dass für Jesus die Kinder nicht nur zu den Geringen und Schwachen gehören, sondern auch Vorbilder für das Reich Gottes sind, da sie im Gegensatz zu den Erwachsenen in ihren Entscheidungen noch beweglich und in ihren Planungen noch offen sind. Weil aber in Jesu Person das Reich Gottes bereits angebrochen ist, kann man es schon jetzt empfangen, wenn man sich Christus „wie ein Kind" (Mk 10,15) öffnet und sich von ihm segnen lässt (vgl. Mk 10,16).[1]

Jesus segnet die Kinder, Evangeliar Ottos III., Codex Latinus Monacensis 4453,
fol. 116v, um 1000, Deckfarbenmalerei mit Gold auf Pergament, 33,4 × 24,2 cm (Blattgröße), ▷
München, Bayerische Staatsbibliothek.

Die Szene mit der Segnung der Kinder ist in der westlichen Buchmalerei der karolingischen und ottonischen Kunst nur im Evangeliar Kaiser Ottos III. (reg. 983–1002) überliefert.² Die Darstellungen im karolingischen Freskenzyklus von Müstair und in den byzantinischen Tetraevangeliaren entfalten die Kindersegnung als narrative Szenen und weichen von der eindrucksvollen Zentralkomposition der Miniatur im Evangeliar Ottos III. ikonographisch ab.³

Das Evangeliar Ottos III. wurde wohl noch unter der Regierungszeit des Kaisers um das Jahr 1000 im Skriptorium des Reichenauer Inselklosters angefertigt und kam 1007 durch Kaiser Heinrich II. (reg. 1002–1024) an das neugegründete Bistum Bamberg, von wo es nach der Säkularisation von 1803 in die Bayerische Staatsbibliothek nach München gelangte.⁴ Das Evangeliar enthält unter anderem eine Folge von 29 goldgrundierten Miniaturen zu einzelnen Evangelienperikopen, die sich durch ihre feierliche Sakralität auszeichnen, wie sie für die ottonische Buchmalerei charakteristisch ist.⁵

Das Bild mit der Segnung der Kinder gehört zum Zyklus des Markusevangeliums⁶ und stellt eine einzigartige Bildschöpfung dar, die in der gesamten ottonischen Kunst keine Parallele hat.⁷ Die Miniatur zeichnet sich durch einen doppelten Rahmen aus, der sich in dieser Weise nur noch zweimal in der Handschrift findet.⁸ Der äußere Rechteckrahmen wird von einer grünen Zierleiste mit Punktmuster eingefasst und leitet über ein purpurviolettes Feld zum inneren, ebenfalls grünen Rahmen über, der oben halbkreisförmig abschließt.

Die Szene mit der Kindersegnung ist ganz mit Gold hinterlegt und findet unter einer goldenen, edelsteingeschmückten Krone statt, die an einem Haken mit drei Ketten vom Scheitel des bogenförmigen Rahmens herabhängt.

Darunter steht auf einem Hügel aus grauen Erdschollen die in strenger Zentralität gegebene Gestalt Christi, die in feierlicher Monumentalität und hieratischer Würde die Mitte des Bildes einnimmt. Christus trägt über einer hellblauen Tunika ein mit goldenen Punktmustern und Säumen verziertes Purpurpallium, das über seine linke Schulter geschlungen ist. Das frontalansichtige Antlitz Jesu mit seinen nach oben gerichteten Augen und seinem langen, in der Mitte gescheitelten Haar ist von einem Nimbus mit hellblauen Kreuzarmen umgeben, der von einem Ring mit weißen Punkten eingefasst wird.

Mit symmetrisch ausgebreiteten Armen umfängt Christus die sich ihm nähernden Kinder, womit das Umarmen Jesu angedeutet wird, von dem das Evangelium berichtet: „Jesus nahm die Kinder in seine Arme […]" (Mk 10,16). Die Gebärde seiner feingliedrigen, überlangen Finger, mit denen Christus die Häupter der beiden äußeren Kinder berührt, veranschaulicht den durch Handauflegung gespendeten Segen: „[…] dann legte er ihnen die Hände auf und segnete sie" (Mk 10,16). Dieser umarmende Segen bildet den Mittelpunkt der Zentralkomposition und bringt eindrucksvoll die Teilhabe der Kinder am göttlichen Leben Christi zum Ausdruck.

Die sieben Kinder, die Christus umfängt, sind nur durch ihre etwas geringere Größe gekennzeichnet und scheinen mit ihrer intensiveren Gesichtsfarbe angesichts des neuen Lebens, das ihnen der göttliche Segen schenkt, schon zu erglühen. Mit der Farbe ihrer Obergewänder, die sie über ihren Tuniken tragen, unterstreichen die Kinder den symmetrischen Bildaufbau und damit die Bedeutung des von der zentralen Christusfigur ausgehenden Segens. Das mittlere, rotgewandete Kind betont zusammen mit den beiden flankierenden, blau gekleideten Kindern die Mittelachse. Nach außen hin folgen in symmetrischer Anordnung zunächst zwei grüngewandete und dann zwei mit ockerfarbenen Umhängen bekleidete Kinder. Zudem verweist die Anzahl der Kinder auf die heilige Zahl Sieben und bringt auch auf diese Weise die göttliche Segensfülle zum Ausdruck.

Die Mittelgrupe mit Jesus und den Kindern wird zu beiden Seiten durch zwei Apostelpaare abgeschlossen, die jetzt dem heiligen Geschehen assistieren, nachdem sie zuvor noch von Jesus getadelt werden mussten, als sie die Leute schroff zurückgewiesen hatten, die ihre Kinder zu Jesus bringen wollten (vgl. Mk 10,13). Während die beiden hinteren, bartlosen Jünger nur durch ihre Köpfe erkennbar sind, lässt sich bei den vorderen Aposteln der rechte als Petrus identifizieren. Er trägt den für ihn typischen weißgrauen Rundkopf mit gestutztem Bart und ist mit einer hellblauen Tunika und einem hellgelben Pallium bekleidet. Petrus hat seine rechte Hand auf die Brust gelegt und hält in seiner linken Hand als Zeichen seiner apostolischen Würde einen roten Codex. Ihm gegenüber steht ein bärtiger Apostel, der über seiner hellblauen Tunika ein purpurviolettes Pallium trägt, das er mit seiner rechten Hand rafft, während er mit seiner Linken eine Schriftrolle hält.

Die Krone, die in auffallender Weise das obere Drittel des Bildes einnimmt und im ganzen Evangeliar Ottos III. nur in dieser Miniatur vorkommt, hat sicherlich eine besondere symbolische Bedeutung, die sich vielleicht auf den „Kranz des Lebens" bezieht, den Christus denen verheißt, die ihm „treu bis in den Tod" sind (Offb 2,10). Dass die Krone vom Scheitel des an ein rundbogiges Tor erinnernden goldenen Bildfeldes herabhängt, könnte zudem auf die Tür zum Himmelreich (vgl. Mt 7,13–14) verweisen, die gerade den Kindern und damit allen offensteht, die das Reich Gottes wie die Kinder annehmen (vgl. Mk 10,15). Die nach oben gerichteten Augen Jesu blicken dann zu seinem Vater auf, der alle Menschen zu Kindern seines Reiches machen will.[9]

Der reiche Jüngling

28. Sonntag im Jahreskreis. Evangelium: Mk 10,17–30

„Da sah ihn Jesus an, und weil er ihn liebte, sagte er:
Eines fehlt dir noch: Geh, verkaufe, was du hast, gib das Geld den Armen,
und du wirst einen bleibenden Schatz im Himmel haben."
Mk 10,21

Als sich Jesus nach der Segnung der Kinder (vgl. Mk 10,13–16) wieder auf den Weg machte, lief ein Mann, der reiche Jüngling, auf ihn zu. Von der Begegnung dieses Mannes mit Christus erzählt das Evangelium des 28. Sonntags im Jahreskreis.

Der reiche Mann fiel vor Jesus auf die Knie, nannte ihn „Guter Meister" und fragte ihn, was er tun müsse, „um das ewige Leben zu gewinnen" (Mk 10,17). In seiner Antwort verwies ihn Jesus auf das Halten der Zehn Gebote und zitierte beispielhaft das fünfte, sechste, siebte, achte und vierte Gebot (vgl. Mk 10,18–19). Als ihm der Mann antwortete: „Meister, alle diese Gebote habe ich von Jugend an befolgt" (Mk 10,20), sah ihn Jesus liebevoll an und zeigte ihm, was ihm noch fehlte, nämlich alles zu verkaufen, um den Erlös den Armen zu geben, sich damit einen himmlischen Lohn zu erwerben und ihm dann nachzufolgen (vgl. Mk 10,21). Weil aber der Mann ein großes Vermögen hatte, war er betrübt, als er dies hörte, und ging traurig weg (vgl. Mk 10,22). Mit dieser Antwort wollte Jesus dem reichen Mann keine neue Bedingung für das ewige Leben stellen, sondern ihm deutlich machen, dass man für die Nachfolge alles, was einen vom überaus größeren Gut des Reiches Gottes abhält, aufgeben muss. Da aber derjenige, der Jesus nachfolgt, gar nichts verlieren, sondern nur gewinnen kann, wäre der Verkauf seines Vermögens auch kein wirklicher Verlust für ihn gewesen. Dies aber vermochte der reiche Jüngling

Bartholomeus Breenbergh, Jesus und der reiche Jüngling, 1640, Öl auf Holz, 19,7 × 13,3 cm, Ithaca (New York), Herbert F. Johnson Museum of Art.

Bartholomeus Breenbergh, Jesus und der reiche Jüngling

nicht in sein Herz aufzunehmen, weil ihn sein Reichtum zwar nicht am Halten der Gebote, aber doch an der Nachfolge hinderte.

Daraufhin sah Jesus seine Jünger an und sagte ihnen sinngemäß, wie schwer es für vermögende Menschen ist, durch die Nachfolge sofort und sicher in das Reich Gottes zu gelangen, so dass eher ein Kamel durch ein Nadelöhr geht, als dass ein Reicher zur Nachfolge und damit in das bereits gegenwärtige Reich Gottes zu kommen vermag (vgl. Mk 10,23–25). Als die Jünger dann bestürzt die Frage stellten, wer dann noch gerettet werden kann (vgl. Mk 10,26), bedachten sie nicht, dass nicht die Nachfolge, sondern das Halten der Gebote ins ewige Leben führt (vgl. Mk 10,19), so dass auch ein Reicher das ewige Leben nach dem Tod erlangen kann, auch wenn er nur sehr schwer auf dem Weg der Nachfolge in das schon angebrochene Reich Gottes einzutreten vermag. Da man also letztlich doch gerettet werden kann, auch wenn einen der Reichtum am Eintritt in das Reich Gottes hindert, stand nun für Petrus und die anderen Jünger die Frage im Raum, welchen Gewinn dann diejenigen haben, die schon auf Erden alles verlassen haben und Jesus nachgefolgt sind (vgl. Mk 10,28). In seiner Antwort an Petrus sagte Jesus, dass sich für den Jünger ein neuer Reichtum auf Erden auftun wird. Während dieser neue Schatz sicher sein wird, bleibt die Zukunft des ewigen Lebens unsicher, das man im Grunde nur erhoffen kann, weil es trotz der eigenen Werke letztlich immer das Werk Gottes ist (vgl. Mk 10,29–30.27). Deshalb werden auch viele der Ersten die Letzten und viele der Letzten die Ersten sein (vgl. Mk 10,31).[1]

MIT IHREN GEGENSÄTZLICHEN SEELENBEWEGUNGEN von freudiger Zuneigung und trauriger Enttäuschung bedeutete die Perikope vom reichen Jüngling (vgl. Mk 10,17–31; Mt 19,16–30; Lk 18,18–30) für die Künstler eine besondere Herausforderung, der sich unter anderem auch der niederländische Maler Bartholomeus Breenbergh (1598–1657) stellte.

Breenbergh stammte aus dem protestantischen Deventer und erhielt seine künstlerische Ausbildung in Amsterdam, wo er wahrscheinlich im Umfeld von Pieter Lastman (1583–1633) und der Brüder Jan (1582–1650) und Jacob Pynas (1592–1650) lernte. Breenbergh ging 1619 nach Rom, wo er am Jahresende im Census als Katholik aufgeführt wurde und bis 1628 nachweisbar ist. Er nahm Kontakt mit dem flämischen Landschaftsmaler Paul Bril (1553/54–1626) auf, der bereits seit 1582 in Rom wirkte. Breenbergh gehörte zu den Mitbegründern einer Kolonie niederländischer Maler, die sich 1623 zusammenschlossen. Sie bezeichneten sich als „Schilderbent", als „Malerbande", und nahmen als Landschaftsmaler die sonnendurchflutete römische Campagna in ihre Werke auf. Dieser eng zusammengeschlossene Malerbund machte sich von den Vorgaben der römischen Malerakademie unabhängig und war eine trinkfeste, ausgelassene Gesellschaft, die jedes neue Mitglied als „Bentvueghel", als „Bandenvogel", mit antikisch parodierten Ritualen aufnahm und mit Spitznamen versah. Breenbergh, der den Beinamen „het fret", „Wiesel", bekam, gehörte neben Cornelis van Poelenburgh (1594/95–1667) zu den Pionieren der italianisierenden Landschaftsmalerei im barocken Holland. Er schuf stimmungsvoll malerische und teilweise mit Ruinen ausgestattete Landschaften, die sich von einem anfänglichen herben Realismus zu einer immer größeren Feinheit und Eleganz entwickelten. Um 1630 kehrte Breenbergh nach Amsterdam zurück, wo er die vermögende, mit katholischen Kreisen in enger Beziehung stehende Rebecca Schellingwou (1610–1667) heiratete und so in begüterte Kreise aufzusteigen vermochte. In Amsterdam wurde er nun mit seinen noch weitgehend konkurrenzlosen italianisierenden Landschaften berühmt. Breenbergh verschaffte sich aber auch Anerkennung als Maler großformatiger mythologischer und biblischer Historienbilder. Ab 1634 war es ihm ein besonderes Anliegen, die Bilder, auf denen er Jesus als Lehrer und Wundertäter darstellte, menschlich zu vertiefen. In dieser Zeit schuf er 1630 und 1640 zwei kleine Tafelbilder mit der Begegnung zwischen Jesus und dem reichen Jüngling, die auch durch ihre italienischen Architekturzitate auffallen. Während Breenbergh in seinem ersten Gemälde die Kuppel des Domes von Florenz zitierte,[2] stellte er in seinem späteren Bild römische Bauwerke dar. Nach 1640 nahm Breenbergh in seinem vielgestaltigen, zunehmend individueller werdenden Spätwerk die italienischen Erinnerungen etwas zurück und gab einem tonig bräunlichen Farbklima gegenüber buntfarbigen Wirkungen den Vorzug. Der angesehene Amsterdamer Maler starb 1657 und wurde dort in der Oude Kerk beigesetzt.[3]

Das rechts unten mit Breenberghs Namen und der Jahreszahl 1640 signierte Bild,[4] das Jesus mit dem reichen Jüngling zeigt, ist auf eine kleine, nur etwa 20 Zentimeter hohe Holztafel gemalt. Nachdem das Ölgemälde 1986 im Kunsthandel aufgetaucht war, wurde es im Juli 1987 im Londoner Auktionshaus Christie's versteigert und gelangte über die Wunsch-Foundation in das Herbert F. Johnson Museum of Art nach Ithaca im Bundesstaat New York.[5]

Die Begegnung des reichen Jünglings mit Christus ereignet sich unter einem strahlend blauen, nur leicht bewölkten Himmel vor einer Stadtkulisse, die sich aus bekannten römischen Bauwerken zusammensetzt, die Breenbergh für sein Bild neu arrangierte und aus ihren topographischen Zusammenhängen herauslöste. Die für Breenberghs Spätwerk typische Zurücknahme bunter Farbakzente zeigt sich besonders bei den Gewändern Jesu und des jungen Mannes, deren rote und blaue Farbtöne kaum wahrnehmbar sind und sich mit den dominierenden tonigen Erdfarben zu einem einheitlichen, warmen Farbeindruck verbinden. Dabei hellt sich die Farbpalette zum Hintergrund hin luftperspektivisch auf und verleiht dem Bild Tiefenwirkung, was eines der Hauptanliegen der Malerei Breenberghs war.[6]

Am linken Bildrand wird der Vordergrund durch eine monumentale rotbraune Säule abgeschlossen, von der die attische Basis sichtbar ist, während der Schaft mit einer nahezu gleichfarbigen Vorhangdraperie umhüllt wird. Neben der Säule führt eine Straße in den Hintergrund, die links von einer Häuserfront begrenzt wird. Die Straße, auf der einige Personen angedeutet sind, verläuft durch einen breiten Torbogen und mündet in einen Platz. Dort steht ein mächtiger Obelisk, der sich mit dem vatikanischen Obelisken identifizieren lässt. Dieser ägyptische Obelisk wurde unter Kaiser Caligula (reg. 37–41) im Jahr 37 von Alexandrien nach Rom gebracht und auf der Spina des Circus aufgestellt, den Caligula am Abhang des vatikanischen Hügels erbauen ließ und in dem Petrus um die Jahre 64 bis 67 unter Kaiser Nero (reg. 54–68) den Kreuzestod erlitten haben soll. Unter Papst Sixtus V. (reg. 1585–1590) wurde der Obelisk 1586 durch Domenico Fontana (1543–1607) an den heutigen Standort vor dem Petersdom versetzt, wobei man sich an der Längsachse der Kirche orientierte. Als Breenbergh in Rom weilte, wurde der Petersdom mit seiner 1614 vollendeten Fassade am 18. November 1626 durch Papst Urban VIII. (reg. 1623–1644) eingeweiht. Der Petersplatz wurde aber erst nach Breenberghs römischer Zeit durch Gian Lorenzo Bernini (1598–1680) von 1656 bis 1667 unter dem Pontifikat Alexanders VII. (reg. 1655–1667) um den Obelisken herum angelegt. Links neben dem Obelisken lässt sich eine weiße Marmorsäule erahnen, in der Breenbergh entweder die um 113 errichtete Trajanssäule oder die im Jahr 193 fertiggestellte Mark-Aurel-Säule zitierte. Der hohe und massige rotbraune Ziegelturm rechts vom Obelisken erinnert an den Ende des 13. Jahrhunderts erbauten Torre delle Milizie, mit dem man die Legende verband, Kaiser Nero habe von ihm aus im Jahr 64 den Brand von Rom beobachtet. In dem großen, aus Ziegeln errichteten und von einer Kuppel überwölbten Rundbau, der die ganze rechte Bildhälfte einnimmt, bildete Breenbergh die Rückseite des römischen Pantheons ab. Dieser allen Göttern Roms geweihte Tempel wurde von 114 bis 118 unter Kaiser Hadrian (reg. 117–138) errichtet und 609 in die Kirche Sancta Maria ad Martyres umgewandelt.

Vor diesem baulichen Szenario spielt sich die Begegnung zwischen dem reichen Jüngling und dem von seinen Jüngern begleiteten Christus ab. Wie das Evangelium berichtet, war der junge Mann zu Jesus hingelaufen und mit der Frage: „Guter Meister, was muss ich tun, um das ewige Leben zu gewinnen?" (Mk 10,17), vor ihm auf die Knie gefallen. So zeigt auch Breenberghs Gemälde den Mann, wie er vor Jesus kniet und die Hände bittend gefaltet hat. Mit dieser Geste wird die Frage nach dem ewigen Leben, die ihn innerlich so sehr beschäftigt hatte, zum Ausdruck gebracht. Die gefalteten Hände unterstreichen aber auch sein Bemühen um ein frommes und gerechtes Leben nach den Geboten Gottes, um das er sich seit seiner Jugend bemüht hat (vgl. Mk 10,18–19). Der vor Jesus kniende Jüngling besitzt noch volles, dunkelbraunes Haar und hat noch keinen Bart. Auf seinen Reichtum verweisen das weiße, wohl seidene Hemd und der hellrote Umhang, der an seiner linken Schulter befestigt ist und lose über seinen Rücken herabfällt. Er ist mit einer hellbraunen Hose bekleidet und trägt im Kontrast zum barfüßigen Christus hohe Stiefel.

Deutlich hervorgehoben ist die an seinem Gürtel hängende Kürbisflasche, mit der wohl die Frage des jungen Mannes nach dem Gewinn des ewigen Lebens veranschaulicht werden soll. Demnach würde das aus einem Flaschenkürbis angefertigte Trinkgefäß auf den alttestamentlichen Propheten Jona anspielen, mit dem sich Jesus verglichen hat, um gleichnishaft seine Auferstehung zu beschreiben, durch die sich auch für die Menschen durch das Gericht hindurch die Auferstehung zum ewigen Leben eröffnet. Nachdem Jona vor dem Auftrag Gottes, der Stadt Ninive das Strafgericht anzukündigen, auf ein Schiff geflohen war, geriet es wegen des ungehorsamen Propheten in einen Seesturm, so dass Jona von den Seeleuten dem tobenden Meer geopfert wurde (vgl. Jona 1,1–15). Während sich das Meer sofort beruhigte (vgl. Jona 1,15–16), rettete Gott seinen Propheten durch einen großen Fisch, in dessen Bauch er betend drei Tage und drei Nächte verbrachte, bis er auf Gottes Befehl hin ans Land gespien wurde (vgl. Jona 2,1–11), wo er dann seinen Auftrag ausführte und Ninive das Strafgericht predigte (vgl. Jona 3,1–10), auch wenn er dies missmutig tat und sich dann argwöhnisch beobachtend vor der Stadt niederließ (vgl. Jona 4,1–5). Für seinen vor den Toren Ninives sitzenden Propheten (vgl. Jona 4,5) ließ Gott einen im Hebräischen als „Kikajon" bezeichneten schattenspendenden Baum wachsen (vgl. Jona 4,6), der in der griechischen Bibelübersetzung der Septuaginta mit „Kürbis" (κολοκύνθα) wiedergegeben wurde,[7] so dass die Flaschenkürbispflanze zu einem Symbol für Jona wurde. Auf diesen Propheten bezog sich dann Jesus, um seinen jüdischen Zuhörern ein Zeichen für seine Auferstehung und für das Gerettetwerden im Gericht zu geben (vgl. Mt 12,39). Denn „wie Jona drei Tage und drei Nächte im Bauch des Fisches war, so wird auch der Menschensohn drei Tage und drei Nächte im Innern der Erde" (Mt 12,40) und damit in seinem Grabe sein, dann am dritten Tag auferstehen und schließlich als Richter wiederkommen, um allen das ewige Leben und die Auferstehung zu schenken, die sich wie die Leute von Ninive nach der Predigt des Jona bekehrt haben (vgl. Mt 12,41). So könnte die Kürbisflasche am Gürtel des reichen Jünglings zeigen, wie sehr es ihm um das Bestehen im Gericht durch das Halten der Gebote gegangen war, um so das ewige Leben zu gewinnen, das letztlich durch das Werk dessen eröffnet wurde, „der mehr ist als Jona" (Mt 12,41) und am Kreuz als Erlöser gestorben, begraben und auferstanden ist. Da aber Gott, um seinem widerspenstigen Propheten eine Lehre zu erteilen, die Pflanze über Jona ebenso schnell wieder durch einen Wurm zugrunde gehen ließ, wie er sie zuvor hatte wachsen lassen (vgl. Jona 4,7), wurde der Flaschenkürbis in der christlichen Tradition auch zu einem Symbol für die rasche Vergänglichkeit (vanitas) aller irdischen Güter.[8] Vielleicht schwingt auch diese Bedeutung bei der Kürbisflasche des reichen Jünglings mit, der trotz seines ehrlichen Bemühens um das Gewinnen des ewigen Lebens noch so sehr an seinem Reichtum hing, dass er Christus nicht nachzufolgen vermochte.

Vor dem Jüngling steht der bärtige, langhaarige Jesus, der mit hoher Stirn und gesenkten Augen sein Haupt zu dem vor ihm Knienden herabneigt. Die göttliche Natur Christi kommt traditionell in der blauen Himmelsfarbe seines Mantels zum Ausdruck. Auf seinem Leib trägt Jesus ein hellrotes, mit einer hellen Schärpe gegürtetes Gewand, das mit seiner roten Farbe auf das blutige Kreuzesopfer des Erlösers verweist, aber auch an die Liebe Christi erinnert, die in besonderer Weise auch dem reichen Jüngling galt (vgl. Mk 10,21). Während er mit der linken Hand seinen Mantel zurückschlägt, berührt Jesus mit den Fingerspitzen seiner Rechten das Haupt des vor ihm knienden Jünglings und lädt ihn nun zur Nachfolge ein, wie sein leicht geöffneter Mund zeigt: „Eines fehlt dir noch: Geh, verkaufe, was du hast, gib das Geld den Armen, und du wirst einen bleibenden Schatz im Himmel haben; dann komm und folge mir nach!" (Mk 10,21).

In dem verschatteten Gesicht scheint sich bereits die Enttäuschung und Traurigkeit widerzuspiegeln, die den reichen Jüngling überkam, als er Jesu Aufruf zur Nachfolge hörte, dem er aber wegen seines großen Vermögens nicht zu folgen vermochte. Auf die Nachfolge Jesu verweisen auch der Wanderstab und der Stein, die wie Attribute vor dem jungen Mann auf dem Boden liegen und durch das helle Sonnenlicht deutlich hervorgehoben sind. Wanderstab und Stein symbolisieren den Weg, den es in der Nachfolge zu gehen gilt und der nach Jesu Worten ein schmaler und damit auch steiniger Weg ist, den nur wenige finden, da die meisten den breiten Weg beschreiten, um durch das weite Tor ins Verderben zu gehen (vgl. Mt 7,13–14), das links über dem reichen Jüngling angedeutet sein dürfte. Auf dem Weg zu diesem breiten Tor, der mit der reich drapierten Säule beginnt, gehen bereits einige Menschen. Da aber nach Jesu Worten nur wenige auf dem schmalen Pfad durch das enge Tor ins Leben eingehen (vgl. Mt 7,13–14), ist es auch für Menschen, die wie der reiche Jüngling viel besitzen, sehr schwer, in das Reich Gottes zu gelangen (vgl. Mk 10,23–24), so dass eher „ein Kamel durch ein Nadelöhr" geht, „als dass ein Reicher in das Reich Gottes gelangt" (Mk 10,25). Auf dieses Wort Jesu vom Nadelöhr spielt oberhalb des breiten Tores der vatikanische Obelisk an, da dieser von den Römern „l'aguglia", „die Nadel", genannt wurde.

Am rechten Bildrand sind neben Jesus zwei offenbar erregte Männer mit offenem Mund zu sehen. Bei dem linken, bartlosen jungen Mann und dem rechten, bärtigen Alten, der wie Jesus in biblisch-antikisierende Gewänder gekleidet ist und seine rechte Hand erhoben hat, handelt es sich um zwei der Jünger Jesu, die angesichts der Worte ihres Meisters über das offensichtlich so schwierige Eingehen in das Reich Gottes bestürzt waren (vgl. Mk 10,24) und zueinander sagten: „Wer kann dann noch gerettet werden?" (Mk 10,26).

Links neben Jesus steht im dunkelbraunen Gewand der an seiner charakteristischen Physiognomie erkennbare Petrus. Er redet zu Christus und unterstreicht seine Worte mit seiner Rechten, die er im Redegestus erhoben hat. Mit seiner auf die Brust gelegten linken Hand macht Petrus deutlich, dass er mit den Worten: „Du weißt, wir haben alles verlassen und sind dir nachgefolgt" (Mk 10,28), von seiner eigenen Nachfolge spricht, um dann die im Matthäusevangelium überlieferte Frage hinzuzufügen: „Was werden wir dafür bekommen?" (Mt 19,27). Was die Nachfolge für Petrus bedeutete, kommt im vatikanischen Obelisken zum Ausdruck, auf den sich nun auch die Gebärde seiner rechten Hand beziehen lässt. So scheint Petrus geradezu nach dem Obelisken zu greifen, der auf der Spina des neronischen Circus der Überlieferung nach Zeuge des Martyriums des Apostelfürsten gewesen ist und deshalb von den Römern „Pyramis Beati Petri", „Pyramide des seligen Petrus", genannt wurde.[9] So verweist der vatikanische Obelisk nicht nur auf das Bildwort vom Nadelöhr (vgl. Mk 10,25), sondern auch auf die Antwort, die Petrus durch Jesus erhalten hat, denn wer alles verlässt und Christus nachfolgt (vgl. Mk 10,29), der wird „unter Verfolgungen" ein Hundertfaches an Gütern erhalten, dann aber „in der kommenden Welt das ewige Leben" (Mk 10,30).

Breenberghs Tafelbild ist reich an symbolischen Bezügen und eröffnet Einblicke in die inneren Vorgänge, die sich in den Seelen der dargestellten Personen ereignen. Freilich ist das kleine Gemälde auch ambivalent, da es zwar den Ernst der Nachfolge Jesu aufzuzeigen versucht und doch ein Sammlerstück darstellt, das sich nur ein vermögender Kunstliebhaber leisten kann. So bleibt es dem Betrachter überlassen, wie sehr er sich in die Personen des Bildes hineinzuversetzen vermag, sei es in die bestürzten Jünger, in den fragenden Petrus oder in den reichen Jüngling, dessen Gesicht im Gegensatz zur hellen Stirn Jesu schon verschattet ist, dessen Hände aber auch inständig gefaltet bleiben.

Jesus und die Söhne des Zebedäus

29. Sonntag im Jahreskreis. Evangelium: Mk 10,35–45

*„Den Platz zu meiner Rechten und zu meiner Linken
habe nicht ich zu vergeben; dort werden die sitzen,
für die diese Plätze bestimmt sind."*
Mk 10,40

Das Evangelium des 29. Sonntags im Jahreskreis schließt sich an die dritte Ankündigung Jesu über sein bevorstehendes Leiden und Auferstehen an (vgl. Mk 10,32–34). Die Ankündigung der Auferstehung hatte bei den beiden Zebedäussöhnen Jakobus und Johannes wohl den Gedanken aufkommen lassen, sich für diesen Augenblick, wenn Jesus nach seiner Auferstehung zum Gericht kommen wird, die besten Plätze in seinem Reich zu sichern. So baten sie Jesus: „Lass in deinem Reich einen von uns rechts und den andern links neben dir sitzen" (Mk 10,37). Um die beiden Apostel zu schonen, ist es im Matthäusevangelium die Mutter, die Jesus diese Bitte um die beiden Ehrenplätze für ihre Söhne vorträgt (vgl. Mt 20,20–21). Johannes Chrysostomus (349/50–407) sah in diesen beiden unterschiedlichen Versionen keinen Widerspruch, sondern vertrat die Auffassung, die Söhne hätten ihre Mutter hinzugezogen, um ihrer Bitte mehr Nachdruck zu verleihen. Dass die Bitte von den Söhnen ausgegangen sein dürfte, zeigt sich nach Chrysostomus daran, dass Jesus auch im Matthäusevangelium seine Antwort an die beiden Jünger und nicht an die Mutter gerichtet habe.[1]

In dieser Antwort machte Jesus deutlich, dass sein Weg in die Herrlichkeit über das Leiden führt und dass man bereit sein muss, ihm auf diesem Weg nachzufolgen, indem man seinen Leidenskelch trinkt und seine Taufe auf sich nimmt (vgl. Mk 10,38).

Jesus und die Zebedäussöhne, Liuthar-Evangeliar Ottos III., fol. 58r, um 990/1000, Deckfarbenmalerei mit Gold auf Pergament, 29,8 × 21,5 cm (Blattgröße), Aachen, Domschatzkammer. ▷

Angesichts der ihnen winkenden Ehrenplätze fühlten sich die beiden Zebedäussöhne auf Jesu Frage hin gewachsen, den bevorstehenden Kreuzweg Jesu mitzugehen (vgl. Mk 10,39). Damit zeigten sie aber, dass sie Gott nicht ernst nahmen, da im Reich Gottes nicht der Menschensohn, sondern Gott selbst über die endgültige Rangordnung bestimmen wird. So gab ihnen Jesus zur Antwort: „Ihr werdet den Kelch trinken, den ich trinke, und die Taufe empfangen, mit der ich getauft werde. Doch den Platz zu meiner Rechten und zu meiner Linken habe nicht ich zu vergeben; dort werden die sitzen, für die diese Plätze bestimmt sind" (Mk 10,39–40). Als die anderen zehn Apostel über die Zebedäussöhne ärgerlich wurden (vgl. Mk 10,41), nahm dies Jesus zum Anlass, seinen Jüngern nochmals die neue Ordnung vor Augen zu stellen, die unter ihnen herrschen soll und die im Dienen und nicht im Machtausüben besteht (vgl. Mk 10,42–44), denn „auch der Menschensohn ist nicht gekommen, um sich dienen zu lassen, sondern um zu dienen und sein Leben hinzugeben als Lösegeld für viele" (Mk 10,45). Während man damals erwartete, der kommende Menschensohn werde wie ein Mächtiger auf einem Thron über die Menschen zu Gericht sitzen, kündigte Jesus an, sein eigenes Leben hinzugeben, um die vielen aus dem Todesverhängnis zu lösen, in das sie durch ihre eigene Schuld geraten waren. Da nun nicht mehr das Erhobensein der Mächtigen über die anderen gilt, kann es auch in Jesu Gemeinschaft kein Streben nach Ehrenplätzen und damit kein Leben auf Kosten anderer geben.[2]

IN DER CHRISTLICHEN KUNST gehört die Bitte des Jakobus und Johannes zu den sehr selten dargestellten biblischen Szenen. Das Aachener Liuthar-Evangeliar Kaiser Ottos III. (reg. 983–1002) enthält eine Miniatur, die der Version des Matthäusevangeliums folgt und die Mutter zeigt, die das Anliegen ihrer Söhne Jesus vorträgt (vgl. Mt 20,20–21).[3] Dieses Evangeliar hatte Otto III. um 990/1000 auf der Klosterinsel Reichenau für den Gottesdienst in seiner Aachener Pfalzkapelle anfertigen lassen. Die Handschrift ist nach dem Mönch Liuthar benannt, der im Widmungsbild mit dem Codex dargestellt ist[4] und womöglich der Schreiber, der Maler oder auch der Verantwortliche des Reichenauer Skriptoriums war. Der Codex befand sich im Aachener Marienstift, wo er in der Liturgie und als Schwurevangeliar verwendet wurde. Nachdem die Handschrift nach der Französischen Revolution in Privatbesitz gelangt war, gehörte sie in der ersten Hälfte des 19. Jahrhunderts dem Aachener Domherrn Martin Joseph von Orsbach (1776–1846). Das Liuthar-Evangeliar wurde schließlich 1848 zurückerworben und befindet sich heute in der Schatzkammer des Aachener Domes.

Das Evangeliar, in dem die vier Evangelien in der üblichen Reihenfolge angeordnet sind, enthält 21 hochformatige Bilder zu einem Zyklus des Lebens Jesu. In diesem christologischen Bilderzyklus finden sich vor allem Gleichnisse und lehrhafte

Perikopen, während nur wenige Wunder Jesu gezeigt werden. Die Miniaturen des Evangeliars vereinen künstlerische Anregungen aus der spätantiken, byzantinischen und karolingischen Tradition. Der spätantike Illusionismus ist bereits ganz abgelöst durch den für die ottonische Buchmalerei charakteristischen sakral-monumentalen Stil. Die auf das Wesentliche konzentrierten Miniaturen bekommen durch ihre Bogenrahmung einen feierlichen Zug und werden durch den Goldhintergrund, der hier erstmals in der Buchmalerei auftritt, in ihrer transzendenten Vergeistigung noch gesteigert. Die ungewöhnlich reich ausgestalteten Rahmen finden sich innerhalb der Reichenauer Handschriften nur im Aachener Evangeliar und wurden von anderen ottonischen Buchmalern nicht übernommen.[5]

Die Miniatur mit den Zebedäussöhnen bildet als fünfte Illustration den Abschluss der Bilderfolge zum Matthäusevangelium.[6] Die Szene wird von einem purpurfarbenen Rundbogen umschlossen, der mit vegetabilen, ornamentalen und architektürlichen Elementen aufwendig verziert ist, wobei über den beiden Kapitellen die zwei Akroterpflanzen mit ihren Blüten besonders ins Auge fallen.

Um den anspruchsvollen hochformatigen Bildgrund zu füllen, stellte der Maler die Figuren in ungewöhnlich gelängter Weise dar, türmte rechts die Köpfe der Apostel übereinander und setzte in das obere Drittel noch zwei baldachinartige Architekturabbreviaturen.[7] Da die Miniatur eine Perikope illustriert, die keine dramatischen Bildeffekte erlaubt und ihre Botschaft ganz aus dem Wort schöpft, liegt der Akzent auf der Gestalt Jesu, der mit seinem blauen Kreuznimbus bildbeherrschend die Mitte einnimmt. Der bartlose Christus steht barfuß auf dem Gipfel eines aus hellbraunen Erdschollen gebildeten Hügels, der sich gleichsam zum Podest für Christus aufgetürmt hat. Auch wenn die Stellung seiner Füße noch an den Kontrapost der klassisch-griechischen Kunst mit seinem Zusammenspiel von Standbein und Spielbein erinnert, so atmet die übrige Figur keine antikische Voluminösität mehr. Obwohl die Gewänder Jesu zarte Faltenbildungen und leichte Verschattungen zeigen, verhüllen sie keinen plastisch modellierten Körper. Auch das rote Pallium, das Jesus über einer weißen Tunika trägt, findet an seiner linken Schulter keinen Halt mehr. Das neue Gewicht der Gestalt Christi liegt ganz auf seinen Gebärden, mit denen er sich den beiden Zebedäussöhnen und ihrer Mutter zuwendet, die unter ihm auf den Schollen des Hügels stehen.[8]

Die mit einem weißen Gewand und einem hellgrünen Schleier bekleidete Mutter hat ihre beiden Hände im Redegestus erhoben und ihre Söhne herangeführt. Die durch ihre Körpergröße und ihre jugendliche Bartlosigkeit als Kinder charakterisierten Jünger tragen mit ihren weißen Tuniken und ihren Pallien antikisierende Gewänder. Ihnen neigt Jesus sein Haupt zu und unterstreicht mit dem ausgeprägten Redegestus seiner rechten Hand die an Jakobus und Johannes gerichteten Worte vom Trinken des Kelches, von der Leidenstaufe und von den Plätzen im Reich Gottes, die sein Vater vergeben wird (vgl. Mk 10,38–40).

Rechts neben Jesus stehen die übrigen Apostel, von denen eigenartigerweise nicht zehn (vgl. Mk 10,41), sondern elf Jünger dargestellt sind. Sie sind mit Tunika und Pallium ebenfalls antikisierend gekleidet und tragen wie Jesus und die beiden Zebedäussöhne keinen Bart. Der einzige Bartträger ist Petrus, der als Erster der Apostel ganz vorne steht. Er ist mit einem grünen Pallium bekleidet und an seinem weißgrauen Rundkopf mit dem gestutzten Bart erkennbar.

Im Halbrund des Bogens schweben vor dem Goldgrund zwei Stadtkronen, die aus Mauerzügen, Türmen und Häusern mit Dreiecksgiebeln bestehen. Die beiden Stadtkronen, die ganz auf Christus bezogen sind und wie spätere mittelalterliche Baldachinskulpturen wirken, lassen sich wohl auf die Städte Jericho und Jerusalem deuten,[9] da die Bitte der Zebedäussöhne in der Nähe von Jericho (vgl. Mk 10,46) oder sogar in Jericho (vgl. Mt 20,29) ausgesprochen wurde, wo Jesus dann noch eine Blindenheilung vornahm (vgl. Mk 10,46–52; Mt 20,29–34), um dann feierlich in Jerusalem einzuziehen (vgl. Mk 11,1–11; Mt 21,1–11).

Die Heilung des Blinden bei Jericho

30. Sonntag im Jahreskreis. Evangelium: Mk 10,46–52

*„Da sagte Jesus zu ihm: Geh! Dein Glaube hat dir geholfen.
Im gleichen Augenblick konnte er wieder sehen,
und er folgte Jesus auf seinem Weg."*
Mk 10,52

Die letzte Station Jesu vor seinem Einzug in Jerusalem (vgl. Mk 11,1–11) war die Blindenheilung bei Jericho. Diese Perikope, die auch im Lukasevangelium überliefert ist (Lk 18,35–43), wird am 30. Sonntag im Jahreskreis in der Markusversion als Evangelium gelesen.

Als Jesus mit seinen Jüngern und einer großen Menschenmenge Jericho verließ, traf er auf einen blinden Bettler, der im Markusevangelium namentlich als Bartimäus erwähnt wird (vgl. Mk 10,46). Nachdem dieser gehört hatte, dass es Jesus von Nazaret war, rief er ihn mit dem Hoheitstitel „Sohn Davids" an und bat ihn um sein Erbarmen (vgl. Mk 10,47; Lk 18,36–38). Als die Leute wegen seines Rufens ärgerlich wurden und dem Blinden zu schweigen geboten, schrie dieser noch viel lauter: „Sohn Davids, hab Erbarmen mit mir!" (Mk 10,48; Lk 18,39), so dass Jesus stehen blieb. Er ließ den blinden Bettler rufen und fragte ihn, was er ihm tun solle (vgl. Mk 10,49–51; Lk 18,40–41). Als der Blinde antwortete, er möchte wieder sehen können (vgl. Mk 10,51; Lk 18,41), sagte ihm Jesus: „Dein Glaube hat dir geholfen" (Mk 10,52; Lk 18,42). Darauf konnte er wieder sehen und folgte Jesus nach (vgl. Mk 10,52; Lk 18,43). So wurden ihm nicht nur die leiblichen, sondern auch die geistigen Augen geöffnet, wodurch ihm das rechte Verständnis der Sendung Jesu und seine eigene Berufung zur Nachfolge bewusst werden konnte.

Seit dem frühen Christentum wurde die Blindenheilung auch als Sinnbild für die Erleuchtung durch den Glauben, als Vorbild für die sehendmachende Wirkung der Taufe und als Vorausbild der erwarteten Auferstehungsherrlichkeit gesehen, so dass diese Szene bereits in der frühchristlichen Sepulkralkunst dargestellt wurde. Um das Jahr 1000 wurde die Heilung des Blinden vor Jericho auch in einem Bild des ottonischen Hitda-Codex dargestellt.[1] Die Miniatur lehnt sich an mittelbyzantinische Streifenbilder an[2] und bildet im Hitda-Codex die vorletzte Miniatur in der Bilderfolge zum Lukasevangelium.[3] Diese Handschrift diente dem Benediktinerinnenkloster Meschede als Perikopenbuch und wurde durch die Äbtissin Hitda in einem Kölner Skriptorium in Auftrag gegeben. Die fünfzehn ganzseitigen und ausdrucksstarken Bilder zum Leben Jesu zeigen Christus als „Licht der Welt" (Joh 8,12; 9,5), der auch in seinem Kreuznimbus inschriftlich als „LVX" bezeichnet wird.[4]

Die ikonographisch einfache Darstellung zeigt Jesus mit seinen Jüngern, wie er vor dem inschriftlich bezeichneten Jericho dem Blinden das Augenlicht gibt. Dennoch setzt die Miniatur durch die besondere Hintergrundgestaltung, den LVX-Nimbus Christi und die von der Gestalt Jesu ausgehenden Lichtakzente eigene Schwerpunkte, um hinter der leiblichen Heilung die Dimension des Glaubens und damit das Öffnen der geistigen Augen zu betonen.[5]

Die Rahmenleisten des Bildes nehmen den graublauen Grundton der Szene auf und sind mit einer reichen goldenen Marmorierung überzogen, in der sich das von Jesus ausgehende Licht widerspiegelt.[6]

Die linke Bildhälfte wird von der in Dreiviertelansicht gezeigten Gestalt Christi eingenommen. Jesus neigt sich mit erhobener rechter Hand dem Blinden im lateinischen Segensgestus zu und steht barfuß auf einer ockergelb gewellten Scholle. Während sich Jesu rechtes Bein in Schrittstellung befindet, ruht sein Körpergewicht auf dem linken Fuß. Er trägt eine hellblaue, weißgehöhte Tunika, die nicht mit Goldclavi verziert ist. Das über die linke Schulter geschlungene, mit goldenen Säumen und Dreipunktmustern verzierte purpurviolette Pallium wird von Jesus mit seiner linken Hand gerafft, die zugleich eine mennigrote Schriftrolle hält. Wie seine konturierten und schattierten Glieder, seine rot gefärbten Wangen und sein volles dunkelbraunes Haupt- und Barthaar zeigen, ist Christus ganz mit Leben erfüllt. Das etwas übergroß hervorgehobene Haupt Jesu ist von einem goldenen Kreuznimbus mit der Inschrift „LVX" umgeben, durch die er als Licht der Welt erscheint (vgl. Joh 8,12; 9,5). Während die Augen des Blinden verschlossen sind, wird Jesus mit offenen, dunklen Augen vorgestellt. Mit einem ärztlich forschenden, vor allem aber erbarmungsvollen Blick wendet sich Christus dem Blinden zu, der auf der rechten Seite vor der Stadtansicht Jerichos steht.[7]

Blindenheilung vor Jericho, Hitda-Codex, Handschrift 1640, fol. 116r, nach 1000, Deckfarbenmalerei mit Gold auf Pergament, 17 × 11,6 cm, Darmstadt, Universitäts- und Landesbibliothek.

Hitda-Codex, Blindenheilung vor Jericho

Hinter Jesus drängen sich sechs etwas kleiner dargestellte Jünger, die gegenüber Jesus dunklere und weniger lichtvolle Gewänder tragen. Bis auf den Apostel links neben Jesus, dessen halb angeschnittenes Gesicht im Profil gegeben ist, blicken die Jünger staunend nach vorne zu Jesus hin, wobei sie ihre Köpfe aufmerksam über den Vordermann gereckt haben. Ihre nach links aufsteigend gestaffelten Goldnimben dehnen sich bis zum äußersten Bildrand aus und unterstreichen wie in einer von hinten kommenden Schubwirkung das Licht, das sich um die Gestalt Jesu mit ihrem großen LVX-Kreuznimbus ausbreitet. Unter den Jüngern sticht die Figur des Petrus hervor, der an seinem weißgrauen Rundkopf und an seinem gestutzen Bart erkennbar ist, während die übrigen Jünger dunkelhaarig sind. Obwohl Petrus mit seiner Schrittstellung, seiner erhobenen rechten Hand und seinen ähnlichen Gewandfarben als Pendant seines Meisters erscheint, gibt es auch Unterschiede. Während bei Jesus das Obergewand ein Goldmuster zeigt, ist bei Petrus nur das Untergewand golden gesäumt. Im Gegensatz zum barfüßigen Christus trägt Petrus graue Strümpfe und dunkle Schuhe, obwohl Jesus bei der Aussendung seine Jünger ermahnte, keine Schuhe mitzunehmen (vgl. Lk 10,4). Dadurch tritt Petrus auf die Seite des ebenfalls beschuhten Blinden und lässt die Einzigartigkeit Jesu deutlicher hervortreten. So kommt den dicht hinter Jesus bis an den Bildrand gedrängt stehenden sechs Jüngern mit ihren großen Goldnimben eine ganz auf ihren Herrn und Meister ausgerichtete Rolle zu.[8]

Jesus geht mit seinen Jüngern auf den blinden Bettler zu, der ohne Begleiter allein und hilflos vor dem Stadttor Jerichos steht.[9] Mit noch kleineren Körperproportionen als die Jünger steht der im Dreiviertelprofil dargestellte Blinde mit geschlossenen Augen, mit zaghafter Schrittstellung und einer leicht in sich verdrehten Haltung vor Jesus. Er trägt schwarze Schuhe, graue Strümpfe und oberhalb der Knie eine hellbraune Hose. Seinen blaugrauen Mantel scheint er ohne Tunika direkt auf dem Leib zu tragen. Dieses offenbar zerlumpte Obergewand zeigt aber auch purpurviolette Anklänge und weist einige nobilitierende weiße Dreipunktmuster auf. Im Unterschied zu Jesus ist der Mantel des Blinden über die rechte Schulter geworfen, so dass die linke, unbekleidete Brust frei bleibt. Der Gewandzipfel fällt fast bis zu den Füßen herab, wird aber von dem Mann infolge seiner Blindheit nicht gerafft. Unsicher hält er Jesus seinen Kopf und seine Arme hin. Ohne es sehen zu können, berührt er mit seinen tastend ausgestreckten, aber auch gläubig empfangenden Händen fast die Schriftrolle Jesu und bewegt sein Gesicht vertrauensvoll und wie dürstend nach oben zur Rechten Christi hin, die machtvoll im Segensgestus über dem Blinden erhoben ist. Auf das verkniffene und vom Leiden ausgezehrte Gesicht des blinden Bettlers fällt ein helles Licht, das von Jesus, dem „Licht der Welt" (Joh 8,12; 9,5), ausgeht. Jesus ist dem Blinden ganz zugewandt und berührt ihn fast körperlich, so dass zwischen beiden nur ein kleiner Zwischenraum bleibt, der sich dann ungestört nach oben hin fortsetzt. Der Blinde nimmt in seinem Gesicht auch etwas von den roten Wangen Jesu auf, und in seinen blauen und ansatzweise purpurvioletten Kleidern klingen die Gewandfarben Christi an.[10]

Die in der Miniatur zum Ausdruck gebrachte Nähe zwischen den beiden Hauptpersonen verweist auf den vertrauensvollen Glauben des Blinden, durch den er sich für die Heilung durch Christus empfangsbereit gemacht hat. Von diesem Glauben spricht die erklärende lateinische Beischrift auf der gegenüberliegenden Seite.[11] In goldenen karolingischen Minuskeln erläutert der Titulus, wie sehr der seines Sehvermögens beraubte Blinde durch seinen Glauben für die heilende Begegnung mit Christus offen gewesen ist: „Privatus visu habitum videndi fide meruit a Xρ[ist]o", „Der des Sehvermögens Beraubte verdiente aufgrund des Glaubens von Christus die Sehkraft." Mit dieser Beischrift soll der Betrachter den in der Miniatur dargestellten Blinden als Menschen begreifen, der durch seinen Glauben ganz auf Christus bezogen ist (vgl. Mk 10,52; Lk 18,42).[12]

Die Stadt Jericho, vor deren Toren die Heilung stattfand (vgl. Mk 10,46; Lk 18,35; 19,1), wird rechts hinter dem Blinden durch einige Architekturstücke umschrieben, die sich bis zum Bildrand hinziehen. Auf der Bodenwelle erhebt sich ein blaugrau gefülltes, mit Verzierungen versehenes und zinnenbekröntes Stadttor, das mit der goldenen Inschrift „IERICHO" bezeichnet ist. Hinter dem Stadttor sind verschachtelt und zinnenbekränzt die mennigroten und reich gemusterten Mauern Jerichos zu sehen. Im Inneren der Stadt sind einige rötliche und blaugraue Hausfassaden mit weiß-schwarzen Dächern zu sehen, die zum rechten Bildrand ausgerichtet sind und damit die Richtung des Weges aufnehmen, der Jesus zu seiner Passion nach Jerusalem führt und auf dem ihm der Geheilte als Jünger folgen wird (vgl. Mk 10,52; Lk 18,43). Auf diese in Jericho beginnende und nach Jerusalem führende Nachfolge dürfte auch das Dreipunktmuster auf dem linken Torbogen verweisen, das sich auf dem Mantel des Blinden wiederfindet und somit die Architektur mit dem Glauben des geheilten Blinden verbindet. Auch die lichtvolle rote Farbe der Schriftrolle in der linken Hand Jesu ist schon auf einige Hauswände der Stadt Jericho übergegangen.[13]

Schließlich stehen auch die in verschiedener Helligkeit dargestellten Streifen des Hintergrundes und die goldenen Ornamente im Dienst der auf den Glauben an das erleuchtende Licht Christi ausgerichteten Bildaussage. Die Farbwerte der Hintergrundstreifen und die Goldpartien unterstützen die Lichtsymbolik, wie sie sich bereits im Gesicht Jesu mit seinem goldenen LVX-Kreuznimbus, im hell erleuchteten Oberkörper des Blinden und in den Gewändern Christi gezeigt hat. Der im Bildhintergrund vorherrschende graublaue und schmutzig anmutende Farbton gibt eine allgemeine Vorstellung von der Situation des Nichtsehenkönnens des Blinden. So besteht das obere Drittel ganz aus diesem graublaun Grund, der aber zum Bildrand hin bereits von einer schwach durchschimmernden Goldschicht überlagert wird. Unten hebt sich über der ockergelben Bodenwelle, auf der einige helle Ranken wachsen, eine dunkle, ursprünglich purpurne Schicht mit goldenen Pflanzen ab, die einen leuchtenden Bogen von der Lichtgestalt Jesu zum Blinden hin schlagen. Darüber folgt über einem weißen vegetabilen Ornament ein dunkelblaues Band, das am oberen Ende mit einem weißen Streifen akzentuiert wird. Der Oberkörper mit den ausgestreckten Händen des Blinden erscheint dann vor einer lichtvollen hellblauen Zone, die über seinem Kopf in einer weißen Doppellinie abschließt. Dieser helle Bereich setzt sich über einem dunkelblauen Streifen auf der Höhe des Kopfes Jesu in einer zweiten hellblauen Zone fort, die bis zum oberen Rand des LVX-Kreuznimbus Jesu und der Goldnimben der Jünger reicht. So betonen die hellen Hintergrundstreifen und die goldenen Ornamente die Kraft Christi, der als Licht in die Welt gekommen ist (vgl. Joh 1,5.9; 9,5) und dort, wo er auf Glauben trifft, das Dunkel zu erleuchten und zu heilen vermag.[14]

Mit seiner auf das Wesentliche reduzierten Miniatur gelang dem Meister des Hitda-Codex eine einfühlsame Darstellung des gläubigen Vertrauens des blinden Bettlers, der ohne die Hilfe begleitender Menschen allein vor dem Stadttor von Jericho steht und auf Jesus trifft, der auf dem Weg nach Jerusalem ist, um dort in Tod und Auferstehung seine Sendung zu vollenden. Jesus wird von seinen Jüngern begleitet, die ihm zwar im Lichtglanz der Goldnimben nachfolgen, aber doch an den Rand geraten. Dagegen erfasst und berührt der Blinde die Gestalt Jesu fast körperlich und kommt der in Christi Menschheit innewohnenden göttlichen Lichtfülle am nächsten.[15]

Durch seinen Glauben wurde der Blinde sehend, so dass er zu neuem Leben erwachte und in die Nachfolge Christi zu treten vermochte. Nach dem Beuroner Benediktiner Paulus Gordan (1912–1999) ähnelt die Szene manchen Darstellungen von der Auferweckung des Lazarus (vgl. Joh 11,17–44), denn wie dort „der Tote aufrecht aus der Grabhöhle herauskommt, von Tüchern und Binden umwunden, so hier der Blinde aus dem Tor der Stadt, unfreien, tastenden Ganges, mit vorfühlenden Händen, verhangenen Blicks"[16]. Es ist der gleiche Christus, der für Lazarus das Leben und für den Blinden das Licht war, und wie Jesus auf seinem Weg zum Erlöserleiden nach Jerusalem war, als er dem Blinden Licht und Leben gab, so ist es der im Lichtglanz erhöhte Herr, der nunmehr in seiner Kirche wirkt, um alle Menschen zu Kindern des Lichtes zu machen (vgl. 1 Thess 5,5; Eph 5,8).[17]

Der Hohepriester Christus

31. Sonntag im Jahreskreis. Zweite Lesung: Hebr 7,23–28

„Jesus aber hat, weil er auf ewig bleibt,
ein unvergängliches Priestertum."
Hebr 7,24

Die zweite Lesung des 31. Sonntags im Jahreskreis ist dem Hebräerbrief entnommen. Dieser Brief wurde Ende des 1. Jahrhunderts von einem griechisch gebildeten und paulinisch geprägten Judenchristen als seelsorgliches Mahnschreiben verfasst (vgl. Hebr 13,22), um die durch Widrigkeiten angefochtenen Gläubigen im Blick auf den gekreuzigten Christus in ihrer Treue und Hoffnung zu stärken. Im Hebräerbrief geht es um die in Christus endgültig abgeschlossene Offenbarung Gottes (vgl. Hebr 1,1–4,13). Als der vollkommene Hohepriester hat Jesus durch seinen Tod für das Gottesvolk volle Sühne bewirkt und den Neuen Bund heraufgeführt, so dass nun der Zugang zu Gott offensteht (vgl. Hebr 4,14–10,18). Wie die zweite Sonntagslesung zeigt, steht im Mittelpunkt des Hebräerbriefes die Erfüllung des alttestamentlichen Priestertums durch Christus, der durch seinen eigenen Opfertod eine umfassende Erlösung bewirkt hat, so dass er vor Gott als Fürsprecher für seine Kirche einzutreten vermag. Während die vielen aus dem Stamm Levi kommenden Priester sterblich waren (vgl. Hebr 7,23), steht der Hohepriester Christus in der Ordnung des Priestertums des Melchisedek, das aufgrund des Schwures Gottes ewig ist (vgl. Hebr 7,28; Ps 110,4). Durch dieses einzigartige, ewige und unvergängliche Hohepriestertum Jesu (vgl. Hebr 7,24) können die Gläubigen vor Gott hintreten, denn der gekreuzigte und erhöhte Christus kann „die, die durch ihn vor Gott hintreten, für immer retten; denn er lebt allezeit, um für sie einzutreten" (Hebr 7,25). In einem liedhaften Jubel wird der Hohepriester Christus dann als heilig, unschuldig, makellos, nicht dem Bereich der Sünder zugehörig und über die Himmel erhöht gepriesen (vgl. Hebr 7,26). Angesichts der heillosen Situation der Menschen war dieser wahre Hohepriester notwendig, der nicht mehr für die eigenen Sünden und die des Volkes Opfer darbringen musste, sondern sich selbst am Kreuz „ein für alle Mal" dargebracht hat (vgl. Hebr 7,27). Da er durch seine Erhöhung „auf ewig bleibt" (Hebr 7,24), bewirkt diese einzigartige Selbstdarbringung Jesu für die Menschen das Heil, so dass sie durch Christus Gemeinschaft mit Gott haben und vor ihn hintreten können.[1]

ALS GEKREUZIGTER HOHERPRIESTER wurde Christus auf einem um das Jahr 1000 in Köln angefertigten Elfenbeinrelief dargestellt, das sich heute im Pariser Musée national du Moyen Âge befindet.[2] Elfenbeinschnitzwerke waren bereits in der Antike vor allem als Konsulardiptychen verbreitet. Ab dem Frühmittelalter wurden sie bei Altarantependien, liturgischen Gefäßen und Reliquienbehältnissen verwendet und dienten als christologische Tafeln für Deckel und Kästen von Büchern, wobei in der ottonischen Kunst vollplastische Figuren, Bischofsstäbe und liturgische Kämme hinzukamen. In der Ottonenzeit wurden Elfenbeinschnitzereien nicht nur aus Byzanz eingeführt, sondern auch in eigenen klösterlichen und bischöflichen Werkstätten durch hochrangige Auftraggeber angefertigt, so in Mailand, Trier, Lothringen und auch in Köln.[3]

Das um die Jahrtausendwende in Köln geschnitzte hochrechteckige Elfenbeinrelief mit der Darstellung des hohepriesterlichen Christus diente ursprünglich wohl als repräsentativer Deckel eines Buches. Es ist von einem mehrfach profilierten Rahmen umgeben und zeigt den von den Szenen der Auferstehungsverkündigung, der Himmelfahrt und der Majestas Domini umgebenen Gekreuzigten.

Die Mitte des Reliefs ist durch das Kreuz Christi bestimmt, das Welt und Himmel umspannt, wie die an den Enden des Querbalkens angebrachten kosmischen Sinnbilder von Sonne und Mond zeigen. Links wird die inschriftlich als „SOL" bezeichnete Sonne in einem Medaillon durch ein männliches Gesicht versinnbildlicht, das auf den Gekreuzigten blickt und von einem zackenförmigen Strahlenkranz umgeben ist. Das rechte Medaillon zeigt den ebenfalls Christus zugewandten Frauenkopf des mit der Umschrift „LVNA" bezeichneten Mondes, der in seiner charakteristischen Sichelform dargestellt ist. Als kosmische Herrschaftssymbole weisen Sonne und Mond das Erlösungsopfer Christi als Geschehen aus, an dem auch der Kosmos Anteil genommen hat (vgl. Mt 27,45.51; Mk 15,33; Lk 23,44–45). Gemäß der Auslegungstradition der Kirchenväter steht der Mond als Nachtgestirn für die Überwindung des Bösen und veranschaulicht als Sinnbild für die Zeit die Herrschaft Christi

Christus als Hoherpriester, Elfenbeinrelief aus Köln, um 1000, 17 × 11 cm, Paris, Musée national du Moyen Âge. ▷

Christus als Hoherpriester

über das Irdische, während die Sonne als Taggestirn auf den neuen Tag des Heils verweist und die Ewigkeit symbolisiert. So unterstreichen Sonne und Mond den durch das Kreuzesgeschehen bewirkten Beginn der kosmischen Königsherrschaft Christi und werden zu Sinnbildern für das durch die Erlösungstat Jesu eröffnete ewige Heil. Zudem bringen Mond und Sonne auch die in Tod und Auferstehung bestehende Einheit des Erlösungsmysteriums zum Ausdruck, indem der abnehmende Mond das Kreuzesopfer versinnbildlicht und die strahlende Sonne auf den Ostersieg verweist.[4]

Am oberen Ende des Kreuzes ist die im Johannesevangelium (vgl. Joh 19,19) überlieferte Kreuzesinschrift (titulus) in der lateinischen Version angebracht: „IHS[5] NAZARENVS REX IVDEORVM", „Jesus von Nazaret, der König der Juden". Darüber ist die Hand Gottes (dextera Domini) zu sehen, mit der Gottvater seinen gekreuzigten Sohn für sein Erlösungsopfer mit dem Siegeskranz krönt (coronarium aurum). Während der Titulus auf die Selbsterniedrigung Jesu anspielt, verweisen die punktartigen Verzierungen des Kreuzes auf das gemmengeschmückte Triumphkreuz (crux gemmata) und damit auf den erhöhten Christus, der zum Weltgericht wiederkommen wird.[6]

Der Gekreuzigte erscheint betont lebendig, wie seine weit geöffneten Augen, die teilweise windgebauschten Falten seines Gewandes und sein bartlos jugendliches, von einem Kreuznimbus umfangenes Haupt zeigen. Mit seinem über den Füßen aufgewirbelten Gewandsaum scheint Christus vor dem Kreuz „in einer fast tänzerischen Bewegung zu schweben", wie es Géza Jászai treffend formuliert hat.[7] Von seinen Wundmalen sind die Stigmen an seinen Füßen und Händen zu sehen, aber ohne Darstellung der Nägel. Das Gewand, das der Gekreuzigte trägt, ist nicht das aus der imperialen Ikonographie entlehnte herrscherliche Kolobion, das man sich in Purpur und Gold vorzustellen hat, sondern das knöchellange, hemdartige weiße liturgische Gewand der priesterlichen Albe.[8] Mit dieser liturgischen Kleidung wird Christus als der ewige Hohepriester dargestellt, der sich selbst am Kreuz als Erlösungsopfer dargebracht hat und zugleich als Erhöhter lebt, um für die Seinen einzutreten (vgl. Hebr 7,24–27).

Auf das Hohepriestertum Christi deuten unterhalb der rautenförmigen Fußstütze (suppedaneum) des Gekreuzigten auch die große runde Patene und der Kelch.[9] Die Patene, die in der Eucharistiefeier die Zelebrationshostie aufnimmt, und der Messkelch, der den eucharistischen Wein birgt, verweisen auf den Kreuzestod des Hohenpriesters Christus, der sich am Kreuz als vollkommenes Sühneopfer dargebracht hat (vgl. Hebr 2,17; 9,26.28) und dessen Opfertod auf dem Altar sakramental gegenwärtig wird. Durch die liturgischen Gegenstände von Patene und Kelch unter dem Kreuz kommt zum Ausdruck, dass das Hohepriestertum Christi in seinem einzigartigen und endgültigen Selbstopfer besteht, mit dem er am Kreuz vollkommene Sühne geleistet hat und das in jeder Eucharistiefeier für die Gläubigen sakramental erfahrbar wird.

Der Gekreuzigte beugt sich seiner Mutter Maria und dem bartlos jugendlichen Apostel Johannes zu, die links unten als nimbierte und in reiche Gewänder gehüllte Figuren unter dem Kreuz stehen. Mit dem herabgeneigten Haupt und den offenen Augen des Gekreuzigten wird die Übergabe der Mutter Christi an Johannes veranschaulicht, wie sie nach dem Zeugnis des Johannesevangeliums Jesus vom Kreuz herab vollzogen hat (vgl. Joh 19,26–27). Da der unter dem Kreuz stehende Johannes nach der patristischen und mittelalterlichen Exegese die Gläubigen versinnbildlicht, kommt in der Übergabe der Mutter Jesu an den Jünger die neue Bestimmung Marias als Mutter der Kirche zum Ausdruck, wie sie der am Kreuz erhöhte Hohepriester kundgibt.[10] Während Johannes in seiner rechten Hand das Buch des von ihm verfassten Evangeliums hält, hat Maria die Rechte zur Akklamation erhoben und trägt in ihrer linken Hand ein Salbgefäß. Da das Evangelienbuch und das Salbgefäß keine Attribute für die unter dem Kreuz stehenden Gestalten des Johannes und der Mutter Jesu sind und auch nicht zur Kreuzigungsikonographie gehören, kommt den Gegenständen in den Händen Marias und des Jüngers eine symbolische Bedeutung zu, die über das Kreuzigungsgeschehen hinausgeht und auf den am Kreuz erhöhten Hohenpriester des Neuen Bundes verweist. So deutet das Salbgefäß auf Jesus als den verheißenen Gesalbten, den Messias (vgl. Lk 4,18; Apg 4,26; 10,37–39), in dem das Amt des alttestamentlichen Hohenpriesters, des „Gesalbten" schlechthin (vgl. Dan 9,26), seine Erfüllung gefunden hat. Das Evangelienbuch in der Hand des Johannes symbolisiert die in Christus vollendete heilsgeschichtliche Offenbarung, auf die in den übrigen Reliefszenen Bezug genommen wird.[11]

Auf der gegenüberliegenden Seite ist rechts unten die Verkündigung der Auferstehung Christi durch den Engel an die Frauen dargestellt, die am Ostermorgen zum Grab gekommen waren, um den Leichnam Jesu mit wohlriechenden Ölen zu salben (vgl. Mk 16,1–7; Lk 24,1–7). Der geflügelte Engel sitzt vor dem Grab Jesu, das im Hintergrund als Rundbau angedeutet ist. Er hält in seiner linken Hand einen Botenstab und zeigt mit seiner Rechten auf die erste der drei Frauen, die im Unterschied zu den beiden anderen nimbiert ist und ebenso wie die zweite Gefährtin hinter ihr ein Salbgefäß in ihren Händen hält.[12]

Über der Szene der Auferstehungsverkündigung an die Frauen ist die Himmelfahrt Christi zu sehen, der in Rückenansicht und mit Kreuznimbus dargestellt ist. Er steigt mit erhobenen Händen aus eigener Kraft zu seinem Vater empor, der ihm aus einem Wolkensegment die Hand entgegenstreckt, um ihn zu empfangen. Die nur mit ihren Köpfen in zwei Reihen dargestellten Zeugen der Himmelfahrt sind die elf Apostel und Maria, die mit einem Nimbus in der Mitte der oberen Riege zu sehen ist. Während sie nach oben blicken, wenden sich ihnen links und rechts neben dem auffahrenden Christus zwei Engel zu (vgl. Apg 1,10), um ihnen die Wiederkunft Jesu zu verkünden: „Dieser Jesus, der von euch ging und in den Himmel aufgenommen wurde, wird ebenso wiederkommen, wie ihr ihn habt zum Himmel hingehen sehen" (Apg 1,11).[13] Die Anwesenheit Marias inmitten der Apostel deutet schon auf das Pfingstfest voraus (vgl. Apg 1,13–14; 2,1), wenn Maria bei der Ausgießung des Heiligen Geistes bei der Geburt der Kirche als „Typus ecclesiae" erscheinen wird.[14]

Die bei der Himmelfahrt angekündigte Wiederkunft zum Weltgericht (vgl. Apg 1,11) ist links oben über dem Kreuzarm zu sehen, wo Christus im Bildtyp der „Majestas Domini" in einer mit Sternen besetzten Mandorla auf dem Himmelsglobus thront. Er ist mit dem Kreuznimbus bekrönt und wird von den griechischen Anfangsbuchstaben Alpha und Omega umgeben, die deutlich machen, dass er Anfang und Ende der Heilsgeschichte ist (vgl. Offb 21,6; 22,13). Christus hat seine linke Hand auf das Buch des Evangeliums gelegt und die Rechte zum Segen erhoben. An den Ecken ist der thronende Weltenrichter von den vier apokalyptischen Wesen (vgl. Ez 1,6.10; Offb 4,7) umgeben. Links oben ist das Lebewesen dargestellt, das einem Menschen gleicht, rechts oben das einem Adler gleichende Wesen, links unten das löwenähnliche Wesen und rechts unten das Wesen, das einem Stier gleicht. Da die Lebewesen keine Buchrollen oder Bücher halten, treten sie hier weniger als Symbole für die vier Evangelien auf, sondern erinnern an die Hauptereignisse der Offenbarung Christi, indem das menschliche Wesen auf die Menschwerdung des Sohnes Gottes verweist, das Opfertier des Stieres auf den Erlösungstod Jesu, der siegreiche „Löwe aus dem Stamm Juda" (Offb 5,5) auf die Auferstehung Christi und der sich in die Lüfte erhebende Adler auf die Himmelfahrt und damit auf die Erhöhung des Auferstandenen. Als apokalyptische Thronwächter betonen aber alle vier Lebewesen das eschatologische Wiederkommen Christi als Weltenrichter am Ende der Zeiten.[15]

So verkündet Christus als ewiger, himmlischer Hoherpriester vom Kreuz herab die geistige Mutterschaft Marias für die Kirche, die links unten neben Johannes unter dem Kreuz steht. Während rechts unten der Engel die Auferstehung Jesu kundtut, wird rechts oben in der Himmelfahrtsszene durch zwei Engel die Wiederkunft Christi zum Weltgericht angekündigt, die dann links oben in der Majestas Domini aufscheint. Diese vier heilsgeschichtlichen Ereignisse umgeben das Kreuz, das Erde und Himmel umspannt. Dieses kosmische Kreuz trägt den mit der priesterlichen Albe bekleideten vollkommenen Hohenpriester, der sich selbst zum Opfer dargebracht hat und auf ewig lebt, um für seine Kirche einzutreten (vgl. Hebr 7,25–27).[16]

Das Opfer der armen Witwe

32. Sonntag im Jahreskreis. Evangelium: Mk 12,38–44

„Jesus rief seine Jünger zu sich und sagte: Amen,
ich sage euch: Diese arme Witwe hat mehr in den Opferkasten
hineingeworfen als alle anderen."
Mk 12,43

Das Evangelium des 32. Sonntags im Jahreskreis schildert eine Begebenheit, die Jesus nach seiner Ankunft in Jerusalem im Tempel erlebte. Das Markusevangelium berichtet zunächst von Worten, die Jesus im Tempel gegen die Scheinheiligkeit der Schriftgelehrten richtete (vgl. Mk 12,38–40). Von diesen Heuchlern, die etwas gelten wollen, aber in den Augen Gottes doch nichts sind, lenkt das Evangelium den Blick auf die arme Witwe, die Jesus im Tempel sah (vgl. Mk 12,41–44). Als Jesus im Tempel dem Opferstock gegenübersaß und die Leute beobachtete, wie sie Geld in den Kasten warfen, sah er neben vielen Reichen, die viel gaben, auch eine arme Witwe, die zwei kleine Münzen hineinwarf (vgl. Mk 12,41–42). Dieses Scherflein der Witwe nahm Jesus zum Anlass, um seine Jünger zu belehren: „Diese arme Witwe hat mehr in den Opferkasten hineingeworfen als alle anderen. Denn sie alle haben nur etwas von ihrem Überfluss hergegeben; diese Frau aber, die kaum das Nötigste zum Leben hat, sie hat alles hergegeben, was sie besaß, ihren ganzen Lebensunterhalt" (Mk 12,43–44). Die arme Witwe, die in den Augen der Menschen nichts galt, war in ihrer Liebe zu Gott, die sie im Tempelopfer zum Ausdruck brachte, ganz lebendig. Die Jünger sollten sich diese Frau zum Vorbild nehmen, denn sie vertraute sich mit dem Letzten, das sie hatte, ganz Gott an und erwartete von ihm allein die Sicherung ihres Lebens.[1]

Die Szene mit dem Scherflein der armen Witwe wurde in der frühchristlichen Kunst sehr selten dargestellt. Von der Martinskirche in Tours ist überliefert, dass sich am Westeingang eine Darstellung der armen Witwe mit einer Bildunterschrift befand. Diese Inschrift rief die Gläubigen zu Spenden auf und führte ihnen dabei den Wert des Almosengebens für das Jüngste Gericht vor Augen. Ein im frühen 5. Jahrhundert entstandener Deckel eines Evangelienbuches in Mailand stellte die Szene mit der armen Witwe im Zusammenhang mit dem auf dem Globus thronenden Weltenherrscher Christus dar. Wie diese beiden Beispiele zeigen, wurde die Szene mit dem Scherflein der armen Witwe in der frühchristlichen Kunst besonders im Zusammenhang mit dem Jüngsten Gericht gesehen. Auch die Kirchenväter stellten den Gläubigen das Vorbild der armen Witwe vor Augen, um im Gericht bestehen zu können, wie beispielsweise die Schrift des Ambrosius (337–397) über die Witwen zeigt, der seit 374 Bischof von Mailand war.[2]

Ein Mosaikbild der Szene mit dem Scherflein der Witwe befindet sich auch in der Basilika San Apollinare Nuovo von Ravenna. Sie wurde durch den Ostgotenkönig Theoderich (reg. 493–526) um 500 als arianische Palastkirche erbaut und 560 unter Kaiser Justinian (reg. 527–565) dem katholischen Gottesdienst übergeben. Über den Obergadenfenstern der beiden Langhauswände ließ Theoderich um 520 einen 26 Bilder umfassenden Mosaikzyklus zum Leben Jesu anbringen.[3] Die dreizehn Mosaiken der Nordseite stellen vor allem Wunderszenen und zwei Gleichnisse dar, wobei der in königlichen Purpur gekleidete Jesus jugendliche Züge trägt. Die dreizehn Mosaiken auf der Südseite, die Jesus immer als bärtige Gestalt zeigen, beinhalten Szenen zum Leiden und zur Auferstehung Christi. Die Figuren weisen zwar noch eine plastische und räumliche Gestaltung auf, wirken aber flächenhaft und stehen vor dem Goldhintergrund in feierlicher Strenge nebeneinander.[4]

Vor dem Weltgerichtsmosaik mit der Scheidung der Böcke von den Schafen (vgl. Mt 25,31–46) findet sich als neuntes Bild des Wunderzyklus auf der Nordseite die Szene mit dem Scherflein der Witwe. Das von einem Zierrahmen mit purpurblauen Ornamenten umgebene Mosaik besitzt einen Goldhintergrund, der fast die ganze Bildfläche einnimmt. Am unteren Rand ist eine Landschaft mit einigen kleinen Felsen und einem grünen Rasengrund dargestellt, wie sie auch in den übrigen Langhausmosaiken von San Apollinare Nuovo anzutreffen ist. Obwohl sich die Geschichte vom Opfer der armen Witwe im Tempel von Jerusalem zugetragen hat (vgl. Mk 12,41), ist sie hier als freiräumliche Szene wiedergegeben.[5] Auch die anderen im Evangelium erwähnten Personen, wie die reichen Spender oder die Jünger Jesu (vgl. Mk 12,41.43), sind nicht dargestellt. Die ganz auf das Wesentliche konzentrierte Komposition beschränkt sich auf den von einem Jünger begleiteten Jesus und auf die vor dem Opferstock stehende Witwe.

Jesus wird von einem mit Sandalen beschuhten Jünger mit kurzen Haaren und einem angedeuteten Bart begleitet. Wie auch in den übrigen Langhausmosaiken trägt der Jünger eine weiße, mit zwei purpurvioletten Clavi verzierte Tunika und

Das Scherflein der Witwe, Mittelschiffmosaik an der Nordwand, Ravenna, San Apollinare Nuovo, um 520, ca. 110 × 130 cm.

darüber ein ebenfalls weißes Pallium. Der Jünger blickt aus dem Bild heraus, ohne aber Kontakt mit dem Betrachter aufzunehmen. Während er seine linke Hand unter dem Pallium verborgen hat, zeigt er mit seiner Rechten auf die neben ihm stehende Gestalt Christi.

Der jugendliche und bartlose Christus ist mit Sandalen beschuht und trägt langes, geordnetes braunes Haar. Sein Haupt wird von einem großen Kreuznimbus eingerahmt, der sich durch seine rote Umrandung vom Goldhintergrund abhebt und dessen Kreuzarme jeweils mit drei blauen Edelsteinen verziert sind. Über einer purpurvioletten Tunika mit zwei goldenen Clavi trägt Jesus ein gleichfarbiges Pallium, das er mit seiner linken Hand von innen her gerafft hat. Die kaiserlichen Purpur- und Goldinsignien auf den Gewändern Jesu unterstreichen mit feierlicher Sakralität die königliche Würde Christi.

Zusammen mit seinem Begleiter steht Jesus der Witwe gegenüber, zu der er seitlich seine rechte Hand erhoben hat. Die Witwe trägt ein bis zum Boden reichendes braunes Untergewand mit zwei dunklen Clavi und hat ihr gleichfarbiges Obergewand auch über ihren Kopf gezogen. Diese braune Kleidung erinnert an das dunkle Gewand, das die Witwen als Standestracht in der frühen Kirche trugen.⁶ Die Witwe steht vor einem Opferstock, der von vier Stützen getragen wird und oben den eigentlichen Opferkasten enthält. Sie ist gerade dabei, mit der rechten Hand ihre beiden Münzen einzuwerfen, die sich auf der oberen Platte des Kastens deutlich als zwei runde schwarze Punkte abzeichnen. Mit ihrem verschleierten Gesicht blickt die Witwe aus dem Bild heraus und wendet sich auffordernd an den Betrachter.⁷

Jesus hat seine rechte Hand im Redegestus zur Witwe hin ausgestreckt. Mit dieser Gebärde unterstreicht Jesus seine Worte, in denen er erklärt, dass die Witwe mit ihren beiden Münzen ihren gesamten Lebensunterhalt geopfert hat, während die anderen Spender nur von ihrem Überfluss gegeben hätten (vgl. Mk 12,43–44).⁸ Auch Ambrosius betonte in seinem Witwentraktat „De viduis", dass sich der Wert der Freigebigkeit nicht nach der Menge, sondern nach der inneren Gesinnung bemisst, denn vor Gott fällt nicht so sehr das ins Gewicht, was gegeben wird, sondern das, was dem Geber noch übrig bleibt, so dass keiner mehr geben kann als derjenige, der nichts für sich zurückbehält.⁹

Wie sehr in der frühen Kirche die Opfergabe der Witwe auf das Gericht bezogen wurde, zeigen nicht nur die Deutungen der Kirchenväter und die in Tours und Mailand überlieferten Darstellungen, sondern gerade auch die Mosaikszene von San Apollinare mit dem intensiven Blick der Witwe, den sie „wie keine andere Gestalt auf den Betrachter richtet, als Aufruf zum Geben und als Hinweis auf das Bestehen des Jüngsten Gerichtes", wie es Jutta Dresken-Weiland formuliert hat.¹⁰ Von daher dürfte es kein Zufall sein, dass das Mosaikbild mit dem Scherflein der Witwe der Gerichtsdarstellung mit der Scheidung zwischen den Böcken und den Schafen (vgl. Mt 25,31–46) unmittelbar vorausgeht.

Die Wiederkunft Christi

33. Sonntag im Jahreskreis. Evangelium: Mk 13,24–32

„Dann wird man den Menschensohn mit großer Macht
und Herrlichkeit auf den Wolken kommen sehen."
Mk 13,26

Am Ende des Kirchenjahres richtet sich der Blick der Liturgie auf die Parusie, das Wiederkommen Christi zum Weltgericht. Das Evangelium des 33. Sonntags im Jahreskreis ist aus der Rede über die Endzeit (vgl. Mk 13,1–37) genommen, die Jesus nach dem Zeugnis des Markusevangeliums vor den Aposteln Petrus, Jakobus, Johannes und Andreas hielt, als er mit ihnen auf dem Ölberg gegenüber dem Jerusalemer Tempel beisammen saß (vgl. Mk 13,3). Nachdem Jesus die Zerstörung des Tempels angekündigt hatte (vgl. Mk 13,2), wurde in den vier Jüngern die Frage nach dem Ende der Welt und dem endgültigen Kommen der Gottesherrschaft ausgelöst. Auf ihre Frage nach den Vorzeichen und dem Zeitpunkt dieses Weltendes (vgl. Mk 13,4) verwies sie Jesus auf die Gefahren, Verwirrungen, Nöte und Verfolgungen in der Zwischenzeit (vgl. Mk 13,5–23), die eine Zeit des Reifens ist und das Ende immer schon erahnen lässt, deren Dauer aber niemand berechnen kann (vgl. Mk 13,32). Am Ende dieser Zwischenzeit werden dann kosmische Zeichen am Himmel erscheinen (vgl. Mk 13,24–25), wie sie bereits von den Propheten als Vorboten des Gerichtes Gottes angekündigt wurden (vgl. Jes 13,10; 34,4; Joël 2,10; 3,4; 4,15–16), und dann „wird man den Menschensohn mit großer Macht und Herrlichkeit auf den Wolken des Himmels kommen sehen" (Mk 13,26). Während das Evangelium das Weltgericht und dessen Ausübung durch Christus, den Menschensohn, nicht weiter ausführt, wird die Zusage Jesu hervorgehoben, seine Auserwählten aus allen vier Windrichtungen durch seine Engel zusammenzuführen (vgl. Mk 13,27), um sie bei seiner Wiederkunft für immer mit sich zu vereinen.[1]

EINE IN DER CHRISTLICHEN IKONOGRAPHIE einzigartige Darstellung der Wiederkunft Christi gelang dem bayerischen Rokokomaler Johann Baptist Zimmermann (1680–1758) im großen Fresko des Hauptraums der Wallfahrtskirche zum gegeißelten Heiland in der Wies bei Steingaden. In diesem Deckenbild erscheint der von Engeln und Aposteln begleitete Christus in seiner Herrlichkeit am Jüngsten Tag, umgeben von seinem Richterthron und dem Tor zur Ewigkeit.[2]

Die von 1745 bis 1754 erbaute Wieskirche gilt als Hauptwerk der Brüder Johann Baptist und Dominikus Zimmermann (1685–1766) und als Vollendung des kirchlichen Rokoko in Bayern. Wie sein Bruder lernte auch Johann Baptist Zimmermann zunächst in Wessobrunn das Stuckatorenhandwerk und schuf 1701 mit der Ausmalung und Stuckierung des Altarraums der Pfarrkirche von Gosseltshausen sein erstes Werk. Ab 1707 ließ er sich in Miesbach nieder und arbeitete von 1709 bis 1713 erstmals mit seinem Bruder Dominikus in der Kartause Buxheim zusammen. Er zog dann 1715 nach Freising und ließ sich schließlich 1720 in der Residenzstadt München nieder, wo er 1729 zum Hofstuckateur ernannt wurde. Beim Bau der Kirche von Steinhausen legten die Brüder Zimmermann von 1727 bis 1733 die Grundlage für ihr kirchliches Rokoko, das sie dann mit der von 1745 bis 1754 errichteten Wieskirche zur Vollendung brachten.[3]

Die Baugeschichte der Wieskirche begann 1730, als Hyazinth Gaßner (reg. 1729–1745), der Abt des Prämonstratenserstiftes von Steingaden, eine Karfreitagsprozession einführte, um den Gläubigen die Geheimnisse der Passion Jesu vor Augen zu führen. Zu diesem Zweck fertigte der Chorherr Magnus Straub (1702–1775) zusammen mit dem Laienbruder Lucas Schwaiger (1681–1741) aus vorhandenen Versatzstücken eine Figur des an die Geißelsäule gebundenen Christus an, die von 1732 bis 1734 dreimal bei der Prozession mitgetragen wurde. Wegen ihrer hässlichen Drastik wurde die künstlerisch wertlose Statue dann beiseitegestellt und kam in den Besitz des Steingadener Wirtes Jeremias Rehle, der sie am 4. Mai 1738 seiner Taufpatin Maria Lory überließ, die mit ihrem Ehemann in der Wies, etwa eine Wegstunde vom Pfarrort Steingaden entfernt, einen Hof bewirtschaftete. Als am 14. Juli 1738 während des Abendgebetes der Eheleute die Figur Tränen weinte, gab Abt Gaßner nach anfänglicher Zurückhaltung 1739 die Erlaubnis zum Bau einer Kapelle gegenüber dem Loryhof. Da die umliegenden Bauern in ihren Nöten und Leiden wunderbare Hilfe erhielten, wuchs die Wallfahrt zum gegeißelten Heiland in der Wies in ungeahntem Maße. Die ursprünglich skeptischen Chorherren sahen nun die Möglich-

Johann Baptist Zimmermann, Wiederkunft Christi, um 1753/54, Wallfahrtskirche Wies bei Steingaden, Deckenfresko im Gemeinderaum, 22 × 17,5 m.

keit für neues seelsorgerliches Wirken, segneten am 17. März 1744 die Kapelle und feierten bei dieser Gelegenheit dort auch erstmals die heilige Messe. Angesichts des großen Zustroms entschloss sich Abt Gaßner zum Bau einer großen Wallfahrtskirche und beauftragte damit Dominikus Zimmermann, der 1744 einen ersten Plan lieferte. Unter dem neuen Abt Marian Mayr (reg. 1745–1772) wurde 1745 der Bau des dreiachsigen, von zwei schmalen Umgängen flankierten Chorraumes begonnen, der am 24. August 1749 geweiht wurde. Nach der Übertragung des Gnadenbildes am 31. August 1749 wurden die segmentförmige Vorhalle und der ovale Hauptraum mit acht Doppelpfeilern und Umgang erbaut und nach vollendeter Stuckierung und Ausmalung am 1. September 1754 konsekriert.[4]

Das theologische Programm für die Ausstattung der Wieskirche wurde sicherlich von einem Steingadener Chorherrn entworfen,[5] wahrscheinlich von P. Magnus Straub, der einst die behelfsmäßige Anfertigung des späteren Gnadenbildes besorgt hatte, 1746 das erste Wallfahrtsbuch verfasste und 1749 Superior der Wieskirche wurde. Er galt als hervorragender Prediger und guter Theologe, der sich an die Heilige Schrift hielt und bevorzugt moralisierend argumentierte. Diese Züge finden sich auch in dem klar strukturierten Bildprogramm wieder, das ohne barocke Allegorien, Embleme und sonstige spitzfindige Überfrachtungen biblisch und seelsorgerlich ausgerichtet ist, um die Gnade des Erlösungswerkes Christi zu entfalten, das im Chorraum mit der Passion beginnt und sich im Gemeinderaum in der Parusie vollendet. Auch Johann Baptist Zimmermann lehnte eine allzu gelehrte barocke Bilderfülle ab und ging negativen Aspekten des Heilsgeschehens mit finsteren und dramatischen Arrangements aus dem Weg. Er bevorzugte eine mehr distanzierte Konzentration auf die Gebärden und Blicke seiner Figuren, um mit ihnen zu empfinden und auf diese Weise moralische Inhalte vermitteln zu können. In Steingaden sah man in dem unästhetischen, krass effektvollen Gnadenbild immer mehr einen Hinweis auf die in seinem Leiden erniedrigte Menschengestalt des Erlösers, der man in der Bilderwelt der Wallfahrtskirche die machtvolle und herrliche Gottheit Christi gegenüberzustellen gedachte. So konnte man die Wallfahrer vom Mitleiden mit dem gegeißelten Heiland zur Teilhabe an der Glorie des zum Gericht wiederkommenden Christus führen und deutlich machen, dass für das Erlösungswerk sowohl die menschliche (humanitas) als auch die göttliche Natur Jesu (divinitas) notwendig waren.[6]

Das soteriologische Bildprogramm der Wieskirche geht vom Gnadenbild im Hochaltar aus, das sich über dem Tabernakel in einer Nische befindet, die von der plastischen Darstellung eines Pelikans bekrönt wird, der mit dem Schnabel seine Brust öffnet, um mit seinem Blut seine Jungen zu nähren. Der gegeißelte Heiland und der Pelikan verweisen auf den in der Eucharistie gegenwärtigen Opfertod Christi, den er aus Liebe zum Heil der Welt auf sich genommen hat. Auch die Figur des geopferten und siegreichen apokalyptischen Lammes, das im Altarbaldachin auf dem Buch mit den sieben Siegeln (vgl. Offb 5,1) steht, veranschaulicht das in der Messfeier sakramental Gott dargebrachte Opferlamm, lenkt aber auch den Blick auf die Göttlichkeit Christi und die endzeitliche Vollendung des Heils. Das Altarblatt des Münchner Hofmalers Balthasar Augustin Albrecht (1687–1765) stellt Maria mit dem Jesuskind und der Heiligen Sippe dar und deutet sowohl auf die menschliche Herkunft des Messias aus dem Haus Davids als auch auf die Gottessohnschaft Christi, der sich bei seiner Wiederkunft als „Stamm Davids" (Offb 22,16) bezeichnen wird. Auf Jesus als den verheißenen Messias verweisen die seitlichen Hochaltarfiguren des Aegid Verhelst (1696–1749). Links ist der Prophet Jesaja mit einer sich auf die Passion Jesu beziehenden Inschrift (vgl. Jes 53,8) zu sehen. Der rechte, zumeist als Maleachi gedeutete Prophet dürfte auf den Messias als die verheißene reine Opfergabe anspielen (vgl. Mal 1,11). Zwischen den Altarsäulen stehen die vier Evangelisten, die in ihren geöffneten Büchern Stellen vorweisen, die sich auf die Geißelung Jesu und damit auf das kostbare Blut des Erlösers beziehen (vgl. Mt 27,26; Mk 15,15; Lk 23,25; Joh 19,1).[7] Das Chorfresko Johann Baptist Zimmermanns zeigt in der Glorie die Taube des Heiligen Geistes und die Gestalt Gottvaters, der sich dem von Engeln getragenen Kreuz zuwendet, während andere Engel die übrigen Leidenswerkzeuge Christi (arma Christi) vorstellen. Damit wird deutlich, dass Gottvater die Erlösungstat seines menschgewordenen Sohnes angenommen hat, so dass die Leidenswerkzeuge nun zu Siegeszeichen werden, die die Göttlichkeit Christi bezeugen.[8] In den sechs Deckenfresken der beiden seitlichen Umgänge sind Wunderheilungen Jesu dargestellt, die auf die göttliche Macht und das Erbarmen des menschgewordenen Erlösers verweisen.[9]

Während im Altarhaus das Opfer Christi als Voraussetzung für die Erlösung thematisiert ist, wird im Umgang des großen ovalen Gemeinderaums, in dem die vier Beichtstühle stehen, die soteriologische Thematik mit acht Deckenbildern fortgesetzt, die Jesu Hinwendung zum sündigen Menschen zeigen, um die Wallfahrer zur Umkehr und zum Gnadenempfang anzuspornen.[10] Die acht stuckgerahmten Kartuschen über den Pilasterkapitellen des Hauptraums zeigen Putten, die mit ihren Attributen die Seligpreisungen der Bergpredigt (vgl. Mt 5,3–10) veranschaulichen. Sie stehen als Heilsverheißungen für die Menschen, die sich im Stand der Gnade befinden, und lenken den Blick zum großen Deckenfresko mit der endgültigen Erfüllung des Heils in der Wiederkunft Christi am Jüngsten Tag als Richter und Erlöser.[11] Steht der Betrachter unter dem Deckenbild des Gemeinderaums, so erschließt sich seinem Blick das ganze soteriologische Bildprogramm, das im Chorraum in der Passion Jesu seinen Ausgang nimmt und über die Fresken im Umgang des Hauptraums zur Parusiedarstellung mit dem in Herrlichkeit wiederkommenden Christus überleitet.[12]

Über dem umlaufenden Gebälk der Doppelpfeiler des ovalen Gemeindehauses setzt eine ornamentale Stuckzone mit Rocaillen an, die zwischen der Architektur und dem Fresko dekorierend, kaschierend und verdeckend vermittelt, so dass sich Realraum und Bildraum gegenseitig durchdringen und die künstlerischen Gattungen von Architektur, Ornament und Malerei wechselseitig austauschen und ersetzen, um eine bildhafte Einheitswirkung zu erzielen. Durch dieses Einbeziehen des Realbereichs in den Bildraum wird im Deckenbild keine überirdische Sphäre eröffnet, sondern jener Himmel vorgestellt, den Christus mit seiner Erlösungstat ermöglicht hat. Ohne feste Begrenzung durch die ornamentale Stuckzone entfaltet sich an der Decke der Himmel, der nicht mit allzu vielen Figuren überladen ist, so dass sein blauer Grund umso deutlicher ins Auge zu fallen vermag. Der in atmosphärischem Blau erstrahlende Bildraum ist der über dem Kirchenbau sich öffnende Himmelsraum, in dem der wiederkommende Christus am Jüngsten Tag in Herrlichkeit auf den Wolken erscheint (vgl. Mk 13,26; Mt 24,30), um seinen Erlösungsauftrag zu vollenden.[13]

In dem zentralperspektivisch und höhenillusionistisch aufgebauten Fresko bildet die Figur Christi das kompositorische Zentrum, der fern in der Himmelsmitte, auf dem Regenbogen sitzend erscheint. Da die Gestalt Jesu durch ihren kleineren Figurenmaßstab und ihre luftperspektivisch aufgehellte Farbpalette etwas zurücktritt, sind es vor allem die Gloriole um das Kreuz und der große Regenbogen, durch die Christus als inhaltlicher Mittelpunkt anschaulich wird.[14]

Der traditionell in Weltgerichtsbildern dargestellte apokalyptische Regenbogen symbolisiert die göttliche Herrlichkeit (vgl. Offb 4,3; Ez 1,28) und erinnert an den Bundesschluss Gottes nach dem Ende der Sintflut (vgl. Gen 9,8–17), so dass er als soteriologisches Zeichen der Versöhnung erscheint. Auf das Erlöserwirken Jesu verweisen auch die Farben des Regenbogens. So wird Christi Gottheit durch die blaue Himmelsfarbe symbolisiert, während das irdische Grün auf sein Erdenwirken verweist und das Rot für sein Erlöserleiden steht.[15]

Im Gegensatz zu seiner Erniedrigung als gegeißelter Heiland im Gnadenbild erscheint Christus im Deckenfresko in Herrlichkeit und Macht. Er kommt auf den Wolken des Himmels zum Gericht (vgl. Mk 13,26; Mt 24,30) und sitzt auf dem Regenbogen. Mit seinem lichtweißen Gewand und seinem von Strahlen umgebenen Haupt erscheint er im Bildtypus des Verklärten und Auferstandenen. Wie bei den Ostererscheinungen zeigt Christus mit der linken Hand auf seine Seitenwunde (vgl. Joh 20,20.27), die sowohl auf die Liebe des Erlösers als auch auf das Gericht des „Durchbohrten" über die Völker (Offb 1,7; Sach 12,10) verweist. Die Seitenwunde Christi befindet sich genau im geometrischen Mittelpunkt des Gemeinderaums und bildet damit auch das spirituelle Zentrum für die Gläubigen, die aus der nie mehr versiegenden Quelle der Herzmitte Jesu leben (vgl. Joh 7,37–38). Der auf dem

Regenbogen sitzende und auf sein geöffnetes Herz (vgl. Joh 19,34) zeigende Christus hat das Gericht, zu dem er gerade auf den Wolken des Himmels wiedergekommen ist, noch nicht vollzogen, sondern erscheint mit verklärten, milden und gütigen Zügen, wie es für das entwickelte Rokoko charakteristisch ist.[16]

Christi rechte Hand ist nicht richtend erhoben, sondern weist auf das Kreuz links über ihm, das von zwei Engeln herangebracht wird. Christus nimmt zwar über dem großen Regenbogen die Mitte des Deckenbildes ein, aber die eigentliche Lichtglorie ist über ihm und umgibt das Kreuz, das als Zeichen des Menschensohnes am Himmel erscheinen wird, um die Parusie Christi anzukündigen (vgl. Mt 24,30). So ist nicht die Person des Erlösers, sondern das Werkzeug und Sinnbild der Erlösung mit dem höchsten Licht (somma luce) ausgezeichnet, womit das im weißlich-hellgelben Licht verklärte, immateriell erscheinende Kreuz zum Symbol des Erlösersieges Christi und damit zum Hoffnungszeichen für die Wallfahrer wird.[17]

Fünf Posaunenengel zeigen an, dass Christus bei seiner Wiederkunft die Engel „unter lautem Posaunenschall" (Mt 24,31) aussenden wird, um „die von ihm Auserwählten aus allen vier Windrichtungen" zusammenzuführen (Mk 13,27; Mt 24,31). Die Posaunenengel sind an den Enden der Wolkenausläufer dargestellt und markieren mit ihrer Position in den Ecken des Deckenbildes die vier Himmelsrichtungen. Dass Christus das Gericht noch nicht vollzogen hat, sondern gerade auf den Wolken des Himmels wiedergekommen ist, um seine Auserwählten zu sammeln, könnte dadurch angedeutet sein, dass zwei der Engel ihre Posaunen noch nicht blasen. Während die beiden Engel rechts unten und der Engel links oben die Instrumente schon an den Mund geführt haben, hält der Engel rechts oben die Posaune noch in der Hand, und links unten setzt der Engel gerade erst zum Blasen an.[18]

Im Osten über dem Chorbogen und im Westen zum Kircheneingang hin zeigt das Deckenbild die mächtigen Darstellungen des Richterstuhls Christi und des Tores zur Ewigkeit. Da die einzelnen künstlerischen Gattungen changieren, um die Wieskirche zu einem einheitlichen Gesamtkunstwerk zu machen, präsentieren sich die Malereien des Richterthrons und des Tores zur Ewigkeit als sehr konkrete Architekturen, die eine größere gegenständliche Wahrscheinlichkeit als die bildhaft distanzierte weiße Realarchitektur unterhalb der Stuckzone aufweisen.[19] Thron und Tor sind perspektivisch konstruiert und erfordern die Einhaltung des Betrachterstandpunktes, damit sie ohne stürzende Linien richtig gesehen werden können. So dienen sie dem Betrachter als perspektivische Anstöße, um in die unendliche Farb- und Lichtatmosphäre des Deckenbildes einzudringen und es als Ort zu begreifen, der eine für das Seelenheil bedeutungsvolle Botschaft enthält.[20]

Der Richterstuhl ist der für den Weltenrichter bestimmte Thron (vgl. Ps 9,8), der „Thron seiner Herrlichkeit" (Mt 25,31), der im Himmel schon bereitsteht, um dann von Christus eingenommen zu werden, wenn er „in seiner Herrlichkeit" wiederkommen wird (Mt 25,31). Unter der Darstellung des apokalyptischen Regenbogens (vgl. Offb 4,3) erinnert der Richterstuhl auch an den in der Offenbarung des Johannes erwähnten göttlichen Thron (vgl. Offb 4,3; 20,11; 22,1.3). Über einer marmorweißen, halbrund nach vorne ausschwingenden Attika, die illusionistisch die Stuckzone fortsetzt, bilden zwei rötliche Stufen das Podest für den Richterthron Christi. Der eigentliche Sitz besteht aus einer mit zwei Engelsköpfen verzierten Thronbank, deren rote Farbe auf den Erlösertod Christi verweist. Über dem Thronsitz erhebt sich eine prächtige, in bewegten Rocailleformen ausgeführte und mit einem Kuppelrund abgeschlossene Baldachinarchitektur, deren ockergelbe Farbe für Gold steht. Über den Baldachin breiten Engel eine Vorhangdraperie, die mit ihrer blauen Himmelsfarbe auf die Göttlichkeit des zum Gericht wiederkommenden Menschensohnes verweist. Die Thronnische zeigt an der purpurvioletten Rückwand ein aus Krone, Flammenschwert und Ölzweig[21] gebildetes Emblem. Während sich die Krone auf den „goldenen Kranz auf dem Haupt" des Weltenrichters (Offb 14,14) bezieht, verweist das Flammenschwert auf das strafende Gericht (vgl. Offb 19,15.21). Der Ölzweig symbolisiert das Erbarmen Gottes (vgl. Gen 8,11; Ps 52,10), das gleichsam die Stütze seines Thrones ist (vgl. Ps 89,15). Vor den seitlichen Säulen stehen zwei Engel als Thronwächter mit aufgeschlagenen Büchern, die auf die apokalyptischen Bücher mit den darin aufgeschriebenen Werken verweisen, nach denen die vor dem Thron stehenden Toten gerichtet werden (vgl. Offb 20,12). Wie der noch unbesetzte Thron und die Engel zeigen, die gerade die blaue Baldachindraperie ausbreiten, geht es in der Darstellung um das traditionelle Motiv der Hetoimasia, der Zurüstung des Richterstuhles Christi.[22]

Gegenüber dem Thronbaldachin ist im Westen das Tor zur Ewigkeit dargestellt. Auf einem Bodenstreifen erhebt sich über einem vierstufigen Sockel eine mächtige Portalarchitektur. Die portikusähnliche Anlage ist seitlich von jeweils zwei Säulen mit verkröpfter Gesimsordnung und zwei Sprenggiebeln umgeben. In der Mitte führt ein Torbogen zu einer zweiflügeligen, verschlossenen Holztür. Links ist der Engel aus der Apokalypse (vgl. Offb 10,1–7) dargestellt, dessen Lenden von einer Wolke bedeckt sind, da er „von einer Wolke umhüllt" wurde, und dessen Haupt Lichtstrahlen umgeben, weil sein Gesicht „wie die Sonne" war (Offb 10,1). Er hält in seiner linken Hand ein rotes Buch und hat mit den Fingern eine Seite eingemerkt, um anzudeuten, dass die Apokalypse von einem aufgeschlagenen Buch spricht (vgl. Offb 10,2). Während er seinen linken Fuß auf die Steinplatte des Bodenstreifens und damit auf das „Land" gesetzt hat, steht sein rechter Fuß auf dem „Meer" (Offb 10,2), das durch sich kräuselnde Wellen angedeutet wird. Seine rechte Hand hat der Engel erhoben, um bei Gott, dem Schöpfer des Himmels, des Meeres und der Erde, zu schwören, dass keine Zeit mehr bleiben wird, wenn sich das Geheimnis Gottes vollendet (vgl. Offb 10,6–7). Die beiden erhobenen Schwurfinger zeigen auf die Kartusche über dem Torbogen, in dessen lateinischer Inschrift „Tempus non erit amplius Ap: 10. V. 6" (Apc 10,6 Vulgata), „Es wird keine Zeit mehr sein", dem Betrachter die Ankündigung des Engels vor Augen geführt wird, um ihm bewusst zu machen, dass beim Gericht auch keine Zeit mehr zu Umkehr und Reue sein wird. Auf das Ende der Zeit, das mit dem Gericht eintreten wird, verweist die rechts vor dem Tor liegende mythologische Gestalt des geflügelten Chronos, der als Personifikation der Zeit die Züge eines Greises trägt und dem als Attribute eine Sense und ein Stundenglas beigegeben sind. Angesichts des durch den Engel angekündigten Endes der Zeit ist er bereits entkräftet zu Boden gesunken, und Sense und Stundenglas sind ihm schon aus den Händen geglitten. Über dem noch verschlossenen Tor zur Ewigkeit, das den zeitlosen Himmel von der irdischen Vergänglichkeit scheiden wird, ist der Schlangenring, der Uroborus, dargestellt. Im Gegensatz zu der durch Chronos symbolisierten Zeit steht die sich in den Schwanz beißende Schlange für die Ewigkeit, weil sie mit ihrem Körper einen geschlossenen Kreis bildet, der keinen Anfang und kein Ende hat.[23] Das Tor zur Ewigkeit ist im Hinblick auf den soteriologischen Grundzug des Bildprogramms auch die ins Leben führende Tür, mit der sich Jesus im Johannesevangelium identifiziert hat (vgl. Joh 10,7–10). So verweist das nobilitierend über einem vierstufigen Sockel dargestellte und sich in den Würdeformen eines antiken Triumphbogens präsentierende Tor auf Christus, durch den die Gläubigen durch das Gericht hindurch in die Fülle des Lebens (vgl. Joh 10,10) eingehen sollen. Wenn die Gläubigen beim Verlassen der Kirche über den Westeingang zum Tor der ewigen Seligkeit aufschauen, werden sie daran erinnert, die irdische Gnadenzeit zu nutzen, damit sich für sie das noch verschlossene Ewigkeitstor zum Heil und nicht zur Verdammnis öffnet, wenn die Zeit nicht mehr sein wird (vgl. Offb 10,6).[24]

Die Apostel, die nach dem Zeugnis des Evangeliums Christus beim Weltgericht als Beisitzer assistieren werden (vgl. Mt 19,28; Lk 22,30), thronen auf den äußeren Wolkenbänken an den Längsseiten des Deckenbildes. Die Reihe der an ihren Attributen erkennbaren Apostel beginnt auf der linken Seite gleich neben dem Regenbogen mit Andreas, der mit seinem diagonalen Kreuz dargestellt ist. Er schaut nach links zu Paulus herab, der seinen Blick erwidert. Der entgegen der ikonographischen Tradition nicht kahlköpfig gezeigte Völkerapostel hält in seiner linken Hand das Buch des von ihm verkündeten Evangeliums und das Schwert, mit dem er hingerichtet wurde. Links von Paulus schließt sich mit Petrus der zweite Apostelfürst an, der an seinem gestutzten weißen Bart erkennbar ist und die für ihn charakteristische Kleidung der blauen Tunika und des goldgelben Palliums trägt. In seiner rechten Hand hält er die „Schlüssel des Himmelreiches", die auf die ihm durch Christus verliehene Binde- und Lösegewalt verweisen (vgl. Mt 16,19). Während der goldene Schlüssel für die Bindegewalt steht, versinnbildlicht der silberne Schlüssel die Lösegewalt. Neben Petrus sitzt der jugendliche, bartlose Johannes im roten Gewand des Lieblingsjüngers auf der Wolkenbank. Der Adler zu seiner Rechten zeichnet Johannes als Evangelisten aus. Mit dem Buch in seiner linken Hand und der Schreibfeder in seiner Rechten blickt Johannes, der auch als Verfasser der Apokalypse gilt, wie entrückt zu Christus und dem Lichtkreuz auf. Links neben Johannes ist Bartholomäus dargestellt, der in seiner Rechten das Messer hält, mit dem ihm bei seinem Martyrium die Haut abgezogen wurde, die über seinem rechten Arm herabhängt. Bartholomäus wendet sich Matthäus zu, dem die Hellebarde als Zeichen seines Martyriums beigegeben ist. Während seine linke Hand auf dem Buch des von ihm verfassten Evangeliums ruht, weist er mit seiner erhobenen Rechten zum Weltenrichter hinüber. Auf der gegenüberliegenden Seite setzt sich die Reihe der Apostel gleich rechts neben dem Regenbogen mit Matthias fort, der als Marterinstrument ein Beil in seiner linken Hand hält. Rechts neben Matthias ist Thomas mit dem Winkelmaß zu sehen, das ihn als Patron der Baumeister ausweist. Daneben lagert auf der Wolkenbank Jakobus der Jüngere, der seine linke Hand erhoben hat und zu Christus aufblickt. Sein Attribut ist der Wollbogen, der für die Tuchwalkerstange steht, mit der er erschlagen wurde. Der nächste Apostel, der einen hochaufragenden Kreuzstab in seiner linken Hand hält, ist Philippus, der am Kreuz das Martyrium erlitten hat. Rechts neben Philippus hält Judas Thaddäus in seiner linken Hand die Keule, mit der er erschlagen wurde. Daneben sitzt Simon der Zelot, der in seiner Rechten die Säge als sein Marterinstrument hält. Während er mit seiner linken Hand auf die Säge zeigt, hat er sein Haupt zu Jakobus dem Älteren herumgewendet, der ein Buch in seiner Linken hält und mit Pilgerstab, Kürbisflasche und der Pelerine, dem kurzen Schulterumhang, als Pilgerpatron dargestellt ist.[25]

Der Weltenrichter erscheint nicht nur im Kreis seiner Apostel, sondern auch inmitten der Chöre der Engel (vgl. Mt 25,31), so wie sie auch in der Messfeier am Schluss der Präfation als anbetender Hofstaat Gottes erwähnt werden.[26] Während die Apostel auf den beiden äußeren Wolkenringen sitzen, sind die verschiedenen Chöre der Engel auf zwei inneren Wolkenbändern und unterhalb des Regenbogens zu sehen und reichen damit noch näher an die Lichtglorie mit Christus und dem Kreuz heran. Auf biblischer Grundlage[27] wurden um das Jahr 500 in der neuplatonisch geprägten Schrift „De caelesti hierarchia" die in der Heiligen Schrift erwähnten neun Engelchöre aufgrund ihrer jeweiligen Gottesnähe in drei Triaden eingeteilt.[28] Obwohl es für die neun Engelhierarchien kein festes ikonographisches Schema gibt, lassen sich die im Deckenbild der Wieskirche dargestellten Engelchöre weitgehend durch ihre Attribute und Gebärden zuordnen.[29]

Die höchste Engeltriade aus Seraphim (seraphim), Cherubim (cherubim) und Thronen (throni), die Gott und seinen Thron direkt umgibt, ist auf der rechten Wolkenbank dargestellt. Dort steht der mit einem goldgesäumten Purpurstoff bedeckte Altar des dreifaltigen Gottes, der wie das Parusiekreuz und der Thron ein apokalyptisches Sinnbild für die machtvolle Herrlichkeit Gottes ist (vgl. Offb 6,9; 8,3; 16,7).[30] Über dem Altar ist in einem Strahlenkranz das Dreifaltigkeitssymbol des gleichseitigen Dreiecks dargestellt.[31] Da die Seraphim Gott am nächsten sind, dürften die beiden links neben dem lichtumstrahlten Dreieckssymbol dargestellten Engel zu dieser ersten Engelhierarchie gehören. Der rechte Engel hat anbetend seine Hände auf das Herz gelegt und verweist mit seinem roten Gewand auf das feurige Wesen der in reinster Gottesliebe glühenden Seraphim.[32] Während dieser Engel sein Haupt zu Christus erhoben hat, zeigt der zweite Engel, der mit seinem gelben Gewand ebenfalls feuerfarben bekleidet ist, auf das Kreuz in der Lichtglorie.[33] Die beiden rechts neben dem Lichtkranz mit dem Dreifaltigkeitssymbol stehenden Engel gehören dann zum zweiten Chor der Cherubim, zumal das Obergewand des rechten Engels blau ist[34] und diese Farbe auf die Fülle der Gotteserkenntnis verweist, mit der die Cherubim ausgestattet sind.[35] Von dieser Erkenntnis erfüllt, hat der rechte Cherub seine Arme ausgebreitet und seinen Blick auf das Symbol des dreifaltigen Gottes gerichtet. Der dritte Chor der Throne umgibt den purpurfarbenen Altar, der unterhalb des strahlenden trinitarischen Dreiecks auf dem Wolkenband steht. Während die beiden linken Throne anbetend mit gefalteten und ausgebreiteten Händen zu Christus aufblicken, hält der rechte Thronengel eine Brokatdraperie mit prachtvollen Blumenstickereien.[36] Der zu Christus erhobene Blick der beiden links vom Altar stehenden Thronengel und besonders das in roter Liebesglut strahlende Obergewand des linken dieser beiden Engel zeigen die Throne als Wesen, die immerzu in vollkommener Liebe das Mysterium Gottes beschauen,[37] so dass Gott gleichsam in ihnen thront und durch sie seine Gerichte entscheidet.[38] Der von den Engeln der ersten Hierarchie bereitete Altar der göttlichen Dreifaltigkeit erinnert sowohl an die eschatologische Schau der Liturgie im Himmel (vgl. Offb 8,1–4) als auch an den Altar in der Wieskirche[39] und steht damit für die Verbundenheit von irdischer und himmlischer Liturgie. Diese Einheit wird in der Messfeier erfahrbar, wenn die Kirche Gottvater bittet, durch seine heiligen Engel die eucharistische Opfergabe auf seinen himmlischen Altar (in sublime altare) vor seine göttliche Herrlichkeit tragen zu lassen, damit die Gläubigen durch die Teilhabe am Altar die Fülle der Gnade empfangen.[40]

Die zweite Engelhierarchie, die aus den Herrschaften (dominationes), Mächten (virtutes) und Gewalten (potestates) besteht, ist links vor dem leuchtenden Parusiekreuz dargestellt. Auf einer etwas dunkleren Wolkenbank kniet links mit Zackenkrone und Zepter ein goldgelb und blau gckleideter Engel, der den vierten Chor der Herrschaften repräsentiert.⁴¹ Während das Zepter und die Krone zeigen, dass die Herrschaften anderen Engeln gebieten,⁴² wird durch die kniende Haltung deutlich, dass sie zu einer willkürlichen Ausübung ihrer Herrschaft nicht fähig sind.⁴³ Schließlich verweist der himmelblaue Mantel darauf, dass die Herrschaften der zweiten Engeltriade angehören, die den Himmelsraum bevölkert.⁴⁴ Rechts unterhalb der etwas dunkleren Wolke ist im Himmelsraum direkt über dem Regenbogen eine Gruppe von zwei fliegenden Engeln zu sehen, von denen der obere das Zepter der göttlichen Vorsehung (divina sapientia) hält, das an seiner Spitze das von Strahlen umgebene Auge Gottes zeigt. Der zweite Engel trägt einen großen Himmelsglobus mit dem Band der Tierkreiszeichen, dem Zodiacus. Die beiden Engel dürften für den fünften Chor der Mächte stehen, die den kosmischen Lauf der Himmelskörper von Sonne, Mond und Sternen regieren.⁴⁵ Das Zepter mit dem Auge Gottes besagt, dass die Weltordnung durch die Vorsehung Gottes gelenkt wird, in dessen Dienst die Engel stehen.⁴⁶ Links neben dem bekrönten Engel des Chores der Herrschaften lagert auf einer benachbarten Wolkenbank ein Engel, der einen Helm mit Federbusch trägt, einen Palmzweig hochhält und sich auf eine Säulentrommel stützt. Mit diesen für die Allegorie der Stärke (fortitudo) charakteristischen Attributen gehört der Engel zum sechsten Chor der Gewalten,⁴⁷ der die dämonischen Mächte in Schranken zu halten hat, damit diese die Menschen nicht in maßloser Weise in Versuchung führen können.⁴⁸

Zur dritten Engeltriade gehören die Fürstentümer (principatus), die Erzengel (archangeli) und die Engel (angeli). Auf der dunkleren Wolke kniet rechts neben dem Herrschaftsengel vor dem Parusiekreuz der Vertreter des siebten Chores der Fürstentümer. Er ist in einen Purpurmantel mit Hermelinkragen gehüllt, trägt auf seinem Haupt den Kurfürstenhut, hält in seiner rechten Hand einen Regentenstab und hat die Linke auf die Brust gelegt.⁴⁹ Die fürstlichen Attribute verweisen auf die schützende Verantwortung, die Gott den Fürstentümern über Völker und Länder anvertraut hat.⁵⁰ Während der neunte, unterste Chor der Engel durch die beiden Himmelsboten repräsentiert ist, die das Parusiekreuz tragen,⁵¹ ist der achte Chor der Erzengel auf einer Wolkenbank unterhalb des Regenbogens dargestellt, der sich quer über die östliche Himmelshälfte wölbt.⁵² Von den sieben Erzengeln, die Christus huldigen, finden Michael, Gabriel und Rafael in der Bibel Erwähnung, während die außerbiblischen Erzengel traditionell mit den Namen Uriel, Jehudiel, Sealtiel und Barachiel bezeichnet werden.⁵³ Links steht der mit Helm und Küraß gerüstete Erzengel Michael, wobei links ein Putto seinen roten Feldherrnmantel wie eine Schleppe aufhebt. Michael trägt in seiner Rechten einen Kreuzstab als Zeichen seines apokalyptischen Sieges über den Satan (vgl. Offb 12,7–8) und stützt mit der linken Hand einen ovalen, goldenen Schild, der ebenfalls mit einem Kreuz versehen ist. Links hält ein Putto die Balkenwaage, mit der Michael nach volkstümlicher Vorstellung als „Seelenwäger" beim Gericht das Gute und Böse der Menschen abwägt. Während die neben Michael stehende weibliche Gestalt kein Engelwesen darstellt, kniet rechts davon ein weiterer Erzengel, der in demütiger Anbetung die Hände gefaltet hat und vielleicht Sealtiel sein könnte, der häufig mit über der Brust gekreuzten Armen dargestellt wird. Dann folgt der Erzengel Gabriel, der in seiner rechten Hand die weiße Verkündigungslilie trägt, die auf die Jungfrau Maria verweist, zu der er gesandt wurde, um ihr die Botschaft zu überbringen, dass sie vom Heiligen Geist den Sohn Gottes empfangen werde (vgl. Lk 1,26–38). Gabriel trägt mit seinem weißen Untergewand und seinem himmelblauen Mantel marianische Farben, durch die nochmals seine heilsgeschichtliche Aufgabe bei der Verkündigung in Nazaret hervorgehoben wird. Rechts neben Gabriel ist der Erzengel Rafael dargestellt, der als Zeichen seiner Würde ein helles purpurfarbenes Untergewand und einen goldgelben Mantel trägt. Der Wanderstab, den er in seiner rechten Hand hält, weist ihn als Begleitengel des Tobias aus. Nach dem Engel mit dem Weihrauchgefäß, der nicht zur Gruppe der sieben Erzengel gehört, folgen rechts zwei weitere Erzengel, die aber nicht näher durch Attribute charakterisiert sind.[54] Ganz rechts außen lagert der siebte, mit einem blauen Überwurf bekleidete Erzengel, dessen halb liegende Gebärde wohl als Proskynese zu deuten ist.[55]

Die weibliche, geflügelte Figur, die rechts neben Michael als einzige nimbierte Gestalt in der Gruppe unter dem Regenbogen steht, ist für das Verständnis des Bildprogramms von besonderer Bedeutung, wie Anna Bauer-Wild überzeugend nachgewiesen hat. Da der Typus und die Gewänder dieser Frauenfigur keine Ähnlichkeit mit Maria zeigen, die vielmehr mit einem strahlend himmelblauen Mantel erscheinen würde, muss diese weibliche Gestalt als die apokalyptische Braut (sponsa) Christi gedeutet werden.[56] Die jugendliche Frau besitzt große Engelsflügel und trägt helles Haar. Ihre Kleidung besteht aus einem purpurvioletten Untergewand und einem weißen, goldgesäumten Überwurf. Während ihr sehnsuchtsvoll zu ihrem Bräutigam (sponsus) Christus aufblickendes Haupt von einem feurig ausflammenden Nimbus umgeben ist, hat sie ihre beiden Arme in einer hingebungsvollen, aber auch bittenden und empfehlenden Gebärde ausgebreitet. Diese Gestalt steht für die Braut und damit für die triumphierende Kirche, die zur Hochzeit des Lammes (vgl. Offb 19,7–8) kommt, zur endzeitlichen Vereinigung mit Christus im himmlischen Jerusalem (vgl. Offb 21,2.9.17).[57] Die inmitten der Engel im goldverzierten Überwurf auftretende Frauengestalt erinnert an die Auslegung des Honorius Augustodunensis (um 1080–1150/51), der am Jüngsten Tag die mit einem goldgesäumten Gewand bekleidete Braut des Lammes sieht, wie sie von zahlreichen Engelscharen zu Christus geleitet wird.[58] Das Motiv des Feuerscheins um das Haupt der Frau, die vor den mit seinen Wundmalen ausgezeichneten Christus hingetreten ist, findet sich auch im Kommentar des Jesuiten Cornelius a Lapide (1567–1637). Weil nach Lapide das Feuer für die

Liebe steht,[59] wird am Ende der Zeiten die Braut vor dem in der Glorie seine Wundmale zeigenden Christus in Liebe glühen (vehementia amoris).[60] Auch die Flügel, mit denen die Braut dargestellt ist, verweisen auf die Liebe, wie die „Iconologia" des Cesare Ripa (1560–1662) zeigt, in der die Personifikation der Gottesliebe (desiderio verso Iddio) ebenfalls geflügelt ist und mit einer Feuerflamme auf der Brust erscheint.[61] Über dem purpurnen, ihre Würde hervorhebenden Untergewand trägt die Braut ein kostbares, weißes Obergewand, das auf das strahlend reine Leinen verweist, in das sie sich kleiden durfte und das die „gerechten Taten der Heiligen" (Offb 19,8) symbolisiert. Auch Lapide und der Karmelit João da Sylveira (1592–1687) sahen im weißen Gewand der apokalyptischen Braut die Verdienste, Gebete und guten Werke aller Gläubigen, mit denen sich die Kirche, die Braut des Lammes, nun für die Hochzeit mit Christus zu schmücken vermag.[62] Auf diesen aus den Gebeten und Werken der Heiligen bestehenden Schmuck der endzeitlich vollendeten Kirche verweisen auch die allegorischen Darstellungen der Seligpreisungen in den Kartuschen der Stuckzone und vor allem der Weihrauchengel, der inmitten der rechten Gruppe der Erzengel steht. Der im Unterschied zu den Erzengeln mit weißer Albe, rotem Zingulum und roter, goldgesäumter Kasel liturgisch gekleidete Engel steht für den apokalyptischen Engel, dem „viel Weihrauch gegeben" wurde, um ihn auf dem Altar vor dem Thron Gottes zu verbrennen und „so die Gebete aller Heiligen vor Gott zu bringen" (Offb 8,3). Der weiße Rauch aus dem „goldenen" (Offb 8,3) Weihrauchfass, der fast bis zu den Füßen des auf dem Regenbogen thronenden Christus aufsteigt, korrespondiert mit den empfehlend und bittend ausgebreiteten Armen der Braut, die mit dieser Geste unterstreicht, dass sie die Werke und damit auch die Gebete der Heiligen angenommen hat und als Kirche gleichsam mit ihnen geschmückt ist. Mit den nach unten zum Gemeinderaum hin ausgebreiteten Armen und dem gleichzeitig zu ihrem Bräutigam erhobenen Haupt sammelt die Braut auch die Gebete der Gläubigen in der Wieskirche, damit sie wie Weihrauch zu Christus aufsteigen (vgl. Offb 8,3–4; Ps 141,2). Christus aber erwidert den Blick seiner Braut in der Weise, dass er auf die zu ihr gehörenden Gläubigen im Kirchenschiff herabschaut, die als Kirche seine Glieder sind, um sie bei seiner Wiederkunft heimzuholen (vgl. Mk 13,27) und im himmlischen Jerusalem mit sich zu vereinen.[63] So steht die prächtig gekleidete Braut nicht nur für die Gebete und Werke der Gläubigen und Heiligen, sondern verweist mit ihrem Schmuck auch auf die Herrlichkeit des himmlischen Jerusalem (vgl. Offb 21,2), die sich gerade im festlichen Raum der Wieskirche widerspiegelt, wie in barocken Kirchweihpredigten immer wieder betont wurde. In der Wieskirche kam es aber über die barocke Homiletik hinaus auch zu einer einzigartigen bildlichen Umsetzung der am Jüngsten Tag bei der Wiederkunft Christi erwarteten Hochzeit des Lammes.[64]

Mit der sehnsuchtsvoll auf die Hochzeit des Lammes wartenden Braut kommt das soteriologische Bildprogramm der Wieskirche zum Abschluss. Dieses Programm geht vom Gnadenbild aus, entfaltet im Chorbereich das Erlöserleiden Christi (humanitas) und mündet im Deckenfresko des Gemeinderaums in die Vorstellung der Herrlichkeit Christi (divinitas) ein, der sich bei seiner Wiederkunft als Bräutigam (sponsus) mit seiner Braut (sponsa), der Kirche, vereinen wird.[65] Von diesem Ziel her enthält die Darstellung des wiederkommenden Weltenrichters nichts Bedrohliches, sondern atmet feierlichen Ernst, um die Gläubigen zur Umkehr zu mahnen (vgl. Offb 3,19), solange noch Zeit dazu ist.[66] Angesichts der zu erwartenden Liebe Christi umgreift das kommende Weltgericht den gesamten Deckenspiegel des Gemeinderaums und gewährt den dort betenden Wallfahrern einen Einblick in den offenen Himmel. So erscheinen vor dem Weltenrichter noch nicht die Scharen der vor den Richterstuhl gerufenen Menschen, damit sich die Gläubigen selbst als die „Judicandi" begreifen, als diejenigen, die einst gerichtet und jetzt schon vom Blick Christi getroffen werden. Ihre Augen werden auch nicht auf Prozessionen von Bittflehenden und mühselig Beladenen, sondern auf das Erlösungswerk Christi und damit auf die Möglichkeit und die Wirkung der Gnade gelenkt, um durch Glaube und Umkehr Anteil am Heil zu erlangen.[67] Es geht bei der Darstellung des wiederkehrenden Christus nicht um die Schrecken des Weltgerichts, sondern um die Heimholung der Auserwählten (vgl. Mk 13,27) und den Ausblick auf die eschatologische Vollendung, um die Gläubigen angesichts des noch nicht besetzten Richterthrons und des noch verschlossenen Ewigkeitstores zu ermutigen, die gewährte Gnadenzeit des göttlichen Erbarmens zu nützen, indem sie sich auch durch die Umgangsfresken zum Bereuen der Sünden und durch die Kartuschen mit den Seligpreisungen zur Tugendübung anregen lassen.[68] Durch die bibelnahe Durchgestaltung des apokalyptischen Parusiethemas und die Aufnahme frühchristlich-byzantinischer und abendländisch-mittelalterlicher Bildtraditionen wie der Hetoimasia, des Parusiekreuzes oder des Paradiestores gelang in der Wieskirche in der Formensprache des Rokoko eine originelle Neuformulierung des Glaubensgeheimnisses der Wiederkunft Christi von unvergleichlicher Überzeugungskraft.[69]

Christus als König

Christkönigssonntag. Evangelium: Joh 18,33–37

"Jesus antwortete: Du sagst es, ich bin ein König."
Joh 18,37

Das Kirchenjahr wird am letzten Sonntag im Jahreskreis mit dem Hochfest Christkönig beschlossen. An diesem Christkönigssonntag wird den Gläubigen die im Johannesevangelium überlieferte Szene vor Augen geführt, wie Jesus vor Pilatus steht und dabei sein Königtum offenbart.

Das Evangelium des Christkönigsfestes zeigt die Situation zu Beginn des Prozesses Jesu vor Pilatus (vgl. Joh 18,28–19,16). Nachdem Jesus verhaftet und dann von Hannas und Kajaphas verhört worden war (vgl. Joh 18,1–27), führten ihn die Führer des Volkes vor Pilatus, um ihn mit Hilfe des römischen Statthalters zum Tod verurteilen zu lassen (vgl. Joh 18,28–32). Da Pilatus davon ausging, dass man ihm Jesus wegen der Erhebung messianischer Ansprüche und damit als politischen Rebellen überstellt hatte, zog sich der Statthalter mit dem Angeklagten in das Prätorium zurück. Als er ihn dort fragte: „Bist du der König der Juden?" (Joh 18,33), nannte Pilatus mit dem Königtum Jesu das beherrschende Thema des Prozesses (vgl. Joh 19,14–15.19). Da die jüdischen Führer draußen blieben, um sich wegen des bevorstehenden Paschafestes nicht zu verunreinigen (vgl. Joh 18,28), wurde Pilatus Zeuge der Antworten Jesu, in denen er das Geheimnis seines Königtums offenbarte. Jesus sieht sich als ein wahrer König (vgl. Joh 18,37), aber sein Reich hat mit irdischen Herrschaftsvorstellungen nichts zu tun, denn es „ist nicht von dieser Welt" (Joh 18,36). Der Sinn seines Königtums besteht darin, in der Welt „für die Wahrheit Zeugnis" abzulegen (Joh 18,37), indem er die Gegenwart Gottes auf der Erde als die Macht

Georges Rouault, Ecce homo, 1938/39, Öl auf Leinwand,
105 × 75,5 cm, Stuttgart, Staatsgalerie.

Georges Rouault, Ecce homo

vergebender Liebe offenbart. Da jeder, der auf die Stimme Jesu hört, „aus der Wahrheit ist" (Joh 18,37), appellierte Christus auch an Pilatus, sich für die Wahrheit Gottes zu öffnen. Doch mit der skeptischen Antwort: „Was ist Wahrheit?" (Joh 18,38), gab Pilatus sein persönliches Desinteresse zum Ausdruck, so dass Jesus von da an zu Pilatus nicht mehr über sich und seine Sendung redete. Der Statthalter war nun von der politischen Ungefährlichkeit Jesu und dessen Unschuld überzeugt und sah sich für den Fall Jesu als amtlich nicht zuständig. So ging er zu den Juden hinaus und erklärte ihnen öffentlich die Unschuld Jesu (vgl. Joh 18,38). Um seine Absicht zur Freilassung Jesu zu bekräftigen und den jüdischen Führern einen Weg anzubieten, um ihr Gesicht wahren zu können, brachte Pilatus im Blick auf das bevorstehende Paschafest die Möglichkeit einer Gefangenenamnestie ins Spiel und schlug ihnen vor, den „König der Juden" freizugeben (Joh 18,39). Als dieser Plan fehlschlug und die Juden die Freilassung des Straßenräubers Barabbas forderten (vgl. Joh 18,40), um Jesus unbedingt in den Tod zu schicken, wagte es Pilatus nicht, Jesus freizugeben. Der Statthalter versuchte nun die Freilassung Jesu dadurch zu erreichen, ihn geißeln zu lassen und so als König lächerlich zu machen (vgl. Joh 19,1). Die Soldaten setzten ihm nach der Geißelung zum Spott eine Dornenkrone auf, legten ihm einen Purpurmantel um und huldigten ihm (vgl. Joh 19,2). So nahm Jesus seine erste Huldigung als König entgegen, die zwar eine Verspottung war, aber gerade dadurch auf geheimnisvolle Weise zeigte, dass sein Königtum nicht von dieser Welt ist (vgl. Joh 18,36). Diese zur Investitur und Huldigung als König ausgebaute Verspottungsszene bildet den Höhepunkt des johanneischen Passionsberichtes.

Als Pilatus dann abermals öffentlich die Unschuld Jesu feststellte (vgl. Joh 19,4) und ihn mit den Worten: „Seht, da ist der Mensch!" (Joh 19,5), „Ecce homo" (Io 19,5 Vulgata), dem Volk zeigte, hätte vor dem mit den Insignien von Dornenkrone und Purpurmantel bekleideten König eigentlich die Huldigung stattfinden müssen. Doch als anstelle des Huldigungsrufes die Führer des Volkes seine Kreuzigung verlangten, weil sich Jesus als Sohn Gottes und auch als König ausgegeben habe (vgl. Joh 19,7.12), musste Pilatus trotz erneuter Unschuldsbeteuerung (vgl. Joh 19,6) und einer letzten Präsentation Jesu als König (vgl. Joh 19,13–15) nachgeben und verurteilte ihn zum Kreuzestod (vgl. Joh 19,16). Die jüdischen Führer und das Volk wussten nicht, dass sie in diesem geschundenen Menschen ihren wahren König und Richter verwerfen und dass sie sich der in Jesus sichtbar gewordenen Wahrheit Gottes verweigern. So wurde Christus am Kreuz als König erhöht (vgl. Joh 3,14; 8,28; 12,32), um seine Königsherrschaft anzutreten.[1]

MIT DEM LEIDENDEN CHRISTKÖNIG setzte sich auch der französische Maler Georges Rouault (1871–1958) auseinander, der mit seinen vielbeachteten und künstlerisch unverwechselbaren Werken zum herausragendsten religiösen Maler des 20. Jahrhunderts wurde.

Rouault begann 1885 in Paris eine Glasmalerlehre und trat dort 1890 in die École des Beaux-Arts ein, wo ihn sein Lehrer Gustave Moreau (1826–1898), ein hervorragender Farbtechniker und Vertreter des Symbolismus, in die traditionelle Malerei einführte. Als 1898 sein Lehrer starb, fiel Rouault in eine persönliche Existenzkrise und wurde künstlerisch orientierungslos. Neuen Halt fand er, als er sich der katholischen Bewegung des „Renouveau catholique" zuwandte und neben Léon Bloy (1846–1917) auch Joris-Karl Huysman (1848–1907) kennenlernte, der 1901 in der Benediktinerabtei Ligugé eine Künstlerkolonie zur Erneuerung der religiösen Kunst gründen wollte. Als Rouault 1903 eine Anstellung als Konservator des neu eröffneten Musée Gustave Moreau bekam, gründete er mit anderen Malern die Künstlervereinigung des „Salon d'Automne", zu der von Beginn an auch Henri Matisse (1869–1954) gehörte. Nachdem Rouault sein Frühwerk beendet und mit der traditionellen religiösen Malerei gebrochen hatte, beteiligte er sich 1905 an einer Ausstellung der Künstler des „Salon d'Automne", die dann wegen ihrer expressionistischen Malweise „Fauves", die „Wilden", genannt wurden.

Von 1910 bis 1920 bildete der seit 1908 verheiratete Rouault die Grundzüge seines äußerst homogenen Œuvres aus. Er konzentrierte seine Bilder auf das Wesentliche, verzichtete auf perspektivische Gestaltung und betonte die Flächigkeit. Den Bildaufbau prägte er durch den an mittelalterliche Glasfenster erinnernden Gegensatz zwischen den dicken schwarzen Umrisslinien und den leuchtenden Farben, denen er im Blick auf den Seelenzustand der dargestellten Personen einen symbolischen Wert beilegte. Damit rückte Rouault in die Nähe des Expressionismus, der bewusste Übertreibungen und grobe malerische Mittel einsetzte, um durch dramatische Linienführung, symbolische Zusammenschmelzungen und glühende Farben starke Stimmungen hervorzurufen und damit innere Erlebnisse sichtbar zu machen. Auch wenn Rouault 1905 bei der Ausstellung des „Salon d'Automne" unter die Bezeichnung „Fauves" gefallen war, so blieb er wegen seines katholisch motivierten Kunstschaffens ein unabhängiger Künstler. Trotz seiner Förderung durch den Kunstsammler Ambroise Vollard (1865–1939) waren seine Werke in der Öffentlichkeit wegen seiner dunklen und schmutzig wirkenden Farbpalette noch nicht sehr anerkannt. Nach dem Ersten Weltkrieg hellte er seine Farbpalette auf und befasste sich zunehmend mit religiösen Themen, wie seine Darstellungen der Passion Christi oder der von 1914 bis 1927 im Auftrag Vollards ausgeführte graphische Zyklus „Miserere" zeigen. Mit zwei Glasbildern für die 1950 geweihte Kirche des Sanatoriums in Assy erhielt Rouault seinen ersten offiziellen Auftrag durch die katholische Kirche. Der 5. Juni 1951 wurde für Rouault zum Höhepunkt seiner späten offiziellen Anerkennung, als ihm das Centre Catholique des Intellectuels Français in Paris eine Hommage widmete. Nachdem seine letzten Jahre von zahlreichen Ausstellungsbeteiligungen ausgefüllt waren, starb Rouault am 13. Februar 1958 in Paris, wo er ein Staatsbegräbnis erhielt.[2]

In Rouaults Christusbild spiegelt sich nicht nur die tragische Welterfahrung der damaligen Zeit wider, sondern auch die Frömmigkeit des Künstlers, zu der er nicht zuletzt durch seine Bekanntschaft mit Léon Bloy fand, der in seinen Schriften ein radikales, antibürgerliches Christentum in der Nachfolge Christi propagierte.[3] Für Rouault und die Künstler des „Renouveau catholique" sollte die Kunst aus dem Schoß einer Kirche hervorgehen, die in der Lage ist, die drängenden und oftmals so leidvollen Fragen des modernen Lebens zu beantworten. Auch Rouault versuchte die Erfahrung des menschlichen Leidens mit der christlichen Heilserwartung zu verbinden und in der Gestalt Christi zu verdichten, den er fast ausschließlich in seiner Passion darstellte. Die Betonung der Passion und die Identifikation Jesu mit den leidenden Menschen gehört zu den wichtigsten Kennzeichen des modernen Christusbildes, das angesichts des seit dem Ersten Weltkrieg gebrochenen Menschenbildes Bedeutung gewann und die frühere christologische Hoheitsikonographie fast ganz verdrängte. Während aber die expressionistischen Christusdarstellungen zumeist nur den Teilaspekt des leidenden Christus für den Betrachter freilegten, wollte Rouault die ganze Gestalt des gottmenschlichen Erlösers erfassen, da das Göttliche durch das Mysterium der Menschwerdung an der leidenden Welt teilhat, so dass auch die geschundene Materie die Herrlichkeit Gottes zu bekennen vermag.[4]

Als Rouault um das Jahr 1938/39 ein Ölgemälde mit dem Titel „Ecce homo" schuf, zeigte er Christus nicht nur in seinem Leiden, sondern auch in seiner verborgenen hoheitsvollen Königsgestalt. In dem über einen Meter hohen und rechts unten signierten Bild, das 1959 für die Stuttgarter Staatsgalerie erworben wurde, beschränkte sich Rouault ganz auf die Gestalt Christi, der als Halbfigur vor einer Landschaft sitzt.[5] Obwohl sich das Bild mit seinem Titel „Ecce homo" auf den im Johannesevangelium berichteten Prozess Jesu und seine Verspottung als König mit Geißelung, Dornenkrönung und Zurschaustellung bezieht, ließ Rouault die Begleitfiguren des Pilatus, der Ankläger und der Volksscharen weg. Der Maler löste Christus aus dem erzählerischen Zusammenhang heraus und konzentrierte sich auf die Passionsattribute der gebundenen Hände, der Dornenkrone und des Purpurmantels, der Jesus über den gegeißelten Oberkörper gelegt wurde. Indem Rouault auf den erzählerischen Kontext und damit auf die geschichtlich-ereignishafte Dimension verzichtete, hob er die dargestellte Szene auf eine überzeitliche Ebene, auf der die isolierte Gestalt Jesu dem Betrachter gegenüberzutreten vermag. Die Gestalt Jesu wird ganz flächig mit schwarzen Umrisslinien und farblichen Gegenstandszeichnungen an die vorderste Ebene des Bildes gebunden, da sie nicht als historisch handelnde Person gezeigt ist, sondern anstelle der Nacherzählung des biblischen Ereignisses die Bildträgerschaft übernimmt, so dass sie keinen perspektivischen Tiefenraum mehr zum Agieren benötigt.[6]

Die Verspottung des Christkönigs und das Erkennen seiner Einzigartigkeit erschließen sich also allein durch die einsame Gestalt Jesu mit seinen Attributen, seinem Gesichtsausdruck und seiner Haltung. Der zunächst ins Auge fallende Eindruck der würdevollen Wehrlosigkeit Jesu wird vom hochrechteckigen Format des Bildes hinterfangen, „das die Figur einengend festzuhalten scheint", wie es Carolin Bahr formuliert hat.[7] Mit der Halbfigurigkeit und den vor dem Körper gekreuzten Armen knüpfte Rouault an die Tradition des mittelalterlichen Andachtsbildes des Schmerzensmannes (imago pietatis) an, das im Betrachter die meditative Versenkung in das Leiden Christi (passio) wecken sollte, um zum Mitleiden (compassio) mit dem Erlöser zu gelangen. So blickt der nach seiner Geißelung, Dornenkrönung und Königsverspottung seinem Erlösertod entgegensehende Christus eindringlich den Betrachter an, um mit ihm in Beziehung zu treten. Das Auge des Betrachters sieht Jesus vor sich mit aufrechtem, von vorne gezeigtem Oberkörper, mit gebundenen Händen und dem umgehängten roten Königsmantel, der von einer Schließe zusammengehalten wird. Jesus hat sein Haupt mit den schwarz konturierten Gesichtszügen und der ins Haar geflochtenen Dornenkrone leicht nach links geneigt und seine geöffneten Augen eindringlich auf den Betrachter gerichtet. Mit diesen künstlerischen Mitteln wird der Erlösungsgedanke an den Betrachter herangetragen, der anstelle eines narrativen Leidensvorgangs der Person Christi selbst begegnet, um durch ihn als Paradigma des Leidens zur Heilsbedeutung seiner Passion zu gelangen.[8]

Die den Vordergrund einnehmende Christusgestalt wird von einer Landschaft hinterfangen, die ebenfalls über die biblische Erzählung hinausgeht. Während rechts ein vorhangähnliches rotes Gebilde hereinragt, erkennt man vor einem hochgezogenen, im Licht strahlenden Horizont ein Gewässer, auf dem rechts ein Schiff fährt. Auf der linken Seite ist unter einem blutroten Sonnenball am Ufer ein Kirchturm zu sehen. Die menschenleere Landschaft hebt die Einsamkeit Christi hervor, betont aber in ihrer anonymen und zeitlosen Unbestimmtheit auch, dass sich die Verspottung Jesu und die gleichzeitige Erkenntnis seines wahren Königtums zu jeder Zeit und an jedem Ort ereignen können.[9]

Neben den gegenständlichen Motiven wird die Bildaussage durch die symbolträchtige Farbigkeit des Gemäldes vermittelt, die dem Betrachter eine intensive Sehleistung abverlangt. Die Farben sind mehrschichtig aufgetragen und durch schwarze Konturen gefasst, so dass sie den Eindruck leuchtender Glasfenster erwecken. Die aufgehellte und strahlende Farbigkeit des Bildes bringt zum Ausdruck, dass die Passion Christi ein erlösendes und damit seligmachendes Leiden (beata passio) ist.

Durch die Farbsymbolik scheint die Erlösermacht Jesu auf, mit der er den Tod überwunden hat, um am Kreuz erhöht alle an sich zu ziehen (vgl. Joh 12,32). Der durch seine Passionsattribute als Leidender dargestellte Christus erhält durch die rötlich glühenden Farben eine kraftvolle Lebendigkeit, die seinen geschundenen Körper übernatürlich leuchten lassen. Auch die rote Sonne, die mit ihren Strahlen den Horizont hellgelb zum Leuchten bringt und die Dornenkrone blutrot aufglühen lässt, wird zum Zeichen dafür, dass der verspottete und dem Tod ausgelieferte Christus Sohn Gottes und wahrer König ist, der durch seinen Erlösertod den Menschen Heil und Hoffnung zu bringen vermag.

An die Seite der prächtigen Farbigkeit des Bildes ließ Rouault die würdevolle Haltung des Schmerzensmannes treten, die Jesus als siegreichen und anbetungswürdigen Christkönig zeigt, der durch sein Leiden das Heil erwirkt hat.[10] So knüpfte Rouault mit seinen unverwechselbaren künstlerischen Mitteln an die Tradition des mittelalterlichen Andachtsbildes an und schuf mit seinem Gemälde „Ecce homo" ein Meditationsbild, um den modernen, an den Dissonanzen seiner Zeit leidenden Betrachter an das Geheimnis Christi heranzuführen, der sich gerade in seiner Passion als wahrer König offenbart hat.

Der Lobpreis des Simeon

2. Februar – Darstellung des Herrn. Evangelium: Lk 2,22–40

„Simeon nahm das Kind in seine Arme und pries Gott."
Lk 2,28

Am 2. Februar wird vierzig Tage nach Weihnachten das Fest der Darstellung Jesu im Tempel, Mariä Lichtmess, begangen. Wie das Evangelium des Festtags berichtet, wollten die Eltern das Jesuskind als Erstgeborenen im Jerusalemer Tempel Gott darbringen (vgl. Lk 2,22–23; Ex 13,1–2.13–15), und Maria wollte sich am Ende ihrer Zeit als Wöchnerin mit dem gesetzlich vorgeschriebenen Opfer reinigen lassen (vgl. Lk 2,22.24; Lev 12,1–8). Im Tempel lebte damals, „gerecht und fromm", der greise Simeon, der auf die „Rettung Israels" wartete (Lk 2,25). Durch den Heiligen Geist, der auf ihm ruhte, war ihm offenbart worden, „er werde den Tod nicht schauen, ehe er den Messias des Herrn gesehen habe" (Lk 2,26). Als Maria und Josef das Jesuskind in den Tempel brachten, wurde Simeon „vom Geist in den Tempel geführt", nahm „das Kind in seine Arme und pries Gott mit den Worten: Nun lässt du, Herr, deinen Knecht, wie du gesagt hast, in Frieden scheiden. Denn meine Augen haben das Heil gesehen, das du vor allen Völkern bereitet hast, ein Licht, das die Heiden erleuchtet, und Herrlichkeit für dein Volk Israel" (Lk 2,27–32). Als er Jesus als Licht für die Heidenvölker und als Herrlichkeit für Israel gepriesen hatte, staunten Maria und Josef über die Worte Simeons. Er segnete sie und kündigte Maria an, dass das Kommen des Messias auch Leiden und Gericht bedeutet und dass sie als Mutter den Weg der Passion ihres Sohnes mitgehen wird (vgl. Lk 2,33–35).

Zu den bekanntesten Darstellungen des greisen Simeon gehört ein Gemälde des holländischen Malers Rembrandt Harmenszoon van Rijn (1606–1669), das nach dessen Tod unvollendet aufgefunden wurde. Obwohl er in Amsterdam, wo er sich 1631 niedergelassen hatte, zu den führenden Malern gehörte, verschärfte sich in den vierziger Jahren seine finanzielle Situation, weil er dem gewandelten Kunstgeschmack nicht zu folgen vermochte und an seiner charakteristischen Helldunkelmalerei festhielt, so dass er schließlich 1656 in die Insolvenz gehen musste und 1669 unbeachtet und verarmt starb. Zur prekären ökonomischen Lage waren familiäre Schicksalsschläge und Sorgen hinzugekommen, nachdem seine Frau Saskia Uylenburgh (1612–1642), seine Lebensgefährtin Hendrickje Stoffels (1626–1663) und sein Sohn Titus (1642–1668) jung gestorben waren, so dass ihm ein Jahr vor seinem Tod nur noch seine vierzehnjährige Tochter Cornelia (1654–1684) geblieben war.[1]

Das unvollendete Bild mit der Lobpreisung Simeons ist das bewegendste unter den verschiedenen Darstellungen dieses biblischen Themas, das Rembrandt sein ganzes künstlerisches Leben hindurch beschäftigt hatte.[2] Man nimmt an, dass das Ölgemälde mit Simeon und dem Jesuskind am 5. Oktober 1669, einen Tag nach Rembrandts Tod, in seinem Haus unter anderen Leinwandbildern in unfertigem Zustand gefunden wurde. Da keine Kenntnisse darüber bestehen, was aus den anderen aufgefundenen Leinwandstücken geworden ist, bleibt das Bild mit dem greisen Simeon das letzte bekannte Werk Rembrandts. Am 12. Mai 1671 gaben der Maler Allaert van Everdingen (1621–1675) und sein Sohn Cornelis (1646–1692) an, im Jahr 1669 wenige Monate vor dem Tod Rembrandts in dessen Atelier ein von ihm entworfenes, aber noch nicht fertiggemaltes Gemälde des Simeon gesehen zu haben. Das Bild mit Simeon und dem Jesuskind hatte der Amsterdamer Kunsthändler Dirck van Cattenburgh (1616–1704) bei Rembrandt bestellt und den auf Geldmittel angewiesenen Maler offenbar schon im Voraus dafür bezahlt. Das fast einen Meter hohe Gemälde, das sich heute im Nationalmuseum von Stockholm befindet, wurde durch eine unkundig vorgenommene Doublierung der Leinwand beeinträchtigt und konnte 1949 von späteren Malschichten gereinigt werden.[3]

Wie für seinen späten Stil typisch, verzichtete Rembrandt auf Ortshinweise und Begleitfiguren und zeigte mit dem greisen Simeon und dem Jesuskind nur die beiden Hauptpersonen. Die rechts neben Simeon dargestellte Frau, die schweigend als Zuschauerin der Szene beiwohnt, wurde nachträglich hinzugefügt und stellt wohl nicht die Prophetin Hanna (vgl. Lk 2,36–38), sondern die Gottesmutter Maria dar. Ob die Frauenfigur bereits von Rembrandt vorgesehen war oder als freie Zutat eines späteren Malers zu betrachten ist, lässt sich nicht mehr entscheiden.[4]

Rembrandt, Simeon und das Jesuskind, 1669, Öl auf Leinwand, 98,5 × 79,5 cm, Stockholm, Nationalmuseum. ▷

Wie Michael Bockemühl (1943–2009) herausgearbeitet hat, führte Rembrandt das Gemälde in einer gezielt uneinheitlichen, nicht nach außen gewendeten Malweise aus, durch die Farbigkeit, Gegenständlichkeit und damit das ganze Gemälde in einen Zustand des Erscheinens versetzt wird. Da in Rembrandts Malweise nichts begegnet, was ein Augenmerk für sich beansprucht, geht alles Bildliche im Erscheinen auf und wandelt sich zu etwas, „das erst im Erschauen des Betrachters zu dem werden kann, wozu es veranlagt ist"[5]. So wird das Bild in dem Maß, in dem es erschaut wird, auch dem Betrachter zu eigen, so dass die Welt des Bildes und die Welt des Betrachters eins werden.[6]

Die Szene findet nicht in einem Tempelgebäude, sondern in einem undifferenzierten schwarzbraunen Dunkel statt, das sich gleichwohl als Innenraum denken lässt. Vor diesem Hintergrund erscheint die Gestalt des Simeon, der mit weißgrauem Bart und schütterem Haar als Greis dargestellt ist. Das Licht fällt schräg von links oben auf den Scheitel und die Schulter Simeons und lässt sein Gewand in einem samtigen Rotbraun leuchten. Am Halsausschnitt des Gewandes ist ein weißer Kragen angedeutet. Das Jesuskind trägt ein weißes Häubchen und liegt in einem Steckkissen mit seidig glänzenden Knitterfalten, wobei es zusätzlich mit Brustbändern gehalten wird. Das Kind wendet sich dem von oben kommenden Licht zu, ohne jemand direkt anzublicken.[7]

Da bei dem von oben kommenden Licht keine natürliche Quelle erkennbar ist, kann es als sakrales Leuchtlicht und damit als Licht des Heiligen Geistes gedeutet werden, der auf Simeon ruhte (vgl. Lk 2,25)[8] und der ihn in den Tempel führte, als Maria und Josef das Jesuskind hereinführten (vgl. Lk 2,27). Dieses übernatürliche, von oben kommende Licht trifft die Stirn Simeons und erleuchtet seinen Geist zur Erkenntnis, dass dieses Kind der verheißene und von ihm erwartete Messias ist (vgl. Lk 2,26–28). Das Licht berührt auch das Gesicht der Frau und die Hände Simeons, auf dessen Unterarmen das Kind liegt, das ebenfalls ganz im Licht ist und damit zeigt, dass in ihm Gott selbst gekommen ist.[9]

Der Mund Simeons ist leicht geöffnet und wirkt durch die Bartschrägen herabgezogen. Diese Mundstellung kann auf ein Sprechen hindeuten, das Simeon mit sich selbst und damit als Zwiesprache mit Gott führt. Nimmt man an, dass die Gestalt Marias zur ursprünglich vorgesehenen Bildanlage gehört, dann könnte es sich auch um eine verhaltene Mitteilung Simeons an die Mutter des Jesuskindes handeln. Der halb geöffnete Mund muss aber nicht zwangsläufig auf ein gesprochenes Wort hindeuten, sondern kann auch ein inneres Nachdenken und Lauschen in die Seele hinein zum Ausdruck bringen. Da zum Sprechen nicht nur das hörbare Reden, sondern auch das nachsinnende Schweigen in den Redepausen gehört, ist die Frage, ob Simeon vernehmlich spricht oder nicht, von untergeordneter Bedeutung. Jedenfalls zeigen die leicht nach oben gehobenen Augenbrauen einen leisen Zug des Erstaunens, das Simeon gerade in einem schweigenden Innehalten wahrnimmt oder das in ihm bereits die Worte der Erlösung formt, nun in Frieden scheiden zu können, weil seine Augen das Heil gesehen haben (vgl. Lk 2,29–32). Diese ausgesprochenen oder noch im Herzen bewegten Worte kommen aber nicht als jubelndes Preislied aus ihm heraus, sondern sind angesichts seiner vollkommenen inneren Ergriffenheit durch die ihm soeben geschenkte Erkenntnis des Messias ein mehr unbewusst tastendes Bilden von Worten. So steht nicht so sehr sein Sprechen, sondern seine innere Erschütterung im Vordergrund, wie sein Mienenspiel nach außen hin verrät.[10]

Die Richtung seines leicht fallenden Blickes ist nicht eindeutig zu bestimmen. Obwohl die Lider weit herabfallen, scheinen die Augen Simeons nicht ganz geschlossen zu sein, wie eine Aufhellung bei seinem rechten Auge zeigt, die auf eine seitliche Blickrichtung über die Füße des Kindes hinweg deutet. Dennoch zeigt Simeon keine Absicht, etwas Äußerliches zu sehen, sondern ist innerlich geöffnet und verharrt mit beseeltem Antlitz in dieser Wahrnehmung. Ohne etwas Bestimmtes zu sehen, verliert sich Simeon ganz im Nachsinnen über das, was er gerade geschaut hat. Simeon hat gerade in dem Kind „das Heil gesehen" (Lk 2,30) und löst sich nun mit gesenkten Augen von dem Gesehenen, um den inneren Vorgang nicht durch einen neuen Sinneseindruck zu gefährden und sich das unerhoffte, fast noch zerbrechliche Geschenk der Schau des Messias zum geistigen Besitz zu machen. Der Gesichtsausdruck und der Blick Simeons lassen das Erfassen des Wunders der göttlichen Selbstmitteilung ganz als innerlich-seelische Tätigkeit erscheinen.[11] Dass dieses von ihm mit den Augen des Leibes gesehene Kind der verheißene Messias Israels und das Licht der Heiden ist (vgl. Lk 2,32), will er mit den inneren Augen des Glaubens schauen und bewahren.[12]

Der greise Simeon hält das Jesuskind merkwürdig frei auf seinen waagerecht ausgestreckten schwachen Unterarmen. Die Hände berühren das Kind nicht, sondern sind wie im Gebet einander zugewendet, ohne aneinandergelegt zu sein. Mit ihren nicht ganz gestreckten Fingern und den leicht nach oben weisenden Daumen machen die Hände den Eindruck, als wären sie geöffnet, um etwas zu empfangen, ohne aber danach zu greifen.[13] Aus der offenen Gebärde der Hände, die das schweigende oder ausgesprochene Wort des Lobpreises wie eine Redegebärde begleiten, spricht die Erfahrung von Gnade und Segen. Zusammen mit seinem Blick, der das Kind nicht trifft, bringt die Stellung der Hände auch die scheue Ehrfurcht zum Ausdruck, das Messiaskind nicht wie ein gewöhnliches Kind anzuschauen oder gar anzufassen. Die offene Handgebärde unterstreicht das Staunen über das Geschaute und Erkannte, das sich im Antlitz Simeons widerspiegelt. Wie die Hände, so ist auch das Gesicht Simeons geöffnet, der die Fülle des Erlebten kaum zu fassen vermag und doch von einem Anflug weiser Heiterkeit erfasst ist. Das Geöffnetsein der Hände verbindet sich auch mit dem inneren Sehen, das sich vom Äußeren gelöst und nach innen vorangetastet hat. Die geöffneten Hände und das staunende Gesicht zeigen, wie sich Simeon gerade der wunderbaren Offenbarung seiner Erlösung bewusst wird.[14]

In seinem inneren Erkennen des Messias ist Simeon so sehr auf sich selbst bezogen, dass er keinen äußeren Kontakt zu dem Kind aufnimmt, das nur auf seinen Unterarmen liegt, ohne von ihm angeschaut oder gar umarmt zu werden. Auch das Simeons Armen anvertraute Kind ist mit seinem unbewussten Blick und seinem unselbständigen Gewickeltsein auf nichts als auf sich selbst bezogen. Simeon und das Kind stehen durch keine Handlungen und Absichten miteinander in Beziehung, sondern sind dadurch miteinander verbunden, dass das Kind sich als Erlöser offenbart und Simeon das Kind erkennt und dadurch Erlösung erfährt. Um den wechselseitigen Vorgang des Offenbarens und Innewerdens zu unterstreichen, werden neben äußeren Aktionen und Intentionen auch gestische und mimische Steigerungen weggelassen, damit die Figuren durch das wirken, was sie sind, und nicht durch das, was sie vorführen. So entsteht die Unmittelbarkeit der Situation gerade durch das Zurücknehmen von Ausdruck und Handlung, damit für den Betrachter nichts anderes zurückbleibt als der unmittelbare Eindruck der Szene selbst.[15]

Schließlich verweist die geöffnete Stellung der Hände auf die vom Irdischen losgelöste Preisgabe des zum Sterben bereiten Simeon, die sich wiederum mit der inneren Erfülltheit seines Gesichtsausdrucks verbindet. Aus seinen Augen spricht äußeres Verlöschen, aus seinem geöffneten Mund Lösung und aus seinem Innehalten Stillstand, so dass für ihn das Innewerden des Erlösers zum Augenblick der Erlösung, zum Sterben wird.[16] Die starren Hände umgreifen das Kind nicht, sondern bleiben ausgestreckt, um jene Wirklichkeit des ewigen Lebens zu berühren, die dieses Erlöserkind einst bewirken wird, jetzt aber noch jenseits des Kindes liegt. Damit werden die ausgestreckten Hände Simeons zum Inbegriff der sehnsuchtsvollen Erwartung der ewigen Seligkeit.[17] Simeon hat, vom Licht des Heiligen Geistes über ihm erleuchtet, in dem Kind den verheißenen Messias gesehen und ihn in seinem Inneren ergriffen, so dass ihn die Hoffnung auf den Erlöser ganz auszufüllen vermag. In der Erwartung des Simeon kommt sicherlich auch die gottergebene Bereitschaft des vor seinem Tod stehenden Malers Rembrandt zum Ausdruck, der sich in Simeon wiederfindet, um nun aus der Welt zu scheiden.[18] Da aber Rembrandt durch seine gezielt uneinheitliche Malweise das Gemälde in einen Zustand des Erscheinens versetzt hat, wird die Welt des Bildes auch ganz eins mit der Welt des Betrachters, für den im Erschauen der Gestalt Simeons mit dem Jesuskind das Offenbaren und Innewerden zu einem Vorgang unabschließbarer Betroffenheit zu werden vermag.[19]

Der Traum des Josef

19. März – Hochfest des hl. Josef. Evangelium: Mt 1,16.18–21.24a

*„Während Josef noch darüber nachdachte,
erschien ihm ein Engel des Herrn im Traum."*
Mt 1,20

Im Evangelium des Josefsfestes, das 1621 durch Gregor XV. (reg. 1621–1623) zum Feiertag erhoben und auf den 19. März gelegt wurde,[1] berichtet Matthäus über die Geburt Jesu. Als sich zeigte, dass Maria ein Kind erwartete, konnte sich Josef die Schwangerschaft seiner Verlobten nicht erklären (vgl. Mt 1,18). Da er „gerecht war" und „sie nicht bloßstellen wollte", beschloss Josef, alles ins Schweigen zu hüllen und „sich in aller Stille von ihr zu trennen" (Mt 1,19), um Maria vor der strengen Prüfung durch das Gesetz zu bewahren. Während Josef noch darüber nachdachte, teilte ihm ein Engel im Traum mit, Maria habe das Kind vom Heiligen Geist empfangen. Josef solle seine Frau zu sich nehmen und dem Kind als künftigem Erlöser Israels nach seiner Geburt den Namen Jesus geben (vgl. Mt 1,21), damit sich die durch den Propheten Jesaja gegebene Verheißung vom Sohn der Jungfrau, dem „Immanuel", dem „Gott mit uns" (Jes 7,14), erfülle (vgl. Mt 1,22–23). Nach seinem Erwachen tat Josef, was der Engel ihm befohlen hatte, nahm seine Frau zu sich und gab dem Kind Marias nach der Geburt den Namen Jesus (vgl. Mt 1,25). So wurde Josef der gesetzliche Vater des Messias und der treue Ernährer der Heiligen Familie.

EIN FASZINIERENDES BILD, das mit großer Wahrscheinlichkeit die Engelserscheinung im Traum Josefs zeigt, geht auf Georges de La Tour (1593–1652) zurück, der im lothringischen Vic-sur-Seille als Sohn eines wohlhabenden Bäckers geboren wurde. Da seine Gemälde Bezüge zum realistischen Stil und zur Helldunkelmanier Caravaggios (1571–1610) aufweisen, wird für den Zeitraum von 1613 bis 1616 eine Romreise La Tours angenommen. Neben dem Stil des römischen Malers Caravaggio lassen sich aber auch Prägungen durch einheimische Künstler wie Jacques Bellange (um 1575–1616) und Jacques Calott (1592–1635) oder die Utrechter Caravaggisten Dirk van Baburen (1595–1624), Hendrick Terbrugghen (1588–1629), Gerard Seghers (1591–1651) und Gerrit van Honthorst (1592–1656) ausmachen.[2] Nachdem La Tour 1616 die Tochter eines Finanzverwalters des lothringischen Herzogs geheiratet hatte, ging er 1620 als Maler nach Lunéville, wo ihm Herzog Heinrich II. (reg. 1608–1624) adelsähnliche Privilegien gewährte und 1623 und 1624 zwei Gemälde von ihm erwarb. In dieser Zeit war Lothringen durch die Franziskaner, Jesuiten und auch den Augustiner-Chorherrn Pierre Fourier (1565–1640) stark gegenreformatorisch geprägt und stand im Dreißigjährigen Krieg auf der Seite der Katholischen Liga, weshalb der französische König Ludwig XIII. (reg. 1601–1643) ab 1630 weite Teile des Herzogtums besetzt hielt. La Tour nahm diese politische Entwicklung zum Anlass, Kontakte zum Pariser Königshof und dem dortigen Kundenkreis aufzubauen, so dass seine Gemälde sogar in den Besitz des Ersten Ministers Kardinal Richelieu (1585–1642) gelangten. Nach der Brandschatzung Lunévilles durch das französische Gouvernement im Oktober 1638, bei der sicherlich auch sein Atelier zerstört wurde, zog La Tour nach Nancy, hielt sich aber auch in Paris auf, wo er als Maler in den Diensten des Königs im Palast des Louvre ein Zimmer bekam. Schließlich kehrte er 1643 nach Lunéville zurück, wo er einige Aufträge für den französischen Gouverneur La Ferté (1599–1681) erhielt und schließlich 1652 starb.[3]

Obwohl er einen aufbrausenden, engherzigen und dünkelhaften Charakter hatte, mit dem es ihm auch gelang, aus der Kriegssituation das Beste für sich herauszuholen, verdankt die abendländische Kunst seiner künstlerischen Intuition einige ihrer leuchtendsten und stillsten Gemälde. Während er zu Lebzeiten noch zu den erfolgreichsten Malern seiner Zeit gehörte, war sein Werk nach seinem Tod in Vergessenheit geraten, da er keine künstlerische Nachfolge hatte und seine Malweise nicht mehr dem vorherrschenden klassizistischen Stil entsprach. Nachdem seine Gemälde anderen Künstlern wie Diego Velázques (1599–1660), Bartolomé Esteban Murillo (1617–1682) oder Jan Vermeer van Delft (1632–1675) zugeschrieben wurden, konnte erst 1915 Hermann Voss (1884–1969) ein Gemälde aus Rennes mit der Geburt Jesu und zwei Bilder aus Nantes mit dem Traum des Josef und der Verleugnung des Petrus als Arbeiten des Georges de La Tour identifizieren.[4] Da von den knapp vierzig gesicherten Originalen nur zwei Gemälde zuverlässig datierbar sind,[5] bleibt die Chronologie im Œuvre La Tours ein schwieriges Unterfangen. Neben den Genrebildern, die zumeist seinem Frühwerk zuzurechnen sind, beeindruckte La Tour mit seinen sogenannten „Nachtstücken", bei denen es sich um fensterlose, bühnenhaft flache Bildräume handelt, die von Lichtdarstellungen erhellt werden, wie sie in der europäischen Malerei einzigartig geblieben sind. In seinen meditativ und still wirkenden religiösen Gemälden nahm La Tour das Sichtbare zurück, um die geistliche Innen-

Georges de La Tour, Der Engel erscheint Josef, um 1635/40, Öl auf Leinwand, 93 × 81 cm, Nantes, Musée des Beaux-Arts.

schau der oftmals mit geschlossenen Augen und ohne theatralische Gefühlsregungen dargestellten Personen hervorzuheben.[6] Offenbar sehnten sich die unter den Kriegswirren leidenden Auftraggeber nach jener Seelenruhe und Innerlichkeit, die sie gerade in den friedlichen und affektarmen Gemälden La Tours mit ihrer subtilen Lichtsymbolik wiederfanden. Die meditativ in sich gekehrten, mystisch erleuchteten oder auch träumenden Personen in La Tours „Nachtstücken" spiegeln auch die im französischen Sprachraum aufblühende Spiritualität wider, die viele Impulse aus der Mystik des Königreichs Spanien bezog, mit dem Lothringen damals politisch verbunden war.[7]

Zu La Tours „Nachtstücken" gehört auch das vielleicht um 1635/40 entstandene Ölgemälde, das die Erscheinung eines Engels vor einem schlafenden alten Mann zeigt und mehrheitlich als Traum des Josef gedeutet wird.[8] Die Wahl des Josefsmotivs spiegelt die barocke Josefsverehrung wider, die auch im Umfeld La Tours blühte, wie das 1639 durch den französischen Jesuiten Paul de Barry (1587–1661) veröffentlichte Erbauungsbuch über den hl. Josef zeigt.[9] Das Gemälde mit dem Josefstraum gehörte zur Sammlung des François Cacault (1743–1805) und wurde 1810 durch das Musée des Beaux-Arts von Nantes erworben, wo es zunächst als Bild Gerard Seghers galt, bis es Hermann Voss 1915 anhand der wiederentdeckten Signatur als Werk Georges de La Tours identifizieren konnte.[10]

Das knapp einen Meter hohe und annähernd quadratische Bild ist von außergewöhnlicher Qualität und zeigt eindrucksvoll, wie sehr sich La Tour immer wieder mit dem Bildmotiv des in der Dunkelheit leuchtenden Kerzenlichtes beschäftigt hat. Das Gemälde wird durch die beiden Halbfiguren des Engels und Josefs fast ganz ausgefüllt und besteht neben den Lichtreflexen des Kerzenlichts im Wesentlichen aus rötlichen, braunen und ockerfarbenen Farbtönen. Das halbdunkle Bild atmet unendliche Stille und wird ganz von stummen Gebärden und Gesten beherrscht.

Während rechts der schlafende Josef sitzt, steht links der Engel, der seinen rechten Arm ausgestreckt hat, um nach Josef zu greifen. Dabei verdeckt der Engel fast ganz die Kerzenflamme, von der oberhalb des Armes nur noch das züngelnde Ende zu sehen ist. Durch diese Abblendung wird die stille Intimität der Szene noch gesteigert, da durch das Verdecken der Flamme der Eindruck entsteht, das Geschehen werde einem allzu neugierigen Zugriff des Zuschauerblickes entzogen. Zudem wird mit der Abdeckung der hellsten und damit auffälligsten Stelle im Bild gewährleistet, dass die Aufmerksamkeit des Betrachters nicht zu sehr auf die Kerzenflamme selbst gelenkt wird, um keinen falschen Schwerpunkt im Bild entstehen zu lassen.[11]

Im Glanz der so gut wie unsichtbaren Lichtquelle leuchtet das Gesicht des im Profil gegebenen Engels, das kindlich-zarte, aber nicht zu stark idealisierte Züge trägt. Von der Helligkeit der Lichtquelle werden auch sein Schmuck und sein rötliches Gewand mit der Schärpe beleuchtet. Die Lichtreflexe, die das Kerzenlicht auf der Halsperlenkette und der bestickten Schärpe hervorruft, sind in geradezu impressionistischer Manier gemalt.[12]

Um als himmlisches Wesen zu erscheinen, benötigt die mit ihrem strahlenden Antlitz ganz in Licht getauchte kindliche Gestalt keine Flügel. Der übernatürliche Charakter des Engels zeigt sich auch darin, dass sich die kindliche Figur nicht eindeutig einem Geschlecht zuweisen lässt, auch wenn die Gesichtszüge eher mädchenhaft erscheinen. Sein übergroßes Ohr erinnert daran, dass der Engel ganz auf das Wort Gottes hört, das er dann an Josef weiterzugeben hat. Schließlich wird auch sein ausgestreckter rechter Arm zum Sinnbild für seine himmlische Herkunft, da er den Eindruck übernatürlichen Schwebens hervorruft und auch keinen Schatten auf den Mantel Josefs wirft, wie es bei einem irdischen Wesen zu erwarten ist.[13]

Unter dem rechten Arm des Engels wird der Leuchter mit der Kerze sichtbar, der auf einem einfachen Holztisch steht. Auf der Tropfschale des Kerzenleuchters liegt rechts eine Dochtschere, von der links das Kästchen zur Aufnahme der Dochtreste und rechts die beiden Scherenaugen zu sehen sind, die einen Schatten auf die Tischplatte werfen. Der Schatten zeugt von einer Berührung von Licht und Materie und wird damit zum Sinnbild für das Hereinbrechen der transzendenten Sphäre in die irdische Welt, denn wie Licht und Schatten, so berühren sich auch in der Begegnung des Engels mit Josef die unsichtbare Sphäre Gottes und die sichtbare Welt des Menschen.[14]

Josef ist mit geschlossenen Augen als schlafender alter, bärtiger Mann dargestellt. Wie beim Engel, so wird auch Josefs ockerfarbener Mantel und sein braunes, mit einem rötlichen Zingulum umgürtetes Gewand vom Kerzenlicht beleuchtet. Während aber das Haupt des himmlischen Boten ganz im Licht erstrahlt, ist das irdische Gesicht Josefs trotz des nur geringfügig größeren Abstandes zur Lichtquelle stärker verschattet. Josef hat in dem Buch gelesen, das auf seinen Knien liegt, und ist während der Lektüre eingeschlafen, wie die Finger seiner linken Hand zeigen, die noch ein paar Seiten des Buches halten. Mit der rechten Hand stützt er sein Haupt, das noch den seelischen Schmerz erkennen lässt, von dem Josef gequält wird und der wohl in seinem inneren Ringen um das Verstehen der Schwangerschaft seiner Verlobten besteht (vgl. Mt 1,18–20). Josef hat in seinem Nachdenken zu einem Buch, zur Heiligen Schrift, Zuflucht genommen, um einen Schlüssel für die geheimnisvolle Empfängnis Marias zu finden. Ermüdet von dieser geistlichen Anstrengung ist er schließlich in den Schlaf gesunken, in dem ihm dann der Engel im Traum erscheint (vgl. Mt 1,20).[15]

Während der Engel seine linke, durch das Kerzenlicht von unten angestrahlte Hand nach oben geöffnet hat, um gleichsam das Wort Gottes aufzunehmen,[16] streckt er seine rechte Hand zu Josef aus. Dass der Engel den schlafenden Josef mit seiner

Hand aber nicht direkt berührt, zeigt dem Betrachter, dass sich die Erscheinung im Traum ereignet hat. Der leicht geöffnete Mund des Himmelsboten verweist auf die Botschaft, die der Engel von Gott empfangen hat und nun an Josef weitergibt: „Josef, Sohn Davids, fürchte dich nicht, Maria als deine Frau zu dir zu nehmen; denn das Kind, das sie erwartet, ist vom Heiligen Geist. Sie wird einen Sohn gebären; ihm sollst du den Namen Jesus geben; denn er wird sein Volk von seinen Sünden erlösen. Dies alles ist geschehen, damit sich erfüllte, was der Herr durch den Propheten gesagt hat: Seht, die Jungfrau wird ein Kind empfangen, einen Sohn wird sie gebären, und man wird ihm den Namen Immanuel geben, das heißt übersetzt: Gott ist mit uns" (Mt 1,20–22; vgl. Jes 7,14).

Der Betrachter weiß, dass Josef nach dem Erwachen gemäß den Worten des Engels seine Berufung im Heilsplan Gottes erkennen wird, indem er seine Frau zu sich nehmen und dem Kind Marias den Namen Jesus geben wird (vgl. Mt 1,24–25). Damit wurde der mit sich ringende, sein Schicksal nicht verstehende, aber dann wunderbar durch den Engel erleuchtete Josef zum ermutigenden Vorbild für die lothringischen Landsleute, in der ebenfalls so aussichtslos erscheinenden Kriegszeit geduldig an Gott festzuhalten, der letztlich alles zum Guten wenden wird.[17]

Die Menschwerdung des Sohnes Gottes

25. März – Verkündigung des Herrn. Evangelium: Lk 1,26–38

*„In jener Zeit wurde der Engel Gabriel von Gott in eine Stadt
in Galiäa namens Nazaret zu einer Jungfrau gesandt."*
Lk 1,26–27

Am 25. März begeht die Kirche das Hochfest Mariä Verkündigung, um neun Monate vor dem Geburtsfest an Weihnachten die Empfängnis des Sohnes Gottes und damit seine Menschwerdung aus Maria zu feiern. Während der Galaterbrief im Blick auf das Inkarnationsmysterium von der Fülle der Zeit spricht, in der Gott seinen Sohn gesandt hat (vgl. Gal 4,4), berichtet das Lukasevangelium vom Besuch des Engels Gabriel bei Maria in Nazaret, als der Erzengel der begnadeten Jungfrau verkündete, durch das Wirken des Heiligen Geistes die Mutter des verheißenen Messias zu werden (vgl. Lk 1,28.30–33.35). Als Maria ihre Zustimmung gab (vgl. Lk 1,38), wurde in ihr der Sohn Gottes Mensch.

Künstlerische Darstellungen der Verkündigung Marias waren in Venedig besonders zahlreich, da diese Stadt der Überlieferung nach im Jahr 452 gerade am Verkündigungstag, dem 25. März, gegründet wurde, der alljährlich von den Venezianern als Nationalfeiertag festlich begangen wurde. Als Sohn der Stadt Venedig setzte sich auch der manieristische Maler Jacopo Tintoretto (1518–1594) mehrmals mit dem Bildmotiv der Verkündigung Marias auseinander und schuf, wie Carlo Ridolfi (1594–1658) berichtete, elf Gemälde mit der „Annuntiatio Domini",[1] unter anderem auch um 1583 für die Scuola di San Rocco in Venedig. So zeichnete sich Jacopo Tintoretto nicht nur durch die für ihn so charakteristische spontane, eigenwillige und geistreiche Verschlüsselung seiner Bildinhalte aus,[2] sondern auch durch die intensive Verbindung mit seiner Heimatstadt. Er hieß eigentlich Jacopo Robusti und bekam als Sohn eines venezianischen Seidenfärbers den Spitznamen „Tintoretto", „Färberlein", mit dem er in der latinisierten Form „Tintorettus" auch seine Bilder signierte. Tintoretto durchlief wegen seiner zeichnerischen Begabung und seiner raschen Auffassungsgabe eine kurze Lehrzeit, bildete sich autodidaktisch weiter und orientierte sich besonders an Tizian (1488/90–1576), dessen Werke er bevorzugt kopierte. Nachdem er um 1542 in den untersichtig gemalten und heute in der Galleria Estense in Modena aufbewahrten Deckenbildern zu den „Metamorphosen" Ovids (geb. 43 v. Chr., gest. 17 n. Chr.) seine Experimentierfreude unter Beweis stellen konnte, vollendete er 1547 mit dem über vier Meter breiten Abendmahl in der Kirche San Marcuola sein bis dahin größtes Leinwandgemälde. Nach seiner Heirat um 1550/53 baute Tintoretto einen großen Werkstattbetrieb auf und erwarb 1569 bei Mirano in der Nähe von Padua ein Landgut, um die Versorgung seiner auf acht Kinder angewachsenen Familie abzusichern.[3]

Für die künstlerischen Aufträge der venezianischen Maler waren die Laienbruderschaften (scuole) der Stadt von besonderer Bedeutung, die seit dem 13. Jahrhundert das religiöse und soziale Leben Venedigs bis zu ihrer Aufhebung in der napoleonischen Zeit prägten. Die Scuole waren eine Art Frömmigkeitsschule für ihre Mitglieder, die sich in ihren Sälen versammelten, untereinander eine Solidargemeinschaft bildeten und ab dem 15. Jahrhundert auch Armenspeisungen und Hospitäler organisierten. Während die über hundert kleinen Laienbruderschaften, die Scuole piccole, verschiedenen Berufsgruppen und Nationalitäten vorbehalten waren, trugen die sechs Scuole grandi,[4] denen etwa zehn Prozent der männlichen Einwohner angehörten, wesentlich zur Stabilisierung des Sozialgefüges der Stadt bei. Nachdem die großen Bruderschaften durch Stiftungen reich geworden waren und palastähnliche Prachtbauten errichten konnten, ergaben sich für die Künstler Venedigs bedeutende Aufträge. Als die große Bruderschaft der Scuola di San Marco im November 1542 beschloss, den Kapitelsaal ihres neuen Versammlungshauses am Campo Santi Giovanni e Paolo mit großen Ölbildern auszustatten, schuf Tintoretto ein Gemälde mit der Darstellung des durch den hl. Markus bewirkten sogenannten Sklavenwunders. Das im Frühjahr 1548 enthüllte Gemälde fand höchste Beachtung und begründete Tintorettos führende Stellung in der venezianischen Monumentalmalerei, auch wenn es dem Künstler nicht die erhoffte Aufnahme in die renommierte Bruderschaft einbrachte.[5]

So richtete Tintoretto sein Augenmerk auf die 1478 anerkannte Scuola di San Rocco, die 1485 in den Besitz der aus Montpellier stammenden Reliquien ihres Patrons, des berühmten Pestheiligen Rochus, gelangen konnte und dann in den Rang einer großen Bruderschaft erhoben wurde. Von 1517 bis 1549 errichtete die Scuola das große Bruderschaftsgebäude mit der Sala terrena im Erdgeschoss, einem prachtvollen Treppenhaus und der Sala superiore im Obergeschoss, an die sich das Sitzungszimmer, der Sala dell'albergo, anschloss, für das 1546 die Ausschmückung beschlossen wurde. Als Tintoretto 1549 für die benachbarte Kirche San Rocco ein Bild mit dem Pestpatron malte, gab man ihm auch die Zusicherung der Aufnahme in die Bru-

Jacopo Tintoretto, Verkündigung Mariä, um 1583, Öl auf Leinwand, 422 × 545 cm, Venedig, Scuola di San Rocco, Sala terrena.

derschaft, an die sich aber die Vorstandschaft aus ungeklärten Gründen nicht hielt. Als dann Tintoretto am 22. Juni 1564 der wettbewerblichen Ausschreibung für das mittlere Deckengemälde der Sala dell'albergo durch eine Schenkung des entsprechenden Bildes zuvorkam und auch die unentgeltliche Anfertigung der beiden anderen großen Deckenbilder in Aussicht stellte, nahm die Vorstandschaft Tintorettos Mittelbild mit der Glorie des hl. Rochus an, stimmte seinem Angebot bezüglich der beiden anderen Gemälde zu, beauftragte ihn zudem mit dem großen Kreuzigungsbild des Sitzungszimmers und nahm ihn schließlich am Festtag des 25. März 1565 in die Bruderschaft auf. Nachdem er bis 1567 die Gemälde für die Sala dell'albergo vollenden konnte und 1574 die Ausschmückung der Sala superiore beschlossen wurde, schenkte Tintoretto der Bruderschaft im Pestjahr 1576 das große Mittelbild mit der Aufrichtung der ehernen Schlange (vgl. Num 21,7–9) und bot sich im Januar und März 1577 an, bis auf die Erstattung der Materialkosten auch die übrigen Deckenbilder unentgeltlich anzufertigen. Schließlich verpflichtete er sich im November 1577, jedes Jahr zum Rochusfest am 16. August drei Bilder für die Ausstattung des Bruderschaftsgebäudes zu malen, und verlangte dafür nur eine jährliche Leibrente von hundert Dukaten. Damit war die Ausschmückung der Scuola ganz zur eigenen Sache Tintorettos geworden, der dem Bruderschaftspatron auch persönlich dankbar war, da seine Familie in der bis zum Sommer 1577 andauernden Pestepidemie wie durch ein Wunder verschont geblieben war. Zudem konnte sich Tintoretto mit der Scuola di San Rocco eine prominente und ihm auf Jahre hin zur Verfügung stehende Wirkungsstätte reservieren, um sich ohne Beeinträchtigung durch Konkurrenten künstlerisch selbst verwirklichen und in einem großen biblischen Gemäldezyklus die zentralen Glaubensinhalte entfalten zu können. Da aber Tintoretto in seiner Heimatstadt auch noch andere Aufträge annehmen musste, 1578/80 einen Gemäldezyklus für den Herzog von Mantua, Guglielmo Gonzaga (reg. 1550–1587), anfertigte und für die 1574 und 1577 ausgebrannten Säle des Dogenpalastes mit einer Bilderserie beschäftigt war, verzögerten sich zuletzt die Arbeiten an der Ausstattung der Sala terrena der Scuola. Nach den 1581 vollendeten Gemälden der Sala superiore konnte Tintoretto schließlich bis 1588 auch den Zyklus in der Sala terrena und damit seinen gesamten, insgesamt 62 Gemälde zählenden Bilderschmuck für die Scuola fertigstellen.[6] Angesichts dieser beeindruckenden Leistung Tintorettos zählte der englische Kunstgelehrte John Ruskin (1819–1900) die Scuola di San Rocco neben der vatikanischen Cappella Sistina und dem Campo Santo von Pisa zu den drei bedeutendsten mit Gemälden dekorierten Bauwerken Italiens.[7]

Das um 1583 von Tintoretto gemalte Bild mit der Verkündigung Marias bildet das erste der acht Wandgemälde in der Sala terrena und hängt gleich links vom nördlichen Haupteingang an der Ostwand. Die Sala terrena diente im Erdgeschoss als repräsentativer Eingangsraum, in dem auch ein Altar aufgestellt war, an dem aber wohl nur an Festtagen zelebriert wurde. Mit den Szenen der Verkündigung, der Magieranbetung, des Kindermordes von Betlehem, der Darbringung Jesu im Tempel, der Himmelfahrt Marias und den beiden Heiligendarstellungen Maria Magdalenas und Marias von Ägypten (um 344–421/30) zeigen die Wandgemälde einen Zyklus zur Kindheitsgeschichte Jesu und zum Marienleben.[8]

Das fünfeinhalb Meter breite Verkündigungsbild stellt einen Wendepunkt in der stilistischen Entwicklung des Themas dar und bildet in seiner eigenwilligen künstlerischen und ikonographischen Konzeption auch einen Höhepunkt im Schaffen Tintorettos. Während das Ereignis der Verkündigung traditionell als zweifiguriges Geschehen gezeigt wurde, stellte es Tintoretto als mehrfigurige und bühnenmäßig inszenierte theatralische Szene dar, die ohne einen gemeinsamen Vordergrundstreifen durch ein brüchiges Mauerstück mit einer verfallenen Säule in zwei Bildhälften geteilt ist. Links von der Mauer erblickt der Betrachter einen Landschaftsausschnitt mit dem in seiner Werkstatt arbeitenden Josef, während auf der rechten Seite das fast zwei Drittel der Bildfläche einnehmende Schlafgemach Marias zu sehen ist, in das der Engel Gabriel mit einem Schwarm von Putten hereinschwebt. Um das zwischen Fenstern angebrachte Gemälde gegen einströmendes Tageslicht zu behaupten, verwendete Tintoretto eine helldunkle und wenig nuancenreiche, aber ausgewogene Farbpalette, die besonders von reich variierten Rot- und Brauntönen bestimmt ist.[9] Das wegen seiner außergewöhnlichen und fast experimentierfreudig anmutenden Gestaltung oftmals kopierte[10] und bewunderte Bild führte John Ruskin zu der staunenden Bemerkung, dass Maria dem Engel nicht in einer ruhigen Loggia begegnet, sondern in einem ruinösen Vestibül, in dem man die Hammer- und Axtschläge aus der Werkstatt Josefs zu hören vermeint.[11]

Wenn der Besucher, der durch das Hauptportal die Sala terrena betritt, sogleich auf der linken Seite das Verkündigungsbild mit seiner eigentümlichen Zweiteilung erblickt und von links nach rechts zu lesen beginnt, erschließt sich ihm auch seine eigene Erfahrung des Hineingehens von der profanen Außenwelt in den Bereich des Sakralen. Während er beim Betrachten des Werkstatthofes mit dem in Unordnung und drangvoller Enge arbeitenden Josef an die geschäftige Alltagswelt erinnert wird, die er gerade hinter sich gelassen hat, erkennt er im dämmrig beleuchteten Schlafgemach Marias mit seinem rot und weiß gefliesten Marmorfußboden den tatsächlichen Innenraum des Saales wieder und wird sich damit auch der feierlichen Sphäre des Heiligen bewusst, die er soeben betreten hat.[12]

Das linke Bilddrittel zeigt eine bergige Landschaft mit einem dämmrigen Abendhimmel, der die ganze Szene mit dem arbeitenden Josef in warme Brauntöne taucht. Links ist eine dunkle, an ein Regal erinnernde Holzwand zu sehen, an der Werkzeuge, Handwerksutensilien, Bretter und Holzlatten lose angelehnt sind. Nach rechts hin wird der Werkstattbereich durch einen Eckpfeiler begrenzt, dessen bröckelnder weißer Putz den Blick auf die darunter liegende Ziegelmauerung freigibt. Davor liegen am Boden Holzspäne, Bretter und Latten sowie weitere Gerätschaften wie Säge, Hobel, Axt oder ein Seilbündel. Inmitten dieses Durcheinanders steht Josef an einer Werkbank und arbeitet mit der Säge in der Hand. Der in kleinerer Größe und mit jugendlichen Gesichtszügen dargestellte Josef trägt über einem weißen Hemd eine rotbraune Jacke. Vom wunderbaren Ereignis der Verkündigung, das sich hinter den bröckelnden Hausmauern in seiner unmittelbaren Nähe abspielt, bemerkt Josef nichts.[13] Er erscheint hier auch als ideale Verkörperung eines Familienvaters, der sich im Schweiße seines

Angesichts um das Auskommen seiner Familie abmüht.[14] Die augenfällige Trennung zwischen dem Arbeitsbereich des Josef und dem Gemach, in dem sich die Verkündigung ereignet, dürfte aber auch von der apokryphen Überlieferung inspiriert sein. Demnach war der Witwer Josef nach seiner Verlobung mit der zwölfjährigen Tempeljungfrau Maria in Jerusalem nach Betlehem zurückgegangen, um dort das künftige Zuhause vorzubereiten, während Maria in ihr Elternhaus nach Nazaret heimgekehrt war, wo ihr dann der Engel Gabriel die Botschaft verkündet hatte.[15]

Der Außenraum des arbeitenden Josef wird vom Innenraum Marias durch den ruinösen, aus Backsteinen gemauerten Eckpfeiler abgesetzt, der von einem großen weißen Marmorblock abgeschlossen wird, auf dem sich eine fast zerfallene Säule erhebt, während sich dahinter eine Türöffnung befindet, die den Eingang in das Schlafgemach markiert. Der Eckpfeiler ähnelt den Säulen in der Sala terrena, die ebenfalls auf einem hohen Sockel ruhen. Auch die von links kommende Lichtquelle, die den Eckpfeiler einen Schatten in das Schlafgemach Marias werfen lässt, entspricht dem realen Lichteinfall, der durch das Doppelbogenfenster zur Linken des Gemäldes einströmt.[16] Die vom Verfall bedrohte Architektur spielt zunächst auf die Armut der Heiligen Familie an, ist aber vor allem als Vergänglichkeitssymbol zu deuten und dürfte deshalb auf den Alten Bund hinweisen, der nun im Augenblick der Menschwerdung des Sohnes Gottes im Neuen Bund seine Erfüllung findet.[17] So lenkt die auffällig an den Eckpfeiler angelehnte Holzlatte den Blick des Betrachters auf den weißen Steinblock über dem Mauerwerk, der an den von den Bauleuten verworfenen Eckstein und damit an Christus erinnert, der von den jüdischen Führern abgelehnt wurde (vgl. Ps 118,22; Mt 21,42; Lk 20,17; Apg 4,11; 1 Petr 2,7).[18] Nach oben hin wird das Gemach Marias von einer vergoldeten, reich geschnitzten Kassettendecke abgeschlossen. Die für den ärmlichen und ruinösen Raum erstaunlich prachtvolle Decke erinnert an die Dekoration des Dogenpalastes und damit an die gute Regierung der Lagunenstadt, unter der sich auch die Familie als religiöser und ziviler Kern für das Gemeinwesen entfalten konnte.[19] Der aus roten und weißen Fliesen zusammengesetzte Fußboden, auf dem Maria sitzt, wird bis zum unteren Bildrand herangeführt. Der gemalte Fliesenbelag entspricht dem ebenfalls schachbrettartig aus weißen und roten Marmorplatten bestehenden Paviment der Sala terrena und passt sich von einem bestimmten Blickpunkt in der Saalmitte aus dem wirklichen Fußboden sogar perspektivisch an, so dass sich eine harmonische Wechselwirkung zwischen dem realen Saal und dem Bildraum ergibt.[20] In Entsprechung zum ruinösen Zustand der Architektur ist auch das Mobiliar eher ärmlich, wie besonders der neben dem Türsturz stehende Korbstuhl zeigt, dessen Sitzgeflecht sich an der Unterseite bereits aufzulösen beginnt. Daneben ist eine einfache Holztruhe zu sehen, auf der ein geflochtener Weidenkorb mit Handarbeiten steht. Andererseits ist die rechts neben Maria stehende

Truhe mit einer volutenförmigen Schnitzerei verziert. Auch das purpurfarbene und mit Quasten geschmückte Kissen, auf dem die Füße Marias ruhen, kündet ein wenig von einer gehobenen Lebenskultur.[21] So erinnert der verfallene Raum mit seiner insgesamt eher bescheidenen Einrichtung an das einfache Leben der Heiligen Familie in Nazaret und schlägt die Brücke zu den ehrbaren Armen (poveri rispettabili), die von der Scuola di San Rocco karitativ unterstützt wurden.[22]

Die Verkündigung, die sich im Schlafgemach Marias ereignet, wird mit theatralischer Eindringlichkeit geschildert. In der gleichen von links her kommenden Bewegungsrichtung, mit der der Betrachter gerade durch das Hauptportal die Sala terrena betritt, schwebt auf dem Gemälde auch der geflügelte Erzengel Gabriel von links durch die Türöffnung in das Zimmer herein, das zudem die gleichen Bodenfliesen wie der reale Saal aufweist. Durch seinen rechten, noch vom Türpfosten verdeckten Fuß wird die dynamische Bewegung des soeben in den Raum hereinschwebenden Engels effektvoll unterstrichen. Der Eindruck, dass der Engel nicht nur innerbildlich in das Gemach Marias einschwebt, sondern von der Eingangswand her auch in den wirklichen Saal hereinkommt, wird auch durch sein helles Gewand unterstützt, mit dem er viel Tageslicht von draußen in den dämmrigen Raum mitzubringen scheint. Während das locker um den Körper des Engels gelegte weiße Gewand noch vom Flug aufgebauscht ist, hat er seine rechte Hand schon zum Gruß erhoben und hält in der Linken die Lilie als Sinnbild der jungfräulichen Reinheit und Begnadung Marias (vgl. Lk 1,28).[23]

Zwischen dem Engel und Maria schwebt in einem Lichtkranz die Taube des Heiligen Geistes, durch die sich der Raum zwischen Gabriel und Maria gleichsam mit der vom Engel überbrachten Botschaft füllt: „Der Heilige Geist wird über dich kommen, und die Kraft des Höchsten wird dich überschatten. Deshalb wird auch das Kind heilig und Sohn Gottes genannt werden" (Lk 1,35). Der Taube des Heiligen Geistes folgt ein Schwarm kleinerer Putten, die mit teilweise gefalteten Händen oder emphatisch ausgebreiteten Armen wie im Formationsflug gerade durch das Oberlicht über dem Türsturz in das Gemach hineinströmen. Sie kommen wiederum aus der gleichen Richtung wie der eintretende Besucher und verstärken erneut den Eindruck, dass sich das übernatürliche Geschehen auch wirklich in der Sala terrena zu ereignen scheint.[24]

Das Hereinschweben des Erzengels und der unüberschaubaren Schar der Putten hat Maria förmlich an den unteren Bildrand gedrückt, so dass Maria angesichts dieses Hereinbrechens der Himmelswelt gleichsam als „ein Opfer des göttlichen Heilsplanes" erscheint, wie es Roland Krischel einmal formuliert hat.[25] Maria hat ihr in Profilansicht gegebenes Haupt, das fast michelangeleske Züge trägt,[26] mit einem beigen Schleier bedeckt. Sie wendet sich mit dem Ausdruck scheuen Erschreckens und verhaltener Abwehr (vgl. Lk 1,29) dem Engel zu. Damit folgte Tintoretto der damaligen religiösen Didaktik, die beim Besuch des Engels fünf aufeinanderfolgende geistliche Zustände Marias beschrieb, nämlich ihre Aufregung (conturbatio), ihr Überlegen (cogitatio), ihr Nachfragen (interrogatio), ihre Unterwerfung (humiliatio) und ihren Verdienst (meritatio). Wie ihr erschrockener Blick und ihre abwehrenden Hände zeigen, stellte Tintoretto die Aufregung (conturbatio) als erste der Eigenschaften Marias bei der Begegnung mit dem Engel dar und verband damit die Dynamik des gerade mit seiner Botschaft hereinkommenden Erzengels.[27] Der preußische Kunstreisende Baron Karl Ludwig von Pöllnitz (1692–1775) sah in der Gestalt Marias neben lebendiger Überraschung auch bewundernde Freude und bezeichnete von daher Tintorettos Verkündigungsbild in der Scuola di San Rocco als eines der feinsten und affektivsten Gemälde ganz Venedigs.[28]

Maria ist sitzend als demütige „Magd des Herrn" (Lk 1,38) im Typus der „Madonna dell'Umiltà" dargestellt, der in der italienischen Malerei zu Beginn des 14. Jahrhunderts im Umkreis des Sieneser Malers Simone Martini (um 1284–1344) als Andachtsbild entstanden war. Marias Niedrigkeit (humilitas), die sie in ihrem „Magnificat" selbst zur Sprache bringt (vgl. Lk 1,48) und die im Sitzen auf der Erde (humus) oder auch auf einem Schemel zum Ausdruck kommt, weist auf die Passion ihres Sohnes voraus, mit dem sie die Selbsterniedrigung teilt. So wird deutlich, wie sehr die Menschwerdung des Sohnes Gottes, die sich in der Verkündigung ereignet hat, als Vorstufe seines Erlöserleidens zu begreifen ist.[29] Das Magdsein Marias wird nicht nur durch das Sitzen und ihre einfache Kleidung, sondern auch durch ihre verschiedenen Handarbeitsutensilien angedeutet. Nach der apokryphen Überlieferung bekam die bereits mit Josef verlobte Maria als Tempeljungfrau durch die Priester den Auftrag, zusammen mit anderen Jungfrauen aus dem Haus Davids an der Anfertigung des Vorhangs für den Jerusalemer Tempel mitzuwirken, wobei Maria die Verarbeitung von Purpur und Scharlach zugelost wurde. So ist in dem geflochtenen Weidenkorb, der auf der Holztruhe neben dem zerschlissenen Korbstuhl steht, eine an rotvioletten Purpur erinnernde Wolle zu sehen, die mit einem seidenähnlichen Tuch bedeckt ist. Auf den Knien Marias liegt ein helles, farblich an Scharlachrot erinnerndes Tuch, das im Licht ins Orangerot hinüberspielt und gerade von ihr bearbeitet wird, worauf auch die mit Bindfäden umwickelte Spindel verweist, die zusammen mit einem weißen Leinentuch auf der mit Volutenschnitzereien verzierten Truhe liegt. Während dahinter ein Spinnrad erkennbar ist, wird das Fußkissen von einem durchsichtigen Schleier bedeckt, der zusammen mit dem Seidentuch auf dem Weidenkorb vielleicht auf den Byssus und die Seide anspielt, die von den anderen Jungfrauen neben Gold, Amiant und Hyazinthblau ebenfalls in den Vorhang eingewoben werden sollten.[30]

Die Bedeutung des Verkündigungsgeschehens wird auch durch die Farbsymbolik der einfachen Kleider, die Maria trägt, veranschaulicht. Während ihr weißes Untergewand auf ihre jungfräuliche Reinheit verweist, versinnbildlicht ihr rotes Obergewand die liebende Hingabe an ihre heilsgeschichtliche Aufgabe als Gottesmutter.[31] Wie sehr es bei der Verkündigung um die Zustimmung Marias zum Erlösungsplan Gottes und damit zum Augenblick der Menschwerdung des Sohnes Gottes geht, zeigt sich in den Lichtstrahlen, von denen sie getroffen wird, und auch in dem kleinen Buch, das auf ihren Knien liegt. Während die von der Taube des Heiligen Geistes ausgehenden Strahlen ihr Haupt treffen, fällt das vom Erzengel hereingebrachte und durch die beiden rahmenden Schatten des Türstocks als helle Bahn erscheinende Licht auf den Schoß Marias. Die rechte Trennungslinie zwischen Licht und Schatten berührt auch das aufgeschlagene Buch auf ihren Knien, das für die Heilige Schrift und damit für die dort verheißene Jungfrauengeburt des Messias steht (vgl. Jes 7,14; Lk 1,31). Auf diese Weise wird eindringlich veranschaulicht, dass der Augenblick der Verkündigung auch der Moment der Empfängnis ist, durch den sich die Schrift erfüllt hat.[32]

Um den Augenblick der Inkarnation geht es auch bei dem pompösen Himmelbett, das sich vom übrigen, einfachen Mobiliar abhebt und als Brautbett eine rein symbolische Bedeutung hat. Es besteht aus einem podestartigen hölzernen Unterbau mit einer dreilagigen, in blassen Blautönen bezogenen Matratze und aus seitlich herabfallenden scharlachroten Vorhängen, die an der Decke befestigt sind und Maria wie einen Baldachin umfangen, womit deutlich wird, wie sehr Marias demütiges Magdsein zu ihrer Erhöhung als Gottesmutter geführt hat.[33] Die rote Farbe der Liebe und das Symbol des Brautbettes erinnern an den Liebesbund, den Gott bei der Inkarnation seines Sohnes mit der Menschheit eingegangen ist. Nach Thomas von Aquin (1225–1274) hatte Maria bei der Verkündigung für das ganze Menschengeschlecht ihre Zustimmung gegeben, so dass es durch die Empfängnis des Gottessohnes zu einer geistlichen Vermählung (spirituale matrimonium) zwischen Gott und der menschlichen Natur kommen konnte.[34]

Seine letzte und zusammenfassende Bedeutung erfährt Tintorettos Verkündigungsbild durch das Mysterium der Eucharistie. Während in der Sala superiore das Erlösungswerk Christi mit seinen alttestamentlichen Präfigurationen verherrlicht wird, geht es in der Sala terrena mit dem Erscheinen des menschgewordenen Gottessohnes um den Beginn der Erlösung, wobei mit dem Eintritt Christi in die Welt bereits sein ganzes Heilswerk präsent ist, so dass auch seine Kindheit im Zeichen des Erlösungsopfers steht, das in der Eucharistie gegenwärtig ist. Weil Christus bei der Verkündigung Mensch geworden ist, kann er seinen Leib und sein Blut zur Erlösung hingeben und im Altarsakrament vergegenwärtigen. So hängt das Verkündigungsbild als Auftaktgemälde der gesamten Bilderfolge eng mit der Eucharistie zusammen: Durch dieses Sakrament verlängert sich die im Ereignis der Verkündigung geschehene Inkarnation in das Heilswerk Jesu und in die Geschichte seiner Kirche hinein, indem die Eucharistie das Kreuzesopfer des menschgewordenen Sohnes Gottes immer wieder vergegenwärtigt.[35]

Zusammenfassend zeigt sich, wie sehr in Tintorettos Verkündigungsgemälde all das im Kleinen dargestellt ist, was sich im Mysterium der Menschwerdung im Großen ereignet. Wie sich im Inkarnationsmysterium Gott und Mensch verbinden, so stehen auch in Tintorettos Verkündigungsbild der irdische Daseinsbereich und das Hereinbrechen des Himmlischen beieinander, so dass sich Intimes und Großartiges miteinander verbinden und die realistisch wiedergegebene Alltagswelt vom Wunderbaren durchdrungen wird.[36]

Geburt und Namensgebung des Täufers

24. Juni – Geburt des hl. Johannes des Täufers
Evangelium vom Tag: Lk 1,57–66.80

„Für Elisabet kam die Zeit der Niederkunft,
und sie brachte einen Sohn zur Welt."
Lk 1,57

Ein halbes Jahr vor dem Geburtsfest Jesu feiert die Kirche am 24. Juni das Hochfest der Geburt des Täufers Johannes. Am Tag der Verkündigung, als Maria durch das Wirken des Heiligen Geistes den Sohn Gottes in ihrem Leib empfangen hatte, wurde ihr nämlich durch den Engel Gabriel das Zeichen der bereits im sechsten Monat schwangeren Elisabet gegeben, der alten und als unfruchtbar geltenden Mutter des Vorläufers Johannes (vgl. Lk 1,7.36). Während das Evangelium vom Vorabend des Hochfestes (Lk 1,5–17) von der Verheißung der Geburt des Johannes durch den Engel Gabriel (vgl. Lk 1,19) an den Vater Zacharias berichtet, erzählt das Evangelium vom Festtag von der Geburt des Vorläufers.

Nach dem Lukasevangelium hatte der bereits ebenfalls im Alter vorgerückte Priester Zacharias im Tempel das Rauchopfer darzubringen, als ihm der Engel erschien und ihm ankündigte, seine Frau Elisabet werde einen Sohn gebären. Der Engel trug ihm auf, dem Kind den Namen Johannes zu geben, und sagte über sein künftiges Wirken, er werde mit prophetischer Kraft dem Herrn vorangehen und viele in Israel zur Umkehr führen (vgl. Lk 1,5–17). Da aber Zacharias an der Botschaft zweifelte, blieb er bis zum Tag der Geburt des verheißenen Sohnes stumm (vgl. Lk 1,18–20). Als die Nachbarn und Verwandten dem neugeborenen Kind bei der Beschneidung am achten Tag den Namen seines Vaters Zacharias geben wollten, widersprach Elisabet und gab als Name „Johannes" an (vgl. Lk 1,57–60), der „Gott ist gnädig" bedeutet. Da sie diesen Namen aber für unüblich in der Familie hielten, fragten sie den Vater, wie das Kind heißen solle (vgl. Lk 1,61–62). Der stumme Zacharias „verlangte ein Schreibtäfelchen und schrieb zum Erstaunen aller darauf:

Sein Name ist Johannes. Im gleichen Augenblick konnte er Mund und Zunge wieder gebrauchen, und er redete und pries Gott" (Lk 1,64).

EINE DARSTELLUNG DER NAMENSGEBUNG DES NEUGEBORENEN TÄUFERS findet sich auf der linken Seitentafel des Johannes-Altars, den der altniederländische Maler Rogier van der Weyden (1399/1400–1464) um 1453/55 schuf.

Rogier van der Weyden gehörte nach Jan van Eyck (um 1390–1441) zur zweiten Generation der altniederländischen Malschule und stammte aus dem französischen Tournai, wo er um 1400 als Sohn des Messerschmieds Henry de la Pasture geboren wurde. Er arbeitete seit 1427 in der Werkstatt des Robert Campin (um 1375–1444) und wurde 1432 als Meister in die Malerzunft von Tournai aufgenommen. Kurz darauf ging er nach Brüssel, wo er seinen französischen Namen „de la Pasture" ins Flämische „van der Weyden" änderte. In Brüssel wirkte Rogier ab 1435/36 als Stadtmaler und starb dort 1464 als hochangesehener Maler, der 1453 von Kardinal Nikolaus Cusanus (1401–1464) sogar als „maximus pictor" bezeichnet wurde.[1] In seinen klaren und auf das Wesentliche ausgerichteten Gemälden strebte Rogier danach, die durch den Naturstil Jan van Eycks begründeten künstlerischen Mittel ganz in den Dienst der religiösen Bildaussage zu stellen.[2]

Der Johannes-Altar verweist nach Kastilien, wo Rogier für König Johann II. (reg. 1406–1454) bereits um 1442/45 ein Marientriptychon gemalt hatte. Dieses Altarretabel war 1445 durch Johann II. an die 1441 von ihm gegründete Kartause Miraflores bei Burgos geschenkt worden, in der sich auch die königliche Grablege befand. Etwa zehn Jahre später dürfte der König um 1453/55 Rogier erneut mit der Anfertigung eines Altartriptychons für das Kartäuserkloster Miraflores beauftragt haben. Dieses Retabel ist dem Marientriptychon, das auch als Miraflores-Altar bezeichnet wird, sehr ähnlich und zeigt auf seinen drei Tafeln Szenen aus dem Leben Johannes' des Täufers, des Namenspatrons des kastilischen Königs.[3] Der Johannes-Altar gelangte später in das Kartäuserkloster Santa Maria de las Cuevas in Sevilla, wo er 1744 erwähnt wurde. Nachdem er 1810 während der französischen Besetzung Sevillas in den Alcázar gebracht wurde, gelangten die ersten beiden Tafeln 1816 nach London und wurden 1842 für die Sammlung des niederländischen Königs erworben. Diese beiden Tafeln wurden 1850 zusammen mit der in den Kunsthandel gelangten dritten Tafel für das Kaiser-Friedrich-Museum angekauft, das im gleichen Jahr auch Rogiers etwa zehn Jahre älteren Miraflores-Altar erwarb.[4]

Rogier van der Weyden, Geburt des Täufers Johannes, linke Seitentafel des Johannes-Altars, um 1453/55, Öl auf Eichenholz, 77 × 48 cm, Berlin, Gemäldegalerie.

Der Johannes-Altar[5] ist von der gleichen malerischen Qualität wie das Marientriptychon von Miraflores und stellt damit zweifellos ein ganz eigenständiges Meisterwerk Rogiers dar. Das Retabel zeichnet sich durch seine besonders hellen Farben aus und besteht aus drei gleich großen Tafeln, die jeweils von einem steinsichtig gemalten gotischen Portalbogen mit sechs skulptierten Archivolten eingefasst werden. Während die beiden Außentafeln mit der Namensgebung des Johannes (vgl. Lk 1,60) und der Enthauptung des Täufers (vgl. Mt 14,10; Mk 6,27) Interieurs darstellen, ist auf dem Mittelbild die Taufe Jesu im Jordan zu sehen. Die Portalgewände sind jeweils durch zwei seitliche Pfeiler verbreitert, so dass auf jeder der drei Tafeln vier der zwölf Apostel als Sinnbilder und Fundamente der Kirche (vgl. Eph 2,20) untergebracht werden konnten.[6] Wie die Apostelfiguren, so sind auch die kleinen Figurengruppen der jeweils sechs Archivolten als Grisaillen dargestellt. Während die Archivolten im Mittelbild Szenen aus dem Leben des Johannes vor der Taufe Jesu sowie die Versuchungen Christi[7] und auf der rechten Tafel sechs Begebenheiten aus dem öffentlichen Wirken des Vorläufers zeigen,[8] führen die Figurengruppen der Archivolten auf der linken Tafel in die Geschichte der Kindheit Jesu und seines Vorläufers Johannes. Links unten ist zuächst die Verheißung der Geburt des Johannes durch den Engel Gabriel an Zacharias im Tempel dargestellt (vgl. Lk 1,11–20). Darüber ist der verstummte Zacharias zu sehen, der aus dem Tempel vor das Volk getreten ist (vgl. Lk 1,22), gefolgt von der Szene der Vermählung Marias mit Josef. Rechts vom Scheitel des Portalbogens werden die Figurengruppen mit den Szenen der Verkündigung des Erzengels Gabriel an Maria (vgl. Lk 1,26–38), des Besuchs Marias bei der schwangeren Elisabet (vgl. Lk 1,39–56) und der Geburt Jesu (vgl. Lk 2,6–7) fortgesetzt.[9]

Das Bildprogramm entfaltet das einzigartige Verhältnis zwischen Christus und seinem Vorläufer Johannes, der an der Schwelle zwischen dem Alten und dem Neuen Bund steht. Mit seiner gottgewirkten, durch den Engel angekündigten Geburt und seinem Martyrium, das er nach frommer Überlieferung ein Jahr vor dem Karfreitag erlitten haben soll, wurde Johannes zum christusähnlichen Wegbereiter des Messias. Aus diesem Grund feiert die Kirche neben den Geburtsfesten Jesu und Marias nur noch den Tag der Geburt des Täufers, von dem an die Tage abnehmen, während sie mit dem Weihnachtsfest wieder zunehmen.[10]

Die linke Tafel zeigt die Szene der Namensgebung des Johannes, die sich vor einem gotischen Portalbogen ereignet, an den sich eine Folge von zwei Räumen anschließt, die den Mittel- und Hintergrund einnehmen. An der Rückseite des Schlafgemachs der Elisabet, die nach der Geburt des Johannes als Wöchnerin von einer Amme umsorgt wird, ist eine geöffnete schmale Tür zu sehen, die den Blick in einen weiteren Raum freigibt. Dort sieht man zwei Frauen, die durch eine ins Freie führende, offen stehende Außentür das Haus des Zacharias betreten haben. Sie sind mit ihren einfachen Gewändern und ihrem weißen Kopfbund in ähnlicher Weise wie die im Schlafgemach dienende Frau gekleidet und damit als zwei weitere Ammen zu deuten, die gekommen sind, um Elisabet zu helfen.[11] Mit diesen beiden Dienerinnen, die gerade durch die schmale Haustür eintreten, um der Wöchnerin Hilfestellung zu leisten und dabei von der Namensgebung des Johannes zu erfahren, beginnt der erzählerische Rundgang, der durch das ganze Triptychon führt. Die beiden durch die Außentür eintretenden Ammen zeigen dem Betrachter, dass auch für ihn die Tür zur geistigen Teilnahme am Geschehen offen steht, um von der Namensgebung des Johannes über das Mittelbild mit der Taufe Jesu zur Enthauptungsszene auf der rechten Seitentafel voranzuschreiten. Dort endet die meditative Betrachtung, da sich auf dieser Tafel die beiden Vordergrundfiguren des Henkers und der Salome, die das Haupt des Täufers gerade auf einer Schale empfängt (vgl. Mt 14,11; Mk 6,28), vom Geschehen des Martyriums abwenden. Indem aber der angesichts des enthaupteten Täufers traurig gewordene Betrachter der Blickrichtung Salomes folgt, kommt er wieder zum Ausgangspunkt zurück und trifft in der linken Seitentafel auf die neben Zacharias im Vordergrund stehende Gestalt Marias.[12]

Die beiden Ammen leiten den Blick des Betrachters in das Schlafgemach der Elisabet, das einem burgundischen bürgerlichen Zimmer gleicht. Während der Boden schachbrettartig gefliest ist, wird der Raum nach oben hin mit einer hölzernen Balkendecke abgeschlossen. An der linken Wand ist ein Kamin zu sehen. Unter dem hochliegenden Fenster steht ein Kommodenschrank, auf dem mit einer Schüssel, zwei Karaffen und einem Becher Utensilien stehen, die für das neugeborene Kind und wohl auch für die Wöchnerin gebraucht werden. Der rechts neben der Tür sichtbare, mit reichen gotischen Schnitzereien verzierte Holzflügel gehört wohl zu einem Schrank. Der rechte Teil des Zimmers wird von dem großen roten Baldachinbett eingenommen, das um 1400 im europäischen Norden populär wurde. Während der Baldachin durch Schnüre am Gebälk befestigt wird, ist der vordere linke Vorhang hochgebunden, um einen leichteren Zugang zum Bett zu ermöglichen. Von der im Bett liegenden Elisabet ist nur ihr altes und müdes, von einem weißen Kopftuch umhülltes Gesicht zu sehen. Eine Dienerin mit weißem Kopfbund und geschürztem Obergewand hat sich über die Wöchnerin herabgebeugt und glättet das Betttuch, das aus einem weißen Laken und einem zusätzlich wärmenden grauen Wollstück besteht, während der Bettüberwurf aus dem gleichen Stoff wie der Baldachin ist.[13] Die Bildmotive des kreuzförmigen Fensters und des roten Baldachinbettes mit dem gerafften Vorhang finden sich auch in Rogiers Verkündigungsbildern, wo sie im Sinne des verborgenen Symbolismus (disguised symbolism) auf das Inkarnations- und Passionsmysterium verweisen. Im Zusammenhang mit der Geburt des Täufers versinnbildlichen diese Gegenstände auch hier das Christusmysterium, auf das Johannes als Vorläufer hingewiesen hat. So symbolisiert die rote Farbe des Bettes die Erlöserliebe und den Heiligen Geist, durch den der Sohn Gottes in Maria Mensch geworden ist. Das Bett selbst steht als Brautbett für die Vereinigung (spirituale matrimonium) der göttlichen und der menschlichen Natur bei der Menschwerdung des Sohnes Gottes. Während das Fensterkreuz schon auf den Kreuzestod Jesu vorausdeutet, verweist der hochgebundene Vorhangsack auf Christus, der, wie Augustinus (354–430) darlegt, bei seiner Inkarnation den „Sack" (saccus) der menschlichen Sterblichkeit angezogen hat, um durch sein Kreuz und seine Auferstehung die Menschen wieder mit Freude zu umgürten (vgl. Ps 30,12).[14]

Im Vordergrund sitzt rechts vor dem Portalgewände auf einer Holzbank Zacharias, der Vater des Johannes. Er trägt eine schwarze Kopfbedeckung und ist durch seinen grauen Bart und seine Augen- und Stirnfalten als alter Mann gekennzeichnet (vgl. Lk 1,7). Zacharias ist mit einem grünen, pelzgefütterten Gewand und einem goldgesäumten dunkelblauen Mantel bekleidet, den er über seine linke Schulter geworfen hat, so dass die violette Innenseite sichtbar wird. Symbolisch verweist die violette Farbe des Mantelfutters auf die „Buße" des Verstummens, mit der Zacharias durch den Engel gut neun Monate lang belegt wurde, weil er zunächst an der Botschaft von der gottgeschenkten Geburt seines Sohnes gezweifelt hatte (vgl. Lk 1,20). Das satte Grün seines Gewandes unterstreicht aber seine noch viel größere Hoffnung, die ihn jetzt nach der Geburt seines Sohnes wieder neu zu erfüllen vermag, nachdem er schon zuvor gerecht gelebt und stets zu Gott gebetet hat (vgl. Lk 1,6.13). Mit dem nach hinten geschlagenen Mantel hat sich der verstummte Zacharias etwas Bewegungsfreiheit für seine Hände verschafft, um „Johannes" als Namen seines neugeborenen Sohnes auf schriftliche Weise kundzutun (vgl. Lk 1,63). Während er auf sein rechtes Knie ein Stück weißes Papier gelegt hat, um darauf mit der rechten Hand den Namen seines Kindes zu schreiben, hält er in seiner linken Hand ein Tintenfässchen und blickt dabei auf Maria, die ihm seinen neugeborenen Sohn entgegenhält.[15]

Die alte Überlieferung von der Anwesenheit Marias bei der Geburt des Johannes legte sich durch das Lukasevangelium nahe, das zunächst von dem Maria gegebenen Zeichen der bereits sechs Monate schwangeren Elisabet berichtet (vgl. Lk 1,36), um dann hinzuzufügen, Maria sei einige Tage nach der Verkündigung (vgl. Lk 1,39) zu Elisabet aufgebrochen, um „etwa drei Monate" bei ihr zu bleiben (Lk 1,56). Angesichts des neunmonatigen Zeitraums einer Schwangerschaft bedeutet dies, dass Maria auch noch bei der Niederkunft Elisabets dabei gewesen sein muss, weshalb die außerbiblische Überlieferung in Maria die demütige und eifrige Helferin ihrer alten und hochschwangeren Verwandten Elisabet sah. Nach der im 13. Jahrhundert entstandenen „Legenda aurea" hat Maria Elisabet gedient und nach der Geburt des Johannes das neugeborene Kind „mit ihren heiligen Händen" getragen und „mit großem Fleiß den Dienst einer Kindsmagd" verrichtet.[16] So steht Maria vor dem Portalgewände auf der linken Seite des Bildes und trägt in ihrem hochgeschürzten Mantel den locker in ein weißes Tuch gehüllten neugeborenen Johannesknaben. Er trägt um den Bauch eine Nabelbinde und blickt mit leicht erhobenen Händchen aus dem Bild heraus zum Betrachter. Maria, die ihr Haar jungfräulich offen trägt, blickt mit würdevollem Ernst zu Zacharias hinüber. Ihr Haupt ist von einem Nimbus umgeben, der durch eine dünne, goldene Doppellinie angedeutet ist. Die Himmelsfarbe ihres goldgesäumten blauen Mantels weist die zum Zeitpunkt der Geburt des Johannes schon mindestens im dritten Monat schwangere Maria als die neue, den verheißenen Messias tragende Bundeslade aus, die von den Israeliten auf ihrer Wüstenwanderung ebenfalls mit einem blauen Tuch abgedeckt wurde (vgl. Num 4,5–6) und als Ort der Gegenwart Gottes bei seinem Volk galt. Unter dem Mantel trägt Maria einen dunkelblauen, mit Eichhörnchenpelz gefütterten Rock und ein langes Kleid aus rotem Goldbrokat, dessen Blutfarbe an das Inkarnations- und Erlösungsmysterium Christi erinnert.[17]

Auch die Pflanzen, die unten am Portalgewände und dazwischen aus den Ritzen der steinernen Bodenplatten wachsen, versinnbildlichen die Geheimnisse der Menschwerdung und der Erlösung Christi. Während ganz rechts wohl eine Nelkenwurz wächst, ist auf der gegenüberliegenden Seite neben Maria ein kleiner dornenloser, roter Rosenstrauch zu sehen, der für Maria als mystische Rose steht, die als sündelose Wohnung den Sohn Gottes in ihrem reinen Schoß empfangen hat.[18] Direkt vor dem linken Schuh des Zacharias sprießt ein Löwenzahn auf, der wegen seiner bitteren Blätter auf das Leiden Christi verweist.[19]

Auch wenn das dargestellte biblische Geschehen durch Elisabet und Zacharias bestimmt wird, so steht dennoch Maria als die heilsgeschichtlich bedeutsamste Person im Mittelpunkt. Sie trägt als Einzige einen Nimbus und hält Johannes über ihrem Schoß, in dem sie bereits den menschgewordenen Sohn Gottes trägt. Wie bei der ersten Begegnung zwischen den ungeborenen Kindern Johannes und Jesus, die sich drei Monate zuvor bei der Begrüßung der Mütter Elisabet und Maria im Haus des Zacharias ereignet hat (vgl. Lk 1,39–45), so findet auch jetzt nach der Geburt des Johannes eine Begegnung zwischen Christus im Schoß Marias und seinem neugeborenen Vorläufer statt. Mit dem Johannesknaben auf ihren Armen erscheint Maria im Typus der Madonna und weist damit schon voraus auf die Geburt ihres eigenen Sohnes.[20]

Schließlich antwortet Maria auch auf die Gestalt der auf der rechten Bildtafel bei der Enthauptungsszene dargestellten Salome, die gerade vom Henker das abgetrennte Haupt des Täufers empfängt. Während Salome eine laszive Haltung einnimmt und mit ihren körperbetonten, luxuriösen und mondänen Kleidern nur nach irdischen Maßstäben schön ist, leuchtet auf dem Gesicht der in ernster Strenge aufrecht stehenden und körperverdeckend mit königlicher Würde gekleideten Maria ein göttlicher Glanz.[21] Im Gegensatz zu Salome, die mit ihrem Hochmut und ihrer Verdorbenheit das Leben des Täufers zerstört, dient Maria dem neugeborenen Vorläufer ihres Sohnes und verkörpert Demut, fürsorgende Liebe, Tugend und Reinheit.[22]

Betrachtet man die Wendung ihres Hauptes und ihren Blick genauer, so wird deutlich, dass sich Maria nur indirekt Zacharias zuwendet und dass sich ihre Augen gedankenverloren auf die untere Bildmitte der Mitteltafel und damit auf die Altarmensa richten, die sich ursprünglich unter dem Retabel befand. Neben der von der linken zur rechten Tafel voranschreitenden biblisch-chronologischen Leserichtung betont das Triptychon auch das Mittelbild mit der Taufe Jesu, auf das die beiden äußeren, schräg dargestellten Interieurszenen ausgerichtet sind. Die mittlere Tafel wird von einer senkrechten Achse bestimmt, die vom Gewölbeschlussstein über Gottvater und die taufende Hand des Johannes zu Christus führt, der als einzige streng vorderansichtig dargestellte Person in den Fluten des Jordan steht und die Aufmerksamkeit des Betrachters zur Altarmitte weiterleitet, wohin sich auch der Blick Marias richtet. So macht Maria deutlich, dass es ein und derselbe Christus ist, den sie in ihrem Schoß trug, der als vom Täufer verkündetes (vgl. Joh 1,29.36), Gott wohlgefälliges (vgl. Mt 3,17; Mk 1,11; Lk 3,22) Opferlamm in den Jordan stieg und der nun in der Eucharistie auf dem Altar gegenwärtig ist.[23]

Das Martyrium der Apostelfürsten

29. Juni – Hl. Petrus und hl. Paulus
Zweite Lesung vom Tag: 2 Tim 4,6–8.17–18

*„Ich werde nunmehr geopfert,
und die Zeit meines Aufbruchs ist nahe."*
2 Tim 4,6

Die zweite Lesung zum Hochfest der Apostelfürsten Petrus und Paulus ist dem zweiten Timotheusbrief entnommen, der zu den drei neutestamentlichen Pastoralbriefen gehört, die Paulus als Verfasser nennen und Mahnschreiben an die Apostelschüler Timotheus und Titus darstellen. Auch wenn die drei Pastoralbriefe in der heutigen exegetischen Forschung nicht als authentische Paulusbriefe gelten, so verarbeiten sie dennoch Überlieferungen, die auf den Apostel zurückgehen. Besonders der sehr persönlich gehaltene zweite Timotheusbrief, in dem Paulus auf sein eigenes Vorbild verweist, enthält Abschnitte, in denen zuverlässige Nachrichten über das Lebensende des Heidenapostels verwendet wurden, so dass er den Charakter eines Abschiedsbriefes und Testamentes bekommt.[1]

Am Schluss des Briefes, als Timotheus zu einer unerschrockenen Erfüllung seines Verkündigungsdienstes aufgerufen wird, leuchtet das Geheimnis des apostolischen Lebens des Paulus auf, das ganz in der Liebe und in der Hingabe des eigenen Lebens bestand. Der Verfasser des zweiten Timotheusbriefes, der offenbar schon auf das Lebensopfer des Paulus zurückblickt, lässt den Apostel im Blick auf sein Martyrium sprechen: „Ich werde nunmehr geopfert, und die Zeit meines Aufbruchs ist nahe. Ich habe den guten Kampf gekämpft, den Lauf vollendet, die Treue gehalten" (2 Tim 4,6–7). Paulus spricht vom Kranz der Gerechtigkeit, der für ihn schon bereitliegt und den ihm Jesus Christus, der gerechte Richter, geben wird. Indem er aber hinzufügt, dass dieser Siegeskranz nicht nur ihm gegeben wird, sondern auch allen, die voll Sehnsucht das Erscheinen des Richters erwarten (vgl. 2 Tim 4,8), ist auch Petrus mitgemeint, der nach der Überlieferung zusammen mit Paulus um 64/67 in

Rom unter Kaiser Nero (reg. 54–68) Zeugnis für den Glauben an Christus abgelegt hat. Während Petrus nach der Tradition das Martyrium im vatikanischen Zirkus am Kreuz erlitten hat, starb Paulus an der Straße nach Ostia unter dem Schwert.

FÜR DAS MARTYRIUM DER APOSTEL PETRUS UND PAULUS gibt es in der christlichen Kunst unzählige Beispiele. Eine Darstellung führt uns in den Vinschgau, wo im Kloster Müstair an der nördlichen Seitenapsis romanische Wandmalereien freigelegt wurden, die auch Szenen zum Leben der Apostelfürsten enthalten, unter anderem die Kreuzigung des Petrus und die Enthauptung des Paulus.

Als der Frankenkönig Karl der Große (reg. 768–814) um 773/74 über die Langobarden siegte, gründete er an der churrätischen Ostgrenze seines Reiches ein Johannes dem Täufer geweihtes Mönchskloster, das sich an der Nahtstelle zum eroberten Langobardenreich und zum bayerischen Herzogtum befand. Die neue Gründung, an der ab 775 die Bauarbeiten einsetzten, wurde einfachhin „Monasterium", „Kloster", genannt, woraus sich der heutige Name „Müstair" ableitete. Neben Karl dem Großen war an der Gründung sicherlich auch der Churer Bischof Constantius (reg. um 722–774) beteiligt, den der Frankenkönig 773 zum zivilen Verwalter der Provinz Churrätien eingesetzt hatte. Nachdem in der ersten Hälfte des 9. Jahrhunderts ein umfangreicher Freskenzyklus in der Klosterkirche entstanden war, kam es um 1200 zu einer neuen Ausmalung im östlichen Chorbereich der Kirche. Die in der Zeit von 1947 bis 1951 freigelegten Fresken machten die Kirche von Müstair weltbekannt und führten 1983 zur Aufnahme des Klosters in die Liste der Weltkulturgüter.[2]

Nachdem sich der Mönchskonvent noch vor der Mitte des 12. Jahrhunderts aufgelöst hatte, wurde Müstair in ein Benediktinerinnenkloster umgewandelt, das durch den Churer Bischof Egino (reg. 1163–1170) tatkräftig gefördert wurde. Dieser Aufschwung führte um 1200 auch zu einer neuen Ausmalung der Ostwand und der drei Apsiden der Klosterkirche. Die dort ausgeführten Fresken gehören mit ihrer buntfarbig expressionistischen Darstellungsweise zu den besten Leistungen der romanischen Monumentalmalerei im Vinschgau. Die Wandmalereien in Müstair folgen den um 1170/80 entstandenen Fresken in der Krypta der Abteikirche Marienberg und gehen den etwas jüngeren Wandbildern der Burgkapelle von Hocheppan voraus. Die in den unteren und mittleren Registern der Apsiden noch erhaltenen romanischen Fresken zeichnen sich durch ihre kräftigen Konturen aus, wobei die nachträglich hinzugefügten Seccomalereien, mit denen Gesichtszüge und Kleidung der Figuren akzentuiert wurden, weitgehend verloren gegangen sind. Die Themen der karolingischen Vorgängerfresken wurden bei der romanischen Neuausmalung im Wesentlichen übernommen, auch wenn das große Bild mit der Himmelfahrt Christi preisgegeben und in

Kreuzigung des Petrus und Enthauptung des Paulus, Müstair, Klosterkirche St. Johannes der Täufer, Nordapsis, drittes Register, um 1200, ca. 230 × 170 cm.

die oberste Zone der Südapsis verlegt wurde. Die romanischen Malereien in den Apsiden, die in verkürzter Weise den karolingischen Vorgängerfresken folgen, beziehen sich auf die Patronate der drei Altäre. Während man die Malereien der Südapsis dem Erzmärtyrer Stephanus und die Fresken der Mittelapsis dem Kirchenpatron Johannes dem Täufer widmete, blieb die ganze Nordapsis dem Leben der Apostelfürsten Petrus und Paulus vorbehalten. Der Zyklus beginnt im oberen Register mit der Darstellung des Streitgesprächs zwischen den Apostelfürsten und dem in der Apostelgeschichte (vgl. Apg 8,9–25) und in der apokryphen Literatur erwähnten Zauberer Simon Magus. Es schließt sich die apokryph überlieferte Szene mit dem Wunder des Petrus an, der die von Simon Magus auf die beiden Apostel gehetzten Hunde durch geweihtes Brot bändigt. Mit diesem effektvollen Fresko wurde bei der romanischen Neuausmalung das karolingische Vorgängerbild mit der Predigt des Paulus vor Juden- und Heidenchristen ersetzt. Während die beiden Fresken des obersten Registers mit dem Streitgespräch und dem Wunder der Hundebändigung 1950 abgenommen wurden und im Depot des Klosters aufbewahrt sind, befinden sich die darunterliegenden Wandbilder noch an ihrem Ort. So folgen im zweiten Register die Szene der betenden Apostel Petrus und Paulus und die Darstellung mit dem Sturz des Simon Magus, der durch das Gebet der beiden Apostel herbeigeführt wurde. Das dritte Register zeigt schließlich das Martyrium der Apostelfürsten und die Einsegnung des Petrusgrabes.[3]

Das Wandbild mit dem Martyrium der Apostelfürsten wird oben durch einen stilisierten Palmettenfries und unten durch ein geometrisches Band begrenzt. Die Hinrichtung findet unter einem blauen Himmelsstreifen auf einem freien Platz statt, der aus einem schmalen ockerfarbenen Bodenstreifen und einem weißgrundigen Feld besteht. Rechts wird das Bildfeld durch einen hohen gemauerten Turm begrenzt, dessen Quadersteine in der unteren Hälfte rotbraun und oben ockerfarben sind.[4] Der nicht mehr erhaltene linke Bildrand leitete wahrscheinlich zu einer Szene über, auf der die Verurteilung der beiden Apostel durch Kaiser Nero dargestellt war, so wie bereits auf der erhaltenen karolingischen Schicht.[5]

Links ist das Martyrium des Petrus dargestellt, der nach apokrypher Überlieferung mit dem Kopf nach unten gekreuzigt wurde. Als Petrus am Hinrichtungsort beim Kreuz angekommen war, soll er gesagt haben: „Da nun mein Herr Jesus Christus, der vom Himmel zur Erde herabgestiegen ist, aufrecht am Kreuz erhöht worden ist,[6] ich aber gewürdigt bin, von der Erde in den Himmel gerufen zu werden, soll mein Kreuz meinen Kopf zur Erde strecken, und die Füße sollen zum Himmel zeigen. Da ich nicht würdig bin, am Kreuz zu sein wie mein Herr, errichtet mein Kreuz so!"[7] Die Wandmalerei zeigt das Kreuz, an dem Petrus mit dem Kopf nach unten gekreuzigt ist. Es steckt im ockerfarbenen Bodenstreifen in einer Art Erdhaufen und ragt oben in die weiße Leiste des Rahmens hinein. Vier Schergen sind damit beschäftigt, Petrus mit Stricken am Kreuz festzubinden, wobei sie nicht nur Hände und Füße, sondern den ganzen Leib binden. Um die Stricke kräftig zurren zu können, stemmen sich die beiden oberen Schergen beim Binden der Füße mit roher Gewalt gegen die Beine des Petrus. Auch die beiden unteren Schergen treten auf die Unterarme des Petrus, während sie seine Hände binden. Das Haupt des Petrus, das von einem großen goldgelben Nimbus umgeben ist, zeigt die für ihn charakteristische Physiognomie eines alten weißhaarigen Mannes mit tonsuriertem Haarkranz und kurzem Kinnbart. Der in voller Bekleidung gekreuzigte Petrus trägt eine weiße Tunika und ein blaues Pallium, das über seinen linken Unterarm nach unten fällt. Wie in der apokryphen

Überlieferung berichtet, zeigen die in den blauen Hintergrund hineinragenden Füße des Petrus tatsächlich „zum Himmel" hin.

Im rechten Bildfeld ist die Hinrichtung des Apostels Paulus zu sehen, die nach apokrypher Tradition durch Enthauptung an der Straße nach Ostia stattfand.[8] Der Heidenapostel ist in eine rote Tunika und wie Petrus in ein blaues Pallium gekleidet. Paulus hat auf dem ockerfarbenen Bodenstreifen das rechte Knie gebeugt und soeben den tödlichen Schwerthieb erhalten, wodurch seine Arme mit den überlangen, feingliedrigen Händen kraftlos nach unten fallen. Ein rothaariger, bärtiger Scherge hält mit seiner linken Hand an einem Haarschopf das abgetrennte Haupt des Paulus, während seine Rechte das lange Richtschwert umfasst. Das wie bei Petrus von einem großen goldgelben Nimbus umgebene Haupt des Paulus zeigt den für den Heidenapostel typischen langen Spitzbart. Als Zeichen des Todes sind die Augen des Heidenapostels geschlossen. Der stark stilisierte Baum, der über der Hinrichtungsszene mit drei großen Ästen und Blattkronen in den blauen Hintergrund ragt, setzt so über dem Nimbus des Paulus an, als würde er gleichsam aus dem Kopf des Apostels herauswachsen. Will man die eigenartige Gestaltung der auffallend mit dem abgetrennten Haupt des Paulus verbundenen drei Baumäste nicht für zufällig halten, könnte man sie mit der Legende der römischen Kirche Tre Fontane in Verbindung bringen, wonach das abgetrennte Haupt des Apostels dreimal auf die Erde sprang und jeweils eine Quelle entspringen ließ, an die bis heute noch drei Kirchen erinnern. Da der Baum in der biblischen Überlieferung als Frucht des quellenden und fließenden Wassers erscheint (vgl. Ps 1,3; Offb 22,1–2), kann der stilisierte Baum mit den drei Ästen über dem Kopf des Paulus durchaus die drei Wasserquellen versinnbildlichen, die durch das dreimalige Aufschlagen des abgetrennten Hauptes des Apostels entstanden waren. So vermag der Baum auf die Fruchtbarkeit der Lebenshingabe des Paulus zu verweisen, von der im zweiten Timotheusbrief die Rede ist: „Ich werde nunmehr geopfert, und die Zeit meines Aufbruchs ist nahe" (2 Tim 4,6), denn „der Kranz der Gerechtigkeit" liegt schon bereit (2 Tim 2,8).

Mariä Himmelfahrt

15. August – Mariä Aufnahme in den Himmel
Evangelium vom Tag: Lk 1,39–56

„Gesegnet bist du mehr als alle anderen Frauen."
Lk 1,42

Das Festtagsevangelium von Mariä Himmelfahrt schildert, wie sich Maria nach der Verkündigung des Engels Gabriel aufmacht, um ihre im sechsten Monat hochschwangere Verwandte Elisabet zu besuchen. Als sich bei der Begrüßung der beiden Frauen auch ihre beiden ungeborenen Kinder Johannes und Jesus begegneten (vgl. Lk 1,40–41), wurde Elisabet vom Heiligen Geist erfüllt und erkannte die einzigartige Begnadung Marias, die in ihrem Einssein mit Jesus, ihrer Leibesfrucht, gründet und sie über alle anderen Frauen erhebt: „Gesegnet bist du mehr als alle anderen Frauen, und gesegnet ist die Frucht deines Leibes" (Lk 1,42). Die Begnadung Marias begann mit ihrer erbsündelosen Empfängnis und vollendete sich in ihrer Aufnahme in den Himmel, um ganz mit Leib und Seele bei ihrem Sohn zu sein, mit dem sie schon in ihrem ganzen Leben auf innigste Weise vereint war.

Der venezianische Maler Jacopo Tintoretto (1518–1594) hatte sich mehrmals mit der Darstellung der Himmelfahrt Marias beschäftigt. Schon um 1516/18 war Tizian (1488/90–1576) mit seiner für die Frarikirche in Venedig geschaffenen, fast sieben Meter hohen „Assunta" ein epochales Monumentalgemälde mit der Darstellung der in den Himmel entschwebenden Gottesmutter gelungen. Um 1549/50 schuf Tintoretto ein Himmelfahrtsbild für Santo Stefano Confessore in Venedig, das sich heute in der Accademia befindet. In diesem Gemälde verzichtete Tintoretto auf

Jacopo Tintoretto, Himmelfahrt Marias, um 1555, Öl auf Leinwand,
ca. 450 × 270 cm, Bamberg, Obere Pfarrkirche. ▷

eine historisierende, narrative Topographie, auf Requisiten und Attribute und konzentrierte sich auf die um das Grab versammelten Apostel und die selbständig, von Engeln fast unbegleitet auffahrende Gottesmutter.[1] Unter den von Tintoretto geschaffenen Himmelfahrtsdarstellungen zeichnet sich das heute in der Oberen Pfarrkirche in Bamberg aufbewahrte Gemälde mit der Aufnahme Marias in den Himmel durch seine besondere Kühnheit aus. Bereits Giorgio Vasari (1511–1574) hatte Tintoretto als einen geistreichen und spontanen, aber auch eigenwilligen Maler charakterisiert.[2] Der talentierte und mit rascher Auffassungsgabe ausgestattete Tintoretto konnte sich nach einer kurzen Lehrzeit bereits um 1540 als Maler bewähren. Große Anerkennung verschaffte er sich 1548 mit einem Gemälde, auf dem er ein Wunder darstellte, das durch den hl. Markus an einem Sklaven bewirkt wurde. Nachdem Tintoretto um 1553 geheiratet und einen großen Werkstattbetrieb aufgebaut hatte, malte er um 1555 auch das in die Obere Pfarrkirche nach Bamberg gelangte Bild mit der Aufnahme Marias in den Himmel.[3] Zur gleichen Zeit hatte Tintoretto für den Hochaltar der Kreuzträgerkirche Santa Maria Assunta in Venedig ein weiteres Himmelfahrtsbild geschaffen, das in seiner Höhe und Breite mit den Maßen des in Bamberg befindlichen Gemäldes erstaunlich übereinstimmt. Die Darstellung in der später von den Jesuiten übernommenen Kirche der Kreuzträger wirkt mit ihrer klaren Trennung zwischen dem himmlischen Bereich mit der von tragenden Engeln begleiteten Gottesmutter und der irdischen Zone mit den Aposteln und ihren Requisiten konventioneller und auch wesentlich beruhigter als das Gemälde in der Oberen Pfarrkirche. Dies führte Erasmus Weddingen zur Vermutung, es handle sich beim Bamberger Bild um Tintorettos Erstausführung, die dann durch die Oberen des Kreuzträgerordens als zu kühn zurückgewiesen wurde, so dass der Maler eine zweite, gemäßigte Fassung anfertigen musste.[4] Jedenfalls muss das Bamberger Himmelfahrtsbild längere Zeit als zusammengerollte Leinwand gelegen haben, da man es auf der Rückseite zunächst nur ungenau als Darstellung der Himmelfahrt Christi beschriftet hatte, was darauf hinweist, dass ein Blick auf die gemalte Leinwand zu einer bestimmten Zeit wohl nur eingeschränkt möglich war.[5]

Nach Renate Baumgärtel-Fleischmann (1937–2010), der langjährigen Leiterin des Bamberger Diözesanmuseums, befand sich das Bamberger Himmelfahrtsbild 1612 in Augsburg im Haus des Arztes und Pharmazeuten Ferdinando Mattioli (1561–1652), der sich auch als Kunsthändler betätigte und beruflich seinem aus Venedig stammenden Vater Pietro Andrea Mattioli (1501–1577) gefolgt war, der von 1554 bis 1568 am Prager Hof als Leibarzt und Botaniker wirkte und 1577 in Trient an der Pest starb. Als der Bamberger Dompropst Johann Christoph Neustetter, genannt Stürmer (reg. 1610–1638), im Sommer 1612 das Bild bei Ferdinando Mattioli sah, erwarb er es für den hohen Preis von 2000 Reichstalern und schenkte es der Domkirche von Bamberg, wo es zunächst im Westchor angebracht war. Als Neustetter am 9. November 1638 starb, brachte man Tintorettos Gemälde an das offene Grab des Dompropstes im südlichen Querhaus. Bei der barocken Umgestaltung des Bamberger Domes nach dem Dreißigjährigen Krieg wurde das Bild 1651 als Altarblatt in den großen, durch Dompropst Hieronymus von Würzburg (reg. 1642–1651) errichteten Marienaltar im Südquerhaus eingesetzt. Als 1836 bei der Purifizierung des Domes der Marienaltar entfernt wurde, verblieb Tintorettos wertvolles Gemälde im Domkapitelhaus, bis es 1937 im Tausch mit dem Marienretabel des Veit Stoß (um 1447–1533) als Leihgabe des Domkapitels in die Obere Pfarrkirche kam. Bei der 1985/88 durchgeführten Restaurierung des Himmelfahrtsbildes wurden die Übermalungen des 19. Jahrhunderts entfernt, wodurch die ursprüngliche Farbigkeit und damit auch die kompositorische Einheit des Gemäldes wieder deutlich zum Vorschein kamen, so dass die traditionelle Zuschreibung an Tintoretto erneut bestätigt werden konnte.[6]

Das etwa viereinhalb Meter hohe Gemälde mit der Himmelfahrt Marias, das im rechten Seitenschiff der Oberen Pfarrkirche angebracht ist, zeichnet sich durch seine Dramatik und Bewegung aus. Während herkömmliche Darstellungen deutlich zwischen dem irdischen Bereich der Apostel und der himmlischen Sphäre mit Maria unterschieden, sind bei Tintorettos ungewöhnlich gedrängtem Himmelfahrtsbild die beiden Zonen eng miteinander verbunden und gehen sogar ineinander über. Die um den offenen Sarkophag Marias versammelten zwölf Apostel sind im Bamberger Himmelfahrtsgemälde dem wunderbaren Geschehen so sehr nahe, dass sie sich mit den Engeln, die Maria von unten her stützen, sogar auf einer Ebene befinden. Die Verbindung von irdischer und himmlischer Sphäre zeigt sich auch in der malerischen Ausführung der Apostel, die einerseits als körperhafte und mit erdigen Farben gemalte Gestalten erscheinen, anderseits aber mit ihren Nimben in Form verhalten leuchtender Lichtglorien zeigen, dass sie auch dem übernatürlichen Bereich angehören.[7]

Die Darstellung folgt der in der „Legenda aurea" des Dominikaners Jakobus de Voragine (1228/29–1298) zusammengefassten Überlieferung, wonach Christus zuerst die Seele und dann drei Tage später auch den Leib seiner Mutter zu sich in den Himmel aufgenommen habe, während im Sarkophag Rosen und Lilien zurückgeblieben seien. Zuvor seien die bereits in ihren verschiedenen Missionsgebieten wirkenden Apostel zum bevorstehenden Lebensende Marias auf wunderbare Weise nach Ephesus gebracht worden. So zeigt Tintorettos Gemälde, wie die Apostel nach der „Legenda aurea" zur Grabstätte Marias gekommen sind und sich um den Sarkophag niedergelassen haben, um nach der Aufnahme der Seele Marias drei Tage lang bis zur leiblichen Himmelfahrt der Gottesmutter Totenwache zu halten.[8]

Wie Röntgenaufnahmen zeigen, war auf der Seitenwand des Sarkophags eine antike Stieropferszene vorgeritzt, die Tintoretto im Unterschied zum Altarbild für die Kirche der Kreuzträger jedoch nicht mehr ausführte. Diese Szene verweist auf das Dankopfer des Noah nach dessen Rettung in der Arche während der Sintflut (vgl. Gen 8,20) und erinnert damit an den in der allegorischen Typologie als Arche und Bundeslade Christi gepriesenen und schließlich in den Himmel aufgenommenen Leib Marias.[9]

Unterhalb der Seitenfront des Sarkophags stellte Tintoretto eine wildwachsende Flora dar, die an die legendarische Überlieferung von den im leeren Grab Marias verbliebenen Blumen und an den mittelalterlichen Brauch der Kräuterweihe am Festtag Mariä Himmelfahrt erinnert.[10] Unter den akribisch gemalten Blumen finden sich frühsommerliche, großenteils zu den Heilpflanzen gehörende Blumen, die das Erlösungsmysterium symbolisieren, auch wenn die klassischen Marienpflanzen wie Lilie, Rose, Nelke, Maiglöckchen oder Narzisse nicht dargestellt sind. Als ungesäte, wildwachsende Pflanzen versinnbildlichen die Blumen die erbsündelose, unbefleckte Empfängnis Marias und damit ihre vollkommene Begnadung, die an ihrem Lebensende in die Verherrlichung ihrer leiblichen Himmelfahrt einmündete. Ganz rechts außen sind Farne und links daneben Ritterspornblätter zu sehen, neben denen ein Schöllkraut emporgewachsen ist, das auch als „Gottesgnad" (Coelidonium) bezeichnet wird. Weiter nach links schließen sich ein Frauenschuh, also ein „Marienpantoffel" (Pianella della Madonna), und das Rispengras an, das den Glauben Marias symbolisiert. Daneben wächst die weiß blühende und auch als „Marienkraut" bezeichnete Wucherblume (Margherita) empor, unter der eine Gichtwurz sichtbar ist. Nach links hin ist die wilde Malve als Sinnbild für das Seelenheil zu sehen, während als letzte Pflanze vor der untersten Marmorstufe des Sarkophags der Löwenzahn wächst, der wegen seiner bitteren Blätter auf die Passion gedeutet wurde, in der Jesus als „Löwe aus dem Stamm Juda" (Offb 5,5) gesiegt hatte.[11]

Während links einige Apostel mehr im Hintergrund bleiben, können sich die im Vordergrund gezeigten Jünger ganzfigurig entfalten. Der am äußersten linken Bildrand sichtbare Apostel trägt als Attribut einen Pilgerstab und lässt sich mit Jakobus dem Älteren identifizieren, dem in Santiago de Compostela verehrten Heiligen der Wallfahrer und dem Namenspatron des Malers. Mit seinen gekrausten Haaren und seinem Bartwuchs gleicht dieser Apostelkopf frühen Selbstbildnissen Jacopo Tintorettos, so dass dieser Jakobusfigur offenbar auch die Aufgabe zukommt, die fehlende Bildsignatur zu vertreten.[12]

Der in Rückenansicht ekstatisch über die Stirnseite des Sarkophags gelehnte, in ein blaugraues Gewand gehüllte Apostel erinnert mit seinem Haarkranz und dem weißgrauen Kinnbart an Petrus. Die Gestalt gleicht aber auch dem Apostel Paulus, wie ihn Tintoretto um 1556 mit einem ähnlich massigen, kahlen Haupt und ebenfalls rückwärtig bei dessen Martyrium auf einem der Orgelflügel für Santa Maria dell'Orto dargestellt hatte.[13]

Links ist ein goldblond gelockter jugendlicher Apostel zu sehen, der durch seine Rückenansicht den gleichsam hinter ihm stehenden Bildbetrachter mit weit ausladender Gebärde in das Geschehen einführt. Der barfüßig auf der untersten Stufe des Sarkophags vor einem angelehnten, aufgeschlagenen Buch kniende Apostel hat in gewagter Verkürzung seine Arme ausgebreitet. Dieser Apostel ist sicherlich mit dem Evangelisten Johannes zu identifizieren, dem Jesus vom Kreuz herab Maria als seine Mutter anvertraut hat (vgl. Joh 19,26–27) und auf dessen apokryphen Augenzeugenbericht in der „Legenda aurea" die Kunde des Himmelfahrtsgeschehens zurückgeführt wird.[14] So greift Johannes mit seiner zum Schreiben gewohnten rechten Hand in den Raum des Betrachters aus, während vor ihm an prominenter Stelle ein Buch aufgeschlagen ist, das Erasmus Weddingen als eine italienische Volksbibel identifizieren konnte, die durch den Dominikaner Santi Marmochino (um 1470–1548) übersetzt und 1538 in Venedig gedruckt wurde. Während auf der linken Seite (331v) der Schluss des Prophetenbuches Maleachi mit der Kopfreferenz „MALACHIA" zu lesen ist, schließt sich darunter das erste Makkabäerbuch mit der Überschrift „LIBRO PRIMO DE MACHABEI" an, auf das sich die linke Randleiste mit den Namen der zur Zeit der Makkabäer regierenden hellenistischen König bezieht. Das hier anhebende erste Makkabäerbuch weist bereits auf die im zweiten Buch entfaltete Auferstehungshoffnung voraus, während es bei Maleachi um den in den Himmel entrückten Propheten Elija (vgl. 2 Kön 2,11; Sir 48,9) als alttestamentliches Vorausbild für die Himmelfahrt Christi geht, der dann auch seine Mutter zu sich aufgenommen hat. So bezieht sich die Textglosse vor dem Schlusskapitel „CAP. IIII" des Buches Maleachi: „Del dì dell'advento di Christo. Di Eliah che ha à venire", typologisch auf den in den Himmel aufgefahrenen Elija, dessen Ankunft man vor dem Messias erwartete (vgl. Mal 3,23; 2 Kön 2,11; Sir 48,9) und im Auftreten Johannes' des Täufers erfüllt sah (vgl. Mt 11,14; 17,12–13; Mk 9,13). Damit wird deutlich, dass das Buch Maleachi als letztes der alttestamentlichen Prophetenbücher mit der Verheißung des in Johannes wiedergekommenen Elija endet, um die Herzen der Israeliten wieder zu versöhnen (vgl. Mal 3,23–24; Lk 1,17), zur Gottesfurcht zu führen (vgl. Mal 3,20) und so für das Kommen des Erlösers, der „Sonne der Gerechtigkeit" (Mal 3,20), bereit zu machen. So erscheint Christus in Tintorettos Gemälde als „Sonne der Gerechtigkeit", der sich als Bräutigam im herrlichen Licht mit seiner ihm „zur Rechten" stehenden „Braut" (Ps 45,10) vereint, damit die Fürsprache der in den Himmel aufgenommenen Gottesmutter wirksam werden kann, so wie dies im Alten Bund der in den Himmel entrückte Elija und im Neuen Bund der zu seinem Vater aufgefahrene

Gottessohn vollbracht hatten.[15] Obwohl die rechte Buchseite eigentlich die Seite 332r sein müsste, lässt sich links oben deutlich die Seitenzahl „242" lesen. Diese Seite enthält das Ende des 18. Kapitels, das ganze 19. Kapitel und den Anfang des 20. Kapitels des Buches Jesus Sirach, des „ECCLESIASTICO". Die von Tintoretto mit größerer Flüchtigkeit wiedergegebene Bibelseite beinhaltet verschiedene Mahnungen und Warnungen über die Beherrschung der Begierden (vgl. Sir 18,30–19,17), über rechte und falsche Klugheit (vgl. Sir 19,20–30) sowie über das rechtzeitige Reden und Schweigen (vgl. Sir 20,1–26). Nach Erasmus Weddingen sind in diesen Abschnitten einige Sinnsprüche enthalten, die nicht mehr im Zusammenhang mit der Himmelfahrt Marias stehen, sondern sich hintersinnig und selbstironisch auf den Maler selbst beziehen.[16]

Die Apostel nehmen stellvertretend für den Betrachter an der Aufnahme Marias in den Himmel teil und bringen mit ihren Gebärden und Gesten verschiedene seelische Empfindungen zum Ausdruck, in denen sich auch die gläubigen Betrachter des Bildes wiederfinden können. So ist ganz rechts ein Apostel zu sehen, der sich auf die Stufen des Sarkophags gekniet hat und wie gebannt auf das unmittelbar vor seinen Augen stattfindende Wunder blickt. Links neben ihm sitzt am Sarkophag ein weißbärtiger Jünger mit Kopfbedeckung, der sich gerade herumwendet, mit seiner linken Hand einen Pilgerknüttel umfasst und mit seiner Sandale auf eine Spitzwegerichstaude tritt. Während die links zu seinen Füßen wachsende Glockenblume schon den neuerlichen Aufbruch der Jünger nach dem Himmelfahrtsereignis „einläuten" mag, könnte der Wegerich auf die noch vor den Aposteln liegenden Missionswege vorausweisen.[17] Links daneben ist ein in Rückenansicht dargestellter Apostel in dunkelgrüner Tunika und hellviolettem Mantel zu sehen. Er hat sich jäh herumgewendet, so dass er mit heruntergeglittenem Mantel halb auf den Stufen liegt, die um den Sarkophag herumführen. Während er noch die rechte, um Halt ringende Hand von sich spreizt, ruht seine linke Hand bereits ergriffen auf seiner Brust. Links neben ihm erweckt der in Rückenansicht gegebene Apostel – Petrus oder Paulus – den Eindruck, als wolle er Maria in den Himmel nacheilen und werde nur noch durch den Sarkophag zurückgehalten. Links darüber ist ein jugendlich bartloser Apostel in rötlichem Gewand zu sehen, der mit betend verschränkten Händen zu Maria aufblickt. Links unter ihm ist ein Apostel mit ockerfarbenem Untergewand und orangefarbenem Mantel dargestellt. Er hat seine linke Hand auf die Brust gelegt und schaut mit intensivem Blick und geöffnetem Mund zu Maria hinauf. Während über ihm ein Jünger leidenschaftlich die Arme in die Höhe reißt, nimmt links neben ihm ein alter, bärtiger Apostel das Wunder der Aufnahme Marias innerlich gesammelt mit überkreuzten Armen wahr.[18]

Tintorettos bewegte Apostelfiguren nehmen bereits das 1563 auf dem Trienter Konzil verabschiedete Bilderdekret vorweg, wonach die Heiligen so darzustellen sind, dass die Gläubigen dadurch zu Gottesliebe, Anbetung und Frömmigkeit erregt (excitentur) werden.[19] Mit ihren ergriffenen und teilweise ekstatischen Gebärden führen Tintorettos Apostel viele Verhaltensformen zur Nachahmung vor, um den Gläubigen die Erregung (excitatio) zur Gottesliebe beispielhaft vor Augen zu führen. So soll die augenscheinliche Erregung der Apostel über das Wunder den Betrachter mitreißen, um auch in ihm Glaube und Liebe zu entfachen.[20]

Über den Aposteln, aber zugleich auch neben ihnen vollzieht sich die Entrückung Marias aus dem Sarkophag in den Himmel, der mit seinen gedeckten blauen Farben noch nicht als Glorienhimmel erscheint, sondern vielmehr ein bewölkter, atmosphärischer Himmel ist. Der zur diesseitigen Sphäre gehörende Himmel bildet den Hintergrund für ein Wunder, das gerade auf der Erde anhebt und durch Engel bewirkt wird, die zum Sarkophag herabgekommen sind, um den noch erdenschweren Leib der Gottesmutter in den Himmel emporzutragen. Tintoretto lässt also Maria nicht aus eigener Kraft in den Himmel entschweben, sondern stellt ihr Aufgenommenwerden in den Mittelpunkt, wie es auch dem Festgeheimnis der Aufnahme der seligen Jungfrau Maria, der „Assumptio Beatae Mariae Virginis", entspricht. So benötigt Maria himmlische Unterstützung und wird von fünf großen Engeln in den Himmel gebracht, die durch ihre Kleidung und ihren Schmuck weibliche Züge aufweisen. Die Engel haben Maria aus dem Sarkophag emporgehoben und tragen sie unter Ausführung teilweise waghalsiger Bewegungen nach oben. Maria trägt einen weißen, auf ihre Schultern herabgesunkenen Schleier, der ihre jungfräuliche Reinheit versinnbildlicht, während ihr Gewand mit der roten Farbe des Blutes und der Liebe auf die Mysterien der Menschwerdung und Erlösung verweist. Empfangsbereit und demütig wie bei der Verkündigung (vgl. Lk 1,26–38) hat Maria ihre Hände weit geöffnet und blickt voll seliger Erwartung zu ihrem Sohn empor, der ihr vom Himmel her mit ebenfalls ausgebreiteten Armen und in Begleitung von zwei männlichen Engeln als himmlischer Bräutigam entgegenschwebt. Der in extremer Körperverkürzung und untersichtig gemalte Christus – so dass sogar sein linkes Fußstigma sichtbar ist – trägt lose einen Mantel, dessen rote Farbe wiederum auf das Inkarnations- und Passionsgeheimnis verweist. In der Mitte des Gemäldes berühren sich der flammende, rautenförmige Glorienschein Christi und der Nimbus seiner Mutter, die als Urbild der Kirche und als neue Eva zugleich seine Braut ist. Dieses lichtvolle Verschmelzen zeigt, dass Christus seine vollkommen begnadete (vgl. Lk 1,28) und mehr als alle anderen Frauen gesegnete Gottesmutter (vgl. Lk 1,42) zu sich in den Himmel aufgenommen hat, um ihr Anteil an der ganzen Fülle seiner göttlichen Herrlichkeit zu schenken.[21]

So hat Tintoretto die Himmelfahrt Marias als bräutliche Vereinigung dargestellt, wie sie auch der „Legenda aurea" entspricht, die Christus schon bei der Aufnahme der Seele Marias drei Tage vor ihrer leiblichen Himmelfahrt die Worte des Bräutigams aus dem Hohenlied in den Mund gelegt hat: „Komm doch mit mir, meine Braut, vom Libanon" (Hld 4,8).[22] Das Motiv der lichtvollen Vereinigung dürfte von dem mit Tintoretto befreundeten Literaten Pietro Aretino (1492–1556) inspiriert gewesen sein, der sich 1527 nach dem „Sacco di Roma" in Venedig niedergelassen hatte. Nach der 1539 durch Aretino verfassten Marienvita habe sich mit Christus bei der Aufnahme seiner Mutter in den Himmel die ganze paradiesische Lichtherrlichkeit geöffnet. Die beiden Engel, die den heranschwebenden Christus in Tintorettos Bild stützen, erinnern ebenfalls an Aretino, der in seiner Phantasie Christus mit in barmherziger Liebe ausgebreiteten und von Engeln gestützten Armen sah.[23] Die von Aretino als Verschmelzung von Licht, Glanz und Strahlen geschilderte mystisch-bräutliche Vereinigung zwischen Christus und Maria[24] stellte Tintoretto als Berührung der gleißenden Nimben dar, die mit ihrer Erweckungssymbolik an Maria als himmlische Braut, zweite Eva und Urbild der vollendeten Kirche erinnert. Als leicht eingeschweiftes, rautenförmiges Viereck erhält der Nimbus Christi zudem einen trinitarischen Charakter, wie er auch in der 1508/11 von Raffael (1483–1520) in der Stanza della Segnatura dargestellten Figur Gottvaters aufscheint, der ebenfalls einen rhombischen Nimbus besitzt.[25] Auf die bräutliche Vereinigung könnte schließlich auch die kleine Brosche deuten, die Maria am Halsausschnitt ihres roten Gewandes trägt und auf den ersten Blick einem Engelsputto gleicht, aber sich vielleicht auch als Mond- oder Sonnengesicht deuten lässt, um Maria als Braut des Hohenliedes auszuweisen, die „wie der Mond so schön" und „strahlend rein wie die Sonne" ist (Hld 6,10; vgl. Offb 12,1).[26]

Während Christus von zwei männlichen Engeln begleitet wird, ist Maria von fünf weiblichen Engeln umgeben, um die noch erdenschwer aufschwebende Gottesmutter zu stützen. Deutet man die beiden männlichen Engel auf die Erzengel Gabriel und Michael als Führer des Bräutigams Christus, so lassen sich die fünf weiblichen Engel mit ihren bräutlich mit Perlen geschmückten Haaren als Brautführerinnen Marias verstehen. Mit ihrer Fünfzahl erinnern sie an das Gleichnis der fünf klugen Jungfrauen, die mit ihren Lampen den Bräutigam zu begleiten vermochten, weil sie wachsam geblieben sind (vgl. Mt 25,1–13).[27] Zudem könnten die fünf weiblichen Engel die seit dem frühen 16. Jahrhundert als Frauenfiguren dargestellten fünf menschlichen Sinne symbolisieren, um die lebendige Leiblichkeit der auffahrenden Gottesmutter und damit die Glaubenslehre von der leiblichen Himmelfahrt Marias zu unterstreichen. Auch Aretino hatte in einer Marienvita eindrucksvoll geschildert, wie bei der Rückkehr der Seele Marias in ihren Leib auch ihre fünf Sinne wieder lebendig geworden seien.[28]

Während das würdevolle und triumphale Emporschweben Marias die katholische Kunst des 17. Jahrhunderts prägen sollte, stand bei Tintoretto noch ganz das bräutliche und gefühlsbetonte Motiv der himmlischen Vermählung im Vordergrund, wie die mit ausgebreiteten Armen aufeinander zuschwebenden Gestalten Jesu und seiner Mutter zeigen, deren Nimben bereits ineinanderfließen. Das emotionale Element der bräutlichen Vermählung spiegelt sich nicht nur im sehnsüchtigen Gesichtsausdruck Marias wider, sondern überträgt sich auch auf die staunend bewegten und ekstatisch ergriffenen Apostel. Durch die fünf haltenden, stemmenden und ziehenden Engel wird auch Maria in geradezu handgreiflicher Weise ergriffen, um sich mit ihrem göttlichen Sohn zu vermählen.[29] Dass sich Maria mit demütig ausgebreiteten Händen bereitwillig von Engeln ihrem Sohn entgegentragen lässt und sich eher mühevoll von der irdischen Sphäre löst,[30] bringt zum Ausdruck, dass die Gottesmutter wirklich mit ihrem Leib in den Himmel aufgenommen ist. Trifft die Deutung der weiblichen Trägerengel auf die fünf menschlichen Sinne zu, dann wird auch durch diese Personifikationen Marias körperliche Lebendigkeit auf subtile Weise veranschaulicht. So erscheint Tintorettos Bamberger Himmelfahrtsbild als ein individueller Versuch, das Mysterium der leiblichen Aufnahme Marias in einer ungewohnten und über die damalige Tradition hinausgehenden Weise erfahrbar zu machen.[31] Mit den erregten Aposteln, dem als Bräutigam heranschwebenden Christus und der ganz von Gottesliebe erfüllten Mutter Jesu ist Tintorettos Himmelfahrtsgemälde ein Bild der Begegnung von Erde und Himmel, das den Gläubigen im Geist der katholischen Reform vor Augen gestellt wurde.[32]

Das Lamm und die Heiligenchöre

1. November – Allerheiligen. Erste Lesung: Offb 7,2–4.9–14

*„Sie riefen mit lauter Stimme: Die Rettung kommt
von unserem Gott, der auf dem Thron sitzt,
und von dem Lamm."*
Offb 7,10

Die erste Lesung zum Hochfest Allerheiligen ist der Offenbarung des Johannes entnommen und zeigt den Gläubigen das hoffnungsvolle Bild der unzählbaren Schar der Geretteten vor dem Thron Gottes, die durch das Lamm erlöst worden sind. Diese Schar der durch die Heilstat Christi Erlösten (vgl. Offb 7,10) steht für die Heiligen, die nach den Bedrängnissen der Welt schon im Himmel vollendet sind (vgl. Offb 7,14).

Die wohl älteste Illustration des Allerheiligenfestes stellt eine Miniatur dar, die sich in einem um 975 im Benediktinerkloster Fulda angefertigten ottonischen Sakramentar befindet, das heute in Göttingen aufbewahrt wird und deshalb als „Göttinger Sakramentar" bezeichnet wird.[1]

Die Entstehung des Allerheiligenfestes wird traditionell in der am 13. Mai 609 – oder auch 610 – durch Papst Bonifaz IV. (reg. 608–615) vorgenommenen Konsekration des Pantheons in Rom gesehen, das vormals allen Göttern gewidmet war und nun Maria und allen Märtyrern geweiht wurde. Auf Bitten Gregors IV. (reg. 827–844) soll dann 835 durch Kaiser Ludwig den Frommen (reg. 814–840) das vom 13. Mai auf den 1. November verlegte Fest als Gedächtnis aller Heiligen im ganzen Frankenreich eingeführt worden sein.[2] Die Ursprünge des über die Märtyrer hinaus auf alle Heiligen ausgedehnten Festes verweisen aber auf die irischen Mönche, die schon früh verehrungswürdige christliche Gestalten in verschiedene Gruppen zusammengefasst und wahrscheinlich auch den Gedächtnistag des 1. November bestimmt hatten, an dem in Irland der liturgische Jahreszyklus begonnen wurde. Nachdem das Fest nach England gekommen war, wurde es durch angelsächsische Missionare auch

Chöre der Heiligen, Fuldaer Sakramentar, Codex Theologicus 231, fol. 111r, um 975, Deckfarbenmalerei mit Gold auf Pergament, 33,5 × 26,5 cm (Blattgröße), Göttingen, Niedersächsische Staats- und Universitätsbibliothek.

auf dem Festland verbreitet, wie ein gewisser Cathwulf zeigt, der um 775 Karl den Großen (reg. 768–814) bat, einen liturgischen Gedenktag zu Ehren der Dreifaltigkeit, der Engel und aller Heiligen einzuführen. Um 800 hatte dann der aus England stammende und ab 781 im Frankenreich wirkende Alkuin (735–804) den 798 zum Metropoliten erhobenen Salzburger Bischof Arn (reg. 785–821) zur jährlichen Abhaltung des Allerheiligenfestes am 1. November aufgefordert, was dann auf der Synode von Reisbach um 800/02 beschlossen wurde.[3]

Besondere Beachtung fand das neue Fest in dem 744 durch Abt Sturmi (reg. 744–779) im Auftrag des Bonifatius (um 673–754) gegründeten Klosters Fulda, dem Alkuin um 801/02 selbstverfasste liturgische Texte zukommen ließ, unter anderem auch ein Formular zu Ehren aller Heiligen, das später dann in das Göttinger Sakramentar aufgenommen wurde. Bezeichnenderweise weihte der Fuldaer Abt Eigil (reg. 818–822) die unter seinem Vorgänger Ratgar (reg. 802–817) begonnene Salvatorkirche im Jahre 819 gerade an einem 1. November ein, wobei auch der angelsächsische Ritus des dreimaligen Umschreitens der Kirche unter Rezitation der Allerheiligenlitanei vollzogen wurde. Schließlich weihte Abt Hrabanus Maurus (reg. 822–842) am 28. September 838 oder 839 die von ihm auf dem Fuldaer Petersberg errichtete Benediktinerpropsteikirche zu Ehren der Apostel, Patriarchen, Propheten, Märtyrer, Bekenner, Jungfrauen und aller Heiligen. In dieser Tradition stand dann auch das um 975 für den liturgischen Gebrauch im Kloster hergestellte Göttinger Sakramentar mit der Miniatur zum Allerheiligenfest am 1. November, das sich in ähnlicher Weise auch noch in zwei weiteren, etwas später im Fuldaer Klosterskriptorium angefertigten Sakramentaren findet, die heute in Udine und in Bamberg aufbewahrt werden.[4] In der zweiten Hälfte des 16. Jahrhunderts befand sich das Göttinger Sakramentar nicht mehr im Kloster Fulda, sondern gehörte offensichtlich zur Handschriftensammlung des protestantischen Historikers Matthias Flacius Illyricus (1520–1575), kam dann 1618 in die Bibliothek der Universität Helmstedt und von dort zu Beginn des 19. Jahrhunderts in die Göttinger Universitätsbibliothek.[5]

Die Miniatur zum Allerheiligenfest im Göttinger Sakramentar gehört zu den bedeutendsten Bildschöpfungen der Fuldaer Schreibschule und verklammert das Fest mit den ebenfalls auf den 1. November fallenden Gedenktagen des frühchristlichen Märtyrers Cäsarius von Terracina und der Kirchweihe der 819 konsekrierten Klosterkirche St. Salvator.[6]

Das querrechteckige Bild, in dem grüne Farbtöne und goldene Verzierungen dominieren, wird von einem Rahmen eingefasst, der vier Rauten mit Sternblüten und an den Ecken große runde Blüten zeigt. Mit seinen Quadrat- und Kreisformen dürfte dieser Rahmen, der in der ganzen Handschrift einzigartig ist, auf die Universalität des Kosmos verweisen.[7] Die Mitte der Miniatur zeigt eine Figurengruppe mit dem von einer kreisrunden, goldgrundigen Aureole umschlossenen und von einem goldenen Kreuznimbus umgebenen Lamm Gottes. Unter dem Lamm steht die nimbierte und in kostbare, goldgesäumte Gewänder gekleidete Personifikation der Kirche, die Ecclesia. Sie hält in der linken Hand eine dreigeteilte Fahne (flammula) und streckt mit ihrer Rechten dem Lamm einen goldenen Kelch entgegen, während seitlich jeweils vier übereinandergeordnete Wolkenbänder mit Engeln und Heiligen zu sehen sind, die sich über einer mit Blumen bewachsenen Erdscholle erheben.[8]

Die Darstellung folgt dem Bildmotiv der in der Apokalypse als Audienzszene geschilderten Lammanbetung durch die im Himmel Vollendeten und knüpft damit an die ebenfalls der Offenbarung des Johannes entnommenen Lesungen zum Allerheiligenfest an, wie sie Alkuin um 801/02 an das Fuldaer Kloster übersandt hatte. Sowohl in der Lesung der Vigilfeier (Offb 5,6–12) als auch in der Epistel der Messfeier (Offb 7,2–12), die im Wesentlichen der heutigen ersten Lesung zum Hochfest Allerheiligen entspricht, geht es um die Huldigung des apokalyptischen Lammes. Die Vigillesung schildert, wie die vierundzwanzig Ältesten mit Harfen und goldenen Räucherschalen, die für die Gebete der Heiligen stehen, vor dem Lamm niederfallen, das gerade das Buch mit den sieben Siegeln entgegennimmt. Dabei singen die Ältesten, dass das Lamm würdig ist, das Buch zu nehmen und seine Siegel zu öffnen, weil es geschlachtet wurde und mit seinem Blut Menschen für Gott erworben und zu Königen und Priestern gemacht hat (vgl. Offb 5,9–10). Die Epistel stellt die Vision der unzählbar großen Schar aus allen Völkern und Nationen vor Augen, die in weißen Gewändern und mit Palmzweigen in den Händen am Thron Gottes stehen, vor dem sie sich zusammen mit den Engeln, den vierundzwanzig Ältesten und den vier Lebewesen anbetend und lobpreisend niederwerfen (vgl. Offb 7,9–12). Zu dieser Schar gehören auch die Märtyrer, die aus der großen Bedrängnis kommen, ihre Gewänder im Blut des Lammes weiß gewaschen haben (vgl. Offb 7,14), Gott immerzu dienen und vom Lamm zu den Quellen des Wassers des Lebens geführt werden (vgl. Offb 7,15–17).[9]

Die an eine Audienzszene erinnernde Lammanbetung verband sich mit der Motivik der spätantiken Kaiserhuldigung und führte in der frühchristlichen Kunst dazu, die apokalyptische Verehrung des Lammes durch die vierundzwanzig Ältesten als Szene zu komponieren, in deren Zentrum das Lamm als Empfänger der Huldigung über mehreren übereinandergesetzten Registern dargestellt wurde.[10] Nachdem einige Kommentatoren die vierundzwanzig Ältesten bereits auf alt- und neutestamentliche Personengruppen gedeutet hatten, war es für die frühmittelalterliche Kunst nur noch ein kleiner Schritt, anstelle der Ältesten die das Lamm anbetenden Chöre der Heiligen darzustellen.[11] So zeigt die Miniatur des Göttinger Sakramentars zu beiden Seiten des Lammes vier waagerecht übereinandergeschichtete Wolkenbänder, die mit halbfigurigen, großenteils nimbierten Heiligen und auch einigen Engeln besetzt sind, wobei die Heiligen durch ihre Gewänder und Attribute eine hierarchische Gliederung aufweisen.[12] Im frühen 9. Jahrhundert setzten Predigten die in der Apokalypse erwähnten Scharen „aus allen Nationen und Stämmen, Völkern und Sprachen" (Offb 7,9) mit allen Heiligen gleich und teilten sie neben den Engeln in die Chöre der Patriarchen, Propheten, Apostel, Märtyrer und Jungfrauen ein.[13] In liturgischen Texten kamen ebenfalls die Heiligengruppen vor, wie die in Irland zuerst bekannten und auch durch angelsächsische Missionare verbreiteten Fürbittgebete der Allerheiligenlitaneien, der Hymnus „Te Deum" und vor allem eine im Göttinger Sakramentar überlieferte Allerheiligenlitanei zeigen, in der die Gottesmutter Maria und die Chöre der Engel, Patriarchen, Propheten, Apostel, Märtyrer, Bekenner, Mönche und Jungfrauen angerufen werden.[14]

In ähnlicher Weise wurden auch die verschiedenen Chöre im Allerheiligenbild des Göttinger Sakramentars dargestellt. Das oberste Register wird von zwei Engelgruppen eingenommen, die zu beiden Seiten des Lammes als nimbierte Halbfiguren auf Wolkenbändern zu sehen sind, wobei die Flügel nur bei den jeweils äußeren Engeln dargestellt sind. Die Engel tragen Stirnbänder, die an Diademe erinnern, und werden rechts von der Gottesmutter Maria angeführt, die einen Schleier über ihr Haupt gezogen hat.[15]

Im zweiten Register vereinigen sich nimbierte Heilige aus dem Alten und Neuen Testament. Die auf der rechten Wolkenbank mit weißem Bart- und Haupthaar in zwei Reihen dargestellten Halbfiguren sind als die Chöre der Patriarchen zu deuten. Die goldenen Kronen in den Händen der vorderen Gestalten erinnern an die Darstellungen der vierundzwanzig Ältesten, die vor dem apokalyptischen Thron ihre Kränze darbringen (vgl. Offb 4,10), und verweisen auf Kommentare, in denen zwölf Älteste mit den Patriarchen oder den Propheten gleichgesetzt wurden. Auf der linken Seite sind in zwei Reihen die zwölf Apostel zu sehen, die von Petrus angeführt werden, der an seinem weißen tonsurierten Haar und seinem kurzen Kinnbart erkennbar ist.[16]

Im dritten Wolkenband stehen sich Heilige gegenüber, die anstelle von Nimben goldene Kronen auf ihren Häuptern tragen. Links sind die Märtyrer zu sehen, die für ihre Leiden mit dem Siegeskranz gekrönt wurden. Sie werden von einem Heiligen angeführt, der sich mit seiner linken Hand akklamierend der Mittelgruppe mit der Ecclesia und dem Lamm zuwendet. Auf der rechten Seite sind die Jungfrauen zu sehen, die für ihren Sieg ebenfalls die Krone errungen haben, wobei einige zusätzlich mit Kreuzen verzierte weiße Scheiben tragen.[17]

Das unterste Register zeigt die Schar der Bekenner, die gemäß der augustinischen Dreiteilung der Kirche (tria genera hominum) aus Klerikern (praepositi), Mönchen (sancti continentes) und Laien (coniugati et bene viventes) besteht.[18] Auf der linken Seite sind nimbierte Kleriker und Laien zu sehen, wobei an erster Stelle zwei heilige Erzbischöfe dargestellt sind, die an ihrer Tonsur und ihren Pallien erkennbar sind. Dahinter folgen ein heiliger Laie, dann wieder ein nimbierter Kleriker und schließlich wieder vier Laien, die durch ihre Nimben ebenfalls Heilige sind.[19] Auf der rechten Seite sind die Mönche dargestellt, die ihre Kapuzen über die Köpfe gezogen haben. Sie werden von einem Abt mit dem Regelbuch in der Hand angeführt, der durch seinen Nimbus als Heiliger ausgewiesen ist und in dem man vielleicht den Mönchsvater Benedikt (um 480–547) oder den Fuldaer Gründerabt Sturmi erkennen kann. Obwohl die Mönche bis auf den nimbierten Abt an ihrer Spitze offensichtlich nicht zu den Heiligen gehören und weder eine Lebenskrone noch einen Nimbus tragen, können sie dennoch an der Anbetung des Lammes teilhaben, da sie mit ihrer monastischen Lebensweise ganz auf das himmlische Lebensziel ausgerichtet sind.

Sie streben nach Vollkommenheit und versuchen, durch ihre Jungfräulichkeit das engelgleiche Leben, das allen Menschen bei der Auferstehung verheißen ist (vgl. Mt 22,30; Mk 12,25), schon im irdischen Leben zu verwirklichen, und verbinden sich in Liturgie und Gebet mit dem ununterbrochenen Lobpreis der Engel und Heiligen. So dient die untere Reihe mit den Mönchen der Selbstvergewisserung des monastischen Ideals der Fuldaer Klosterangehörigen und stellt ihnen die Einbindung der irdischen Kirche in die himmlische Gemeinschaft vor Augen. Durch ihr engelgleiches Leben und durch den Dienst der Anbetung dürfen die Mönche bereits den Platz auf dem untersten Wolkenband einnehmen.[20]

Die in ihren verschiedenen Chören harmonisch vereinte Gemeinschaft der Engel und Heiligen, an der bereits anfangshaft die noch auf Erden lebenden und durch die Mönche repräsentierten Gläubigen teilzunehmen vermögen, besitzt ihre Mitte in der Gestalt der Ecclesia, die als Personifikation der Kirche dem Lamm den Kelch entgegenhält. Auch wenn die Wunde des geschlachteten Lammes (vgl. Offb 5,6.9.12) in der Miniatur nicht direkt ausgeführt ist, so ist dennoch der Sinn der Szene eindeutig, der sich auf die Lehre der Kirchenväter bezieht, die im schlafenden Adam, aus dessen Rippe Gott die Eva gebildet hat (vgl. Gen 2,21–22), ein Vorausbild für den am Kreuz entschlafenen Erlöser, den neuen Adam, sahen, aus dessen geöffneter Seite (vgl. Joh 19,34) die Kirche als Braut Christi, die neue Eva, hervorgegangen ist.[21] So verweist der von der Ecclesia zum Lamm hinaufgehaltene Kelch auf die Kirche, die das aus Jesu Seite geflossene Wasser und Blut (vgl. Joh 19,34) und damit die Sakramente der Taufe und der Eucharistie empfängt, durch die den Gläubigen das ewige Leben zuteilwird, das auf Erden anhebt und sich in der Gemeinschaft der Heiligen im Himmel vollendet. Mit diesem offenbar in Fulda entwickelten und im Göttinger Sakramentar erstmals greifbaren Bildmotiv der unter dem Lamm mit dem Kelch stehenden Ecclesia sollte den Mönchen auch der sakramentale Heilsdienst der Kirche als Weg zum ewigen Heil gezeigt werden, in dem die Heiligen schon ganz vollendet sind.[22]

Das seit der Zeit um 800 in der Liturgie des Klosters Fulda begangene Allerheiligenfest erfreute sich so großer Wertschätzung, dass es um 975 im Göttinger Sakramentar mit einer eigenen Miniatur dargestellt wurde, bei der die Heiligenchöre mit dem Lamm und der Personifikation der Kirche in einer bisher nicht gekannten Weise gezeigt wurden. Der Selbstvergewisserung des eigenen, ganz auf die himmlische Vollendung ausgerichteten monastischen Lebensideals diente die Hereinnahme einer noch nicht zu den Heiligen zählenden Gruppe von Mönchen, denen die Ecclesia mit ihrem Kelch auch die zur ewigen Seligkeit führenden Gnadenmittel des geopferten Lammes vor Augen stellt.[23] Die Miniatur wollte aber nicht nur das liturgische Formular des im Kloster Fulda so sehr geschätzten Allerheiligentages hervorheben, sondern wohl auch zur meditativen Bildbetrachtung und damit zur persönlichen Aneignung des Festgeheimnisses anregen. Seit dem frühen Mittelalter war nämlich die private geistliche Lesung (lectio divina), die neben der Handarbeit (labor manuum) und dem liturgischen Gebet (officium) die dritte Säule der mönchischen Spiritualität bildete, auch auf die betende Betrachtung von Bildern ausgeweitet worden. So dürfte auch das ikonographisch innovative und auf das monastische Leben hin aktualisierte Allerheiligenbild geeignet gewesen sein, das betrachtende Gebet der Fuldaer Mönche geistlich zu bereichern.[24]

Maria, die zur Heiligkeit Erwählte

8. Dezember – Hochfest der ohne Erbsünde
empfangenen Jungfrau und Gottesmutter Maria
Zweite Lesung: Eph 1,3–6.11–12

„Denn in Christus hat uns Gott erwählt vor der Erschaffung der Welt,
damit wir heilig und untadelig leben vor Gott."
Eph 1,4

Neun Monate vor dem Geburtsfest Marias am 8. September feiert die Kirche am 8. Dezember das Hochfest der ohne Erbsünde empfangenen Jungfrau und Gottesmutter Maria, das 1708 in der ganzen Kirche eingeführt wurde. Die in diesem Fest zum Ausdruck kommende und am 8. Dezember 1854 dogmatisierte Glaubenswahrheit besagt, dass Maria im Hinblick auf die Erlösungstat Christi im Schoß ihrer Mutter Anna vom ersten Augenblick ihres Lebens an von der Erbsünde bewahrt blieb, um als „Immaculata concepta", als „unbefleckt Empfangene", eine würdige und gänzlich sündelose Wohnung für den Sohn Gottes zu sein.

Wie die zweite Lesung des Hochfestes aus dem Epheserbrief sagt, sind die durch das Blut Christi von der Sünde befreiten Menschen (vgl. Eph 1,7) zu einem heiligen Leben vor Gott erwählt (vgl. Eph 1,4). Im Blick auf die Gottesmutter bedeutet dies, dass Maria nicht erst von der Sünde befreit wurde, wie alle anderen Menschen, sondern dass sie von Beginn ihres Daseins an durch das Erlösungswerk ihres Sohnes als „Vorauserlöste" von jeder Erbsünde bewahrt war. So ist Maria durch ein einzigartiges Gnadengeschenk der ganz reine Mensch, in dem sich die Erwählung, „heilig und untadelig vor Gott" zu leben (Eph 1,4), vollkommen verwirklichen konnte.

IN DER NEUZEITLICHEN KUNST sah man die Darstellung der Immaculata vor allem unter dem Aspekt der vollkommenen Reinheit Marias, und in Spanien nannte man die Bilder der unbefleckt empfangenen Jungfrau einfach nur „La Puríma". Nachdem die Immaculata im Mittelalter noch ganz mit Hilfe der Symbolik darge-

Bartolomé Esteban Murillo, Immaculata

stellt wurde, zeigte man sie ab dem 15. Jahrhundert nach der Apokalypse als jungfräuliche Erscheinung mit den zwölf Sternen um ihr Haupt, dem Mond zu ihren Füßen (vgl. Offb 12,1) und dem Tritt auf den Kopf der satanischen Schlange (vgl. Gen 3,15; Offb 12,3.9), umgeben von Propheten und Sibyllen. In der Renaissance wurden dann die begleitenden Gestalten zunehmend weggelassen und die symbolischen Motive auf dem Zierrahmen in Sinnbildern dargestellt, so dass schließlich nur die strenge Gestalt der in einer goldenen Sonnenmandorla auf Wolken stehenden, mit Sternenkranz und Halbmond gezierten und mit gefalteten Händen betenden Maria blieb. Dieses starre Erscheinungsbild Marias wurde dann durch die lebendigen, lichtvollen und ausdrucksstarken Immaculatadarstellungen des spanischen Barockmalers Bartolomé Esteban Murillo (1617–1682) überwunden.[1]

Murillo wurde 1617 in der andalusischen Stadt Sevilla geboren, die damals die zweitgrößte Stadt in Spanien war. In Sevilla erhielt er um 1630/36 bei Juan del Castillo (1584–1640) seine malerische Ausbildung und hielt sich vielleicht schon um 1642/45 in Madrid auf, wo Francisco de Zurbarán (1598–1664) und Diego Velázquez (1599–1660) die Malerei prägten. Nachdem er sich zunächst von Juan del Castillo die kräftige Zeichnung, das naturalistische Helldunkel, die strenge Lichtführung und den lieblichen Ausdruck der Gesichtszüge angeeignet hatte, entwickelte Murillo um 1644/46 seine eigene Bildsprache. Er heiratete 1645 die Tochter eines Silberschmieds, baute als selbständiger Maler eine Werkstatt auf und galt schon bald als führender Maler Sevillas, der von fast allen kirchlichen Institutionen der Stadt konsultiert wurde. Als nach dem Pestjahr von 1649, in dem die Hälfte der Einwohner Sevillas den Tod fand, die kirchlichen Aufträge zurückgingen, arbeitete Murillo besonders für Kaufleute und Adelige. Dabei schuf er auch Genrebilder und Porträts, entwickelte ikonographische Standardmodelle und entwarf neue Formen von Andachtsbildern, besonders seinen unverwechselbaren Typus der Immaculata. Durch einen mehrmonatigen Aufenthalt in Madrid konnte sich Murillo 1658 in den königlichen Sammlungen mit den neuesten Tendenzen der führenden europäischen Maler Peter Paul Rubens (1577–1640), Anthonis van Dyck (1599–1641) und Diego Velázquez vertraut machen und seine malerische Entwicklung zum Höhepunkt führen. Murillo entwickelte seinen schwerelos wirkenden, lyrischen Malstil mit warmen, flüssig wirkenden Farbtönen, subtiler Beleuchtung, sanftem Helldunkel und natürlich agierenden, weich, elegant und anmutig modellierten Figuren mit freundlichen und von intensiven Gefühlen bewegten Gesichtszügen. Die Werke des bereits zu Lebzeiten

Bartolomé Esteban Murillo, Immaculata des Hospitals der Ehrwürdigen Priester in Sevilla, um 1678, Öl auf Leinwand, 274 × 190 cm, Madrid, Museo Nacional del Prado.

Bartolomé Esteban Murillo, Immaculata

hochgeschätzten Malers, der mit der Feinheit seiner Formen und Farben bereits das Rokoko vorwegnahm, wurden nach seinem Tod im Jahr 1682 so beliebt, dass 1779 die Ausfuhr seiner Gemälde verboten wurde.[2]

Murillos Immaculatabilder sind eng mit dem Geschick Sevillas und der gerade in seiner Heimatstadt besonders ausgeprägten Marienfrömmigkeit verbunden, die am 15. August das Fest ihrer Stadtpatronin, der „Virgen de los Reyes", feierte. Die Verehrung Marias als Immaculata hatte in Sevilla neue Impulse erhalten, als Papst Paul V. (reg. 1605–1621) in seinem am 12. September 1617 erlassenen Dekret „Sanctissimus" die öffentliche Leugnung der Unbefleckten Empfängnis verboten hatte. In der Kathedrale von Sevilla feierte man dann 1654 erstmals die Oktav der Immaculata und veranstaltete 1662 Festlichkeiten zu Ehren der unbefleckt empfangenen Jungfrau, nachdem sich Papst Alexander VII. (reg. 1655–1667) am 8. Dezember 1661 in seinem Breve „Sollicitudo omnium ecclesiarum" positiv über die Lehre von der Unbefleckten Empfängnis ausgesprochen hatte.[3] Das 17. Jahrhundert war für Sevilla aber nicht nur eine Epoche großer Marienverehrung und aufblühenden Kunstschaffens, sondern auch eine Zeit innerer Krisen, die vor allem ab der großen Pest von 1649 einsetzten. Während soziale Ungerechtigkeiten 1652 in einen Volksaufstand mündeten, kam es 1677 zu einer weiteren Epidemie und 1678 zu einer Hungersnot. Die generelle Misere bewegte die Stadtbewohner aber auch dazu, sich mehr um ihr eigenes Seelenheil zu mühen und Almosen zu spenden oder sich als Angehörige der Oberschicht für die Linderung sozialer Nöte einzusetzen. Zu diesen Engagierten zählten der Kaufmann Miguel Mañara Vicentelo de Leca (1627–1679), der sich nach einer seelischen Krise ab 1661 hingebungsvoll für das Hospital de la Caridad in Sevilla einsetzte, sowie der Domherr Justino de Neve (1625–1685), der mit Murillo befreundet war und bei seinem Tod achtzehn Gemälde seines Malerfreundes hinterließ.[4]

Zusammen mit anderen einflussreichen Persönlichkeiten der Stadt gründete Justino de Neve 1675 das Hospital de los Venerables Sacerdotes, das bis 1697 als Heim für alte, arme, obdachlose und pilgernde Priester fertiggestellt werden konnte. Justino de Neve entstammte einer reichen flämischen Kaufmannsfamilie, empfing 1646 die Priesterweihe und wurde 1658 Kanoniker an der Kathedrale von Sevilla. Er setzte sich auf vielfache Weise für das religiöse und soziale Leben seiner Heimatstadt ein, unter anderem ab 1662 durch den Wiederaufbau der Kirche Santa Maria la Blanca und die Gründung des Hospitals der Priester, das durch ihn auch vier Gemälde Murillos erhielt. Für das Refektorium des Priesterhospitals hatte Murillo um 1679 ein Gemälde mit Maria und dem Jesuskind geschaffen, das Brot an die Priester verteilte. Das zweite Bild zeigt ein 1665 von Murillo gemaltes Porträt Justino de Neves, das ihm der Maler geschenkt hatte und 1685 im Testament des Domherrn für das Priesterhospital bestimmt wurde. Ein um 1675 entstandenes Gemälde mit dem reuigen Petrus und das berühmte, um 1678 in Auftrag gegebene Altarbild mit der Immaculata wurden durch Justino de Neve ebenfalls dem Priesterhospital vermacht, wo sie bis zur napoleonischen Besatzung blieben und dann zusammen mit dem Refektoriumsbild entwendet wurden. Das Gemälde mit der Immaculata kam 1686 gleich nach dem Tod des Stifters in den Besitz der Bruderschaft des Priesterhospitals, wo es 1701 als Altarbild in der Hospitalkirche erwähnt wurde. Als Sevilla in den napoleonischen Kriegen 1810 durch Marschall Nicolas Jean-de-Dieu Soult (1769–1851) eingenommen wurde, kam es auch zum Raub von Kunstwerken. Der französische Feldherr ließ Murillos Immaculatabild zunächst 1810 für einige Zeit auf den Alcázar bringen, worauf es aber bald wieder dem Hospital zurückgegeben wurde. Schließlich gliederte Marschall Soult 1813 das Gemälde seiner Privatsammlung ein und verbrachte die Leinwand nach Paris, während der reich geschnitzte Rahmen mit Szenen aus der Lauretanischen Litanei im Priesterhospital blieb, wo er sich bis heute befindet. In Paris erfuhr Murillos Immaculatabild so große Beachtung, dass es 1831 Honoré Balzac (1799–1850) in seinem Roman „La Peau de chagrin" erwähnte und 1837 König Louis-Philippe I. (reg. 1830–1848) kaufen wollte. Als man nach Soults Tod seine Kunstsammlung versteigerte, wurde Murillos Immaculatabild 1852 durch den französischen Staat für den Louvre für 615 000 Goldfrancs erworben – der höchste Betrag, der bisher für ein Gemälde bezahlt wurde. Schließlich kam Murillos Immaculata 1941 im Austausch mit dem von Velázquez gemalten Porträt der spanischen Königin Maria Anna von Österreich (1634–1696) nach Spanien in den Madrider Prado zurück, wo es 1974, 1982 und zuletzt 2007 restauriert wurde.[5]

Das um 1678 gemalte, fast drei Meter hohe Altarbild der Priesterhospitalkirche von Sevilla stellt den Höhepunkt der von Murillo geschaffenen Darstellungen der Immaculata dar. Bereits um 1650 hatte sich Murillo mit seinem für das sevillanische Kloster San Francisco geschaffenen Gemälde von dem bisherigen Bildtypus mit seinen zahlreichen marianischen Attributen entfernt, für den beispielhaft das 1621 durch Francisco Pacheco (1564–1644) für die Kathedrale von Sevilla angefertigte Immaculatabild steht.[6] Mit seiner subtilen Farb- und Lichtgebung und der Lebendigkeit in Bewegung, Gebärde und Ausdruck hatte Murillo das frühere, starr wirkende Erscheinungsbild der Immaculata überwunden und einen neuen Typus der Unbefleckten Empfängnis geschaffen, der von den kirchlichen und privaten Auftraggebern begeistert aufgenommen wurde.

Das um 1678 für die Kirche des Priesterhospitals gemalte Altarbild war ein Spätwerk Murillos, in dem der Meister gegenüber seinen vorausgegangenen Immaculatabildern mit seinem ausgereiften Malstil zu einer noch größeren und ganz vom

Malerischen getragenen Vereinfachung des Themas gelangt war. Mit dem barocken, an Rubens erinnernden Schwung, dem abgemilderten Helldunkel und der harmonisch zusammenklingenden hellen und schon das Sfumato des Rokoko vorwegnehmenden Farbpalette schöpfte Murillo die Möglichkeiten des Malerischen meisterhaft aus.[7] Da es ihm gelungen war, die religiöse Aussage fast ausschließlich mit malerischen Mitteln zu erzielen, konnte er die traditionellen marianischen Symbole und Attribute stärker zurücknehmen und sie großenteils dem prachtvoll geschnitzten Bilderrahmen überlassen. So ist es die auf Wolken schwebende, jugendlich schöne und von verspielten Engeln umgebene Gestalt der Immaculata, die das Bild über das Irdische hinaus entrückt und im Betrachter ein empfindsames Gefühl hervorruft, das ihn unmittelbar berührt und in ihm eine Ahnung von der unsagbaren Begnadung der „Puríma", der „reinsten" Jungfrau, aufsteigen lässt.[8]

Maria ist eine lebensgroße, schlanke und jugendliche Gestalt, die mit einem langen, weißen Gewand und einem lichtblauen Mantel bekleidet ist, der sich wirkungsvoll von dem goldgelben Hintergrund abhebt. Ohne die Lilie ihrer jungfräulichen Keuschheit eigens darstellen zu müssen, spricht die Reinheit der unbefleckt empfangenen Jungfrau bereits aus ihrem strahlend weißen Gewand. Das Himmelblau ihres Mantels verbindet sich mit dem Aufwärtsstreben der Immaculata, die als sanft bewegte Gestalt in den Himmel entschwebt.[9] So erscheint sie nicht nur durch die Farbsymbolik, sondern auch malerisch als Himmelskönigin, die am Ende ihres irdischen Lebens in den Himmel aufgenommen wurde. Als unbefleckt Empfangene war Maria von Anfang an „voll der Gnade" (Lk 1,28), um für den Sohn Gottes eine vollkommene Wohnung zu sein. Wie ihr die Fülle der Erlösungsgnade (gratia plena) geschenkt wurde, so sollte sie bei ihrer Himmelfahrt auch die Fülle der Herrlichkeit (gloria plena) erhalten, um mit ihrem Sohn in der ewigen Herrlichkeit eins zu sein, nachdem er sie schon bei ihrer Bewahrung vor jedem Makel der Erbsünde ganz „vorauserlöst" hatte.

Die unbefleckt empfangene und in den Himmel aufgenommene Jungfrau und Gottesmutter Maria ist immer auch die auf die ewige Vollendung der Kirche vorausweisende apokalyptische Frau, die in der Offenbarung des Johannes als mit der Sonne bekleidete Lichtgestalt mit einem Kranz von zwölf Sternen und dem Mond zu ihren Füßen erscheint (vgl. Offb 12,1). Während die zart ihr Haupt umspielenden Lichtstrahlen auf den Sternenkranz hinweisen, wird ihr Bekleidetsein mit der Sonne vom Hintergrund übernommen, der mit seinem feurig-empyreischen Orangegelb an einen Goldgrund erinnert. Als einziges direktes apokalyptisches Attribut ist die Mondsichel zu ihren Füßen übrig geblieben, die aber farblich ganz mit dem Weiß des Gewandes und der lichten Wolke verschmilzt, auf der Maria schwebt.

Dass Maria als unbefleckt empfangene und in den Himmel aufgenommene Königin auch die Königin der Engel ist, kommt durch die vielen Putten zum Ausdruck, die gleichsam eine locker gefügte Mandorla um die Immaculata bilden. Während die als heitere Kinder in den Wolken sich tummelnden Engel zeigen, wie selbstverständlich sie in der himmlischen Welt zu Hause sind, erscheint Maria trotz ihrer leichten und lebendigen Bewegtheit in einer ganz auf Gott hin gesammelten statuarischen Haltung.[10]

Als Mittelpunkt des ganzen Bildes besitzt die Gestalt der Immaculata auch den hellsten Lichtwert und überstrahlt als weiß gekleidete Gestalt mit ihrem lichterfüllten Haupt sogar das Sonnengold der sie umgebenden Glorie. Als Lichtgestalt überschneidet die Immaculata eine von links unten nach rechts oben führende Diagonale, die das Bild in eine dunklere und eine hellere Hälfte unterteilt. Der rechte, von vielen Putten bevölkerte Teil zeigt zum Bildrand hin dunkle Wolken, die nicht zum goldglühenden, göttlichen Feuerhimmel des Empyreums gehören, sondern für die Nacht der niederen Luftschichten stehen. Während die Schattenseite ihres blauen Mantels noch von unten her durch einen atmosphärischen Luftzug gebläht wird, entschwebt sie sanft den dämmrigen Tiefen des Irdischen und wendet sich mit einer leichten Körperdrehung nach links zur hellen Seite hin, auf der sich die Engel bereits im goldenen Hintergrund verlieren.[11]

Das Licht, zu dem sie mit ihrem strahlenden Antlitz aufblickt, scheint sie regelrecht emporzuziehen. Mit selig erhobenen Augen, die aus der breiten Rundung des Augapfels hervorglänzen, erhebt sie verzückt ihr zartes, von langen hellbraunen Haaren umrahmtes Gesicht zu Gott, der die Quelle ihrer einzigartigen Begnadung ist und im ewigen Licht wohnt. Während sie ihre Hände in einer anmutigen Gebärde der Ergebenheit auf ihr Herz gelegt hat, kündet ihr leicht geöffneter Mund, der die obere weiße Perlreihe der Zähne erkennen lässt, von einem unsagbaren, innerlichen Gespräch mit Gott.[12]

So menschlich anmutig das Antlitz der Immaculata auch ist, so sehr liegt ihm dennoch alles lächelnd Süße oder sentimental Schmachtende fern. Das in höchster Helle leuchtende Gesicht Marias zeigt vielmehr eine von übernatürlicher Freude erfüllte Klarheit und spiegelt ihre vollkommene Reinheit wider. Als geistigstem Teil des menschlichen Leibes kommt dem Antlitz Marias die Aufgabe zu, Träger ihrer von Anfang an unbefleckten, sündelosen Reinheit zu sein. Eine solche Reinheit schien künstlerisch nur durch jugendliche Gesichtszüge kindlicher Unschuld darstellbar zu sein. Als Murillo dieses reine Bild in den Töchtern der Armen Sevillas fand, wusste er „seinen Modellen, spanischen Mädchen mit feinen zierlichen Händen und kleinen Füßen, großen schwarzen Augen, üppigem Haar und abgerundeten Formen, den nötigen Ausdruck zu verleihen, um sie in Wesen zu verwandeln, bei deren Anblick die rein menschlich-sinnlichen Reize verschwinden und nur einer keuschen, religiösen Bewunderung und Verehrung Raum gelassen wird", wie es

Aureliano de Beruete y Moret (1845–1912) bereits vor über einhundert Jahren treffend formuliert hat.[13] Um sich aber nicht zu sehr im stillen Zauber eines Kinderantlitzes zu verlieren, wie es für den Betrachter noch in Murillos um 1660/65 gemalter „Immaculada del Escorial" im Madrider Prado möglich war, verlieh der Maler dem jugendlichen Gesicht der Immaculata des Priesterhospitals Züge, die freudige Auflösung in Gott zum Ausdruck bringen und mit ihren deutlich nach oben gerichteten Augen den Betrachter eindringlich auffordern, die auf Gott zielende Bewegung geistlich mitzuvollziehen. Der Betrachter soll nicht ein Kindergesicht als Spiegel einer ungetrübten Seele anstaunen, sondern zusammen mit Maria nach der Herzensreinheit streben, der Christus den Lohn der Gottesschau verheißen hat: „Selig, die ein reines Herz haben; denn sie werden Gott schauen" (Mt 5,8). Es geht darum, ebenfalls zu dem zu gelangen, was die nach oben gerichteten Augen Marias bereits schauen dürfen. So wird der Betrachter durch das selig verklärte Schauen der „Puríma" an das eigene Streben nach Heiligkeit (vgl. Eph 1,4) und Herzensreinheit (vgl. Mt 5,8) erinnert, um mit Maria den Lohn der Gottesschau zu erlangen. Dabei zeigt die Bewegung des Emporschwebens der Immaculata, dass es in der Gottesschau eine Annäherung und Entwicklung gibt, die im irdischen Leben anhebt und sich einst im Himmel vollendet.[14]

Das Spätwerk des für die Priesterhospitalkirche geschaffenen Immaculatabildes zeigt die unbefleckt empfangene Jungfrau als jugendlich keusche, von Anmut beseelte und von Engeln umgebene Himmelskönigin.[15] Diese unvergleichliche Art der Darstellung der Immaculata wurde so populär, dass sie Murillo für kirchliche und private Kreise unzählige Male wiederholen musste. Dabei konnte der Maler an die in Andalusien fest verankerte Marienverehrung anknüpfen, in der er sich als Sohn Sevillas ganz selbstverständlich bewegte und die ihn dazu befähigte, auf vollkommene Weise auszudrücken, wonach seine Zeit und seine Landsleute verlangten. Damit hatte Murillo sein ganzes künstlerisches Geschick in den Dienst der „Puríma" gestellt, um den gläubigen Betrachtern seiner Zeit die Immaculata als Inbegriff der gottschauenden Reinheit (vgl. Mt 5,8) und der Berufung zur Heiligkeit (vgl. Eph 1,4) vor Augen zu stellen.

Anmerkungen

Einleitung
S. 15-16

1 Zitiert nach: Die Tagespost. Katholische Zeitung für Politik, Gesellschaft und Kultur, Heft 155 (29. Dezember 2015), 17.

Die Sammlung der Auserwählten
S. 17-22

1 Vgl. Stuttgarter NT, 100.
2 Signorelli malte das Fresko mit dem Testament des Mose und das nicht mehr erhaltene Wandbild mit dem Streit um den Leichnam des Mose, das 1524 beschädigt und unter Gregor XIII. (reg. 1572–1585) durch ein Fresko des Matteo da Lecce (1547–1616) ersetzt wurde (vgl. Roettgen 1997, 93; Kanter/Henry 2002, 14–16, 98–100, 161; Cornini 2013, 389).
3 Zu Luca Signorelli siehe grundlegend Kanter/Henry 2002.
4 Vgl. Spike 1997, 170, 240; Kanter 1982, 5.
5 Vgl. Kanter 1982, 5–12; Zlatohlávek 2001, 162–164, 165; Kanter/Henry 2002, 47–64, 136–140, 199f.
6 Vgl. Kanter/Henry 2002, 58.
7 Vgl. Zlatohlávek 2001, 164.
8 Zlatohlávek 2001, 164. Siehe den um 1443/51 durch Rogier van der Weyden geschaffenen Weltgerichtsaltar im Musée de l'Hôtel-Dieu in Beaune (vgl. Vos 1999, 252), die nach 1468 durch Dieric Bouts gemalten Tafeln mit den Auserwählten und Verdammten im Palais des Beaux-Arts in Lille (vgl. Périer-D'Ieteren 2006, 274) sowie das 1467/71 durch Hans Memling geschaffene Triptychon mit dem Jüngsten Gericht, das sich im Museum Narodowe in Danzig befindet (vgl. Vos 1994, 82).
9 Vgl. Zlatohlávek 2001, 164.
10 Vgl. Kanter 1982, 14.
11 Vgl. ebd.
12 Ebd.

Die Umkehrpredigt des Täufers
S. 23-29

1 Vgl. Brakensiek 2003, 394.
2 Vgl. Kaak 1994, 82; Andrews 2006, 42.
3 Vgl. Brakensiek 2003, 394.
4 Vgl. Andrews 1973, 301–307; Andrews 2006, 202; Kaak 1994, 81 und Anm. 38.
5 Vgl. Nagler 1838, 438; Peltzer 1934, 66; Kaak 1994, 81 und Anm. 38; Heiden 1999, 194; Andrews 2006, 178, 202.
6 Vgl. Ertz 2003, 149–151. Zur flämischen Waldlandschaft und zu ihren Exponenten siehe Hanschke 1988, 8–12.
7 Vgl. Hanschke 1988, 111f.; Kaak 1994, 81; Heiden 1999, 194.
8 Vgl. Suckale 1995, 62. Siehe dazu die Predigt „De lucerna ardente et lucente" des Bernhard von Clairvaux (um 1090–1153) zum Geburtsfest Johannes' des Täufers (vgl. Bernhard von Clairvaux, Sermo in Nativitate S. Ioannis Baptistae [Winkler VIII, 422–439]). Vgl. Suckale 1995, Anm. 86. Zum feurigen Wesen der Seraphim siehe Gregor der Große, Homilia 34,10 (FC 28/2, 660).
9 Zur Figurenbestimmung kann Stalbemts früheres Bild mit der Täuferpredigt in der Hamburger Kunsthalle herangezogen werden, auf dem bei den Zuhörern unter anderem eine stillende, womöglich die Tugend der Liebe (caritas) personifizierende Frau, Soldaten, Pharisäer, zwei Holzfäller mit einem Pferd sowie Bauern mit einem Karren zu sehen sind (vgl. Kaak 1994, 81).
10 Vgl. Kaak 1994, 81. Bei diesem Wegmotiv orientierte sich Stalbemt an einem manieristischen Landschaftstypus, wie er ihm etwa durch die von Gillis van Conixloo geschaffene Waldlandschaft mit Jakob und Esau bekannt gewesen sein dürfte, die durch Schelte a Bolswert (1586–1659) als Kupferstich verbreitet wurde (vgl. ebd.).
11 Vgl. Kaak 1994, 81. Das Bildmotiv mit der Scheidung der Wege hatte Stalbemt bereits in der früheren Hamburger Version seiner Täuferpredigt durch zwei im Hintergrund sichtbare

Waldausgänge angedeutet, wobei der dürre Baum nicht nur auf der linken Seite, sondern auch unmittelbar hinter Johannes aufragt (vgl. ebd.), um auch das Bildwort des Täufers von der bereits an die Wurzel der fruchtlosen Bäume angelegten Axt zu veranschaulichen (vgl. Lk 3,9).
12 Vgl. Kaak 1994, 81.
13 Vgl. Kaak 1994, 81f. In der künftigen Entwicklung des Bildthemas der Täuferpredigt stand im protestantisch-niederländischen Ambiente der pädagogisch-moralische Anspruch der Predigt im Sinne einer auf das konkrete Alltagsleben abzielenden Standespredigt im Mittelpunkt (vgl. Kaak 1994, 50–66). So wurde verstärkt der moralische Status der Zuhörer mit ihren seelischen Reaktionen hervorgehoben, um den Bildbetrachter mit dem Bußaufruf des Täufers zu konfrontieren und zur Entscheidung für Gott und gegen das Laster zu führen (vgl. Kaak 1994, 67–85). Die verschiedenen Reaktionen der Zuhörer wurden dann noch durch die Darstellung verschiedener Stände, Lebensalter, Ethnien und sonstiger Gruppen im Sinne der damals in der Kunsttheorie angestrebten Vielgestaltigkeit verstärkt (vgl. Kaak 1994, 107–109).

Johannes der Täufer und der unerkannte Jesus
S. 30-35

1 Vgl. Stuttgarter NT, 180.
2 Vgl. Pigler 1974, 273.
3 Vgl. Priever 2000, 136.
4 Vgl. Rauch 1994, 409f., 413.
5 Obwohl das Bild mit Johannes dem Täufer im Hinblick auf Veroneses Altarbild in San Benedetto Po häufig in die Zeit um 1562 datiert wird, ist seine Entstehung wegen der Eigenart der Landschaftsdarstellung wohl für die Zeit um 1570 anzunehmen (vgl. Pignatti 1976, 75, 123; Pignatti/Pedrocco 1991, 208).
6 Veroneses Bild mit Johannes dem Täufer gelangte 1607 durch den Patriarchen von Aquileia, Francesco Barbaro (reg. 1593–1616), an Kardinal Scipio Borghese (1577–1633) und gehörte bereits 1613 zur Galleria Borghese in Rom (vgl. Pignatti 1976, 123; Venturi 1893, 98; Hadeln 1978, 173f.).

7 Vgl. De Rinaldis 1938, 50; Guarino 1997, 30.
8 Vgl. Guarino 1997, 30.
9 Vgl. Stuttgarter NT, 73.
10 Aufgrund der Bezeichnung des Täufers als brennende und leuchtende Lampe (vgl. Joh 5,35) verglich man Johannes auch mit den feurigen Seraphim am Thron Gottes (vgl. Jes 6,2.6), wie die Predigt „De lucerna ardente et lucente" des Bernhard von Clairvaux (um 1090–1153) zum Geburtsfest Johannes' des Täufers zeigt (vgl. Bernhard von Clairvaux, Sermo in Nativitate S. Ioannis Baptistae [Winkler VIII, 422–439]).
11 Das Problem der unerklärbar schlechten, mit ihren gespreizten Fingern hölzern und steif wirkenden Hände auf Veroneses Bildern dürfte sich dadurch erklären lassen, dass sie von Gehilfen nach plastischen Handmodellen gearbeitet wurden. So erscheint auch die nach dem Modell gefertigte rechte Hand des Täufers als achtlos und leichtsinnig an den Arm angesetzt, ohne dass sich die Gehilfen um die Notwendigkeit organischer Zusammenhänge gekümmert hätten (vgl. Badt 1981, 37).
12 Vgl. Badt 1981, 87, 106.
13 Vgl. De Rinaldis 1938, 50; Guarino 1997, 30.
14 Vgl. Butzkamm 2001, 173.
15 Vgl. Badt 1981, 106, 191.
16 Vgl. Badt 1981, 106.
17 Vgl. Badt 1981, 105.

Die Verheißung der Geburt des Erlösers
S. 36-47

1 Friedländer 1928, 35.
2 Vos 1994, 304.
3 Vgl. Gemäldegalerie Berlin 1975, 276f.; Eikemeier 1995, 24f.; Eikemeier 1999 Memling, 340. Zu Leben und Werk Memlings siehe grundlegend Vos 1994, 15–60. Zum Einfluss der altdeutschen Malerei und der Kunst Rogier van der Weydens auf Memling siehe Vos 1994, 355–364.
4 Vgl. Vos 1994, 304. Memlings Verkündigung war ursprünglich auf dem Rahmen datiert, wobei man die Jahreszahl bereits 1876 nicht mehr erkennen konnte. Als Sulpiz Boisserée (1783–1854) das Bild 1832 bei Fürst Anton von Radziwill (1775–1833) in Berlin sah, konnte er als

Jahreszahl 1480 lesen, während 1847 Gustav Friedrich Waagen (1794–1868), der Direktor der Berliner Gemäldesammlung, als Jahreszahl 1482 angab. Obwohl die Datierung um 1482 im Allgemeinen akzeptiert wird (vgl. Blum 1992, 43), spricht sich de Vos aus stilistischen Gründen für eine etwas spätere Entstehungszeit um 1489 aus und verweist darauf, dass die letzte Ziffer der Jahreszahl möglicherweise verputzt gewesen sein könnte, so dass man die Zahl falsch gelesen hätte (vgl. Wolff 1998, 81; Vos 1994, 304). Nach de Vos dürfte die einzige Ziffer, „die wie eine 0 und eine 2 ausgesehen haben konnte, […] eine unten verputzte oder abgebröckelte 9" gewesen sein (Vos 1994, 304), womit sich 1489 ergeben würde.

5 Vgl. Wolff 1998, 78. Fehlstellen und Restaurierungen befinden sich bei Gabriel beim Pluviale und bei der linken Hand mit dem Zepter sowie bei Maria am Kleid, am Haar an der linken Seite und bei einigen Stellen im Gesicht, unter anderem beim linken Auge und an der Nase (vgl. Wolff 1998, 78; Vos 1994, 304).

6 Vgl. Wolff 1998, 78; Vos 1994, 304, 306.

7 Memling hat die im Blick auf den Fliesenboden unkorrekte Perspektive des Betpultes von Rogiers Columba-Seitenflügel übernommen. Durch die Kombination der beiden Verkündigungsbilder Rogiers kam es auch zu einer dreiseitigen Beleuchtungssituation (vgl. Wolff 1998, 80f.; Vos 1994, 304).

8 Vgl. Wolff 1998, 80f.

9 Vgl. Blum 1992, 49. Während sich die erhobene rechte Hand und das Zepter bereits in dem um 1434/36 durch Jan van Eyck (1390/1400–1441) geschaffenen Washingtoner Verkündigungsbild finden, war die Kniebeuge durch Rogier eingeführt worden. In Dieric Bouts' um 1445 geschaffenem Madrider Marienaltar findet man die Gebärde der linken Hand, die gleichzeitig den Mantel hält und das Zepter trägt (vgl. Blum 1992, 48f.).

10 Vgl. Blum 1992, 49; Vos 1994, 304. Das Pluviale wird bei Sakramentsprozessionen und bei der Erteilung des eucharistischen Segens getragen. Es hatte sich aus einem Regenmantel entwickelt und bekam deshalb seinen Namen vom lateinischen Wort „pluvia" für „Regen" (vgl. Berger 1999, 365; Butzkamm 2014, 48).

11 Vgl. Berger 1999, 365.

12 Vgl. McNamee 1974, 353–356; Blum 1992, 49.

13 Vgl. Blum 1992, 49; Wolff 1998, 82.

14 „Semper in oratione vel scrutatione legis permanebat […]" (Ps-Mt 6,3 [FC 18, 218]).

15 Vgl. Vos 1994, 304.

16 Vgl. Bernhard von Clairvaux, Homilia III in laudibus Virginis Matris 1 (Winkler IV, 78).

17 Vgl. Thürlemann 1992, 544; Schlie 2002, 139.

18 Bernhard legte in einer am 25. März 1150 gehaltenen Predigt dar, dass Maria als Lilie (vgl. Hld 2,1; 2,16) ihren Sohn als Blüte der Wurzel Jesse (vgl. Jes 11,1) in Nazaret, was „Blume" bedeutet, zur beginnenden Blumenzeit (vgl. Hld 2,12) empfangen hat (vgl. Bernhard von Clairvaux, In Annuntiatione Dominica Sermo Tertius 7 [Winkler VIII, 148]). Siehe dazu Jakobus de Voragine, Legenda aurea, Von der Verkündigung des Herrn (Benz, 250); Blum 1992, 48.

19 Vgl. Wolff 1998, 81f.; Blum 1992, 48. Zur marianischen Symbolik der Lilie siehe Behling 1957, 37, 66; Pfister-Burkhalter 1971, 101; Panofsky 2001, 152, 339; Widauer 2009, 113f., 116, 173; Butzkamm 2014, 50.

20 Vgl. Blum 1992, 44–46. In einem Verkündigungsbild, das im Umkreis Rogier van der Weydens entstanden ist und sich im New Yorker Metropolitan Museum of Art in der Sammlung J. Pierpont Morgan befindet, ist die gleiche Wachskerze angezündet. In den meisten Fällen symbolisiert die gelöschte Kerze das vom göttlichen Licht überstrahlte irdische Licht. Siehe dazu Blum 1992, 46; Vos 1994, 304.

21 Vgl. Blum 1992, 46; Vos 1994, 304.

22 Vgl. Purtle 1982, 33f., 115, 122f.; Blum 1992, 46 und Anm. 22. Nach Carol J. Purtle (1939–2008) könnte auch die Form der Karaffe an Christi Empfängnis und Geburt erinnern, da zur Zeit Memlings Alchemisten solche bauchigen Karaffen verwendeten, um in ihnen männliche und weibliche Elemente zur Erlangung eines neuen Wesens zu mischen (vgl. Purtle 1982, 33f.; Blum 1992, 48).

23 Vgl. Meiss 1945, 176–180; Blum 1992, 46f.

24 Die Annahme eines Zusammenhangs zwischen der Spiegelung des Fensterkreuzes in der Karaffe und dem Kreuzestod Christi (vgl. Gottlieb 1960, 313–332) hält de Vos für zu weit hergeholt (vgl. Vos 1994, 304).

25 Vgl. Proto-Jak 10,2; 11,1; 12,1 (FC 18, 114, 116); Ps-Mt 6,1–2 (FC 18, 216).
26 Vgl. Blum 1992, 48.
27 Vgl. Koslow 1986, 11, 32f.
28 Vgl. Blum 1992, 48; Vos 1999, 280; Vos 2002, 87.
29 Vgl. Blum 1992, 43. „Sed est locus ubi vere quiescens et quietus cernitur Deus: locus […] sponsi, et qui mihi quidem […] plane cubiculum sit […]" (Bernhard von Clairvaux, Sermo 23 super cantica canticorum 6,15 [Winkler V, 344]). Siehe dazu Blum 1992, 43 und Anm. 7. Der Kartäuser Ludolf von Sachsen (um 1300–1378) spricht in seiner „Vita Christi", die zur Zeit Memlings viel gelesen wurde, bei der Verkündigung vom Schlafzimmer (thalamus), vom Gebetshaus (secretarium cubiculum) oder vom geschlossenen Gemach (conclavus). Siehe dazu Ludolf von Sachsen, Vita Christi 1,5 (Mabile/Guerrin, 20); Vos 1999, 199, Anm. 4.
30 „Respondeo dicendum quod congruum fuit Beatae Virgini annuntiari, quod esset Christum conceptura […], ut ostenderetur esse quoddam spirituale matrimonium inter Filium Dei et humanam naturam. Et ideo per annuntiationem expectabatur consensus Virginis loco totius humanae naturae" (Thomas von Aquin, Summa theologica III, quaestio 30, articulus 1, respondeo [Deutsche Thomas-Ausgabe 26, 283f.]).
31 Vgl. Blum 1992, 44; Vos 1994, 304; Vos 1999, 195f.
32 Der Vorhangsack findet sich auch auf Rogier van der Weydens Verkündigungsbild auf der linken Seitentafel des Columba-Altars. Die These Susan Koslows, wonach der Vorhangsack wegen seiner Form an eine Gebärmutter mit einem Embryo darin erinnert und deshalb ein Symbol für die Inkarnation darstellt (vgl. Koslow 1986, 9–24, 27–31; Blum 1992, 44), ist mit de Vos als unwahrscheinlich abzulehnen (vgl. Vos 1994, 304).
33 Siehe dazu „convertisti planctum meum in gaudium mihi / conscidisti saccum meum et circumdedisti me laetitia" (Ps 29,12 Vulgata). Siehe die Psalmenerklärung Augustins: „Quid est saccus? Mortalitas. […] Dominus de numero nostro saccum solum accepit, non assumpsit meritum sacci. Meritum sacci, peccatum est; saccus ille, mortalitas est. Assumpsit propter te mortalitatem, qui meritum mortis non habeat" (Augustinus, Enarratio in Psalmum 29,21 [CChrSL 39, 185]).
34 Zum verborgenen Symbolismus siehe grundlegend Panofsky 1953. Um der Gefahr der Überinterpretation zu entgehen, gilt die Regel, dass die Wahrscheinlichkeit des Symbolgehaltes umso größer ist, je häufiger ein Ding im gleichen Kontext vorkommt (vgl. Büttner/Gottdang 2006, 104–106).
35 Zur Ikonographie der Taube siehe Butzkamm 2001, 156f.
36 Vgl. Blum 1992, 52; Vos 1994, 304.
37 Vgl. Held 1952, 236.
38 Vgl. Blum 1992, 55f.
39 Vgl. Blum 1992, 49.
40 Vgl. Vos 1994, 304.
41 Vgl. Blum 1992, 52.
42 „Spiritus sanctus superveniet in te, ut a tactu eius venter tuus contremiscat, uterus intumescat, gaudeat animus, floreat alvus" (Amadeus von Lausanne, Homilia III de Maria Virgine [PL 188, 1318A]). Vgl. Blum 1992, 51. Auch nach Bernhard von Clairvaux habe Maria ihre Zustimmung gegeben, damit der Sohn Gottes in ihr persönlich Fleisch wird und leibhaftig in ihr wohnt (vgl. Bernhard von Clairvaux, Homilia IV in laudibus Virginis Matris 11 [Winkler IV, 120]). Siehe auch Jakobus de Voragine, Legenda aurea, Von der Verkündigung des Herrn (Benz, 254); Johannes de Caulibus, Meditationes vitae Christi 4 (CChrCM 153, 23; Rock/Haselbeck, 20).
43 Vgl. Blum 1992, 49f.
44 Vgl. Blum 1992, 49f.; Vos 1994, 304.
45 Vgl. Jakobus de Voragine, Legenda aurea, Von der Verkündigung des Herrn (Benz, 253); Blum 1992, 51.
46 „Hodie multo magis est solemnitas humanae naturae, quia eius salus incepit et redempcio et tocius mundi reconciliacio, et sublimata est atque deificata" (Johannes de Caulibus, Meditationes vitae Christi 4 [CChrCM 153, 23]; vgl. Rock/Haselbeck, 20).
47 Vgl. Johannes de Caulibus, Meditationes vitae Christi 4 (CChrCM 153, 19; Rock/Haselbeck, 17).
48 Vgl. Blum 1992, 51f.
49 Vgl. Blum 1992, 52f.
50 Vgl. Blum 1992, 53f.

51 Vgl. Proto-Jak 8,1 (FC 18, 111); Ps-Mt 6,3 (FC 18, 219); Libellus de nativitate Sanctae Mariae 9,2 (FC 18, 262).
52 Vgl. Bernhard von Clairvaux, Homilia III in laudibus Virginis Matris 9 (Winkler IV, 90); Jakobus de Voragine, Legenda aurea, Von der Verkündigung des Herrn (Benz, 251).
53 Vgl. Bernhard von Clairvaux, Homilia IV in laudibus Virginis Matris 3 (Winkler IV, 104); Jakobus de Voragine, Legenda aurea, Von der Verkündigung des Herrn (Benz, 252).
54 Vgl. Blum 1992, 53f.
55 Vgl. Blum 1992, 52, 54f.
56 Vgl. Blum 1992, 55; Vos 1994, 304.
57 Siehe beispielsweise die um 1463/64 durch Rogier van der Weyden ausgeführte Beweinung Christi vor dem offenen Grab, die sich in der Galleria degli Uffizi in Florenz befindet.
58 Vgl. McFarlane 1971, 13; Vos 1994, 304.
59 Vgl. Schlie 2002, 35f., 369.
60 Vgl. Brand Philip 1971, 87, 93; Schlie 2002, 35 und Anm. 73.
61 Vgl. Nilgen 1967, 311; Blum 1992, 49.
62 Vgl. Blum 1992, 49.
63 Vgl. McNamee 1974, 353–356; Purtle 1982, 11; Blum 1992, 49.
64 Siehe dazu grundlegend Browe 1938, 133–163; Browe 1940, 27–45.
65 Vgl. DH, Nr. 802.
66 Vgl. Eder 1994, 102–105.
67 Vgl. Brand Philip 1971, 69f.; Blum 1992, 49.
68 Vgl. Blum 1992, 49; Vos 1994, 304.
69 Vgl. Purtle 1982, 8f., 37–39; Blum 1992, 53, 56.
70 Nach de Vos wollte Memling in seinem Verkündigungsbild die Empfängnis des Gottessohnes und die damit verbundene eucharistische Symbolik im Sinne einer komprimierten Wiedergabe biblischer Ereignisse und Bedeutungen darstellen, wie sie für die Andachtsbilder des späten Mittelalters charakteristisch ist, bei denen das eucharistische Mysterium auch im Zusammenhang mit der Passion zum Ausdruck gebracht wurde (vgl. Vos 1994, 304), wie beispielsweise das Bildmotiv der Präsentation des Leichnams Christi vor dem offenen Grab zeigt.

Die Geburt Jesu
S. 48-57

1 Vgl. Johannes de Caulibus, Meditationes vitae Christi 7 (CChrCM 153, 31f.; Rock/Haselbeck, 28).
2 Vgl. Egger 1978, 94; Stichel 1990, 72.
3 Vasari, Künstlerbiographien (Fein, 223f.).
4 Vgl. Gemäldegalerie Berlin 1975, 230; Kultzen 1999 Lippi, 294.
5 Vgl. Pittaluga 1949, 68f.; Gemäldegalerie Berlin 1975, 230.
6 Vgl. Gemäldegalerie Berlin 1975, 231.
7 Vgl. Pittaluga 1949, 125, 196f.; Opitz 1998, 44; Brug 2001, 5, 29; Cardini 2004, 13–16. Gozzoli hatte bereits in der Zeit um 1438/46 im Florentiner Dominikanerkloster San Marco eine Zelle mit dem Wandbild der Anbetung der Heiligen Drei Könige ausgestattet, die sich Cosimo de' Medici für die persönliche Andacht reservieren ließ, die auch die Anbetung der Eucharistie in einer Aussetzungsnische umfasste (vgl. Rohlmann 1994, 36–39; Schlie 2002, 194–196).
8 Vgl. Opitz 1998, 49; Brug 2001, 28–31. Die prominente Hervorhebung des Zuges der Könige im Hauptraum der Kapelle sollte sicherlich an die prunkvolle Prozession erinnern, die alle drei Jahre am 6. Januar, dem Epiphaniefest, unter der Beteiligung der Medici als Repräsentanten der „Compagnia dei Magi" stattfand und direkt am Palazzo Medici vorbeiführte (vgl. Cardini 2004, 18–26).
9 Vgl. Brug 2001, 5; Gemäldegalerie Berlin 1975, 231. Im Jahr 1492 wurde Lippis Altarbild im Kunstinventar der Medici erwähnt (vgl. Pittaluga 1949, 197).
10 Vgl. Pittaluga 1949, 197; Gemäldegalerie Berlin 1975, 231.
11 Vgl. Gemäldegalerie Berlin 1975, 230; Brug 2001, 5, 7–10.
12 Vgl. Opitz 1998, 44.
13 Vgl. Brug 2001, 9.
14 Vgl. Feldbusch 1955 Dreifaltigkeits-Darstellungen, 430.
15 Vgl. Brug 2001, 27.
16 Vgl. Gemäldegalerie Berlin 1975, 230; Brug 2001, 7.
17 Brug 2001, 7.
18 Ebd.

19 Vgl. Brug 2001, 27.
20 Vgl. Butzkamm 2014, 47.
21 Vgl. Gemäldegalerie Berlin 1975, 230; Brug 2001, 6, 8.
22 Vgl. Gallwitz 1996, 82f.; Widauer 2009, 77f., 81, 85, 88; Brug 2001, 6, 8, 10, 14.
23 Vgl. Schmidt 1982, 33; Pfeiffer 2007, 69 und 339, Anm. 127; Hagendorn 2010 Stieglitz, 252; Brug 2001, 7; Gemäldegalerie Berlin 1975, 230f., 334. Die auch durch zahlreiche andere Beispiele gestützte christologisch-soteriologische Interpretation des Stieglitzes erscheint als so primär, dass im Gegensatz zu Brug (vgl. Brug 2001, 14) eine Deutung dieses Vogels auf Maria (wegen seiner auf die Tugenden und die Demut Marias verweisenden Zierlichkeit) oder auf die beiden Heiligen am linken Bildrand (wegen seines auf die Verkündigung der Prediger verweisenden betörenden Gesangs) sehr unwahrscheinlich ist.
24 Vgl. Gemäldegalerie Berlin 1975, 230.
25 Sic!
26 Vgl. Gemäldegalerie Berlin 1975, 230; Brug 2001, 7f., 10.
27 Vgl. Vita Iohannis Baptistae 6f., 10 (FC 18, 287–289, 295).
28 Vgl. Vita Iohannis Baptistae 13–17 (FC 18, 297–305); Johannes de Caulibus, Meditationes vitae Christi 13 (CChrCM 153, 59f.; Rock/Haselbeck, 53). Zur literarischen Überlieferung der Kindheit des Täufers siehe auch Kaak 1994, 38–40.
29 Vgl. Gemäldegalerie Berlin 1975, 230; Brug 2001, 9, 13–15, 28.
30 Brug sieht hinter dem Mönchsheiligen ein Haus angedeutet, das sich vielleicht als Einsiedelei auffassen lässt (vgl. Brug 2001, 7).
31 Vgl. Frank 1999, 1293. Eine Identifizierung des Mönchsheiligen mit Bernhard von Clairvaux (um 1090–1153), wie sie von Brug vertreten wird (vgl. Brug 2001, 7; Gemäldegalerie Berlin 1975, 230), erscheint als zu unbegründet, zumal Romuald im Gegensatz zu Bernhard tatsächlich als Eremit gelebt hatte und immer mit langem Bart dargestellt wurde. Auch Fra Angelico (1387/1400–1455) hatte Bernhard im Kapitelsaal des 1443 eingeweihten Florentiner Dominikanerklosters San Marco ohne Vollbart, Romuald aber in ähnlicher Weise wie Lippi dargestellt. In dem Anbetungsbild, das Lippi um 1463 für Camaldoli (heute in den Florentiner Uffizien) gemalt hatte und das seinem Altarbild für die Hauskapelle des Palazzo Medici in vielfacher Weise gleicht, zeigte er Romuald zusammen mit Johannes dem Täufer mit ähnlicher Tonsur, gleichem Habit und langem Bart (vgl. Pittaluga 1949, 126). Vorausgegangen war um 1455 das Anbetungsbild für das Florentiner Annalena-Kloster (heute in den Florentiner Uffizien), in dem Lippi als Assistenzfiguren die Büßer Maria Magdalena und Hieronymus (347–420) sowie den Eremiten Hilarion (291–371) darstellte. Hier zeigt sich Lippis Tendenz, das Weihnachtsgeschehen durch Heiligengestalten gedanklich zu erweitern, auch wenn er bei diesem Bild auf die Darstellung von Ochs und Esel noch nicht verzichtete (vgl. Brug 2001, 13).
32 Vgl. Brug 2001, 10.
33 Vgl. Brug 2001, 7, 15f.
34 Vgl. Pittaluga 1949, 125.
35 Vgl. Brug 2001, 6, 8–10, 14, 27.
36 Vgl. Brug 2001, 11–13.
37 Vgl. Gemäldegalerie Berlin 1975, 230. Zum Einfluss der Visionen Birgittas auf die Weihnachtsikonographie siehe Dinzelbacher 2002, 134f.
38 Vgl. Birgitta, Revelationes 7,21 (Bergh, 188; Clarus III, 282).
39 Vgl. Birgitta, Revelationes 7,21 (Bergh, 189; Clarus III, 282).

Die Darbringung Jesu im Tempel
S. 58-64

1 Vgl. Stuttgarter NT, 115.
2 Zur Ikonographie der Darbringung Jesu im Tempel siehe grundlegd Lucchesi Palli/Hoffschulte 1968, 473–477.
3 Zum Leben Meister Bertrams siehe im Überblick Beutler 1984, 68, 87f.; Platte 1982, 6f., 18f.; Hauschild/Sitt 2008, 41f.
4 Vgl. Platte 1982, 19; Beutler 1984, 7, 72; Hauschild 1999 Petrialtar, 101.
5 Vgl. Platte 1982, 5f.; Beutler 1984, 72–74; Hauschild 1999 Petrialtar, 110f.; Ketelsen 1999, 83–89; Reinitzer 2002, 35–47; Sitt 2008, 76–80. Nach Christian Beutler (1923–2003) sei

1596 bei der Überarbeitung der Mitte des geöffneten Figurenschreins eine ursprüngliche Christus-Maria-Gruppe, die die endzeitliche Hochzeit des Bräutigams Christus mit seiner Braut, der Kirche, darstellte, durch eine auf das 13. Jahrhundert zurückgehende Kreuzigungsgruppe ersetzt worden (vgl. Beutler 1984, 13–26). Dieser Rekonstruktionsversuch bleibt aber ganz im Bereich des Hypothetischen (vgl. Hauschild 1999 Petrialtar, 103–110). Zur ursprünglichen Aufstellung und zum Bildprogramm siehe Platte 1982, 7–11; Reinitzer 2002, 32–35; Hauschild/Sitt 2008, 9–18, 27–41.

6 Vgl. Beutler 1984, 79f.
7 Vgl. Beutler 1984, 80f.; Hauschild 1999 Petrialtar, 111.
8 Vgl. Beutler 1984, 7–14, 68–72, 81f. Zum Schöpfungszyklus siehe Beutler 1984, 26–41; Reinitzer 2002, 9–16; zur Urgeschichte der Menschheit siehe Beutler 1984, 41–57; Reinitzer 2002, 16–25; zu den neutestamentlichen Szenen siehe Beutler 1984, 57–66; Reinitzer 2002, 25–31.
9 Vgl. Hauschild 1999 Missale, 133. Da Marias Mutter Anna gemäß der Trinubiumslegende nach dem Tod ihres ersten Ehemannes Joachim zuerst mit Kleophas und dann mit Salomas verheiratet war, habe Maria noch zwei Stiefschwestern gehabt, die mit den Frauen identifiziert wurden, die mit der Gottesmutter und Maria Magdalena unter dem Kreuz gestanden sind (vgl. Mt 27,56; Mk 15,40; Lk 24,10; Joh 19,25). Demnach war die Stiefschwester aus Annas zweiter Ehe Maria Kleophas, die Frau des Alphäus und die Mutter der Apostel Jakobus des Jüngeren, Simon des Zeloten und Judas Thaddäus sowie des Barnabas. Aus Annas dritter Ehe sei Marias Stiefschwester Maria Salome hervorgegangen, die Frau des Zebedäus und die Mutter der Apostel Jakobus des Älteren und Johannes (vgl. Lechner 1994, 175).
10 Vgl. Neuner 1995, 134. Bei dieser Frauengestalt kann es sich wegen ihres Heiligenscheins nicht um eine einfache Dienerin und auch nicht um die Prophetin Hanna handeln, da sie weder biblisch-hagiographisch noch ikonographisch mit dem Taubenkörbchen und der Kerze in Verbindung gebracht werden kann. Nach Reinitzer könnte man zur Deutung dieser Figur auch Elisabet, die Mutter Johannes' des Täufers, in Erwägung ziehen (vgl. Reinitzer 2002, 28).
11 Vgl. Hauschild 1999 Missale, 133, 135. Siehe dazu Einzelblatt aus einem Missale (New York, The Pierpont Morgan Library), fol. 206 (vgl. Hauschild 1999 Missale, 133).
12 Vgl. Hauschild 1999 Missale, 133. Bei den sechs im Pariser Musée des Arts décoratifs aufbewahrten Tafelbildern mit der Kindheits- und Leidensgeschichte Jesu, die Meister Bertram etwas später als den Petrialtar um 1380/90 malte, zeigt das Bild mit der Darbringung Jesu nur eine Frauengestalt, die das Taubenkörbchen und die Kerze trägt (vgl. Hauschild 1999 Pariser Tafeln, 118, 120). In dem um 1400 entstandenen Buxtehuder Altar, der sich heute in der Hamburger Kunsthalle befindet, ist ebenfalls nur eine Frau dargestellt, die die Kerze hält, während die Tauben von einer männlichen Figur getragen werden (vgl. Hauschild 1999 Buxtehuder Altar, 124f.). In dem um 1410 angefertigten und ebenfalls in der Hamburger Kunsthalle aufbewahrten Harvestehuder Altar trägt die eine Frauengestalt wieder Täubchenkörbchen und Kerze (vgl. Hauschild 1999 Harvestehuder Altar, 130f.).
13 Vgl. Portmann 1963, 160.
14 Vgl. Beutler 1984, 63. In Meister Bertrams Buxtehuder Altar sind hinter Simeon zwei Kriegsknechte zu sehen (vgl. Hauschild 1999 Buxtehuder Altar, 125).
15 Vgl. Johannes de Caulibus, Meditationes vitae Christi 11 (CChrCM 153, 47; Rock/Haselbeck, 42).
16 Vgl. Lucchesi Palli/Hoffscholte 1968, 175.
17 Vgl. Portmann 1963, 160.
18 Vgl. Portmann 1963, 160; Beutler 1984, 63.
19 Vgl. Reinitzer 2002, 9–11, 28.
20 Vgl. Lucchesi Palli/Hoffscholte 1968, 475; Neuner 1995, 134.
21 Vgl. Beutler 1984, 63.
22 Vgl. Portmann 1963, 159.
23 Vgl. Hauschild 1999 Missale, 135. Auf der Pariser Tafel steht Simeon noch unmittelbar vor dem Berühren des Jesuskindes (vgl. Hauschild 1999 Pariser Tafeln, 120).
24 Vgl. Hauschild 1999 Missale, 135; Hauschild 1999 Pariser Tafeln, 120; Hauschild 1999 Buxtehuder Altar, 125; Hauschild 1999 Harvestehuder Altar, 131.

25 „Puer autem benedixit eum, et aspiciens matrem inclinavit se ostendens se velle ire ad eum. Quam mater intelligens, quamvis admirans, porrexit eum Simoni. [...] Deinde puer Iesus extendens brachia versus matrem ad eam rediit" (Johannes de Caulibus, Meditationes vitae Christi 11 [CChrCM 153, 46]; vgl. Rock/Haselbeck, 41f.). Die Interpretation Christian Beutlers, wonach sich Jesus aus den Händen Simeons in einem doppeldeutigen Sinn loslösen will, um die Hände des jüdischen Hohenpriesters zu verlassen und die in seiner Mutter verkörperte Kirche zu umarmen (vgl. Beutler 1963, 63), übersieht nach Portmann, dass Maria das Kind Simeon hinhält und dass die ausgestreckten Arme des Kindes ein Zeigegestus sind und keine Gebärde eines schutzsuchenden Zurückverlangens (vgl. Portmann 1963, 159).
26 Vgl. Hauschild 1999 Missale, 135.
27 Vgl. Lucchesi Palli/Hoffscholte 1968, 475. Während das Jesuskind auf der Pariser Tafel noch auf dem Altar steht (vgl. Hauschild 1999 Pariser Tafeln, 120), ruht es im Buxtehuder Altar und im Harvestehuder Altar bereits in den Armen Marias, die das Kind an Simeon übergibt (vgl. Hauschild 1999 Buxtehuder Altar, 125; Hauschild 1999 Harvestehuder Altar, 131).
28 Vgl. Portmann 1963, 159.
29 Auch im griechischen Urtext des Lukasevangeliums ist von „gesetzt" (κεῖται) die Rede (Lk 2,34).
30 Vgl. Johannes de Caulibus, Meditationes vitae Christi 11 (CChrCM 153, 47; Rock/Haselbeck, 42).
31 Siehe bereits das Zeugnis im Barnabasbrief (vgl. Barnabasbrief 7,3 [Berger/Nord, 245]).
32 Vgl. Portmann 1963, 159f.

Maria und die Hirten
S. 65-70

1 Zu Leben und Werk Zehenders siehe grundlegend Eger 1932.
2 Vgl. Eger 1932, 29, 32, 43, 44.
3 Nach freundlicher Auskunft von P. Georg Gantioler FSO, dem derzeitigen Oberen des Klosters Thalbach, lässt sich auf dem sehr dunklen Gemälde mit der Hirtenanbetung keine Signatur feststellen.

4 Vgl. Gröger 2009, 103.
5 Das 1422 auf dem Hirschberg bei Bregenz gegründete Dominikanerinnenkloster war nach einem Brand durch Blitzschlag 1462/63 im Tal, in Kennelbach, 1464 wiedererrichtet worden. Nachdem 1796 das Kloster in Kennelbach, das auch Hirschtal genannt wurde, durch einen Kaminbrand abgebrannt war, erhielten die Dominikanerinnen von der Stadt Bregenz die Erlaubnis, das leerstehende Kloster Thalbach zu erwerben (vgl. Sinnacher 1828, 697f.) und konnten dort am 28. Juni 1797 einziehen. Auf Bitten der Dominikanerinnen übernahm 1983 die geistliche Familie „Das Werk" das Kloster Thalbach.
6 Vgl. Eger 1932, 28, 29, 43.
7 Vgl. Gröger 2009, 103.
8 Vgl. Butzkamm 2014, 47; Gröger 2009, 103. Zehender malte seine Menschen- und Engelsfiguren nie ganz nackt (vgl. Eger 1932, 33).
9 Vgl. Gröger 2009, 104.
10 Vgl. Eger 1932, 32.
11 Vgl. Gröger 2009, 104. In der neuzeitlichen Kunst wurde bei Darstellungen der Hirtenanbetung auch das gebunden dargebrachte Lamm als Hinweis auf den Opfertod Christi gezeigt (vgl. Lamm 1971, 13). In mittelalterlichen Mysterienspielen brachten Hirten in Anlehnung an die Anbetung der Könige statt Weihrauch, Gold und Myrrhe (vgl. Mt 2,11) einen Hirtenstab dar, um Jesus als späteren Seelenhirten zu ehren, ferner eine Flöte als Hinweis auf Christus als den neuen Orpheus, dem seine Jünger folgen werden, und schließlich das auf das Opfer Jesu vorausweisende Lamm (vgl. Zenkert 2003, 133, Anm. 121).
12 Vgl. Gröger 2009, 105.
13 Gröger 2009, 106.
14 Vgl. Eger 1932, 29, 31, 48.
15 Vgl. Eger 1932, 28, 31.
16 Nachdem den Weidenblüten schon in der griechischen Pflanzenmagie für Frauen eine empfängnisverhütende und für Männer eine keuschheitsfördernde Wirkung zuerkannt worden war (vgl. Rahner 1932, 236–248; Rahner 1989, 248–254), galt die Weide auch in der christlichen Tradition als Symbol für die Keuschheit. Die Kirchenväter sahen in dem in Ps 137,2 erwähnten Aufhängen der Harfen an den Weiden von Babylon ein Sinnbild für

das Befreitwerden von der Last des Fleisches (siehe beispielsweise Methodius von Olympos, Convivium decem virginum, Oratio IV [PG 18, 90B–91A]; vgl. Rahner 1932, 232–235; Rahner 1989, 264–275). Daneben symbolisierte die schnell wachsende und wasserliebende Weide auch die Fruchtbarkeit (vgl. Rahner 1989, 249f.) und wurde deshalb bei den Kirchenvätern im Anschluss an Jes 44,4 auch auf die Taufe gedeutet (vgl. Rahner 1932, 249–251; Rahner 1989, 261–264). Zur Übertragung der Symbolik der Weide auf die Jungfräulichkeit Marias siehe die von Richard von Saint-Laurent (gest. nach 1254) verfasste Abhandlung „De laudibus Beatae Mariae Virginis", die bisher Albertus Magnus (um 1200–1280) zugeschrieben wurde (vgl. De laudibus Beatae Mariae Virginis 12,6,27 [Borgnet 36, 815]; Rahner 1932, 253; Rahner 1989, 279f.).
17 Vgl. Eger 1932, 31.
18 Vgl. Panofsky 2001, 339; Schlie 2002, 108–112. „[...] Bethlehem quippe domus panis interpretatur. Ipse namque est, qui ait: ‚Ego sum panis vivus, qui de coelo descendi'" (Gregor der Große, Homilia 8,1 [FC 28/1, 142]). Zum religiösen Sinn des Enthüllungsmotivs siehe Kemp 1986, 55–69.
19 Vgl. Ephräm der Syrer, Carmina Nisibena 27,8 (CSCO 219, 76). Siehe dazu die lateinische Bibelübersetzung: „Tota pulchra es, amica mea, et macula non est in te" (Ct 4,7 Vulgata).

Jesus leuchtet in der Finsternis
S. 71-79

1 Vgl. Birgitta, Revelationes 7,21 (Bergh, 187, 188; Clarus III, 281, 282).
2 Vgl. Winkler 1964, 145, 148, 153; Pächt 1994, 209f.; Kloppenburg 2000 Licht, 26; Zuffi 2004, 71. Siehe Geertgens um 1480/90 entstandene Tafel mit der Geburt Christi bei Nacht in der Londoner National Gallery und Davids um 1495 gemaltes Bild der Heiligen Nacht im Wiener Kunsthistorischen Museum. Nach Erwin Panofsky (1892–1968) stellt Geertgens Bild mit der Geburt Jesu die erste vollkommene Nachtszene dar, bei der der Bildraum von den optischen Bedingungen beherrscht wird, die sich ergeben, wenn dieser nächtliche Raum ausschließlich von Lichtquellen beleuchtet wird, die sich in ihm befinden (vgl. Panofsky 2001, 325, 332).
3 Vgl. Pächt 1994, 210.
4 Vgl. Kloppenburg 2000 Licht, 31. Zu den vorausgehenden und von den altniederländischen Vorbildern noch unabhängigen Versuchen italienischer Maler, den Körper des Jesuskindes im Sinne des sakralen Leuchtlichtes als einzige und andere Bildgegenstände erhellende Lichtquelle darzustellen, siehe Kloppenburg 2000 Licht, 25, 28–30.
5 Vgl. Henning 2005, 88. Carlo Maratta (1625–1713) übernahm in einem ebenfalls in der Dresdener Gemäldegalerie aufbewahrten Bild von Correggios „Heiliger Nacht" das leuchtende Jesuskind mit Maria und Engeln, ließ aber die Hirten weg (vgl. Henning 2005, 88, 152).
6 Vgl. Weber 2000 Stationen, 7.
7 Zu Leben und Werk Correggios siehe grundlegend Ekserdjian 1997. Vgl. Bevilacqua/Quintavalle 1970, 6–8; Weber 2000 Stationen, 8f.
8 Vgl. Bevilacqua/Quintavalle 1970, 108, Nr. 75; Weber 2000 Stationen, 8; Henning 2005, 88.
9 Vgl. Weber 2000 Stationen, 8, 10.
10 Zu dieser Entwurfszeichnung, die Alberto Pratoneri vorgelegen haben könnte, siehe Weber 2000 Stationen, 11f.
11 Vgl. Weber 2000 Stationen, 11.
12 Vgl. Weber 2000 Stationen, 13f. und Anm. 22.
13 Vgl. Weber 2000 Stationen, 15.
14 „Quadro in tavola, con la Natività di Gesú, ed è il quadro nominato per tutta L'Europa La famosa notte di Correggio" (Catalogo delli quadri, che sono nel Gabinetto di sua Maestà, Dresden 1747–1750, fol. 23v, Nr. 34). Siehe dazu Weber 2000 Stationen, 7 und Anm. 2; Henning 2005, 88.
15 Vgl. Inventarium von der Königlichen Bilder Galerie in Dresden 1754, fol. 7r, Nr. 58. Siehe dazu Weber 2000 Stationen, 7 und Anm. 4.
16 Vgl. Weber 2000 Dresden, 45–56. Während des Siebenjährigen Krieges wurde Correggios Weihnachtsbild von Juli 1760 bis zum 3. Mai 1763 auf dem Königstein in Sicherheit gebracht; von 1945 bis Oktober 1955 befand es sich in der Sowjetunion.
17 Vgl. Henning 2005, 88.
18 Vasari, Künstlerbiographien (Fein, 352).

19 „[...] et bos et asinus adoraverunt eum [...]. Ipsa autem animalia in medium eum habentes incessanter adorabant eum. Tunc adimpletum est quod dictum est per Abacuc [Hab 3,2 LXX] prophetam dicentem: ‚In medio duorum animalium innotesces'" (Ps-Mt 14 [FC 18, 226, 228]). Vgl. Pérez-Higuera 1996, 137.
20 Vgl. Kloppenburg 2000 Heilige Nacht, 19, 22. Nach Kloppenburg ist die Frage nach den literarischen Quellen, die hinter Correggios Weihnachtsbild stehen, noch nicht befriedigend geklärt (vgl. Kloppenburg 2000 Heilige Nacht, 19).
21 Vgl. Kloppenburg 2000 Heilige Nacht, 17f.
22 Vgl. Wind 1986, 24, 26; Kloppenburg 2000 Heilige Nacht, 21f.
23 Vgl. Kloppenburg 2000 Heilige Nacht, 17 und Anm. 1.
24 Vgl. Kloppenburg 2000 Heilige Nacht, 17. Aus dem Bildmotiv des von Josef geführten und nicht ruhig bei der Krippe lagernden Esels lässt sich nicht schließen, dass hier bereits Vorbereitungen zum Aufbruch nach Ägypten angedeutet sind, wie Ekserdjian meint (vgl. Ekserdjian 1997, 212).
25 Vgl. Kloppenburg 2000 Heilige Nacht, 18. Im Gegensatz zu dem von Kloppenburg angegebenen Transferierungsdatum von 1478 kann mit Schlie davon ausgegangen werden, dass der Portinari-Altar, der sich heute in den Florentiner Uffizien befindet, 1483 auf dem Seeweg nach Florenz überführt wurde, wo er in der Krankenhauskapelle Sant'Egidio des Hospitals Santa Maria Nuova aufgestellt wurde (vgl. Schlie 2002, 137f., 141, 146).
26 Vgl. Johannes de Caulibus, Meditationes vitae Christi 7 (CChrCM 153, 31; Rock/Haselbeck, 28); Ekserdjian 1997, 214; Kloppenburg 2000 Heilige Nacht, 17 und Anm. 2.
27 Vgl. Kloppenburg 2000 Heilige Nacht, 18.
28 Vgl. Gallwitz 1996, 109.
29 Vgl. Butzkamm 2001, 176; Gallwitz 1996, 120; Widauer 2009, 88.
30 Vgl. Henning 2005, 88.
31 Vgl. Kloppenburg 2000 Heilige Nacht, 17.
32 Vasari, Künstlerbiographien (Fein, 352).
33 Vgl. Kloppenburg 2000 Heilige Nacht, 17.
34 Vgl. Weber 1991, 197; Kloppenburg 2000 Heilige Nacht, 23.
35 Vgl. Alberti, Kleinere kunsttheoretische Schriften (Janitschek), 120–124; Kloppenburg 2000 Heilige Nacht, 23.
36 Vgl. Kloppenburg 2000 Heilige Nacht, 17f., 21.
37 Vgl. Kloppenburg 2000 Heilige Nacht, 17, 19.
38 Vasari, Künstlerbiographien (Fein, 352).
39 Vgl. Kloppenburg 2000 Heilige Nacht, 19–21. In einer um 1450/51 von Mantegna gemalten Hirtenanbetung, die sich im New Yorker Metropolitan Museum befindet, ist erstmals eine Hirtin zu sehen, die von rechts her als weiß gekleidete Frau zur Krippe geht (vgl. Kloppenburg 2000 Heilige Nacht, 21 und Anm. 12). Die Frau in Correggios Weihnachtsbild kann nicht als die in den Apokryphen erwähnte ungläubige Hebamme Salome gedeutet werden, wie Ekserdjian vorschlug (vgl. Ekserdjian 1997, 213), da ihre Hand, die nach apokrypher Überlieferung aufgrund ihres Zweifels an Marias Jungfräulichkeit verdorrt war, als unversehrt und grazil dargestellt ist. Die Interpretation des feminin wirkenden jüngeren Hirten als gläubige Hebamme Zelomi (vgl. Ekserdjian 1997, 213) ist dann auch nicht haltbar. Es wäre nämlich zu fragen, warum gerade die mittlere Figur als Hebamme ihr fremden älteren Hirten ans Knie greifen sollte (vgl. Kloppenburg 2000 Heilige Nacht, 19, 21). Zur apokryphen Überlieferung der beiden Hebammen siehe Proto-Jak 19–20 (FC 18, 128–134); Ps-Mt 13,3–5 (FC 18, 222–226).
40 Vgl. Kloppenburg 2000 Heilige Nacht, 19.
41 Henning 2005, 88.
42 Vgl. Kloppenburg 2000 Heilige Nacht, 17.
43 Vgl. Kloppenburg 2000 Heilige Nacht, 17, 25f.
44 Vgl. Kloppenburg 2000 Heilige Nacht, 23, 19.
45 Vgl. Gherardi, Descrizione delle pitture in Modena (Bonsanti, 85, 185); Kloppenburg 2000 Heilige Nacht, 22.
46 Vgl. Gregor der Große, Homilia 8,1 (FC 28/1, 142); Panofsky 2001, 339; Schlie 2002, 108–112.
47 Vgl. Aelred von Rievaulx, Sermo 2 (PL 195, 227); Petrus von Blois, Sermo 6 (PL 207, 583); Sinanoglou 1973, 495; Schlie 2002, 112, 131 und 112, Anm. 60f.
48 Vgl. Kloppenburg 2000 Heilige Nacht, 22.
49 Vgl. Rahner 1989, 122f., 133–140.

Die Anbetung der Weisen
S. 80-90

1 Vgl. Weis 1968, 539f.
2 Vgl. Nikolaus Cusanus, De visione Dei, Vorwort (Dupré, 9).
3 Siehe dazu Thürlemann 2006, 9–24.
4 Vgl. Vos 1999, 282. Nach der Mehrheit der Kunsthistoriker dürfte Rogiers Columba-Altar ursprünglich nicht für die erst 1489 oder 1493 gestiftete Wasservas-Kapelle bestimmt gewesen sein, die später auch als Taufkapelle der Columbakirche diente und in der das Retabel 1801 urkundlich erwähnt wurde (vgl. Wilhelmy 1993, 111–126; Schlie 2002, 115f.). Dennoch plädiert Thürlemann neuerdings wieder für den Kölner Bürgermeister Goedart van dem Wasservas (reg. 1437–1462) als Auftraggeber des Retabels, den er auch in dem Stifterporträt auf der Mitteltafel zu erkennen glaubt (vgl. Thürlemann 2006, 77f.).
5 Vgl. Wilhelmy 1993, 115; Schlie 2002, 116.
6 Vgl. Wilhelmy 1993, 111–116; Schlie 2002, 116, 118f.
7 Zur Sammlung Boisserée siehe Arndt 1962, 21f.
8 Vgl. Beenken 1951, 84; Vos 1999, 277.
9 Siehe dazu Schlie 2002, 115–121.
10 Vgl. Thürlemann 2006, 81. In Erweiterung des gotischen Akkords aus Rot, Blau und Grün ersetzte Rogier den grünen Farbton durch das Gelb, das in der Zeit der Gotik gewöhnlich als Farbe des Neides und Hasses bei der Darstellung von Sündern und Verbrechern verwendet wurde (vgl. Thürlemann 2006, 82).
11 Vgl. Vos 1999, 276–278; Vos 2002, 85.
12 Vgl. Thürlemann 2006, 81; Geis 2002, 43.
13 Vgl. Vos 2002, 87; Geis 2002, 43.
14 Vgl. Neuner 1995, 133; Vos 2002, 87; Geis 2002, 43.
15 Vgl. Acres 1992, 420ff.; Vos 1999, 221.
16 Vgl. Panofsky 2001, 120, 141–146; Neuner 1995, 132f.; Geis 2002, 45; Lange 2011, 52. Geht man mit de Vos davon aus, dass der ruinöse Aufsatz über dem Strohdach bereits gotisch ist, dann dürfte dies eine Metapher dafür sein, dass sich die Kirche, die sich durch die Geburt des Messias konstituiert, über den Alten Bund erhebt (vgl. Vos 1999, 279; Vos 2002, 85).
17 Vgl. Geis 2002, 45.
18 Vgl. Panofsky 2001, 298.
19 Vgl. Neuner 1995, 129; Arndt 1962, 129.
20 Vgl. Lange 2011, 54.
21 Vgl. Butzkamm 2001, 137f.
22 Vgl. Butzkamm 2014, 47.
23 Vgl. Neuner 1995, 133.
24 Vgl. Rahner 1960, 403f.
25 Vgl. Butzkamm 1990, 102f.; Geis 2002, 43–45.
26 „At vero Christus mori missus nasci quoque necessario habuit, ut mori posset; non enim mori solet nisi quod nascitur. Mutuum debitum est nativitati cum mortalitate. Forma moriendi causa nascendi est" (Tertullian, De carne Christi 6,6 [CChrSL 2, 884]). Vgl. Rahner 1960, 402.
27 „Primo, quievit in Virginis alveolo; secundo, in vili praesepio; tertio, in crucis patibulo; quarto, in sepulcro, etiam alieno" (Ludolf von Sachsen, Vita Christi 1,9 [Mabile/Guerrin, 39]). Vgl. Rahner 1960, 403.
28 Vgl. Ludolf von Sachsen, Vita Christi 1,9 (Mabile/Guerrin, 40).
29 „[…] postquam vinum sanguinis sui in cruce est expressum, et Regi coelesti oblatum, tunc genus humanum de captivitate est egressum. Hoc vinum Regem coelestem ita inebriavit, quod omnem offensam humano generi relaxavit. Hoc vinum nobis sub sacramento reliquit, ut quotidie Regi coelesti pro mundi offensa offeratur, quia quotidie a mundo offenditur. Unde cum Christus nasceretur, vineae Engaddi floruerunt, et Christum veram vitem venisse ostenderunt" (Ludolf von Sachsen, Vita Christi 1,9 [Mabile/Guerrin, 45]). Vgl. Rahner 1960, 403.
30 Zur eucharistischen Interpretation siehe Lane 1984, 60, 65; Vos 1999, 279; Vos 2002, 87; Schlie 2002, 117.
31 Vgl. Neuner 1995, 129f.
32 Vgl. Johannes de Caulibus, Meditationes vitae Christi 9 (CChrCM 153, 42; Rock/Haselbeck, 37).
33 Vgl. Geis 2002, 43–45. Der wohl im 8. Jahrhundert entstandene und seit dem 9. Jahrhundert überlieferte Hymnus „Ave maris stella" ist der älteste Beleg des „Ave" als Umkehrung des Namens „Eva", deren Sünde damit gleichsam rückgängig gemacht wurde, wie die fünfte (Sumens illud ave) und die achte Strophe (Mutans nomen Evae) zeigen (vgl. Bernt 1988, 317).
34 Vgl. Neuner 1995, 129, 131f.; Vos 1999, 280; Lange 2011, 53.

35 Vgl. Neuner 1995, 132; Vos 1999, 280; Vos 2002, 87; Lange 2011, 54.
36 Vgl. Panfosky 2001, 298; Lange 2011, 52, 54.
37 Vgl. Panofsky 2001, 142; Vos 2002, 87; Thürlemann 2006, 81; Lange 2011, 54f.
38 Die von Thürlemann vorgeschlagene Deutung des jungen Königs als Balthasar (vgl. Thürlemann 2006, 81) ist nicht eindeutig, da man den jungen König im Spätmittelalter auch als Caspar zu bezeichnen pflegte (vgl. Weis 1968, 541).
39 Vgl. Panofsky 2001, 299; Thürlemann 2006, 81.
40 Vgl. Neuner 1995, 131; Lange 2011, 53f.
41 Vgl. Neuner 1995, 131; Lange 2011, 52.
42 Vgl. Pächt 1994, 66; Neuner 1995, 131, 135.
43 Vgl. Altmann 2010, 142.
44 Vgl. Wälchli 2007, 224f., 234f.
45 Einige Wörter sind als „DVLCIA", „HOC", „EST" und „NOBIS" erkennbar. Vielleicht handelt es sich um eine vorgetäuschte Inschrift mit zufälligen Wörtern oder um die verschlüsselte Inschrift eines Notarikons, die anstelle eines ganzen Satzes nur die Anfangsbuchstaben zeigt. Da einige Passagen abgerieben sind, lassen sich nicht alle lateinischen Buchstaben identifizieren. Daneben sind auch griechische Buchstaben wie das Christusmonogramm erkennbar (vgl. Neuner 1995, 130 und Anm. 19).
46 Vgl. Neuner 1995, 129, 131; Lange 2011, 53f. Interpretiert man das Gefäß als Behältnis für den Weihrauch, dann könnte es sich bei dem mittleren König um Balthasar als Vertreter Asiens handeln (vgl. Weis 1968, 541).
47 Vgl. Neuner 1995, 129f.; Schlie 2002, 116; Lange 2011, 54. Beim alten König dürfte es sich um Melchior als Vertreter Europas handeln (vgl. Weis 1968, 541).
48 Vgl. Panofsky 2001, 299; Neuner 1995, 132; Lange 2011, 54.
49 Vgl. Panofsky 2001, 453f. und Anm. 136.
50 Die Abdeckungen der Krippe, für die es in der Malerei keine Vergleichsbeispiele gibt, beschreibt Neuner als zwei braune Lappen (vgl. Neuner 1995, 132 und Anm. 26), während de Coo in ihnen zwei Lappen sieht, die an die Gamaschen oder die Hose des Josef erinnern, die der Nährvater Jesu ausgezogen habe, um damit das Kind zu wickeln (vgl. Coo 1966, 88; Lange 2011, 53).
51 Vgl. Schlie 2002, 117.
52 Vgl. Caspary 1965, 97f. und Anm. 225; Schlie 2002, 117f.
53 Vgl. Schlie 2002, 118.
54 Vgl. Schlie 2002, 118f.
55 Vgl. Geis 2002, 43.
56 Die gelbe Farbe wurde traditionellerweise mit dem Judentum in Verbindung gebracht. Mit dem Turban und den Ohrringen ähnelt der Jude dem König David (reg. 1000–961 v. Chr.), den Rogier auf einem im Brüsseler Musée Royal des Beaux-Arts aufbewahrten Bildfragment dargestellt hatte, wie er nach 2 Sam 23,15–17 das Wasser aus einer Zisterne empfängt; diese Szene wurde in der mittelalterlichen Typologie als Vorausbild für die Anbetung der Könige verstanden. Siehe dazu Panofsky 2001, 292 und 457f., Anm. 169.
57 Vgl. Panofsky 2001, 299; Lange 2011, 52.
58 Vgl. Schlie 2002, 120f.
59 Vgl. Schlie 2002, 113, 115–121.

Jesus als Licht im Jordan
S. 91-98

1 Siehe dazu das Geschenkverzeichnis (fol. 1r) und das Widmungsbild des Hitda-Codex (fol. 5v–6r). Vgl. Winterer 2011, 12. Zum Widmungsbild siehe Kraus 2005, 105–112. Zur Datierung des Hitda-Codex, zur Frage der Kölner Malschule und zum Kloster St. Pantaleon als möglichen Entstehungsort siehe Winterer 2011, 15–30. Zur Kölner Malschule in der Ottonenzeit siehe auch Euw 1991, 251–280. Kraus plädiert eher für das Klerikerstift von St. Gereon als Ort der Kölner ottonischen Malschule (vgl. Kraus 2005, 79–82).
2 Zu Hitda und zur Datierungsfrage siehe Kraus 2005, 59–67; Winterer 2011, 30–35. Zum Forschungsstand des Hitda-Codex siehe Kraus 2005, 17–40.
3 Vgl. Winterer 2011, 12.
4 Vgl. Kraus 2005, 46–49; Winterer 2011, 13–15. Zum Aufbau der übrigen Codices der Kölner Malschule und zu deren Illustrationsprinzipien siehe Kraus 2005, 49–55, 83–91.
5 Vgl. Winterer 2011, 10–12.
6 Vgl. Winterer 2011, 15–30. Zum byzantinischen Einfluss im Hitda-Codex siehe Kraus 2005, 70–79.

7 Vgl. Winterer 2011, 36f., 40f. Zu den Beischriften (tituli) des Hitda-Codex siehe Kraus 2005, 93–103.
8 Vgl. Winterer 2011, 53. Zum Bildprogramm des Hitda-Codex siehe auch Kraus 2005, 385–395.
9 Siehe fol. 75r.
10 Winterer 2011, 53.
11 Siehe fol. 74v. Vgl. Nyssen 1977, 38; Kraus 2005, 96; Winterer 2011, 54.
12 „Venit baptizari in aquis ipsarum conditor aquarum ut nobis qui in iniquitatibus concepti et in delictis sumus generati secundae nativitatis quae per aquam et spiritum celebratur appetendum insinuaret mysterium" (Beda Venerabilis, Homelia 1,12 [CChrSL 122, 81]). Siehe dazu Kraus 2005, 96 und Anm. 75.
13 Vgl. Gordan 1966, 11; Winterer 2011, 54f. Die Miniatur verzichtet beispielsweise auf apokryphe erzählerische Motive wie die bei der Taufe assistierenden Engel (vgl. Winterer 2011, 55).
14 Vgl. Winterer 2011, 15.
15 Vgl. Gordan 1966, 11; Nyssen 1977, 37; Kraus 2005, 206; Winterer 2011, 53.
16 Der Fellmantel des Täufers war unter byzantinischem Einfluss um 850 auch im Westen aufgetaucht, wie der Elfenbeindeckel des karolingischen Drogo-Sakramentars (Manuscrit latin 9428) zeigt, das in der Bibliothèque nationale in Paris aufbewahrt wird (vgl. Winterer 2011, 54).
17 Vgl. Gordan 1966, 12–14; Kraus 2005, 206, 216; Winterer 2011, 53f. In einem um 850 entstandenen griechischen Evangeliarfragment (Hamilton 246), das in der Berliner Staatsbibliothek aufbewahrt wird, zeigt Johannes auf fol. 50v mit einem ähnlichen Gestus auf die Geisttaube wie im Hitda-Codex; die empfangende Gebärde Jesu ist dort ebenfalls vorgeformt (vgl. Winterer 2011, 54). Zur Ikonographie der Taufe Jesu bis zur ottonischen Kunst siehe Kraus 2005, 208–212.
18 Vgl. Gordan 1966, 12; Kraus 2005, 205f., 215. Die Körperhaltung des getauften Jesus entspricht genau dem Gekreuzigten in der letzten Miniatur des Hitda-Codex auf fol. 207v; nur die in Orantenhaltung nach oben weisenden Arme unterscheiden sich von den am Kreuz ausgespannten Armen des Gekreuzigten (vgl. Kraus 2005, 215).
19 Vgl. Gordan 1966, 13; Nyssen 1977, 37; Kraus 2005, 206, 213, 215; Winterer 2011, 53. Ausgehend von der Anzahl der elf goldenen Sterne verweist Kraus auf die Symbolik der Elfzahl, die als „numerus transgressionis" der Zehn Gebote ein Sinnbild für die Sünde ist (vgl. Kraus 2005, 215). So gesehen verbindet sich über der Taube des Geistes Gottes, „der sich in der Person Jesu Gestalt verschafft, […] der Himmel selbst mit der Unterwelt der Sünde und lässt so die Gottferne, die diesen Bereich kennzeichnet, in die eigene Seinssphäre einfallen" (Kraus 2005, 216).
20 Vgl. Angerhausen 1982, 29.
21 Vgl. Gordan 1966, 12f.; Nyssen 1977, 37; Angerhausen 1982, 27–29; Kraus 2005, 205, 214–216; Winterer 2011, 53, 55.
22 Vgl. Ignatius von Antiochien, Briefe, Ad Ephesinos 18,2 (SC 10, 86). Siehe dazu Nyssen 1977, 38.
23 Ephräm der Syrer, Hymni de Epiphania 10,5 (CSCO 187, 167). Siehe dazu Kraus 2005, 207 und Anm. 4.
24 Vgl. Kraus 2005, 208, 213.
25 Vgl. Cyrill von Jerusalem, Dritte Katechese 11 (BKV 41, 56).
26 Vgl. Gordan 1966, 14; Nyssen 1977, 38; Kraus 2005, 213.

Die Stärkung Jesu in der Versuchung
S. 99-105

1 Vgl. Nygren 1972, 447–449. Zum Bildmotiv des von den Engeln bedienten Jesus in der Kunst der Renaissance und des Barock siehe Pigler 1974, 271f.
2 Zur Bedeutung Lipperts für Wink siehe Hutter 2012, 25–28.
3 Dieser Ausspruch Desmarées wurde in einem Nachruf auf Wink unter dem 8. April 1797 veröffentlicht (Münchner Intelligenzblatt, 15. Stück, 228; zitiert nach Hutter 2012, 113). Vgl. Clementschitsch 1968 II, E.
4 Zum Leben Winks siehe Feulner 1912, 2–6; Clementschitsch 1968 I, 3–5; Hutter 2012, 11–16.
5 Zu den 191 für Wink gesicherten Tafelbildern und Ölskizzen siehe grundlegend Hutter 2012.

6 Vgl. Augsburger Barockgalerie 1984, 271; Clementschitsch 1968 I, 55f.; Hutter 2012, 45f., 89f. Eine Erwähnung Winks in einem Brief an Lippert vom 25. Juli 1770 könnte im Zusammenhang mit dem Bilderzyklus zum Leben Jesu stehen (vgl. Hutter 2012, 90 und Anm. 802).
7 Vgl. Augsburger Barockgalerie 1984, 271, 5.
8 Vgl. Hutter 2012, 46, 60, 63–65, 85, 91; Bushart 1964, 147–150, 169, 171.
9 Vgl. Hutter 2012, 42, 47, 48, 68, 84, 85, 90, 93. In der Zeit bis 1770 malte Wink 42 der insgesamt 53 von ihm erhaltenen Ölskizzen, von denen 44 einen religiösen Inhalt haben. Nachdem sich Wink als erfolgreicher Maler bereits ein umfangreiches Repertoire an Darstellungsmöglichkeiten erarbeitet hatte, ging die Anfertigung zweckfreier Ölskizzen zurück, so dass Wink ab 1771 solche Skizzen nur noch im Rahmen des Werkprozesses ausführte (vgl. Hutter 2012, 47, 85).
10 Vgl. Hutter 2012, 84f.
11 Vgl. Hutter 2012, 90.
12 Vgl. Hutter 2012, 85, 87, 90.
13 Vgl. Augsburger Barockgalerie 1984, 270; Hutter 2012, 190. Siehe die Signatur „Christ. Wink / Inv: et Pinx: / 1769", die Christian Wink als Erfinder und Maler (invenit et pinxit) ausweist.
14 Vgl. Augsburger Barockgalerie 1984, 270; Hutter 2012, 191.
15 Vgl. Augsburger Barockgalerie 1984, 270f.; Hutter 2012, 192. Siehe die Signatur „Christ: Wink / Pinxit: 1770."
16 Vgl. Augsburger Barockgalerie 1984, 271; Hutter 2012, 195.
17 Vgl. Clementschitsch 1968 I, 55; Augsburger Barockgalerie 1984, 270; Hutter 2012, 200.
18 Vgl. Augsburger Barockgalerie 1984, 271; Hutter 2012, 201.
19 Vgl. Clementschitsch 1968 I, 55f.; Augsburger Barockgalerie 1984, 271; Hutter 2012, 263.
20 Vgl. Augsburger Barockgalerie 1984, 271; Hutter 2012, 265.
21 Mit Hutter kann von der Vollständigkeit des Christuszyklus ausgegangen werden (vgl. Hutter 2012, 89f.), während früher immer wieder die These vertreten wurde, die Bilderfolge sei nur noch unvollständig erhalten (vgl. Augsburger Barockgalerie 1984, 271).
22 Vgl. Hutter 2012, 90.
23 Vgl. Hutter 2012, 87.
24 Vgl. Hutter 2012, 49, 53, 57, 59, 86, 88, 89, 191 und Anm. 773. Landschaftshintergründe stellte Wink in seinen Ölbildern nur dar, wenn es die Thematik erforderte (vgl. Hutter 2012, 56).
25 „Quia et homo est quem diabolus tentat, et idem ipse Deus est, cui ab angelis ministratur. Cognoscamus igitur in eo naturam nostram: quia nisi hunc diabolus hominem cerneret, non tentaret. Veneremur in illo divinitatem suam: quia nisi super omnia Deus existeret, ei nullo modo angeli ministrarent" (Gregor der Große, Homilia 16,4 [FC 28/1, 258]).
26 In Winks früher Phase bis 1775 weisen die zumeist kugelförmigen Gesichter seiner Figuren individuelle Züge bis hin zu bäuerlichen und derben Physiognomien auf; auch die Haltungen und Gebärden sind in natürlicher Weise wiedergegeben (vgl. Hutter 2012, 53f.).
27 Vgl. Hutter 2012, 58, 87, 89, 191.
28 Vgl. Nygren 1972, 449.
29 Vgl. Johannes de Caulibus, Meditationes vitae Christi 17 (CChrCM 153, 89f.; Rock/Haselbeck, 78f.).
30 „O Domine quanta pro me fecisti! Omnia opera vestra plena sunt stupore. Adiuvante me ut ego aliquid paciar pro vobis qui pro me tot et tanta tulisti" (Johannes de Caulibus, Meditationes vitae Christi 17 [CChrCM 153, 90f.]. Deutsche Übersetzung Rock/Haselbeck, 80).
31 Sollte die rundliche braune Speise rechts neben der Weintraube ein kleiner Brotlaib sein, dann wäre auch ein Hinweis auf die eucharistische Brotgestalt gegeben.

Abraham und Isaak
S. 106-112

1 Vgl. Thiel 1991, 181; Metzsch 2002 Abraham, 23.
2 Vgl. Barnabasbrief 7,3 (Berger/Nord, 245). Zur Umsetzung der Isaak-Christus-Typologie in der Kunst siehe Coelen 1994, 180f.
3 Vgl. Tümpel 1994 Abraham-Isaak, 238.
4 Vgl. Kamp 1994, 31.
5 Vgl. Tümpel 1994 Altertümer, 194f., 203.
6 In Rembrandts 1630 entstandenem und im Amsterdamer Rijksmuseum aufbewahrtem

Tafelbild des über die Zerstörung Jerusalems trauernden Jeremia liegt ebenso eine Beeinflussung durch die „Antiquitates Iudaicae" vor (vgl. Tümpel 1994 Altertümer, 194) wie in einer im Berliner Kupferstichkabinett aufbewahrten Radierung, die das Gespräch zwischen Abraham und Isaak vor dem Opfer zeigt (vgl. Gen 22,7–8), bei dem Abraham nach Flavius Josephus nicht von Zweifeln, sondern von Gottvertrauen erfüllt gewesen sei (vgl. Flavius Josephus, Antiquitates Iudaicae 1,13,2 (Clementz, 39); Kamp 1994, 31; Tümpel 1994 Altertümer, 200).

7 Vgl. Tümpel 1994 Altertümer, 201.
8 Vgl. Tümpel 1994 Altertümer, 203f.
9 Lastman hatte bereits um 1612 in einem im Museum des Amsterdamer Rembrandthauses ausgestellten Grisaillebild den tragischen Augenblick dargestellt, in dem Abraham das Schwert zieht, um seinen Sohn zu opfern. Im Pariser Louvre wird ein 1616 von Lastman geschaffenes Tafelbild aufbewahrt, auf dem Abraham seinen Sohn auf dem Opferstein gerade nach hinten drückt, als ihn der Engel berührt (vgl. Kamp 1994, 32). Rembrandt stellte den dramatischen Höhepunkt des Opfers Abrahams 1635 als eigenständiges Gemälde dar, das in der Eremitage von St. Petersburg zu sehen ist, während an dem 1636 in der Münchner Alten Pinakothek aufbewahrten Bild ein Schüler beteiligt war (vgl. Kamp 1994, 32; Thiel 1991, 181f.; Tümpel 1994 Variation, 157–159; Tümpel 1994 Altertümer, 202; Eikemeier 1999 Rembrandt, 420f.; Metzsch 2002 Abraham, 23f.; Dekiert 2004). Zur Ikonographie des Opfers Abrahams siehe Coelen 1994, 180–182.
10 Vgl. Flavius Josephus, Antiquitates Iudaicae 1,13,4 (Clementz, 41); Kamp 1994, 32.
11 Vgl. Tümpel 1994 Variation, 159. Die Szene der im Dankgebet vereinten Abraham und Isaak findet sich als Graphik in den 1571 gedruckten „Humanae Salutis Monumenta", in dem 1571 von Christoffel Plantijn (um 1520–1589) mit Texten von Benito Arias Montano (1527–1598) verlegten biblischen Bilderbuch (vgl. Coelen 1994, 192, Anm. 68) und in einer 1582 gestochenen Radierung des Pieter van der Borcht (um 1540–1608) aus den „Imagines", die Abraham und Isaak zeigen, wie sie vor dem Altar knien, auf dem das Widderopfer verbrannt wird, während sie zum Engel blicken, der sie auf einen Sternenhimmel hinweist, der für die göttliche Verheißung der ungezählten Nachkommenschaft (vgl. Gen 22,17) steht (vgl. Coelen 1994, 181f.).
12 Vgl. Tümpel 1994 Altertümer, 204, 201f.
13 Vgl. Jacob 1979, 106, 108; Tümpel 1994 Abraham-Isaak, 238. Im Inventar von Rembrandts Konkursmasse vom 25. Juli 1656 wird unter Nr. 122 ein von Lievens gemaltes Bild mit dem Abrahamsopfer aufgeführt (vgl. Rembrandt-Urkunden, Nr. 169, § 4 [197]). Dass es sich bei dem Braunschweiger Gemälde um dieses im Nachlass Rembrandts erwähnte Bild handelt, kann zwar nicht bewiesen werden, lässt sich aber auch nicht ausschließen (vgl. Jacob 1979, 106).
14 Lievens hatte die Umarmung Abrahams und Isaaks offenbar noch ein drittes Mal dargestellt, wie ein dem Maler zugeschriebenes Bild in der Sammlung Lord Darlisle in Castle Howard zeigt (vgl. Jacob 1979, 106; Tümpel 1994 Altertümer, 201f.).
15 Vgl. Tümpel 1994 Altertümer, 202.
16 Flavius Josephus, Antiquitates Iudaicae 1,13,4 (Clementz, 41).
17 Vgl. Tümpel 1994 Altertümer, 201.
18 Vgl. Tümpel 1994 Altertümer, 202.
19 Vgl. ebd.
20 Vgl. ebd.
21 Vgl. Angel 1642, 48; Tümpel 1994 Altertümer, 201 und 204, Anm. 2; Tümpel 1994 Abraham-Isaak, 238.
22 Vgl. Angel 1642, 48f.
23 Vgl. Tümpel 1994 Altertümer, 202.

Die Tempelreinigung
S. 113-118

1 Vgl. Stuttgarter NT, 183.
2 Vgl. Zink 1987 Jesusgeschichte II, 107.
3 Zur Geschichte der Handschrift siehe Dressler 2001, 11–18. Zur Diskussion um die Entstehung des Evangeliars unter Otto III. oder Heinrich II. siehe Mütherich 2001 Forschungsgeschichte, 19–22. In der kunstgeschichtlichen Forschung ist die Zuschreibung an Otto III. vorherrschend (vgl. Mütherich 2001 Forschungsgeschichte, 19).

4 Zur Ausstattung der Handschrift siehe Mütherich 2001 Ausstattung, 27–79.
5 Vgl. Mütherich 2001 Ausstattung, 48.
6 Die Szene mit der Tempelreinigung (vgl. Mk 11,15–17) auf fol. 120v bildet den Abschluss der sieben Miniaturen des Markusevangeliums. Die vorausgehenden sechs Bilder zeigen auf fol. 97v die Heilung und das Dankopfer des Aussätzigen (vgl. Mk 1,40–44), auf fol. 103v den Sturm auf dem Meer und die Heilung des Besessenen von Gerasa (vgl. Mk 4,35–41; 5,1–17), auf fol. 107r den Tanz der Salome und die Enthauptung des Täufers (vgl. Mk 6,21–28), auf fol. 113r die Verklärung Jesu (vgl. Mk 9,2–8), auf fol. 116v die Kindersegnung Jesu (vgl. Mk 10,13–16) und auf fol. 119r die Heilung des Blinden von Jericho (vgl. Mk 10,46–52). Siehe dazu Mütherich 2001 Ausstattung, 55–58. Auch im zeitgleich entstandenen Aachener Liuthar-Evangeliar Ottos III. gehört die Miniatur mit der Tempelreinigung auf fol. 104v zum Markusevangelium (vgl. Grimme 1984, 52).
7 Vgl. Zink 1987 Jesusgeschichte II, 106.
8 Während das Lukasevangelium nur von Händlern spricht (vgl. Lk 19,45) und Matthäus und Markus die Geldwechsler und Taubenhändler erwähnen (vgl. Mt 21,12; Mk 11,15), werden bei Johannes zusätzlich die Verkäufer von Schafen und Rindern genannt (vgl. Joh 2,14).
9 Vgl. Grimme 1984, 52.
10 Siehe die Miniaturen der Tempelreinigung im Egbert-Codex auf fol. 34 (vgl. Ronig 2005 Miniaturen, 132f.) und im Aachener Liuthar-Evangeliar Ottos III. auf fol. 104v (vgl. Grimme 1984, 52). Siehe dazu Mütherich 2001 Ausstattung, 58.
11 Vgl. Mütherich 2001 Ausstattung, 58.
12 Vgl. Zink 1987 Jesusgeschichte II, 106.
13 Vgl. Schmid 1973, 1228, 1232. Es ist sicherlich zu oberflächlich, in diesem als Faldistorium charakterisierten Stuhl nur den Sitz eines Taubenhändlers zu sehen (vgl. Mütherich 2001 Ausstattung, 58; Grimme 1984, 52).
14 Vgl. Zink 1987 Jesusgeschichte II, 107.
15 Vgl. Zink 1987 Jesusgeschichte II, 106f.
16 Die 333 erstmals durch den anonymen Pilger von Bordeaux erwähnte Geißelsäule (vgl. Donner 2002, 56, Anm. 89) befand sich in der um 340 errichteten Zionsbasilika (Donner 2002, 149) und soll nach der 614 erfolgten Zerstörung der Kirche zunächst in zwei Teile und dann später in weitere Stücke zerbrochen sein. Das heute in der Jerusalemer Grabeskirche verehrte Fragment ist aus Porphyr (vgl. Meistermann 1913, 122f.). Für die ottonische Miniatur des Evangeliars Ottos III. dürfte das schwarz-weiß geäderte und rot-grün gesprenkelte Marmorfragment in der römischen Kirche Santa Prassede keine Rolle spielen, da dieses Stück erst 1223 nach Rom kam und zudem der Herkunftsort nicht sicher nachgewiesen ist, da neben Jerusalem auch Konstantinopel oder Damiette überliefert sind (vgl. Buchowiecki 1974, 617f.). In Darstellungen der Geißelung ist die Säule spätestens seit dem 9. Jahrhundert als Motiv nachweisbar, meist als hohe schlanke Säule mit Blattkapitell nach dem Vorbild der Geißelsäule in der Grabeskirche (vgl. Schweicher 1970, 128).
17 Vgl. Zink 1987 Jesusgeschichte II, 107.

Die eherne Schlange
S. 119-124

1 Vgl. Stuttgarter AT, 266.
2 Vgl. Stuttgarter NT, 184.
3 Vgl. Cornini 2013, 392–395. Michelangelo wurde nur in der ersten Zeit von Spätsommer 1508 bis September 1509 durch eine aus Florenz stammende Gruppe von Künstlern assistiert.
4 Vgl. Pfeiffer 2007, 16, 71, 83, 145; Cornini 2013, 395f. Michelangelo war in zwei Briefen, die er Ende Dezember 1523 aus Florenz an Giovanni Francesco Fattucci nach Rom gesandt hatte, auf die erste Konzeption der Decke der Cappella Sistina zu sprechen gekommen (vgl. Pfeiffer 2007, 341, Anm. 1).
5 Vgl. Pfeiffer 2007, 141f., 145f. und 341, Anm. 11.
6 Die insgesamt zwölf Propheten und Sibyllen könnten vielleicht an die Stelle der ursprünglich geplanten zwölf Apostel getreten sein (vgl. Pfeiffer 2007, 145f.).
7 Vgl. Cornini 2013, 395f.; Pfeiffer 2007, 83f.
8 Vgl. Pfeiffer 2007, 84f.
9 Vgl. Cornini 2013, 395f.

10 Vgl. Pfeiffer 2007, 141.
11 Vgl. Pfeiffer 2007, 142.
12 Vgl. ebd.
13 Vgl. Pfeiffer 2007, 140.
14 „Quid autem melius per serpentes, quam diabolicas suggestiones accipiamus" (Vitis mystica 45 [PL 184, 728D–729A]).
15 Vgl. Stuttgarter NT, 372.
16 Vgl. Pfeiffer 2007, 142.
17 „Ad similitudinem enim serpentum reptant occulte per mentes hominum; sed subito, nisi agnoscantur, morsus mortales incautis affigunt: quod praefiguratum accipimus in filiis Israel in deserto a serpentibus miserabiliter interemptis" (Vitis mystica 45 [PL 184, 729A]). Vgl. Pfeiffer 2007, 141 und 431, Anm. 44.
18 Vgl. Pfeiffer 2007, 140.
19 Vgl. Verspohl 2004, 34f.
20 „Marinus igitur color in pectore columbae tribulationem designat in humana mente" (Pseudo-Hugo von St. Viktor, De bestiis et aliis rebus 1,10 [PL 177, 19]). Vgl. Pfeiffer 2007, 62 und 338, Anm. 116.
21 „Propter ergo incredulitatem suam dantur, non solum vulnerandi per tentationes, sed etiam occidendi per veneni sui infusionem serpentibus ignitis, id est, daemonibus illius maximi et tortuosi serpentis primi perversoris ministris, qui illos secum pervertunt, et incendiis aeternis addicunt, quos in hac vita incendio suarum pravarum suggestionum corrumpunt" (Vitis mystica 45 [PL 184, 729C–D]). Vgl. Pfeiffer 2007, 141 und 341, Anm. 46.
22 Vgl. Pfeiffer 2007, 141.
23 Vgl. Pfeiffer 2007, 19.
24 Vgl. Pfeiffer 2007, 141.
25 Vgl. Vitis mystica 45 (PL 184, 729A–730B). Vgl. Pfeiffer 2007, 141.
26 „Respiciamus igitur et nos in faciem serpentis aenei elevati, Christi, si volumus a pravorum daemonum suggestionibus serpentis liberari" (Vitis mystica 45 [PL 184, 730B]). Vgl. Pfeiffer 2007, 341, Anm. 45.

Die Erhöhung Jesu am Kreuz
S. 125-130

1 Vgl. Stuttgarter NT, 208f.
2 Vgl. Porsch 1988, 135f.
3 Vgl. Millet 1916, 483–487; Bauerreiß 1931, 3; Bauerreiß 1960, 23–25; Berliner 1956, 97–117; Vetter 1972, 172–242; Zimmermann 1997, 22–24, 76; Hecht 2003, 12, 20–23. Zur Gregorsmesse siehe grundlegend Meier 2006.
4 Vgl. Hecht 2003, 12. Das Schmerzensmannkreuz war eine über ganz Westeuropa verbreitete Bildform. Das aus dem thüringischen Heinrichs bei Suhl stammende Schmerzensmannkreuz befindet sich gegenwärtig im Angermuseum in Erfurt (vgl. Passarge 1924, 231–236; Horn 1996, 16–20; Hecht 2003, 12f.; Hecht 2009, 38f. und 35, Anm. 13). Das im Kloster St. Marienberg in Helmstedt entstandene Schmerzensmannkreuz, das zur Ausstattung der Helmstedter Siechenhauskapelle St. Georg gehört, befindet sich heute im Kreis- und Universitätsmuseum Helmstedt (vgl. Von der Osten 1967, 111–116; Vetter 1972, 197–200; Hecht 2003, 12 und Anm. 10; Hamburger 2005, 373f.; Hecht 2009, 36 und 35, Anm. 14). Ein weiteres Schmerzensmannkreuz aus der Zeit um 1350 stammte aus Langenstriegis bei Chemnitz, befand sich in der Skulpturensammlung des Sächsischen Altertumsvereins in Dresden und wurde dort während des Zweiten Weltkrieges vernichtet (vgl. Hentschel 1973, 8; Hecht 2003, 12, 14; Hecht 2009, 36 und 35, Anm. 15). Ein kleines Elfenbeintriptychon um 1350, das sich in der Berliner Skulpturensammlung befand, ist ebenfalls verloren (vgl. Volbach 1923, 50; Kammel 2000, 19; Hecht 2003, 13–15; Hecht 2009, 36 und Anm. 16). Auch in anderen Kunstgattungen gab es Schmerzensmannkreuze (vgl. Hecht 2009, 36). Zu gemalten Versionen des gekreuzigten Schmerzensmannes siehe Hecht 2003, 14–17.
5 Vgl. Hecht 2003, 8; Hecht 2009, 33. In Würzburg muss es noch zwei weitere Schmerzensmannkreuze gegeben haben, die aber nicht erhalten sind (vgl. Niedermayer 1860, 199; Hecht 2003, 12f.; Hecht 2009, 36 und 34, Anm. 12).
6 Vgl. Hecht 2003, 8, 12, 24f.; Hecht 2009, 36f.
7 Vgl. Hecht 2009, 33–35.
8 Vgl. Hecht 2009, 33f.
9 Vgl. ebd.
10 Am Beispiel des Kreuzes von Heinrichs verstand Passarge das Schmerzensmannkreuz als Zwischenstück zwischen dem Gekreuzigten

und dem damals neu aufkommenden Bildmotiv des Schmerzensmannes (vgl. Passarge 1924, 236; Hecht 2003, 26; Hecht 2009, 38f.).
11 Vgl. Beitz 1924, 722f.; Hecht 2003, 26f.; Hecht 2009, 39 und 37, Anm. 37-39. Neben Bernhard von Clairvaux wird die Umarmung durch Christus vom Kreuz herab auch von Luitgard von Tongeren (1182–1246) berichtet. Auch wenn die wohl älteste Darstellung des Amplexus im frühen 14. Jahrhundert in einem Graduale des Zisterzienserinnenklosters Wonnetal bei Kenzingen entstanden sein dürfte, so traten Darstellungen in größerer Zahl erst in der zweiten Hälfte des 15. Jahrhunderts auf. In diesen Bildern neigt sich Jesus weit vom Kreuz herab und löst oft nur eine Hand zur Umarmung (vgl. Hecht 2003, 27f.; Hecht 2009, 39f.).
12 Vgl. Hecht 2003, 28; Hecht 2009, 40.
13 Hecht 2003, 30.
14 Hecht 2009, 41.
15 Vgl. Hecht 2003, 20; Hecht 2009, 37, 42.
16 Vgl. Vetter 1972, 199; Hamburger 2005, 373f.

Jesu Einzug in Jerusalem
S. 131-137

1 Vgl. Stuttgarter NT, 95.
2 Vgl. Frugoni 2003, 247f.
3 Vgl. Prinz 2000, 123; Frugoni 2003, 260.
4 Vgl. Prinz 2000, 123.
5 Vgl. Prinz 2000, 124f.
6 Vgl. Thomas von Celano, Vita prima 58 (Grau, 131f.); Prinz 2000, 124.
7 Vgl. Prinz 2000, 124.
8 Vgl. Johannes de Caulibus, Meditationes vitae Christi 71 (CChrCM 153, 238; Rock/Haselbeck, 207). Dass Lorenzetti dennoch die Gewänder Jesu und die Satteldecke mit goldenen Verzierungen dargestellt hat, dürfte der Leuchtwirkung des Goldschimmers in der dunklen Unterkirche von San Francesco geschuldet gewesen sein.
9 Zum lateinischen Segensgestus siehe Prinz 2000, 515f.
10 Vgl. Johannes de Caulibus, Meditationes vitae Christi 71 (CChrCM 153, 238f.; Rock/Haselbeck, 207).
11 Vgl. Prinz 2000, 123. Lorenzetti orientierte sich bei der Darstellung der Apostel offensichtlich nicht an den „Meditationes vitae Christi", in denen es heißt, die Jünger seien ehrfurchtsvoll an der Seite Jesu gegangen (vgl. Meditationes vitae Christi 71 [CChrCM 153, 239; Rock/Haselbeck, 207]).
12 Vgl. Pfeiffer 2007, 19; Haupt 1941, 104.
13 Vgl. Prinz 2000, 123; Frugoni 2003, 260.
14 Vgl. Prinz 2000, 124 und Anm. 3.
15 Vgl. Augustinus, Tractatus in Iohannis Evangelium 51,4 (CChrSL 36, 440f.; BKV 11, 341); Prinz 2000, 114, 124.
16 Vgl. Prinz 2000, 124.
17 Vgl. Prinz 2000, 124. Diese Frauenfigur erscheint in der Szene der Geißelung Jesu wieder, wo sie ebenfalls in Profilansicht einem Hohenpriester vertrauensvoll die Hand auf die Schulter legt und zum Zeichen ihrer abgestumpften und gefühllosen Torheit (stultitia) eine Strahlenkrone aus Federn trägt (vgl. Prinz 2000, 124). Die aus Federn bestehende Krone entspricht der Krone der Personifikation der Torheit in der von Giotto um 1303/05 freskierten Cappella degli Scrovegni in Padua. Nach Thomas von Aquin (1225–1274) ist die Torheit das Laster der sinnlichen Stumpfheit und der Gefühllosigkeit des Herzens (vgl. Thomas von Aquin, Summa theologica II-II, quaestio 46, articulus 1, respondeo [Deutsche Thomas-Ausgabe 17B, 185f.]), die auch die Unempfänglichkeit gegenüber übernatürlichen Dingen einschließt (vgl. Prinz 2000, 124, Anm. 4).
18 Vgl. Johannes de Caulibus, Meditationes vitae Christi 71 (CChrCM 153, 238f.; Rock/Haselbeck, 207).
19 Vgl. Augustinus, Tractatus in Iohannis Evangelium 54,1 (CChrSL 36, 458; BKV 11, 371); Prinz 2000, 124 und Anm. 5.
20 Vgl. Prinz 2000, 123f.; Frugoni 2003, 260.
21 Vgl. Prinz 2000, 124f.
22 Siehe die lateinische Antiphon zum Palmsonntag: „Pueri Hebraeorum, / portantes ramos olivarum, / obviaverunt Dominus, / clamantes et dicentes: / Hosanna in excelsis. / Pueri Hebraeorum / vestimenta prosternebant / in via et clamabant dicentes: / Hosanna Filio David, / benedictus qui venit in nomine Domini."

Die Verratsansage und die Fußwaschung
S. 138–143

1 Zum Codex purpureus Rossanensis siehe grundlegend Gebhardt 1883; Sevrugian 1990; Filareto/Renzo 2001. Zu den Prophetendarstellungen und der Zusammenschau von Altem und Neuem Testament siehe Sevrugian 1990, 94–99.
2 Vgl. Lange 2011, 84. Zum Einfluss der Liturgie auf das theologische Konzept des Codex purpureus Rossanensis siehe Sevrugian 1990, 24–30.
3 Vgl. Sevrugian 1990, 64f.; Lange 2011, 90f. Die Kommunion des eucharistischen Brotes ist auf fol. 3v dargestellt, die Kommunion aus dem Kelch auf fol. 4r.
4 Vgl. Lange 2011, 84, 90.
5 In der griechischen Bibelübersetzung, die im Codex purpureus Rossanensis verwendet wurde, heißt es wörtlich: „Er führt mich zum Wasser der Ruhe" (Sevrugian 1990, 9).
6 Vgl. Sevrugian 1990, 20. Zum patristischen und liturgischen Bezug von Ps 23,2 auf die Taufe und zum Zusammenhang zwischen Fußwaschung und Taufe bei den Kirchenvätern siehe Sevrugian 1990, 20, 33.
7 Wörtlich übersetzt heißt es im Codex: „Der mein Brot aß, hat wider mich die Ferse erhoben" (Sevrugian 1990, 9). Der Verrat durch einen Tischgenossen wird auch im Lukasevangelium in ähnlicher Weise vermerkt: „Doch seht, der Mann, der mich verrät und ausliefert, sitzt mit mir am Tisch" (Lk 22,21). Siehe dazu Lange 2011, 89f. Zur liturgischen Verortung von Ps 41,10 siehe Sevrugian 1990, 32f.
8 Wörtlich übersetzt heißt es im Codex: „Er geht hinaus und spricht darüber, und alle meine Feinde zischeln gegen mich" (Sevrugian 1990, 9).
9 Wörtlich übersetzt heißt es im Codex: „Schweigt vor dem Angesicht Gottes! Der Herr hat sein Schlachtopfer vorbereitet" (Lange 2011, 90). Vgl. Sevrugian 1990, 32.
10 Vgl. Lange 2011, 87. Die Deutung der beiden ornamentalen Gebilde als „halbmondförmige Brote" (Sevrugian 1990, 57) überzeugt nicht.
11 Vgl. Sevrugian 1990, 57; Lange 2011, 86f.
12 Vgl. Lange 2011, 87f.
13 Vgl. Lange 2011, 88.
14 Vgl. Giess 1962, 50; Sevrugian 1990, 58; Lange 2011, 88.
15 Vgl. Giess 1962, 50f.; Lange 2011, 88f.
16 In der wörtlichen Übersetzung lautet die Beischrift: „Er spricht zu ihm, du sollst mir die Füße nicht waschen in Ewigkeit" (Sevrugian 1990, 59).
17 Vgl. Sevrugian 1990, 58f.; Lange 2011, 88f. Dass Petrus aber auf seinem Stuhl verharrt und offenbar Jesus gewähren lässt, könnte vielleicht schon die Aufforderung des Apostels anklingen lassen, ihm auch die Hände und das Haupt zu waschen (vgl. Joh 13,9). Siehe dazu Lange 2011, 88f.
18 Lange 2011, 92.

Die Kreuzigung Jesu
S. 144–149

1 Vgl. Egeria, Itinerarium 37,7–8 (FC 20, 276); Grillmeier 1956, 73.
2 Vgl. Wessel 1966, 13–19.
3 Vgl. Mazal 1995, 380.
4 Siehe fol. 20–292; Mazal 1995, 381.
5 Siehe fol. 1–14.
6 Vgl. Weitzmann 1977, 100, 104; Mazal 1995, 380f.
7 Vgl. Weitzmann 1977, 22, 104; Mazal 1995, 380f.
8 Vgl. Mrass 1995, 294f.
9 Vgl. Mrass 1995, 294f.; Berliner 1958, 178.
10 Vgl. Mrass 1995, 295. Die übrigen vier Hügel, die sich zur Zeit Jesu außerhalb der Stadtmauern Jerusalems befanden, sind der Berg des Ärgernisses (Goath), der Morija, der Ophel und der Berg Zion.
11 Vgl. Mrass 1995, 295.
12 Vgl. Ephräm der Syrer, Kommentar zum Diatessaron 20,27 (SC 121, 362).
13 Vgl. Schiller 1968, 103.
14 Vgl. Mrass 1995, 295.
15 Vgl. Mrass 1995, 295. Die Annahme Alois Grillmeiers (1910–1998), die Augen Jesu seien nicht auf eine Person gerichtet, sondern einfach nur offen (vgl. Grillmeier 1956, 119), ist zurückzuweisen.
16 Vgl. Leclercq 1914, 3074; Mrass 1995, 297. Die Miniatur zeigt vielleicht auch schon die für die byzantinische Kunst typische Darstel-

lung der ungleich langen Beine Jesu. Später wurde der Gekreuzigte in der östlichen Ikonenmalerei oftmals seitlich ausgekurvt dargestellt, und sogar schon das Jesuskind auf dem Arm Marias zeigte häufig unterschiedlich lange Beine. Jedenfalls hatte sich auf der Grundlage des vierten Gottesknechtliedes, das von der nicht schönen Gestalt des verheißenen Gottesknechtes spricht (vgl. Jes 53,2), die Legende gebildet, Jesus habe gehinkt. Da durch den unterschiedlich engen Kontakt der Füße mit dem Tuch auch beim Turiner Grabtuch, das sich zur Entstehungszeit des Rabbula-Codex wohl als „Mandylion" im nahegelegenen syrischen Edessa befand, der Eindruck eines längeren linken und eines kürzeren rechten Beines des Gekreuzigten entsteht, könnte dieser optische Eindruck ebenfalls zur ungleich langen Darstellung der Beine Jesu beigetragen haben. Siehe dazu Bulst/Pfeiffer 1987, 134–136.

17 Vgl. Wessel 1968, 333–345.
18 Vgl. Mrass 1995, 296f.
19 Vgl. Ephräm der Syrer, Paschahymnen, De azymis 5,6 (CSCO 249, 9); De crucifixione 4,2–5 (CSCO 249, 44f.); Mrass 1995, 296. Dass Jesus im Purpur gekreuzigt worden sei, lässt sich nicht aus den poetischen Worten Ephräms ableiten, wonach Jesus, während man ihn schmähte, als König den Purpur angelegt und sich das Diadem gebunden habe, um so den Kreuzesthron zu besteigen und auf Golgota zu herrschen (vgl. Ephräm der Syrer, Contra Haereses 25,2 [CSCO 170, 92]; vgl. Mrass 1995, 296).
20 Vgl. Mrass 1995, 295.
21 Vgl. Baudry 2010, 85–87. Auf dem Konstantinsbogen in Rom erscheinen Sonne und Mond als Symbole für das imperiale Heil. In der Ikonographie der Passionssarkophage des 4. Jahrhunderts sind über dem Kreuz mit dem Christusmonogramm die Büsten der beiden Gestirne als Zeichen für den Sieg Christi zu sehen (vgl. Schiller 1968, 15, 100). Als Personifikationen oder in Form von Himmelskörpern und Symbolen treten Sonne und Mond seit der byzantinischen Kunst paarweise neben oder über dem Kreuz auf (vgl. Bauerreiß 1938, 37f.).
22 Zur christlichen Symbolik von Sonne und Mond siehe grundlegend Rahner 1943 Sonne und Mond, 305–404; Baudry 2010, 85–89. Vor dem Hintergrund der syrischen Kreuzestheologie könnte der Mond auch die Menschheit des sterbenden Jesus symbolisieren, während die Sonne den unsterblichen Logos versinnbildlichen würde (vgl. Rahner 1957, 414).
23 Vgl. Lange 2011, 109.
24 Vgl. Haussherr 1963, 175; Lange 2011, 107.
25 Vgl. Mrass 1995, 295.
26 Vgl. Bulst/Pfeiffer 1987, 40–43.
27 Vgl. Lange 2011, 103f. Auch das Grabtuch von Turin zeigt die Seitenwunde auf der rechten Seite des Gekreuzigten.
28 Vgl. Augustinus, Tractatus in Iohannis Evangelium 9,10 (CChrSL 36, 96).
29 Vgl. Grabar 1946, 286, Anm. 2.
30 Vgl. Lange 2011, 107, 109.
31 Vgl. Grillmeier 1956, 118; Haussherr 1963, 126. Die gleichzeitig mit dem Lanzenstich geöffneten Augen Jesu finden sich bereits auf dem um 420/30 in Oberitalien entstandenen Elfenbeintäfelchen mit der Kreuzigung Jesu im Londoner British Museum (vgl. Wessel 1956, 29–38).
32 Vgl. Rahner 1957, 413. Grillmeier sieht dagegen im Zentrum der Kreuzigungsminiatur des Rabbula-Codex eine Verbindung realistischer und symbolischer Elemente, in denen sich die damaligen antinestorianischen Kämpfe widerspiegeln; in diesen durfte man die Gottheit Christi nicht vergessen (vgl. Grillmeier 1956, 117). Grillmeier erklärt den scheinbaren Gegensatz zwischen den offenen Augen und der Seitenwunde mit der Löwensymbolik des „Physiologus", der gemäß Hld 5,2 („Ich schlief, doch mein Herz war wach") den Löwen als Tier charakterisierte, das mit offenen Augen schläft und beim Schlafen wacht. In der gleichen Weise schlafe auch der Leib Jesu am Kreuz, während gleichzeitig seine Gottheit zur Rechten des Vaters wache (vgl. Physiologus 1 [Schönberger, 4]). Nach Grillmeier soll die realistisch dargestellte Seitenwunde Jesus als den toten Erlöser zeigen, während das Symbol der offenen Augen auf seine unsterbliche, auch im Tod wachende Gottheit verweise. Es geht für Grillmeier um die Darstellung des Todes des menschlichen Leibes Jesu und des siegreichen Lebens der Gottheit, um in dieser Gegensätzlichkeit das ganze Kreuzesgeschehen und

das Wesen des Gekreuzigten zum Ausdruck zu bringen (vgl. Grillmeier 1956, 81–96, 121f.).

Maria Magdalena begegnet dem Auferstandenen
S. 150-158

1 Nach Gregor dem Großen zeigen die Worte Jesu: „Halte mich nicht fest; denn ich bin noch nicht zum Vater hinaufgegangen" (Joh 20,17), dass Maria Magdalena die Füße Jesu umfasst hatte: „In his namque verbis ostenditur, quod Maria amplecti voluit eius vestigia, quem recognovit" (Gregor der Große, Homilia 25,5 [FC 28/2, 156]).
2 Auch Gregor der Große identifizierte die von Jesus geheilte (vgl. Lk 8,2), unter dem Kreuz stehende (vgl. Mt 27,56; Mk 15,40; Lk 24,10; Joh 19,25), beim Begräbnis helfende (vgl. Mt 27,61; Mk 15,47) und dem Auferstandenen begegnende (vgl. Mt 28,1–10; Joh 20,14–17) Maria Magdalena mit der Sünderin im Haus des Pharisäers (vgl. Lk 7,36–50) sowie zusätzlich mit Maria von Betanien, der Schwester der Marta und des Lazarus (vgl. Joh 11,28–33; 12,1–8; Lk 10,38–42). Siehe dazu Gregor der Große, Homilia 25,1 (FC 28/2, 442–444).
3 Vgl. Lagrange 1949, 616f., 619f.
4 Vgl. Augustinus, Tractatus in Iohannis Evangelium 121,3 (CChrSL 36, 666; BKV 19, 355f.). Siehe auch die Auslegung Gregors des Großen, der Augustinus folgt: „Ille ergo Iesum veraciter tangit, qui Patri Filium coaeternum credit" (Gregor der Große, Homilia 25,6 [FC 28/2, 456]).
5 Lange 2011, 163.
6 Vgl. Henning 2005, 222. Zu Leben und Werk Tizians siehe grundlegend Kaminski 1998; Pedrocco 2000; Schlink 2008.
7 Vgl. Pedrocco 2000, 28.
8 Vgl. Waagen 1854, II, 76f.
9 Vgl. Michiel, Notizia, 66; Henning 2005, 130. Die Landschaftsdarstellung im Gemälde „Noli me tangere" entspricht auch dem um 1510/11 entstandenen „Ländlichen Konzert" im Pariser Louvre, das Giorgione oder Tizian zugeschrieben wird, sowie Tizians um 1512 gemalter „Allegorie der drei Lebensalter" in der National Gallery of Scotland in Edinburgh und der ebenfalls um 1512 entstandenen „Taufe Jesu mit dem Stifter Giovanni Ram" in der Pinakothek des Kapitolinischen Museums in Rom (vgl. Pedrocco 2000, 84).
10 Vgl. Ridolfi, Maraviglie I, 198; Predrocco 2000, 84.
11 Zunächst kam Tizians Bild 1648 in die Sammlung des Jean-Baptiste Colbert (1619–1683), des Marquis de Seignelay. Anschließend befand es sich in der Galerie des Pierre-Vincent Bertin (1653–1711). Ab 1727 gehörte es zur Sammlung des Philippe II. d'Orléans (1674–1723). Siehe dazu Pedrocco 2000, 84; Wethey 1969, 119.
12 Vgl. Pedrocco 2000, 84; Wethey 1969, 119.
13 Vgl. Lange 2011, 163.
14 Vgl. Lange 2011, 165.
15 Vgl. Lange 2011, 166.
16 Vgl. MacGregor/Langmuir 2000, 188; Lange 2011, 166.
17 Vgl. Augustinus, Tractatus in Iohannis Evangelium 121,1 (CChrSL 36, 666; BKV 19, 353).
18 Vgl. Gregor der Große, Homilia 25,1–2 (FC 28/2, 442–448).
19 Vgl. Romanos Melodos, Hymnus 40,10 (SC 128, 396–398).
20 Vgl. Romanos Melodos, Hymnus 40,12 (SC 128, 400).
21 Vgl. Lange 2011, 167.
22 Lange 2011, 166.
23 Vgl. Lange 2011, 166, 168.
24 Vgl. Lange 2011, 166f., 169.
25 Vgl. Lange 2011, 169, 167.
26 Vgl. Lange 2011, 165, 167.
27 Vgl. Lange 2011, 165f.
28 Vgl. Butzkamm 2001, 173.
29 Vgl. Lange 2011, 168f.
30 Vgl. Lange 2011, 169.

Die Emmausjünger
S. 159-164

1 Vgl. Müller 1986, 178.
2 Vgl. Stechow 1934, 329–333. Das Gemälde des Velázquez befindet sich in der New Yorker Frick Collection. Siehe dazu Stechow 1934, 332f.
3 Vgl. Stechow 1934, 329–341; Rotermund 1950/51, 166–170; Hoekstra 1982, 62.

4 Vgl. Stechow 1934, 333; Hoekstra 1982, 65. Zu den Zeichnungen Rembrandts in den dreißiger Jahren des 17. Jahrhunderts mit dezentraler Anordnung Jesu beim Emmausmahl siehe Stechow 1934, 334–336.
5 Vgl. Eikemeier 1999 Rembrandt, 412; Tümpel 1998, 200–202.
6 Vgl. Tümpel 1986, 249.
7 Vgl. Hoekstra 1982, 67. Das Kürzel „f." steht für „fecit".
8 Zitiert nach Schöne 1954, 158.
9 Vgl. Stechow 1934, 336f. Erst gegen Ende der fünfziger Jahre des 17. Jahrhunderts kehrte Rembrandt bei der Formulierung des Emmausmotivs wieder zu den dramatischen Konzeptionen seiner Jugendjahre zurück, wie eine 1654 gestochene Radierung zeigt, während eine um 1660 angefertigte Zeichnung im Amsterdamer Kupferstichkabinett wieder zur Beruhigung tendiert und Jesus den zentralen Platz in der Mitte zuweist (vgl. Stechow 1934, 339f.).
10 Vgl. Stechow 1934, 337f.
11 Vgl. Hoekstra 1982, 67. Christopher Wright glaubt hier eine zunehmend sentimentale Auffassung Rembrandts von der biblischen Geschichte auszumachen, weshalb das Emmausbild im Louvre an Malweise, Originalität und Dramatik kaum über das Gemälde von 1628 hinausgehe. Nach Wright habe Rembrandt die Gestalt Jesu zu einer konventionellen, vom heiligen Licht umstrahlten Figur umgebildet, wie sie gemäß den damals in Europa herrschenden Konventionen als göttlich strahlende Lichtgestalt aufgefasst werden konnte (vgl. Wright 2000, 159).
12 Vgl. Hamann 1948, 276.
13 Vgl. Tümpel 1986, 248.
14 Vgl. Stechow 1934, 338; Tümpel 1986, 398.
15 Vgl. Hamann 1948, 277.
16 Zum Begriff des sakralen Leuchtlichtes siehe Schöne 1954, 158.
17 Vgl. Tümpel 1986, 248f., 398.
18 Vgl. Pächt 1991, 134.
19 Vgl. Pächt 1991, 63.
20 Pächt 1991, 63.
21 Als Rembrandt wegen seiner drohenden Insolvenz sein Haus versteigern lassen musste, so dass man am 24. und 25. Juli 1656 eine Bestandsaufnahme durchführte, wurde unter dem Eintrag „Cristus tronie nae't Leven" auch ein realitätsnaher, also vom lebenden Modell abgeschauter Kopf Christi aufgeführt (Rembrandt-Urkunden, Nr. 169, § 9, Nr. 326 [208]).
22 Vgl. Hamann 1948, 276f.; Tümpel 1986, 248.
23 Vgl. Hamann 1948, 276; Hoekstra 1982, 67; Tümpel 1986, 248.
24 Vgl. Stechow 1934, 338; Hamann 1948, 276; Tümpel 1986, 398.
25 Vgl. Hamann 1948, 276.
26 Vgl. Tümpel 1986, 248f.
27 Vgl. Rotermund 1950/51, 106f.; Tümpel 1998, 201.
28 Vgl. Rotermund 1950/51, 167–170.

Christus erscheint Thomas
S. 165-171

1 In der Münchner Ausstellung „Entartete Kunst" wurde 1937 auch ein Bronzeexemplar von Barlachs Thomas-Christus-Plastik der Missachtung ausgesetzt. Die zuvor im Mecklenburgischen Landesmuseum in Schwerin ausgestellte Holzskulptur mit Thomas und Christus, die sich heute in Hamburg befindet, wurde in der „Großen Antibolschewistischen Ausstellung Nürnberg 1937" an den Pranger gestellt. Siehe dazu Noll 1999, 319 und Anm. 104f.
2 Vgl. Noll 1999, 311–318.
3 Vgl. Noll 1999, 305.
4 Vgl. Schurek 1961, 74; Noll 1999, 305.
5 Brief 667 von Ernst Barlach an Karl Barlach vom 20. Juli 1926 (Barlach, Briefe II, 69). Siehe dazu Noll 1999, 304 und Anm. 2.
6 Brief 668 von Ernst Barlach an Friedrich Düsel vom 24. oder 27. Juli 1926 (Barlach, Briefe II, 70). Siehe dazu Noll 1999, 304 und Anm. 3.
7 Vgl. Brief 352 von Ernst Barlach an Julius Cohen am 23. März 1916 (Barlach, Briefe I, 478). Siehe dazu Noll 1999, 319 und Anm. 100.
8 Brief 288 von Ernst Barlach an Arthur Moeller van den Bruck am 30. September 1912 (Barlach, Briefe I, 405). Siehe dazu Noll 1999, 319 und Anm. 97.
9 Brief 757 von Ernst Barlach an Emil Schläpfer-Geissberger am 28. Oktober 1928 (Barlach, Briefe II, 134). Siehe dazu Noll 1999, 319 und Anm. 99.

10 Vgl. Brief 1007 von Ernst Barlach an Johannes Schwartzkopff am 3. Dezember 1932 (Barlach, Briefe II, 336). Siehe dazu Noll 1999, 315, 311 und Anm. 30.
11 Vgl. Brief 753 von Ernst Barlach an Karl Barlach am 15. September 1928 (Barlach, Briefe II, 131). Siehe dazu Noll 1999, 320 und Anm. 107.
12 Brief Anhang 4 von Ernst Barlach an Fritz Endres am 16. Februar 1924 (Barlach, Briefe II, 796). Siehe dazu Noll 1999, 320 und Anm. 108.
13 Als der Verleger und Kunsthistoriker Reinhard Piper (1879–1953) einen Band mit Zeichnungen Barlachs für die Veröffentlichung vorbereitete, machte der Künstler im Juli 1935 in einem Brief deutlich, dass er die Reihenfolge des hinzugefügten Titels „Thomas und Christus" bewusst gewählt habe (vgl. Brief 1240 von Ernst Barlach an Reinhard Piper vom 21. und 22. Juli 1935 [Barlach, Briefe II, 565, 567]; vgl. Noll 1999, 305).
14 Vgl. Noll 1999, 310.
15 Vgl. Noll 1999, 310; Lange 2002, 260.
16 Vgl. Lange 2002, 260.
17 Vgl. Rathke 1995, 313, 315; Noll 1999, 309f.
18 Vgl. Noll 1999, 307, 310; Lange 2002, 260.
19 Vgl. Noll 1999, 307; Lange 2002, 260.
20 Vgl. Noll 1999, 307, 309f.; Lange 2002, 260–262.
21 Vgl. Noll 1999, 305–307, 309, 311; Lange 2002, 262.
22 Vgl. Barlach, Güstrower Tagebuch, 34.
23 Vgl. Noll 1999, 311.
24 Vgl. Brief 1007 von Ernst Barlach an Johannes Schwartzkopff am 3. Dezember 1932 (Barlach, Briefe II, 337). Siehe dazu Noll 1999, 318 und Anm. 95.
25 Vgl. Brief 848 von Ernst Barlach an Arthur Kracke am 4. Februar 1930 (Barlach, Briefe II, 205). Siehe dazu Noll 1999, 318 und Anm. 96.
26 Vgl. Noll 1999, 309f.
27 Vgl. Brief 978 von Ernst Barlach an Werner Wortmann am 21. März 1932 (Barlach, Briefe II, 303f.). Siehe dazu Noll 1999, 303 und Anm. 1.
28 Brief 659 von Ernst Barlach an Edzard Schaper am 10. Mai 1926 (Barlach, Briefe II, 63). Siehe dazu Noll 1999, 320 und Anm. 109.
29 Vgl. Lange 2002, 263.

Der Auferstandene isst von den Fischen
S. 172-178

1 Vgl. Stuttgarter NT, 176.
2 Siehe die Szene auf dem im 9./10. Jahrhundert entstandenen Elfenbeinrelief des Metzer Evangeliars, das in der Pariser Bibliothèque nationale (Manuscrit latin 9390) aufbewahrt wird.
3 Siehe die Miniatur des Egbert-Codex zur Perikope Lk 24,36–43 auf fol. 89 (vgl. Ronig 2005 Miniaturen, 174f.).
4 Zur Herkunft und frühen Ausbildung Schmidts siehe Feuchtmüller 1989, 19–27. Zu Schmidts Freskomalerei siehe Feuchtmüller 1989, 127–131.
5 Vgl. Feuchtmüller 1989, 30–32.
6 Vgl. Feuchtmüller 1989, 45–83.
7 Zu Schmidts Aufträgen in den siebziger Jahren des 18. Jahrhunderts siehe Feuchtmüller 1989, 89–116.
8 Zu Schmidts Spätwerk siehe Feuchtmüller 1989, 117–126, 140–148, 152–165.
9 Vgl. Feuchtmüller 1989, 40, 43.
10 Vgl. Feuchtmüller 1989, 112; Jelonek 1991, 269f.
11 Vgl. Feuchtmüller 1989, 57–61, 111.
12 Vgl. Heinz 1991, 704. Das Stift Spital am Pyhrn war aus einem Hospital hervorgegangen, wurde 1418 in ein Kollegiatsstift umgewandelt, 1605 zur Propstei erhoben und 1807 säkularisiert, um den noch im Jahr 1806 dorthin umgezogenen Benediktinern der Fürstabtei St. Blasien Aufnahme zu bieten, die zu den vorderösterreichischen Besitzungen der Habsburger gehörte und dann im Oktober 1806 durch das neugegründete Großherzogtum Baden aufgehoben wurde. Angesichts der zu erwartenden Säkularisation hatte Fürstabt Berthold Rottler (reg. 1801–1806) schon vorher den österreichischen Kaiser Franz II. (reg. 1804–1835) um Aufnahme in Österreich gebeten, der diesem Anliegen dann im April 1806 zugestimmt hatte. Die nach Spital umgesiedelten Benediktiner überführten neben ihrem beweglichen Klosterinventar auch die Särge der seit 1770 in St. Blasien ruhenden Habsburger. Da Franz II. als Gegenleistung für die Aufnahme in Spital die Besetzung des Klagenfurter Gymnasiums und Lyzeums verlangt hatte,

kam bald Unzufriedenheit auf, da der Konvent zwischen den in Spital verbleibenden Benediktinern und den kurzerhand im geräumten Franziskanerkloster Klagenfurt untergebrachten Lehrmönchen geteilt werden musste. Schließlich konnte dem Konvent das in der Nähe von Klagenfurt gelegene ehemalige Benediktinerkloster St. Paul im Lavanttal zugewiesen werden, das dann im April 1809 mit dem Klostergut aus St. Blasien und unter anderem auch mit den Gemälden aus Spital bezogen wurde. Siehe dazu Krawarik 1991, 255–261; Ladstätter 1991, 263–274. Zur Geschichte der Abtei St. Paul im Lavanttal siehe grundlegend Sitar 2009.
13 Vgl. Feuchtmüller 1989, 111, 449–451. Siehe auch Kull 1986, 44f.; Ginhart/Münzer 1990, 28. Wegen der abweichenden Maße sind die beiden im Kloster St. Paul aufbewahrten Gemälde mit Johannes dem Täufer (94 × 68,5 cm) und Johannes dem Evangelisten (93 × 69 cm) nicht dem ursprünglichen Spitaler Refektoriumszyklus zuzurechnen (vgl. Feuchtmüller 1989, 111, 449). Die beiden gleich großen Petrusbilder (141 × 140 cm) zeigen die Schlüsselübergabe (vgl. Mt 16,17–19) und die Befreiung des Petrus aus dem Gefängnis (vgl. Apg 12,6–9) und stimmen in der Breite mit den übrigen hochformatigen Gemälden der Spitaler Bilderfolge annähernd überein. Siehe dazu Feuchtmüller 1989, 111, 449.
14 Vgl. Feuchtmüller 1989, 450f. Die Höhe der sechs alttestamentlichen Gemälde und der sechs Christusbilder schwankt nur geringfügig zwischen 225,5 und 232 cm (vgl. Feuchtmüller 1989, 450f.).
15 Vgl. Feuchtmüller 1989, 112; Heinz 1991, 705. Das Abendmahlsbild ist von Schmidt signiert und bereits mit 1766 datiert (vgl. Feuchtmüller 1989, 70, 112; Jelonek 1991, 269).
16 Vgl. Heinz 1991, 705.
17 Vgl. Heinz 1991, 707.
18 Zu Schmidts Gemälde des fischessenden Jesus siehe Ginhart 1969, 308, Nr. 92, Abb. 439; Feuchtmüller 1989, 112; Heinz 1991, 707; Jelonek 1991, 269f.
19 Vgl. Feuchtmüller 1989, 112.
20 In dem von Giovanni Balduccio geschaffenen Fresko steht der Auferstandene mit entblößtem Oberkörper vor den elf Aposteln, denen er seine Hände zeigt, während die Füße unter einem weißen Tuch hervorragen, das Jesus um seinen Unterleib geschlungen hat (vgl. Haug 1966, Abb. 32).
21 In der um 1706 in Augsburg durch Johann Ulrich Kraus gedruckten Ausgabe der „Hl. Augen- und Gemüths-Lust vorstellend alle Sonn-, Fest- und Feyrtägliche nicht nur Evangelien, sondern auch Episteln und Lecktionen […]" findet sich auf Blatt 32 ein Kupferstich mit der seltenen Darstellung des von einer Aureole umgebenen und nur mit einem Lendenschurz bekleideten Auferstandenen, der inmitten seiner Jünger erscheint, die sich in einem weiten Saal ergehen und noch nicht zu dem auf dem Tisch bereiteten Mahl herangetreten sind, wobei die kommentierende lateinische Beischrift auf das Vorzeigen der Wundmale und auf die Bitte Jesu um Speise verweist (vgl. Haug 1966, Abb. 33).
22 In seiner Konzentration auf das Wesentliche ließ Schmidt die spätere, auch in die lateinische Bibelübersetzung der Vulgata eingegangene Überlieferung unberücksichtigt, die zum Fisch auch die Darreichung einer Honigscheibe hinzugefügt hatte: „at illi obtulerunt ei partem piscis assi et favum mellis" (Lc 24,43 Vulgata), und abschließend erwähnte, Jesus habe den Jüngern nach dem Essen das Übriggebliebene wieder zurückgegeben: „et cum manducasset coram eis sumens reliquias dedit eis" (Lc 24,44 Vulgata). Die Hinzufügung des Honigs geschah wohl deshalb, weil er bei der Taufeucharistie Verwendung fand (vgl. Traditio Apostolica 21 [FC 1, 266]; Stuttgarter NT, 176).
23 Vgl. Feuchtmüller 1989, 112.
24 Vgl. Heinz 1991, 707; Jelonek 1991, 270.
25 Vgl. Feuchtmüller 1989, 58, 61.

Der schlechte und der gute Hirte
S. 179–184

1 Vgl. Zink 1987 Jesusgeschichte III, 91.
2 Das Thema des schlechten und des guten Hirten fand sich bereits in dem 1565 von Philipp Galle (1537–1612) gestochenen Gleichnis vom guten Hirten (vgl. Roberts-Jones 1997, 304).
3 Vgl. Vöhringer 2007, 136.
4 Vgl. Busch 1997, 19; Wied 2003, 75.

5   Vgl. Vöhringer 2007, 28.
6   Vgl. Ertz 2000 I, 133, 142, 146f.; Roberts-Jones 1997, 304.
7   Zu Pieter Bruegel dem Jüngeren siehe grundlegend Ertz 2000 I/II.
8   Vgl. Roberts-Jones 1997, 304.
9   Vgl. Roberts-Jones 1997, 304. Nimmt man an, dass das Bildmotiv des fliehenden Knechtes auf die Ereignisse des calvinistischen Aufstandes anspielt, dann könnte man sich an Margarethe von Parma (1522–1585) erinnert fühlen, die als Halbschwester König Philipps II. (reg. 1556–1598) seit 1559 Statthalterin der Spanischen Niederlande war und sich nach dem Ausbruch des Aufstandes 1566 gegen die militärische Härte des Herzogs von Alba (1507–1582) und für einen milderen Kurs ausgesprochen hatte, aber am 30. Dezember 1567 zum allgemeinen Bedauern aus Brüssel in Richtung Italien abreiste und damit ihre Untertanen gewissermaßen im Stich ließ. Zudem könnte man auch an den Prinzen Wilhelm von Oranien (1533–1584) denken, der 1567 in das nassauische Dillenburg geflohen war und im Gegensatz zu vielen anderen niederländischen Adeligen den tödlichen Strafexpeditionen des Herzogs von Alba entgehen konnte.
10 Vgl. Zink 1987 Jesusgeschichte III, 96.
11 Vgl. Huyghe 1955, 150; Roberts-Jones 1997, 337, Anm. 34.
12 Vgl. Stechow 1977, 132.
13 Vgl. Zink 1987 Jesusgeschichte III, 96f.
14 Vgl. Roberts-Jones 1997, 304. Es gibt in der Sammlung Kronacher in Antwerpen ein weiteres Bild des guten Hirten, das Fritz Grossmann (1902–1984) als ein um 1569 entstandenes, unvollendetes Gemälde des älteren Pieter Bruegel betrachtet, das durch dessen Sohn Jan Bruegel den Älteren (1568–1625) fertiggemalt worden sei (vgl. ebd.).
15 Vgl. ebd.
16 Vgl. Zink 1987 Jesusgeschichte III, 97f.

Der wahre Weinstock
S. 185–191

1   Vgl. Stuttgarter NT, 214.
2   Vgl. Beda Venerabilis, In Johannis Evangelium Expositio 15 (PL 92, 836); Thomas 1972, 491; Schumacher-Wolfgarten 2012, 290 und Anm. 14.
3   Vgl. Thomas 1972, 491.
4   Auch wenn es sich um Akanthusranken handelt, so sind sie dennoch als Reben eines Weinstocks anzusehen, wie die Inschrift des Mosaiks belegt, die vom Weinstock (vite) spricht (vgl. Wilpert/Schumacher 1976, 337; Thomas 1972, 492; Rauch 1992, Anm. 26).
5   Vgl. Vitis mystica 164 (PL 184, 733). Bereits Origenes (um 185–253/54) setzte Adam mit einem Weinstock gleich, der Christus als Frucht trägt (vgl. Origenes, Römerbriefkommentar 1,13 [FC 2/1, 126–128]; Thomas 1972, 492), während in einer Anastasius Sinaita (geb. um 630, gest. nach 700) zugeschriebenen Auslegung des Sechstagewerkes im Lebensbaum (vgl. Offb 22,2) das Kreuz Christi erkannt wurde (vgl. Anastasius Sinaita, Hexaemeron 7 [PG 89, 945A]; Thomas 1972, 492). Nach der apokryphen Apokalypse des Abraham glich beim Sündenfall der ersten Menschen die Frucht des Baumes einer Weintraube (vgl. Apokalypse des Abraham 23,5–6 [Rießler, 32]; Thomas 1972, 492; Schumacher-Wolfgarten 2012, 290 und Anm. 12).
6   Siehe dazu Oidtmann 1929, 443f.; Rauch 1992, 173–186; Seewaldt 2009, 182f.; Schumacher-Wolfgarten 2012, 295f.
7   Vgl. Rauch 1992, 179–182; Seewaldt 2009, 182. Zu welchem der drei Fenster die heute ebenfalls im Rheinischen Landesmuseum von Trier aufbewahrte Stifterinschrift (vgl. Rauch 1992, Abb. 4) ursprünglich gehörte, lässt sich nicht mehr bestimmen. Das Fragment führt in einer lateinischen Inschrift in gotischen Minuskeln die Titel des Trierer Erzbischofs Richard von Greiffenklau an: „Richar[dus] archiep[iscopus] [trev]eren[sis] ca[ncellarius] p[er] gallia[m] et regnu[m] [a]relaten[se] archica[n]cellar[ius] ac pri[n]ceps electo[r]", „Richard, Erzbischof von Trier, Kanzler für Gallien und das arelatische Reich, Erzkanzler und Kurfürst". Siehe dazu Rauch 1992, 174f., 178, 181f. Auf den beiden Fenstern, die das Weinstockfenster wohl flankiert haben dürften, waren jeweils die Heiligen Maximin von Trier (gest. 346) und Johannes Evangelist dargestellt; die Scheiben befinden sich heute in

New York. Siehe dazu Oidtmann 1929, 444 und Abb. 624f.; Rauch 1992, 180, 182.
8 Vgl. Rauch 1992, 173 und Anm. 1.
9 Vgl. Rauch 1992, 174.
10 Vgl. Rauch 1992, 173f.
11 Vgl. Rauch 1992, 178, 181.
12 Vgl. Physiologus 4 (Schönberger, 10).
13 Vgl. Rauch 1992, 176, 178, 181 und Abb. 7. Auf dem Tonmodell ist die Inschrift eines Spruchbandes, das sich bei der Geisttaube befindet, nicht mehr zu lesen (vgl. Rauch 1992, 178).
14 Vgl. Rauch 1992, 173f.; Seewaldt 2009, 182.
15 In ähnlicher Weise bilden auch auf dem in der ersten Hälfte des 15. Jahrhunderts entstandenen mittelrheinischen Tonmodell die Rebzweige verschlungene Kreise, in denen sich die Brustbilder der Apostel befinden (vgl. Rauch 1992, 176). Die Trierer Scheibe mit dem jüngeren Jakobus zeigt den Apostel mit weißem Inkarnat, mit durch Eisenrot eingefärbten Lippen und einem rundförmigen gelben Nimbus. Unter dem weißen Mantel trägt er ein Gewand mit leuchtend roten Ärmeln. Die Halbfigur des Apostels wächst aus einer mit Silbergelb akzentuierten weißen Blattknospe hervor. Mit dem Zeigefinger seiner linken Hand weist er auf einen Wollbogen, den er in seiner Rechten hält. Jakobus der Jüngere soll mit einer Tuchwalkerstange erschlagen worden sein, die im Spätmittelalter als Wollbogen dargestellt wurde. Siehe dazu Rauch 1992, 173f.; Seewaldt 2009, 182.
16 Ein um 1517 durch Heinrich Brabender (geb. um 1467, gest. um 1537) geschaffenes, fragmentarisch im Westfälischen Landesmuseum Münster erhaltenes Steinretabel eines Philippus-und-Jakobus-Altars zeigt links einen Baum, der aus der Wurzel des liegenden Jesse herauswächst und Blattknospen bildet, in denen die alttestamentlichen Gestalten sitzen, während rechts ein Weinstock mit den in kreisförmigen Rebzweigen sitzenden zwölf Aposteln zu sehen ist, der aus dem Schädel des Adam hervorwächst und damit auf den nicht eigens dargestellten Kreuzesbaum verweist (vgl. Rauch 1992, 176–178 und Abb. 8).
17 Vgl. Rauch 1992, 174. Da er von links oben nach rechts unten blickt, muss der Standort Gottvaters links vom Kreuz gewesen sein.
18 Von der Darstellung Marias hat sich nur ihr leicht nach vorn geneigter Oberkörper erhalten. Über einem rosavioletten Untergewand trägt die nimbierte Gottesmutter einen weißen Mantel, den sie über ihren Kopf gezogen hat. Aus dem verschleierten Gesicht Marias treten die mit Eisenrot gefärbten Lippen hervor. Wie ihre nach links ausgerichtete Körperhaltung zeigt, befand sich das Kreuz links über ihr.
19 Vgl. Rauch 1992, 173f.
20 Vgl. Rauch 1992, 178. Auch das mittelrheinische Tonmodell zeigt links den mit einer Hacke das Erdreich lockernden Gottvater und die kommentierende Inschrift: „pater umificat", „Der Vater macht fruchtbar", während rechts unter dem Gekreuzigten Maria mit einem Krug den Weinstock begießt, hinterlegt mit dem Spruchband: „Maria fecundat", „Maria befruchtet". Siehe dazu Rauch 1992, 176 und Abb. 7.
21 Vgl. Schumacher-Wolfgarten 2012, 295f.; Rauch 1992, 182 und Anm. 9.
22 Die drei Hauptschriften Luthers sind „An den christlichen Adel deutscher Nation von des christlichen Standes Besserung", „Von der babylonischen Gefangenschaft der Kirche" und „Von der Freiheit eines Christenmenschen".
23 Vgl. Rauch 1992, 182f.
24 Vgl. Rauch 1992, 185. Als Antwort auf die katholische Bildschöpfung des wahren Weinstocks entstand auf lutherischer Seite mit dem „Baum des Glaubens" eine propagandistische Umdeutung, die sich in ihrer allegorischen Dichte von der Wortbedeutung der johanneischen Weinstockparabel stark entfernt hat, wie ein 1524 durch Heinrich Vogtherr den Älteren (1490–1556) in Augsburg gedruckter Holzschnitt zeigt, von dem sich in der Berliner Staatsbibliothek ein Exemplar erhalten hat (vgl. Rauch 1992, Abb. 12). Um die Kirche als Institution abzulehnen, die sich durch ihre Tradition als Gründung Christi legitimiert, und zu zeigen, dass die Kirche nicht Mutter, sondern Tochter des Wortes Gottes ist, ersetzte Vogtherrs Holzschnitt Gottvater und Maria am Kreuzesfuß durch Petrus und Paulus mit Spaten und Wasserkrug sowie die Apostelfiguren in den Rebzweigen durch Zitate aus der Bibel, vor allem aus den Paulusbriefen. Der Baumstamm selbst gründet in der Wurzel des Wortes

Gottes, das durch das Ohr des Hörens wächst, durch den Glauben das Herz durchdringt, aus dem Mund des Predigers hervorgeht und im dreifaltigen Gott seinen Ursprung hat, der im Bildmotiv des Gnadenstuhls oben in den Zweigen erscheint. Es ist nicht ausgeschlossen, dass es gerade das Trierer Weinstockfenster war, das 1524 Vogtherr zu seiner lutherischen Antwort inspiriert hatte (vgl. Rauch 1992, 185f.).

25 Vgl. Rauch 1992, 186; Seewaldt 2009, 182.

Die Taufe des Kornelius
S. 192-200

1 Vgl. Stuttgarter NT, 250–252.
2 Zu der von 2002 bis 2009 durchgeführten Restaurierung der Cappella Paolina siehe De Luca/Nesselrath/Paolucci/Santamaria 2013; Paolucci/Danesi Squarzina 2016.
3 Zu Federico Zuccari siehe grundlegend Winner/Heikamp 1999.
4 Vgl. Breda/Rodolfo 2013, 181; Nesselrath 2013, 31–33. Die Cappella Paolina besteht aus einem rechteckigen Hauptraum mit Spiegelgewölbe und einem ebenfalls rechteckigen Chorraum mit Tonnengewölbe. Die Kapelle wurde ursprünglich durch drei Fenster an den Längsseiten des Hauptraums und durch ein Fenster über dem Altar erhellt. Bei den Umgestaltungen unter Gregor XIII. wurden ein Fenster im Hauptraum und das Altarfenster vermauert. Die Stuckdekoration, mit der man 1542 Perin del Vaga (1501–1547) beauftragt hatte, wurde ebenfalls unter Gregor XIII. entfernt, ebenso die 1543 durch Pastorino dei Pastorini (um 1508–1592) angefertigten Glasfenster (vgl. Breda/Rodolfo 2013, 181).
5 Vgl. Kuntz 1999, 222; Breda/Rodolfo 2013, 181; De Luca/Nesselrath/Paolucci/Santamaria 2013, 138–141, 144f. Der Sturz des Simon Magus ist apokryph überliefert (vgl. Petrusakten 32 [Schneemelcher, 217]).
6 Kuntz 1999, 222; Breda/Rodolfo 2013, 181; De Luca/Nesselrath/Paolucci/Santamaria 2013, 142f.
7 Vgl. Kuntz 1999, 222–224. Zuccaris Bilderzyklus zum Leben des Paulus im Gewölbebereich besteht aus folgenden Szenen: Paulus treibt in Philippi einer Magd einen Wahrsagegeist aus (vgl. Apg 16,18); Paulus und Silas im Gefängnis von Philippi und die Taufe der Gefängniswärter (vgl. Apg 16,26–27.33); Paulus heilt einen Krüppel in Lystra (vgl. Apg 14,8–10); Paulus auf der Insel Malta (vgl. Apg 28,3–5); Anbetung der Dreifaltigkeit durch Paulus (vgl. Phil 2,10–11). Siehe dazu Kuntz 1999, 229; De Luca/Nesselrath/Paolucci/Santamaria 2013, 150–153, 72f. Zuccaris Petruszyklus im Gewölbebereich zeigt die Szenen: Petrus heilt einen Krüppel in Lydda (vgl. Apg 9,34); Petrus bestraft Hananias und Saphira (vgl. Apg 5,5.10); Petrus heilt mit Johannes einen Lahmen an der Schönen Pforte des Jerusalemer Tempels (vgl. Apg 3,7); Petrus erweckt die verstorbene Tabita in Joppe (vgl. Apg 9,39–41). Siehe dazu De Luca/Nesselrath/Paolucci/Santamaria 2013, 154–157. In der Lünette der Eingangswand stellte Zuccari die Befreiung des Petrus durch den Engel aus dem Gefängnis (vgl. Apg 12,7) dar. De Luca/Nesselrath/Paolucci/Santamaria 2013, 82f., 162f.).
8 Vgl. Paolucci 2013, 20. Zu den Fresken des Michelangelo, Sabbatini und Zuccari in der Cappella Paolina siehe grundlegend Baumgart/Biagetti 1934.
9 Vgl. Kuntz 1999, 221, 228f.
10 Eine vorbereitende Zeichnung zum Wandbild Zuccaris mit der Taufe des Kornelius hat sich im Pariser Louvre, Département des Arts Graphiques (Inventar-Nr. 2661), erhalten (vgl. L'œil du connaisseur 1992, Nr. 74).
11 Vgl. Pfeiffer 2007, 19.
12 Vgl. Pseudo-Hugo von St. Viktor, De bestiis et aliis rebus 1,9 (PL 177, 19); Pfeiffer 2007, 70.
13 Vgl. Pfeiffer 2007, 19; Haupt 1941, 104.
14 Vgl. Apg 1,5; Lk 3,16.

Die Aufnahme Jesu in den Himmel
S. 201-206

1 Vgl. Kliesch 1986, 30–32.
2 Vgl. Jeremias 1980, Anm. 266. Das passive Aufgenommenwerden betont auch das später an das Markusevangelium angefügte Schlusskapitel (vgl. Mk 16,19). Das aktive Emporschreiten findet sich im apokryphen Petrusevangelium: „Denn er ist auferstanden und

dorthin gegangen, von woher er gesandt worden ist" (Petrusevangelium 56 [Maurer, 123f.]), ebenso in der Formulierung des nizänischen Symbolums „ascendit in caelum" oder in einigen Himmelfahrtspredigten der Kirchenväter: „[…] ut Domino in coelorum eunte […]" (Leo der Große, Sermo 73,4 [PL 54, 396B]). Siehe dazu Jeremias 1980, Anm. 266.
3 Vgl. Jeremias 1980, 72.
4 Vgl. Jeremias 1980, 15, 107.
5 Gegen Ende des 17. Jahrhunderts war noch eine Tafel mit dem Meerwurf des Jona erhalten, aber bereits um die Mitte des 18. Jahrhunderts gab es nur noch die bis heute überkommenen 18 Tafeln. Es ist anzunehmen, dass es noch weitere Jonas-Szenen oder die Darstellung des Daniel in der Löwengrube gab (vgl. Jeremias 1980, 15–17).
6 Vgl. Jeremias 1980, 108–110. Zu vergleichbaren Holztüren aus dem ersten Jahrtausend siehe Jeremias 1980, 111–117.
7 Zur kleineren Gruppe mit den östlichen Einflüssen gehören die Tafeln mit Christus und den Apostelfürsten Petrus und Paulus, mit der Parusie, der Entrückung Habakuks und der Himmelfahrt des Elija. Zur größeren Gruppe gehören die drei Tafeln mit den Szenen zum Leben des Mose, die Magieranbetung, die Tafel mit den Wundern Jesu, die Verleugnungsansage Jesu an Petrus, die Szene mit Jesus vor Kaiphas, die Händewaschung des Pilatus mit Kreuztragung, die Kreuzigung Jesu, die Frauen am Grab, die Erscheinung des Auferstandenen vor den Frauen, die Erscheinung des Auferstandenen vor den Jüngern, die Himmelfahrt Jesu und die Szene mit der Akklamation. Siehe dazu Jeremias 1980, 97–107.
8 Der östliche Himmelfahrtstypus stellt eine doxologische Szene dar, die oben Christus als den erhöhten, richterlichen Herrn zeigt, der von den apokalyptischen Motiven des ezechielischen Thronwagens und der vier Lebewesen umgeben ist, während unten durch die Apostel und die in Orantenhaltung betende Maria die Kirche repräsentiert wird (vgl. Schmid 1970, 268–270; Jeremias 1980, 70).
9 Zum westlichen Himmelfahrtstypus siehe Schmid 1970, 270–275. Wie der Ende des 4. Jahrhunderts entstandene Sarkophag von Servanne in Arles, das um 400 angefertigte Elfenbeinrelief im Bayerischen Nationalmuseum München und das Reliquienkästchen von Ravenna zeigen, ist die Schreitbewegung des Auferstandenen für den westlichen Bildtypus der Himmelfahrt Jesu charakteristisch (vgl. Schmid 1970, 270; Jeremias 1980, 70).
10 Vgl. Jeremias 1980, 70, 72.
11 Vgl. Jeremias 1980, 68.
12 Das in der ersten Hälfte des 4. Jahrhunderts entstandene apokryphe Nikodemusevangelium schilderte erstmals auch affektive Reaktionen der Jünger bei der Himmelfahrt Jesu: „Und die Wolke führte ihn hinauf zum Himmel, seine Jünger aber lagen auf ihrem Gesicht am Boden" (Nikodemusevangelium 16,6 [Scheidweiler, 347]). Siehe dazu Jeremias 1980, Anm. 258.
13 Vgl. Jeremias 1980, 71.
14 Wie sich am Verlauf seines Palliums und an seinen vom Handrücken her gesehenen Händen zeigt, ist der Oberkörper des Jüngers fast in Rückansicht gegeben, während sein Unterkörper in Seitenansicht erscheint. Damit nimmt der Jünger eine Haltung ein, für die sein linker Arm und sein Kopf viel zu weit nach links verdreht sind (vgl. Jeremias 1980, 69).
15 Vgl. Jeremias 1980, 68f., 71.
16 Vgl. Jeremias 1980, 69–71.
17 Vgl. Jeremias 1980, 71. Die Funktion der Engel, durch das Ergreifen der Hände Jesu die Himmelfahrt zu ermöglichen, ist ikonographisch einzigartig, zumal sich die Darstellung der Hand Gottes in den Himmelfahrtsszenen weitgehend durchsetzen konnte (vgl. ebd.). Für die Anwesenheit von Engeln bei der Himmelfahrt Jesu finden sich nur in apokryphen frühchristlichen Schriften Hinweise (vgl. Petrusevangelium 40 [Maurer, 123]; Epistula Apostolorum 51 [Berger/Nord, 1018]; Jeremias 1980, Anm. 262). Bei der Darstellung der aufnehmenden Engel ging es nicht darum, das Bildmotiv der ausgestreckten Hand Gottes zu ersetzen, sondern es handelt sich um einen zweiten, selbständigen ikonographischen Typus, der sich neben dem Bildmotiv des Ergriffenwerdens durch die Hand Gottes entwickelte (vgl. Jeremias 1980, 72 und Anm. 269; Dölger 1925, 212). Der aufschwebende Christus tauchte erst in mittelalterlichen Himmelfahrts-

darstellungen wieder auf, wo er aber immer von der Hand Gottes ergriffen wird (vgl. Jeremias 1980, 72), sieht man einmal von einem Elfenbeinrelief in Liverpool ab, wo der in den Himmel Auffahrende nicht mehr von der über ihm ausgestreckten Hand Gottes berührt wird (vgl. Jeremias 1980, Anm. 268). In mittelalterlichen Himmelfahrtsdarstellungen kam es dann auch zu einem Nebeneinander der Motive der Hand Gottes und der Engel (vgl. Jeremias 1980, 72).
18 Vgl. Jeremias 1980, 71f. Sahoko Tsuji sieht in der Hinzufügung der Engel eine Verchristlichung der Himmelfahrtsdarstellung, da ein eigenmächtig auffahrender und nur von der Hand Gottes erfasster Christus zu sehr einem mythologischen Helden gleichen würde. Als ikonographisches Vorbild verweist Tsuji auf den Bildtypus des von Engeln begleiteten Himmelsaufstiegs von Märtyrern und Heiligen (vgl. Tsuji 1962, 19–26). Da sich der Aufstieg der Heiligen ins Paradies in Begleitung von Engeln in der Kunst des 9. Jahrhunderts findet, spricht sich Jeremias gegen diese These aus (vgl. Jeremias 1980, Anm. 270).

Die Wahl des Apostels Matthias
S. 207-212

1 Vgl. Stuttgarter NT, 231 f.
2 Vgl. Friedländer 1930, 78–81; Demus/Klauner/Schütz 1981, 261; Kunsthistorisches Museum Wien, Gemäldegalerie II, 93; Prohaska 2004, 62. Zur künstlerischen Entwicklung Orleys siehe auch Baldass 1944, 141–191.
3 Auf dem Schild des Mittelpfeilers befindet sich die Umschrift „BERNART VAN ORLEI" und darüber Orleys Malerwappen mit den drei Schilden (vgl. Friedländer 1930, 81, 165, Tafeln LXI–LXVI; Demus/Klauner/Schütz 1981, 262; Kunsthistorisches Museum Wien, Gemäldegalerie II, 94).
4 Vgl. Friedländer 1930, 81f.; Demus/Klauner/Schütz 1981, 261f.; Kunsthistorisches Museum Wien, Gemäldegalerie II, 93f.
5 Vgl. Friedländer 1930, 82; Demus/Klauner/Schütz 1981, 262. Orleys Architekturen könnten nach Wolfgang Krönig (1904–1992) durch Festzugsaufbauten angeregt (vgl. Krönig 1936, 119) oder nach Ludwig von Baldass (1887–1963) durch Zeichnungen von Jan Gossaert (um 1478–1532) vermittelt worden sein (vgl. Baldass 1944, 144). Siehe dazu Demus/Klauner/Schütz 1981, 262.
6 Friedländer 1930, 82.
7 Vgl. Friedländer 1930, 82f.
8 Vgl. Jakobus de Voragine, Legenda aurea, Von Sanct Mathias dem Apostel (Benz, 217).
9 Vgl. Friedländer 1930, 84.
10 Vgl. Demus/Klauner/Schütz 1981, 262; Kunsthistorisches Museum Wien, Gemäldegalerie II, 94.
11 Zu Barnabas als Mitarbeiter des Paulus siehe Apg 9,27; 11,22–26.30; 13–15; 1 Kor 9,6; Gal 2,1.9.13; Kol 4,10. Siehe dazu Stuttgarter NT, 238.
12 Dass Josef Barsabbas nach der „Legenda aurea" als Cousin Jesu bezeichnet wird (vgl. Jakobus de Voragine, Legenda aurea, Von Sanct Mathias dem Apostel [Benz, 217]), bedeutet, dass er als Sohn des Alphäus und der Maria Kleophas, also der aus der zweiten Ehe der Mutter Anna mit Kleophas hervorgegangenen Stiefschwester der Gottesmutter Maria, auch ein Bruder der Apostel Jakobus des Jüngeren, Simon des Zeloten und Judas Thaddäus (vgl. Apg 15,22) gewesen ist, zudem ein Neffe des Nährvaters Josef war sowie ein Cousin des Jakobus des Älteren und des Johannes, der Söhne des Zebedäus und der Maria Salome, einer weiteren Stiefschwester der Gottesmutter Maria, die der dritten Ehe der Mutter Anna mit Salomas entstammte. Die beiden Stiefschwestern Marias wurden mit den Frauen identifiziert, die mit der Gottesmutter und Maria Magdalena unter dem Kreuz gestanden waren (vgl. Mt 27,56; Mk 15,40; Lk 24,10; Joh 19,25). Siehe dazu Lechner 1994, 175.
13 Vgl. Jakobus de Voragine, Legenda aurea, Von Sanct Mathias dem Apostel (Benz, 213, 217).
14 Die Eigentümlichkeit des seit dem 12. Jahrhundert mit Hörnern abgebildeten Mose geht wohl auf eine missverständliche Übersetzung des hebräischen Urtextes durch die Vulgata zurück, die den Vers mit dem nach dem Gesetzesempfang strahlenden Antlitz des Mose mit den Worten übersetzte: „quod cornuta esset facies sua" (Ex 34,29 Vulgata). Demnach hätten die Israeliten das Gesicht des Mose nach

dem Empfang der Gesetzestafeln gehörnt gesehen. Da es zur Zeit der Übersetzung der Vulgata noch keine Vokalisierung des Hebräischen gab, wurde das Wort „qāran" nicht mit „strahlend", sondern fälschlicherweise mit „gehörnt" übersetzt.
15 Vgl. Jakobus de Voragine, Legenda aurea, Von Sanct Mathias dem Apostel (Benz, 217); Beda Venerabilis, Expositio Actuum Apostolorum 1,26 (CChrSL 121, 14f.).
16 Vgl. Pseudo-Dionysius Areopagita, De ecclesiastica hierarchia 5,3,5 (PG 3, 513); Jakobus de Voragine, Legenda aurea, Von Sanct Mathias dem Apostel (Benz, 217f.).
17 Vgl. Jakobus de Voragine, Legenda aurea, Von Sanct Mathias dem Apostel (Benz, 218).
18 Vgl. Jakobus de Voragine, Legenda aurea, Von Sanct Mathias dem Apostel (Benz, 213).
19 Vgl. Jakobus de Voragine, Legenda aurea, Von Sanct Mathias dem Apostel (Benz, 218f.); Kunsthistorisches Museum Wien, Gemäldegalerie II, 93.
20 Vgl. Friedländer 1930, 84.
21 Vgl. Jakobus de Voragine, Legenda aurea, Von Sanct Mathias dem Apostel (Benz, 219); Kunsthistorisches Museum Wien, Gemäldegalerie II, 93.
22 Vgl. Physiologus 2 (Schönberger, 96).
23 Vgl. Jakobus de Voragine, Legenda aurea, Von Sanct Mathias dem Apostel (Benz, 213). Für die dem Pfau nachgesagte Neigung zur Selbstdarstellung (vgl. Physiologus 2 [Schönberger, 96]) und damit zu den Lastern der Hoffart und Eitelkeit (vgl. Nitz 2010, 197f., 201) finden sich in Orleys Gemälde keine Anhaltspunkte. Auch als Sinnbild für die Ewigkeit und Unsterblichkeit (vgl. Nitz 2010, 199) scheint der Pfau hier nicht zu stehen.

Das Kommen des Heiligen Geistes
S. 213–222

1 Vgl. Scholz-Hänsel 2004, 7–17.
2 Zum Einfluss Michelangelos auf El Greco siehe Scholz-Hänsel 2004, 29–34.
3 Vgl. Scholz-Hänsel 2004, 67. Zum spanischen Kunstschaffen El Grecos siehe Scholz-Hänsel 2004, 19–62. Zum Forschungsstand sowie zu Leben und Werk El Grecos siehe im Überblick Marías 2012, 14–25.
4 Vgl. Mann 1986, 56, 58.
5 Vgl. Mann 1986, 60f.
6 Vgl. Mann 1986, 47–55.
7 Vgl. Mann 1986, 55–57.
8 Vgl. Mann 1986, 55, 62–68. Als 1603 der Leichnam von Alonso de Orozco für den Seligsprechungsprozess exhumiert und im Hochaltar der Kollegskirche neu beigesetzt wurde, fand man ihn unverwest vor (vgl. Mann 1986, 55).
9 Vgl. Mann 1986, 57f. Um das Jahr 1618 war das Kolleg immer noch nicht ganz fertiggestellt (vgl. Pérez Sánchez 1983, 133).
10 Vgl. Pérez Sánchez 1983, 133; Mann 1986, 69–72.
11 Vgl. Scholz-Hänsel 2004, 73.
12 Zur Rekonstruktion des Retabels siehe Pérez Sánchez 1983, 133–140; Mann 1983, 72. Nachdem das Kloster von 1814 bis 1820 und von 1823 bis 1835 wieder in den Besitz der Augustiner-Eremiten gelangen konnte, wurde es 1835 endgültig aufgehoben und ab 1836 in den Senatspalast umgewandelt, nachdem es bereits von 1820 bis 1823 Parlamentssitz gewesen war (vgl. Pérez Sánchez 1983, 133).
13 Vgl. Mann 1986, 47f., 72–107. Richard G. Mann verweist besonders auf die Assistenz von Engeln, die nach den Schriften des Alonso de Orozco die christologischen Ereignisse des Neuen Testament begleiteten und sich gerade bei den Szenen der Verkündigung, Hirtenanbetung, Taufe und Kreuzigung finden, nicht aber bei den Bildern mit der Auferstehung und dem Pfingstwunder (vgl. Mann 1986, 77f.).
14 Vgl. Richert 1957, 346; Ipser 1960, 292; Scholz-Hänsel 2004, 73.
15 Vgl. Ipser 1960, 294.
16 Vgl. ebd.
17 Vgl. Teresa von Ávila, Innere Burg, Siebte Wohnungen 4,4 (Dobhan/Peeters, 361). Nach Teresa von Ávila darf man sich für die kontemplativen mystischen Gnaden zwar bereithalten, muss aber dabei wissen, dass sie ein ganz übernatürliches Geschenk Gottes sind (vgl. Teresa von Ávila, Innere Burg, Fünfte Wohnungen 3,3; 2,9 [Dobhan/Peeters, 196f., 190]).
18 Vgl. Teresa von Ávila, Vida 20,1 (Dobhan/Peeters, 287f.). Zum grundlegenden Unter-

schied zwischen Ekstase und Gotteinigung siehe Teresa von Ávila, Vida 20,1–29 (Dobhan/Peeters, 287–308).
19 Vgl. Teresa von Ávila, Innere Burg, Fünfte Wohnungen 1,4 (Dobhan/Peeters, 175f.); Teresa von Ávila, Vida 20,3–4 (Dobhan/Peeters, 288–290).
20 Teresa von Ávila, Vida 20,18 (Dobhan/Peeters, 300); Ipser 1960, 294.
21 Vgl. Teresa von Ávila, Innere Burg, Fünfte Wohnungen 1,4 (Dobhan/Peeters, 175f.); Teresa von Ávila, Vida 20,3–4 (Dobhan/Peeters, 288–290).
22 Teresa von Ávila, Vida 20,4 (Dobhan/Peeters, 290); Ipser 1960, 294.
23 Vgl. Teresa von Ávila, Vida 20,3–4 (Dobhan/Peeters, 289f.); Ipser 1960, 294.
24 Vgl. Ipser 1960, 294.
25 Vgl. Pfeiffer 2007, 19; Haupt 1941, 104.
26 Vgl. Teresa von Ávila, Vida 20,4 (Dobhan/Peeters, 290).
27 Ipser 1960, 294.
28 Vgl. ebd.
29 Vgl. Richert 1957, 344.
30 Vgl. Richert 1957, 344–346; Ipser 1960, 294.
31 Vgl. Ipser 1960, 294–296.
32 Vgl. Ipser 1960, 296.
33 Vgl. Ipser 1960, 296. Da dieses Jünglingsgesicht nicht zu dem bereits am unteren Bildrand dargestellten jugendlichen Apostel Johannes gehören kann, wurde es von Gertrud Richert nicht als Apostel, sondern als Porträt des Jorge Manuel Theotocópuli (1578–1631) gedeutet, der 1578 in Toledo als unehelicher Sohn El Grecos geboren wurde (vgl. Richert 1957, 346). Die nicht porträthafte Durchführung der nur flüchtig dargestellten Gesichtszüge spricht aber gegen diese Deutung, zumal ohne Zuordnung dieses Gesichtes zu einem der Jünger das Apostelkollegium nur die Elfzahl erreichen würde. Von den insgesamt fünfzehn Personen sind nämlich neben der Gruppe der zwölf Apostel noch Maria, eine weitere Frau und ein männliches Gesicht dargestellt, das Porträtzüge aufweist und deshalb nicht den Aposteln zuzurechnen ist.
34 Vgl. Ipser 1960, 296.
35 Vgl. ebd.
36 Vgl. ebd.
37 Vgl. Ipser 1960, 296. Zu den ekstatischen Haltungen und Physiognomien siehe Stoichita 1997, 164–199.
38 Vgl. Teresa von Ávila, Vida 20,3 (Dobhan/Peeters, 288f.).
39 Richert 1957, 344. Nach Richert stellt diese Frau Jerónima de las Cuevas dar, die 1577 in Toledo in das Leben El Grecos eingetretene Mutter seines einzigen Sohnes Jorge Manuel Theotocópuli (vgl. Richert 2004, 344–346). Da aber von dieser Frau kein authentisches Porträt bekannt ist, lässt sich diese Deutung nicht belegen. Zudem war die Beziehung El Grecos zu ihr nur flüchtig. Die neuere Forschung sieht in Jerónima de las Cuevas keine Adelige, sondern die Tochter einer Handwerkerfamilie aus Toledo (vgl. Marías 2012, 19). Da El Greco die Mantilla nicht nur bei den meisten Darstellungen Marias und weiblicher Heiliger, sondern auch bei weltlichen Frauen ausgeführt hatte, dürfte dieser Kopfschmuck im Pfingstbild nicht biblisch-historisierend aufzufassen sein (vgl. Richert 1957, 346). So ist auch nicht anzunehmen, dass es sich bei der Frau mit der Mantilla um Maria Salome, Maria Kleophas oder Maria Magdalena handelt, von denen Maria manchmal auf Darstellungen des Pfingstereignisses umgeben ist (vgl. Richert 1957, 344).
40 Vgl. Vallentin 1954, 186; Richert 1957, 344; Ipser 1960, 297.
41 Ipser 1960, 292.

Der Geist bezeugt die Gotteskindschaft
S. 223-234

1 Vgl. Stuttgarter NT, 307.
2 Vgl. Bunge 1994, 9. Zum Forschungsüberblick siehe die Literaturverzeichnisse von Ludolf Müller und Gabriel Bunge (vgl. Müller 1990, 124–129; Bunge 1994, 127).
3 Vgl. Bunge 1994, 9f.
4 Vgl. Bunge 1994, 75–77.
5 Vgl. Bunge 1994, 80–85.
6 Vgl. Bunge 1994, 16f. Zur Deutung der Philoxenie Abrahams bei den Kirchenvätern siehe Mainka 1962; Müller 1990, 52–54; Bunge 1994, 47–60 und 120, Anm. 1.

7 Die bereits bei den Kirchenvätern des 2. Jahrhunderts greifbare angelologische Deutung schloss sich dem Hebräerbrief an: „Vergesst die Gastfreundschaft nicht; denn durch sie haben einige, ohne es zu ahnen, Engel beherbergt" (Hebr 13,2). Demnach habe auch Abraham ohne sein Wissen Engel beherbergt, als ihn die drei Männer in Mamre besuchten (vgl. Justin der Märtyrer, Dialog mit dem Juden Tryphon 56,5 [PG 6, 597C]; Clemens von Alexandrien, Stromata 4,123,1 [GCS 52, 302]; Bunge 48 und 120, Anm. 2f.).

8 Vgl. Justin der Märtyrer, Dialog mit dem Juden Tryphon 56,1 (PG 6, 596D); Irenäus von Lyon, Adversus Haereses 4,7,4 (FC 8/4, 60); Bunge 1994, 40 und 120, Anm. 6.

9 Vgl. Bunge 1994, 50f. Nach einer Predigt des Johannes Chrysostomus (349/50–407) über Gen 18 sei einer der drei Besucher herrlicher als die anderen erschienen, so dass Abraham dann diesen als „Herrn" bezeichnet habe: „Fortassis enim unus illustrior caeteris apparebat, ad quem exhortationem suam convertit" (Johannes Chrysostomus, Homiliae in Genesin 41,4 [PG 53, 380]). Vgl. Bunge 1994, 120, Anm. 10.

10 In einer Didymus dem Blinden (310/13–395/98) zugeschriebenen Deutung werden die drei Besucher Abrahams als Sinnbild der Trinität gesehen, wobei der Vater vom Sohn und vom Heiligen Geist begleitet wird, die durch die beiden Engel symbolisiert werden (vgl. Didymus, De Trinitate 2,8,3 [PG 39, 628C]; Bunge 1994, 52 und 120, Anm. 11). Dass Gott dem Abraham in der Gestalt von drei Besuchern erscheint, aber doch in der Einzahl spricht und auch von Abraham im Singular angeredet wird, deutete Cyrill von Alexandrien (um 375/80–444) als Sinnbild für die Unterschiedenheit der drei Personen von Vater, Sohn und Geist unter der Wahrung der Gleichheit ihres gemeinsamen göttlichen Wesens (vgl. Cyrill von Alexandrien, Contra Julianum 1 [PG 76, 532C–533B]; Bunge 1994, 52 und 120, Anm. 13). Nach Ambrosius (337–397) habe Abraham die Trinität im Bild geschaut und sowohl ihre Einheit als auch ihre Verschiedenheit verehrt, indem er einen als „Herrn" bezeichnete und alle drei empfing, denen er mit dem Kalb eine gemeinsame Gabe darbrachte und damit die eine göttliche Macht bezeichnete (vgl. Ambrosius, De excessu fratris sui Satyri 2,96 [PL 16, 1342C]; Bunge 1994, 52f. und 120, Anm. 14).

11 Vgl. Bunge 1994, 54.

12 Vgl. Bunge 1994, 43. Das nach Eusebius von Cäsarea (260/64–339/40) bereits in vorkonstantinischer Zeit im Hain von Mamre gezeigte Gemälde der drei Besucher bei Abraham mit der als Christus gekennzeichneten mittleren Gestalt (vgl. Eusebius, Demonstratio Evangelica 5,9,7–8 [GCS 23, 232]; Bunge 1994, 54f.) scheint in einem heidnisch-synkretistischen Pilgersouvenir aus dem 5. Jahrhundert erhalten zu sein, das unten einen Brunnen, ein Kalb sowie Abraham und Sara zeigt, während oben unter einem Baum drei in Frontalansicht gezeigte junge Männer zu sehen sind, die eine Trinkschale in der Hand halten und hinter einem kleinen Tisch mit drei Broten sitzen, wobei die Gestalten von links nach rechts jeweils auf den Brunnen, den Baum und das Kalb zeigen (vgl. Bunge 1994, 49, 18f., 116f.). Die bislang älteste und eindeutig christliche Darstellung ist ein Fresko in der römischen Katakombe an der Via Latina aus dem 4. Jahrhundert, das den bärtigen Abraham unter dem Baum mit einem Kalb zeigt, der hier im Sepulkralkontext der Katakombe als Verkörperung des Auferstehungsglaubens erscheint (vgl. Hebr 11,12.17–19). Abraham erkennt gerade die drei Besucher (vgl. Gen 18,2a), die als stehende, weiß gekleidete und bartlose Jünglinge erscheinen und damit dem frühchristlichen Engeltypus entsprechen (vgl. Bunge 1994, 20f., 49), wobei die fast vollkommene Gleichgestaltigkeit der drei Gestalten als stilistisches Mittel zur Veranschaulichung der Trinität dient (vgl. Engemann 1976, 158; Bunge 1994, 49 und 120, Anm. 5), so dass der formal angelologische Bildtypus inhaltlich als trinitarisch zu verstehen ist (vgl. Bunge 1994, 49). Im Langhausmosaik der unter Sixtus III. (reg. 432–440) errichteten römischen Kirche Santa Maria Maggiore sind drei weiß gekleidete, bartlose Jünglinge mit Nimben dargestellt, die von Abraham kniefällig begrüßt werden (vgl. Gen 18,2b), wobei die mittlere Gestalt von einer Mandorla eingehüllt wird, um den Logos zu bezeichnen. Die darunter unter einem Baum dargestellte Bewirtung

findet an einem Tisch über einem Gefäß für die Waschung (vgl. Gen 18,4) statt und erfolgt mit den drei Broten, die links Sara im Haus im Auftrag des vor ihr stehenden Abraham gerade bereitet hat (vgl. Gen 18,6). Abraham ist rechts daneben ein zweites Mal zu sehen, wie er das unzerteilte Kalb darreicht, auf das der mittlere Engel mit seiner Rechten verweist, während er mit seiner Linken auf die drei Brote zeigt, wobei der linke Engel auf die mittlere Gestalt zu deuten scheint. In Fortführung des vorausgehenden Mosaiks mit der Brot- und Weinspende Melchisedeks erhält die Bewirtungsszene mit der zentralen Gestalt des mittleren Engels, den Broten und dem Kalb eine christologische und sogar eucharistische Dimension (vgl. Bunge 1994, 22f., 51f.), von der auch das vor 547 entstandene Mosaik des Chores von San Vitale in Ravenna geprägt ist, wo gegenüber den auf Christus vorausweisenden Opfern Abels und Melchisedeks (vgl. Hebr 12,24; 11,19) die Bewirtungsszene zusammen mit dem ebenfalls als Vorausbild Christi zu deutenden Opfer Isaaks (vgl. Hebr 11,19) dargestellt ist. Während links im Bogenfeld Sara vor dem Haus zu sehen ist, bewirtet rechts Abraham die drei gleich gekleideten nimbierten Engel mit dem Kalb, wobei die mittlere und die rechte Gestalt ihre rechte Hand segnend erhoben haben und der linke und rechte Engel auf die Brote auf dem Tisch zeigen, die mit dem auf Christus hinweisenden griechischen Buchstaben Chi (X) verziert sind (vgl. Bunge 1994, 22–25, 52). Wie im 12. Jahrhundert entstandenen Mosaiken mit der Begrüßungs- und Bewirtungsszene in der Cappella Palatina des Normannenpalastes in Palermo und im Dom von Monreale zeigen, wurden nun alle drei Besucher als Engel mit Flügeln dargestellt und auch inschriftlich als solche bezeichnet. Diese beiden formal angelologischen Mosaiken sind gemäß den Inschriften inhaltlich als trinitarisch zu verstehen. Während die Inschrift bei der Begrüßungsszene besagt, dass Abraham drei Engel empfing, aber nur einen anbetete, obwohl er drei erblickte, ist bei der Bewirtung zu lesen, dass Abraham drei Engeln aufwartete (vgl. Bunge 1994, 28, 49). In den Mosaiken von Palermo und Monreale wird der mittlere Engel als Logos hervorgehoben, der im Unterschied zu den grüngerändeten Nimben der beiden Begleitengel einen Nimbus mit rotem Rand trägt und bei der Bewirtungsszene anstelle des Botenstabes die auf Christus verweisende Buchrolle hält (vgl. Bunge 1994, 25–28).

13 Vgl. Bunge 1994, 30, 43, 54f. Bei der ikonographischen Neuordnung nach dem Ikonoklasmus orientierte man sich formal an dem von Eusebius überlieferten Urtypus mit Christus als Mittelfigur (vgl. Eusebius, Demonstratio Evangelica 5,9,7–8 [GCS 23, 232]), betonte aber inhaltlich durch die Überschrift die trinitarische Lesart (vgl. Bunge 1994, 54f.).

14 Zu den frühen russischen Beispielen des christologischen Bildtypus gehört die um 1230 entstandene und mit dem Titel „Heilige Dreifaltigkeit" bezeichnete Darstellung auf der südlichen Pforte der Kirche Mariä Geburt in Susdal (vgl. Bunge 1994, 32). Um 1378 schuf Rubljovs Lehrer Feonfan Grek ein Fresko in der Verklärungskirche von Nowgorod, auf dem der mittlere Engel deutlich größer als die Begleitengel dargestellt ist und mit seinen weit ausgebreiteten Flügeln die Bildfläche beherrscht (vgl. Bunge 1994, 32, 34, 37). Zur Zeit Rubljovs entstand in der ersten Hälfte des 15. Jahrhunderts eine vierteilige Ikone, die im Russischen Museum in St. Petersburg aufbewahrt wird und neben der Lazaruserweckung, dem Evangelisten Johannes mit Prochoros und der Epiphanie die Darstellung der drei Engel zeigt, die als „Heilige Dreifaltigkeit" bezeichnet ist, wobei der mittlere Engel als „der Seiende" (vgl. Ex 3,14 LXX) ausgewiesen ist (vgl. Bunge 1994, 35, 37).

15 Vgl. Bunge 1994, 56.

16 Vgl. Bunge 1994, 37f., 41, 43f., 60.

17 Vgl. Bunge 1994, 44, 56. Bei der Ende des 14. Jahrhunderts entstandenen Dreifaltigkeitsikone, die der mit Sergius von Radonesch befreundete Stephan von Perm (1340/45–1396) bei der Mission der Syrjanen verwendet hatte, werden die drei Engel inschriftlich als Vater, Sohn und Heiliger Geist bezeichnet. Die Inschrift steht aber zusammengefasst in der Mitte, so dass die dort angeführten Namen der drei göttlichen Personen nicht den darunter dargestellten Engeln zugeordnet werden können. Mit dieser Inschrift war sicherlich keine Identifikation der einzelnen Gestalten beabsichtigt,

vielmehr sollte allgemein in Erinnerung gerufen werden, dass diese drei Engel die Trinität versinnbildlichen (vgl. Bunge 1994, 44–46). Dennoch übertrugen einige Autoren (vgl. Demina 1972, 62f.; Müller 1990, 31f., 92f., 99) die Inschrift so auf die drei Gestalten, dass der mittlere Engel als Vater, der rechte als Sohn und der linke als Heiliger Geist zu deuten wären (vgl. Bunge 1994, 120, Anm 28). Eine andere Lesart sieht in der Mitte den Vater, links den Sohn und rechts den Heiligen Geist (vgl. Evdokimov 1984, 186). Zu den verschiedenen Zuordnungsversuchen der drei Engel zu den göttlichen Personen siehe Müller 1990, 60–99.
18 Vgl. Bunge 1994, 58.
19 Vgl. Bunge 1994, 46.
20 Vgl. Bunge 1994, 61–68, 77–79.
21 Vgl. Bunge 1994, 41, 69–71, 87. Zum Leben und Wirken Rubljovs siehe grundlegend Sergejew 1991.
22 Vgl. Bunge 1994, 74, 80, 92.
23 Vgl. Bunge 1994, 87f.
24 Vgl. Bunge 1994, 88f., 97.
25 Vgl. Bunge 1994, 89–91.
26 Vgl. Bunge 1994, 95f.
27 Vgl. Bunge 1994, 96–98.
28 Vgl. Bunge 1994, 98–100.
29 Vgl. Bunge 1994, 89, 100, 104.
30 Vgl. Bunge 1994, 100–102. „Per manus enim Patris, hoc est per Filium et Spiritum, fit homo secundum similitudinem Dei […]" (Irenäus von Lyon, Adversus Haereses 5,6,1 [FC 8/5, 56]).
31 Vgl. Bunge 1994, 92f., 102, 109.
32 Vgl. Müller 1990, 67; Bunge 1994, 93.
33 Vgl. Bunge 1994, 104–109.
34 Vgl. Bunge 1994, 109–111.
35 Vgl. Bunge 1994, 103f.
36 Vgl. Bunge 1994, 113–115.

Die Eucharistie als Lebensbrunnen
S. 235-242

1 Vgl. Justin der Märtyrer, Apologia 1,67 (PG 6, 429C).
2 Vgl. DH, Nr. 802.
3 Vgl. Eder 1994, 102–105.
4 Vgl. Silva Maroto 2002, 145f. Die Madrider Tafel wurde mehrmals kopiert. Die bedeutendste Kopie fertigte um 1500 der kastilische Maler Belasco an. Das Gemälde befand sich bis ins 18. Jahrhundert in der Domkirche von Palencia und ist heute im Allen Memorial Art Museum in Oberlin ausgestellt (vgl. Borchert 2002, 237 und 26, Abb. 23).
5 Zu dieser Forschungsrichtung siehe unter anderem Pächt 2002, 134f.
6 Zu dieser These siehe vor allem Bruyn 1957. Siehe auch Schlie 2002, 32f.; Borchert 2002, 22, 237.
7 Nach den durch Peter Klein durchgeführten dendrochronologischen Untersuchungen wurde der für die Bildtafel verwendete Baum zwischen 1403 und 1418 gefällt. Rechnet man die übliche bis zu zehn Jahre dauernde Lagerzeit für die Holzbretter hinzu, ergibt sich eine Entstehungszeit um 1428. Siehe dazu Silva Maroto 2006, 43.
8 Zu den Untersuchungen mit Röntgenaufnahmen und Infrarotreflektographie siehe Silva Maroto 2006, 47; Fransen 2009, 122.
9 Zu Jan van Eycks iberischer Gesandtschaftsreise siehe Silva Maroto 2002, 145.
10 Zur Forschungsdiskussion und zu den mit dem Genter Altar zusammenhängenden Fragestellungen siehe grundlegend Herzner 1995. Wie die Vorzeichnung belegt, war auf der Madrider Tafel der Lebensbrunnen ursprünglich kreisrund geplant, der dann bei der Ausführung die übliche Achteckform bekam, um offenbar der Taufsymbolik Ausdruck zu verleihen (vgl. Silva Maroto 2006, 45). Wäre dem Maler der Madrider Tafel die achteckige Form des Lebensbrunnens auf dem Mittelbild des Genter Altars bereits bekannt gewesen, dann hätte dieser Künstler sicher von Anfang an die oktogonale Form gewählt, wie Volker Herzner betont, der sich für die Priorität der Madrider Tafel vor dem Genter Altar ausspricht.
11 Vgl. Vos 2002, 50.
12 Vgl. Thomas 1968, 331–333.
13 Vgl. Thomas 1968, 334; Panofsky 2001, 218 und 434, Anm. 50.
14 Vgl. Schlie 2002, 33f.
15 Vgl. Hieronymus, In Matheum, Praefatio (CChrSL 77, 3); Baudry 2010, 65f.
16 Zu den apokalyptischen Wesen siehe auch die Vision in Ez 1,6.10 (vgl. Baudry 2010, 65).
17 Vgl. Schlie 2002, 34.

18 Vgl. Pächt 2002, 131.
19 Auch beim späteren Genter Altar besitzen die Musikengel keine Flügel.
20 Vgl. Panofsky 2001, 218 und 434, Anm. 49; Schlie 2002, 35.
21 Vgl. Barnabasbrief 15,8–9 (Berger/Nord, 257); Rahner 1989, 79–81; Baudry 2010, 67–69, 79.
22 Auch Bernhard von Clairvaux (um 1090–1153) erblickte in der Quelle Christus und sah in ihr ein Bild für das ewige Leben, wobei er den Vers Hld 4,15 mit dem Ps 46,5 („Die Wasser eines Stromes erquicken die Gottesstadt") verband (vgl. Bernhard von Clairvaux, In Nativitate Beatae Mariae De aquaeductu 3 [Winkler VIII, 622–624]) und dabei mit diesem Psalmzitat auch den apokalyptischen Kontext des Lebensstromes (vgl. Offb 22,1) aufnahm. Zum Fons hortorum, der von der bräutlichen Dimension des Hohenliedes her typologisch auch auf Maria bezogen wurde, siehe Wipfler 2004, 133–140.
23 Vgl. Pächt 2002, 134f.; Panofsky 2001, 218; Schlie 2002, 35.
24 Vielleicht handelt es sich um den „Orden vom Knoestigen Stok", der 1430 durch den von Philipp dem Guten gegründeten „Orden vom Goldenen Vlies" abgelöst wurde (vgl. Silva Maroto 2006, 43).
25 Vgl. Silva Maroto 2006, 45.
26 Vgl. Schlie 2002, 34.

Die Blutspende aus dem Herzen Jesu
S. 243-248

1 Vgl. Stuttgarter NT, 223, 467; Rahner 1943 Herz Jesu, 65–68. Nach Augustinus (354–430) wurde Christus nach seinem Tode mit einer Lanze durchbohrt, damit aus seiner Seite die Sakramente hervorfließen, durch die die Kirche gebildet werden soll (vgl. Augustinus, Tractatus in Iohannis Evangelium 9,10 [CChrSL 36, 96f.]). Vgl. Thomas 1970, 502.
2 Zum Motiv der mystischen Kelter in der christlichen Literatur und Kunst siehe Thomas 1936, 46–162; Thomas 1968, 334f.; Thomas 1970, 497–504.
3 Vgl. Thomas 1968, 334; Thomas 1970, 497f.
4 „Spiritus enim propheticus, velut iam contemplabundus dominum ad passionem venientem, carne scilicet, vestitum ut in ea passum, cruentum habitum carnis in vestimentorum rubore designat, conculcatae et expressae vi passionis tamquam in foro torcularis, quia et inde quasi cruentati homines de vini rubore descendunt. Multo manifestius Genesis in benedictione Iudae, ex cuius tribu carnis census Christi processurus, iam tunc Christum in Iuda deliniabat: lavabit, inquit, in vino stolam suam et in sanguine uvae amictum suum, stolam et amictum carnem demonstrans et vinum sanguinem. Ita et nunc sanguinem suum in vino consecravit qui tunc vinum in sanguinem figuravit" (Tertullian, Adversus Marcionem 4,40,6 [CChrSL 1, 657]). Bereits Justin der Märtyrer (um 100–165) hatte in Gen 49,11 eine Leidensweissagung Jesu gesehen (vgl. Justin der Märtyrer, Apologia 1,32 [PL 6, 377B]; Dialog mit dem Juden Tryphon 54 [PG 6, 409A]). Siehe dazu Thomas 1970, 498.
5 Vgl. Clemens von Alexandrien, Paedagogus 1,5,15,4 (SC 70, 138); Thomas 1970, 498.
6 Vgl. Clemens von Alexandrien, Paedagogus 2,2,19,3 (SC 108, 46); Thomas 1970, 498.
7 Vgl. Jes 63,3.
8 „Solus enim torcular in quo calcatus est calcavit, qui sua potentia eam quam pertulit passionem vicit" (Gregor der Große, Homiliae in Ezechielem 2,1,9 [CChrSL 142, 215]). Vgl. Thomas 1970, 498.
9 „In passione autem mortis, unde hic sermo est, ipse qui calcat et ipse qui calcatur, idem est" (Rupert von Deutz, In Isaiam Prophetam 2,29 [PL 167, 1357C]). Vgl. Thomas 1970, 498.
10 Vgl. Thomas 1970, 499–503.
11 Vgl. Rauch 1992, 175, Anm. 9.
12 Vgl. Reidel 1983, 110.
13 Zur Geschichte des Regensburger Dominikanerinnenklosters Heilig Kreuz siehe Popp 1983, 17–25.
14 Vgl. Reidel 1983, 110.
15 Mit diesen Themen wurde in der geistlichen Literatur auch die mystische Kelter gedanklich verbunden (vgl. Thomas 1970, 498).
16 Vgl. Feldbusch 1955 Dreifaltigkeits-Darstellungen, 430.
17 Vgl. Feldbusch 1955 Dreifaltigkeitssymbole, 416.
18 Vgl. Reidel 1983, 110.

19 Vgl. Lange 2011, 103f.
20 Vgl. Clemens von Alexandrien, Paedagogus 2,2,19,4 (SC 108, 48).

Johannes der Täufer zeigt den Jüngern das Lamm Gottes
S. 249-257

1 Vgl. Périer-D'Ieteren 2006, 290. Siehe zu diesem Bild Schöne 1938, 106f., Tafel 32; Eikemeier 1990, 9–24; Eikemeier 1999 Bouts, 581; Metzsch 2002 Gotteslamm, 55f.; Périer-D'Ieteren 2006, 290–295. Die Zuschreibung der Bildtafel an Dieric Bouts war 1857 durch Joseph Archer Crowe (1825–1896) und Giovanni Battista Cavalcaselle (1819–1897) erfolgt (vgl. Crowe/Cavalcaselle 1872, 334) und wird seitdem in der Forschung allgemein anerkannt (vgl. Eikemeier 1990, 19f.; Périer-D'Ieteren 2006, 290).
2 Vgl. Eikemeier 1999 Bouts, 581; Metzsch 2002 Gotteslamm, 55. Zu den wenigen bekannten Darstellungen mit der Szene des ersten öffentlichen Bekenntnisses des Johannes zu Jesus zählt ein um 1455/60 entstandenes Tafelbild des Giovanni di Paolo (um 1403–1482), das zu einem Zyklus mit Szenen aus dem Leben des Täufers gehört und im Art Institute in Chicago aufbewahrt wird (vgl. Eikemeier 1990, 24, Anm. 2). Im 16. Jahrhundert trat das Bildmotiv manchmal als Nebenszene in den volkreichen Darstellungen der Täuferpredigt auf (vgl. Eikemeier 1990, 12). Zu den barocken Darstellungen siehe Pigler 1974, 273.
3 In der auf Eichenholz (73 × 56 cm) gemalten Kopie weist Johannes der Täufer die beiden im Johannesevangelium erwähnten Jünger auf Jesus als das Lamm Gottes hin (vgl. Joh 1,35–37). Zu dieser Kopie siehe Friedländer 1909, 209–212; Friedländer 1925, 82; Schöne 1938, 107; Eikemeier 1990, 16–18; Périer-D'Ieteren 2006, 294f.
4 Vgl. Eikemeier 1990, 20; Eikemeier 1999 Bouts, 88.
5 Nach den 1987 durch Peter Klein durchgeführten dendrochronologischen Untersuchungen kommt als frühestmöglicher Zeitpunkt für die Bemalung der Bildtafel das Jahr 1462 in Frage (vgl. Sonnenburg 1990, 25). Da sich Bouts verpflichten musste, neben der Arbeit an dem Löwener Sakramentsaltar keine anderen Aufträge anzunehmen, kommt für die Anfertigung der Tafel mit dem Täufer der Zeitraum von 1464 bis 1467 nicht in Frage (vgl. Périer-D'Ieteren 2006, 34). Während Peter Eikemeier eine Datierung um 1462/64 vorschlägt (vgl. Eikemeier 1999 Bouts, 581), spricht sich Catheline Périer-D'Ieteren aus stilistischen Gründen für eine Datierung um 1469 aus (vgl. Périer-D'Ieteren 2006, 290, 293–295).
6 Zum Erhaltungszustand der Tafel siehe Sonnenburg 1990, 25–28. Die in ihrer ursprünglichen Größe erhaltene Tafel dürfte auf der Rückseite nicht bemalt gewesen sein (vgl. Eikemeier 1990, 18). Zu den Vorzeichnungen und Endausführungen der Malerei auf der Tafel siehe Sonnenburg 1990, 28–33.
7 Vgl. Périer-D'Ieteren 2006, 290.
8 Vgl. Eikemeier 1990, 18.
9 Vgl. Eikemeier 1990, 21–23; Eikemeier 1999 Bouts, 581; Périer-D'Ieteren 2006, 290.
10 Vgl. Eikemeier 1990, 9f.; Eikemeier 1999 Bouts, 581; Périer-D'Ieteren 2006, 291.
11 Vgl. Eikemeier 1990, 13; Eikemeier 1999 Bouts, 581; Périer-D'Ieteren 2006, 291.
12 Vgl. Eikemeier 1990, 13; Périer-D'Ieteren 2006, 293.
13 Eikemeier 1990, 10.
14 Vgl. Vos 2002, 121.
15 Vgl. Suckale 1995, 23.
16 Vgl. Eikemeier 1990, 13. Zu den Edelsteinen Diamant, Achat und Perle als Symbole für Christus siehe Physiologus 32; 42; 44 (Schönberger, 54–60, 80, 84–86). Ursprünglich versinnbildlichten die Edelsteine die Paradiesflüsse (vgl. Eikemeier 1990, 14 und 24, Anm. 4).
17 Vgl. Eikemeier 1990, 10, 13.
18 Vgl. Suckale 1995, 62. Siehe dazu die Predigt „De lucerna ardente et lucente" des Bernhard von Clairvaux (um 1090–1153) zum Geburtsfest Johannes' des Täufers (vgl. Bernhard von Clairvaux, Sermo in Nativitate S. Ioannis Baptistae [Winkler VIII, 422–439]). Vgl. Suckale 1995, Anm. 86. Zum feurigen Wesen der Seraphim siehe Gregor der Große, Homilia 34,10 (FC 28/2, 660).
19 Vgl. Eikemeier 1990, 12.
20 Vgl. Eikemeier 1990, 10, 13; Metzsch 2002 Gotteslamm, 55.

21 Vgl. Eikemeier 1990, 12–14; Eikemeier 1999 Bouts, 581. Wie die Vorzeichnung zeigt, war der Baum ursprünglich etwas mehr nach rechts hin angelegt und wurde dann bei der Ausführung leicht nach links verschoben, um dem Zeigegestus des Täufers mehr Raum zu geben (vgl. Sonnenburg 1990, 33).

22 Vgl. Gallwitz 1996, 109.

23 Vgl. Gallwitz 1996, 149. Ein Wegerich dürfte auch ganz rechts unten in der Ecke des Bildes dargestellt sein.

24 Vgl. Behling 1957, 63f.

25 Vgl. Butzkamm 2001, 175; Widauer 2009, 124f.; Gallwitz 1996, 102. Die nicht erkennbaren roten Beeren verweisen als Speise der Seligen auf das himmlische Paradies.

26 Vgl. Gallwitz 1996, 143, 145; Widauer 2009, 49, 52.

27 Vgl. Schöne 1938, 230f., 247; Eikemeier 1990, 19 und 24, Anm. 13.

28 Vgl. Eikemeier 1990, 19.

29 Vgl. Eikemeier 1990, 14f.; Schlie 2002, 129.

30 Vgl. Baudouin 1948, 141–145. Zu den Zusammenhängen mit der Devotio moderna siehe auch Harbison 1985, 111.

31 Vgl. Eikemeier 1990, 13–15.

32 Thomas von Kempen, Nachfolge Christi 1,1,1 (Eichler, 33).

33 Thomas von Kempen, Nachfolge Christi 2,1,1–4.5 (Eichler, 129).

34 Vgl. Eikemeier 1990, 15. Hält man sich die immer wieder vorgebrachte Kritik vor Augen, die der Devotio moderna eine Überbetonung der Gnade und eine Vernachlässigung der Natur vorwirft, so zeigt die Tafel von Dieric Bouts durchaus eine ausgewogene Gewichtung von Natur und Gnade, wie sie auch im Dritten Buch der „Nachfolge Christi" entfaltet wurde (vgl. Eikemeier 1990, 15).

35 Vgl. Eikemeier 1990, 16, 21.

Die Berufung der Söhne des Zebedäus
S. 258-265

1 Vgl. Ottieri 1984, 80.

2 Vgl. Vasari, Le vite (Milanesi III, 646); Ridolfi, Maraviglie I, 59. Nach anderen Traditionen wurde Basaiti in Friaul geboren, wo sich viele Familien aus dem Balkan, besonders aus Albanien, niedergelassen hatten (vgl. Brucher 2010, 252 und 436, Anm. 545).

3 Vgl. Kultzen 1999 Basaiti, 60. Bei dem frühesten bekannten Werk Basaitis handelt es sich um ein 1496 datiertes Porträt. Viele seiner Gemälde sind signiert und oftmals auch datiert (vgl. Brucher 2010, 253).

4 Vgl. Brucher 2010, 252f., 259; Kultzen 1999 Basaiti, 60. Als Basaiti 1510 für San Giobbe in Venedig ein Altarbild mit dem Gebet Christi am Ölberg malte, begegnete er dort auch Vittore Carpaccio (um 1465–1525/26). Siehe dazu Brucher 2010, 259.

5 Zur Geschichte des Inselklosters, zu Antonio Suriano und zur Bildtafel Basaitis siehe McAndrew 1969, 15–28; Ottieri 1984, 77f., 80; Scirè Nepi 1991, 134. Suriano war 1478 in Padua Kartäuser geworden und amtierte dort von 1497 bis 1500 für kurze Zeit als Prior (vgl. Ottieri 1984, 78). Zu den Erweiterungen und Umgestaltungen im Rahmen des Werkprozesses der Tafel Basaitis siehe Scirè Nepi 1991, 134. Die größte Veränderung bestand darin, dass die bereits fertiggestellte Tafel am unteren Bildrand durch ein 15 cm hohes Holzstück verlängert wurde. Wegen der geringen Höhe dieser Anstückelung kann es nicht als erwiesen gelten, dass die ganze Szenerie mit den beiden Booten erst nachträglich erweitert wurde, so dass vielleicht nur der in Rückansicht gezeigte Angler hinzugefügt wurde (vgl. Brucher 2010, 253–256).

6 Vgl. Vasari, Le vite (Milanesi III, 647).

7 Vgl. Brucher 2010, 253.

8 Vgl. Ottieri 1984, 86–89.

9 Vgl. Brucher 2010, 256f.

10 Vgl. Pfeiffer 2007, 19.

11 Zum lateinischen Segensgestus siehe Prinz 2000, 515f.

12 Vgl. Ottieri 1984, 81; Brucher 2010, 256.

13 Johannes hatte ursprünglich einen kurzen Pagenschnitt, der dann später in das lang herabfallende Haar umgewandelt wurde (vgl. Scirè Nepi 1991, 134).

14 Vgl. Prinz 2000, 603f.

15 Vgl. Wilhelm von Saint-Thierry, Epistula aurea 7 (Kohout-Berghammer, 21); Ottieri 1984, 86. Auch Hieronymus sprach von den Aposteln als ungebildeten Fischern, die Jesus in seine Nachfolge und zur Predigt berufen habe.

Siehe dazu Hieronymus, In Matheum 1,4,19 (CChrSL 77, 23); Ottieri 1984, 86 und Anm. 29. Zum Bildmotiv des Mönches als Fischer siehe die Darstellung auf fol. 97v des um 1408/09 von den drei Brüdern Paul, Johan und Herman Limburg (gest. 1416) angefertigten und im New Yorker Metropolitan Museum aufbewahrten Stundenbuches des Herzogs Jean de Berry (1330–1416), das auch eine Ansicht der Grande Chartreuse zeigt (vgl. Ottieri 1984, 86).
16 Vgl. Ottieri 1984, 78; Zuffi 2004, 177.
17 Vgl. Ottieri 1984, 89.
18 Vgl. Ottieri 1984, 89.
19 Vgl. Brucher 2010, 257.
20 Vgl. Penco 1966, 133–143; Ottieri 1984, 81.
21 „Quod maius miraculum, quando tot iuvenes, tot adolescentes, tot nobiles, universi denique quos hic video, velut in carcere aperto tenentur, sine vinculis, solo Dei timore confixi […]?" (Bernhard von Clairvaux, In Dedicatione Ecclesiae Sermo Primus 2 [Winkler VIII, 812]). Vgl. Ottieri 1984, 82 und Anm. 22.
22 „Merito siquidem stagnis monasteria comparantur, ubi quodammodo incarcerati pisces evagandi non habent libertatem, quo videlicet parati sint semper ad epulas spirituales […]" (Bernhard von Clairvaux, In Natali Sancti Andreae Sermo Primus 3 [Winkler VIII, 928]). Siehe dazu Ottieri 1984, 82 und Anm. 21. Bereits Petrus Damiani (um 1006–1072) hatte in einem Brief an Abt Desiderius von Montecassino (reg. 1058–1087) das Kloster als Hütte definiert, die für den Mönch wie ein Fischbecken, ein himmlischer Schafstall oder eine Voliere für Vögel sei: „Claustrum itaque monasterii utrum gurgustium, sive vivarium piscium solummodo, sicut dictum est: an etiam captabulum coelestium pecorum vel certe aviarum volucrum per spiritalem intelligentiam rectius possumus appellare?" (Petrus Damiani, De bono religiosi status et variarum animantium tropologia 2 [PL 145, 766C]). Siehe dazu Ottieri 1984, 81 und Anm. 17. Die Parallele zwischen Fisch und Mönch (vgl. Penco 1964, 34–37) taucht auch in der Kartäuserliteratur auf (vgl. Ottieri 1984, 81).
23 Vgl. Ottieri 1984, 82. Die Deutung eines Gitterkäfigs auf das monastische Leben findet sich bereits im 12. Jahrhundert im Apsismosaik von San Clemente, wo Vogelkäfige im neuplatonischen Sinn auf den Körper als Gefängnis der Seele anspielen, die sich durch die einsame Kontemplation zu befreien vermag (vgl. Ottieri 1984, 83). Auch in dem 1486 von Carlo Crivelli (um 1430/35–1494/95) für die Observanten von Ascoli angefertigten Verkündigungsbild in der Londoner National Gallery taucht im Hintergrund ein Gitterfenster auf, auf das zwei Mönche blicken (vgl. Ottieri 1984, 83–85). In dem 1485 durch Giovanni Bellini geschaffenen Gemälde mit der Ekstase des hl. Franziskus, das sich in der New Yorker Frick Collection befindet, ist rechts eine mit einem Zweigengeflecht verschlossene Höhle zu sehen, die die Zelle des Heiligen darstellt (vgl. Ottieri 1984, 85f.).
24 Siehe dazu die entsprechenden Ausführungen des Petrus Berchorius (um 1290–1362) im zwölften Buch seines enzyklopädischen Werkes „Reductorium morale" (vgl. Ottieri 1984, 89 und Anm. 35).
25 Vgl. Thomas von Vercelli, Commentarium in Cantica Canticorum 3 (PL 206, 205B–C); Ottieri 1984, 89 und Anm. 89.
26 Vgl. Ottieri 1984, 89.
27 Während die befestigte Stadtmauer auf den Damm um die Klosterinsel anspielen könnte, dürfte das Kastell für die Festung San Nicolò stehen, die zusammen mit dem Kastell Sant'Andrea die Einfahrt in die Lagune direkt vor der Kartäuserinsel bewachte (vgl. Ottieri 1984, 81).
28 Vgl. Ottieri 1984, 78, 81.
29 Vgl. Brucher 2010, 257.
30 Vgl. Ottieri 1984, 89.

Die Heilung des Besessenen
S. 266-272

1 Vgl. Stuttgarter NT, 74.
2 Siehe dazu das Geschenkverzeichnis (fol. 1r) und das Widmungsbild des Hitda-Codex (fol. 5v–6r). Vgl. Winterer 2011, 12. Zum Widmungsbild siehe Kraus 2005, 105–112. Da zwischen 948 und 1042 kein Name einer Äbtissin für das Stift überliefert ist, muss die Regierungszeit Hitdas in diesen Zeitraum fallen. Zu Hitda und zur Datierungsfrage siehe Kraus 2005, 59–67; Winterer 2011, 30–35.

3 Zur Datierung des Hitda-Codex, zur Frage der Kölner Malschule und zum Kloster St. Pantaleon als möglichem Entstehungsort siehe Winterer 2011, 15–30. Zur Kölner Malschule in der Ottonenzeit siehe auch Euw 1991, 251–280. Kraus plädiert eher für das Klerikerstift von St. Gereon als Ort der Kölner ottonischen Malschule (vgl. Kraus 2005, 79–82). Zum Forschungsstand des Hitda-Codex siehe Kraus 2005, 17–40.
4 Vgl. Winterer 2011, 10–12.
5 Vgl. Winterer 2011, 12.
6 Vgl. Kraus 2005, 46–49; Winterer 2011, 13–15. Zum Aufbau der übrigen Codices der Kölner Malschule und zu deren Illustrationsprinzipien siehe Kraus 2005, 49–55, 83–91.
7 Vgl. Winterer 2011, 36f., 40f. Zu den Beischriften (tituli) des Hitda-Codex siehe Kraus 2005, 93–103.
8 Vgl. Winterer 2011, 53. Zum Bildprogramm des Hitda-Codex siehe auch Kraus 2005, 385–395.
9 Siehe fol. 75r.
10 Siehe fol. 76r.
11 Vgl. Kraus 2005, 218.
12 Vgl. Winterer 2011, 55f.
13 Vgl. Kraus 2005, 221.
14 Siehe fol. 75v. Vgl. Winterer 2011, 56; Kraus 2005, 221, Anm. 20.
15 Vgl. Winterer 2011, 56.
16 Vgl. Winterer 2011, 56; Kraus 2005, 218f., 245f. Zur Ikonographie der Exorzismen Jesu siehe Artelt 1968 Besessene, 273–275.
17 Vgl. Winterer 2011, 56; Kraus 2005, 217, 221.
18 Vgl. Kraus 2005, 217.
19 Vgl. Kraus 2005, 223.
20 Vgl. Kraus 2005, 221f. Die weiße Streifenunterbrechung verlief ursprünglich in der Höhe der goldenen Schriftrolle Jesu, um die göttliche Verkündigung Christi zu unterstreichen; sie wurde aber dann in der heute sichtbaren Weise mit Blau und Rot übermalt (vgl. Kraus 2005, 221). Durch die Übermalung dieses weißen Begrenzungsstreifens erscheint nun auch das obere Ende der graublauen Hintergrundzone in etwas aufgehellter Weise (vgl. Kraus 2005, 217).
21 Vgl. Kraus 2005, 218.
22 Vgl. Kraus 2005, 221–224.
23 „sabbato medicinae dominicae opera coepta significat, ut inde nova creatura coeperit [...]. et bene sabbato coepit, ut ipsum se ostenderet creatorem, qui opera operibus intexeret et persequeretur opus, quod ipse iam coeperat, ut si domum faber renovare disponat, non a fundamentis, sed a culminibus incipt solvere vetustatem" (Ambrosius, Lukaskommentar 4,58 [CSEL 32/4, 168]).
24 Vgl. Kraus 2005, 218, 221, 223f.

Die Heilung der Schwiegermutter des Petrus
S. 273-280

1 Vgl. Kraus 2005, 246.
2 Vgl. Winterer 2011, 56f.; Kraus 2005, 228. Die Darstellungen der Heilung der Schwiegermutter des Petrus folgten teilweise dem Lukasevangelium, wonach Jesus dem Fieber mit seinem Wort zu weichen befahl (vgl. Lk 4,39), oder orientierten sich an Matthäus und Markus, wo von einem Berühren (vgl. Mt 8,15) beziehungsweise Erfassen (vgl. Mk 1,31) der Hand der Kranken berichtet wird (vgl. Kraus 2005, 226). Die ottonischen Handschriften des Trierer Egbert-Codex (fol. 22v), des Münchner Evangeliars Ottos III. (fol. 149v) und des Echternacher Codex aureus (fol. 53v) folgten dem Lukasevangelium und zeigten Jesus, wie er dem Fieber gebietet und von Petrus und anderen Aposteln begleitet wird (vgl. Kraus 2005, 226f.).
3 Vgl. Winterer 2011, 15–30. Zum Forschungsstand des Hitda-Codex siehe Kraus 2005, 17–40.
4 Vgl. Kraus 2005, 59–67, 105–112; Winterer 2011, 12, 30–35.
5 Vgl. Kraus 2005, 46–49; Winterer 2011, 13–15.
6 Vgl. Winterer 2011, 36f., 40f., 53. Zu den Beischriften (tituli) des Hitda-Codex siehe Kraus 2005, 93–103. Zum Bildprogramm des Hitda-Codex siehe auch Kraus 2005, 385–395.
7 Siehe fol. 76v.
8 Vgl. Kraus 2005, 228.
9 Vgl. Gordan 1966, 35; Kraus 2005, 225f.
10 Vgl. Kraus 2005, 225. Die goldene Dreipunktmusterung auf dem Pallium Jesu erscheint nur noch bei der Majestas Domini (fol. 7r) und in der Miniatur mit der Hochzeit zu Kana (fol. 169r). Siehe dazu Kraus 2005, 229.

11 Vgl. Kraus 2005, 225, 228f.
12 Vgl. Kraus 2005, 225f., 229f.
13 Vgl. Gordan 1966, 36–38.
14 Vgl. Chromatius von Aquileja, Tractatus in Mathaeum 40,2–3 (CChrSL 9A, 386f.); Ronig 2005 Miniaturen, 120.
15 Vgl. Paschasius Radbertus, Expositio in Mattheum 5,8 (PL 120, 354D–355A); Ronig 2005 Miniaturen, 120.
16 Vgl. Paschasius Radbertus, Expositio in Mattheum 5,8 (PL 120, 354B).
17 Vgl. Kraus 2005, 228.
18 Vgl. Kraus 2005, 226, 230f.
19 Vgl. ebd.
20 Vgl. Kraus 2005, 226, 228, 231f.
21 Vgl. Winterer 2011, 57.

Die Heilung des Aussätzigen
S. 281-285

1 Vgl. Stuttgarter NT, 75.
2 Vgl. Artelt 1968 Aussatz, 228f.
3 Vgl. Mütherich 2001 Ausstattung, 55.
4 Vgl. Dressler 2001, 11–18; Mütherich 2001 Forschungsgeschichte, 19–22.
5 Zur Ausstattung der Handschrift siehe Mütherich 2001 Ausstattung, 27–79. Auch den Evangelien nach Matthäus und Johannes sind jeweils sieben Bilder zugeordnet, während das Lukasevangelium acht Miniaturen enthält (vgl. Mütherich 2001 Ausstattung, 48).
6 Siehe fol. 120v. Zum Markuszyklus siehe Mütherich 2001 Ausstattung, 55–58. Die Szene der Aussätzigenheilung hat ihr Vorbild in einer spiegelbildlichen Darstellung des spätkarolingischen Evangelistarfragmentes aus St. Florin in Koblenz (fol. 5r), das heute in der Düsseldorfer Landes- und Staatsbibliothek aufbewahrt wird. Die Miniatur des Münchner Evangeliars Ottos III. schließt sich besonders eng an das Oberzeller Fresko an, auf dem auch das Dankopfer dargestellt ist, während die Opferszene im Trierer Egbert-Codex (fol. 21v) fehlt, der um 985/93 in der Reichenauer Malschule angefertigt wurde und sich an Mt 8,1–4 anschließt, wonach Jesus das Wunder nach dem Herabsteigen von der Höhe der Bergpredigt wirkte. Siehe dazu Mütherich 2001 Ausstattung, 55; vgl. Ronig 2005 Miniaturen, 115–117.

7 Vgl. Ronig 2005 Miniaturen, 116.
8 Vgl. Artelt 1968 Aussatz, 228; Mütherich 2001 Ausstattung, 55. Später trat an die Stelle des Horns eine Klapper (vgl. Artelt 1968 Aussatz, 228).
9 Vgl. Artelt 1968 Aussatz, 229; Mütherich 2001 Ausstattung, 55.
10 Zum Segensgestus siehe Prinz 2000, 515f.
11 Im Unterschied zu den Darstellungen der Heilung der Blinden werden die Aussätzigen durch Christus nicht direkt berührt (vgl. Artelt 1968 Aussatz, 229).
12 Vgl. Mütherich 2001 Ausstattung, 55.
13 Mit dem nimbierten Haupt, den nackten Füßen, dem weißen Bart- und Haupthaar, der hellblauen Tunika und dem roten Pallium gleicht die Gestalt des Priesters formal den beiden Schreibern auf der Miniatur mit der Darstellung des Evangelisten Markus (fol. 94v).
14 Vgl. Ambrosius, Lukaskommentar 5,8–9 (CSEL 32/4, 181).

Die Heilung des Gelähmten
S. 286-289

1 Vgl. Stuttgarter NT, 75.
2 Vgl. Jäggi 2013, 168–170, 185.
3 Zur Baugeschichte siehe Jäggi 2013, 168–170; Dresken-Weiland 2016, 117–122. Zu den Mosaiken in San Apollinare Nuovo siehe Jäggi 2013, 177–191; Dresken-Weiland 2016, 122–210.
4 Vgl. Neumann 1999, 146; Jäggi 2013, 189f.; Dresken-Weiland 2016, 122.
5 Vgl. Dresken-Weiland 2016, 133, 136. Die traditionelle Ikonographie des sein Bett tragenden Geheilten zeigt auch das dreizehnte Bild des Wunderzyklus von San Apollinare Nuovo, das die Krankenheilung am Teich Betesda (vgl. Joh 5,1–18) darstellt. Ein frühes Beispiel für den an seiner Tragbahre herabgelassenen Gelähmten hat sich in einem frühmittelalterlichen Fresko in San Saba in Rom erhalten. Siehe dazu Dresken-Weiland 2016, 136.
6 Vgl. Zink 1986, 66f.
7 Vgl. Aßmus-Neumann 1998, 55; Dresken-Weiland 2016, 133.
8 Wie an dem Fehlen von Mosaiksteinen im rechten unteren Viertel des Nimbus, an der

Einfügung eines grünen statt eines blauen Edelsteins und an dem leeren rechten Auge zu erkennen ist, wurde die rechte Hälfte des Gesichtes Jesu ergänzt (vgl. Dresken-Weiland 2016, 305, Anm. 444).
9 Vgl. Zink 1986, 66; Dresken-Weiland 2016, 133.
10 Vgl. Dresken-Weiland 2016, 305, Anm. 445.
11 Vgl. Dresken-Weiland 2016, 133–136.
12 Eine weitere Besonderheit dürfte darin bestehen, dass der Rahmen des Bettgestells am Kopfende offenbar das Zeichen eines Fisches aufweist, der mit dem Kopf nach unten zeigt und seine Schwanzflosse nach oben hin gereckt hat (vgl. Zink 1986, 67). Will man an dieser Deutung festhalten, dann liegt hier ein Hinweis auf Christus vor, auf den in frühchristlicher Zeit das griechische Wort für Fisch, ❏χθύς, bezogen wurde, indem man aus den fünf Anfangsbuchstaben die Glaubensformel „Jesus Christus, Gottes Sohn, Retter" bildete, also: ❏ησο❏ςΧριστόςΘεο❏Υ❏όςΣωτήρ. So dürfte das Fischsymbol darauf hinweisen, dass Christus als Retter gekommen ist, um die Menschheit und damit eben auch den Gelähmten von Kafarnaum von der Sünde zu befreien.
13 Vgl. Dresken-Weiland 2016, 136.
14 Vgl. Aßmus-Neumann 1998, 55.

Christus, der Seelenbräutigam
S. 290-295

1 Vgl. Stuttgarter NT, 76.
2 Vgl. Zunker 2000, 97f.
3 Vgl. Zunker 2000, 101–104.
4 Vgl. Zunker 2000, 104–112.
5 Vgl. Zunker 2000, 100f. Trotz ihrer stilistischen Einheitlichkeit dürften die Miniaturen von St. Walburg verschiedenen Malerinnen zuzuschreiben sein (vgl. Zunker 2000, 99).
6 Siehe beispielsweise die von der Freiburger Klarissin Sibilla von Bondorf um 1460/78 angefertigte deutschsprachige Franziskusvita nach Bonaventura (1221–1274), die in der British Library (Ms. Add. 15710) in London aufbewahrt wird (vgl. Zunker 2000, 99 und 114, Anm. 18).
7 Vgl. Zunker 2000, 98f.
8 Vgl. Zunker 2000, 98f., 107.
9 Vgl. Zunker 2000, 99, 107.
10 Vgl. Zunker 2000, 98f., 107.
11 Vgl. Zunker 2000, 106f.
12 Vgl. Wentzel 1960, 21; Zunker 2000, 108 und 115, Anm. 66.
13 Vgl. Zunker 2000, 108 und 116, Anm. 67. Zur Christus-Johannes-Gruppe siehe grundlegend Wentzel 1954, 658–669; Wentzel 1960; Haussherr 1975, 79–103; Werner 1982, 21–26; Büttner 1983, 174–180.
14 Vgl. Zunker 2000, 108f. Unter den frühen Zeugnissen der Johannesminne aus dem 13. Jahrhundert finden sich auch Beispiele, bei denen Johannes neben Christus steht (vgl. Zunker 2000, 109 und 116, Anm. 68; Wetzel 1954, 658f.; Wetzel 1960, 27; Büttner 1983, 179f.).
15 Vgl. Zunker 2000, 116, Anm. 73.
16 Vgl. Ludolf von Sachsen, Vita Christi, Prooemium (Mabile/Guerrin, 4). Siehe dazu Zunker 2000, 109.
17 Vgl. Zunker 2000, 107f.
18 Vgl. Zunker 2000, 109. Zur aszetisch-moralisierenden Deutung der Christus-Johannes-Gruppe siehe Büttner 1983, 175; Zunker 2000, 116, Anm. 76.

Die Heilung des Mannes mit der verdorrten Hand am Sabbat
S. 296-302

1 Vgl. Stuttgarter NT, 77.
2 Vgl. Kraus 2005, 59–67, 105–112; Winterer 2011, 12, 30–35. Zum Forschungsstand des Hitda-Codex siehe Kraus 2005, 17–40. Die vier Evangelien sind im Hitda-Codex mit fünfzehn ausdrucksstarken Miniaturen zum Leben Jesu illustriert (vgl. Kraus 2005, 46–49; Winterer 2011, 13–15).
3 Vgl. Kraus 2005, 249. Der Lukaszyklus enthält neben der Miniatur der Heilung des Mannes mit der verdorrten Hand (fol. 114r; vgl. Mk 3,1–6; Mt 12,9–14; Lk 6,6–11) auch die Bilder mit der Auferweckung des Jünglings von Naïn (fol. 115r; vgl. Lk 7,11–17), der Blindenheilung von Jericho (fol. 116r; vgl. Mk 10,46–52; Lk 18,35–43) und der Stillung des Seesturms (fol. 117r; vgl. Mk 4,35–41; Mt 8,23–27; Lk 8,22–25). Siehe dazu Winterer 2011, 57–60.

4 Vgl. Winterer 2011, 57. Als Beispiel für die Darstellung der Heilung des Mannes mit der verdorrten Hand in der byzantinischen Buchmalerei siehe die Miniatur auf fol. 23r im Pariser Codex Graecus 74 (vgl. Kraus 2005, 251 und Anm. 3).
5 Siehe fol. 23v. Vgl. Ronig 2005 Miniaturen, 120f.; Kraus 2005, 252.
6 Vgl. Kraus 2005, 252.
7 Vgl. Kraus 2005, 249f. Farbabsplitterungen zeigen, dass der mittlere Bildgrund ursprünglich in einem hellen Blaugrau gefärbt war, den man dann durch die Purpurzone und die beiden blauen Abschnitte übermalt hatte (vgl. Kraus 2005, 250).
8 Vgl. Kraus 2005, 249, 252–254.
9 Vgl. Kraus 2005, 249f., 252–254.
10 Vgl. Kraus 2005, 250–255; Winterer 2011, 58.
11 Zu den Beischriften (tituli) des Hitda-Codex siehe Kraus 2005, 93–103.
12 Siehe fol. 113v.
13 Vgl. Kraus 2005, 255; Winterer 2011, 58.
14 Vgl. Kraus 2005, 255.

Das Urevangelium
S. 303-308

1 Vgl. Stuttgarter AT, 21f.
2 Vgl. Justin, Dialog mit dem Juden Tryphon 103,5; 125,4 (PG 6, 717B, 767A).
3 Zu Bischof Bernward und seiner Bronzetür siehe Gallistl 1990, 10–13; Butzkamm 2004, 13–21; Brandt 2010, 9–20. Zur Symbolik der Tür und zum Bildprogramm siehe Gallistl 1990, 8f.; Butzkamm 2004, 153–157.
4 Vgl. Brandt 2010, 35, 38.
5 Vgl. Butzkamm 2004, 54f.
6 Vgl. Gallistl 1990, 28.
7 Vgl. Butzkamm 2004, 54.
8 Vgl. Butzkamm 2004, 54f.; Brandt 2010, 38.
9 Vgl. Butzkamm 2004, 54, 56.
10 Vgl. Augustinus, De civitate Dei 14,14 (CChrSL 48, 436). Das Bildmotiv der Wiederholung der anklagenden Zeigegeste Gottes bei den Angeklagten, die ihre Schuld immer auf die anderen abschieben, findet sich bereits in der spätantiken Cotton-Genesis und in der karolingischen touronischen Bibel aus St. Maximin in Trier (vgl. Gallistl 1990, 28).
11 Vgl. Butzkamm 2004, 55.
12 Vgl. Augustinus, De Genesi contra Manichaeos 2,16,24 (PL 34, 208f.); Gallistl 1990, 28; Gallistl 2015, 156.
13 Vgl. Gallistl 1990, 28; Butzkamm 2004, 55.
14 Vgl. Augustinus, De Genesi ad litteram 11,36,49 (PL 34, 449f.); Brandt 2010, 38 und 120, Anm. 37.
15 Vgl. Gallistl 1990, 30f. Zum Relief mit der Verurteilung Jesu siehe Gallistl 1990, 68–71, 94; Brandt 2010, 75–80; Butzkamm 2004, 116–122. Das züngelnde Stechen des Drachens bezieht sich auch auf die gegenüberliegende Darstellung der Verurteilung Jesu und erinnert an den in der Karfreitagsliturgie rezitierten Ps 140, der von den falschen und vom Teufel besessenen Richtern Jesu sagt: „Wie die Schlangen haben sie scharfe Zungen und hinter den Lippen Gift wie die Nattern" (Ps 140,4). Siehe dazu Gallistl 1990, 31. Die Botschaft des Urevangeliums vermag auch die auf dem Relief vorherrschende Distanz zwischen Gott und dem Menschenpaar ein wenig zu mildern, indem vom flatternden Gewand Gottes eine kreisförmige Bewegung zu Adam hin ausgeht und eine große Ovalform sichtbar wird, die auch Eva mit ihrem gekrümmten Rücken einbezieht, so dass beide Menschen trotz ihrer Verurteilung im Bereich ihres Schöpfers verbleiben (vgl. Butzkamm 2004, 55).
16 Vgl. Brandt 2010, 38.

Die Gleichnisse von der selbstwachsenden Saat und vom Senfkorn
S. 309-313

1 Vgl. Stuttgarter NT, 80.
2 Siehe Manuscrit grec 510 der Bibliothèque nationale in Paris.
3 Siehe Codex Pluteus 6,23 der Biblioteca Medicea Laurenziana in Florenz.
4 Vgl. Gleichnisse 1970, 157.
5 Vgl. Hutter 1981, 131.
6 Vgl. Hutter 1981, 129–131.
7 Vgl. Hutter 1981, 131. Zum Manuscrit grec 74 der Pariser Bibliothèque nationale siehe grundlegend Omont 1908 I–II; Dufrenne 1967, 177–191.

8 Siehe fol. 70r; vgl. Gleichnisse 1970, 161; Omont 1908 I, Tafel 65.
9 Siehe fol. 71r; vgl. Gleichnisse 1970, 161; Omont 1908 I, Tafel 67. Das Gleichnis vom Senfkorn kommt im Lukasevangelium (Lk 13,18–19) auf fol. 139r ein zweites Mal zur Darstellung (vgl. Gleichnisse 1970, 161; Omont 1908 I, Tafel 122).

Das Schiff der Kirche im Seesturm
S. 314-321

1 Vgl. Stuttgarter NT, 81.
2 Vgl. Kraus 2005, 279. Zu diesem Typus siehe die Miniatur auf fol. 207r des Tetraevangeliars des Manuscrit grec 54 in der Pariser Bibliothèque nationale und den um 800 entstandenen reliefierten Buchdeckel des in der Oxforder Bodleian Library aufbewahrten Evangeliars des Manuscript Douce 176 (vgl. Kraus 2005, 279). Zum Bildmotiv des Seesturms siehe grundlegend Lauer 1972, 219–222.
3 Vgl. Kraus 2005, 279. Zu diesem Bildmotiv siehe die Illustration zu Ps 107,29 auf fol. 124r im karolingischen Stuttgarter Bilderpsalter (vgl. Kraus 2005, 279, Anm. 14).
4 Siehe dazu die Darstellungen auf fol. 16r und 120v im mittelbyzantinischen Codex Pluteus 6,23 aus der Biblioteca Medicea Laurenziana in Florenz; zu den Simultandarstellungen in der ottonischen Kunst siehe die Fresken von Goldbach und Oberzell sowie die Miniaturen im Egbert-Codex (fol. 24r) und in den Codices Ottos III. (reg. 983–1002) von München (fol. 103v) und Aachen (fol. 68r); vgl. Kraus 2005, 279f. und Anm. 15–21. In der Echternacher Malschule wurden im Wesentlichen die Darstellungen des Egbert-Codex wiederholt (vgl. Kraus 2005, 280 und Anm. 22f.).
5 Vgl. Kraus 2005, 46–49, 59–67, 105–112; Winterer 2011, 12–15, 30–35.
6 Siehe fol. 117r.
7 Die vorausgehenden Miniaturen des Lukaszyklus illustrieren die Perikopen der Heilung des Mannes mit der verdorrten Hand (fol. 114r; vgl. Mk 3,1–6; Mt 12,9–14; Lk 6,6–11), der Auferweckung des Jünglings von Naïn (fol. 115r; vgl. Lk 7,11–17) und der Blindenheilung von Jericho (fol. 116r; vgl. Mk 10, 46–52; Lk 18,35–43). Siehe dazu Winterer 2011, 57–60.
8 Vgl. Kraus 2005, 281; Winterer 2011, 59.
9 Siehe den entsprechenden Vers in der lateinischen Bibelübersetzung der Vulgata: „et dicebant ad alterutrum quis putas est iste quia et ventus et mare oboediunt ei" (Mc 4,40 Vulgata).
10 Siehe fol. 116v.
11 Vgl. Kraus 2005, 278, 281f.
12 Vgl. Kraus 2005, 277, 282.
13 Vgl. Kraus 2005, 276; Winterer 2011, 59.
14 Vgl. Gordan 1966, 21f.; Kraus 2005, 283; Lange 2011, 17f.
15 Vgl. Origenes, Genesishomilien 1,10 (SC 7bis, 48–51); Gregor der Große, Moralia in Iob 33,9 (CChrSL 143B, 1687f.); Kraus 2005, 278 und Anm. 3.
16 Vgl. Origenes, De oratione 13,4 (GCS 3, 328f.); Kraus 2005, 278 und Anm. 4.
17 Vgl. Kraus 2005, 283f.
18 Vgl. Kraus 2005, 277, 282; Lange 2011, 17.
19 Vgl. Hippolyt, De Christo et Antichristo 59 (GCS 1/2, 39f.); Tertullian, Ad nationes 1,12,4 (CChrSL 1, 31); Kraus 2005, 278 und Anm. 5.
20 Vgl. Epistula Clementis ad Jacobum 14 (GCS 51, 383); Kraus 2005, 278 und Anm. 7.
21 Vgl. Tertullian, Apologeticum 16,7–8 (CChrSL 1, 116); Kraus 2005, 278 und Anm. 6.
22 Vgl. Kraus 2005, 284f. Wie im Hitda-Codex werden Mast und Segelstange auch im karolingischen Oxforder Buchdeckel (Bodleian Library) des Manuscript Douce 176 kreuzförmig überschnitten, während in den beiden Reichenauer Evangeliaren Ottos III. von München (fol. 103v) und Aachen (fol. 68r) die Antenne als Querbalken über dem Mastbaum aufliegt (vgl. Kraus 2005, 284).
23 Vgl. Kraus 2005, 285, Anm. 36. In der Kreuzigungsminiatur auf fol. 3v des um 1020 entstandenen Regensburger Uta-Codex ist der Tempelvorhang im Zusammenhang mit dem Kreuzestod Jesu angegeben (vgl. Kraus 2005, 285, Anm. 36).
24 Vgl. Kraus 2005, 277.
25 Vgl. Kraus 2005, 282f., 286f.; Lange 2011, 18, 20.
26 Vgl. Gordan 1966, 19; Kraus 2005, 285. Im karolingischen Oxforder Elfenbeinrelief blicken die Jünger nicht auf den Mastbaum,

sondern auf die Gestalt Jesu (vgl. Kraus 2005, 285).
27 Die Frisur dieses Apostels zeigt eine Ähnlichkeit mit der Frisur des auf fol. 207v unter dem Kreuz stehenden Johannes (vgl. Kraus 2005, 285).
28 Der Gesichtsausdruck dieses jungen Apostels erinnert an die Züge der Mutter des Jünglings von Naïn in der Miniatur auf fol. 115r (vgl. Kraus 2005, 276, 286).
29 Vgl. Kraus 2005, 276f., 282f., 285f.; Winterer 2011, 59.
30 Vgl. Gordan 1966, 20; Kraus 2005, 302f.; Winterer 2011, 202f.; Lange 2011, 21.

Die Heilung der blutflüssigen Frau und die Auferweckung der Tochter des Jaïrus
S. 322-327

1 Zu Bischof Egbert siehe Ronig 2005 Egbert, 47–55.
2 Zur Geschichte des Egbert-Codex siehe Franz 2005, 11–31. Zur Buchmalerei unter Bischof Egbert und zum Egbert-Codex siehe Ronig 2005 Egbert, 60–74.
3 Vgl. Ronig 2005 Miniaturen, 122.
4 Siehe fol. 44r. Vgl. Ronig 2005 Miniaturen, 122.
5 Die komplizierten Gebärden Jesu, der über die rechte Schulter blickt und sich mit der Redegeste Jaïrus zuwendet, erinnern an die ähnlich formulierte Gestalt Jesu in der Miniatur mit dem Hauptmann von Kafarnaum auf fol. 22r des Egbert-Codex (vgl. Ronig 2005 Miniaturen, 124).
6 Vgl. Ronig 2005 Miniaturen, 124.
7 Vgl. Ambrosius, Lukaskommentar 6,54.56–57 (CSEL 32/4, 253f., 254f.).
8 Vgl. Ronig 2005 Miniaturen, 124f. Da Christus in der entsprechenden Miniatur des Münchner Evangeliars Ottos III. auf fol. 44r in die freiräumliche Begegnung mit der Hämorissa eingebunden ist, steht dort das Bett des Mädchens vor dem Haus (vgl. Ronig 2005 Miniaturen, 125).
9 Vgl. Ronig 2005 Miniaturen, 125.
10 Vgl. ebd.

Die Gotteserfahrung des Apostels Paulus
S. 328-333

1 Vgl. Kremer 1990, 102–110; Stuttgarter NT, 358.
2 Vgl. Gemäldegalerie Berlin 1975, 234; Klessmann 1999, 84. Zu Leben und Werk von Johann Liss siehe im Überblick Klessmann 1975, 21–32. Zu Liss' Leben und seiner niederländischen Ausbildung siehe Klessmann 1999, 9–40. Zu Liss' beiden Aufenthalten in Venedig und zu seinem zwischenzeitlichen Wirken in Rom siehe Tzeutscher Lurie 1975 Venedig, 33–39; Klessmann 1999, 41–94. Sandrarts Lebensbericht über Liss ist wiedergegeben in Steinbart 1946, 53–55 und Klessmann 1999, 206f.
3 Vgl. Klessmann 1999, 84–86; Tzeutscher Lurie 1975 Verzückung, 125f.; Gemäldegalerie Berlin 1975, 234f.; Steinbart 1940, 126, 161; Steinbart 1946, 63. Zum Vergleich mit der Darstellung der Verzückung des Petrus siehe Steinbart 1940, 128; Tzeutscher Lurie 1975 Verzückung, 126; Klessmann 1999, 86.
4 Vgl. Steinbart 1940, 126; Gemäldegalerie Berlin 1975, 234.
5 Siehe dazu die Darstellungen des Paulus von Domenichino (1581–1641) und Nicolas Poussin (1594–1665) im Pariser Louvre (vgl. Tzeutscher Lurie 1975 Verzückung, 125 und 126, Anm. 2; Klessmann 1999, 86 und Anm. 15).
6 Vgl. Paulusakten 3,2–3 (Schneemelcher, 243).
7 Vgl. Tzeutscher Lurie 1975 Verzückung, 125; Steinbart 1940, 126f.; Klessmann 1999, 145f.
8 Die Gruppe der Dreifaltigkeit erinnert an die Trinitätsdarstellung auf dem von Lodovico Cigoli (1559–1613) angefertigten Gemälde mit der Steinigung des Stephanus, das im Palazzo Pitti in Florenz aufbewahrt wird (vgl. Tzeutscher Lurie 1975 Verzückung, 125).
9 Vgl. Steinbart 1940, 127; Steinbart 1946, 41; Tzeutscher Lurie 1975 Verzückung, 127; Gemäldegalerie Berlin 1975, 235.
10 Vgl. Gemäldegalerie Berlin 1975, 235; Klessmann 1999, 145f.
11 Vgl. Steinbart 1940, 127f.; Steinbart 1946, 41.

Die Aussendung der Apostel
S. 334-337

1 Vgl. Myslivec 1968, 168.
2 Vgl. Wilpert/Schumacher 1976, 19, 334 und 29, Anm. 1–21; Buchowiecki 1967, 95f.; Andaloro 2008, 217–219. Zur Forschungsliteratur über das Triclinium Leos III. siehe Andaloro 2008, 220.
3 Statt „hominibus bonae voluntatis" heißt es in der Inschrift „ominibus bone boluntatis".
4 Vgl. Buchowiecki 1967, 95.
5 Statt „victoriam" heißt es in der Inschrift „bictoriam".
6 Zu den beiden Mosaiken des Stirnbogens siehe Wilpert/Schumacher 1976, 19f., 334; Andaloro 2008, 217.
7 Vgl. Wilpert/Schumacher 1976, 19, 21; Andaloro 2008, 218.
8 Statt „baptizantes" heißt es in der Inschrift „vaptizantes".
9 Statt „sancti" heißt es in der Inschrift „sanctis".
10 Statt „vobiscum" heißt es in der Inschrift „voviscum".
11 Statt „saeculi" heißt es in der Inschrift „seculi".
12 Vgl. Wilpert/Schumacher 1976, 19.
13 Zur Beschreibung des Mosaiks siehe Wilpert/Schumacher 1976, 19; Myslivec 1968, 168; Buchowiecki 1967, 95. Die Angabe von Giacomo Grimaldi (1568–1623), es seien nur zehn Apostel dargestellt gewesen, dürfte dem schlechten Erhaltungszustand geschuldet sein, da sowohl die Kopien als auch die Rekonstruktion von 1743 links fünf und rechts sechs Apostel zeigen, was der Zahl des nachösterlichen und von Galiläa aus gesendeten Apostelkollegiums entspricht (vgl. Wilpert/Schumacher 1976, 19).

Jesus im Kreis seiner Apostel
S. 338-341

1 Vgl. Eikemeier 1999 Rembrandt, 412.
2 Das Kürzel „f." steht für „fecit".
3 Vgl. Haak 1974, 17; Hoekstra 1981, 69; Tümpel 1986, 162.
4 Vgl. Rotermund 1950/51, 155; Pächt 1991, 134.

5 „[…] Johannes, […] et lucis internae atque aeternae fixis oculis contemplator" (Augustinus, Tractatus in Iohannis Evangelium 36,5 [CChrSL 36, 327]). Vgl. Hoekstra 1981, 69. Das Bildmotiv des jugendlichen Mannes mit geschlossenen Augen hatte verschiedentlich auch zu problematischen Deutungen geführt, die in der Darstellung die Heilung des besessenen Jungen (vgl. Mk 9,14–29), die Auferweckung des Lazarus (vgl. Joh 11,17–44) oder nur allgemein ohne Beachtung des Jüngerkontextes den lehrenden und heilenden Christus zu sehen glaubten (vgl. Hoekstra 1981, 69). Eine Deutung auf die Endzeitrede (vgl. Mt 24,3–36), die Jesus seinen Jüngern auf dem Ölberg hielt (vgl. Mt 24,3), stellt eine durchaus plausible Interpretationsmöglichkeit dar und könnte sich womöglich auf die im Hintergrund angedeuteten Ölbäume und auf den geheimnisvoll-dramatischen Charakter der Zeichnung stützen, so dass sich der unheilvolle Inhalt der Rede Jesu in den ernsten Gesichtern der Jünger widerspiegeln würde (vgl. Bijbelse Inspiratie 1964, Nr. 108; Hoekstra 1981, 69).

Die wunderbare Speisung
S. 342-347

1 Die sieben johanneischen Zeichen Jesu sind das Weinwunder zu Kana (Joh 2,1–12), die Heilung des Sohnes des königlichen Beamten in Kafarnaum (Joh 4,43–54), die Heilung des Gelähmten am Teich Betesda (Joh 5,1–18), die wunderbare Speisung (Joh 6,1–15), der Seewandel (Joh 6,16–21), die Heilung des Blindgeborenen beim Teich Schiloach (Joh 9,1–12) und die Auferweckung des Lazarus (Joh 11,17–57).
2 Zu Leben und Werk des älteren Ambrosius Francken und zu seinem Altarbild mit dem Speisungswunder siehe Härting 2004, 465.
3 Vgl. Ephräm der Syrer, Kommentar zum Diatessaron 20,27 (SC 121, 362).
4 Vgl. Prinz 2000, 515f.
5 Vgl. Pfeiffer 2007, 19; Haupt 1941, 104.

Das wahre Brot vom Himmel
S. 348-353

1 Vgl. Périer-D'Ieteren 2006, 34.
2 Vgl. Butzkamm 1990, 149–153; Vos 2002, 118.
3 Vgl. Pächt 1994, 100; Vos 2002, 118, 125; Périer-D'Ieteren 2006, 34. Zur Geschichte des Sakramentsaltars siehe Périer-D'Ieteren 2006, 38–44. Zum Vertragstext siehe Butzkamm 1990, 165f. Zu den Theologen siehe Wilhelmy 1993, 55–58; Pächt 1994, 100f. Zur Maltechnik des Bildes siehe Périer-D'Ieteren 2006, 273.
4 Vgl. Pächt 1994, 102. Die Darstellung der Szene mit den zwölf Schaubroten taucht in der christlichen Ikonographie nicht auf (vgl. Pächt 1994, 102).
5 Vgl. Wilhelmy 1993, 43–45; Pächt 1994, 101f.; Vos 2002, 126.
6 Zitiert nach Pächt 1994, 100.
7 Vgl. Panofsky 2001, 327 und 474, Anm. 94.
8 Vgl. Pächt 1994, 108f.
9 Vgl. Pächt 1994, 106f.
10 Vgl. Pächt 1994, 108.
11 Vgl. Vos 2002, 126. Die Annahme von Dirk de Vos (vgl. ebd.), in dem zweiten halb knienden Israeliten Mose zu sehen, wird nicht begründet.
12 Vgl. Pächt 1994, 108.
13 Vgl. Butzkamm 1990, 132f.

Die Stärkung des Elija in der Wüste
S. 354-359

1 Vgl. Ohlmeyer 1962, 130f.
2 Vgl. Périer-D'Ieteren 2006, 34. Zur Geschichte des Sakramentsaltars siehe Périer-D'Ieteren 2006, 38–44. Zur Sakramentsbruderschaft als Auftraggeber des Altarretabels siehe Butzkamm 1990, 149–153; Vos 2002, 118.
3 Vgl. Pächt 1994, 100; Vos 2002, 118, 125; Périer-D'Ieteren 2006, 34. Zum Vertragstext siehe Butzkamm 1990, 165f. Zu den Theologen siehe Wilhelmy 1993, 55–58; Pächt 1994, 100f.
4 Zur eucharistischen Präfiguration des Elija siehe Thomas von Aquin, Summa theologica III, quaestio 79, articulus 2, ad 1 (Deutsche Thomas-Ausgabe 30, 198). Zur Wahl der Szene mit der Stärkung des Elija durch die Sakramentsbruderschaft siehe Pächt 1994, 101f.; Wilhelmy 1993, 43–45; Vos 2002, 126.
5 „Súpplices te rogámus, omnípotens Deus: jube hæc perférri per manus sancti Angeli tui in sublíme altáre tuum, in conspéctu divínæ majestátis tuæ: ut, quotquot ex hac altáris participatióne sacrosánctum Fílii tui Corpus, et Sánguinem sumpsérimus, omni benedictióne cælésti et grátia repleámur" (Missale Romanum, Canon Romanus, Nr. 94).
6 Zum „Angelus missae" siehe Thomas von Aquin, Summa theologica III, quaestio 83, articulus 4, ad 8–9 (Deutsche Thomas-Ausgabe 30, 356–358; vgl. auch 464f.).
7 Vgl. Panofsky 2001, 326.
8 Vgl. Butzkamm 1990, 104–113.
9 Vgl. Panofsky 2001, 326f.
10 Vgl. Butzkamm 1990, 133–135.

Christus, die göttliche Weisheit, bereitet den Tisch der Eucharistie
S. 360-365

1 Vgl. Meyendorff 1959, 259; Mielke 1972, 39; Schipflinger 1988, 44–69; Osterrieder 2002, 7 und Anm. 11.
2 Vgl. Hippolyt, Proverbien-Fragmente 15 (GCS 1/2, 162); Meyendorff 1959, 260. Die Schriftworte, in denen die personifizierte Weisheit auch als Geschöpf Gottes bezeichnet wird (vgl. Spr 8,22), verstand man als Hinweis auf den inkarnierten Sohn Gottes, der als der ewige Logos Fleisch annahm und in diesem Sinne zu einem Geschöpf geworden ist (vgl. Athanasius, Orationes adversus Arianos 2,44–45 [PG 26, 241B–C]; Meyendorff 1959, 260).
3 Vgl. Schiller 1976, 70.
4 Vgl. Mikliss de Dołęga 1996, 55; Osterrieder 2002, 5, 7f.
5 Siehe dazu grundlegend Ammann 1940, 467–498. Die wohl früheste Darstellung der göttlichen Weisheit als Inspiratorin von Evangelisten findet sich in dem um 550 entstandenen und im Diözesanmuseum von Rossano aufbewahrten Codex purpureus Rossanensis und zeigt auf fol. 121r die Personifikation der Sophia vor dem Evangelisten Markus (vgl. Schiller 1976, 70).

6 Vgl. Schiller 1976, 70f. Bereits im 6. Jahrhundert entstand in der Katakombe von Karmouz bei Alexandrien die Darstellung einer geflügelten und nimbierten Figur, die als „Σοφία IC XC", als „Weisheit Jesus Christus" bezeichnet ist (vgl. Meyendorff 1959, 269). Auch in der 879/82 entstandenen Handschrift der Pariser Gregor-Homilien (Manuscrit grec 510 der Bibliothèque nationale Paris) taucht der geflügelte Logos-Christus bei der Gotteserscheinung des Propheten Habakuk in der zweiten Osterhomilie auf (vgl. Schiller 1976, 70).

7 In einem 1295 entstandenen Gewölbefresko im Narthex der Klimentkirche von Ochrid ist die Weisheit inschriftlich als Engel des großen Ratschlusses (vgl. Jes 9,5 LXX) bezeichnet (vgl. Schiller 1976, 71). In Mal 3,1 wird der Messias als Bote des Bundes bezeichnet.

8 Vgl. Pseudo-Dionysius Areopagita, De caelesti hierarchia 4,4 (PG 3, 181D). In der doketistischen Sekte der Bogomilen, die im 10. Jahrhundert in Bulgarien entstand, wurde Christus als Engel bezeichnet, um durch diese Charakterisierung seine Gottheit zu leugnen. Vgl. Meyendorff 1959, 266–268; Schiller 1976, 71. Siehe dazu grundlegend Barbel 1941.

9 Vgl. Meyendorff 1959, 268. Siehe die von zwei Engeln seitlich umgebene Figur des Logos-Engels mit Kreuznimbus in der Sophienkathedrale von Ochrid aus dem 11. Jahrhundert (vgl. Meyendorff 1959, 268).

10 Vgl. Meyendorff 1959, 269; Mielke 1972, 42; Schiller 1976, 71; Osterrieder 2002, 7.

11 Vgl. Meyendorff 1959, 270.

12 Vgl. Osterrieder 2002, 41 und Anm. 129.

13 Vgl. Grabar 1980, 68.

14 Zur nachfolgenden Beschreibung dieses Wandbildes siehe Meyendorff 1959, 270; Mielke 1972, 42; Schiller 1976, 71; Heerlein 2000, 134; Osterrieder 2002, 41, Anm. 130. Bei Meyendorff 1959, 271, Abb. 7, ist die in das Fresko einschneidende Arkade am unteren Bildrand noch zu sehen.

15 Vgl. Meyendorff 1959, 260f. und 261, Anm. 1.

16 Vgl. Anastasius, Interrogationes et Responsiones, Quaestio 42 (PG 89, 593A–B); Meyendorff 1959, 260.

17 Vgl. Meyendorff 1959, 261.

18 Vgl. Anastasius, Interrogationes et Responsiones, Quaestio 42 (PG 89, 593B); Meyendorff 1959, 260.

19 Vgl. Anastasius, Interrogationes et Responsiones, Quaestio 42 (PG 89, 593C); Meyendorff 1959, 261.

20 Vgl. Meyendorff 1959, 270, 272. In der Vulgata ist von Dienerinnen (ancillas suas) die Rede (Prv 9,3 Vulgata).

21 Vgl. Anastasius, Interrogationes et Responsiones, Quaestio 42 (PG 89, 593B); Meyendorff 1959, 260f.

22 Im serbischen Kloster Gračanica, das heute zum Kosovo gehört, zeigt ein um 1321 entstandenes Fresko den einfachen Typus des Weisheitsengels, der mit einfachem Nimbus ohne Kreuz vor dem siebensäuligen Tempel zwischen zwei Dienerinnen frontal an einem Tisch mit dem Codex sitzt (vgl. Meyendorff 1959, 270f.; Schiller 1976, 71). Unter den um 1348 im serbischen, heute ebenfalls kosovarischen Dečani entstandenen Fresken befindet sich ein vierteiliger Gewölbezyklus zur göttlichen Weisheit, die ebenfalls ohne Kreuznimbus dargestellt ist, wobei der Akzent stark auf der Eucharistie liegt, wie das Fresko im vierten Gewölbezwickel zeigt, in dem die Weisheit den Aposteln die Kommunion spendet (vgl. Meyendorff 1959, 271f.). Im Narthex des Marko-Klosters bei Skopje zeigt ein nach 1371 ausgeführtes Fresko eine als Sophia bezeichnete Christusfigur, die in einer Aureole von sieben Cherubim umgeben wird, die für die sieben Geistesgaben stehen, begleitet von Salomo, der als Autor des Buches der Sprichwörter auf Spr 9,1 verweist. Auf russischen Ikonen ist ab dem 16. Jahrhundert meistens eine in einer Strahlengloriole thronende, gekrönte und teilweise geflügelte Frau mit Christusmonogramm im Nimbus dargestellt, mit dem Brustbild Christi über ihr und flankiert von Maria mit dem Jesuskind und von Johannes dem Täufer (vgl. Meyendorff 1959, 272–276; Schiller 1976, 71).

Die Spaltung unter den Jüngern Jesu
S. 366-370

1 Siehe fol. 37v. Die Szene mit der Spaltung der Jünger nach der Brotrede Jesu findet sich auch auf fol. 180v in dem um 1050/60 entstandenen Evangeliar des Manuscrit grec 74 in der Pariser Bibliothèque nationale (vgl. Eschweiler/Fischer/Frede/Mütherich 1968, 81, Anm. 1).

2 Vgl. Suckale-Redlefsen 1971, 474.
3 Vgl. Mütherich 1972, 235.
4 Siehe fol. 37r. Vgl. Eschweiler/Fischer/Frede/ Mütherich 1968, 81.
5 Vgl. Eschweiler/Fischer/Frede/Mütherich 1968, 81; Gordan 1976, 26.
6 Siehe fol. 38r. Diese Miniatur zeigt David, der auf zwei nackte Sünder hinweist, die durch einen Teufel zur brennenden Hölle geschleppt werden, in der bereits kopfüber Verdammte brennen (vgl. Eschweiler/Fischer/Frede/Mütherich 1968, 81f.; Gordan 1976, 25).
7 Vgl. Eschweiler/Fischer/Frede/Mütherich 1968, 81; Gordan 1976, 25.
8 Vgl. Eschweiler/Fischer/Frede/Mütherich 1968, 81.
9 Vgl. Augustinus, Enarratio in Psalmum 30, Sermo II, 6 (CChrSL 38, 206f.). In der gewöhnlichen christologischen Deutung wurde Ps 31,12 auf den in der Passion von seinen Freunden verlassenen Jesus bezogen, wie beispielsweise Eusebius von Cäsarea (260/64–339/40) zeigt. Siehe dazu Eusebius von Cäsarea, Commentaria in Psalmos, In finem Psalmus David, pro extasi XXX (PG 23, 269B); Eschweiler/Fischer/Frede/Mütherich 1968, 81.
10 Vgl. Augustinus, Enarratio in Psalmum 30, Sermo II, 8 (CChrSL 38, 207f.).

Die wahre Reinheit
S. 371-374

1 Vgl. Stuttgarter AT, 1052f.
2 Siehe fol. 16r. Zu dieser Miniatur siehe Eschweiler/Fischer/Frede/Mütherich 1968, 68.
3 Vgl. Suckale-Redlefsen 1971, 474; Mütherich 1972, 235.
4 Ps 15 beginnt auf fol. 15v und endet bereits auf fol. 16r.
5 Dass die Miniatur innerhalb des Verses Ps 14,3 (Vulgata) zwischen den Versgliedern „qui non egit dolum in lingua sua" und „nec fecit proximo suo malum" eingeschoben ist, hat keine inhaltliche Bedeutung, sondern ist nur durch den Seitenumbruch von fol. 15v auf fol. 16r bedingt.
6 Vgl. Eschweiler/Fischer/Frede/Mütherich 1968, 68.

7 Vgl. Eschweiler/Fischer/Frede/Mütherich 1968, 68. In anderen Handschriften sind bei dieser Stelle (vgl. Ps 15,5) Wucherer dargestellt, die vor ihren Häusern sitzen, um Geld anzunehmen und auszuleihen, wie die entsprechenden Miniaturen in dem zu Beginn des 12. Jahrhunderts angefertigten Vatikanischen Psalter 1927 (Codex Vaticanus graecus 1927, Vatikan, Biblioteca Apostolica) und in dem Ende des 14. Jahrhunderts illuminierten Münchner Serbischen Psalter (Codex Monacensis Slavicus 4, München, Bayerische Staatsbibliothek) zeigen. Eine ähnliche Darstellung findet sich auf fol. 142r bei der Exegese des Basilius (um 330–379) zu Ps 15 in den Pariser Sacra Parallela (Manuscrit grec 923, Paris, Bibliothèque nationale), die im 9. Jahrhundert entstanden. Siehe dazu Eschweiler/Fischer/Frede/Mütherich 1968, 68.

Die Heilung des Taubstummen
S. 375-380

1 Vgl. Ochsenbein 1996 Geschichte, 9f.
2 Vgl. Ochsenbein 1996 Geschichte, 10f.
3 Siehe pag. 2–17.
4 Siehe pag. 23–75.
5 Siehe pag. 222–224.
6 Siehe pag. 80–218. Zum Aufbau des Gebetbuches siehe Ochsenbein 1996 Geschichte, 11–20.
7 Euw 1996, 25f.
8 Vgl. Holzherr 1996, 32f.
9 Siehe das Hildegard-Gebetbuch, Codex Latinus Monacensis 935, in der Bayerischen Staatsbibliothek München (vgl. Ochsenbein 1996 Geschichte, 16–18 und 23, Anm. 22–24).
10 Siehe das Lilienfelder Andachtsbuch, Codex 2739, in der Österreichischen Nationalbibliothek Wien (vgl. Ochsenbein 1996 Geschichte, 16–18 und 23, Anm. 22–24).
11 Vgl. Ochsenbein 1996 Geschichte, 16–20. Zum Einfluss der Devotio moderna auf das Kloster St. Gallen siehe Ochsenbein 1990, 475–496 (vgl. Ochsenbein 1996 Geschichte, 23, Anm. 31).
12 Siehe pag. 13, 39, 75, 186, 224; vgl. Ochsenbein 1996 Geschichte, 20; Euw 1996, 28f. Johann Zainer druckte 1485 ein Bilderbuch mit

dem Titel „Geistliche Auslegung des Lebens Jesu", das sich mit seinen 95 Holzschnitten nach Entstehung und Anlage mit dem Gebetbuch des Abtes Ulrich Rösch vergleichen lässt (vgl. Euw 1996, 29).
13 Vgl. Euw 1996, 26f.; Holzherr 1996, 31.
14 Siehe pag. 139; vgl. Ochsenbein 1996 Bilder, 67.
15 Euw 1996, 27.
16 Vgl. Holzherr 1996, 31f.
17 Vgl. Holzherr 1996, 35f.
18 Siehe pag. 138.
19 Deutsche Übersetzung nach Holzherr (Ochsenbein 1996 Bilder, 66).
20 Zitiert nach Jäggi 1996, 59.
21 Deutsche Übersetzung nach Holzherr (Ochsenbein 1996 Bilder, 66).
22 Zitiert nach Jäggi 1996, 59.
23 Deutsche Übersetzung nach Holzherr (Ochsenbein 1996 Bilder, 66).
24 Zitiert nach Jäggi 1996, 59.
25 Deutsche Übersetzung nach Holzherr (Ochsenbein 1996 Bilder, 66).
26 Zitiert nach Jäggi 1996, 59.
27 Deutsche Übersetzung nach Holzherr (Ochsenbein 1996 Bilder, 66).
28 Zitiert nach Jäggi 1996, 59.

Die Kreuzesnachfolge des Petrus
S. 381-389

1 Vgl. Stuttgarter NT, 88f.; Limbeck 1984, 115f.
2 Vgl. Petrusakten 33–34 (Schneemelcher, 218).
3 Vgl. Petrusakten 35 (Schneemelcher, 218).
4 Petrusakten 35 (Schneemelcher, 218).
5 Vgl. Petrusakten 36 (Schneemelcher, 219).
6 Jakobus de Voragine, Legenda aurea, Von Sanct Petrus dem Apostel (Benz, 433).
7 Vgl. Jakobus de Voragine, Legenda aurea, Von Sanct Petrus dem Apostel (Benz, 433).
8 Vgl. Petrusakten 36 (Schneemelcher, 219).
9 Vgl. Kunz-Saponaro 2008, 88–91. Wie sehr dies Annibale Carracci gelungen war, zeigt das Urteil Gian Lorenzo Berninis (1598–1680) von 1665. Demnach hat Annibale Carracci „alles Gute zusammengefasst: die graziöse Linie Raffaels, die gründliche Anatomie Michelangelos, die vornehme Malweise Correggios, das Kolorit Tizians und die Phantasie von Giulio Romano und Mantegna" (zitiert nach Hellwig 2004, 375). Zur Malereireform der Carracci siehe Keazor 2007.
10 Vgl. Hellwig 2004, 373–375; Kunz-Saponaro 2008, 92f.
11 Vgl. Kunz-Saponaro 2008, 93–102.
12 Vgl. Mostra dei Carracci 1956, 239. In der Graphischen Sammlung von München befindet sich eine Vorstudie für Annibale Carraccis Quo-vadis-Gemälde (vgl. Mostra dei Carracci 1956, 240).
13 Vgl. Mostra dei Carracci 1956, 237–239; Perini 1997, 566. Zum Einfluss Raffaels auf Annibale Carracci siehe Bellori, Le vite 1672, 80.
14 Vgl. Kunz-Saponaro 2008, 100f.
15 Vgl. Weisbach 1921, 60–65, 69f.
16 Vgl. Büttner/Gottdang 2006, 93.
17 Vgl. Pfeiffer 2007, 19; Haupt 1941, 104.
18 Nach dem Humanisten und Kunsttheoretiker Pomponio Gaurico (um 1482–1530) kann nur eine Handlung die Dramatik erhalten, die noch nicht die Folgen zu erkennen gibt und unmittelbar vor dem Umbruch erfasst ist (vgl. Gauricus, De sculptura [Brockhaus, 214–217]; Rosen 2009, 252, Anm. 50). Carracci hatte die Figur des Petrus ursprünglich aufrechter und näher bei Jesus geplant, dann aber die Pose dramatischer formuliert.

Der Rangstreit der Jünger
S. 390-394

1 Ein Beispiel aus der ottonischen Kunst bietet eine der sechzehn Magdeburger Elfenbeintafeln (12,4 × 11,6 cm), die um 968 in Mailand entstanden sind und sich heute im Louvre in Paris befinden (vgl. Mütherich 2001 Ausstattung, 57).
2 Vgl. Karlsruhe Kunsthalle 1966, 155.
3 Vgl. Woisetschläger 1974, 337; Pucher 2013, 305.
4 Vgl. Karlsruhe Kunsthalle 1966, 155. Zur Geschichte der Sammlungen der Staatlichen Kunsthalle Karlsruhe siehe Karlsruhe Kunsthalle 1966, 9–22.
5 Zu diesem Bild siehe auch Neumann 1999, 50.

Mose und die siebzig Ältesten
S. 395-399

1 Vgl. Wurzbach 1910 I, 890; Wit, Jacob de 1947, 113.
2 Vgl. Wurzbach 1910 I, 891; Wit, Jacob de 1947, 113. Die vier Supraporten zeigen das Opfer Abrahams (vgl. Gen 22,9–11), den Propheten Jeremia, den Traum des Josef von den Garben (vgl. Gen 37,5–7) und den Propheten Elischa, der das durch Naaman überbrachte Geschenk des syrischen Königs zurückweist (vgl. 2 Kön 5,16). Im Amsterdamer Stadtarchiv sind zum Gemälde des Mose mit den siebzig Ältesten Vorstudien und eine 1739 angefertigte Feder- und Pinselzeichnung (31 × 67 cm) erhalten.
3 Nachdem bereits Louis Napoléon Bonaparte (1778–1846) das Amsterdamer Rathaus von 1806 bis 1810 während seiner Regentschaft als König von Holland zu seiner Residenz erwählt hatte und der repräsentative Bau auch ab 1814 zum Wohnsitz des niederländischen Königs Wilhelm I. (reg. 1814–1840) geworden war, dient es bis heute als Palast der königlichen Familie.
4 Diese Eigentümlichkeit dürfte auf eine missverständliche Übersetzung des hebräischen Urtextes durch die Vulgata zurückgehen, die den Vers mit dem nach dem Gesetzesempfang strahlenden Antlitz des Mose mit den Worten „quod cornuta esset facies sua" (Ex 34,29 Vulgata) übersetzte, so dass die Israeliten das Antlitz des Mose nach dem Empfang der Gesetzestafeln gehörnt gesehen hätten. Das Wort „qāran" wurde nicht mit „strahlend", sondern fälschlicherweise mit „gehörnt" übersetzt, da es zur Zeit der Übersetzung der Vulgata noch keine Vokalisierung des Hebräischen gab.
5 Vgl. Wurzbach 1910 I, 890f.

Die Segnung der Kinder
S. 400-403

1 Vgl. Stuttgarter NT, 93.
2 Siehe fol. 116v. Zu dieser Miniatur siehe Mütherich 2001 Ausstattung, 57.
3 Vgl. Mütherich 2001 Ausstattung, 57.

4 Zur Diskussion um die Entstehung des Evangeliars unter Otto III. oder Heinrich II. siehe Mütherich 2001 Forschungsgeschichte, 19–22. In der kunstgeschichtlichen Forschung ist die Zuschreibung an Otto III. vorherrschend (vgl. Mütherich 2001 Forschungsgeschichte, 19). Zur Geschichte der Handschrift siehe Dressler 2001, 11–18.
5 Zur Ausstattung der Handschrift siehe Mütherich 2001 Ausstattung, 27–79.
6 Die Bilder zeigen auf fol. 97v die Heilung und das Dankopfer des Aussätzigen (vgl. Mk 1,40–44), auf fol. 103v den Sturm auf dem Meer und die Heilung des Besessenen von Gerasa (vgl. Mk 4,35–41; 5,1–17), auf fol. 107r den Tanz der Salome und die Enthauptung des Täufers (vgl. Mk 6,21–28), auf fol. 113r die Verklärung Jesu (vgl. Mk 9,2–8), auf fol. 116v die Kindersegnung Jesu (vgl. Mk 10,13–16), auf fol. 119r die Heilung des Blinden von Jericho (vgl. Mk 10,46–52) und auf fol. 120v die Tempelreinigung (vgl. Mk 11,15–17). Siehe dazu Mütherich 2001 Ausstattung, 55–58.
7 Vgl. Mütherich 2001 Ausstattung, 57.
8 Siehe die Miniaturen auf fol. 167v zum Gleichnis vom barmherzigen Samariter (vgl. Lk 10,30–35) und auf fol. 175v zum Gleichnis vom Feigenbaum mit der Heilung der gekrümmten Frau (vgl. Lk 13,6–9; 13,10–13) im Lukaszyklus des Evangeliars.
9 Vgl. Lebensweg Jesu 1983, 22.

Der reiche Jüngling
S. 404-411

1 Vgl. Stuttgarter NT, 93; Limbeck 1984, 144–146.
2 Das mit „BB. f. A° 1630" – „BB." steht für Bartholomeus Breenbergh, „f." für „fecit" und „A°" für „Anno" – signierte und datierte Ölbild ist auf Eichenholz (19 × 12 cm) gemalt, wurde vor 1749 durch Wilhelm VIII. (1682–1760) aus dem Haus Hessen erworben und befindet sich in den Staatlichen Kunstsammlungen auf Schloss Wilhelmshöhe in Kassel (vgl. Roethlisberger 1981, 56; Schnackenburg 1996, 68).
3 Vgl. Roethlisberger 1981, 2–5; Roethlisberger 1996, 65f.; Lil 2004, 452. Zu Breenberghs

Gemälden und seiner künstlerischen Entwicklung siehe Roethlisberger 1981, 5–19.
4 Die Signatur „BBreenb.g f. An. 1640" ist aufzuschlüsseln als „B[artholomeus] Breenb[er]g[h]" für „BBreenb.g", als „f[ecit]" für „f." und als „Anno" für „An[no]".
5 Vgl. Schnackenburg 1996, 68.
6 Vgl. Roethlisberger 1996, 65.
7 Die im Hebräischen als „Kikajon" bezeichnete Pflanze, unter der Jona lagerte, wurde durch Hieronymus (347–420) in der Vulgata in Ermangelung eines lateinischen Begriffes mit „Efeu" (hedera) wiedergegeben (vgl. Ion 4,6 Vulgata), nachdem bereits die im 1. und 2. Jahrhundert wirkenden Exegeten Aquila, Symmachus und Theodotion den Bergiff „Kikajon" ebenfalls mit „Efeu" (κισσός) übersetzt hatten, weil auch diesen kein entsprechendes griechisches Wort zur Verfügung stand. Nach Hieronymus hätten die drei Exegeten in der Pflanze den schnell aufschießenden, breite Blätter treibenden und deshalb auch als Wunderbaum bezeichneten Rizinus gemeint, den man im Syrischen und Punischen als „Elkeroa" bezeichne, ein – in Wirklichkeit arabisches – Wort, auf das Hieronymus wohl durch einige jüdische Talmudisten wie Bochart gestoßen war, die „Kikajon" mit „Kiki", der ägyptischen Bezeichnung für Rizinus, in Verbindung gebracht hatten. Möglich ist aber auch, dass die Bezeichnung „Elkeroa" für den Rizinus mit dem aramäischen Wort „Karo/Kero/Kara" für „Kürbis" verwechselt wurde, das von den Talmudisten wohl als „Elkera" ausgesprochen wurde. Siehe dazu Hieronymus, Commentaria in Jonam 4,6 (PL 25, 1147B–1149B). Zum Streit über die Identifizierung der Pflanze des Jona als Kürbis oder Rizinus im 18. Jahrhundert siehe die auf Thomas Harmer (1715–1788) basierenden Darlegungen in Faber 1772, 142–151.
8 Zum Kürbis als Vergänglichkeitssymbol siehe beispielsweise das Epigramm des Barockdichters Andreas Gryphius (1616–1664) „An Celer" (vgl. Dohm 2000, 64, Anm. 93).
9 Auf Nero, unter dessen Regierungszeit Petrus um die Jahre 64 bis 67 das Martyrium erlitten hatte, verweist auch der Torre delle Milizie über der rechten Hand des Apostelfürsten, von dem aus der Kaiser im Jahr 64 den Brand Roms beobachtet haben soll, in dessen unmittelbarer oder zeitlich verzögerter Folge um 67 sich auch die Kreuzigung des Petrus ereignet haben könnte.

Jesus und die Söhne des Zebedäus
S. 412-416

1 Vgl. Johannes Chrysostomus, Matthäushomilien 65,2 (BKV 27, 325).
2 Vgl. Limbeck 1984, 146–152.
3 Siehe fol. 58r.
4 Siehe fol. 15v.
5 Siehe dazu Grimme 1984, 8–10; Hertz 1984, 52; Kahsnitz 2011, 64, 67. Zur Datierungsfrage siehe Kahsnitz 2011, 63.
6 Die vorausgehenden vier Miniaturen der Matthäusfolge zeigen auf fol. 26v die Versuchungen Jesu (vgl. Mt 4,1–11), auf fol. 34v den Seesturm (vgl. Mt 8,23–27), auf fol. 46v den Tanz der Salome mit der Enthauptung Johannes' des Täufers (vgl. Mt 14,1–12) und auf fol. 52r die Verklärung Christi (vgl. Mt 17,1–8).
7 Vgl. Kahsnitz 2011, 70.
8 Vgl. Grimme 1984, 40.
9 Vgl. Grimme 1984, 40.

Die Heilung des Blinden bei Jericho
S. 417-422

1 Siehe fol. 116r.
2 Siehe dazu die Miniatur auf fol. 148v im Codex Pluteus 6,23 aus der Biblioteca Medicea Laurenziana in Florenz (vgl. Kraus 2005, 270 und Anm. 9). Zur Ikonographie der Blindenheilung siehe Kraus 2005, 269–272 und 269, Anm. 1f.; Gordan 1966, 31; Jaeger 1968, 304–307; Schiller 1969, 179f.
3 Die vorausgehenden Miniaturen des Lukaszyklus illustrieren die Perikopen mit der Heilung des Mannes mit der verdorrten Hand (fol. 114r; vgl. Mk 3,1–6; Mt 12,9–14; Lk 6,6–11) und der Auferweckung des Jünglings von Naïn (fol. 115r; vgl. Lk 7,11–17), während das letzte Bild den Sturm auf dem See (fol. 116r; vgl. Mt 8,23–27; Mk 4,35–41; Lk 8,22–25) darstellt. Siehe dazu Winterer 2011, 57–60.
4 Vgl. Kraus 2005, 46–49, 59–67, 105–112; Winterer 2011, 12–15, 30–35.

5 Vgl. Winterer 2011, 58f.
6 Vgl. Kraus 2005, 274.
7 Vgl. Kraus 2005, 267f., 273.
8 Vgl. Kraus 2005, 268, 274f.
9 Im Unterschied zum Hitda-Codex geht in der mittleren Szene des dreiteiligen Streifenbildes des Codex Pluteus 6,23 aus der Biblioteca Medicea Laurenziana in Florenz (fol. 148v) der Blinde mit seinen Begleitern auf den allein stehenden Jesus zu. Mit seiner Figurenanordnung folgt die Miniatur des Hitda-Codex dem lukanischen Bericht, wonach Jesus noch vor dem Betreten Jerichos dem Blinden begegnet ist (vgl. Lk 18,35; 19,1), während das Markusevangelium die Blindenheilung beim Verlassen der Stadt schildert (vgl. Mk 10,46). Siehe dazu Kraus 2005, 272.
10 Vgl. Kraus 2005, 267f., 272–274.
11 Siehe fol. 115v.
12 Vgl. Kraus 2005, 272f.; Winterer 2011, 58f.
13 Vgl. Kraus 2005, 268f., 274f.
14 Vgl. Kraus 2005, 267, 274f.
15 Vgl. Kraus 2005, 302.
16 Gordan 1966, 34.
17 Vgl. Gordan 1966, 34.

Der Hohepriester Christus
S. 423-428

1 Vgl. Stuttgarter NT, 419f.; Laub 1988, 94–97.
2 Vgl. Jászai 2016, 118. Bis zum Jahr 1980 hieß dieses Museum „Musée de Cluny".
3 Zur ottonischen Elfenbeinschnitzkunst siehe Siede 2006, 153, 156f., 160–162, 164; Jantzen 1959, 130–135.
4 Vgl. Mrass 1995, 295; Schiller 1968, 15, 100; Jászai 2016, 118. Zur christlichen Symbolik von Sonne und Mond siehe grundlegend Rahner 1943 Sonne und Mond, 305–404; Baudry 2010, 85–89.
5 „IHS" verweist auf das Kürzel „IHC", das für „IH[COY]C" steht, den griechischen Namen für Jesus.
6 Vgl. Jászai 2016, 118f.
7 Jászai 2016, 118.
8 Vgl. Jászai 2016, 118. Zum Kolobion siehe Wessel 1968, 333–345; Mrass 1995, 296f.
9 Vgl. Jászai 2016, 118.

10 Vgl. Jászai 2016, 119f. Zur Tradition der geistigen Mutterschaft Marias siehe beispielsweise Rupert von Deutz, Johanneskommentar 13 (Edmunds/Haacke, 864f.). Siehe dazu Jászai 2016, 120, Anm. 4.
11 Vgl. Jászai 2016, 119.
12 Vgl. Jászai 2016, 119. Die durch den Nimbus hervorgehobene Frau könnte auf die in den Osterberichten immer an erster Stelle genannte Maria Magdalena hinweisen (vgl. Mt 28,1; Mk 16,1; Lk 24,10; Joh 20,1).
13 Vgl. Jászai 2016, 119.
14 Vgl. Jászai 2016, 120, Anm. 6.
15 Vgl. Butzkamm 2001, 102f.; Jászai 2016, 119f.
16 Vgl. Jászai 2016, 120.

Das Opfer der armen Witwe
S. 429-432

1 Vgl. Stuttgarter NT, 99.
2 Vgl. Ambrosius, De viduis 5,27–31 (PL 16, 243f.); Dresken-Weiland 2016, 132f. und 305, Anm. 430–432.
3 Vgl. Jäggi 2013, 168–170, 185. Zur Baugeschichte siehe Jäggi 2013, 168–170; Dresken-Weiland 2016, 117–122. Zu den Mosaiken siehe Jäggi 2013, 177–191; Dresken-Weiland 2016, 122–210.
4 Vgl. Jäggi 2013, 189f.; Dresken-Weiland 2016, 122.
5 Vgl. Dresken-Weiland 2016, 132.
6 Vgl. Krumeich 1993, 277, Anm. 20.
7 Vgl. Dresken-Weiland 2016, 132.
8 Vgl. ebd.
9 Vgl. Ambrosius, De viduis 5,27 (PL 16, 243); Dresken-Weiland 2016, 132 und 305, Anm. 432.
10 Dresken-Weiland 2016, 132.

Die Wiederkunft Christi
S. 433-447

1 Vgl. Stuttgarter NT, 99–101.
2 Vgl. Bauer-Wild 1992, 66.
3 Zum Leben der Brüder Zimmermann siehe im Überblick Bauer 1985, 13–22.
4 Vgl. Bauer/Rupprecht 1976, 602; Schnell 1979, 5–8; Bauer-Wild 1992, 54. Zur Entste-

hung der Wallfahrt und zur bischöflichen Untersuchung siehe Wies Mirakelbuch 1746, 21–36.
5 Vgl. Bauer/Rupprecht 1976, 622f.; Bauer-Wild 1992, 53. Zu Magnus Straub siehe Wies Mirakelbuch 1746, 213–216.
6 Vgl. Bauer-Wild 1992, 53f. Nimmt man mit Anna Bauer-Wild den Steingadener Chorherrn Magnus Straub als Konzeptor des Programms an, so wird man als verwendete Hilfsmittel den Apokalypsenkommentar des João da Sylveira, die Schrifterklärungen des Cornelius a Lapide und auch noch die im 18. Jahrhundert weit verbreiteten Werke des Honorius Augustodunensis annehmen können. Wie die einzige von Straub erhaltene, 1741 in der Pfarrkirche von Roßhaupten über den Apostel Andreas gehaltene Predigt zeigt, orientierte er sich besonders am Apokalypsenkommentar des Sylveira (vgl. Bauer-Wild 1992, 53 und 70f., Anm. 8, 10).
7 Vgl. Bauer/Rupprecht 1976, 619; Bauer 1985, 242–244; Bauer-Wild 1992, 54, 56–58; Pörnbacher 1992, 12–15.
8 Vgl. Bauer/Rupprecht 1976, 608–610, 619; Bauer 1985, 244; Bauer-Wild 1992, 54.
9 Vgl. Bauer/Rupprecht 1976, 613–619, 621; Bauer 1985, 244; Bauer-Wild 1992, 58.
10 Vgl. Bauer/Rupprecht 1976, 621f.; Bauer-Wild 1992, 64–66. Zu dieser Programmatik gehören auch die Bilder an den Beichtstühlen, die Gleichnisse Jesu darstellen, bei denen es um die Freude über die Umkehr der Sünder und um die Barmherzigkeit geht, die Menschen nach dem Vorbild Gottes weiterschenken (vgl. Bauer-Wild 1992, 66). Zudem zeigen die Altarblätter der beiden Seitenaltäre die Reue des Petrus nach seiner Verleugnung und die Buße Maria Magdalenas (vgl. Bauer 1985, 244).
11 Vgl. Bauer 1985, 80, 244; Bauer-Wild 1992, 66.
12 Vgl. Bauer/Rupprecht 1976, 604.
13 Vgl. Bauer/Rupprecht 1976, 602; Bauer 1985, 91f.; 242, 244–246; Pörnbacher 1992, 20.
14 Vgl. Bauer/Rupprecht 1976, 606; Bauer 1985, 80.
15 Vgl. Bauer/Rupprecht 1976, 619f.
16 Siehe dazu Bauer/Rupprecht 1976, 606, 619; Schnell 1979, 97; Bauer 1985, 242, 244; Käser 2003, 63.
17 Vgl. Bauer/Rupprecht 1976, 606, 619; Bauer 1985, 80, 242, 244. Das im Licht verklärte Kreuz erinnert nach Bauer-Wild an die Vorstellung des Honorius Augustodunensis, wonach man sich das am Jüngsten Tag erscheinende Kreuz nicht materiell, sondern als ein in Kreuzesform erscheinendes und heller als die Sonne strahlendes Licht vorzustellen hat (vgl. Honorius Augustodunensis, Elucidarium 3,13 [PL 172, 1166]; Bauer-Wild 1992, 67 und 71, Anm. 36).
18 Siehe dazu Bauer/Rupprecht 1976, 606, 620; Schnell 1979, 97; Bauer 1985, 242; Pörnbacher 1992, 22.
19 Vgl. Bauer 1985, 244.
20 Vgl. Bauer/Rupprecht 1976, 606.
21 Pörnbacher deutet den Zweig fälschlicherweise als Siegespalme (vgl. Pörnbacher 1992, 21), während sich Bauer-Wild für einen Lorbeer ausspricht, den sie auf den Lohn für die Gerechten bezieht (vgl. Bauer-Wild 1992, 67). In der ikonographischen Tradition wurden dem Weltenrichter Lilie und Schwert als Sinnbilder für die geistliche und weltliche Macht beigegeben (vgl. Bauer/Rupprecht 1976, 620).
22 Siehe dazu Bauer/Rupprecht 1976, 606, 619f.; Schnell 1979, 97; Bauer-Wild 1992, 67. Nach Bauer-Wild ist der Thron nicht als noch leer zu interpretieren, sondern als Sinnbild für das bereits stattgehabte Gericht (vgl. Bauer-Wild 1992, 69).
23 Dieses bereits in der altägyptischen Kunst belegte Bildsymbol der sich in den Schwanz beißenden Schlange erinnert an den platonischen Dialog „Timaios", in dem als erste irdische Lebensform ein Kugelwesen beschrieben wird, das mit seiner kreisförmigen Gestalt die vollkommenste Form bildet. Siehe dazu Platon, Timaios 33b (Eigler, 44).
24 Siehe dazu Bauer/Rupprecht 1976, 606, 620; Schnell 1979, 98; Pörnbacher 1992, 21f.; Bauer-Wild 1992, 66f.; Käser 2003, 61. Zum seelsorgerlichen Appell, die irdische Gnadenzeit zu nützen, siehe Lapide, Commentaria in Apocalypsin 10,6 (Lapide X/3, 183); vgl. Bauer-Wild 1992, 69 und 72, Anm. 49.
25 Vgl. Bauer/Rupprecht 1976, 606, 619, 621; Bauer 1985, 242; Bauer-Wild 1992, 67; Pörnbacher 1992, 22.

26 Vgl. Bauer/Rupprecht 1976, 620. Nach Honorius Augustodunensis kommt Christus mit allen Engelchören zum Gericht, wobei ihm Engel das Kreuz voraustragen (vgl. Honorius Augustodunensis, Elucidarium 3,13 [PL 172, 1165]; Bauer-Wild 1992, 67 und 71, Anm. 37).

27 In der Bibel ist die Rede von Seraphim, die als flammende Wesen Gott umgeben (vgl. Jes 6,2.6), von Cherubim, die auf die Gegenwart Gottes verweisen (vgl. 2 Kön 19,15; 1 Sam 4,4; Ps 99,1) und besondere Aufträge erfüllen (vgl. Gen 3,24), von Thronen, Herrschaften, Mächten, Gewalten (vgl. Kol 1,16), Fürsten (vgl. Eph 1,21), Erzengeln (vgl. 1 Thess 4,16), besonders den namentlich erwähnten Michael (vgl. Dan 10,13.21; 12,1; Judas 9; Offb 12,7–9), Gabriel (vgl. Dan 8,16; 9,21; Lk 1,19.26–27) und Rafael (vgl. Tob 3,16–17), sowie von zahllosen Scharen von Engeln (vgl. Hebr 12,22), die im Bereich des Irdischen als Boten Gottes (vgl. Gen 16,7; 1 Kön 19,5; Mk 1,13) verschiedenste Aufgaben verrichten. Siehe dazu Wirth 1967, 556.

28 Vgl. Pseudo-Dionysius Areopagita, De caelesti hierarchia 6,2; 7–15 (PG 3, 199–202, 205–370). Siehe dazu Wirth 1967, 558. Papst Gregor der Große (reg. 590–604) wich von der pseudo-dionysianischen Struktur der drei Engeltriaden ab und unterschied bei den neun Engelchören drei Gruppen, die von Gott mit verschiedenen kontemplativen und aktiven Aufgaben betraut werden. Siehe dazu Gregor der Große, Homilia 34,7–14 (FC 28/2, 652–673).

29 Vgl. Vierthaler 1949, 14; Wirth 1967, 590f., 594; Bauer/Rupprecht 1976, 620f.; Bauer 1985, 242.

30 Vgl. Bauer/Rupprecht 1976, 620.

31 Feldbusch 1955 Dreifaltigkeitssymbole, 416.

32 Vgl. Gregor der Große, Homilia 34,10 (FC 28/2, 660).

33 Vgl. Bauer-Wild 1992, 67.

34 Vgl. Bauer-Wild 1992, 67f.

35 Vgl. Gregor der Große, Homilia 34,10 (FC 28/2, 660); Wirth 1967, 593.

36 Vgl. Bauer-Wild 1992, 67.

37 Vgl. Pseudo-Dionysius Areopagita, De caelesti hierarchia 7,2 (PG 3, 208); Wirth 1967, 593.

38 Vgl. Gregor der Große, Homilia 34,10 (FC 28/2, 660).

39 Vgl. Bauer/Rupprecht 1976, 620.

40 Vgl. Missale Romanum, Canon Romanus, Nr. 94.

41 Vgl. Bauer/Rupprecht 1976, 621; Bauer-Wild 1992, 68.

42 Vgl. Gregor der Große, Homilia 34,10 (FC 28/2, 660); Wirth 1967, 594.

43 Vgl. Pseudo-Dionysius Areopagita, De caelesti hierarchia 8,1 (PG 3, 237); Wirth 1967, 591–593.

44 Vgl. Wirth 1967, 595.

45 Vgl. Bauer-Wild 1992, 68. Das Zepter mit dem Trinitätssymbol lässt sich zwar auch den Cherubim als den Engeln der höchsten Gotteserkenntnis zuordnen, dürfte aber hier im Zusammenhang mit dem Himmelsglobus und damit mit dem Chor der Mächte stehen, zumal die Cherubim als Vertreter der ersten Engelhierarchie sicherlich schon rechts neben dem Himmelsaltar zur Darstellung gekommen sind (vgl. Bauer-Wild 1992, 68).

46 Der Engel bringt also nicht die Erdkugel, sondern den Himmelsglobus herbei, und es geht hier auch nicht um einen Hinweis auf die eschatologische Vollendung von Himmel und Erde (vgl. Offb 21,1), wie Bauer/Rupprecht meinen (vgl. Bauer/Rupprecht 1976, 620), auch wenn ein Sinnzusammenhang mit den allegorischen Darstellungen der vier Elemente im Umgang des Gemeindehauses durchaus plausibel erscheint (vgl. Bauer/Rupprecht 1976, 620).

47 Vgl. Bauer/Rupprecht 1976, 620f.; Bauer-Wild 1992, 68.

48 Vgl. Gregor der Große, Homilia 34,10 (FC 28/2, 658–660).

49 Vgl. Vierthaler 1949, 14; Bauer/Rupprecht 1976, 620f.; Bauer-Wild 1992, 68.

50 Vgl. Wirth 1967, 595, 597f.

51 Vgl. Bauer-Wild 1992, 68.

52 Vgl. Bauer/Rupprecht 1976, 606. Nach dem Apokalypsenkommentar des Sylveira fungieren die sieben Erzengel als Engelfürsten, die Gott umgeben (vgl. Sylveira I 1700, 473; Bauer-Wild 1992, 68 und 71, Anm. 39).

53 Vgl. Bauer-Wild 1992, 71, Anm. 40.

54 Zur Darstellung der Erzengel im Hauptkuppelfresko der Wicskirche siehe Bauer/Rupprecht 1976, 621; Bauer-Wild 1992, 68.

55 Die Identifizierung des halb liegenden Engels mit dem gefallenen Teufel (vgl. Schnell 1979, 19f.) beziehungsweise mit dem am Boden liegenden Luzifer (vgl. Satzger 13f.; Bauer 1985, 242) ist wenig überzeugend (vgl. Bauer/Rupprecht 1976, 621; Pörnbacher 1992, 22), zumal auch sein Inkarnat und sein blauer Überwurf nicht dunkler als beispielsweise bei dem in der Mitte knienden Erzengel gemalt sind (vgl. Bauer/Rupprecht 1976, 621).

56 Vgl. Bauer-Wild 1992, 68. Die Frauenfigur neben Michael wurde gewöhnlich mit Maria identifiziert. Man sah in ihr Maria als die Michael zugeordnete, geflügelte apokalyptische Frau (vgl. Offb 12,7.14) oder die Königin der Engel (vgl. Vierthaler 1949, 14; Bauer/Rupprecht 1976, 606; Schnell 1979, 97f.; Bauer 1985, 242; Pörnbacher 1992, 22), wobei man auch auf den gemeinsamen Kult Marias und der sieben Erzengel verweisen konnte, wie er beispielsweise für die Ausführung der Kuppelbilder in der benachbarten Weilheimer Stadtpfarrkirche maßgeblich gewesen ist (vgl. Bauer/Rupprecht 1976, 621, 553–560).

57 Vgl. Bauer-Wild 1992, 68; Käser 2003, 55. Zur Gleichsetzung des himmlischen Jerusalem mit der triumphierenden Kirche siehe Sylveira II 1700, 488; Lapide, Commentaria in Apocalypsin S. Johannis 21,9 (Lapide X/3, 314); Bauer-Wild 1992, 70 und 72, Anm. 52.

58 Vgl. Honorius Augustodunensis, Speculum Ecclesiae, De paschali die (PL 172, 940); Bauer-Wild 1992, 68 und 71, Anm. 42.

59 Vgl. Lapide, Commentaria in Apocalypsin S. Johannis 3,18; 8,5 (Lapide X/3, 73, 162); Bauer-Wild 1992, 68f. und 71, Anm. 44.

60 Vgl. Lapide, Commentaria in Canticum canticorum 8,1 (Lapide IV/2, 326, 329); Bauer-Wild 1992, 68 und 71, Anm. 43.

61 Vgl. Ripa, Iconologia, 93; Bauer-Wild 1992, 69.

62 Vgl. Lapide, Commentaria in Apocalypsin S. Johannis 19,7 (Lapide X/3, 281); Sylveira II 1700, 403, 395; Bauer-Wild 1992, 69 und 71, Anm. 45f. Der in der lateinischen Vulgata auf der Grundlage des griechischen Originaltextes anzutreffende Begriff „byssinus" (Apc 19,8 Vulgata) bezieht sich allerdings nicht, wie Bauer-Wild meint, auf die als „Byssus" bezeichnete kostbare und aufwendig hergestellte Muschelseide (vgl. Bauer-Wild 1992, 69), sondern umschreibt in der Apokalypse (vgl. Offb 18,12.16; 19,8.14) die Feinheit des Leinenstoffes (vgl. auch Lk 16,19).

63 Vgl. Bauer-Wild 1992, 69.

64 Vgl. Bauer-Wild 1992, 70. Zum barocken Kirchenbau als Abbild des himmlischen Jerusalem siehe Hawel 1987, 275–281.

65 Vgl. Bauer-Wild 1992, 70.

66 Vgl. Pörnbacher 1992, 22f.

67 Vgl. Rupprecht 1959, 42; Schnell 1979, 97f.; Bauer 1985, 80.

68 Vgl. Satzger 1957, 13; Bauer/Rupprecht 1976, 621f. Die drei theologalen Tugenden sind zusammen mit den Tafeln der Zehn Gebote an der Predigtkanzel angebracht (vgl. Bauer/Rupprecht 1976, 622).

69 Vgl. Lamb 1964, 56; Schiller 1971, 193f.; Bauer/Rupprecht 1976, 622f.

Christus als König
S. 448-454

1 Vgl. Stuttgarter NT, 220f.; Porsch 1988, 194–199.

2 Vgl. Bahr 1996, 61–63, 66–68, 94; Conzen 2008, 233; Maur 1982, 279f. Zum Forschungsstand siehe Bahr 1996, 63–66. Rouaults religiöse Werke verteilen sich auf die gesamte Schaffenszeit des Künstlers und dominieren zahlenmäßig in seinem Frühwerk vor 1903, dann in der Zeit nach dem Ersten Weltkrieg, von 1935 bis 1940 sowie von 1945 bis 1950, während seine Zirkus- und Dirnendarstellungen in die Zeiträume 1904/07, 1913, 1925/26, 1932 und 1937/38 und die Gerichtsszenen in die Jahre 1907/08, 1937/39 und 1947 fallen (vgl. Bahr 1996, 66).

3 Vgl. Maur 1982, 280.

4 Vgl. Bahr 1996, 93, 102–104.

5 Vgl. Maur 1982, 280; Conzen 2008, 233. Rouaults Gemälde „Ecce Homo" gehörte vor seiner Erwerbung für die Staatsgalerie Stuttgart zunächst zur Züricher Sammlung des Gustav Zumsteg (1915–2005) und war dann im Besitz der Ragnar-Moltzau-Galerie in Oslo (vgl. Maur 1982, 280).

6 Vgl. Bahr 1996, 71–73, 83–85.

7   Bahr 1996, 71.
8   Vgl. Bahr 1996, 105, 134f.
9   Vgl. Bahr 1996, 71f.
10 Vgl. Maur 1982, 280; Conzen 2008, 233; Bahr 1996, 85.

Der Lobpreis des Simeon
S. 455-460

1   Vgl. Eikemeier 1999 Rembrandt, 412.
2   Zu den früheren Darstellungen des Simeon-Themas durch Rembrandt siehe Bockemühl 1981, 17; Hoekstra 1980, 50–55, 58–61.
3   Vgl. Bockemühl 1981, 14 und 159f., Anm. 188; Hoekstra 1980, 56.
4   Für eine spätere Hinzufügung der Frauengestalt spricht vor allem, dass diese Figur 1671 von Allaert und Cornelis van Everdingen nicht erwähnt wurde und deutlich eine andere Hand bei der Ausführung zeigt. Gegen eine Identifizierung der weiblichen Gestalt mit der Prophetin Hanna spricht, dass sie nur als Zuschauerin und nicht als Handelnde beteiligt ist. Auch wenn die Röntgenaufnahme des Gemäldes keine Vorzeichnung zeigt, so ist dies kein Argument gegen eine vielleicht schon von Rembrandt vorgesehene Planung der Frauengestalt. Siehe dazu Bockemühl 1981, 160, Anm. 188. Christian Tümpel spricht sich dafür aus, dass die Frauenfigur als Darstellung Marias schon von Rembrandt vorgesehen war (vgl. Tümpel 1986, 358).
5   Bockemühl 1981, 130.
6   Vgl. Bockemühl 1981, 129f., 135. Siehe dazu grundlegend Bockemühl 1991. Im Bild gibt es keine Orientierung über historische Begebenheiten oder eine besondere Raumgestalt, und das Dargestellte weist weder geschichtliche Ferne noch zeitgenössische Nähe oder phantastisch-theatralische Entrücktheit auf, so dass das Ereignis nicht vorgeführt, illustriert und kommentiert wird, sondern sich selbst zeigt, womit die Auffassung der Situation als wunderbares Geschehen allein zur Angelegenheit des Betrachters wird (vgl. Bockemühl 1981, 82, 86f.). Da das Bild keine vollständige Raumsituation zeigt, ist lediglich die Zuordnung zum Betrachter plausibel (vgl. Bockemühl 1981, 90). Das Licht, das alles Zeigende und Absichtliche verloren hat, schafft keine innerbildlichen Beziehungen und bewirkt, dass die Figur im Erscheinen verbleibt (vgl. Bockemühl 1981, 91). Da die Bildgrenzen nicht lokalisiert werden können, werden die Räumlichkeit des Bildes und des Betrachters im Erschauen eins, wobei der räumliche Eindruck gerade dadurch zustande kommt, dass die Figurenszene weniger plastisch zu sehen ist, während sich nahsichtige und fernsichtige Elemente so verhalten, dass die Figur sowohl erscheint als auch verschwindet (vgl. Bockemühl 1981, 96–101). Es ist keine transitorische, sondern eine ruhend während Handlung dargestellt, die sich in der einen sichtbaren Aktion erfüllt, wobei auch das Licht diesen Charakter annimmt (vgl. Bockemühl 1981, 103–108). Mit dieser szenischen, räumlichen und zeitlichen Situation kann der Betrachter vollständig am Bildgeschehen teilhaben (vgl. Bockemühl 1981, 108f.). Es gibt keine gültige Flächenorganisation, kein Zentrum für die Betrachtung durch das Helldunkel und keinen Farborganismus aus den Buntwerten der Farbe, so dass durch das Fehlen jeder abbildlichen Vollständigkeit das Bild für den Betrachter zu einer ständigen Provokation des Erschauens wird (vgl. Bockemühl 1981, 115–129).
7   Vgl. Bockemühl 1981, 82–84.
8   Vgl. Bockemühl 1981, 161, Anm. 191.
9   Vgl. Zink 1981, 115.
10 Vgl. Bockemühl 1981, 84. Nach Christian Tümpel spricht Simeon mit geöffnetem Mund seinen Lobgesang auf das Jesuskind (vgl. Tümpel 1986, 358).
11 Vgl. Bockemühl 1981, 84f.
12 Zum inneren Sehen bei Rembrandt siehe Pächt 1991, 140.
13 Vgl. Bockemühl 1981, 85. Es ist auch denkbar, dass die Hände vorher geschlossen waren oder dass sie sich wieder behutsam schließen werden (vgl. Bockemühl 1981, 85).
14 Vgl. Bockemühl 1981, 85.
15 Vgl. Bockemühl 1981, 88.
16 Vgl. Bockemühl 1981, 86.
17 Vgl. Tümpel 1986, 358.
18 Vgl. Zink 1981, 114f.
19 Vgl. Bockemühl 1981, 135.

Der Traum des Josef
S. 461-466

1. Vgl. Neuner 1995, 41f., Anm. 23.
2. Vgl. Jung 2014, 265f.
3. Vgl. Jung 2014, 265.
4. Vgl. Jung 2014, 265; Voss 1915, 221–223.
5. Während auf dem in Nantes befindlichen Gemälde mit der Verleugnung des Petrus als Datum das Jahr 1650 zu lesen ist, gibt die Signatur des im Kunstmuseum von Cleveland aufbewahrten Bildes mit den Reuetränen des Petrus das Jahr 1645 als Entstehungszeit an (vgl. Jung 2014, 266).
6. Vgl. Jung 2014, 266f.
7. Zur religiösen Situation im Umfeld La Tours siehe McClintock 2003, 27–33; Jung 2010, 37, 40f.; Summerauer 2010, 90f.
8. Andere Deutungen sehen in dem Gemälde den Evangelisten Matthäus mit dem Engel, Elija und den Engel in der Wüste (vgl. 1 Kön 19,4–8) oder Petrus, der durch den Engel aus dem Gefängnis (vgl. Apg 12,6–9) befreit wird (vgl. Thuillier 1993, 190; Jung 2014, 267).
9. Vgl. McClintock 2003, 156; Summerauer 2010, 77.
10. Vgl. Rosenberg/Mojana 1992, 100; Thuillier 1993, 290. Durch eine Zuschneidung am rechten Bildrand ist die Signatur „G^s De La Tour f…" nicht mehr ganz erhalten, wodurch nach dem „f" für „fecit" die Jahreszahl verloren gegangen ist.
11. Vgl. Summerauer 2010, 70f.
12. Vgl. Thuillier 1993, 190, 290.
13. Vgl. McClintock 2003, 155; Summerauer 2010, 68 und Anm. 121.
14. Vgl. Jung 2010, 36f.
15. Vgl. Summerauer 2010, 68f. Das Bildmotiv des Buches lässt sich am besten mit der ersten der drei im Matthäusevangelium berichteten Traumerscheinungen des Engels vor Josef in Verbindung bringen, die im Zusammenhang mit dem Nachdenken des Josef (vgl. Mt 1,20) steht. Die beiden anderen Erscheinungen, in denen der Engel Josef zunächst zur Flucht nach Ägypten (vgl. Mt 2,13) und dann zur Rückkehr nach Israel (vgl. Mt 2,19–20) aufruft, stehen nicht mit einem inneren Ringen Josefs in Verbindung, so dass eine Konsultation der Bibel als unmotiviert erscheint. Dennoch will es Thuillier offenhalten, um welche der drei Traumerscheinungen es sich handelt (vgl. Thuillier 1993, 190).
16. Vgl. Summerauer 2010, 68f.
17. Vgl. McClintock 2003, 157–159; Summerauer 2010, 69 und Anm. 223.

Die Menschwerdung des Sohnes Gottes
S. 467-476

1. Vgl. Ridolfi, Maraviglie II, 17; Bühler 1996, 23–27 und 26, Anm. 63.
2. Vgl. Vasari, Le vite (Milanesi VI, 587).
3. Vgl. Krischel 1994, 12–16, 23f., 39, 44–53, 93.
4. Die sechs großen Laienbruderschaften bildeten die 1258 gegründete Scuola di San Teodoro, die 1260 entstandene Scuola di Santa Maria della Carità, die Scuola di San Marco und die Scuola di San Giovanni Evangelista, die beide 1261 gegründet wurden, die seit 1308 bestehende Scuola di Santa Maria della Misericordia und die 1478 anerkannte Scuola di San Rocco (vgl. Zenkert 2003, 19, Anm. 3).
5. Vgl. Krischel 1994, 40–44; Zenkert 2003, 19.
6. Vgl. Hüttinger 1962, 8–10; Zenkert 2003, 19–22; Krischel 1994, 83–86, 96–103, 108–116. Zum Forschungsüberblick über Tintorettos Ausstattung der Scuola di San Rocco siehe Zenkert 2003, 11–13.
7. Vgl. Zenkert 2003, 9.
8. Die Ausstattung der Sala terrena, in der es im Gegensatz zur Sala dell'albergo und zur Sala superiore keine Deckenbilder gab, schien Tintoretto ab 1582 beschäftigt zu haben. Eine auf den 22. Juli 1583 datierte Quittung ist das erste Dokument, das von Tintorettos Arbeiten für die Sala terrena berichtet. Bis August 1587 stellte Tintoretto die übrigen Wandbilder fertig und lieferte 1588 das Gemälde für den Altar der Sala terrena. Nach Bühler könnte das Verkündigungsgemälde zusammen mit dem Bild der Magieranbetung bereits 1582 entstanden sein (vgl. Bühler 1996, 38, Anm. 112). Die einfach aneinandergereihte Anordnung der Wandbilder entspricht dem alten Stil der Ausschmückung der Scuole, wie er bereits bei Gentile Bellini (um 1429–1507) oder Vittorio Carpaccio (um 1465–1525/26) anzutreffen ist

(vgl. Bühler 1996, 39). Zu Tintorettos Bilderzyklus in der Sala terrena siehe Hüttinger 1962, 48–53; Krischel 1994, 116; Bühler 1996, 38f.; Zenkert 2003, 22, 210.
9 Vgl. Bühler 1996, 41, 44.
10 Während Justus Sadeler (1580–1620) von Tintorettos Verkündigungsbild bereits kurz nach 1600 einen Kupferstich anfertigte, befindet sich eine von Antonio Guardi (1699–1760) ausgeführte Kopie heute im Museo Civico di Bassano del Grappa (vgl. Bühler 1996, 39 und Anm. 113f.).
11 Vgl. Ruskin 1903, 263–265; Bühler 1996, 40 und Anm. 117.
12 Vgl. Zenkert 2003, 218, 228.
13 Vgl. Bühler 1996, 41f., 44; Krischel 1994, 117; Zenkert 2003, 212.
14 Vgl. Aikema 1996, 186. Die von Augusto Gentili vorgeschlagene Deutung des Zimmermanns als jugendlichen Jesus, der bereits sein eigenes Kreuz zimmert, sowie die Interpretation des auf dem Holzregal liegenden lanzenähnlichen Spießes und des Seilstückes als Leidenswerkzeuge (vgl. Gentili 1996, 241) ist mit Astrid Zenkert als sehr unwahrscheinlich abzulehnen (vgl. Zenkert 2003, 240, Anm. 59).
15 Vgl. Proto-Jak 8–9, 11 (FC 18, 110–112, 114–116); Jakobus de Voragine, Legenda aurea, Von der Verkündigung des Herrn (Benz, 250). Nach dem Protoevangelium des Jakobus war Josef aus Betlehem nach Nazaret zurückgekommen, als Maria schon im sechsten Monat schwanger war (vgl. Proto-Jak 13,1 [FC 18, 118]).
16 Vgl. Grabski 1980, 120; Bühler 1996, 42, 44f.; Zenkert 2003, 211, 217.
17 Vgl. Hüttinger 1962, 51; Bühler 1996, 42.
18 Vgl. Ruskin 1903, 264f.; Bühler 1996, 40 und Anm. 117.
19 Vgl. Aikema 1996, 186; Zenkert 2003, 218, Anm. 24.
20 Vgl. Bühler 1996, 42, 45; Zenkert 2003, 217, 222.
21 Vgl. Bühler 1996, 42.
22 Vgl. Aikema 1996, 186.
23 Vgl. Krischel 1994, 116f.; Bühler 1996, 42; Zenkert 2003, 218, 231. Zum Lilienmotiv siehe Behling 1957, 37, 66; Panofsky 2001, 152, 339.
24 Vgl. Bühler 1996, 42f.; Zenkert 2003, 218.
25 Krischel 1994, 117.
26 Nach Claudia Bühler erinnern die michelangeleske Ausführung des Kopfes Marias, aber auch die Darstellungsweise des Gewandes Gabriels und der geflügelten Putten an Gemälde, die zeitgleich durch Tintorettos Sohn Domenico (1560–1635) gemalt wurden, der eng mit seinem Vater zusammengearbeitet hatte, wie auch das Bild mit der Beschneidung Jesu in der Sala terrena der Scuola di San Rocco oder das 1585/88 entstandene Verkündigungsbild in der Pinakothek von Bologna zeigen (vgl. Bühler 1996, 45).
27 Vgl. Bühler 1996, 42. Zur Abfolge der fünf geistlichen Zustände Marias siehe die Homilien des Franziskanerpredigers Roberto Caracciolo da Lecce (um 1425–1495) oder den 1494 in Venedig gedruckten „Gebetsgarten" des „Zardino de Oration" (vgl. Baxandall 1977, 65f. und Bühler 1996, 20f. und Anm. 59).
28 Vgl. Bühler 1996, 39 und Anm. 115.
29 Vgl. Bühler 1996, 42f. Das älteste der erhaltenen datierten Bilder mit der demütig sitzenden Maria ist ein 1346 von Bartolomèo da Camogli (gest. 1348) ausgeführtes Tafelbild, das sich im Palazzo Abatellis in Palermo befindet (vgl. Bühler 1996, 43, Anm. 122).
30 Vgl. Proto-Jak 10 (FC 18, 112–114). Siehe auch Bühler 1996, 42f.
31 Vgl. Widauer 2009, 159.
32 Vgl. Zenkert 2003, 229f. Das Buch verweist traditionell auf die Heilige Schrift und bezieht sich hier sicherlich nicht auf die apokryphe Überlieferung von der außergewöhnlichen Unterrichtung der Tempeljungfrau Maria in Gesetz und Weisheit (vgl. Ps-Mt 6 [FC 18, 216–218]), wie Claudia Bühler meint (vgl. Bühler 1996, 43).
33 Vgl. Bühler 1996, 42–44; Zenkert 2003, 230, Anm. 38.
34 Vgl. Thomas von Aquin, Summa theologica III, quaestio 30, articulus 1, respondeo (Deutsche Thomas-Ausgabe 26, 283f.).
35 Vgl. Zenkert 2003, 240.
36 Vgl. Bühler 1996, 42f., 45.

Geburt und Namensgebung des Täufers
S. 477-484

1 Vgl. Nikolaus Cusanus, De visione Dei, Vorwort (Dupré, 9).
2 Siehe dazu Thürlemann 2006, 9–24.
3 Vgl. Thürlemann 2006, 83–87, 91; Vos 1999, 232, 285, 288. Der um 1442/45 entstandene Miraflores-Altar zeigt links die Geburt Christi, in der Mitte die Kreuzabnahme und rechts die Erscheinung des Auferstandenen vor seiner Mutter (vgl. Birkmeyer 1961, 2–5; Grosshans 1981, 49–112; Neuner 1995, 95–106; Kemperdick 1999, 38–41; Panofsky 2001, 255–261; Thürlemann 2006, 87–91).
4 Vgl. Gemäldegalerie Berlin 1975, 470, 474; Vos 1999, 285, 227.
5 Siehe dazu Gemäldegalerie Berlin 1975, 470f.; Neuner 1995, 107–115; Kemperdick 1999, 112–116; Vos 1999, 285–288; Thürlemann 2006, 92f.
6 Während die Identifizierung der vier Apostel auf der Mitteltafel als Petrus, Andreas, Jakobus der Ältere und Johannes durch die Attribute der Schlüssel, des Andreaskreuzes, der Pilgertracht und des Kelches eindeutig ist (vgl. Suckale 1995, 26, 28, 41f. und 74, Anm. 26; Neuner 1995, 108, Anm. 12; Vos 1999, 287 und 289, Anm. 8), gibt es bei den Apostelfiguren auf den beiden Seitentafeln unterschiedliche Deutungen, wobei die Interpretation von Antje Maria Neuner, der auch Dirk de Vos folgt, wegen ihrer Orientierung an den Attributen plausibler als die Deutung Robert Suckales erscheint, der von einer bewusst gewählten Reihung ausgeht. Suckale deutet die vier Apostel auf der linken Tafel als Jakobus den Jüngeren und Philippus sowie als Simon und Judas Thaddäus, da deren liturgisches Gedächtnis jeweils paarweise begangen wird (vgl. Suckale 1995, 74, Anm. 26). Dagegen spricht nach de Vos und Neuner, dass sich die Keule und das Buch als Attribute der ersten Apostelfigur nicht nur auf Jakobus den Jüngeren, sondern auch auf Judas Thaddäus beziehen lassen (vgl. Neuner 1995, 108, Anm. 12; Vos 1999, 287 und 289, Anm. 8). Während sich die zweite Figur mit dem Kreuzstab eindeutig mit Philippus identifizieren lässt, erscheint die von Suckale für die dritte Apostelfigur vorgeschlagene Deutung als Simon problematisch, da das Attribut der Lanze in der Regel zu Thomas oder Matthäus gehört; auch der vierte Apostel mit dem Messer verweist nicht auf Judas Thaddäus, sondern auf Bartholomäus, der enthäutet wurde (vgl. Neuner 1995, 108, Anm. 12; Vos 1999, 287 und 289, Anm. 8). Während Suckale die vier Apostel auf der rechten Tafel mit Matthäus oder eventuell Paulus sowie mit Bartholomäus, Thomas und Matthias angibt (vgl. Suckale 1995, Anm. 26), sprechen sich Neuner und de Vos für Paulus mit dem Schwert, für Simon mit der Säge, für Judas Thaddäus oder Thomas mit dem Winkelmaß und für Matthäus oder Matthias mit dem Beil aus (vgl. Neuner 1995, 108, Anm. 12; Vos 1999, 287 und 289, Anm. 8).
7 Auf der Mitteltafel beziehen sich die ersten drei der von links nach rechts aufsteigenden Archivolten auf das Leben des Johannes vor der Taufe Jesu. Links unten gibt Zacharias seinem Sohn acht Tage nach der Geburt bei der Beschneidung den Namen Johannes und stimmt nach wiedererlangter Stimme (vgl. Lk 1,59–64) den Lobgesang des „Benedictus" an (vgl. Lk 1,67–79). Darüber ist der jugendliche Johannes zu sehen, wie er bewegten Schrittes in die Wüste geht, um sich durch Askese und Gebet auf seine Sendung vorzubereiten (vgl. Lk 1,80). In der Szene links vor der Scheitelmitte des Portals ruft Johannes zur Buße auf und spendet die Taufe zur Umkehr, wobei sich vorne bereits ein Mann entkleidet hat, während hinten drei Menschen noch zuhören. Der Inhalt seiner Bußpredigt wird hinter ihm durch die Axt im Baum veranschaulicht, die darauf hinweist, dass jeder fruchtlose Baum gefällt werden wird (vgl. Mt 3,10). In den rechten Archivolten sind die drei Versuchungen Jesu durch den Teufel in der Wüste dargestellt (vgl. Mt 4,1; Mk 1,12–13; Lk 4,1). Rechts vom Bogenscheitel sieht man die Versuchung, Steine in Brot zu verwandeln (vgl. Mt 4,3; Lk 4,3), dann die Versuchung, sich vom Tempel zu stürzen (vgl. Mt 4,5–6; Lk 4,9), und schließlich die Versuchung, sich im Tausch gegen alle Königreiche der Welt vor dem Satan niederzuwerfen (vgl. Mt 4,8–9; Lk 4,6–7). Siehe dazu Suckale 1995, 20–22.

8   Die Figurengruppen in den Archivolten des Portals auf der rechten Tafel zeigen, wie Johannes durch die Priester und Leviten nach seiner Messianität gefragt wird (vgl. Joh 1,19–20), wie Johannes zwei seiner Jünger auf Jesus hinweist (vgl. Joh 1,29–30), wie der Täufer Herodes Antipas (reg. 4 v. Chr.–39 n. Chr.) wegen dessen ungesetzlicher Ehe anklagt, wie ihn dann der König ins Gefängnis werfen lässt (vgl. Mt 14,3–4; Mk 6,17–18), wie Johannes dort von zwei Jüngern besucht wird (vgl. Mt 11,4–7; Lk 7,18–24) und wie Salome vor Herodes tanzt (vgl. Mt 14,6; Mk 6,22). Siehe dazu Neuner 1995, 107f. und 107, Anm. 7; Suckale 1995, 29–32; Vos 1999, 287.
9   Vgl. Neuner 1995, 107 und Anm. 6; Suckale 1995, 11–17; Vos 1999, 286.
10 Vgl. Suckale 1995, 20.
11 Vgl. Neuner 1995, 108f.; Vos 1999, 286.
12 Vgl. Neuner 1995, 113. Die auf der rechten Seitentafel im Hintergrund dargestellte Szene, in der Salome das abgeschlagene Haupt des Täufers auf einer Schale zu ihrer Mutter Herodias bringt (vgl. Mt 14,11; Mk 6,28), die mit Herodes zu Tisch sitzt, ist nach Neuner nicht mehr wesentlicher Bestandteil der meditativen Tätigkeit des Betrachters (vgl. Neuner 1995, 113).
13 Vgl. Neuner 1995, 108f.; Vos 1999, 286.
14 Vgl. Koslow 1986, 11, 32f.; Blum 1992, 43, 48; Vos 1999, 280; Vos 2002, 87; zum „saccus" siehe Augustinus, Enarratio in Psalmum 29,21 (CChrSL 39, 185); zum „spirituale matrimonium" siehe Thomas von Aquin, Summa theologica III, quaestio 30, articulus 1, respondeo (Deutsche Thomas-Ausgabe 26, 283f.).
15 Vgl. Neuner 1995, 109; Vos 1999, 286; Suckale 1995, 11.
16 Jakobus de Voragine, Legenda aurea, Von der Geburt Sanct Johannis des Täufers (Benz, 413); vgl. Neuner 1995, 109 und Anm. 15.
17 Siehe Neuner 1995, 109; Suckale 1995, 58f.; Vos 1999, 286.
18 Vgl. Butzkamm 2001, 176; Gallwitz 1996, 120; Widauer 2009, 88.
19 Vgl. Gallwitz 1996, 109.
20 Vgl. Suckale 1995, 17; Vos 1999, 286.
21 Mit ihrem leichten Kontrapost und ihren etwas gespreizten Beinen nimmt Salome eine verführerische und geistlich abstoßende Haltung ein. Sie trägt über einem weißen Schleier eine Reifhaube aus schwarzem Samt mit goldenem Hornaufsatz, ein dünnes Hemd, einen blau gemusterten, goldgesäumten und edelsteinbesetzten Samtrock, einen seitlich weit ausgeschnittenen Überrock, überlange Seidenschleier an den Rockärmeln und eine aus violettem Samt gefertigte und mit Hermelinpelz gefütterte und gesäumte Schleppe. Siehe dazu Suckale 1995, 57f., 60.
22 Vgl. Suckale 1995, 60f.
23 Vgl. Neuner 1995, 109, 112f. Der eucharistische Aspekt findet sich auch in der kleinen Hintergrundszene der rechten Tafel, wo Herodias dem auf der Schale hereingebrachten Haupt des Täufers mit einem Messer eine Wunde zufügt, was symbolisch auf die Seitenwunde Jesu (vgl. Joh 19,34) als Quelle der Eucharistie verweist. Zudem lässt sich der Teller, auf dem das Haupt des Johannes liegt, symbolisch auf die Patene beziehen, auf der die Hostie liegt (vgl. Vos 1999, 287). Dass sich Salome und der Henker von der Schale mit dem Johanneshaupt abwenden, weist diese beiden Personen als schwere Sünder aus, die sich nicht der Hostie nähern dürfen (vgl. Lane 1978, 662–666). Zudem erinnert der Teller mit dem Johanneshaupt auf dem Tisch an das Abendmahl, wobei das blutende Haupt des Täufers zum Sinnbild für das eucharistische Fleisch und Blut Christi wird (vgl. Vos 1999, 287).

Das Martyrium der Apostelfürsten
S. 485-489

1   Siehe dazu Stuttgarter NT, 409, 413f.
2   Vgl. Müller 1994, 2; Goll 2007 Müstair, 29–31, 42; Goll 2007 Wandbilder, 71–73.
3   Vgl. Müller 1994, 8; Goll 2007 Wandbilder, 63–65; Exner 2007, 109–113; Hirsch/Goll 2007, 244–249. Zum Streit zwischen Simon Magus und Petrus und Paulus sowie zur Hundezähmung siehe Passio Petri et Pauli 40; 27–28 (Lipsius/Bonnet, 155, 143); zum Gebet der Apostelfürsten und zum Sturz des Simon Magus siehe Passio Petri et Pauli 52; 54–57 (Lipsius/Bonnet, 163, 165, 167, 169); zur Einsegnung des Apostelgrabes siehe Passio Petri et Pauli 63 (Lipsius/Bonnet, 173). Siehe dazu Hirsch/Goll 2007, 244–247, 249.

4 Vgl. Hirsch/Goll 2007, 248. Der gleiche schmale Turm bildet auch im dritten Register der Mittelapsis die Begrenzung zwischen den Fresken mit der Darstellung des Gastmahls des Herodes und der Szene, in der Johannes der Täufer zu Grabe getragen wird (vgl. Hirsch/Goll 2007, 239f.).
5 Vgl. Hirsch/Goll 2007, 248.
6 Vgl. Joh 12,32.
7 Passio Petri et Pauli 60 (Lipsius/Bonnet, 171; zitiert nach Hirsch/Goll 2007, 248).
8 Vgl. Passio Petri et Pauli 59 (Lipsius/Bonnet, 171); Hirsch/Goll 2007, 248.

Mariä Himmelfahrt
S. 490-499

1 Vgl. Weddingen 1988, 64, 66.
2 Vgl. Vasari, Le vite (Milanesi VI, 587).
3 Vgl. Krischel 1994, 12–16, 44–53. Die Datierungen schwanken in der Fachliteratur von 1547/56 bis zu Spätdatierungen um 1562 (vgl. Dasser 1988, 11; Weddingen 1993, 264).
4 Vgl. Weddingen 1988, 87f. Nach Erasmus Weddingen käme als Stifterin Paola Priuli, die Frau des 1554 verstorbenen Francesco Querini, in Frage, der den Kreuzträgerorden förderte (vgl. Weddingen 1988, 88). Als Gründe für eine Ablehnung des Bamberger Himmelfahrtsbildes führt Weddingen die fünf weiblich-koketten Trägerengel Marias an, den zur Aufnahme Marias heranfliegenden und wohl als zu würdelos empfundenen Christus, die offensichtliche Inspiration des Gemäldes durch die Marienvita des Pietro Aretino, dessen Schriften seit 1559 durch die Inquisition beanstandet wurden, sowie die ebenfalls von der Inquisition beargwöhnten volkssprachlichen Bibeln, von denen ein aufgeschlagenes Exemplar auf der unteren Stufe des Sarkophags dargestellt ist (vgl. ebd.).
5 Die fälschliche Beschriftung „Ascensio D[omini] N[ostri] Jesu Christi" wurde später richtig abgeändert in „ASSVMPTIO B[eatae] V[irginis]".
6 Vgl. Suckale/Ruderich/Schöpf 2002, 156. Zur Geschichte des Gemäldes ab der 1638 erfolgten testamentarischen Stiftung durch Dompropst Neustetter an die Bamberger Domkirche siehe Baumgärtel-Fleischmann 1988, 13–24. Zur Familie Mattioli siehe Stetten 1762, 282f. Das von Veit Stoß 1520/23 für die Nürnberger Karmelitenkirche angefertigte Marienretabel war nach der Einführung der Reformation in Nürnberg nach Bamberg in die Obere Pfarrkirche gelangt (vgl. Suckale/Ruderich/Schöpf 2002, 156).
7 Vgl. Suckale/Ruderich/Schöpf 2002, 157.
8 Vgl. Jakobus de Voragine, Legenda aurea, Von Mariä Himmelfahrt (Benz, 583–588); Weddingen 1988, 72.
9 Vgl. Weddingen 1988, 82–84.
10 Vgl. Jakobus de Voragine, Legenda aurea, Von Mariä Himmelfahrt (Benz, 586); Aretino 1539, 146v, 150v; Weddingen 1988, 75f.
11 Vgl. Weddingen 1988, 103f., Anm. 47.
12 Vgl. Weddingen 1988, 72f.; Weddingen 1993, 264–267.
13 Vgl. Weddingen 1988, 73, 86f.
14 Vgl. Weddingen 1988, 71; Jakobus de Voragine, Legenda aurea, Von Mariä Himmelfahrt (Benz, 583).
15 Vgl. Weddingen 1988, 77–81; Weddingen 1993, 268–275.
16 Vgl. Weddingen 1988, 81f.; Weddingen 1993, 276–279.
17 Vgl. Weddingen 1988, 103, Anm. 47; Weddingen 1993, 275.
18 Vgl. Suckale/Ruderich/Schöpf 2002, 157f.
19 „Illud vero diligenter doceant episcopi […]; tum vero ex omnibus sacris imaginibus magnum fructum percipi, […] quia Dei per Sanctos miracula et salutaria exempla oculis fidelium subiciuntur, ut pro iis Deo gratias agant, ad Sanctorumque imitationem vitam moresque suos componant, excitenturque ad adorandum ac diligendum Deum, et ad pietatem colendam" (DH, Nr. 1824).
20 Vgl. Steiner 1988, 57.
21 Vgl. Suckale/Ruderich/Schöpf 2002, 158. Seine Fähigkeit zur Darstellung verkürzter Gestalten hatte Tintoretto bereits in den um 1542 untersichtig gemalten und heute in der Galleria Estense in Modena aufbewahrten Deckenbildern zu den ovidischen „Metamorphosen" beweisen können (vgl. Krischel 1994, 23–25).
22 Vgl. Jakobus de Voragine, Legenda aurea, Von Mariä Himmelfahrt (Benz, 585); Weddingen 1988, 71.

23 Vgl. Aretino 1539, 151v; Weddingen 1988, 76.
24 Vgl. Aretino 1539, 153r; Weddingen 1988, 76.
25 Vgl. Weddingen 1988, 76 und 104f., Anm. 50.
26 Vgl. Weddingen 1988, 71.
27 Vgl. Weddingen 1988, 73f.
28 Vgl. Aretino 1539, 152r; Weddingen 1988, 74. Siehe auch die auf Francesco Salviati (1510–1563) zurückgehende Bildschöpfung, die als Holzschnitt Aretinos Schrift „Vita di Caterina vergine" von 1540 zierte und den Leib der Märtyrerin Katharina von Alexandrien zeigt, wie er von fünf als weiblich anzusprechenden Engeln durch die Lüfte getragen wird, um von einem darunter – auf dem Berg Sinai – bereitstehenden Sarkophag aufgenommen zu werden (vgl. Weddingen 1988, 76).
29 Vgl. Steiner 1988, 54, 57f.
30 Vgl. Suckale/Ruderich/Schöpf 2002, 158.
31 Vgl. Weddingen 1988, 89f.
32 Vgl. Steiner 1988, 54, 57f.

Das Lamm und die Heiligenchöre
S. 500-506

1 Das Göttinger Sakramentar (vgl. Winterer 2009, 170–191), das zur eigenen Verwendung im Kloster angefertigt wurde (vgl. Sauer 1996, 370; Winterer 2009, 173), gehört zu den Hauptleistungen des Fuldaer Klosterskriptoriums, das sich in ottonischer Zeit vor allem auf liturgische und hagiographische Prachthandschriften sowohl für den Eigengebrauch als auch für den Export spezialisiert hatte (vgl. Sauer 1996, 365–367; Winterer 2009, 26f.). Zur ottonischen Buchmalerei im Kloster Fulda siehe Winterer 2009, 65–245; zum liturgischen Inhalt des Göttinger Sakramentars siehe Winterer 2009, 246–268; zur Datierung um das Jahr 975 siehe Sauer 1996, 370 und Winterer 2009, 175–177. Zur kunsthistorischen Einordnung der Miniaturen des Göttinger Sakramentars siehe Winterer 2009, 299–374; zur Frage der beteiligten Maler siehe Winterer 2009, 184–191.
2 Vgl. Feuerstein 1934, 366f.; Sauer 1996, 376f.
3 Vgl. Sauer 1996, 377f.
4 Vgl. Sauer 1996, 368, 381f., 388, 400f. Das im Archivio Capitulare in Udine als Codex I aufbewahrte Sakramentar wurde im Fuldaer Skriptorium offensichtlich für eine außerklösterliche Verwendung angefertigt und entstand wohl kurz nach dem Göttinger Sakramentar (vgl. Zimmermann 1910, 17–21, 28; Sauer 1996, 371–373, 401f. und 372, Anm. 34). Die Miniatur zum Allerheiligenfest auf fol. 66r zeigt im Unterschied zur Darstellung im Göttinger Sakramentar ein fünftes Register mit Figuren, die auf Erdschollen stehen (vgl. Sauer 1996, 373f.). Das heute in der Bamberger Staatsbibliothek befindliche Sakramentar entstand um 1000 und zeigt auf fol. 165v eine Illustration zum Allerheiligenfest, die sich von der Miniatur im Göttinger Sakramentar dadurch unterscheidet, dass die Personifikation der Kirche im untersten Register dem Lamm auf Erdschollen entgegenschreitet (vgl. Sauer 1996, 374f.).
5 Flacius und der Augsburger Arzt Achilles Pirmin Gasser (1505–1577) veröffentlichten in ihrer 1571 in Basel gedruckten Ausgabe des Evangelienbuches des Otfrid von Weißenburg (um 790–875) auch eine althochdeutsche Beichte, die offensichtlich dem Göttinger Sakramentar (fol. 187r–187v) entnommen wurde, was für die Eigentümerschaft des Flacius spricht (vgl. Winterer 2009, 174). Die Witwe des Flacius verkaufte 1597 die Handschriftensammlung ihres verstorbenen Mannes an Herzog Heinrich Julius von Braunschweig (reg. 1589–1613), wodurch das Göttinger Sakramentar 1618 in die Bibliothek der Universität Helmstedt gelangte, die aber 1809/10 aufgehoben wurde, worauf die Bestände zuerst in die Göttinger Universitätsbibliothek, 1815 dann nach Wolfenbüttel in die heutige Herzog-August-Bibliothek und Anfang des 19. Jahrhunderts erneut in die Göttinger Bibliothek wanderten (vgl. Winterer 2009, 174).
6 Im Göttinger Sakramentar befinden sich auf fol. 110r bis fol. 111r oben die liturgischen Formulare zum Fest Allerheiligen und zum Cäsariusfest, worauf auf der unteren Seitenhälfte von fol. 111r das Allerheiligenbild folgt, während auf fol. 111v die Texte zur Kirchweihe stehen (vgl. Sauer 1996, 370f.; Winterer 2009, 172f., 305f.).
7 Vgl. Winterer 2009, 184; Winterer 2006, 112.
8 Vgl. Sauer 1996, 371.
9 Vgl. Sauer 1996, 383f. Als Evangelium der Allerheiligenmesse waren bereits die Selig-

preisungen (Mt 5,1–12) gebräuchlich (vgl. Sauer 1996, 383).

10 Vgl. Sauer 1996, 384. Dieses Kompositionsschema wurde bereits in den Mosaiken frühchristlicher Basiliken verwendet, wie das aus dem 5. Jahrhundert stammende Fassadenmosaik der konstantinischen Peterskirche mit der Lammanbetung durch die vierundzwanzig Ältesten zeigt. Das Bildschema findet sich auf fol. 23r auch in der um 800/25 in Nordfrankreich entstandenen Trierer Apokalypse, die als Codex 31 in der Trierer Stadtbibliothek aufbewahrt wird, und zeigt oben in der Mitte das von Engeln und den vier Lebewesen umgebene Lamm und darunter die Akklamation durch die vierundzwanzig Ältesten und die Palmzweige tragenden Auserwählten (vgl. Sauer 1996, 384f.). Zur Entwicklung des Allerheiligenbildes aus den Bildmotiven der Apokalypse siehe Feuerstein 1934, 368f.; Panofsky 2001, 215.

11 Vgl. Sauer 1996, 385.

12 Vgl. Sauer 1996, 371, 386. In dem um 870 in der Hofschule des Westfrankenkönigs Karls des Kahlen (reg. 843–877) entstandenen Sakramentarfragment von Metz, das heute als Manuscrit latin 1141 in der Pariser Bibliothèque nationale aufbewahrt wird, findet sich im Messkanon zum Sanctus eine auf zwei gegenüberliegende Seiten verteilte Miniatur, die auf fol. 5v fünf Wolkenbänder mit drei Engeln im obersten Register und darunter vier Reihen mit Heiligengruppen zeigt, die sich akklamierend einer auf fol. 6r dargestellten Majestas Domini zwischen zwei Engeln und den beiden Personifikationen von Erde und Meer zuwenden, zu deren Füßen das Sanctus in einem purpurfarbenen Feld eingeschrieben ist (vgl. Sauer 1996, 386f.; Pächt 2002, 130).

13 Dies zeigt eine Beda Venerabilis (673–735) zugeschriebene, aber nicht vor dem 9. Jahrhundert entstandene Predigt (vgl. Homiliae subtitiae 70 [PL 94, 450B–452C]; Sauer 1996, 385f. und 385, Anm. 86), in der im Blick auf die bevorstehende himmlische Freude (vgl. Offb 7,14–17) die Heiligengruppen als Chöre der Apostel, Propheten, Märtyrer, Jungfrauen und Bekenner beschrieben werden: „Illic apostolorum gloriosus chorus, illic prophetarum exsultantium numerus insignis, illic martyrum populus innumerabilis ob certaminum victoriam coronatus, illic clarissima virginum turba laetatur, illic etiam confessorum fortitudo laudatur" (Homiliae subtitiae 70 [PL 94, 452C]). Daneben werden in dieser Predigt auch die neun Engelchöre sowie die Patriarchen, Propheten, Apostel, Märtyrer und Jungfrauen aufgezählt (vgl. Homiliae subtitiae 70 [PL 94, 451B]; Sauer 1996, 386, Anm. 87).

14 Vgl. Sauer 1996, 387–389. Im „Te Deum" stimmen neben den Engeln die Apostel, Propheten, Märtyrer und die ganze heilige Kirche in das Gotteslob ein: „Te gloriosus Apostolorum chorus: Te prophetarum laudabilis numerus: Te martyrum candidatus laudat exercitus. Te per orbem terrarum sancta confitetur Ecclesia."

15 Vgl. Sauer 1996, 389f.

16 Vgl. ebd.

17 Vgl. ebd.

18 Vgl. Augustinus, Sermo de excidio urbis Romae 1,1 (CChrSL 46, 249f.); Hrabanus Maurus, De clericorum institutione 1,2 (PL 107, 297B). Siehe dazu Sauer 1996, 390 und Anm. 105f.

19 Vgl. Sauer 1996, 389f.

20 Vgl. Sauer 1996, 389f., 392, 397–399; Winterer 2006, 116.

21 „Ut enim in exordio generis humani de latere viri dormientis costa detracta femina fieret, Christum et ecclesiam tali facto iam tunc prophetari oportebat. sopor quippe viri mors erat Christi, cuius exanimis in cruce pendentis latus lancea perforatum est atque inde sanguis et aqua defluxit; quae sacramenta esse novimus, quibus aedificatur ecclesia" (Augustinus, De Civitate Dei 22,17 [CChrSL 48, 835f.]). „Hic secundus Adam inclinato capite in cruce dormivit, ut inde formaretur ei coniux, quod de latere dormientis effluxit" (Augustinus, Tractatus in Iohannis Evangelium 120,2 [CChrSL 36, 661]). „Ex osse dormientis protoplasti mulier aedificata est, ex latere Christi in cruce dormientis Ecclesia formata est. Profluxerunt enim ex eius latere sanguis et aqua, duo sanctae Ecclesiae praecipua sacramenta [...]" (Theodulf von Orleans, De ordine baptismi 13 [PL 105, 231D–232A]). Siehe dazu Sauer 1996, 392 und Anm. 114.

22 Vgl. Sauer 1996, 392–394. Die Verschleierung der Ecclesia, wie sie von Frauen nur beim

Kirchenbesuch verlangt wurde, dürfte nach Christoph Winterer als Hinweis auf die Würde des Ortes interpretiert werden (vgl. Winterer 2006, 116).
23 Vgl. Sauer 1996, 400f.
24 Vgl. Winterer 2009, 407, 409.

Maria, die zur Heiligkeit Erwählte
S. 507-514

1 Vgl. Justi 1904, 49.
2 Vgl. Saure 2016, 321–324.
3 Vgl. Domínguez Ortiz 1983, 34. Zum Breve „Sollicitudo omnium ecclesiarum" vom 8. Dezember 1661 siehe DH, Nr. 2015–2017.
4 Vgl. Domínguez Ortiz 1983, 26–33.
5 Vgl. Dezallier d'Argensville 1767, 349; Domínguez Ortiz 1983, 33; Gaya Nuño 1978, 113; Mena Marqués/Valdivieso 1983, 179f.; Dietrich 1992, 218. Zu Justino de Neve siehe Falcón 2011, 589–598. Murillos Bild des reuigen Petrus ist in Privatbesitz gelangt, das Porträt des Justino de Neve wird in der Londoner National Gallery aufbewahrt, und das Refektoriumsbild befindet sich im Szépművészeti Múzeum in Budapest. Siebzehn Gemälde, die Murillo für Justino de Neve malte, wurden vom 26. Juni bis zum 30. September 2012 im Prado ausgestellt. Die Ausstellung wurde anschließend auch im Hospital de los Venerables Sacerdotes in Sevilla und vom 6. Februar bis zum 19. Mai 2013 in der Londoner Dulwich Picture Gallery gezeigt.
6 Vgl. Saure 2016, 324. Das für das Kloster San Francisco angefertigte Immaculatabild befindet sich heute im Museo de Bellas Artes in Sevilla.
7 Vgl. Dietrich 1992, 216.
8 Vgl. ebd.
9 Vgl. Justi 1904, 50. Nach Carl Justi (1832–1912) nähert sich die Gestalt der Immaculata dem Bildtypus der Himmelfahrt Marias an, auch wenn dort Maria nicht so jugendlich dargestellt ist und zumeist von den zwölf Aposteln umgeben wird (vgl. Justi 1904, 51).
10 Vgl. Justi 1904, 51; Dietrich 1992, 216. Der ganz oben rechts mit ausgestreckten Armen fliegende Engel ist ein seitenverkehrtes Zitat aus dem 1628/29 durch Rubens gemalten Bild mit dem Raub der Europa, das sich heute im Isabella Stewart Gardner Museum in Boston befindet und Murillo wohl 1658 in den königlichen Sammlungen in Madrid gesehen hatte (vgl. Mena Marqués/Valdivieso 1983, 179).
11 Vgl. Justi 1904, 55f.
12 Vgl. Justi 1904, 50f., 55.
13 Beruete y Moret 1910, 22.
14 Vgl. Justi 1904, 51, 53, 55–57.
15 Vgl. Beruete y Moret 1910, 22.

Abkürzungsverzeichnis

AKL	Meißner, Günter (Hg.): Allgemeines Künstlerlexikon. Die Bildenden Künstler aller Zeiten und Völker, München-Leipzig 1991ff.
Apc	Apocalypsis Iohannis Apostoli (Vulgata)
BKV	Bardenhewer, Otto / Schermann, Theodor / Weyman, Carl (Hg.): Bibliothek der Kirchenväter, Kempten 1911–1938.
CChrCM	Dekkers, Eligius (Begründer): Corpus Christianorum Continuatio Mediaevalis, Turnhout 1966ff.
CChrSL	Dekkers, Eligius (Begründer): Corpus Christianorum Series Latina, Turnhout 1953ff.
CSCO	Katholische Universität Löwen / Katholische Universität von Amerika in Washington (Hg.): Corpus Scriptorum Christianorum Orientalium, Löwen 1903ff.
CSEL	Kommission zur Herausgabe des Corpus der lateinischen Kirchenväter der Österreichischen Akademie der Wissenschaften / seit 2012 Fachbereich Altertumswissenschaften/Latinistik an der Universität Salzburg (Hg.): Corpus Scriptorum Ecclesiasticorum Latinorum, Wien 1866ff.
Ct	Canticum Canticorum (Vulgata)
DH	Denzinger, Heinrich: Kompendium der Glaubensbekenntnisse und kirchlichen Lehrentscheidungen
Ex	Exodi (Vulgata)
FC	Brox, Norbert / Döpp, Siegmar / Geerling, Wilhelm u. a. (Hg.): Fontes Christiani, Freiburg i. Br. 1990ff.
FSO	Familia Spiritualis Opus
GCS	Harnack, Adolf / Mommsen, Theodor (Begründer): Die griechischen christlichen Schriftsteller der ersten drei Jahrhunderte, Berlin 1897ff.
Io	Evangelii secundum Iohannem (Vulgata)
Ion	Ionae Prophetae (Vulgata)
Lc	Evangelium secundum Lucam (Vulgata)
LCI	Kirschbaum, Engelbert / Braunfels, Wolfgang (Hg.): Lexikon der christlichen Ikonographie, Bände 1–8, Freiburg i. Br. u. a. 1968–1976.
LThK[3]	Kasper, Walter u. a. (Hg.): Lexikon für Theologie und Kirche, Bände 1–11, Freiburg i. Br. u. a. 1993–2001[3].
LXX	Septuaginta
Marienlexikon	Bäumer, Remigius / Scheffczyk, Leo (Hg.): Marienlexikon, Bände 1–6, St. Ottilien 1988–1994.
Mc	Evangelii secundum Marcum (Vulgata)
pag.	pagina
PG	Migne, Jacques-Paul (Hg.): Patrologia Graeca, Bände 1–161, Paris 1857–1866.
PL	Migne, Jacques-Paul (Hg.): Patrologia Latina, Bände 1–221, Paris 1844–1865.
Proto-Jak	Protoevangelium des Jakobus
Prv	Proverbiorum (Vulgata)
Ps	Psalmi (Vulgata)
Ps-Mt	Pseudo-Matthäusevangelium
r	rectus
RDK	Semrau, Max / Schmitt, Otto / Zentralinstitut für Kunstgeschichte München (Hg.): Reallexikon zur Deutschen Kunstgeschichte, Stuttgart-München 1937ff.
reg.	regnavit
SC	Lubac, Henri de / Daniélou, Jean u. a. (Hg.): Sources Chrétiennes, Paris 1941ff.
Thieme/Becker	Thieme, Ulrich / Becker, Felix (Begründer), Vollmer, Hans (Hg.): Allgemeines Lexikon der Bildenden Künstler von der Antike bis zur Gegenwart, 43 Bände, Leipzig 1907–1962.
TRE	Müller, Gerhard / Krause Gerhard u. a. (Hg.): Theologische Realenzyklopädie, Bände 1–36, Berlin 1977–2004.
v	versus

Literaturverzeichnis

Die Bücher der Heiligen Schrift werden direkt im Haupttext in Klammern angegeben und mit den allgemein bekannten Sigla der Einheitsübersetzung abgekürzt, die nicht mehr eigens im Abkürzungsverzeichnis aufgeschlüsselt werden.
Lateinische Bibelzitate erfolgen nach den Sigla der Vulgata, die im Abkürzungsverzeichnis erläutert und mit dem Zusatz „Vulgata" versehen werden.

Acres 1992 | Acres, Alfred J.: Compositions of time in the art of Rogier van der Weyden (Diss.), Ann Arbor 1992.

Aelred von Rievaulx, Sermones (PL 195) | Beati Aelredi […] Opera Omnia (PL 195), Paris 1853.

Aikema 1996 | Aikema, Bernard: „Sancta povertà" e „pietas venetiana". Osservazioni sul significato della decorazione della sala terrena della Scuola di San Rocco, in: Rossi, Paola / Puppi, Lionello (Hg.): Jacopo Tintoretto nel quarto centenario della morte. Atti del Convegno Internazionale di Studi. Venezia, 24–26 novembre 1994 (Quaderno Venezia Arti), Padua 1996, 185–190.

Alberti, Kleinere kunsttheoretische Schriften (Janitschek) | Leone Battista Albertis kleinere kunsttheoretische Schriften, Hg. Janitschek, Hubert (Quellenschriften für Kunstgeschichte und Kunsttechnik des Mittelalters und der Renaissance 11), Wien 1877.

Altmann 2010 | Altmann, Lothar: Hund, in: Trenner, Florian / Hagendorn, Susanne (Hg.): Christliche Tiersymbolik, München 2010, 142–148.

Amadeus von Lausanne, Homilia(e) de Maria Virgine (PL 188) | B. Amadeus Lausannensis Episcopus: Homiliae de Maria Virgine, in: Saeculum XII Oderici Vitalis […] Opuscula, Diplomata, Epistolae (PL 188), Paris 1855, 1303–1346.

Ambrosius, De excessu fratris sui Satyri (PL 16) | Ambrosius: De excessu fratris sui Satyri libri duo, in: Sancti Ambrosii […] Opera Omnia II (PL 16), Paris 1845, 1289–1354.

Ambrosius, De viduis (PL 16) | Ambrosius: De Viduis liber unus, in: Sancti Ambrosii […] Opera Omnia II (PL 16), Paris 1845, 233–262.

Ambrosius, Lukaskommentar (CSEL 32/4) | Ambrosius: Expositio evangelii secundum Lucan (Sancti Ambrosii Opera Pars III), Hg. Schenkl, Carolus (CSEL 32/4), Prag-Wien-Leipzig 1902.

Ammann 1940 | Ammann, Albert M.: Slawische Christus-Engel-Darstellungen, in: Orientalia Christiana Periodica 6 (1940), 467–498.

Anastasius, Interrogationes et Responsiones (PG 89) | Anastasius: Interrogationes et Responsiones, in: S. P. N. Anastasii […] Opera Omnia (PG 89), Paris 1865, 311–824.

Anastasius Sinaita, Hexaemeron (PG 89) | Anastasius: Anagogicarum contemplationum in Hexaemeron ad Theophilum libri undecim, Latine, incerto interprete, ex Bibliotheca Patrum Lugdunensi, in: S. P. N. Anastasii, cognomento Sinaitae […] Opera Omnia (PG 89), 851–1052.

Andaloro 2008 | Andaloro, Maria: Die Kirchen Roms. Ein Rundgang in Bildern. Mittelalterliche Malereien in Rom 312–1431. Vatikan. Suburbio. Monti, Mainz 2008.

Andrews 1973 | Andrews, Keith: A Pseudo-Elsheimer group. Adriaen van Stalbemt as Figure Painter, in: The Burlington Magazine 115 (1973), 301–307.

Andrews 2006 | Andrews, Keith: Adam Elsheimer. Werkverzeichnis der Gemälde, Zeichnungen und Radierungen, München 2006.

Angel 1642 | Angel, Philips: Lof der Schilder-konst, Leiden 1642.

Angerhausen 1982 | Angerhausen, Julius: Der Herr im Glanz des Goldes. Seine Ankunft und seine Wiederkunft. Bilder – Erwägungen – Gebete, St. Augustin 1982².

Apokalypse des Abraham (Rießler) | Apokalypse des Abraham, in: Altjüdisches Schrifttum außerhalb der Bibel, Hg. Rießler, Paul, Augsburg 1928, 13–39.

Aretino 1539 | Aretino, Pietro: La Vita di Maria Vergine, Venedig 1539.

Arndt 1962 | Arndt, Karl: Rogier van der Weyden. Der Columba-Altar (Reclams Werkmonographien zur bildenden Kunst 84), Stuttgart 1962.

Artelt 1968 Aussatz | Artelt, Walter: Aussatz, Aussätzige, in: LCI 1 (1968), 228–231.

Artelt 1968 Besessene | Artelt, Walter: Besessene, Besessenheit, in: LCI 1 (1968), 273–275.

Aßmus-Neumann 1998 | Aßmus-Neumann, Friederike: Leben Jesu. Bilder zum Leben und zu den Wundern Jesu mit Texten aus den vier Evangelien (Wort und Bild, Band 2: Leben Jesu), Tübingen 1998.

Athanasius, Orationes adversus Arianos (PG 26) | Athanasius: Orationes adversus Arianos, in: S. P. N. Athanasii […] Opera Omnia […] II (PG 26), Paris 1857, 11–526.

Augsburger Barockgalerie 1984 | Städtische Kunstsammlungen Augsburg (Hg.) / Krämer, Gode (Bearbeitung): Deutsche Barockgalerie. Katalog der Gemälde (Band 2: Städtische Kunstsammlungen Augsburg. Bayerische Staatsgemäldesammlungen), Augsburg 1984².

Augustinus, De civitate Dei (CChrSL 47/48) | Sancti Aurelii Augustini De civitate Dei (Aurelii Augustini Opera, Pars XIV, 1–2), Hg. Dombart, Bernardus / Kalb, Alphonsus (CChrSL 47/48), Turnhout 1955.

Augustinus, De Genesi contra Manichaeos (PL 34) | Augustinus, De Genesi contra Manichaeos, in: Sancti Aurelii Augustini […] Opera Omnia […] III/1 (PL 34), Paris 1841, 173–220.

Augustinus, De Genesi ad litteram (PL 34) | S. Aurelii Augustini […] De Genesi ad litteram, in: Sancti Aurelii Augustini […] Opera Omnia […] III/1 (PL 34), Paris 1841, 219–466.

Augustinus, Enarratio(nes) in Psalmos(Psalmum) (CChrSL 38/39/40) | Augustinus: Enarrationes in Psalmos (Aurelii Augustini Opera, Pars X, 1–3), Hg. Dekkers, Eligius / Fraipont, Jean (CChrSL 38/39/40), Turnhout 1956.

Augustinus, Sermo de excidio urbis Romae (CChrSL 46) | Augustinus: Sermo de excidio urbis Romae, Hg. O'Reilly, Marie Vianney, in: Aurelii Augustini Opera, Pars XIII,2 (CChrSL 46), Turnhout 1969, 243–262.

Augustinus, Tractatus in Iohannis Evangelium (CChrSL 36) | Sancti Aurelii Augustini in Iohannis Evangelium Tractatus CXXIV (Aurelii Augustini Opera, Pars VIII), Hg. Willems, Radbodus (CChrSL 36), Turnhout 1954.

Augustinus, Tractatus in Iohannis Evangelium (BKV 8/11/19) | Des heiligen Kirchenvaters Augustinus Vorträge ueber das Evangelium des hl. Johannes (Des heiligen Kirchenvaters Aurelius Augustinus ausgewählte Schriften aus dem Lateinischen übersetzt, Bände IV–VI), Hg. Specht, Thomas (BKV 8/11/19), Kempten 1913–1914.

Badt 1981 | Badt, Kurt: Paolo Veronese, Köln 1981.

Bahr 1996 | Bahr, Carolin: Religiöse Malerei im 20. Jahrhundert am Beispiel der religiösen Bildauffassung im gemalten Werk von Georges Rouault (1871–1958), Stuttgart 1996.

Baldass 1944 | Baldass, Ludwig: Die Entwicklung des Bernaert van Orley, in: Jahrbuch der Kunsthistorischen Sammlungen in Wien. Neue Folge 13 (1944), 141–191.

Barbel 1941 | Barbel, Joseph P.: Christos-Angelos, Die Anschauung von Christus als Bote und Engel in der gelehrten und volkstümlichen Literatur des christlichen Altertums. Zugleich ein Beitrag zur Geschichte des Ursprungs und der Fortdauer des Arianismus, Bonn 1941.

Barlach, Briefe I/II | Droß, Friedrich (Hg.): Ernst Barlach. Die Briefe 1888–1938 in zwei Bänden, München 1968/1969.

Barlach, Güstrower Tagebuch | Barlach, Ernst: Güstrower Tagebuch 1914–1917, in: Ernst Barlach. Das dichterische Werk in drei Bänden, Droß, Friedrich (Hg.), Dritter Band: Die Prosa II, München 1976², 9–364.

Barnabasbrief (Berger/Nord) | Brief des Barnabas, in: Das Neue Testament und frühchristliche Schriften, Hg. Berger, Klaus / Nord, Christiane, Mainz-Frankfurt a. M. 1999, 235–263.

Bauch 1967 | Bauch, Kurt: „Ikonographischer Stil". Zur Frage der Inhalte in Rembrandts Kunst, in: Bauch, Kurt: Studien zur Kunstgeschichte, Berlin 1967, 123–151.

Baudouin 1948 | Baudouin, François: L'Ecce Agnus Dei de Dieric Bouts, in: Les Arts Plastiques, Nr. 3/4, Brüssel 1948, 141–145.

Baudry 2010 | Baudry, Gérard-Henry: Handbuch der frühchristlichen Ikonographie. 1. bis 7. Jahrhundert, Freiburg-Basel-Wien 2010.

Bauer 1985 | Bauer, Hermann und Anna: Johann Baptist und Dominikus Zimmermann. Entstehung und Vollendung des bayerischen Rokoko, Regensburg 1985.

Bauer/Rupprecht 1976 | Bauer, Hermann / Rupprecht, Bernhard (Hg.): Corpus der barocken Deckenmalerei in Deutschland, Band 1: Bauer-Wild, Anna / Böhm, Cordula / Lüdicke, Lore / Werner-Clementschitsch, Heide (Wissenschaftliche Texte): Freistaat Bayern. Regierungsbezirk Oberbayern. Die Landkreise Landsberg am Lech, Starnberg, Weilheim-Schongau, München 1976.

Bauerreiß 1931 | Bauerreiß, Romuald: Pie Jesu. Das Schmerzensmannbild und sein Einfluß auf die mittelalterliche Frömmigkeit, München 1931.

Bauerreiß 1938 | Bauerreiß, Romuald: Arbor Vitae. Der „Lebensbaum" und seine Verwendung in Liturgie, Kunst und Brauchtum des Abendlandes (Abhandlungen der Bayerischen Benediktinerakademie 3), München 1938.

Bauerreiß 1960 | Romuald Bauerreiß: Außerliturgische Eucharistische Christus-Darstellungen, in: Eucharistia. Deutsche eucharistische Kunst. Offizielle Ausstellung zum Eucharistischen Weltkongress München 1960, Dillingen 1960.

Bauer-Wild 1992 | Bauer-Wild, Anna: Das Bildprogramm der Wallfahrtskirche, in: Böning-Weis, Susanne (Redaktion): Die Wies. Geschichte und Restaurierung. History and Restoration (Arbeitshefte des Bayerischen Landesamtes für Denkmalpflege 55), München 1992, 53–72.

Baumgart/Biagetti 1934 | Baumgart, Fritz / Biagetti, Biagio: Die Fresken des Michelangelo, Lorenzo Sabbatini und Federico Zuccari in der Cappella Paolina im Vatikan (Monumenti Vaticani di Archeologia e d'Arte. Pubblicati per Munificenza di Sua Santità Pio XI a cura della Pontificia Accademia Romana d'Archeologia 3), Rom 1934.

Baumgärtel-Fleischmann 1988 | Baumgärtel-Fleischmann, Renate: Zur Geschichte des Gemäldes „Himmelfahrt Mariae" von Jacopo Tintoretto in Bamberg, in: Petzet, Michael (Hg.): Die Bamberger „Himmelfahrt Mariae" von Jacopo Tintoretto. Internationales Kolloquium in München 27. und 28. Januar 1986 und Restaurierungsbericht (Arbeitshefte des Bayerischen Landesamtes für Denkmalpflege 42), München 1988, 13–24.

Baxandall 1977 | Baxandall, Michael: Die Wirklichkeit der Bilder. Malerei und Erfahrung im Italien des 15. Jahrhunderts, Frankfurt a. M. 1977.

Beda Venerabilis, Expositio in Actuum Apostolorum (CChrSL 121) | Beda Venerabilis: Expositio in Actuum Apostolorum, in: Bedae Venerabilis Opera. Pars II: Opera Exegetica, Hg. Laistner, Max Ludwig Wolfram (CChrSL 121), Turnhout 1983, 1–99.

Beda Venerabilis, Homelia(e) (CChrSL 122) | Bedae Venerabilis Opera. Pars III: Opera Homiletica, Hg. Hurst, David (CChrSL 122), Turnhout 1965.

Beda Venerabilis, In Johannis Evangelium Expositio (PL 92) | Beda Venerabilis: In S. Johannis Evangelium Expositio, in: Venerabilis Bedae […] Opera Omnia III (PL 92), Paris 1862, 633–938.

Beenken 1951 | Beenken, Hermann: Rogier van der Weyden, München 1951.

Behling 1957 | Behling, Lottlisa: Die Pflanze in der mittelalterlichen Tafelmalerei, Weimar 1957.

Beitz 1924 | Beitz, Egid: Die Quellen der Kruzifixe aus Neumünster zu Würzburg und aus Heinrichs, in: Der Cicerone 16 (1924), 722f.

Bellori, Le Vite 1672 | Bellori, Giovan Pietro: Le Vite de' pittori, scultori e architetti moderni, Rom 1672 (Nachdruck: Italica Gens. Repertori di bio-bibliografia italiana 86 [1977]).

Berger 1999 | Berger, Rupert: Pluviale, in: LThK³ 8 (1999), 365.

Berliner 1956 | Berliner, Rudolf: Bemerkungen zu einigen Darstellungen des Erlösers als Schmerzensmann, in: Das Münster 9 (1956), 97–117.

Berliner 1958 | Berliner, Rudolf: „Der Logos am Kreuz", in: Das Münster 11 (1958), 177–180.

Bernhard von Clairvaux (Winkler I–X) | Bernhard von Clairvaux: Sämtliche Werke. Lateinisch/Deutsch, Hg. Winkler, Gerhard B. u. a., Bände I–X, Innsbruck 1990–1999.

Bernt 1988 | Bernt, Günther: Ave maris stella. 1. Lateinisch, in: Marienlexikon 1 (1988), 317.

Beruete y Moret 1910 | Beruete y Moret, Aureliano de: Bartolomé Esteban Murillo (1618–1682). Die unbefleckte Empfängnis Mariä, in: Beruete y Moret, Aureliano de / Mayer, August Liebmann: Die Gemälde-Galerie des Prado in Madrid, Leipzig [1910], 22.

Beutler 1984 | Beutler, Christian: Meister Bertram. Der Hochaltar von Sankt Petri. Christliche Allegorie als protestantisches Ärgernis (Kunststück), Frankfurt a. M. 1984.

Bevilacqua/Quintavalle 1970 | Bevilacqua, Alberto / Quintavalle, Carlo Arturo: L'opera completa del Correggio (Classici dell'Arte 41), Mailand 1970.

Bibel | Die Bibel. Altes und Neues Testament. Einheitsübersetzung. Herausgegeben im Auftrag der Bischöfe Deutschlands, Österreichs, der Schweiz u. a., Freiburg i. Br. u. a. 2002.

Bijbelse Inspiratie 1964 | Bijbelse Inspiratie. Tekeningen en prenten van Lucas van Leyden en Rembrandt (Catalogus van de tentoonstelling Bijbelse Inspiratie 1964/65), Amsterdam 1964.

Birgitta, Offenbarungen (Clarus I/II/III/IV) | Leben und Offenbarungen der heiligen Birgitta, Hg. Clarus, Ludwig (Sammlung der vorzüglichsten mystischen Schriften aller katholischen Völker. Aus dem Urtexte übersetzt. Bände 10–13: Leben und Offenbarungen der heiligen Birgitta I–IV), Regensburg 1856.

Birgitta, Revelationes (Bergh) | Den heliga Birgittas Revelaciones. Bok VII, Hg. Bergh, Birger (Samlingar utgivna av Svenska fornskriftsällskapet, Ser. 2: Latinska skrifter, vol. 7,7), Uppsala 1967.

Birkmeyer 1961 | Birkmeyer, Karl M.: The Arch Motif in Netherlandish Painting of the Fifteenth Century, in: Art Bulletin 43 (1961), 1–20, 99–112.

Blum 1992 | Blum, Shirley Neilsen: Hans Memling's Annunciation with Angelic Attendants, in: Metropolitan Museum Journal 27 (1992), 43–58.

Bockemühl 1981 | Bockemühl, Michael: Rembrandt. Zum Wandel des Bildes und seiner Anschauung im Spätwerk, München 1981.

Bockemühl 1991 | Bockemühl, Michael: Rembrandt 1606–1669. Das Rätsel der Erscheinung, Köln 1991.

Borchert 2002 | Borchert, Till-Holger: Zur Einführung: Jan van Eyck und seine Werkstatt, in: Borchert, Till-Holger (Hg.): Jan van Eyck und seine Zeit. Flämische Meister und der Süden 1430–1530 (Ausstellungsband: Groeningemuseum Brügge 15. März bis 30. Juni 2002), Stuttgart 2002, 9–31.

Brakensiek 2003 | Brakensiek, Stephan: Biographien, in: Die flämische Landschaft 1520–1700. Eine Ausstellung der Kulturstiftung Ruhr Essen und des Kunsthistorischen Museums Wien. Kulturstiftung Ruhr, Villa Hügel Essen, 23. August – 30. November 2003, Lingen 2003, 378–399.

Brand Philip 1971 | Brand Philip, Lotte: The Ghent Altarpiece and the Art of Jan van Eyck, Princeton 1971.

Brandt 2010 | Brandt, Michael: Bernwards Tür (Schätze aus dem Dom zu Hildesheim 3), Regensburg 2010.

Breda/Rodolfo 2013 | Breda, Adele / Rodolfo, Alessandra: Der Apostolische Palast im Vatikan. Rundgang, in: Cassanelli, Roberto / Paolucci, Antonio / Pantanella, Cristina (Hg.): Der Vatikan. Offizieller Führer durch alle Gebäude und ihre Geschichte, Berlin-München 2013, 174–207.

Browe 1938 | Browe, Peter: Die häufige Kommunion im Mittelalter, Münster 1938.

Browe 1940 | Browe, Peter: Die Pflichtkommunion im Mittelalter, Münster 1940.

Brucher 2010 | Brucher, Günter: Geschichte der venezianischen Malerei, Band 2: Von Giovanni Bellini zu Vittore Carpaccio, Wien-Köln-Weimar 2010.

Brug 2001 | Brug, Anja: Fra Filippo Lippi. Maria das Kind verehrend – Anbetung im Walde. Gemäldegalerie. Staatliche Museen zu Berlin. Preußischer Kulturbesitz (Meinert, Till (Hg.): Der Berliner Kunstbrief), Berlin 2001.

Bruyn 1957 | Bruyn, Josua: Van Eyck problemen. „De levensbron", het werk van een leerling van Jan van Eyck, Utrecht 1957.

Buchowiecki 1967 | Buchowiecki, Walter: Handbuch der Kirchen Roms. Der römische Sakralbau in Geschichte und Kunst von der altchristlichen Zeit bis zur Gegenwart, Band 1: Die vier Patriarchalbasiliken und die Kirchen innerhalb der Mauern Roms. S. Agata dei Goti bis S. Francesco Saverio, Wien 1967.

Buchowiecki 1974 | Buchowiecki, Walter: Handbuch der Kirchen Roms. Der römische Sakralbau in Geschichte und Kunst von der altchristlichen Zeit bis zur Gegenwart, Band 3: Die Kirchen innerhalb der Mauern Roms. S. Maria della Neve bis S. Susanna, Wien 1974.

Bühler 1996 | Bühler, Claudia: Ikonographie und Entwicklung des heilsgeschichtlichen Ereignisbildes im Œuvre Tintorettos (Kunstgeschichte 54), Münster 1996.

Büttner 1983 | Büttner, Frank O.: Imitatio Pietatis. Motive der christlichen Ikonographie als Modelle zur Verähnlichung, Berlin 1983.

Büttner/Gottdang 2006 | Büttner, Frank / Gottdang, Andrea: Einführung in die Ikonographie. Wege zur Deutung von Bildinhalten, München 2006.
Bulst/Pfeiffer 1987 | Bulst, Werner / Pfeiffer, Heinrich: Das Turiner Grabtuch und das Christusbild, Band 1: Das Grabtuch. Forschungsberichte und Untersuchungen, Frankfurt a. M. 1987.
Bunge 1994 | Bunge, Gabriel: Der andere Paraklet. Die Ikone der Heiligen Dreifaltigkeit des Malermönchs Andrej Rubljov, Würzburg 1994.
Busch 1997 | Busch, Werner: Landschaftsmalerei (Busch, Werner [Hg.]: Geschichte der klassischen Bildgattungen in Quellentexten und Kommentaren), Berlin 1997.
Bushart 1964 | Bushart, Bruno: Die deutsche Ölskizze des 18. Jahrhunderts als autonomes Kunstwerk, in: Münchner Jahrbuch der bildenden Kunst 15 (1964), 145–276.
Butzkamm 1990 | Butzkamm, Aloys: Bild und Frömmigkeit im 15. Jahrhundert. Der Sakramentsaltar von Dieric Bouts in der St.-Peters-Kirche zu Löwen, Paderborn 1990.
Butzkamm 2001 | Butzkamm, Aloys: Christliche Ikonographie. Zum Verstehen mittelalterlicher Kunst, Paderborn 2001.
Butzkamm 2004 | Butzkamm, Aloys: Ein Tor zum Paradies. Kunst und Theologie auf der Bronzetür des Hildesheimer Domes, Paderborn 2004.
Butzkamm 2014 | Butzkamm, Aloys: Ich sehe dich in tausend Bildern, Maria. Mariendarstellungen zwischen Tradition und Moderne, Paderborn 2014.
Cardini 2004 | Cardini, Franco: Die Heiligen Drei Könige im Palazzo Medici. Vorwort von Cristina Acidini Luchinat. Mit einem Aufsatz von Lucia Ricciardi, Florenz 2004.
Caspary 1965 | Caspary, Hans: Das Sakramentstabernakel in Italien bis zum Konzil von Trient. Gestalt, Ikonographie und Symbolik, kultische Funktion, München 1965.
Castelfranchi Vegas 2001 | Castelfranchi Vegas, Liana: „Reichenau" und die ottonische Miniaturkunst, in: Castelfranchi Vegas, Liana (Hg.): Europas Kunst um 1000. 950–1050, Regensburg 2001, 49–72.
Chromatius von Aquileia, Tractatus in Mathaeum (CChrSL 9A) | Chromatius von Aquileia, Tractatus in Mathaeum, in: Chromatii Aquileiensis Opera, Hg. Etaix, Raymond / Lemarié, Joseph (CChrSL 9A), Turnhout 1974, 183–498.
Clemens von Alexandrien, Paedagogus (SC 70/108/158) | Clément d'Alexandrie: Le Pédagogue, Hg. Marrou, Henri-Irénée u. a. (SC 70/108/158), Paris 1960/1965/1970.
Clemens von Alexandrien, Stromata (GCS 52/17) | Clemens von Alexandrien: Stromata I–VI (Clemens Alexandrinus II), Hg. Stählin, Otto / Früchtel, Ludwig (GCS 52 [15]), Berlin 1960; Stromata VII–VIII (Clemens Alexandrinus III), Hg. Stählin, Otto (GCS 17), Berlin 1909.
Clementschitsch 1968 I/II | Clementschitsch, Heide: Christian Wink 1738–1797, Bände 1–2 (Diss.), Wien 1969.
Coelen 1994 | Coelen, Peter van der: Das Alte Testament in Bilderbibeln des 16. und 17. Jahrhunderts, in: Tümpel, Christian (Hg.): Im Lichte Rembrandts. Das Alte Testament im Goldenen Zeitalter der niederländischen Kunst (Ausstellungskatalog: Westfälisches Landesmuseum Münster, Joods Historisch Museum Amsterdam, Israel Museum), Zwolle 1994, 168–193.
Conzen 2008 | Conzen, Ina: Georges Rouault, in: Conzen, Ina / Höper, Corinna / Wiemann, Elsbeth (Hg): Staatsgalerie Stuttgart. Die Sammlung. Meisterwerke vom 14. bis zum 21. Jahrhundert (Katalog zur Neueröffnung, 13. Dezember 2008 – 2. Juni 2009), München 2008, 233.
Coo 1966 | Coo, Josef de: Das Josefsmotiv im Weihnachtslied und in der bildenden Kunst, in: Jahrbuch der Volksliedforschung 11 (1966), 58–89.
Cornini 2013 | Cornini, Guido: Sixtinische Kapelle, in: Cassanelli, Roberto / Paolucci, Antonio / Pantanella, Cristina (Hg.): Der Vatikan. Offizieller Führer durch alle Gebäude und ihre Geschichte, Berlin-München 2013, 385–401.
Crowe/Cavalcaselle 1872 | Crowe, Joseph Archer / Cavalcaselle, Giovanni Battista: The Early Flemish Painters, London 1872[2].
Cyrill von Alexandrien, Contra Julianum (PG 76) | Cyrillus Alexandrinus: Adversus Julianum libri decem […], in: S. P. N. Cyrilli Alexandriae Archiepiscopi Opera […] Omnia IX (PG 76), Paris 1863, 489–1058.

Cyrill von Jerusalem, Katechesen (BKV 41) | Des heiligen Cyrillus Bischofs von Jerusalem Katechesen, Hg. Haeuser, Philipp (BKV 41), Kempten 1922.

Dasser 1988 | Dasser, Karl Ludwig: Die Bamberger „Himmelfahrt Mariae" von Jacopo Tintoretto. Einführung und Problemstellung, in: Petzet, Michael (Hg.): Die Bamberger „Himmelfahrt Mariae" von Jacopo Tintoretto. Internationales Kolloquium in München 27. und 28. Januar 1986 und Restaurierungsbericht (Arbeitshefte des Bayerischen Landesamtes für Denkmalpflege 42), München 1988, 11f.

Dekiert 2004 | Dekiert, Marcus: Rembrandt. Die Opferung Isaaks. Alte Pinakothek (Monographien der Bayerischen Staatsgemäldesammlungen), München 2004.

De laudibus Beatae Mariae Virginis (Borgnet 36) | De laudibus Beatae Mariae Virginis, in: Borgnet, Auguste (Hg.): Alberti Magni Opera Omnia 36, Paris 1898, 1–879.

De Luca/Nesselrath/Paolucci/Santamaria 2013 | De Luca, Maurizio / Nesselrath, Arnold / Paolucci, Antonio / Santamaria, Ulderico (Hg.): Die Paulinische Kapelle (Edizioni Musei Vaticani), Vatikanstadt 2013.

Demina 1972 | Demina, Nataliya Alekseyevna: Andrej Rublev i chudožniki ego kruga, Moskau 1972.

Demus/Klauner/Schütz 1981 | Demus, Klaus / Klauner, Friderike / Schütz, Karl (Bearbeiter): Katalog der Gemäldegalerie. Flämische Malerei von Jan van Eyck bis Pieter Bruegel d. Ä. (Führer durch das Kunsthistorische Museum 31), Wien 1981.

De Rinaldis 1938 | De Rinaldis, Aldo: La R. Galleria Borghese in Roma (Itinerari dei Musei e Monumenti d'Italia 43), Rom 1938^2.

De Vecchi 2001 | De Vecchi, Pierluigi: Die Sixtinische Kapelle. Das Meisterwerk Michelangelos erstrahlt in neuem Glanz. Mit einem Beitrag über die Restaurierung von Gianluigi Colalucci, München 2001.

Dezallier d'Argensville 1767 | Dezallier d'Argensville, Anton Joseph: Leben der berühmtesten Maler, nebst einigen der Anmerkungen über ihren Charakter, der Anzeige ihrer vornehmsten Werke und einer Anleitung die Zeichnungen und Gemälde großer Meister zu kennen. Zweyter Theil: Von den Lombardischen, Neapolitanischen, Spanischen und Genuesischen Malern, Leipzig 1767.

DH | Denzinger, Heinrich: Kompendium der Glaubensbekenntnisse und kirchlichen Lehrentscheidungen, Hg. Hünermann, Peter, Freiburg i. Br. 1991^{37}.

Didymus der Blinde, De Trinitate (PG 39) | Didymus Alexandrinus: De Trinitate libri tres, in: Didymi Alexandrini Opera Omnia (PG 39), Paris 1863, 269–992.

Dietrich 1992 | Dietrich, Anton: Der Prado in Madrid. Ein Führer durch eine der schönsten Gemäldesammlungen der Welt (Museumsführer DuMont Dokumente), Köln 1992.

Dinzelbacher 2002 | Dinzelbacher, Peter: Himmel, Hölle, Heilige. Visionen und Kunst im Mittelalter, Darmstadt 2002.

Dölger 1925 | Dölger, Franz Joseph: Sol salutis. Gebet und Gesang im christlichen Altertum. Mit besonderer Rücksicht auf die Ostung in Gebet und Liturgie (Liturgiegeschichtliche Forschungen 4/5), Münster 1925.

Dohm 2000 | Dohm, Burkhard: Poetische Alchimie. Öffnung zur Sinnlichkeit in der Hohelied- und Bibeldichtung von der protestantischen Barockmystik bis zum Pietismus (Studien zur deutschen Literatur 154), Tübingen 2000.

Domínguez Ortiz 1983 | Domínguez Ortiz, Antonio: Das Sevilla Murillos, in: Bartolomé Esteban Murillo 1617–1682. Katalog der Ausstellung des Museo del Prado Madrid und der Royal Academy of Arts London mit Texten von Diego Angulo Iñiguez u. a., Berlin 1983, 25–35.

Donner 2002 | Donner, Herbert: Pilgerfahrt ins Heilige Land. Die ältesten Berichte christlicher Palästinapilger, Stuttgart 2002^2.

Dresken-Weiland 2016 | Dresken-Weiland, Jutta: Die frühchristlichen Mosaiken von Ravenna. Bild und Bedeutung, Regensburg 2016.

Dressler 2001 | Dressler, Fridolin: Geschichte der Handschrift, in: Mütherich, Florentine / Dachs, Karl (Hg.): Das Evangeliar Ottos III. Clm 4453 der Bayerischen Staatsbibliothek München, München-London-New York 2001, 11–18.

Dufrenne 1967 | Dufrenne, Suzy: Deux chefs-d'œuvre de la miniature du XIe siècle, in: Cahiers archéologiques 17 (1967), 177–191.

Eder 1994 | Eder, Manfred: Eucharistische Kirchen und Wallfahrten im Bistum Regensburg, in: Beiträge zur Geschichte des Bistums Regensburg 28 (1994), 97–172.
Eger 1932 | Eger, Eugen: Matthäus Zehender. Ein religiöser schwäbischer Maler des 17. Jahrhunderts (Diss.), Stuttgart 1932.
Egeria, Itinerarium (FC 20) | Egeria. Itinerarium. Reisebericht. Mit Auszügen aus Petrus Diaconus. De locis Sanctis. Die heiligen Stätten, Hg. Röwekamp, Georg (FC 20), Freiburg i. Br. u. a. 1995.
Egger 1978 | Egger, Hanna: Weihnachtsbilder im Wandel der Zeit. Von der Spätantike bis zum Barock, Wien-München 1978.
Eikemeier 1990 | Eikemeier, Peter: Dieric Bouts. Johannes der Täufer weist auf Jesus hin: „Siehe, das Lamm Gottes" (Ecce agnus dei), in: Alte Pinakothek München, Kulturstiftung der Länder (Hg.), Heft 20, München 1990, 9–24.
Eikemeier 1995 | Eikemeier, Peter: Hans Memling. Johannes und Veronika. Meditationsbilder aus dem späten Mittelalter. Bayerische Staatsgemäldesammlungen, München 1995.
Eikemeier 1999 Bouts | Eikemeier, Peter: Bouts, Dieric, in: Bayerische Staatsgemäldesammlungen (Hg.): Alte Pinakothek München. Erläuterungen zu den ausgestellten Gemälden, München 1999³, 88–92, 581.
Eikemeier 1999 Memling | Eikemeier, Peter: Memling, Hans, in: Bayerische Staatsgemäldesammlungen (Hg.): Alte Pinakothek München. Erläuterungen zu den ausgestellten Gemälden, München 1999³, 340–346.
Eikemeier 1999 Rembrandt | Eikemeier, Peter: Rembrandt, in: Bayerische Staatsgemäldesammlungen (Hg.): Alte Pinakothek München. Erläuterungen zu den ausgestellten Gemälden, München 1999³, 412–421.
Ekserdjian 1997 | Ekserdjian, David: Correggio, New Haven 1997.
Engemann 1976 | Engemann, Josef: Zu den Dreifaltigkeitsdarstellungen der frühchristlichen Kunst: Gab es im 4. Jahrhundert anthropomorphe Trinitätsbilder?, in: Jahrbuch für Antike und Christentum 19 (1976), 157–172.
Ephräm der Syrer, Carmina Nisibena (CSCO 218/219) | Des heiligen Ephraem des Syrers Carmina Nisibena (Scriptores Syri 92/93), Hg. Beck, Edmund (CSCO 218/219), Löwen 1961.
Ephräm der Syrer, Contra Haereses (CSCO 169/170) | Des heiligen Ephraem des Syrers Hymnen Contra Haereses (Scriptores Syri 76/77), Hg. Beck, Edmund (CSCO 169/170), Löwen 1957.
Ephräm der Syrer, Hymni de Epiphania (CSCO 186/187) | Des heiligen Ephraem des Syrers Hymnen de Nativitate (Epiphania) (Scriptores Syri 82/83), Hg. Beck, Edmund (CSCO 186/187), Löwen 1959.
Ephräm der Syrer, Kommentar zum Diatesseron (SC 121) | Éphrem de Nisibe, Commentaire de l'Évangelie concordant ou Diatesseron, Hg. Leloir, Louise (SC 121), Paris 1966.
Ephräm der Syrer, Paschahymnen (CSCO 248/249) | Des heiligen Ephraem des Syrers Paschahymnen (De Azymis, De Crucifixione, De Resurrectione) (Scriptores Syri 108/109), Hg. Beck, Edmund (CSCO 248/249), Löwen 1964.
Epistula Apostolorum (Berger/Nord) | Epistula Apostolorum (Brief der Apostel), in: Das Neue Testament und frühchristliche Schriften, Hg. Berger, Klaus / Nord, Christiane, Mainz-Frankfurt a. M. 1999, 987–1018.
Epistula Clementis ad Jacobum (GCS 51) | Epistula Clementis ad Jacobum, in: Die Pseudoklementinen II: Rekognitionen in Rufins Übersetzung, Hg. Rehm, Bernhard / Strecker, Georg (GCS 51), Berlin 1994², 375–387.
Ertz 2000 I/II | Ertz, Klaus: Pieter Brueghel der Jüngere (1564–1637/38). Die Gemälde mit kritischem Œuvrekatalog, Bände 1–2, Lingen 2000.
Ertz 2003 | Ertz, Klaus: Die Waldlandschaft, in: Die flämische Landschaft 1520–1700. Eine Ausstellung der Kulturstiftung Ruhr Essen und des Kunsthistorischen Museums Wien. Kulturstiftung Ruhr, Villa Hügel Essen, 23. August – 30. November 2003, Lingen 2003, 148–183.
Eschweiler/Fischer/Frede/Mütherich 1968 | Eschweiler, Jakob / Fischer, Bonifatius / Frede, Hermann / Mütherich, Florentine: Der Inhalt der Bilder, in: Der Stuttgarter Bilderpsalter. Bibl.Fol.23 Württembergische Landesbibliothek Stuttgart, Band II: Untersuchungen, Stuttgart 1968, 55–150.
Eusebius von Cäsarea, Commentaria in Psalmos (PG 23) | Eusebii Pamphili [...] Opera Omnia [...] V: Commentaria in Psalmos (PG 23), Paris 1857.
Eusebius, Demonstratio Evangelica (GCS 23) | Eusebius: Demonstratio Evangelica (Eusebius Werke VI), Hg. Heikel, Ivar August (GCS 23), Berlin 1913.

Euw 1991 | Euw, Anton von: Die ottonische Malschule. Synthese der künstlerischen Strömungen aus West und Ost, in: Euw, Anton von / Schreiner, Peter (Hg.): Kaiserin Theophanu. Begegnung des Ostens und Westens um die Wende des ersten Jahrtausends, Band 1, Köln 1991, 251–280.

Euw 1996 | Euw, Anton von: Die Bildüberlieferung der Handschrift, in: Ochsenbein, Peter (Hg.): Beten mit Bild und Wort. Der Meditationszyklus der Hildegard von Bingen nach der Handschrift für den St. Gallener Abt Ulrich Rösch, Erster Halbband, Zollikon-Zürich 1996, 25–30.

Evdokimov 1984 | Evdokimov, Paul: Die Ikone der heiligsten Dreifaltigkeit von Andrej Rubljew. Eine Interpretation, in: Geist und Leben 57 (1984), 183–192.

Exner 2007 | Exner, Matthias: Das Bildprogramm der Klosterkirche im historischen Kontext, in: Goll, Jürg / Exner, Matthias / Hirsch, Susanne (Hg.): Müstair. Die mittelalterlichen Wandbilder in der Klosterkirche, München 2007, 83–113.

Faber 1772 | [Harmer, Thomas:] Beobachtungen über den Orient aus Reisebeschreibungen, zur Aufklärung der heiligen Schrift. Aus dem Englischen übersetzt und mit Anmerkungen versehen von Johann Ernst Faber. Erster Theil, Hamburg 1772.

Falcón 2011 | Falcón, Teodoro: El Canónico Justino de Neve y la Iglesia de Santa María la Blanca de Sevilla, in: Laboratorio de Arte 23 (2011), 589–598.

Feldbusch 1955 Dreifaltigkeits-Darstellungen | Feldbusch, Hans: Dreifaltigkeits-Darstellungen, in: RDK 4 (1955), 421–441.

Feldbusch 1955 Dreifaltigkeitssymbole | Feldbusch, Hans: Dreifaltigkeitssymbole, in: RDK 4 (1955), 415–421.

Feuchtmüller 1989 | Feuchtmüller, Rupert: Der Kremser Schmidt 1718–1801, Innsbruck 1989.

Feuerstein 1934 | Feuerstein, Heinrich: Allerheiligen, in: RDK 1 (1934), 365–374.

Feulner 1912 | Feulner, Adolf: Christian Wink (1738–1797). Der Ausgang der kirchlichen Rokokomalerei in Südbayern (Altbayerische Monatsschrift des Historischen Vereins von Oberbayern 11 [1912], Heft 1 und 2), München 1912.

Filareto/Renzo 2001 | Filareto, Francesco / Renzo, Luigi: Il Codice Purpureo di Rossano, perla Bizantina della Calabria, Rossano 2001.

Flavius Josephus, Antiquitates Iudaicae (Clementz) | Flavius Josephus: Jüdische Altertümer, Hg. Clementz, Heinrich. Neu gesetzte und überarbeitete Ausgabe nach der Ausgabe Halle an der Saale 1899, Wiesbaden 2004.

Frank 1999 | Frank, Karl Suso: Romuald v. Camaldoli, in: LThK³ 8 (1999), 1293.

Fransen 2009 | Fransen, Bart: Jan van Eyck, „el gran pintor del ilustre duque de Borgoña". El viaje a la Península y la Fuente de la Vida, in: Fundación Amigos Museo del Prado (Hg.): La senda española de los artistas flamencos. De Van Eyck a Rubens, Madrid 2009, 105–125.

Franz 2005 | Franz, Gunther: Die tausendjährige Geschichte des Egbert-Codex, dessen Faksimilierung und Dokumentation, in: Franz, Gunther (Hg.): Der Egbert Codex. Das Leben Jesu. Ein Höhepunkt der Buchmalerei vor 1000 Jahren. Handschrift 24 der Stadtbibliothek Trier, Darmstadt 2005, 11–46.

Friedländer 1909 | Friedländer, Max Josef: Ein neuerworbenes altniederländisches Bild in der Gemäldegalerie. Amtliche Berichte aus den Königlichen Kunstsammlungen, Jahrgang XXX, Berlin 1909.

Friedländer 1925 | Friedländer, Max Josef: Die altniederländische Malerei, Band 3: Dierick Bouts und Joos van Gent, Berlin 1925.

Friedländer 1928 | Friedländer, Max Josef: Die altniederländische Malerei, Band 6: Memling und Gerard David, Berlin 1928.

Friedländer 1930 | Friedländer, Max Josef: Die altniederländische Malerei, Band 8: Jan Gossart und Bernart van Orley, Berlin 1930.

Frugoni 2003 | Frugoni, Chiara: Pietro und Ambrogio Lorenzetti, in: Die großen Künstler Italiens. Von der Gotik bis zur Renaissance. Duccio, Giotto, Simone Martini, Pietro und Ambrogio Lorenzetti, Masaccio, Fra Angelico, Filippo Lippi, Benozzo Gozzoli, Florenz 2003, 245–323.

Gallistl 1990 | Gallistl, Bernhard: Die Bronzetüren Bischof Bernwards im Dom zu Hildesheim, Freiburg i. Br. u. a. 1990.

Gallistl 2015 | Gallistl, Bernhard: Erzähltes Welterbe. Zwölf Jahrhunderte Hildesheim, Hildesheim-Zürich-New York 2015.

Gallwitz 1996 | Gallwitz, Esther: Ein wunderbarer Garten. Die Pflanzen des Genter Altars, Leipzig-Frankfurt a. M. 1996.

Gauricus, De sculptura (Brockhaus) | Gauricus, Pomponius: De sculptura, Hg. Brockhaus, Heinrich, Leipzig 1886.

Gaya Nuño 1978 | Gaya Nuño, Juan Antonio: L'opera completa di Murillo (Classici dell'Arte 93), Mailand 1978.

Gebhardt 1883 | Gebhardt, Oscar von: Die Evangelien des Matthaeus und des Marcus aus dem Codex purpureus Rossanensis, Leipzig 1883.

Geis 2002 | Geis, Florian: Die Anbetung der Könige, in: Metzsch, Friedrich-August von (Hg.): Bild und Botschaft. Biblische Geschichten auf Bildern der Alten Pinakothek München, Regensburg 2002, 43–45.

Gemäldegalerie Berlin 1975 | Gemäldegalerie Berlin. Staatliche Museen, Preußischer Kulturbesitz. Katalog der ausgestellten Gemälde des 13.–18. Jahrhunderts, Berlin 1975.

Gentili 1996 | Gentili, Augusto: Personaggi e metafore nell'Annunciazione di Jacopo Tintoretto per la Scuola di San Rocco, in: Venezia Cinquecento VI/12 (1996), 235–242.

Gherardi, Descrizione delle pitture in Modena (Bonsanti) | Gherardi, Pietro Ercole: Descrizione delle pitture esistenti in Modena nell'Estense Ducal Galleria (1744), Hg. Bonsanti, Giorgio (Materiali per la storia di Modena Medievale e Moderna 5), Modena 1986.

Giess 1962 | Giess, Hildegard: Die Darstellung der Fußwaschung Christi in den Kunstwerken des 4.–12. Jahrhunderts, Rom 1962.

Ginhart 1969 | Ginhart, Karl: Die Kunstdenkmäler des Benediktinerstiftes St. Paul im Lavanttal und seiner Filialkirchen (Österreichische Kunsttopographie 37), Wien 1969.

Ginhart/Münzer 1990 | Ginhart, Karl / Münzer, Wolfgang: Stift St. Paul im Lavanttal (Schnell Kunstführer 1394), München-Zürich 1990.

Gleichnisse 1970 | Redaktion (mit Mitarbeit von Josef Hasenfuß): Gleichnisse Jesu, in: LCI 2 (1970), 156–162.

Goll 2007 Müstair | Goll, Jürg: Das Kloster St. Johann in Müstair seit Karl dem Großen, in: Goll, Jürg / Exner, Matthias / Hirsch, Susanne (Hg.): Müstair. Die mittelalterlichen Wandbilder in der Klosterkirche, München 2007, 27–42.

Goll 2007 Wandbilder | Goll, Jürg: Die Wandbilder in Raum und Zeit, in: Goll, Jürg / Exner, Matthias / Hirsch, Susanne (Hg.): Müstair. Die mittelalterlichen Wandbilder in der Klosterkirche, München 2007, 47–74.

Gordan 1966 | Gordan, Paulus: Offenbarung im Zeichen. Neun Bildbetrachtungen, Beuron 1966.

Gordan 1976 | Gordan, Paulus: Es ist der Herr. 12 Betrachtungen zu Bildern des Stuttgarter Psalters, Beuron 1976.

Gottlieb 1960 | Gottlieb, Carla: The Mystical Window in Paintings of the Salvator Mundi, in: Gazette des Beaux-Arts 56 (1960), 313–332.

Grabar 1946 | Grabar, André: Martyrium. Recherches sur le culte des reliques et l'art chrétien antique, Band 2, Paris 1946.

Grabar 1980 | Grabar, André: Die Mittelalterliche Kunst Osteuropas (Kunst der Welt), Baden-Baden 1980.

Grabski 1980 | Grabski, Józef: The Group of Paintings by Tintoretto in the „Sala Terrena" in the Scuola di San Rocco in Venice and their Relationship to the Architectural Structure, in: Artibus et Historiae 1 (1980), 115–131.

Gregor der Große, Homilia(e) (FC 28/1–2) | Gregor der Große: Homiliae in Evangelia. Evangelienhomilien, Hg. Fiedrowicz, Michael (FC 28/1–2), Freiburg i. Br. u. a. 1997–1998.

Gregor der Große, Homiliae in Ezechielem (CChrSL 142) | Sancti Gregorii Magni Homiliae in Ezechielem Prophetam, Hg. Adriaen, Marcus (CChrSL 142), Turnhout 1971.

Gregor der Große, Moralia in Iob (CChrSL 143/143A/143B) | Sancti Gregorii Magni Moralia in Iob, Hg. Adriaen, Marcus (CChrSL 143/143A/143B), Turnhout 1974/1979/1985.

Grillmeier 1956 | Grillmeier, Aloys: Der Logos am Kreuz. Zur christologischen Symbolik der älteren Kreuzigungsdarstellung, München 1956.

Grimme 1984 | Grimme, Ernst Günther: Das Evangeliar Kaiser Ottos III. im Domschatz zu Aachen, Freiburg i. Br. 1984.

Gröger 2009 | Gröger, Augustinus: Voller Pracht wird die Nacht. Weihnachten in Bildern, Beuron 2009.

Grosshans 1981 | Grosshans, Rainald: Rogier van der Weyden. Der Marienaltar aus der Kartause Miraflores, in: Jahrbuch der Berliner Museen 23 (1981), 49–112.

Guarino 1997 | Guarino, Sergio: Veronese, in: Staccioli, Sara (Hg.): Museum und Galerie Borghese, Florenz 1997, 30.

Haak 1974 | Haak, Bob: Rembrandt. Zeichnungen, Köln 1974.

Hadeln 1978 | Hadeln, Detlev von: Paolo Veronese. Aus dem Nachlaß des Verfassers herausgegeben vom Kunsthistorischen Institut in Florenz. Redigiert und zum Druck erweitert von Gunter Schweikhart, Florenz 1978.

Härting 2004 | Härting, Ursula: Francken, in: AKL 43 (2004), 465–468.

Hagendorn 2010 Stieglitz | Hagendorn, Susanne: Stieglitz/Distelfink, in: Trenner, Florian / Hagendorn, Susanne (Hg.): Christliche Tiersymbolik, München 2010, 250–258.

Hamann 1948 | Hamann, Richard: Rembrandt, Berlin 1948.

Hamburger 2005 | Hamburger, Jeffrey F.: Christus als Schmerzensmann am Kreuz aus Kloster St. Marienburg in Helmstedt, in: Frings, Jutta (Bearbeitung) / Kunst- und Ausstellungshalle der Bundesrepublik Deutschland, Bonn und Ruhrlandmuseum Essen (Hg.): Krone und Schleier. Kunst aus mittelalterlichen Frauenklöstern. Ruhrland-Museum: Die frühen Klöster und Stifte 500–1200 (Ausstellungskatalog), München 2005, 373–374.

Hanschke 1988 | Hanschke, Ulrike: Die flämische Waldlandschaft. Anfänge und Entwicklungen im 16. und 17. Jahrhundert (Manuskripte zur Kunstwissenschaft in der Wernerschen Verlagsgesellschaft 16), Worms 1988.

Harbison 1985 | Harbison, Craig: Visions and meditations in early Flemish painting, in: Netherlands Quarterly for the history of Art 15/2 (1985), 87–118.

Haug 1966 | Haug, Ingrid: Erscheinungen Christi, in: RDK 5 (1960), 1291–1391.

Haupt 1941 | Haupt, Gottfried: Die Farbensymbolik in der sakralen Kunst des abendländischen Mittelalters. Ein Beitrag zur mittelalterlichen Form- und Geistesgeschichte, Dresden 1941.

Hauschild 1999 Buxtehuder Altar | Hauschild, Stephanie: Meister Bertram von Minden. Der Buxtehuder Altar, in: Schneede, Uwe M. (Hg.): Goldgrund und Himmelslicht. Die Kunst des Mittelalters in Hamburg (Katalog zur Ausstellung der Hamburger Kunsthalle […] vom 19. November 1999 bis 5. März 2000, Hamburg 1999, 124–129.

Hauschild 1999 Harvestehuder Altar | Hauschild, Stephanie: Meister Bertram von Minden. Der Harvestehuder Altar, in: Schneede, Uwe M. (Hg.): Goldgrund und Himmelslicht. Die Kunst des Mittelalters in Hamburg (Katalog zur Ausstellung der Hamburger Kunsthalle […] vom 19. November 1999 bis 5. März 2000, Hamburg 1999, 130–132.

Hauschild 1999 Missale | Hauschild, Stephanie: Meister Bertram von Minden. Drei Einzelblätter aus einem Missale, in: Schneede, Uwe M. (Hg.): Goldgrund und Himmelslicht. Die Kunst des Mittelalters in Hamburg (Katalog zur Ausstellung der Hamburger Kunsthalle […] vom 19. November 1999 bis 5. März 2000, Hamburg 1999, 133–135.

Hauschild 1999 Pariser Tafeln | Hauschild, Stephanie: Meister Bertram von Minden. Pariser Tafeln. Sechs Bilder aus der Jugend- und Leidensgeschichte Christi, in: Schneede, Uwe M. (Hg.): Goldgrund und Himmelslicht. Die Kunst des Mittelalters in Hamburg (Katalog zur Ausstellung der Hamburger Kunsthalle […] vom 19. November 1999 bis 5. März 2000, Hamburg 1999, 118–120.

Hauschild 1999 Petrialtar | Hauschild, Stephanie: Meister Bertram von Minden. Der Hochaltar von St. Petri (früher „Grabower Altar" genannt), in: Schneede, Uwe M. (Hg.): Goldgrund und Himmelslicht. Die Kunst des Mittelalters in Hamburg (Katalog zur Ausstellung der Hamburger Kunsthalle […] vom 19. November 1999 bis 5. März 2000, Hamburg 1999, 101–111.

Hauschild/Sitt 2008 | Hauschild, Stephanie / Sitt, Martina: „Die heitere Pracht der ganzen Bilderwand …", in: Sitt, Martina (Hg.): Der Petri-Altar von Meister Bertram, Hamburg 2008, 9–52.

Haussherr 1963 | Haussherr, Reiner: Der tote Christus am Kreuz. Zur Ikonographie des Gerokreuzes, Bonn 1963.

Haussherr 1975 | Haussherr, Reiner: Über die Christus-Johannes-Gruppen. Zum Problem „Andachtsbilder" und deutsche Mystik, in: Beiträge zur Kunst des Mittelalters. Festschrift für Hans Wentzel zum 60. Geburtstag, Berlin 1975, 79–103.

Hawel 1987 | Hawel, Peter: Der spätbarocke Kirchenbau und seine theologische Bedeutung. Ein Beitrag zur Ikonologie der christlichen Sakralarchitektur, Würzburg 1987.

Hecht 2003 | Hecht, Christian: Das Schmerzensmannkreuz. Herkunft, Sinn und Missdeutung eines mittelalterlichen Bildthemas, in: Jahrbuch für Volkskunde, Neue Folge 26 (2003), 7–30.

Hecht 2009 | Hecht, Christian: Das Schmerzensmannkreuz, in: Emmert, Jürgen / Lenssen, Jürgen (Hg.): Das Neumünster zu Würzburg. Baugeschichte – Restaurierung – Konzeption, Regensburg 2009, 33–43.

Heerlein 2000 | Heerlein, Karin Johanna: Sophia-Sapientia. Ikonographische Studien zum Bild der göttlichen Weisheit im Mittelalter (Diss.), München 2000.

Heiden 1999 | Heiden, Rüdiger an der: Elsheimer, Adam, in: Bayerische Staatsgemäldesammlungen (Hg.): Alte Pinakothek München. Erläuterungen zu den ausgestellten Gemälden, München 1999^3, 193–194.

Heinz 1991 | Heinz, Günther: Die Gemäldesammlung im Stift St. Paul, in: Ausstellungskuratorium (Hg.): Schatzhaus Kärntens. Landesausstellung St. Paul 1991. 900 Jahre Benediktinerstift, II Beiträge, Klagenfurt 1991, 701–708.

Held 1952 | Held, Julius S.: A Tondo by Cornelis Engelbrechtsz, in: Oud Holland 67 (1952), 233–237.

Hellwig 2004 | Hellwig, Karin: Malerei des 17. Jahrhunderts in Italien, Spanien und Frankreich, in: Toman, Rolf (Hg.): Die Kunst des Barock. Architektur, Skulptur, Malerei, Königswinter 2004, 372–427.

Henning 2005 | Henning, Andreas: Italienische Gemälde, in: Marx, Harald (Hg.) / Hipp, Elisabeth (Redaktion): Staatliche Kunstsammlungen Dresden. Illustrierter Katalog in zwei Bänden. Gemäldegalerie Alte Meister Dresden, Band I: Die ausgestellten Werke, Köln 2005, 37–235.

Hentschel 1973 | Hentschel, Walter: Denkmale sächsischer Kunst. Die Verluste des Zweiten Weltkriegs (Schriften zur Kunstgeschichte 15), Berlin 1973.

Hertz 1984 | [Hertz, Anselm:] Die Botschaft Christi. Eine Evangelienharmonie, illustriert durch 21 Szenen des Lebens Jesu aus dem Evangeliar Kaiser Ottos III. im Domschatz zu Aachen. Mit einer Deutung der Evangelientexte durch P. Anselm Hertz OP und einem Vorwort von Bischof Klaus Hemmerle, Freiburg-Basel-Wien 1984.

Herzner 1995 | Herzner, Volker: Jan van Eyck und der Genter Altar, Worms 1995.

Hieronymus, Commentaria in Jonam (PL 25) | S. Eusebii Hieronymi Commentariorum in Jonam Prophetam, in: S. Eusebii Hieronymi […] Opera Omnia […] V–VI (PL 25), Paris 1845, 1117–1152.

Hieronymus, In Matheum (CChrSL 77) | S. Hieronymi Presbyteri Opera, Pars I, 7: Commentariorum in Matheum Libri IV, Hg. Hurst, David / Adriaen, Marcus (CChrSL 77), Turnhout 1977.

Hippolyt, De Christo et Antichristo (GCS 1/2) | Hippolyt, Demonstratio de Christo et Antichristo, in: Hippolytus Werke I/2, Hg. Achelis, Hans / Bonwetsch, Georg Nathanael (GCS 1/2), Leipzig 1897, 3–47.

Hippolyt, Proverbien-Fragmente (GCS 1/2) | Hippolytus Zu den Proverbien, in: Hippolytus Werke I/2: Hippolt's kleinere exegetische und homiletische Schriften, Hg. Achelis, Hans (GCS 1/2), Leipzig 1897, 155–175.

Hirsch/Goll 2007 | Hirsch, Susanne / Goll, Jürg: Katalog der romanischen Wandbilder, in: Goll, Jürg / Exner, Matthias / Hirsch, Susanne (Hg.): Müstair. Die mittelalterlichen Wandbilder in der Klosterkirche, München 2007, 227–260.

Hoekstra 1980 | Hoekstra, Hidde (Hg.): Die Rembrandt-Bibel, Band 1: Geburt und Kindheit Jesu Christi, Neuhausen-Stuttgart 1980.

Hoekstra 1981 | Hoekstra, Hidde (Hg.): Die Rembrandt-Bibel, Band 2: Jesus von Nazareth, Neuhausen-Stuttgart 1981.

Hoekstra 1982 | Hoekstra, Hidde (Hg): Die Rembrandt-Bibel, Band 3: Jesu Leiden, Tod und Auferstehung, Neuhausen-Stuttgart 1982.

Holzherr 1996 | Holzherr, Georg: Beten mit Wort und Bild, in: Ochsenbein, Peter (Hg.): Beten mit Bild und Wort. Der Meditationszyklus der Hildegard von Bingen nach der Handschrift für den St. Gallener Abt Ulrich Rösch, Erster Halbband, Zollikon-Zürich 1996, 31–42.

Homiliae subdititiae | Homiliae subdititiae, in: Venerabilis Bedae […] Opera Omnia (PL 94), Paris 1850, 267–516.

Honorius Augustodunensis, Elucidarium (PL 172) | Honorius Augustodunensis: Elucidarium, in: Honorii Augustodunensis Opera Omnia (PL 172), Paris 1854, 1109–1176.

Honorius Augustodunensis, Speculum Ecclesiae (PL 172) | Honorius Augustodunensis: Speculum Ecclesiae, in: Honorii Augustodunensis Opera Omnia (PL 172), Paris 1854, 807–1107.

Horn 1996 | Horn, Karsten u. a.: Das Angermuseum Erfurt, Leipzig 1996.

Hrabanus Maurus, De clericorum institutione (PL 107) | Hrabanus Maurus, De clericorum institutione, in: B. Rabani Mauri […] Opera Omnia I (PL 107), Paris 1851, 293–420.

Hüttinger 1962 | Hüttinger, Eduard: Die Bilderzyklen Tintorettos in der Scuola di S. Rocco in Venedig, Zürich 1962.

Hutter 1981 | Hutter, Irmgard: Frühchristliche Kunst. Byzantinische Kunst (Belser Stilgeschichte), Stuttgart-Zürich 1981.

Hutter 2012 | Hutter, Christine: Zwischen Rokoko und Klassizismus: Die Tafelbilder des kurfürstlichen Hofmalers Christian Wink (1738–1797) (Diss.), München 2012.

Huyghe 1955 | Huyghe, René: Dialogue avec le visible, Paris 1955.

Ignatius von Antiochien, Briefe (SC 10) | Ignace d'Antioche, Polycarpe de Smyrne. Lettres. Martyre de Polycarpe, Hg. Camelot, Pierre-Thomas (SC 10), Paris 1969.

Ipser 1960 | Ipser, Karl: El Greco, der Maler des christlichen Weltbildes, Braunschweig-Berlin 1960.

Irenäus von Lyon, Adversus Haereses (FC 8/1–5) | Irenäus von Lyon: Adversus Haereses. Gegen die Häresien I–V, Hg. Brox, Norbert (FC 8/1–5), Freiburg i. Br. u. a. 1993–2001.

Jacob 1979 | Jacob, Sabine: Das Opfer Abrahams, in: Herzog Anton Ulrich-Museum Braunschweig. Jan Lievens – ein Maler im Schatten Rembrandts (Ausstellung im Herzog Anton Ulrich-Museum Braunschweig vom 6. September bis 11. November 1979), Braunschweig 1979, 106–108.

Jaeger 1968 | Jaeger, Wolfgang: Blindenheilung, in: LCI 1 (1968), 304–307.

Jäggi 1996 | Jäggi, Gregor: Der Text der Einsiedler Handschrift – Codex Einsidlensis 285, in: Ochsenbein, Peter (Hg.): Beten mit Bild und Wort. Der Meditationszyklus der Hildegard von Bingen nach der Handschrift für den St. Gallener Abt Ulrich Rösch, Erster Halbband, Zollikon-Zürich 1996, 43–82.

Jäggi 2013 | Jäggi, Carola: Ravenna. Kunst und Kultur einer spätantiken Residenzstadt. Die Bauten und Mosaiken des 5. und 6. Jahrhunderts, Regensburg 2013.

Jakobus de Voragine, Legenda aurea (Benz) | Die Legenda aurea des Jacobus de Voragine. Aus dem Lateinischen übersetzt von Richard Benz, Heidelberg 1984[10].

Jantzen 1959 | Jantzen, Hans: Ottonische Kunst (Rowohlts Deutsche Enzyklopädie 89), Hamburg 1959.

Jászai 2016 | Jászai, Géza: Was heißt „christliche Ikonologie"? – Ein Beispiel, in: Das Münster 69 (2016), 118–120.

Jelonek 1991 | Jelonek, Manfred A.: Der Auferstandene isst von den dargereichten Fischen, in: Ausstellungskuratorium (Hg.): Schatzhaus Kärntens. Landesausstellung St. Paul 1991. 900 Jahre Benediktinerstift, I Katalog, Klagenfurt 1991, 269–270.

Jeremias 1980 | Jeremias, Gisela: Die Holztür der Basilika S. Sabina in Rom. Unter Verwendung neuer Aufnahmen von Franz Xaver Bartl (Bilderhefte des Deutschen Archäologischen Instituts Rom 7), Tübingen 1980.

Johannes Chrysostomus, Homiliae in Genesin (PG 53) | S. P. N. Joannis Chrysostomi, […] Opera Omnia IV […] Homiliae in Genesin (PG 53), Paris 1862.

Johannes Chrysostomus, Matthäushomilien (BKV 27) | Des heiligen Kirchenlehrers Johannes Chrysostomus Erzbischofs von Konstantinopel Kommentar zum Evangelium des hl. Matthäus (Des heiligen Kirchenlehrers Johannes Chrysostomus ausgewählte Schriften aus dem Griechischen übersetzt, IV. Band), Hg. Baur, Chrysostomus (BKV 27), Kempten 1916.

Johannes de Caulibus, Meditationes vitae Christi (CChrCM 153) | Iohannis de Caulibus Meditaciones vite Christi olim S. Bonaventuro attributae, Hg. Stallings-Taney, Mary (CChrCM 153), Turnhout 1997.

Johannes de Caulibus, Meditationes vitae Christi (Rock/Haselbeck) | Des Minderen Bruders Johannes de Caulibus Betrachtungen vom Leben Jesu Christi, Hg. Rock, Vinzenz / Haselbeck, Gallus, Berlin 1929.

Jung 2010 | Jung, Daphne: Der erfüllte Raum. Taktilität und Sichtbarkeit in den Magdalenendarstellungen von Georges de La Tour (Diplomarbeit), Wien 2010.

Jung 2014 | Jung, Daphne: La Tour, Georges Du Mesnil de, in: AKL 83 (2014), 265–267.
Justi 1904 | Justi, Carl: Murillo, Leipzig 1904.
Justin der Märtyrer, Apologia (PG 6) | Eiusdem Iustini Apologia […], in: S. P. Nostri Justini […] Opera […] Omnia necnon Tatiani, Hermiae, Athenagorae et S. Theophili quae supersunt (PG 6), Paris 1857, 327–470.
Justin der Märtyrer, Dialog mit dem Juden Tryphon (PG 6) | Eiusdem Iustini Dialogus cum Tryphone Judaeo, in: S. P. Nostri Justini […] Opera […] Omnia necnon Tatiani, Hermiae, Athenagorae et S. Theophili quae supersunt (PG 6), Paris 1857, 471–800.
Kaak 1994 | Kaak, Joachim: Rembrandts Grisaille „Johannes der Täufer predigend". Dekorum-Verstoß oder Ikonographie der Unmoral? (Studien zur Kunstgeschichte 81), Hildesheim-Zürich-New York 1994.
Käser 2003 | Käser, Xaver: … bis du kommst in Herrlichkeit. Die Wieskirche, in ihren Bildern betend betrachtet. Herausgegeben von der Bruderschaft zum Gegeißelten Heiland auf der Wies e. V., Lindenberg 2003.
Kahsnitz 2011 | Kahsnitz, Rainer: Ungewöhnliche Szenen im Aachener Liuthar-Evangeliar. Ein Beitrag zum Problem des christologischen Zyklus der Reichenauer Buchmalerei, in: Beuckers, Klaus G. / Jobst, Christoph / Westphal, Stefanie (Hg.): Buchschätze des Mittelalters. Forschungsrückblicke – Forschungsperspektiven. Beiträge zum Kolloquium des Kunsthistorischen Instituts der Christian-Albrechts-Universität zu Kiel vom 24. bis zum 26. April 2009, Regensburg 2011, 63–91.
Kaminski 1998 | Kaminski, Marion: Tiziano Vecellio, genannt Tizian, Köln 1998.
Kammel 2000 | Kammel, Frank Matthias: Imago pro domo, in: Großmann, G. Ulrich (Hg.): Spiegel der Seligkeit. Privates Bild und Frömmigkeit im Spätmittelalter (Ausstellungskatakog: Germanisches Nationalmuseum, Nürnberg), Nürnberg 2000, 10–33.
Kamp 1994 | Kamp, Netty van de: Die Genesis: die Urgeschichte und die Geschichte der Erzväter, in: Tümpel, Christian (Hg.): Im Lichte Rembrandts. Das Alte Testament im Goldenen Zeitalter der niederländischen Kunst (Ausstellungskatalog: Westfälisches Landesmuseum Münster, Joods Historisch Museum Amsterdam, Israel Museum), Zwolle 1994, 24–53.
Kanter 1982 | Kanter, Laurence: Orvieto, Briziuskapelle. Luca Signorelli, Florenz 1982.
Kanter/Henry 2002 | Kanter, Laurence B. / Henry, Tom: Luca Signorelli, München 2002.
Karlsruhe Kunsthalle 1966 | Vereinigung der Freunde der Staatlichen Kunsthalle Karlsruhe (Hg.): Staatliche Kunsthalle Karlsruhe. Katalog Alte Meister bis 1800. Bearbeitet von Jan Lauts, Karlsruhe 1966.
Keazor 2007 | Keazor, Henry: „Il vero modo". Die Malereireform der Carracci, Berlin 2007.
Kemp 1986 | Kemp, Wolfgang: Rembrandt. Die Heilige Familie oder die Kunst, einen Vorhang zu lüften (Kunststück), Frankfurt a. M. 1986.
Kemperdick 1999 | Kemperdick, Stephan: Rogier van der Weyden 1399/1400–1464, Köln 1999.
Ketelsen 1999 | Ketelsen, Thomas: Gemalter Bildersturm um 1600? Gillis Coignet in Hamburg, in: Schneede, Uwe M. (Hg.): Goldgrund und Himmelslicht. Die Kunst des Mittelalters in Hamburg (Katalog zur Ausstellung der Hamburger Kunsthalle […] vom 19. November 1999 bis 5. März 2000), Hamburg 1999, 83–89.
Klessmann 1975 | Klessmann, Rüdiger: Johannes Liss – Leben und Werk, in: Johann Liss. Ausstellung unter dem Protektorat der Präsidentin des deutschen Bundestages Frau Annemarie Renger und des International Council of Museums, Augsburg 1975, 21–32.
Klessmann 1999 | Klessmann, Rüdiger: Johann Liss. Eine Monographie mit kritischem Œuvrekatalog, Doornspijk 1999.
Kliesch 1986 | Kliesch, Klaus: Apostelgeschichte (Stuttgarter Kleiner Kommentar, Neues Testament 5), Stuttgart 1986.
Kloppenburg 2000 Heilige Nacht | Kloppenburg, Birgitt: „Die Heilige Nacht" Correggios. Analyse ihrer Form und Ikonographie, in: Kloppenburg, Birgitt / Weber, Gregor J. M. (Hg.): La famosissima Notte! Correggios Gemälde „Die Heilige Nacht" und seine Wirkungsgeschichte. Ausstellung im Semperbau 12. Dezember 2000 – 25. Februar 2001", Emsdetten-Dresden 2000, 17–24.
Kloppenburg 2000 Licht | Kloppenburg, Birgitt: Das Licht in Correggios Notte, in: Kloppenburg, Birgitt / Weber, Gregor J. M.: La famosissima Notte! Correggios Gemälde „Die Heilige Nacht" und seine Wirkungsgeschichte. Ausstellung im Semperbau 12. Dezember 2000 – 25. Februar 2001, Emsdetten-Dresden 2000, 25–44.

Koslow 1986 | Koslow, Susan: The Curtain-Sack. A Newly Discovered Incarnation Motif in Rogier van der Weyden's „Columba Annunciation", in: Artibus et Historiae 13 (1986), 9–33.

Krawarik 1991 | Krawarik, Hans: Spital am Pyhrn – Benediktinerstift auf Abruf, in: Ausstellungskuratorium (Hg.): Schatzhaus Kärntens. Landesausstellung St. Paul 1991. 900 Jahre Benediktinerstift, II Beiträge, Klagenfurt 1991, 255–261.

Kraus 2005 | Kraus, Jeremia: Worauf gründet unser Glaube? Jesus von Nazaret im Spiegel des Hitda-Evangeliars (Freiburger Theologische Studien 168), Freiburg i. Br. 2005.

Kremer 1990 | Kremer, Jacob: 2. Korintherbrief (Stuttgarter Kleiner Kommentar, Neues Testament 8), Stuttgart 1990.

Krischel 1994 | Krischel, Roland: Tintoretto (Rowohlt Monographien 512), Reinbeck 1994.

Krönig 1936 | Krönig, Wolfgang: Der italienische Einfluß in der flämischen Malerei im ersten Drittel des 16. Jahrhunderts. Beiträge zum Beginn der Renaissance in der Malerei der Niederlande, Würzburg 1936.

Krumeich 1993 | Krumeich, Christa: Hieronymus und die christlichen feminae clarissimae (Habelts Dissertationsdrucke. Reihe Alte Geschichte 36), Bonn 1993.

Kull 1986 | Kull, Laurentius: Die Sammlungen des Stiftes St. Paul im Lavanttal, in: Österreichs Museen stellen sich vor 22 (1986), 41–50.

Kultzen 1999 Basaiti | Kultzen, Rolf: Basaiti, Marco, in: Bayerische Staatsgemäldesammlungen (Hg.): Alte Pinakothek München. Erläuterungen zu den ausgestellten Gemälden, München 1999³, 60.

Kultzen 1999 Lippi | Kultzen, Rolf: Lippi, Fra Filippo, in: Bayerische Staatsgemäldesammlungen (Hg.): Alte Pinakothek München. Erläuterungen zu den ausgestellten Gemälden, München 1999³, 294–295.

Kunsthistorisches Museum Wien, Gemäldegalerie II | Kunsthistorisches Museum, Wien. Katalog der Gemäldegalerie, II. Teil: Vlamen, Holländer, Deutsche, Franzosen (Führer durch das Kunsthistorische Museum 7), Wien 1958.

Kuntz 1999 | Kuntz, Margaret A.: Federico Zuccari, Gregory XIII, and the Vault Frescoes of the Cappella Paolina, in: Winner, Matthias / Heikamp, Detlef (Hg.): Der Maler Federico Zuccari. Ein römischer Virtuoso von europäischem Ruhm. Akten des internationalen Kongresses der Bibliotheca Hertziana Rom und Florenz, 23.–26. Februar 1993 (Römisches Jahrbuch der Bibliotheca Hertziana, Beiheft zu Band 32, 1997/98), München 1999, 221–229.

Kunz-Saponaro 2008 | Kunz-Saponaro, Susanne: Rom und seine Künstler, Darmstadt 2008.

Ladstätter 1991 | Ladstätter, Georg-Jakob: Die wirtschaftliche Lage des Stifts im 19. Jahrhundert, in: Ausstellungskuratorium (Hg.): Schatzhaus Kärntens. Landesausstellung St. Paul 1991. 900 Jahre Benediktinerstift, II Beiträge, Klagenfurt 1991, 263–274.

Lagrange 1949 | Lagrange, Marie-Joseph: Das Evangelium von Jesus Christus, Heidelberg 1949.

Lamb 1964 | Lamb, Carl: Die Wies, Berlin 1964.

Lamm 1971 | Redaktion: Lamm, Lamm Gottes, in: LCI 3 (1971), 7–14.

Lane 1978 | Lane, Barbara G.: Rogier's Saint John and Miraflores Altarpieces Reconsidered, in: The Art Bulletin 60 (1978), 655–672.

Lane 1984 | Lane, Barbara G.: The Altar and Altarpiece. Sacramental Themes in Early Netherlandish Painting, New York 1984.

Lange 2002 | Lange, Günter: Bilder zum Glauben. Christliche Kunst sehen und verstehen, München 2002.

Lange 2011 | Lange, Günter: Christusbilder sehen und verstehen, München 2011.

Lapide, Commentaria in Canticum canticorum (Lapide IV/2) | Lapide, Cornelis a: Commentaria in Canticum canticorum (Commentaria in Vetus et Novum Testamentum IV/2), Antwerpen 1694.

Lapide, Commentaria in Apocalypsin (Lapide X/3) | Lapide, Cornelis a: Commentaria in Apocalypsin S. Johannis (Commentaria in Vetus et Novum Testamentum X/3), Antwerpen 1717.

Laub 1988 | Laub, Franz: Hebräerbrief (Stuttgarter Kleiner Kommentar, Neues Testament 14), Stuttgart 1988.

Lauer 1972 | Lauer, Rolf: Sturm auf dem Meer, in: LCI 4 (1972), 219–222.

Lebensweg Jesu 1983 | Informationszentrum Berufe der Kirche (Hg.): „Ich rufe dich bei deinem Namen". Der Lebensweg Jesu: sieben mal sieben Stationen in Wort und Bild, Lünen 1983.

Lechner 1994 | Lechner, Gregor Martin: Sippe, in: Marienlexikon 6 (1994), 175–179.

Leclercq 1914 | Leclercq, Henri: Croix et crucifix, in: Cabrol, Fernand / Leclercq, Henri (Hg.): Dictionnaire d'Archéologie Chrétienne et de Liturgie, Band 3/2, Paris 1914, 3045–3131.
Leo der Große, Sermo(nes) (PL 54) | Sancti Leonis Magni […] Opera Omnia I: Sermones et Epistolae (PL 54), Paris 1846.
Libellus de nativitate Sanctae Mariae (FC 18) | Libellus de nativitate Sanctae Mariae. Die Geburt Marias, in: Evangelia Infantiae Apocrypha. Apocryphe Kindheitsevangelien, Hg. Schneider, Gerhard (FC 18), Freiburg i. Br. u. a. 1995, 257–269.
Lil 2004 | Lil, Kira van: Malerei des 17. Jahrhunderts in den Niederlanden, Deutschland und England, in: Toman, Rolf (Hg.): Die Kunst des Barock. Architektur, Skulptur, Malerei, Königswinter 2004, 430–480.
Limbeck 1984 | Limbeck, Meinrad: Markus-Evangelium (Stuttgarter Kleiner Kommentar, Neues Testament 2), Stuttgart 1984.
L'œil du connaisseur 1992 | Reunion des Musees nationaux (Hg.): Hommage à Philip Pouncey. L'œil du connaisseur. Dessins italiens du Louvre. 100e Exposition du Cabinet des Dessins, Paris, Musée du Louvre, 18 juin – 7 septembre 1992 (Catalogue d'Exposition), Paris 1992.
Lucchesi Palli/Hoffscholte 1968 | Lucchesi Palli, Elisabeth / Hoffscholte, Lidwina: Darbringung Jesu im Tempel, in: LCI 1 (1968), 473–477.
Ludolf von Sachsen, Vita Christi (Mabile/Guerrin) | Vita Jesu Christi e quatuor evangeliis et scriptoribus orthodoxis concinnata per Ludolphum de Saxonia ex ordine carthuasianorum, Hg. Mabile, Joan.-Pet. / Guerrin, Joan.-Jacob.-Mar.-Ant., Paris-Rom 1865.
MacGregor/Langmuir 2000 | MacGregor, Neil / Langmuir, Erika: Seeing Salvation. Images of Christ in Art, London 2000.
Mainka 1962 | Mainka, Rudolf Maria: Zur Persondeutung auf Rublevs Dreifaltigkeitsikone, in: Ostkirchliche Studien 11 (1962), 3–13.
Malafarina 2011 | Malafarina, Gianfranco: Die Kirche San Francesco in Assisi, München 2011.
Mann 1986 | Mann, Richard G.: El Greco and his Patrons. Three major projects (Cambridge Studies in the History of Art), Cambridge 1986.
Marías 2012 | Marías, Fernando: El Greco und die Geschichte der Malerei, in: Wismer, Beat / Scholz-Hänsel, Michael (Hg.): El Greco und die Moderne (Katalog zur Ausstellung im Museum Kunstpalast Düsseldorf vom 28. April bis 12. August 2012), Ostfildern 2012, 14–25.
Maur 1982 | Maur, Karin von: Georges Rouault, in: Maur, Karin von / Inboden, Gudrun (Hg.): Staatsgalerie Stuttgart. Malerei und Plastik des 20. Jahrhunderts, Stuttgart 1982, 279–281.
Mazal 1995 | Mazal, Otto: Rabbula Codex, in: Lexikon des Mittelalters 7 (1995), 380f.
McAndrew 1969 | McAndrew, John: Sant'Andrea della Certosa, in: Art Bulletin 51 (1969), 15–28.
McClintock 2003 | McClintock, Stuart: The Iconography and Iconology of Georges de La Tour's Religious Paintings (1624–1650) (Studies in Art and Religious Interpretation 31), New York 2003.
McFarlane 1971 | McFarlane, Kenneth B.: Hans Memling. Edited by Edgar Wind with the assistance of G. L. Harriss, Oxford 1971.
McNamee 1974 | McNamee, Maurice B.: The Good Friday liturgy and Hans Memling's Antwerp triptych, in: Journal of the Warburg and Courtauld Institutes 37 (1974), 353–356.
Meier 2006 | Meier, Esther: Die Gregorsmesse. Funktionen eines spätmittelalterlichen Bildtypus, Köln-Weimar-Wien 2006.
Meiss 1945 | Meiss, Millard: Light as Form and Symbol in Some Fifteenth-Century Paintings, in: The Art Bulletin 26 (1945), 175–181.
Meistermann 1913 | Meistermann, Barnabas: Durch's Heilige Land. Führer für Pilger und Reisende, Trier-München 1913.
Mena Marqués/Valdivieso 1983 | Mena Marqués, Manuela / Valdivieso, Enrique: Katalog der Gemälde, in: Bartolomé Esteban Murillo 1617–1682. Katalog der Ausstellung des Museo del Prado Madrid und der Royal Academy of Arts London mit Texten von Diego Angulo Iñiguez u. a., Berlin 1983, 145–180.
Methodius von Olympos, Convivium decem virginum (PG 18) | Methodius von Olympos: Convivium decem virginum, in: Methodii […] Opera Omnia […] (PG 18), Paris 1857, 27–240.

Metzsch 2002 Abraham | Metzsch, Friedrich-August von: Abrahams Opfer, in: Metzsch, Friedrich-August von (Hg.): Bild und Botschaft. Biblische Geschichten auf Bildern der Alten Pinakothek München, Regensburg 2002, 22–24.

Metzsch 2002 Gotteslamm | Metzsch, Friedrich-August von: Seht das Lamm Gottes, in: Metzsch, Friedrich-August von (Hg.): Bild und Botschaft. Biblische Geschichten auf Bildern der Alten Pinakothek München, Regensburg 2002, 55f.

Meyendorff 1959 | Meyendorff, Jean: L'iconographie de la Sagesse Divine dans la tradition byzantine, in: Cahiers archeologiques 10 (1959), 259–277.

Michiel, Notizia | Notizia d'opere di disegno nella prima metà del secolo XVI esistenti in Padova Cremona Milano Pavia Bergamo Crema e Venezia scritta da un anonimo di quel tempo pubblicata e illustrata da D. Iacopo Morelli, Bassano 1800.

Mielke 1972 | Mielke, Ursula: Sapientia, in: LCI 4 (1972), 39–43.

Mikliss de Dołęga 1996 | Mikliss de Dołęga, Peter: Ikone und Mysterium. Die geistliche Botschaft der Bilder (Theophanu-Schriften), Köln 1996.

Millet 1916 | Millet, Gabriel: Recherches sur l'iconographie de l'évangile aux XIVe, XVe et XVIe siècles, d'après les monuments de Mistra, de la Macédoine et du Mont-Athos, Paris 1916, 483–487.

Missale Romanum | Missale Romanum. Editio typica tertia, Vatikanstadt 2002.

Mostra dei Carracci 1956 | Mostra dei Carracci. Catalogo critico a cura di Gian Carlo Cavalli, Francesco Arcangeli, Andrea Emiliani, Maturizio Calvesi (1 Settembre – 31 Ottobre 1956, Bologna, Palazzo dell'Archiginnasio), Bologna 1956.

Mrass 1995 | Mrass, Marcus: Kreuzigung Christi, in: Wessel, Klaus / Restle, Marcell (Hg.): Reallexikon zur byzantinischen Kunst, Band 5, Stuttgart 1995, 284–356.

Müller 1986 | Müller, Paul-Gerhard: Lukas-Evangelium (Stuttgarter Kleiner Kommentar, Neues Testament 3), Stuttgart 1986.

Müller 1990 | Müller, Ludolf: Die Dreifaltigkeitsikone des Andréj Rubljow, München 1990.

Müller 1994 | Müller, Iso: Kloster St. Johann Müstair (Schnell Kunstführer 1394), Regensburg 1994.

Mütherich 1972 | Mütherich, Florentine: Die verschiedenen Bedeutungsschichten in der frühmittelalterlichen Psalterillustration, in: Frühmittelalterliche Studien 6 (1972), 232–244.

Mütherich 2001 Ausstattung | Mütherich, Florentine: Ausstattung und Schmuck der Handschrift, in: Mütherich, Florentine / Dachs, Karl (Hg.): Das Evangeliar Ottos III. Clm 4453 der Bayerischen Staatsbibliothek München, München-London-New York 2001, 27–79.

Mütherich 2001 Forschungsgeschichte | Mütherich, Florentine: Zur Forschungsgeschichte, in: Mütherich, Florentine / Dachs, Karl (Hg.): Das Evangeliar Ottos III. Clm 4453 der Bayerischen Staatsbibliothek München, München-London-New York 2001, 19–22.

Mütherich/Dachs 2001 | Mütherich, Florentine / Dachs, Karl (Hg.): Das Evangeliar Ottos III. Clm 4453 der Bayerischen Staatsbibliothek München, München-London-New York 2001.

Myslivec 1968 | Myslivec, Josef: Apostel, in: LCI 1 (1968), 150–173.

Nagler 1838 | Nagler, Georg Kaspar: Neues allgemeines Künstler-Lexicon: oder Nachrichten von dem Leben und den Werken der Maler, Bildhauer, Baumeister, Kupferstecher, Formschneider, Lithographen, Zeichner, Medailleure, Elfenbeinarbeiter, etc., Band 6, München 1838.

Nesselrath 2013 | Nesselrath, Arnold: Das Restaurierungskonzept für die Paulinische Kapelle, in: De Luca, Maurizio / Nesselrath, Arnold / Paolucci, Antonio / Santamaria, Ulderico (Hg.): Die Paulinische Kapelle (Edizioni Musei Vaticani), Vatikanstadt 2013, 31–42.

Neumann 1999 | Neumann, Jörg: Lehre Jesu. Bilder zu Gleichnissen und Predigten Jesu mit Texten aus den vier Evangelien (Wort und Bild, Band 3: Lehre Jesu), Tübingen 1999.

Neuner 1995 | Neuner, Antje Maria: Das Triptychon in der frühen altniederländischen Malerei. Bildsprache und Aussagekraft einer Kompositionsform (Europäische Hochschulschriften, Reihe 28: Kunstgeschichte 242), Frankfurt a. M. u. a. 1995.

Niedermayer 1860 | Niedermayer, Andreas: Kunstgeschichte der Stadt Würzburg, Würzburg-Frankfurt a. M. 1860.

Nikodemusevangelium (Scheidweiler) | Nikodemusevangelium, Hg. Scheidweiler, Felix, in: Hennecke, Edgar / Schneemelcher, Wilhelm (Hg.): Neutestamentliche Apokryphen, Band 1: Evangelien, Tübingen 1959³, 330–358.

Nikolaus Cusanus, De visione Dei (Dupré) | Nikolaus von Kues: Vom Sehen Gottes. Ein Buch mystischer Betrachtung, Hg. Dupré, Dietlind / Dupré, Wilhelm, Zürich-München 1987.

Nilgen 1967 | Nilgen, Ursula: The Epiphany and the Eucharist. On the Interpretation of Eucharistic Motifs in Medieval Epiphany Scenes, in: The Art Bulletin 49 (1967), 311–316.

Nitz 2010 | Nitz, Genoveva: Pfau, in: Trenner, Florian / Hagendorn, Susanne (Hg.): Christliche Tiersymbolik, München 2010, 197–202.

Noll 1999 | Noll, Thomas: Ernst Barlach, Christus und Thomas, in: Ackermann, Mario / Kanzenbach, Annette / Noll, Thomas / Streetz, Michael (Hg.): Kunst und Geschichte. Festschrift für Karl Arndt zum siebzigsten Geburtstag (Niederdeutsche Beiträge zur Kunstgeschichte 38), Berlin 1999, 303–320.

Nygren 1972 | Nygren, Olga Alice: Versuchungen Jesu, in: LCI 4 (1972), 446–450.

Nyssen 1977 | Nyssen, Wilhelm: Der heilende Christus, Mainz 1977.

Ochsenbein 1990 | Ochsenbein, Peter: Spuren der Devotio moderna im spätmittelalterlichen Kloster St. Gallen, in: Studien und Mitteilungen zur Geschichte des Benediktiner-Ordens und seiner Zweige 101 (1990), 475–496.

Ochsenbein 1996 Bilder | Ochsenbein, Peter (Hg.): Die Bilder mit den deutschen Gebeten, übertragen von Georg Holzherr, Abt von Einsiedeln (Ochsenbein, Peter [Hg.]: Beten mit Bild und Wort. Der Meditationszyklus der Hildegard von Bingen nach der Handschrift für den St. Gallener Abt Ulrich Rösch. Zweiter Halbband, Zollikon-Zürich 1996).

Ochsenbein 1996 Geschichte | Ochsenbein, Peter: Zur Geschichte des Gebetbuches von Abt Ulrich Rösch, in: Ochsenbein, Peter (Hg.): Beten mit Bild und Wort. Der Meditationszyklus der Hildegard von Bingen nach der Handschrift für den St. Gallener Abt Ulrich Rösch. Erster Halbband, Zollikon-Zürich 1996, 9–24.

Ohlmeyer 1962 | Ohlmeyer, Albert: Elias. Fürst der Propheten, Freiburg-Basel-Wien 1962.

Oidtmann 1929 | Oidtmann, Heinrich: Die rheinischen Glasmalereien vom 12. bis zum 16. Jahrhundert, Düsseldorf 1929.

Omont 1908 I/II | Omont, Henri Auguste: Évangiles avec peintures byzantines du XIe siècle. Reproduction des 361 miniatures du ms. grec 74 de la Bibliothèque nationale, Bände 1–2, Paris 1908.

Opitz 1998 | Opitz, Marion: Benozzo Gozzoli 1420–1497, Köln 1998.

Origenes, De oratione (GCS 3) | Origenes, De oratione, in: Origenes Werke II, Hg. Koetschau, Paul (GCS 3), Leipzig 1899, 295–403.

Origenes, Genesishomilien (SC 7bis) | Origène: Homélies sur la Genèse, Hg. Doutreleau, Louis (SC 7bis), Paris 1976.

Origenes, Römerbriefkommentar (FC 2/1–5) | Origenes, Commentarii in Epistulam ad Romanos. Römerbrief-Kommentar, Hg. Heither, Theresia, Bände 1–5 (FC 2/1–5), Freiburg i. Br. u. a. 1990–1996.

Osterrieder 2002 | Osterrieder, Markus: Das Land der heiligen Sophia. Das Auftauchen des Sophia-Motivs in der Kultur der Ostslaven, in: Wiener Slawistischer Almanach 50 (2002), 5–62.

Ottieri 1984 | Ottieri, Alessandra: Laguna di Venezia, mare di Galilea: la „Vocazione dei figli di Zebedèo" di Marco Basaiti, in: Artibus et Historiae, Band 5, Nr. 9 (1984), 77–89.

Pächt 1991 | Pächt, Otto: Rembrandt, München 1991.

Pächt 1994 | Pächt, Otto: Altniederländische Malerei. Von Rogier van der Weyden bis Gerard David. Herausgegeben von Monika Rosenauer, München 1994.

Pächt 2002 | Pächt, Otto: Van Eyck. Die Begründer der altniederländischen Malerei. Herausgegeben von Maria Schmidt-Dengler, München 2002³.

Panofsky 1953 | Panofsky, Erwin: Early Netherlandish Painting, Cambridge (Massachusetts) 1953.

Panofsky 2001 | Panofsky, Erwin: Die altniederländische Malerei. Ihr Ursprung und ihr Wesen. Übersetzt und herausgegeben von Jochen Sander und Stephan Kemperdick, Band 1, Köln 2001.

Paolucci 2013 | Paolucci, Antonio: Das letzte, unter Mühen entstandene malerische Werk Michelangelos, in: De Luca, Maurizio / Nesselrath, Arnold / Paolucci, Antonio / Santamaria, Ulderico (Hg.): Die Paulinische Kapelle (Edizioni Musei Vaticani), Vatikanstadt 2013, 17–21.

Paolucci/Danesi Squarzina 2016 | Paolucci, Antonio / Danesi Squarzina, Silvia (Hg.): Michelangelo e la Cappella Paolina. Riflessioni e contributi sull'ultimo restauro (Edizioni Musei Vaticani), Vatikanstadt 2016.

Paschasius Radbertus, Expositio in Mattheum (PL 120) | Paschasius Radbertus, Expositio in Mattheum, in: Sancti Paschasii Radberti […] Opera Omnia (PL 120), Paris 1852, 31–994.

Passarge 1924 | Passarge, Walter: Der Kruzifixus aus Heinrichs, in: Der Cicerone 16 (1924), 231–236.

Passio Petri et Pauli (Lipsius/Bonnet) | Passio sanctorum apostolorum Petri et Pauli, in: Lipsius, Richard Adalbert / Bonnet, Maximilian (Hg.): Acta Apostolorum Apocrypha, Band 1, Leipzig 1891, 119–177.

Paulusakten (Schneemelcher) | Paulusakten, Hg. Schneemelcher, Wilhelm, in: Hennecke, Edgar / Schneemelcher, Wilhelm (Hg.): Neutestamentliche Apokryphen, Band 2: Apostolisches, Apokalypsen und Verwandtes, Tübingen 1964³, 221–270.

Pedrocco 2000 | Pedrocco, Filippo: Tizian, München 2000.

Peltzer 1934 | Peltzer, Rudolf Arthur: Sebastian Füll, ein vergessener Münchener Kunstmäzen, in: Wilm, Hubert (Hg.): Alte Kunstschätze aus Bayern. Festschrift zum 70jährigen Jubiläum des Münchner Altertumsvereins e.V. von 1864, Ulm 1934, 63–66.

Penco 1964 | Penco, Gregorio: Il simbolismo animalesco nella letteratura monastica, in: Studia Monastica 6 (1964), 34–37.

Penco 1966 | Penco, Gregorio: Monasterium-Carcer, in: Studia Monastica 8 (1966), 133–143.

Pérez-Higuera 1996 | Pérez-Higuera, Teresa: Ein Kind ist uns geboren. Weihnachten in der Kunst der alten Meister, Augsburg 1996.

Pérez Sánchez 1983 | Pérez Sánchez, Alfonso E.: Die Altarbilder Grecos in ihrer ursprünglichen Anordnung, in: Brown, Jonathan / Jordan, William B. / Kagan, Richard L. / Pérez Sánchez, Alfonso E. (Hg.): El Greco und Toledo (Ausstellungskatalog 1982/83), Berlin 1983, 119–157.

Périer-D'Ieteren 2006 | Périer-D'Ieteren, Catheline: Dieric Bouts. The Complete Works, Brüssel 2006.

Perini 1997 | Perini, Giovanna: Carracci, Annibale, in: AKL 16 (1997), 564–567.

Petrusakten (Schneemelcher) | Petrusakten, Hg. Schneemelcher, Wilhelm, in: Hennecke, Edgar / Schneemelcher, Wilhelm (Hg.): Neutestamentliche Apokryphen, Band 2: Apostolisches, Apokalypsen und Verwandtes, Tübingen 1964³, 177–221.

Petrusevangelium (Maurer) | Petrusevangelium, Hg. Maurer, Christian, in: Hennecke, Edgar / Schneemelcher, Wilhelm (Hg.): Neutestamentliche Apokryphen, Band 1: Evangelien, Tübingen 1959³, 118–124.

Petrus Damiani, De bono religiosi status et variarum animantium tropologia (PL 145) | De bono religiosi status et variarum animantium tropologia, in: S. Petri Damiani […] Opera Omnia II (PL 145), Paris 1853, 763–792.

Petrus von Blois, Sermo(nes) (PL 207) | Petri Blesensis […] Opera Omnia (PL 207), Paris 1855.

Pfeiffer 2007 | Pfeiffer, Heinrich W.: Die Sixtinische Kapelle neu entdeckt (Monumenta Vaticana Selecta), Stuttgart 2007.

Pfister-Burkhalter 1971 | Pfister-Burkhalter, Margarete: Lilie, in: LCI 3 (1971), 100–102.

Physiologus (Schönberger) | Physiologus. Griechisch/Deutsch. Übersetzt und herausgegeben von Otto Schönberger (Reclam-Universalbibliothek 18124), Stuttgart 2014.

Pigler 1974 | Pigler, Andor: Barockthemen. Eine Auswahl von Verzeichnissen zur Ikonographie des 17. und 18. Jahrhunderts, Band I: Darstellungen religiösen Inhalts, Budapest 1974.

Pignatti 1976 | Pignatti, Terisio: Veronese. Volume Primo: Testo e cataloghi con 24 Tavole a colori, Venedig 1976.

Pignatti/Pedrocco 1991 | Pignatti, Terisio / Pedrocco, Filippo: Veronese. Catalogo completo dei dipinti, Florenz 1991.

Pittaluga 1949 | Pittaluga, Mary: Filippo Lippi, Florenz 1949.

Platon, Timaios (Eigler) | Platon: Timaios, in: Eigler, Günther (Hg.): Platon. Werke in acht Bänden. Griechisch und Deutsch, Band 7, Darmstadt 1972, 1–210.

Platte 1982 | Platte, Hans: Meister Bertram in der Hamburger Kunsthalle, Hamburg 1982⁴.

Pörnbacher 1992 | Pörnbacher, Hans: Wallfahrtskirche zum Gegeißelten Heiland in der Wies (Schnell Kunstführer 1), München-Zürich 1992²².

Popp 1983 | Popp, Marianne: Zur Geschichte des Klosters, in: Mai, Paul / Hubel, Achim u. a. (Hg.): 750 Jahre Dominikanerinnenkloster Heilig Kreuz Regensburg (Kunstsammlungen des Bistums Regensburg. Diözesanmuseum Regensburg. Kataloge und Schriften 1), Ausstellung im Diözesanmuseum Regensburg 22. Juli bis 18. September 1983 (Große Kunstführer Schnell & Steiner 114), München-Zürich 1983, 17–25.

Porsch 1988 | Porsch, Felix: Johannes-Evangelium (Stuttgarter Kleiner Kommentar, Neues Testament 4), Stuttgart 1988.

Portmann 1963 | Portmann, Paul: Meister Bertram, Zürich 1963.

Priever 2000 | Priever, Andreas: Paolo Caliari, genannt Veronese 1528–1588, Köln 2000.

Prinz 2000 | Prinz, Wolfram: Die Storia oder die Kunst des Erzählens in der italienischen Malerei und Plastik des späten Mittelalters und der Frührenaissance 1260–1460. Mit Beiträgen von Iris Marzik, Textband, Mainz 2000.

Prohaska 2004 | Prohaska, Wolfgang: Kunsthistorisches Museum Wien. Die Gemäldegalerie (Museen der Welt), München 2004.

Proto-Jak (FC 18) | Protoevangelium Iacobi. Protoevangelium des Jakobus, in: Evangelia Infantiae Apocrypha. Apocryphe Kindheitsevangelien, Hg. Schneider, Gerhard (FC 18), Freiburg i. Br. u. a. 1995, 95–145.

Pseudo-Dionysius Areopagita, De caelesti hierarchia (PG 3) | Pseudo-Dionysius Areopagita: De caelesti hierarchia, in: Sancti Dionysii Areopagitae Opera Omnia (PG 3), Paris 1857, 119–370.

Pseudo-Dionysius Areopagita, De ecclesiastica hierarchia (PG 3) | Pseudo-Dionysius Areopagita: De ecclesiastica hierarchia, in: Sancti Dionysii Areopagitae Opera Omnia (PG 3), Paris 1857, 369–584.

Pseudo-Hugo von St. Viktor, De bestiis et aliis rebus (PL 177) | Pseudo-Hugo von St. Viktor: De bestiis et aliis rebus, in: Hugonis de S. Victore […] Opera Omnia […] III (PL 177), Paris 1854, 13–164.

Ps-Mt (FC 18) | Liber de ortu Beatae Mariae et infantia Salvatoris. Pseudo-Matthäusevangelium, in: Evangelia Infantiae Apocrypha. Apocryphe Kindheitsevangelien, Hg. Schneider, Gerhard (FC 18), Freiburg i. Br. u. a. 1995, 213–255.

Pucher 2013 | Pucher, Christina: Janneck, in: AKL 77 (2013), 305.

Purtle 1982 | Purtle, Carol J.: The Marian Paintings of Jan Van Eyck, Princeton 1982.

Rahner 1932 | Rahner, Hugo: Die Weide als Symbol der Keuschheit in der Antike und im Christentum, in: Zeitschrift für katholische Theologie 56 (1932), 231–253.

Rahner 1943 Sonne und Mond | Rahner, Hugo: Das christliche Mysterium von Sonne und Mond, in: Eranos-Jahrbuch 10 (1943), 305–404.

Rahner 1943 Herz Jesu | Rahner, Hugo: Grundzüge einer Geschichte der Herz-Jesu-Verehrung, in: Zeitschrift für Aszese und Mystik 18 (1943), 61–83.

Rahner 1957 | Rahner, Hugo: Patristisch-ikonographische Probleme der Darstellung des Gekreuzigten, in: Scholastik 32 (1957), 410–416.

Rahner 1960 | Rahner, Hugo: Krippe und Kreuz, in: Geist und Leben 33 (1960), 401–404.

Rahner 1989 | Rahner, Hugo: Griechische Mythen in christlicher Deutung. Mit 11 Abbildungen und einem Geleit- und Schlüsselwort von Alfons Rosenberg, Basel 1989[3].

Rathke 1995 | Rathke, Christian: Ikonographische Anmerkungen zu Ernst Barlach, in: Doppelstein, Jürgen (Hg.): Ernst Barlach: Bildhauer, Zeichner, Graphiker, Schriftsteller 1870–1938 (Ausstellungskatalog), Koninklijk Museum voor Schone Kunsten, Antwerpen, 18. Dezember 1994 – 26. Februar 1995, Leipzig 1995, 310–327.

Rauch 1992 | Rauch, Ivo: „Extra ecclesiam nulla salus". Das Weinstockfenster aus dem Trierer Dom als Reaktion auf Luthers Kirchenkritik, in: Becksmann, Rüdiger / Fritzsche, Gabriela / Korn, Ulf-Dietrich u. a. (Hg.): Deutsche Glasmalerei des Mittelalters, Band 2: Bildprogramme – Auftraggeber – Werkstätten, Berlin 1992, 173–186.

Rauch 1994 | Rauch, Alexander: Malerei der Renaissance in Venedig und Norditalien, in: Toman, Rolf (Hg.): Die Kunst der italienischen Renaissance. Architektur Skulptur Malerei Zeichnung, Köln 1994, 350–415.

Reidel 1983 | Reidel, Hermann: Christus als Keltertreter, in: Mai, Paul / Hubel, Achim u. a. (Hg.): 750 Jahre Dominikanerinnenkloster Heilig Kreuz Regensburg (Kunstsammlungen des Bistums Regensburg. Diözesanmuseum Regensburg. Kataloge und Schriften 1), Ausstellung im Diözesanmuseum Regensburg 22. Juli bis 18. September 1983 (Große Kunstführer Schnell & Steiner 114), München-Zürich 1983, 110f.

Reinitzer 2002 | Reinitzer, Heimo: Erschaffung, Fall und Wiederbringung des Lichts. Zum Bildprogramm des St.-Petri-Altars in der Hamburger Kunsthalle (Veröffentlichung der Joachim Jungius-Gesellschaft der Wissenschaften Hamburg 92), Hamburg 2002.
Rembrandt-Urkunden | Die Urkunden über Rembrandt (1575–1721). Hg. Hofstede De Groot, Cornelis, Haag 1906.
Richert 1957 | Richert, Gertrud: Zu Grecos Pfingstbild, in: Das Münster 9/10 (1957), 344–346.
Ridolfi, Maraviglie I/II | Ridolfi, Carlo: Le Maraviglie dell'arte ovvero le vite degli illustri pittori veneti e dello stato, descritte da Carlo Ridolfi, Venetia 1648, Hg. Hadeln, Detlev Freiherr von, Bände 1–2, Berlin 1914–1924.
Ripa, Iconologia | Ripa, Cesare: Iconologia, Hg. Buscariolo, Piero, Mailand 1992.
Roberts-Jones 1997 | Roberts-Jones, Philippe und Françoise: Pieter Bruegel der Ältere, München 1997.
Roethlisberger 1981 | Roethlisberger, Marcel: Bartholomeus Breenbergh. The Paintings, Berlin-New York 1981.
Roethlisberger 1996 | Roethlisberger, Marcel George: Breenbergh, in: AKL 14 (1996), 65f.
Roettgen 1997 | Roettgen, Steffi: Wandmalerei in der Frührenaissance in Italien, Band II: Die Blütezeit 1470–1510, München 1997.
Rohlmann 1994 | Rohlmann, Michael: Auftragskunst und Sammlerbild. Altniederländische Tafelmalerei im Florenz des Quattrocento, Alfter 1994.
Romanos Melodos, Hymnen (SC 128) | Romanos Le Mélode, Hymnes, Band 4: Nouveau Testament (XXXII–XLV), Hg. Grosdidier de Matons, José (SC 128), Paris 1967.
Ronig 2005 Egbert | Ronig, Franz J.: Erzbischof Egbert und die Entstehungszeit seines Evangelistars, in: Franz, Gunther (Hg.): Der Egbert Codex. Das Leben Jesu. Ein Höhepunkt der Buchmalerei vor 1000 Jahren. Handschrift 24 der Stadtbibliothek Trier, Darmstadt 2005, 47–77.
Ronig 2005 Miniaturen | Ronig, Franz J.: Erläuterungen zu den Miniaturen des Egbert-Codex, in: Franz, Gunther (Hg.): Der Egbert Codex. Das Leben Jesu. Ein Höhepunkt der Buchmalerei vor 1000 Jahren. Handschrift 24 der Stadtbibliothek Trier, Darmstadt 2005, 78–188.
Rosen 2009 | Rosen, Valeska von: Caravaggio und die Grenzen des Darstellbaren. Ambiguität, Ironie und Performativität in der Malerei um 1600, Berlin 2009.
Rosenberg/Mojana 1992 | Rosenberg, Pierre / Mojana, Marina: Georges De La Tour. Catalogue complet des peintures, Paris 1992.
Rotermund 1950/51 | Rotermund, Hans-Martin: Rembrandt und die religiösen Laienbewegungen in den Niederlanden seiner Zeit, in: Nederlandsch kunsthistorisch Jaarboek 3 (1950/51), 104–192.
Rupert von Deutz, In Isaiam Prophetam (PL 167) | R. D. D. Ruperti Abbatis [...] In Isaiam Prophetam [...], in: R. D. D. Ruperti Abbatis [...] Opera Omnia [...] I (PL 167), Paris 1854, 1271–1362.
Rupert von Deutz, Johanneskommentar (Edmunds/Haacke) | Rupert von Deutz: Lesungen über Johannes. Der geistige Sinn seines Evangeliums, Hg. Edmunds, Ferdinand / Haacke, Rhaban (Occidens 1), Trier 1977.
Rupprecht 1959 | Rupprecht, Bernhard: Die Bayerische Rokokokirche (Münchner Historische Studien. Abteilung Bayerische Geschichte 5), Kallmünz 1959.
Ruskin 1903 | Cook, Edward Tyas / Wedderburn, Alexander: The works of John Ruskin. Library Edition, Band IV, Modern Painters, Band II, London 1903.
Satzger 1957 | Satzger, Alfons: Wallfahrtskirche Wies, Tübingen 1957.
Sauer 1996 | Sauer, Christine: Allerheiligenbilder in der Buchmalerei Fuldas, in: Schrimpf, Gangolf (Hg.): Kloster Fulda in der Welt der Karolinger und Ottonen (Fuldaer Studien 7), Frankfurt a. M. 1996, 365–402.
Saure 2016 | Saure, Gabriele: Murillo, Bartolomé Esteban, in: AKL 91 (2016), 321–325.
Schiller 1968 | Schiller, Gertrud: Ikonographie der christlichen Kunst, Band 2: Die Passion Jesu Christi, Gütersloh 1968.
Schiller 1969 | Schiller, Gertrud: Ikonographie der christlichen Kunst, Band 1: Inkarnation – Kindheit – Taufe – Versuchung – Verklärung – Wirken und Wunder Christi, Gütersloh 1969².
Schiller 1971 | Schiller, Gertrud: Ikonographie der christlichen Kunst. Band 3: Die Auferstehung und Erhöhung Christi, Gütersloh 1971.

Schiller 1976 | Schiller, Gertrud: Ikonographie der christlichen Kunst, Band 4/1: Die Kirche, Gütersloh 1976.
Schipflinger 1988 | Schipflinger, Thomas: Sophia-Maria. Eine ganzheitliche Vision der Schöpfung, München-Zürich 1988.
Schlie 2002 | Schlie, Heike: Bilder des Corpus Christi. Sakramentaler Realismus von Jan van Eyck bis Hieronymus Bosch, Berlin 2002.
Schlink 2008 | Schlink, Wilhelm: Tizian. Leben und Werk, München 2008.
Schmid 1970 | Schmid, Alfred: Himmelfahrt Christi, in: LCI 2 (1970), 268–276.
Schmid 1973 | Schmid, Alfred A.: Faldistorium, in: RDK 6 (1973), 1219–1237.
Schmidt 1982 | Schmidt, Heinrich und Margarethe: Die vergessene Bildersprache christlicher Kunst. Ein Führer zum Verständnis der Tier-, Engel- und Mariensymbolik, München 1982.
Schnackenburg 1996 | Schnackenburg, Bernhard: Gemäldegalerie Alte Meister Gesamtkatalog. Staatliche Museen Kassel, Band 1, Mainz 1996.
Schnell 1979 | Schnell, Hugo: Die Wies. Wallfahrtskirche zum gegeißelten Heiland. Ihr Baumeister Dominikus Zimmermann. Leben und Werk (Große Kunstführer Schnell & Steiner 1), München-Zürich 1979.
Schöne 1938 | Schöne, Wolfgang: Dieric Bouts und seine Schule, Berlin 1938.
Schöne 1954 | Schöne, Wolfgang: Über das Licht in der Malerei, Berlin 1954.
Scholz-Hänsel 2004 | Scholz-Hänsel, Michael: El Greco. Domenikos Theotokopoulos 1541–1614, Köln 2004.
Schumacher-Wolfgarten 2012 | Schumacher-Wolfgarten, Renate: Der mystische Weinstock in Pistoia. Vitis vera, in: Das Münster 65 (2012), 288–298.
Schurek 1961 | Schurek, Paul: Barlach. Eine Bildbiographie, München 1961.
Schwartz 1987 | Schwartz, Gary: Rembrandt. Sämtliche Gemälde in Farbe, Darmstadt 1987.
Schweicher 1970 | Schweicher, Curt: Geißelung Christi, in: LCI 2 (1970), 127–130.
Scirè Nepi 1991 | Scirè Nepi, Giovanna: Die Accademia in Venedig. Meisterwerke venezianischer Malerei, München 1991.
Seewaldt 2009 | Seewaldt, Peter: Gekreuzigter Christus in Weinreben, in: Rheinisches Landesmuseum Trier (Hg.): Fundstücke. Von der Urgeschichte bis zur Neuzeit (Schriftenreihe des Rheinischen Landesmuseums Trier 36), Stuttgart 2009, 182f.
Sergejew 1991 | Sergejew, Valerij: Das heilige Handwerk. Leben und Werk des Ikonenmalers Andrej Rubljow, Freiburg i. Br. 1991.
Sevrugian 1990 | Sevrugian, Petra: Der Rossano-Codex und die Sinope-Fragmente. Miniaturen und Theologie (Manuskripte zur Kunstwissenschaft in der Wernerschen Verlagsgesellschaft 35), Worms 1990.
Siede 2006 | Siede, Irmgard: Elfenbeinkunst. Funktion – Wirkung – Auftraggeber, in: Beuckers, Klaus Gereon / Cramer, Johannes / Imhof, Michael (Hg.): Die Ottonen. Kunst – Architektur – Geschichte, Petersberg 2006, 153–164.
Silva Maroto 2002 | Silva Maroto, Pilar: Die Kunst der Krone – Flandern und Kastilien, in: Borchert, Till-Holger (Hg.): Jan van Eyck und seine Zeit. Flämische Meister und der Süden 1430–1530 (Ausstellungsband: Groeningemuseum Brügge 15. März bis 30. Juni 2002), Stuttgart 2002, 143–155.
Silva Maroto 2006 | Silva Maroto, Pilar: Le dessin sous-jacent de deux peintures eyckiennes du Musée du Prado. Le Triomphe de l'Église sur la Synagogue, école de van Eyck, et Saint François reçevant les stigmates, du Maître d'Hoogstraten, in: Verougstraete, Hélène u. a. (Hg.): La peinture ancienne et ses procédés. Copies, répliques, pastiches (Le Colloque XV pour l'Étude du Dessin Sous-Jacent et de la Technologie dans la Peinture), Löwen 2006, 42–50.
Sinanoglou 1973 | Sinanoglou, Leah: The Christ child as Sacrifice. A medieval tradition and the Corpus Christi plays, in: Speculum 48 (1973), 491–509.
Sinnacher 1828 | Sinnacher, Franz Anton: Die Kirche Brixen im Laufe des 15ten Jahrhunderts (Beyträge zur Geschichte der bischöflichen Kirche Säben und Brixen in Tyrol. Sechster Band), Brixen 1828.
Sitar 2009 | Sitar, Gerfried: Die Abtei im Paradies. Das Stift St. Paul im Lavanttal, Regensburg 2009.
Sitt 2008 | Sitt, Martina: Der Petri-Altar von Meister Bertram in der Hamburger Kunsthalle, in: Sitt, Martina (Hg.): Der Petri-Altar von Meister Bertram, Hamburg 2008, 73–80.

Sonnenburg 1990 | Sonnenburg, Hubertus Falkner von: Aspekte der technischen Untersuchungen des Gemäldes, in: Alte Pinakothek München, Kulturstiftung der Länder (Hg.), Heft 20, München 1990, 25–34.

Spike 1997 | Spike, John T.: Fra Angelico, München 1997.

Stechow 1934 | Stechow, Wolfgang: Rembrandts Darstellung des Emmausmahles, in: Zeitschrift für Kunstgeschichte 3 (1934), 329–341.

Stechow 1977 | Stechow, Wolfgang: Pieter Bruegel der Ältere, Köln 1977.

Steinbart 1940 | Steinbart, Kurt: Johann Liss. Der Maler aus Holstein, Berlin 1940.

Steinbart 1946 | Steinbart, Kurt: Johann Liss, Wien 1946.

Steiner 1988 | Steiner, Peter B.: Tintorettos „Himmelfahrt Mariae" aus dem Bamberger Dom und die Erneuerung der kirchlichen Kunst in Süddeutschland nach dem Konzil von Trient, in: Petzet, Michael (Hg.): Die Bamberger „Himmelfahrt Mariae" von Jacopo Tintoretto. Internationales Kolloquium in München 27. und 28. Januar 1986 und Restaurierungsbericht (Arbeitshefte des Bayerischen Landesamtes für Denkmalpflege 42), München 1988, 53–60.

Stetten 1762 | Stetten, Paul von: Geschichte der adelichen Geschlechter in der freyen Reichs-Stadt Augsburg [...], Augsburg 1762.

Stichel 1990 | Stichel, Rainer: Die Geburt Christi in der russischen Ikonenmalerei. Voraussetzungen in Glauben und Kunst des christlichen Ostens und Westens, Stuttgart 1990.

Stoichita 1997 | Stoichita, Victor Ieronim: Das mystische Auge. Vision und Malerei im Spanien des goldenen Zeitalters (Bild und Text), München 1997.

Stuttgarter AT | Stuttgarter Altes Testament. Einheitsübersetzung mit Kommentar und Lexikon, Hg. Zenger, Erich, Stuttgart 2010[4].

Stuttgarter NT | Stuttgarter Neues Testament. Einheitsübersetzung mit Kommentar und Erklärungen, Stuttgart 2010[5].

Suckale 1995 | Suckale, Robert: Rogier van der Weyden. Die Johannestafel. Das Bild als stumme Predigt (Kunststück), Frankfurt a. M. 1995.

Suckale-Redlefsen 1971 | Suckale-Redlefsen, Gude: Psalmen, Psalterillustrationen, in: LCI 3 (1971), 466–481.

Suckale/Ruderich/Schöpf 2002 | Suckale, Robert / Ruderich, Peter / Schöpf, Gabi: Der langsame Aufstieg 1648–1693, in: Suckale, Robert / Hörsch, Markus / Schmidt, Peter / Ruderich, Peter (Hg.): Bamberg. Ein Führer zur Kunstgeschichte der Stadt für Bamberger und Zugereiste, Bamberg 2002, 155–175.

Summerauer 2010 | Summerauer, Birgit: Kommunikation in der Stille. Mimik und Gestik bei Georges de La Tour (Diplomarbeit), Wien 2010.

Sylveira I/II 1700 | Sylveira, João da: Commentatorium in Apocalypsim B. Joannis Apostoli, Bände 1–2, Lüttich 1700[3].

Tertullian, Ad nationes (CChrSL 1) | Tertullian: Ad nationes, Hg. Borleffs, Jan Willem Philip, in: Quinti Septimi Florentis Tertulliani Opera, Pars I (CChrSL 1), Turnhout 1954, 9–75.

Tertullian, Adversus Marcionem (CChrSL 1) | Tertullian: Adversus Marcionem, Hg. Kroymann, Aemilian, in: Quinti Septimi Florentis Tertulliani Opera, Pars I (CChrSL 1), Turnhout 1954, 437–726.

Tertullian, Apologeticum (CChrSL 1) | Tertullian: Apologeticum, Hg. Dekkers, Eligius, in: Quinti Septimi Florentis Tertulliani Opera, Pars I (CChrSL 1), Turnhout 1954, 77–171.

Tertullian, De carne Christi (CChrSL 2) | Tertullian: De carne Christi, Hg. Kroymann, Aemilian, in: Quinti Septimi Florentis Tertulliani Opera, Pars II (CChrSL 2), Turnhout 1954, 871–917.

Teresa von Ávila, Innere Burg (Dobhan/Peeters) | Teresa von Ávila. Vollständige Neuübertragung. Gesammelte Werke, Band 4: Wohnungen der Inneren Burg, Hg. Dobhan, Ulrich / Peeters, Elisabeth, Freiburg-Basel-Wien 2010[3].

Teresa von Ávila, Vida (Dobhan/Peeters) | Teresa von Ávila. Vollständige Neuübertragung. Gesammelte Werke, Band 1: Das Buch meines Lebens, Hg. Dobhan, Ulrich / Peeters, Elisabeth, Freiburg-Basel-Wien 2001.

Theodulf von Orleans, De ordine baptismi (PL 105) | Theodulf von Orleans: De ordine baptismi ad Magnum Senonensem Liber, in: Theodulfi [...] Opera Omnia (PL 105), Paris 1864, 223–240.

Thiel 1991 | Thiel, Pieter J. J. van: Das Opfer Abrahams, in: Brown, Christopher / Kelch, Jan / Thiel, Pieter van: Rembrandt. Der Meister und seine Werkstatt (Ausstellungskatalog Gemäldegalerie Staatliche Museen Preußischer Kulturbesitz Berlin 1991), München-Paris-London 1991, 181–183.

Thomas 1936 | Thomas, Alois: Die Darstellung Christi in der Kelter. Eine theologische und kulturhistorische Studie. Zugleich ein Beitrag zur Geschichte und Volkskunde des Weinbaus (Forschungen zur Volkskunde 20/21), Düsseldorf 1936.

Thomas 1968 | Thomas, Alois: Brunnen, in: LCI 1 (1968), 330–336.

Thomas 1970 | Thomas, Alois: Kelter, Mystische, in: LCI 2 (1970), 497–504.

Thomas 1972 | Thomas, Alois: Weinstock, in LCI 4 (1972), 491–494.

Thomas von Aquin, Summa theologica (Deutsche Thomas-Ausgabe 1ff.) | Die Deutsche Thomas-Ausgabe. Vollständige, ungekürzte deutsch-lateinische Ausgabe der Summa theologica. Übersetzt von Dominikanern und Benediktinern Deutschlands und Österreichs, Bände 1ff. [noch unvollendet], Graz-Wien-Köln u. a. 1933ff.

Thomas von Celano, Vita (Grau) | Thomas von Celano: Leben und Wunder des heiligen Franziskus von Assisi, Hg. Grau, Engelbert (Franziskanische Quellenschriften 5), Werl 1964.

Thomas von Kempen, Nachfolge Christi (Eichler) | Thomas von Kempen: De Imitatione Christi/Nachfolge Christi und vier andere Schriften. Lateinisch und deutsch, Hg. Eichler, Friedrich, München 1966.

Thomas von Vercelli, Commentarium in Cantica Canticorum (PL 206) | Thomas von Vercelli: In Cantica Canticorum erudissimi Commentarii, in: Coelestini III […] accedit Thomae Cisterciensis Monachi et Joannis Algrini […] Commentarium in Cantica (PL 206), Paris 1853, 17–862.

Thürlemann 1992 | Thürlemann, Felix: Das Lukas-Triptychon in Stolzenheim. Ein verlorenes Hauptwerk von Robert Campin in einer Kopie aus der Werkstatt Derick Baegerts, in: Zeitschrift für Kunstgeschichte 55 (1992), 524–564.

Thürlemann 2006 | Thürlemann, Felix: Rogier van der Weyden. Leben und Werk, München 2006.

Thuillier 1993 | Thuillier, Jacques: Georges de la Tour, Paris 1993.

Traditio Apostolica (FC 1) | Traditio Apostolica. Apostolische Überlieferung, Hg. Geerlings, Wilhelm, in: Didache. Zwölf-Apostel-Lehre, Traditio Apostolica. Apostolische Überlieferung, Hg. Schöllgen, Georg / Geerlings, Wilhelm (FC) 1), Freiburg i. Br. u. a. 1991, 141–313.

Tsuji 1962 | Tsuji, Sahoko: Les portes de Sainte-Sabine: Peculiarites de l'iconographie de l'Ascension, in: Cahiers Archeologiques 13 (1962), 13–28.

Tümpel 1986 | Tümpel, Christian: Rembrandt. Mythos und Methode. Mit Beiträgen von Astrid Tümpel, Königstein im Taunus 1986.

Tümpel 1994 Abraham-Isaak | Tümpel, Christian: Abraham und Isaak umarmen einander nach dem Opfer, in: Tümpel, Christian (Hg.): Im Lichte Rembrandts. Das Alte Testament im Goldenen Zeitalter der niederländischen Kunst (Ausstellungskatalog: Westfälisches Landesmuseum Münster, Joods Historisch Museum Amsterdam, Israel Museum), Zwolle 1994, 238f.

Tümpel 1994 Altertümer | Tümpel, Christian: Die Rezeption der Jüdischen Altertümer von Flavius Josephus in den holländischen Historiendarstellungen des 16. und 17. Jahrhunderts, in: Tümpel, Christian (Hg.): Im Lichte Rembrandts. Das Alte Testament im Goldenen Zeitalter der niederländischen Kunst (Ausstellungskatalog: Westfälisches Landesmuseum Münster, Joods Historisch Museum Amsterdam, Israel Museum), Zwolle 1994, 194–206.

Tümpel 1994 Variation | Tümpel, Christian: Variation und seltenes Thema, in: Tümpel, Christian (Hg.): Im Lichte Rembrandts. Das Alte Testament im Goldenen Zeitalter der niederländischen Kunst (Ausstellungskatalog: Westfälisches Landesmuseum Münster, Joods Historisch Museum Amsterdam, Israel Museum), Zwolle 1994, 156–167.

Tümpel 1998 | Tümpel, Christian: Rijn, Rembrandt Harmenszoon van (1606–1669), in: TRE 29 (1998), 200–208.

Tzeutscher Lurie 1975 Venedig | Tzeutscher Lurie, Ann: Liss in Venedig, in: Johann Liss. Ausstellung unter dem Protektorat der Präsidentin des Deutschen Bundestages Frau Annemarie Renger und des International Council of Museums, Augsburg 1975, 33–39.

Tzeutscher Lurie 1975 Verzückung | Tzeutscher Lurie, Ann: Die Verzückung des hl. Paulus, in: Johannes Liss – Leben und Werk, in: Johann Liss. Ausstellung unter dem Protektorat der Präsidentin des Deutschen Bundestages Frau Annemarie Renger und des International Council of Museums, Augsburg 1975, 125–128.

Vallentin 1954 | Vallentin, Antonina: El Greco, London 1954.

Vasari, Le vite (Milanesi I–IX) | Le vite de'più eccellenti pittori, scultori ed architettori scritte da Giorgio Vasari con nuove annotazioni e commenti, Hg. Milanesi, Gaetano, Bände 1–9, Florenz 1878–1885.

Vasari, Künstlerbiographien (Fein) | Vasari, Giorgio: Lebensläufe der berühmtesten Maler, Bildhauer und Architekten, Hg. Fein, Trude, Zürich 2005.

Venturi 1893 | Venturi, Adolfo: Museo e Galleria Borghese, Roma 1893.

Verspohl 2004 | Verspohl, Franz-Joachim: Michelangelo Buonarroti und Papst Julius II. Moses – Heerführer, Gesetzgeber, Musenlenker (Kleine politische Schriften 12), Göttingen 2004.

Vetter 1972 | Vetter, Ewald M.: Die Kupferstiche zur Psalmodia Eucaristica des Melchior Prieto von 1622 (Spanische Forschungen der Görresgesellschaft. Zweite Reihe 15), Münster 1972.

Vierthaler 1949 | Vierthaler, Max: Die Wies. Zum 200jährigen Jubiläum, Schongau 1949.

Vita Iohannis Baptistae (FC 18) | Vita et Miracula Iohannis Baptistae, auctore Pseudo-Serapione Thmuitano. Leben Johannes' des Täufers, in: Evangelia Infantiae Apocrypha. Apocryphe Kindheitsevangelien, Hg. Schneider, Gerhard (FC 18), Freiburg i. Br. u. a. 1995, 285–305.

Vitis mystica (PG 184) | Vitis mystica seu Tractatus de passione Domini, in: S. Bernardi […] Opera Omnia III (PG 184), Paris 1854, 635–740.

Vöhringer 2007 | Vöhringer, Christian: Pieter Bruegel 1525/30–1569, Potsdam 2007.

Volbach 1923 | Volbach, Wolfgang Fritz: Die Elfenbeinbildwerke (Die Bildwerke des Deutschen Museums 1), Berlin 1923.

Von der Osten 1967 | Von der Osten, Gert: Der umarmende Kruzifix in Helmstedt, in: Niederdeutsche Beiträge zur Kunstgeschichte 6 (1967), 111–116.

Vos 1994 | Vos, Dirk de: Hans Memling. Das Gesamtwerk, Stuttgart-Zürich 1994.

Vos 1999 | Vos, Dirk de: Rogier van der Weyden. Das Gesamtwerk, München 1999.

Vos 2002 | Vos, Dirk de: Flämische Meister. Jan van Eyck. Rogier van der Weyden. Hans Memling, Köln 2002.

Voss 1915 | Voss, Hermann: Georges du Mesnil de La Tour, in: Archiv für Kunstgeschichte 2 (1915), 221–223.

Vulgata | Biblia sacra iuxta vulgatam versionem. Adiuvantibus Bonifatio Fischer OSB, Iohanne Gribomont OSB, H. F. D. Sparks, W. Thiele recensuit et brevi apparatu instruxit Robertus Weber OSB. Editio tertia emendata quam paravit Bonifatius Fischer OSB cum sociis H. I. Frede, Iohanne Gribomont OSB, H. F. D. Sparks, W. Thiele, Stuttgart 1983[3].

Waagen 1854 I/II/III | Waagen, Gustav Friedrich: Treasures of art in Great Britain. Being an account of the chief collections of paintings, drawings, sculptures, illuminated mss., etc, Bände 1–3, London 1854.

Waddingham 1966 | Waddingham, Malcom R.: Adam Elsheimer (I Maestri del Colore 130), Mailand 1966.

Wälchli 2007 | Wälchli, Philipp: Wie Hund und Katze. Zur Deutung der Katze in Abendmahlsdarstellungen, in: Kampling, Rainer (Hg.): Eine seltsame Gefährtin. Katzen, Religion, Theologie und Theologen (Apeliotes 1), Frankfurt a. M. u. a. 2007, 221–241.

Weber 1991 | Weber, Gregor J. M.: Der Lobtopos des ‚lebenden Bildes'. Jan Vos und sein „Zeege der Schilderkunst" von 1654 (Studien zur Kunstgeschichte 67), Hildesheim-Zürich-New York 1991.

Weber 2000 Dresden | Weber, Gregor J. M.: Ein Ehrenplatz in Dresden. „Die Heilige Nacht" Correggios 1746 bis 1816, in: Kloppenburg, Birgitt / Weber, Gregor J. M.: La famosissima Notte! Correggios Gemälde „Die Heilige Nacht" und seine Wirkungsgeschichte. Ausstellung im Semperbau 12. Dezember 2000 – 25. Februar 2001, Emsdetten-Dresden 2000, 45–58.

Weber 2000 Stationen | Weber, Gregor J. M.: Stationen des Ruhms. „Die „Heilige Nacht" Correggios 1530 bis 1746, in: Kloppenburg, Birgitt / Weber, Gregor J. M. (Hg.): La famosissima Notte! Correggios Gemälde „Die Heilige Nacht" und seine Wirkungsgeschichte. Ausstellung im Semperbau 12. Dezember 2000 – 25. Februar 2001, Emsdetten-Dresden 2000, 7–16.

Weddingen 1988 | Weddingen, Erasmus: Zur Ikonographie der Bamberger „Assunta" von Jacopo Tintoretto, in: Petzet, Michael (Hg.): Die Bamberger „Himmelfahrt Mariae" von Jacopo Tintoretto. Internationales Kolloquium in München 27. und 28. Januar 1986 und Restaurierungsbericht (Arbeitshefte des Bayerischen Landesamtes für Denkmalpflege 42), München 1988, 61–112.

Weddingen 1993 | Weddingen, Erasmus: „Memoria purificata". Ein Nachleben im Widerspruch, in: Gentili, Augusto / Morel, Philippe / Cieri Via, Claudia (Hg.): Il ritratto e la memoria. Materiali 2 (Convegno „Il ritratto e la memoria" Roma 11.–15. Dezember 1989), Roma 1993, 263–284.

Weis 1968 | Weis, Adolf: Drei Könige, in: LCI 1 (1968), 539–549.

Weisbach 1921 | Weisbach, Werner: Der Barock als Kunst der Gegenreformation, Berlin 1921.

Weitzmann 1977 | Weitzmann Kurt: Spätantike und frühchristliche Buchmalerei, München 1977.

Wentzel 1954 | Wentzel, Hans: Christus-Johannes-Gruppe, in: RDK 3 (1954), 658–669.

Wentzel 1960 | Wentzel, Hans: Die Christus-Johannes-Gruppen des XIV. Jahrhunderts, Stuttgart 1960.

Werner 1982 | Werner, Johannes: Frauenfrömmigkeit. Zur Entstehung der mittelalterlichen Andachtsbilder, in: Das Münster 35 (1982), 21–26.

Wessel 1956 | Wessel, Klaus: Der Sieg über den Tod. Die Passion Christi in der frühchristlichen Kunst des Abendlandes, Berlin 1956.

Wessel 1966 | Wessel, Klaus: Die Kreuzigung, Recklinghausen 1966.

Wessel 1968 | Wessel, Klaus: Der nackte Crucifixus von Narbonne, in: Rivista di archeologia cristiana 43 (1968), 333–345.

Wethey 1969 | Wethey, Harold E.: The Paintings of Titian, Band 1: The Religious Paintings, London 1969.

Widauer 2009 | Widauer, Simone: Marienpflanzen. Der geheimnisvolle Garten Marias in Symbolik, Heilkunde und Kunst, Baden 2009.

Wied 2003 | Wied, Alexander: Pieter Bruegel d. Ä. – Druckgraphik, in: Die flämische Landschaft 1520–1700. Eine Ausstellung der Kulturstiftung Ruhr Essen und des Kunsthistorischen Museums Wien. Kulturstiftung Ruhr, Villa Hügel Essen, 23. August – 30. November 2003, Lingen 2003, 73–95.

Wies Mirakelbuch 1746 | Wunderbare Gnadenblum auf der Wies. Das Mirakelbuch der Wieswallfahrt. Neu herausgegeben von Hans Pörnbacher, Theil 1: Nachdruck der Ausgabe Augspurg, Heiß 1746, Weißenhorn 1999.

Wilhelm von Saint-Thierry, Epistula aurea (Kohout-Berghammer) | Wilhelm von Saint-Thierry: Brief an die Brüder vom Berge Gottes. Goldener Brief, Hg. Kohout-Berghammer, Bernhard (Texte der Zisterzienserväter 5), Eschenbach 1992.

Wilhelmy 1993 | Wilhelmy, Winfried: Der altniederländische Realismus und seine Funktionen. Studien zur kirchlichen Bildpropaganda des 15. Jahrhunderts (Kunstgeschichte 20), Münster-Hamburg 1993.

Wilpert/Schumacher 1976 | Wilpert, Joseph / Schumacher, Walter N.: Die römischen Mosaiken der kirchlichen Bauten vom IV.–XIII. Jahrhundert. Freiburg i. Br.-Basel-Wien 1976.

Wind 1986 | Wind, Geraldine Dunphy: Light on „La Notte". Correggio's Adoration of the Shepherds, in: Storia dell'arte 56 (1986), 21–30.

Winkler 1964 | Winkler, Johannes: Das Werk des Hugo van der Goes, Berlin 1964.

Winner/Heikamp 1999 | Winner, Matthias / Heikamp, Detlef (Hg.): Der Maler Federico Zuccari. Ein römischer Virtuoso von europäischem Ruhm. Akten des internationalen Kongresses der Bibliotheca Hertziana Rom und Florenz, 23.–26. Februar 1993 (Römisches Jahrbuch der Bibliotheca Hertziana, Beiheft zu Band 32, 1997/98), München 1999.

Winterer 2006 | Winterer, Christoph: Monastische Meditatio versus fürstliche Repräsentation? Überlegungen zu zwei Gebrauchsprofilen ottonischer Buchmalereien, in: Beuckers, Klaus Gereon / Cramer, Johannes / Imhof, Michael (Hg.): Die Ottonen. Kunst – Architektur – Geschichte, Petersberg 2006, 103–128.

Winterer 2009 | Winterer, Christoph: Das Fuldaer Sakramentar in Göttingen. Benediktinische Observanz und römische Liturgie, Petersberg 2009.

Winterer 2011 | Winterer, Christoph (Hg.): Das Evangeliar der Äbtissin Hitda. Eine ottonische Prachthandschrift aus Köln. Miniaturen, Bilder und Zierseiten aus der Handschrift 1640 der Universitäts- und Landesbibliothek Darmstadt, Darmstadt 2011[2].

Wipfler 2004 | Wipfler, Esther P.: Fons hortorum, in: RDK 10 (2004), 133–140.

Wirth 1967 | Wirth, Karl-August: Engelchöre, in: RDK 5 (1967), 555–601.

Wit, Jacob de 1947 | Wit, Jacob de, in: Thieme/Becker 36 (1947), 113.
Woisetschläger 1974 | Woisetschläger, Kurt: Janneck, Franz Christoph, in: NDB 10 (1974), 337.
Wolff 1998 | Wolff, Martha: The Southern Netherlands, Fifteenth and Sixteenth Centuries, in: Sterling, Charles u. a. (Hg.): Fifteenth- to Eighteenth-Century European Paintings in the Robert Lehman Collection. France, Central Europe, The Netherlands, Spain, and Great Britain (The Robert Lehmann Collection II), Princeton (New Jersey) 1998, 61–124.
Wright 2000 | Wright, Christopher: Rembrandt, München 2000.
Wurzbach 1910 I/II | Wurzbach, Alfred von: Niederländisches Künstler-Lexikon, Bände 1–2, Wien-Leipzig 1910.
Zenkert 2003 | Zenkert, Astrid: Tintoretto in der Scuola di San Rocco. Ensemble und Wirkung (Tübinger Studien zur Archäologie und Kunstgeschichte 19), Tübingen-Berlin 2003.
Zimmermann 1997 | Zimmermann, Andrea: Jesus Christus als Schmerzensmann in hoch- und spätmittelalterlichen Darstellungen der bildenden Kunst: eine Analyse ihres Sinngehalts (Dissertation an der Martin-Luther-Universität Halle-Wittenberg), Elektronisches Dokument (ULB Sachsen-Anhalt) 1997.
Zimmermann 1910 | Zimmermann, Ernst Heinrich: Die Fuldaer Buchmalerei in karolingischer und ottonischer Zeit, in: Kunstgeschichtliches Jahrbuch der Kaiserlich-Königlichen Zentralkommission für Erforschung und Erhaltung der Kunst- und Historischen Denkmale 4 (1910), 1–104.
Zink 1981 | Zink, Jörg: Advent und Weihnachten I [Textband], Band 1: Zink, Jörg: DiaBücherei Christliche Kunst. Betrachtung und Deutung, Eschbach 1981.
Zink 1986 | Zink, Jörg: Jesusgeschichte I: Wunder und Zeichen [Textband], Band 19: Zink, Jörg: DiaBücherei Christliche Kunst. Betrachtung und Deutung, Eschbach 1986.
Zink 1987 Jesusgeschichte II | Zink, Jörg: Jesusgeschichte II: Begegnungen und Gespräche [Textband], Band 20: Zink, Jörg: DiaBücherei Christliche Kunst. Betrachtung und Deutung, Eschbach 1987.
Zink 1987 Jesusgeschichte III | Zink, Jörg: Jesusgeschichte III: Reden und Gleichnisse [Textband], Band 21: Zink, Jörg: DiaBücherei Christliche Kunst. Betrachtung und Deutung, Eschbach 1987.
Zlatohlávek 2001 | Zlatohlávek, Martin: Das Jüngste Gericht. Bildkompositionen großer Meister, in: Zlatohlávek, Martin / Rätsch, Christian / Müller-Ebeling, Claudia: Das Jüngste Gericht. Fresken, Bilder und Gemälde, Düsseldorf-Zürich 2001, 129–201.
Zuffi 2004 | Zuffi, Stefano: Erzählungen und Personen des Neuen Testaments (Bildlexikon der Kunst 5), Berlin 2004.
Zunker 2000 | Zunker, Maria Magdalena: Spätmittelalterliche Nonnenmalereien aus der Abtei St. Walburg, in: Großmann, G. Ulrich (Hg.): Spiegel der Seligkeit. Privates Bild und Frömmigkeit im Spätmittelalter (Ausstellungskatalog: Germanisches Nationalmuseum, Nürnberg), Nürnberg 2000, 97–116.

Bildnachweis

akg-images: 19 (De Agostini Picture Library), 31 (Rom, Galleria Borghese), 73 (Fototeca Gilardi SNC), 133 (Assisi Jerusalem S. Francesco Unterkirche), 209 (Wien, Kunsthistorisches Museum), 225 (Moskau, Staatliche Tretjakow-Galerie), 327 (Fotograf Erich Lessing), 251 (München, Alte Pinakothek), 259 (Venedig, Galleria dell'Accademia), 335 (Fotograf Rainer Hackenberg), 349 (Fotograf Erich Lessing), 355 (Fotograf Erich Lessing), 383 (London, National Gallery), 463 (De Agostini Picture Library), 469 (Fotograf Cameraphoto Arte), 509 (Madrid, Museo del Prado)

Bayerische Staatsbibliothek München: 283 (CLM 4453, fol. 99v), 401 (CLM 4453, fol. 112v)

bpk: 37 (New York, Metropolitan Museum of Art), 49 (Gemäldegalerie Staatliche Museen zu Berlin), 59 (Hamburger Kunsthalle), 81 (München, Bayerische Staatsgemäldesammlung), 215 (Fotograf Joseph Martin), 329 (Gemäldegalerie Staatliche Museen zu Berlin), 449 (Stuttgart, Staatsgalerie), 479 (Gemäldegalerie Staatliche Museen zu Berlin)

Dommuseum Hildesheim: 305

https://commons.wikimedia.org: 121

Scheffczyk-Zentrum: 67

Stadtbibliothek Weberach: 323 (StB HS 24), 325 (StB HS 24)

ullstein bild: 491

Universitäts- und Landesbibliothek Darmstadt: 267 (HS 1640, fol. 116r), 275 (HS 1640, fol. 77r), 297 (HS 1640, fol. 76r), 315 (HS 1640, fol. 114r), 419 (HS 1640, fol. 117r)

Vogl, Wolfgang: 25, 93, 101, 107, 115, 127, 139, 145, 151, 161, 167, 173, 181, 183, 187, 193, 197, 203, 245, 287, 291, 311, 313, 339, 343, 361, 367, 373, 377, 391, 396, 405, 413, 425, 431, 435, 457, 487, 491, 501